# 한국사

## 14

## 고려 전기의 경제구조

국사편찬위원회

# 한국사 간행취지

우리 겨레가 앞으로 어떻게 살아갈 것인가 하는 문제는 우리들은 물론 우리와 더불어 살아가는 세계인들의 관심사일 것이다. 이에 대한 해답은 과거에 어떻게 살아왔는가 하는 우리 역사에 대한 인식을 통해 찾을 수 있을 것이라고 생각된다.

본 위원회에서는 이미 1970년대에 『한국사』 25권을 간행하여 해방 이후 한국사의 연구성과를 집대성함으로써 한국사에 대한 인식을 새롭게 한 바 있다. 그 이후 한국사회는 놀라운 성장과 발전을 이루었고 역사학계도 상당한 연구성과를 축적하였다. 이러한 변화에 발맞추어 한국사학계는 새로운 『한국사』 편찬의 필요를 느끼게 되었다.

이에 본 위원회는 일차적으로 한국사 연구지원비를 마련하여 역사학계로 하여금 1980년대 중반까지 연구성과가 미진하다고 생각되는 분야를 연구할 수 있도록 하였다. 이어서 1989년부터 1990년까지의 준비를 거쳐 1991년에는 '신편 한국사 편찬위원회'를 따로 구성하고 총 60권에 달하는 새로운 『한국사』를 편찬하기로 하였다. 그리고 다음과 같은 『한국사』 편찬의 목표를 세웠다.

① 한국의 역사와 문화에 대한 객관적 인식의 토대를 제공할 수 있는 한국사를 편찬한다.

② 민족의 창조적 문화활동과 민족사의 내재적 발전을 드러내는 한국사를 편찬한다.

③ 최근까지의 연구성과를 체계화하고 새로운 영역을 개척함으로써 한국사 연구의 지평을 넓힌다.

④ 한국사 연구와 관련하여 고고학·인류학·사회학·경제학 등 인접학문의 연구성과를 수용하여 한국사 인식의 폭을 넓히는 데 기여한다.

새로운 『한국사』를 펴내면서 우리 모두가 바라는 바는, 민족의 통일에 대비해야 하고 급격히 변화하는 시대상황 속에서, 한국사 연구자의 깊이 있는 연구를 도와주고 독자들의 역사인식을 드높일 수 있는 길잡이 구실을 할 수 있었으면 하는 것이다.

국사편찬위원회 위원장

# 목　차


개　요 ........ 1

## Ⅰ. 전시과 체제

1. 전시과 제도 ........ 21
   1) 건국 직후의 토지지배관계와 역분전의 설치 ........ 21
   2) 경종 원년의 전시과－시정전시과－ ........ 34
   3) 목종 원년의 전시과－개정전시과－ ........ 44
   4) 문종 30년의 전시과－갱정전시과－ ........ 55
   5) 별정전시과 ........ 62
   6) 전시과의 운영과 그 성격 ........ 70
   7) 녹봉제 ........ 97
2. 공전·사전과 민전 ........ 133
   1) 공전과 사전 ........ 133
   2) 민　전 ........ 156
3. 공전의 여러 유형 ........ 175
   1) 장·처와 내장전 ........ 175
   2) 공해전 ........ 182
   3) 둔전과 학전·적전 ........ 192
4. 사전의 여러 유형 ........ 206
   1) 양반과전 ........ 206

2) 공음전 ……… 215
3) 한인전 ……… 222
4) 구분전 ……… 226
5) 향리전 ……… 231
6) 군인전 ……… 240
7) 궁원전 ……… 248
8) 사원전 ……… 252
9) 식읍 및 기타의 사전 ……… 269

5. 전시과 체제 하의 토지지배관계에 수반된 몇 가지 문제 ……… 276

1) 토지국유제설의 문제 ……… 276
2) 균전제의 시행여부에 관한 문제 ……… 289
3) 전결제 ……… 297
4) 농업생산력의 발전문제 ……… 316

## Ⅱ. 세역제도와 조운

1. 조 세 ……… 335

1) 조세의 개념 ……… 335
2) 수조율과 조세의 감면 ……… 338
3) 수조물품과 국가재정 ……… 349

2. 공 부 ……… 354

1) 공부의 개념 ……… 354
2) 품목과 수취방식 ……… 355
3) 수취기준 ……… 366
4) 수취구조 ……… 371

3. 요　역 ......375

1) 요역의 용례 ......376
2) 요역의 내용 ......378
3) 부과의 대상 ......382
4) 수취체제 ......388

4. 잡　세 ......392

5. 조운과 조창 ......399

1) 포 중심의 조운 ......399
2) 조창의 설치와 운영 ......403
3) 조운제의 동요와 세곡의 육운 ......411

## Ⅲ. 수공업과 상업

1. 수공업 ......419

1) 관청 수공업 ......419
2) 소 수공업 ......429
3) 민간 수공업 ......435
4) 사원 수공업 ......440

2. 상업과 화폐 ......442

1) 국내상업 ......442
2) 대외무역 ......454
3) 화폐 및 차대법 ......463

# 개 요

## I

지금이나 그 이전의 어느 시기를 막론하고 경제는 역사의 운동을 결정하는 가장 중요한 요인의 하나였다. 그러므로 한 사회를 이해하기 위해서는 그 사회의 경제구조에 대한 검토가 빼놓을 수 없는 과정이 되어 왔던 것이다.

그런데 고려를 포함한 우리나라 전근대사회에서의 주업은 농업이었다. 따라서 경제구조에 대한 검토라고 하지만 그 가운데서도 농업의 기반이 되는 토지 문제가 많은 관심을 끌게 마련이었다. 고려전기 토지제도의 커다란 한 줄기는 田柴科였거니와, 여기서도 당연히 이 문제가 깊이 있게 다루어져야 하리라는 것은 다시 말할 필요가 없다고 하겠다. 아울러 祿俸制는 전시과체제 내의 한 문제인 만큼 이 자리에서 함께 검토하여도 좋다고 생각된다.

고려 때의 토지는 收組權이나 所有權 면에서 볼 때 크게 公田과 私田으로 나뉘어졌다. 內莊田·公廨田 등이 전자에 해당하는 토지 地目이며, 兩班科田·功蔭田·軍人田 등은 후자에 해당하는 토지 지목이었다. 백성들이 조상대대로 전래하여 오는 토지인 민전은 기준에 따라 공전 혹인 사전도 되었지마는, 이들 공전·사전의 개념이나 각종 지목에 대한 검토 등도 꼭 짚고 넘어가야 할 과제들이다. 그리고 토지지배관계와 관련하여 그간 제기된 문제들, 예컨대 토지국유제설과 均田制 및 田結制, 농업생산력의 발전에 관한 고찰 등도 역시 음미해 볼 필요를 느끼는 대목들이라 할 수 있다.

고려 때의 백성들은 국가에 대하여 일정한 稅役을 부담하였다. 그 중 경작지에서 얻은 수확물의 일부를 내는 것이 租稅였지마는, 3稅라 하여 이 조세뿐 아니라 특산물을 내는 貢賦와 노동력을 제공하는 徭役(力役)도 함께 부담하였으며, 그 이외에 각종의 잡세도 납부하도록 되어 있었다. 이렇게 하여 거둔 조세와 공부 등은 지방의 조창에 모았다가 조운을 통해 서울의 경창으로 운송하여 국가재정에 충당되었거니와, 그러므로 稅役의 내용과 조운·조창의 운영문제 등도 경제구조의 해명을 위해서 풀어야 할 하나의 중요한 과제가 되었다.

자급자족적 자연경제가 중심이었던 고려사회에서 수공업과 상업은 상대적으로 활발하지 못한 편이었다. 하지만 그런 가운데서도 국가나 민간인들이 필요로 하는 수공업제품이 생산되고 있었으며, 도시를 중심으로 하는 국내상업과 송나라 등을 상대로 하는 외국무역도 꽤 많이 이루어지고 있었다. 그러므로 이 부문도 貨幣 및 借貸法 등과 함께 살펴볼 필요가 있는 것이다.

고려 전기의 경제구조에 대한 해명은 위에서 지적한 과제들을 검토함으로써 대략 수행될 수 있다고 믿어진다. 그러면 이들에 관한 본격적인 고찰에 앞서 먼저 그 개요부터 순서에 따라 소개하여 두도록 하겠다.

## II

고려에서는 文武百官과 府兵·閑人 등 국가의 관직에 복무하거나 직역을 부담하는 사람들에게 그 대가로 각자의 지위에 따라 응분의 田土와 柴地를 分給하였다. 이 제도가 田柴科로서 처음 제정되는 것은 경종 원년(976)인데, 그 이전에도 공로가 탁월한 고관이나 호족들에게 식읍과 녹읍 등이 주어졌다. 식읍과 녹읍은 일정한 지역·촌락에 대한 지배권을 준 것으로 前朝인 신라 때부터 내려오던 토지지배의 한 형태였지마는, 고려에서 그대로 계승한 것이었다. 그러다가 고려왕조가 그 나름으로 처음 시행한 토지정책은 태조 23년(940)에 설정한 役分田이었다. 이것은 후삼국의 통일전쟁에 참여한 '朝臣·軍士'들에게 官階가 아니라 '그들의 性行의 善惡' 즉 신 왕조에 대한 충성도와 공로의 대소에 기준을 두어 지급한 分地制로서, 토지제도 전반에 걸친 어떤 법제적 개편이었다기보다는 오히려 논공행상의 표창적 의도에서 시행한 分田制였다.

이제 그와 같은 과도기를 거쳐 경종 원년에 정식의 토지분급제인 전시과가 始定된 것이지만, 《高麗史》 食貨志 田制 田柴科의 당해 年月條에 의하면 이때는 紫衫·丹衫·緋衫·綠衫의 4色公服에다 文班·武班·雜業으로 구분하고 거기에 다시 몇 단계씩의 차등을 두어 전시를 지급하되, "官品의 高低는 논하지 아니하고 다만 人品으로 정하였다"고 보인다. 역시 始定田柴科는 초창기의 토지급여제였던 관계로 그 기종과 구조가 이렇게 복잡했던 것 같다. 이 제도는 그 후 목종 원년(998)의 改定時에 새로이 정비되며, 다시 현종 5년(1014)과 덕종 3년(1034)에도 부분적인 개정이 가해졌다. 그리고 문종 30년(1076)에 이르러 최종적으로 전면적인 재편성이 이루어지는 것이다.

문종 30년에 更定된 전시과는 전시 수급자를 18과로 나누어 '제1과 田 100결, 柴 50결, 中書令·尙書令·門下侍中'으로부터 '제18과 田 17結, 閑人·雜類'에 이르기까지 같은 형식을 취하여 각 科等에 대해 응분의 田柴授給額을 규정하고, 또 그 밑에 수급할 자의 해당 관직명을 細註하고 있거니와, 이 체제는 목종 때의 改正田柴科와 동일하다. 그러나 實職主義에 입각하여 散職者를 배제하고 있다던가, 武班에 대한 대우의 상승, 限外科의 소멸, 田柴 지급액수의 감소 등 상이한 면도 나타나고 있다. 이번의 개편은 전시과로서는 마지막 단계였던 만큼 보다 정비된 모습을 갖춘 것이었다고 이해된다.

문종 30년에는 위에서 설명한 일반전시과 이외에 武散階田柴와 別賜科와 같은 별도의 전시과도 마련되고 있다. 무산계는 향리나 耽羅의 왕족·여진의 추장·老兵·工匠·樂人 등에게 수여한 위계였지마는, 무산계전시는 이 같은 무산계 소지자들에 대한 급전규정으로, 그것은 田 35결·柴 8결을 지급하는 1등급으로부터 전 17결만을 지급하는 6등급까지 모두 6단계로 구성되었다. 한편 별사과는 地理業·僧人들을 대상으로 한 전시 지급규정이었다. 이 역시 6단계로 나뉘어져 1등급은 전 40결과 시 10결을, 이하 차례로 내려가 6등급은 전 17결을 받도록 규정되어 있었거니와, 이들은 모두 別定田柴科에 해당하는 것이었다.

전시과에 의하여 지급되는 토지는 《高麗圖經》 官府 倉廩條에, "內外의 현임 受祿官이 3,000餘員이요 散官·同正으로 無祿 給田者가 또 14,000餘員인데 그 田은 모두 外州에 있었다"고 했듯이 대체적으로 畿外의 지방에 위치한 것들이었다. 그러면 실제로 그들 토지는 어떤 성질을 지닌 것이었으며, '지급'의 내용은 무엇이었을까. 이 점이 큰 문제인데, 그에 대해서는 현재 다음과 같은 세 가지 견해가 제시되어 있다. 첫째로 양반과전 등은 국유지 위에 설정하고 수조권을 분급한 것인데 비해 군인전은 그들의 민전 위에 설정하고 내용적으로는 免租를 하여 주었다는 설이다. 그리고 둘째는 어떤 地目이든 자신이 마련하는 사유지, 또는 당해자의 민전 위에 설정하고 免租權을 주었다는 설이며, 셋째는 일반 민전 위에 설정하고 수조권을 주었다는 설이다. 이처럼 전시과의 토지가 국유지 또는, 사유지 내지 민전 위에 설정되었는지의 여하와 수조권이 주어졌는가 아니면 면조권이 주어졌는가의 여하에 따라 논자간에 의견의 차이를 보이고 있거니와, 그 같은 차이는 곧바로 그것의 경영 문제와도 연결되었다. 즉, 첫 번째의 견해를 가지고 있는 논자는 토지의 경작과 생산을 감독하고 租를 수취하는 일이 지방행정관인 수령에 위임되어 있었다고 주장하는 반면에 둘째·셋째의 견해를 가지고 있는 논자들은 그것이 수급자 자신의 책임 하에 이루어졌다고 보고 있는 것이다. 이 중 전자는 비교적 이른 시기의 연구자들에 의해 주장되었던 견해이며, 후자는 근자에 많이 논의되고 있는 견해이지마는, 이 책에서는 세 번째의 의견에 동조하는 입장을 취하고 있다.

분급된 전시과의 토지는《高麗史》食貨志 田制 서문에 명시되어 있듯이 본인이 죽고나면 원칙적으로 국가에 반환하게 되어 있었던 것 같다. 하지만 군인이나 서리 등이 담당한 직역은 자손에게 세습되었고, 따라서 그들에게 지급된 田丁도 連立·遞立되었으므로 그것은 사실 상속이 가능한 永業田의 성격이 강하였다. 그렇다면 양반과전의 경우는 어떠했을까. 이 책에서는 이 역시도 世傳性이 강한 토지였다고 언급하고 있으나, 지금 그렇게 단정하여 말해도 좋을까는 의문이다. 아직까지 그것은 소수의 의견인 듯하며, 양반과전은 여전히 '納公土地'로 이해하는 논자가 많지 않나 생각되기 때문이다. 이 문제는 앞으로 좀 더 숙고해 볼 필요가 있지 않을까.

고려 때의 관리들은 보수로서 토지와 함께 현물인 米穀도 급여받았다. 祿俸이 그것이었다. 이 제도가 정비되는 것은 문종 30년(1076)인데, 성종조에는 이미 어느 정도의 체제가 갖추어져 있지 않았나 짐작된다. 이제 문종 30년에 마련된 제도를 소개하면, ① 妃主祿, ② 宗室祿, ③ 文武班祿, ④ 權務官祿, ⑤ 東宮官祿, ⑥ 西京官祿, ⑦ 外官祿, ⑧ 雜別賜, ⑨諸衙門工匠別賜의 9개 항목으로 구분하여 문무백관을 비롯한 后妃·宗室과 胥吏·工匠 등 여러 계층에 지급하도록 규정하고 있다. 그 뒤 예종 16년(1121)에는 여기에 州鎭將相·將校祿 규정이 추가되며, 다시 인종조에 이르러서 ⑦, ⑧, ⑨를 제외한 종래 祿制의 전면적인 재편과 더불어 致仕官祿도 새로이 제정되었다.

이 중 祿制의 중심이 되었던 文武班祿의 경우를 예로 들어보면, 문종 30년에는 제1과 400석을 받는 中書令·尙書令·門下侍中으로부터 제47과 10석을 받는 國學學正·國學學錄·都染丞 등에 이르기까지 모두 47科等으로 나누고 있다. 이 같은 복잡한 규정은 인종 때의 更定時에 28과등으로 조정이 되지만 전시과의 18과등과 비교하여 여전히 세분된 것인데, 이는 아마 각 관직의 중요도에 따라 지급액도 차등을 둔 데서 말미암은 결과가 아닌가 생각된다.

녹봉은 전국의 민전에서 들어오는 조세 수입으로 충당되었다. 이것을 담당하는 기관은 左倉이었는데,《高麗史》食貨志 祿俸條 서문에 의하면 여기서는 歲入米 139,736석 13두를 가지고 각 과등에 따라 지급하였다 한다. 고려 말의 기록이지만 이 녹봉을 충당하기 위해서는 약 10만 결의 토지가 필요하였다고 전하고 있다.

녹봉은 현직·실직주의의 원칙에 입각하고 있었다. 녹과에 散職者가 보이지 않는 것이 그 한 증거이다. 그러나 한편으로 致仕官祿俸制가 따로 마련되고 있었고, 또 고려 후기에는 檢校官祿이 지급된 듯한 사료도 찾아져 그와 다른 일면도 엿보이거니와, 이러한 규정은 宗室祿과 함께 고려가 귀족제사회였다는 사실과 관련이 깊은 게 아닌가 짐작된다.

## Ⅲ

고려시대의 토지는 크게 공전과 사전으로 구분되었다. 이 때 그 구분의 기준 가운데 하나는 수조권이 어디에 귀속하느냐 하는 것이었다. 즉 田租가 국가나 공공기관에 귀속하는 토지는 公田, 私人에게 귀속하는 토지는 私田이었던 것이다. 그런데 한편으로 고려시대에는 私有地가 존재하였다. 그것은 말할 필요도 없이 사전이었다. 그런가 하면 이에 대칭되는 國有地나 官有地도 있었는데 그것은 공전이었다. 이처럼 공전과 사전은 소유권에 의해서도 구별되는 것이었다. 요컨대 수조권이나 소유권 면에서 보아 국유지와 국가수조지가 공전이었던 데 비해 私有地와 私人收租地는 사전이었던 것이라 하겠다.

그렇다면 당시에 있어서 구체적으로는 어떤 地目의 토지들이 각기 공전과 사전에 속했을까 이 점을 알아보는 데는《高麗史》倉貨志 常平義倉條의 현종 14년 윤 9월에 나오는 바, "무릇 여러 州縣의 義倉法은 모든 田丁의 수에 의거하여 수렴하되 1과공전은 1결당 租 3두, 2과(公田) 및 宮院田·寺院田·兩班田은 租 2두, 3과(公田) 및 軍人戶丁·其人戶丁은 租 1두씩 내도록 이미 成規가 되어 있다"고 한 判文에서 크게 도움을 받을 수 있다. 보다시피 공전은 1과·2과·3과로 구분되고 거기에 대칭되는 宮院田 등의 각 지목이 있었음을 알려주고 있거니와, 지금까지의 연구 결과 이 중 1과공전은 王室御料地인 內莊田이고, 2과공전은 公廨田을 비롯한 屯田·學田·籍田 등이며, 3과공전은 대체적으로 일반 民田과 民有地 위에 설정된 왕실 및 궁원·사원의 수조지였다고 밝혀져 있다. 그리고 이 같은 공전에 대칭되는 宮院田과 寺院田·兩班田·軍人戶丁(軍人田)·其人戶丁(鄕吏田)은 물론 사전이 되며, 이 밖에 功蔭田·口分田·閑人田 등도 같은 범주의 地目으로 보고 있는 것이다.

이들 가운데 1과공전인 內莊田은 왕실재정의 기반이 되는 토지로서 그의 소유지였다. 그것은 內莊宅에 소속하여 있었는데, 왕실은 그 같은 소유지의 경영을 통하여 얻는 수입으로 재정의 일부를 담당케 하였던 것이다.

2과공전의 하나인 공해전은 중앙과 지방의 각급 관청에서 소요되는 경비를 조달하기 위해 지급된 토지였다. 그리고 둔전은 원래 변경지대나 군사상의 요지에 설치하여 거기에서 나오는 수확으로 軍需에 충당토록 한 토지였으나, 이와 달리 내지의 일반 주현에 두어 지방관청의 경비를 보충하는 것도 있었는데, 전자를 軍屯田, 후자를 官屯田이라 불렀다. 이 밖에 국립대학인 국자감과 지방학교인 향교의 경비를 조달하기 위해 설치한 學田과, 왕이 親耕하여 권농의 모범을 보임과 동시에 그 수확으로 神農·后稷에 대한 제사를 모시게 한 籍田 등도 있었거니와, 이들은 앞서 지적했듯이 모두 2과공전으로 국·공유지 위에 설정되어 있었다.

3과공전인 民田은 백성들이 조상 대대로 전래하여 오는, 글자 그대로 人'民'의 '田'으로서 그들의 사유지였다. 이처럼 민전은 사유지였으므로 그들에 대한 매매나 증여·상속 등의 관리처분권도 물론 민전주의 자유의사에 맡겨져 있었다. 이런 점에서 보면 민전은 사전이었다. 그러나 국가는 그 위에 수조권을 설정하여 놓고 있었다. 그리하여 이 민전에서 들어오는 조세 수입이 國用과 祿俸 등 국가 재정의 중요 재원이 되었던 것이다. 이런 점에서 민전은 흔히 공전으로 분류되고 있지만, 근래의 견해와 같이 양반과전 등도 민전 위에 설정되는 것이라면 이 때의 민전은 소유권이나 수조권의 어느 면에서 보더라도 사전이 된다. 이와 같이 민전은 공전과 사전의 측면에서 뿐 아니라 民産의 근본이요 국가 재정의 중요 재원이었으며, 또 면적도 전국 토지의 압도적 다수를 차지하고 있었다는 점에서 크게 주목되어야 할 地目이다.

왕실과 궁원 및 사원의 수조지로 알려진 莊·處田도 실 내용은 민전이었다고 짐작된다. 학자에 따라서는 1과공전으로 보기도 하지만, 장·처는 단순한 토지의 집적이 아니라 당시의 행정조직인 군현제도의 일환을 이루는 단위로서 그 하부조직은 촌락으로 형성되었으며, 여기에는 정식으로 국가의 吏가 배치되어 있었다. 군현제도의 말단을 이루는 촌락과 왕실 등에 소속한 장·처의 촌락은 본질적으로 성격이 같았다는 이야기이다. 이러한 장·처의 촌락민은, 따라서 일반 촌락의 주민과 마찬가지로 주로 자기의 농토를 경작하는 自家經營農民이었으며, 이들이 경작한 토지는 곧 그들의 수조지였다고 생각되고 있는 것이다. 이렇게 볼 때 장·처전은 1과공전이기 보다는 3과공전으로 분류하는 게 옳을 듯 싶지마는, 이는 왕실의 收租地였을 경우 문제가 없다. 그러나 사적 기관인 궁원과 사원의 수조지였을 때는 어떨까. 이 경우에는 공전으로 분류하는 것 자체가 좀 어려울 것 같다. 이런 점에서 장·처전은 얼마간의 복잡한 성격을 지니지만, 어떻든 왕실과 궁원 및 사원이 그들의 소유지 이외에 장·처전과 같은 수조지도 지급받고 있었다는 사실은 역시 우리의 주목을 끄는 대목이다.

사전의 대표격인 양반과전은 국가의 공직에 복무하는 대가로 지급된 토지인데, 어떤 성격의 토지가 분급되었으며 그 경영이 어떠했던가 하는 점에 대해서는 논자간에 의견이 엇갈려 있다. 하지만 그에 관해서는 앞서 전시과를 설명할 때 이미 언급했으므로 여기서는 생략한다. 군인전과 향리전도 각기 경군 소속의 군인이 담당하는 군역과 지방의 향리들이 담당하는 향역의 대가로 국가에서 지급한 토지를 말한다. 이 중 군인전은 대체적으로 민전 위에 설정되었다고 알려져 있으나, 향리전도 그러했는지 어떤지는 아직 분명치가 않다.

궁원전과 사원전은 각기 궁원과 사원이 소유하고 있던 토지를 일컫는다. 그러나 이들은 그 같은 자기네의 소유지 이외에 수조지로써 다소의 장·처전도 지니고 있었다 함은 위에서 설명한 바와 같다.

공음전은 일반적으로 《高麗史》 食貨志 田制 功蔭田柴 문종 3년 5월조의 기사에 나오는 '品'을 官品으로 해석하여, 그것은 5품 이상의 고급관료들에 대한 우대책으로 특별히 지급한 토지였다고 설명되어 왔다. 거기에다가 공음전시는 세습이 인정되고 있었으므로, 이 점에 유의하여 고려의 귀족제적 사회양상과도 관련지어 설명하여 왔었는데, 하지만 이전부터도 그와 달리 기사중의 '品'을 단계·품종과 같은 뜻으로 해석하여 그것은 모든 관리를 5단계로 나누어 토지를 지급하는 일반적인 給田制라는 견해가 있었는가 하면, 모든 관리를 대상으로 하기는 하되 관료 전체가 수급의 혜택을 누린게 아니라 글자 그대로 특별한 공훈을 세운 자를 5단계로 나누어 지급하는 특별상여제였다는 견해가 제시되기도 하였다. 이 가운데에서 이 책의 필자는 마지막의 견해를 지지하는 입장을 취하여 일반설과는 좀 달리 서술하고 있다.

이러한 관점에 서게 됨에 따라 공음전과 상대되는 토지로, 종래 6품 이하 하급관료의 자녀 가운데 未仕·未嫁者에게 지급하였다고 보아온 閑人田도 실은 同正職을 받아 처음부터 산직체계 속에 한(閑)해 있는 관인에게 주어진 토지로 보고 있다. 그리고 후생정책적인 의미에서 지급되던 口分田 가운데에서 恤養口分田 뿐 아니라 兩班口分田의 존재도 강조하는 등 몇 가지 점에서 재래의 일반적인 설명과는 역시 차이가 드러나고 있다. 앞으로 이러한 몇몇 문제점들은 좀 더 정밀한 검토과정이 필요하지 않을까 생각된다.

## Ⅳ

전시과 체제를 이해함에 있어 논자간에 시각의 차이가 많다는 사실은 이미 위에서도 드러났거니와, 토지 국유의 원칙에 관한 문제도 그러한 것 가운데 하나였다. 지금은 잘못임이 밝혀진 셈이지만, 우리나라의 토지제도를 처음으로 연구할 때는 전국의 토지가 '公田制' 위에 성립되어 모든 토지는 국가의 공유에 귀속하였다는 주장이 오랫동안 유력시되어 왔던 것이다.

이와 같은 토지국유제론이 제기되게 된 배경을 고찰해 보면 우선 《詩經》에 실려 있는 바 "넓은 하늘 아래에 王土 아닌 것이 없다"는 전통적 왕토사상에서 영향을 받은 면이 없지 않으나, 보다 직접적인 요인의 하나로 작용한 것은 한국의 토지제도에 관해 처음으로 체계적인 저술을 낸 和田一郎의 公田制=土地國有制 이론이었다. 그리고 또 다른 하나는 唯物史觀이 말하는 '아시아 국가에 있어서의 私的 土地所有의 결여'라는 명제이었는데, 이 같은 입장에 서서 토지문제를 다룬 대표적인 사람은 白南雲이었다. 그는 삼국시대 이래 우리나라의 토지제도는 國有制로서 고려왕조에서도 '集權的 公田制'가 시행되었으며, 따라서 전시과체제 또한 그 같은 집권적 토지국유의 기반 위에 존립하였다고 보았던 것이다.

그러나 이러한 백남운의 주장이 구체적인 역사적 사실에 기초하여 세워진 이론은 아니며, 또 和田一郎 등의 주장도 일제의 토지점탈정책과 관련이 깊은 불순한 것으로, 잘못된 점이 많았다는 비판이 여러 각도에서 행하여졌다. 이 같은 비판이 이루어지기 시작하는 것은 1960년대 후반부터였거니와, 전시과 체제 내에도 자손에게 상속이 허용된 永業田이 실재하였고, 사전은 田租의 귀속 문제와 함께 사유지적 성격이 농후하다는 의미를 지닌다는 견해와, 공전도 국가의 직영지뿐 아니라 단순한 국가수조지를 포함하는 등 다양한 내용을 가지고 있었다는 사실을 밝힌 작업 등이 그런 것들이었다. 이어서 매매 처분과 증여·상속이 자유로운 토지인 민전의 존재가 확인되고, 왕토사상 역시 국가재정의 확보를 그 기능으로 하는 관념상의 擬制였을 뿐 현실적인 토지소유관계를 말한 게 아니라는 점이 알려져 토지국유제설은 이제 그의 입지를 거의 상실하게 된 듯싶은 것이다.

균전제에 관한 논의도 비슷한 상황이 아닌가 짐작된다.《高麗史》食貨志 田制 서문에, "고려의 田制는 대략 唐의 제도를 모방한 것이다"라고 해서 마치 고려의 토지제도가 당나라의 分地制인 균전제를 모범으로 한 듯이 설명되어 있을 뿐더러 다른 사서에서도 그 점을 명시 내지 암시한 구절이 여럿 찾아진다. 다 알고 있듯이 당의 균전제는 모든 농민에게 100畝의 땅을 균등하게 분급하고 이 給付에 대한 반대 급부로서 租·庸·調의 부담을 지우거나 府兵으로 군역에 복무시키는 제도였지마는, 그렇기 때문에 초기의 연구자들은 고려에서도 이와 같거나 또는 비슷한 田制가 시행되었다고 주장하였던 것이다.

하지만 그 후 균전제론자들이 근거로 들었던 사료의 내용은 토지를 다시 측량하여 농민에게 分給하자는 게 아니라 면적의 다과와 土質의 膏塉에 따라 課役을 새로이 책정함으로써 부담을 고르게 하자는 의미였다고 해석한 견해가 피력되고, 아울러 당시에는 국가로부터 토지를 지급 받지 못하는 白丁農民層이 광범하게 존재하였다는 실증도 나왔다. 이어서 당의 균전제 체제에서와는 달리 고려는 田租의 수취가 매 결당 얼마씩이라는 일종의 누진세법으로 되어 있고, 또 군인전도 따로 설정되어 있었다는 점 등이 함께 지적됨으로써 지금은 균전제 부정론이 우세하게 된 듯싶거니와 고려의 극히 제한된 일부 지역에서 임시적 방편으로 균전제와 유사한 제도가 존재했을 가능성이 있기는 해도 이것이 항구적으로 전국에 걸쳐 실시된 일은 없었다고 생각되는 것이다.

고려에서 토지의 넓이를 나타내는 단위로 채택한 공식적인 제도는 結負制였지마는, 그 結·負의 실제 넓이가 얼마나 되는가 하는 점도 논자간에 의견이 분분한 문제의 하나였다. 후대에 널리 쓰이는 결부제는 토지의 면적과 그 토지에서 나오는 수확량을 함께 표시하는 독특한 計量法으로, 같은 1결이라 하더라도 토지의 비옥도에 따라 그 넓이가 모두 달랐다. 결부제가 이러한 내용을 갖게 되는 것은 고려 후기 이래의 일이거니와, 당시에는 田品을 肥瘠에 따라 상·중·하 3등으로 구분하고 각기 길이가 다른 자(尺)를 적용하여 넓이를 측량하는 隨等異尺制였던 것이다. 이 때 채용한 量田尺은 指尺으로서, 상등전과 중등전·하등전은 각기 20指·25指·30指를 1尺으로 計量하는 제도였다.

그러나 결부제를 처음으로 채택한 신라나 그 이후의 고려 전기까지만 하여도 결부는 頃畝와 마찬가지로 면적만을 나타내는 단위로서 1결의 넓이는 고정되어 있었다. 그렇다면 실제로 그것은 어느 정도였을까. 이에 대해《高麗史》食貨志 田制 經理 문종 23년조에 1결은 方 33步였다고 보인다. 1결의 넓이는 1,089平方步였던 것이다. 그런데 식화지에는 거기에 이어서 그것을 계산할 수 있는 단위로 1步의 길이는 6尺, 1尺의 길이는 10分, 1分의 길이는 6寸이었다고 전해지고 있는데, 하지만 이들 척도의 기준척이 어떤 것이었는가는 밝혀져 있지 않다. 그렇기 때문에 문제가 야기되고 있는 것이지만, 근자에는 식화지의 기록 자체에 오류가 있지 않았는가 하는 의문이 제기되는 등 더욱 복잡한 양상을 띠어 가고 있다. 이 책에서는 고려 초기의 1결의 실적을 대략 1,400~1,500평이었을 것이라고 말하고 있으나, 이는 이용한 사료와, 또 그 사료의 해석에 따라 매우 다양한 견해가 제시되고 있는 실정이므로 아직 단정할 단계가 아니라는 점은 염두에 두어야 한다.

농업생산력의 문제에 있어서는 특히 고려 전기의 경우 경지이용방식이 휴한단계였는지, 아니면 상경단계였는지에 대해서조차 의견이 엇갈리고 있다. 《高麗史》 권 78, 食貨志 1, 田制 經理條에 문종 8년 3월의 判으로, "무릇 田品은 不易地를 上으로, 一易地는 中으로, 再易地는 下로 한다. 그 不易山田 1결은 平田 1결에 준하게 하고, 一易田 2결은 平田 1결에 준하게 하며, 再易田 3결은 平田 1결에 준하게 한다"고 하여 당시의 토지는 歲易의 빈도에 따라 田品이 정하여졌음을 알려주고 있다. 그런데 이러한 토지의 歲易 休閑이 주로 山田에 해당하는 것이었는지, 아니면 平田도 그러했다는 것인 지의 여부가 분명치 않아 해석에 따라서 달리 설명되고 있는 것이다. 이 방면에 관한 자료가 극히 제한되어 있어 중국이나 조선시대의 것을 원용할 수밖에 없는 현실에서 문제가 그리 쉽게 해결될 수 있을 것 같지는 않거니와, 이는 농기구나 施肥 등의 농업기술 문제도 유사한 상황이다. 이 책에서는 고려 전기부터 대체적으로 연작법이 가능하였다고 보았지만, 역시 거기에는 이견이 적지 않다는 점을 거듭 지적하여 둔다.

## V

고려시대의 백성들이 부담한 稅役에는 租稅·貢賦·徭役(力役)과 그리고 雜稅가 있었다. 그 중 조세는 주로 토지의 소유자가 수조권을 가진 국가나 개인에게 내는 田租를 말하지만, 사유지에서의 소작료인 私田租와 국·공유지에서의 소작료인 公田租, 그리고 개인 수조권자가 전조의 일부를 다시 국가에 바치는 田稅를 뜻하기도 하였는데, 수조율은 물론 각각 달랐다.

고려 때의 토지에 대한 수취율로는 1/10조와 1/4조 및 1/2조의 세 종류가 기록에 보이고 있다. 이 가운데 1/10조율은 여말에 趙浚이 상소하면서 태조가 즉위한 직후에 태봉시대의 暴斂을 바로 잡기 위해 시행하였다는 설명 등에 나오고, 1/4은 성종 11년에 정하여진 公田租率이며, 1/2은 각기 광종 24년과 예종 6년에 나오는 바 사전을 개간하였을 경우 일정한 기간이 지난 다음 田主와 佃戶 사이에 행해진 수조율의 규정이다. 종래 연구자들은 이와 같은 수조율을 놓고 1/10조는 태조 당시의 실정을 도외시한 신빙성이 적은 사료라 하여 버리고, 대략 공전에서는 1/4조, 사전에서는 1/2조를 수취하는 제도였다고 설명하여 왔다.

그러나 근자에 이와 좀 다른 의견이 제시되었다. 여기에서 문제의 핵심이 된 것은 국가수조지, 즉 민전의 수취율에 관한 것으로 종래에는 이 곳에서도 1/4조율이 적용되었다고 주장하여 왔으나 그것은 잘못된 견해였다고 일축하고 실은 1/10조법이 원칙으로 되어 있었다는 것이다. 그리하여 최근에는 이 新說이 많은 동조를 얻고 있는 듯싶거니와, 이처럼 民田租를 地稅에 해당하는 1/10조로 이해하는 입장에서 성종 11년에 정해진 1/4 公田租는 국유지를 소작 주었을 때의 地代로 보고 있다. 하지만 사유지(사전)를 타인에게 대여하여 소작관계가 발생하였을 때 그 지대로 '二分取一' 하였다는 점에 있어서는 종래의 주장과 다른 것이 없다.

성종 11년에 제정된 1/4공전조의 구체적인 내용을 보면 水田의 경우 상등전에서는 결당 3석 11두 2승 5합, 중등전에서는 2석 11두 2승 5합, 하등전에서는 1석 11두 2승 5합을 내도록 되어 있다. 따라서 生産高는 각기 결당 15석·11석·7석이 되는데, 旱田의 경우는 꼭 그 절반으로 되어 있다. 그런데 이는 본문에 나오는 규정이고, 이어서 그보다 조금 상향조정된 내용이 細註로 하나 더 나오고 있지마는, 이 두 가지의 규정에 대한 해석을 둘러싸고서도 논자간에 의견이 엇갈려 아직 어려운 과제가 되어 있다.

田稅에 관해서는 현종 4년 11월의 판문에 보이는데, 30결 이상의 受田者에 한하여 결당 5승씩 내도록 되어 있다. 그러나 얼마 뒤인 문종 23년에는 10負 이상자이면 모두 납세토록 규정을 바꾸고 그 세액도 결당 7승 5합으로 많이 올렸다.

조세는 米·粟·麥 등 곡물로 바치는 것이 원칙이었으나 때로는 布貨로 대납하는 일도 있었다. 그리고 곡물로 바치는 경우 그것은 皮穀(稻)이 아니라 米穀이었던 것으로 짐작된다.

다음 貢賦는 토산의 공물을 바치게 한 稅項目의 하나로, 이에 관한 규정이 마련되는 것은 광종 즉위년의 일이다. 비교적 일찍부터 국가가 이 방면에 관심을 쏟고 있다는 사실이 주목되는데, 하지만 수취한 물품에 대해서는 일괄하여 전하는 기록이 보이지 않는다. 그러므로 여기저기에 산견되는 품목을 찾아볼 수밖에 없거니와, 그것들은 대체적으로 細布·細紵布·細麻布·綾·羅 및 黃金·白銀·白赤銅·鐵·油蜜·酒肉·栗·馬·海苔 등 각종의 직물류를 비롯하여 광산물과 식품류·해산물, 그리고 수공업품을 전문적으로 만들던 특수집단인 所의 생산품 등이었다.

공부에는 常貢과 別貢의 두 종류가 있었다. 이 중 상공은 貢案에 수록되어 있어 例年 납부하는 常定의 공물을 말하고, 별공은 왕실이나 정부의 기관이 수요에 따라서 그때그때 差定하여 공납케 한 別例의 공물을 말했던 것 같다. 그 가운데서도 별공은 不時에 수시로 부과하는 것이었으므로 많은 폐단을 낳았다.

이러한 각 공부는 농민의 개별적 부담이 아니라 집단적 부담으로서 매년 미리 정하여진 공액을 주·부·군·현에 할당하여 지방관리의 책임 하에 왕실이나 궁원 및 정부의 각 기관에 납부케 하였다. 말하자면 공부는 주현이 단위가 되어 자기가 배속된 중앙 各司에 할당된 물품을 공납하는 제도였던 것이다. 이처럼 공물 납부의 담당자는 주현이었는데, 그러나 종국적으로 그 부담을 진 것은 주현의 촌락에 살고 있는 일반 백성들이었다. 결국 공물은 人丁의 多寡에 따라 편성된 民戶에 다시 分定되어 수취가 실현되었던 것이다. 그렇지만 그 民戶에 대한 부과기준이나 부담액 등 구체적인 내용은 잘 알려져 있지 않다.

요역은 국가권력에 의하여 민간의 노동력을 수취하던 稅項目을 일컫는다. 백성들은 도시의 건설이나 궁궐·사찰·官衙의 營造, 城堡의 수축, 도로·제방의 개수사업 등 토목사업에 요역 명목으로 동원되어 노동력을 제공하였던 것이다. 아울러 저들은 거두어들인 조세를 수송하거나 宮院·朝家田 등 특권계급의 토지 경작에 징발되기도 하였지만, 이 역시 요역의 일부를 이루는 것이었다.

요역의 담당자는 丁이었다. 이 정에 대해서는《高麗史》食貨志 戶口 서문에 명시되어 있듯이 16세부터 59세까지의 연령층을 말하거니와, 고려에서는 이들 인정의 다과에 따라 戶等을 9등급으로 편제하였다. 그리하여 요역은 각 호의 등급별로 정을 차출해 담당시켰던 것 같은데, 이들 등급별 각 호가 부담했던 出丁의 기준이나 또 出役 日限 등은 현재 규정이 남아 있지 않아 잘 알 수가 없다. 조선 초기의 경우 10丁 이상의 大戶를 기준으로 1명 내지 2명을 出丁케 한 예가 보이고, 日限도 20일을 원칙으로 하고 그 해 농사의 흉풍에 따라 10일씩을 가감시킨 내용이 찾아지므로 이를 참조하여 짐작할 수 있을 뿐이다.

有職品官이나 胥吏·鄕吏 등 직역 담당자는 요역의 대상에서 제외되었다. 그러면 이들의 가족은 어떠했을까. 5품 이상의 고급관료에게는 여러 가지 특권이 주어졌던 점으로 미루어 그들의 가족도 唐에서와 마찬가지로 요역에서 면제되는 혜택이 베풀어지지 않았을까 짐작되나 단정하여 말하기는 어렵다. 하지만 6품 이하의 양반과 직역 담당자의 가족들은 요역을 담당했던 것 같다. 丁女나 單丁·侍丁은 요역이 면제된 것 같고, 篤疾·廢疾者도 당연히 대상에서 제외되었으리라 생각된다.

이상에서 3稅로 일컬어지는 조세·공부·요역에 대해서 간략하게 살펴보았지만, 고려 때에는 이 이외에도 雜稅가 있었다. 거기에는 鹽稅·船稅·海稅·山稅·魚梁稅·商稅 등이 포함되거니와, 이처럼 당시에는 각종 명칭의 잡다한 세 항목이 존재하였다.

각 지방에서 거둔 조세와 공물 등은 선박에 의해 수도인 개경으로 운반되었는데 이를 漕運이라 하였으며, 그 일을 담당한 기관을 漕倉이라 불렀다. 국가 재정상 정부에서는 일찍부터 이에 관심을 베풀어 국초부터 그것을 담당할 今有·租藏·轉運使를 파견하였거니와, 당시에 조세미 등을 수집·운송한 기관은 60개의 浦였다. 그 후 성종 11년에 이르러 지방제도의 정비와 함께 浦의 명칭이 개정되고 輸京價가 제정되는 등 조운에 대한 국가의 지배력이 강화되며, 곧 이어 60浦制度도 12개의 漕倉制로 바뀌었다. 지금 이 12조창제가 마련된 시기는 분명하게 알 수 없으나《高麗史》食貨志 漕運條에 보면 "靖宗朝에 12倉의 漕船數를 정하였다"고 한 점으로 미루어 늦어도 정종 때는 12조창이 설치되었음으로 확인할 수 있거니와, 그 뒤 문종조 중엽에 이르러 서해도에 安瀾倉이 추가되어 조창은 합계 13개가 되었다. 이들 조창은 浦와 마찬가지로 해로나 수로를 이용할 수 있도록 주로 서해·남해 연안과 한강 연안에 설치되어 있었다.

조창은 행정구획의 하나로서 여기의 책임자는 判官이었다. 그리고 그 아래에는 色典이라는 향리가 있었는데, 조세를 거두고 그것을 운송하여 서울의 京倉에 입고시키는 일을 담당하였다. 漕船은 해로를 이용할 경우 최고 1,000석을 실을 수 있는 哨馬船을 썼고 수로를 이용할 경우 최고 200석을 적재할 수 있는 平底船을 사용하였거니와, 당해년의 조세미 등은 일단 조창에 집적했다가 다음해 2월부터 수송을 시작하여 近地면 4월까지, 遠地면 5월까지 완료토록 되어 있었으며, 이 때 조운의 노역을 담당한 사람들은 漕倉民이었다.

## Ⅵ

고려 때에도 국가·왕실의 수요나 백성들의 생활에 필요한 각종 물품을 생산하는 수공업이 비교적 활발하게 이루어지고 있었다. 그 중에서도 규모가 크고 중요한 위치에 있었던 것은 중앙의 관청수공업이었는데, 그러한 관부로는 장복서·봉거서·공조서·내부시·군기시 등이 있었다. 여기에는 해당 기술자인 工匠들이 전속되어 있어 정부와 왕실에서 필요로 하는 물품을 생산해 조달하였던 것이다. 관청수공업에는 행정관리체계와 함께 생산관리체계가 정연하게 세워져 있었지마는, 무기 제조 등 중요한 생산분야에 종사하는 공장들 가운데 기술이 뛰어난 장기 근무자에게는 武散階가 주어지고 거기에 부수되는 토지가 지급되기도 하였다. 지방의 관청수공업으로는 각 도에서 운영하던 금기방·잡직방·갑방 등이 있었는데, 하지만 그 수나 규모는 중앙에 비해 매우 미미한 편이었다.

所는 金所·銀所·銅所·鐵所·紙所·瓦所·炭所·瓷器所·魚梁所 등의 예에서 보듯이 특정의 물품을 만드는 특수 행정집단이었다. 그러므로 所手工業의 생산활동은 역시 전업적이었지마는, 그들 물품은 주로 공납품으로 충당되었다.

국가에 전속되지 않은 공장들도 그들에 대한 일종의 호적이라 볼 수 있는 工匠案에 의하여 파악되고 있었으며, 그리하여 국가가 정한 일정한 기간 동안 공사에 징발되었다. 하지만 그러한 역만 부담하고 나면 자유로이 급료를 받고 다른 사람을 위해 일을 하여 주거나 물품을 생산 판매하여 생계를 꾸려간 것으로 생각된다. 이러한 민간수공업 가운데에서 많은 비중을 차지한 것은 농민들의 가내수공업이었는데, 그러나 이들에 의한 생산은 자가수요를 위한 衣料나 관부에 납부하기 위한 布物類가 주류를 이루고 있었다. 이에 비하면 고려 때는 사원의 수공업이 오히려 전업적이어서 우수한 직물·琉璃瓦 등을 생산하였다.

다음 상업은 크게 국내상업과 대외무역으로 나눌 수가 있고, 국내상업은 다시 도시상업과 지방상업으로 분류할 수가 있는데, 그 중 도시상업은 서울인 개경의 市廛이 중심이었다. 《高麗史》에 의하면 개경의 시전은 이미 태조 2년에 설치되었다고 하거니와, 그 뒤 12세기 초엽에는 그들의 北廊 건물 65 間이 불타버렸다는 기록이 전하며, 또 《高麗圖經》에도 시전들이 廣化門 거리에 長廊을 이루고 있었다는 기사가 보인다. 이러한 개경의 시전들은 점포를 가진 상설상점으로, 도시민들의 생활품을 판매하기도 했지만 주로 관수품을 조달하고 국고의 잉여품을 처분하는 기능을 가진 어용상점이었다. 그러므로 이들에 대한 국가의 관여도도 높았는데 그 일을 맡아본 관부가 京市署였다.

지방상업은 비상설적인 場市를 중심으로 발달하였다. 즉 정해진 시기마다 교통의 요지에 장시가 서서 주변의 1일 왕복거리에 있는 농민들이 모여 米·布로써 화폐를 삼아 물물을 교환하는 형태의 상업이 행하여졌던 것이다. 하지만 이러한 장시가 며칠에 한 번씩 열렸으며 또 전국적으로 그 수가 얼마나 되었는지 등에 대해서는 잘 알 수가 없다. 지방에는 이 밖에 해안이나 강을 끼고 있는 지역과 육로가 발달해 있는 곳을 중심으로 왕래하면서 상업을 하는 行商도 있었다.

대외무역은 송을 비롯하여 요·금·일본 등 주변 각국들과의 사이에서 행하여졌다. 그 가운데서도 가장 활발하게 교역을 한 나라는 宋이었거니와, 공식적인 조공무역 이외에 私貿易도 성하여 현종 때부터 충렬왕 4년까지 약 260여 년 동안에 고려에 온 宋商은 고려측의 기록만 보더라도 5,000여 명이나 되며 그 횟수도 120여 회가 되었다는 것으로 미루어 당시의 성황을 대략 짐작할 수 있다. 이 때 고려의 국제 무역항은 개경 근처의 禮成江 碧瀾渡였다.

요·금과도 使行貿易이 행해지고 互市場인 榷場이 설치되기도 했지만 양국과는 전쟁 등의 긴장관계가 오래 지속되었으므로 교역도 그 만큼 한계성을 가지는 것이었다. 그리고 일본과는 정식적인 국교가 없었으므로 주로 민간상인들이 내항하여 방물을 바치고 하사품을 받아 가는 進奉貿易이 조금 이루어지는 정도였다. 그러나 일면으로 大食國, 즉 아라비아 상인들이 송나라의 고려무역에 힘입어 진출하여 온 것은 한 특이한 현상이었다.

고려에서 사용된 화폐는 물품화폐와 금속화폐의 두 종류였다. 그 중 물품화폐로 이용된 것은 布·米였는데, 그러나 布가 米에 비해 좀 더 운반이 쉽고 가치의 안정성이 높았으므로 점차 이것이 많이 쓰이게 되었다. 고려의 백성들이 가장 널리 사용한 화폐는 布貨였다고 할 수 있거니와, 그것으로 기능한 포는 주로 질이 나쁜 마포인 추포였다가 뒤에는 5종포(5승포)로 바뀌었다.

금속화폐로는 성종 15년에 주조하여 쓰도록 한 鐵錢이 처음이었다. 그러나 이것은 널리 유통되지 못하고, 얼마 뒤에는 숙종이 해동통보 등을 주조하여 사용을 적극 권장하였으며, 또 銀 한 근으로 우리나라의 지형을 본 딴 은병 등도 만들어 통용토록 조처하였다. 그러나 실물경제에 치중되어 있던 고려에서 비록 도시의 경우 어느 정도 활발하게 금속화폐가 유통되었다고 하지만 전반적으로는 그렇지가 못하였다.

借貸法에 관한 규정이 제정되는 것은 경종 5년의 일인데, 米는 15두에 5두, 布는 15척에 5척으로 이식은 年利 33%가 조금 넘었다. 그 뒤에 '子母相侔' 또는 '一本一利'라 하여 원금과 이자가 동액이 되었을 때는 그 이상의 이식을 취하지 못하도록 하는 법제도 마련되었지만, 법정이자율이 워낙 고율인데다가 高利貸까지 성행하여 사회문제가 되었다. 좋은 취지에서 출발한 寶가 뒤에 문제가 되는 것도 이와 관련한 것이었다.

## Ⅶ

이상에서 고려 전기의 경제구조를 이해하는데 필요하다고 생각되는 중요과제들인 전시과 제도와 녹봉, 공전·사전과 그 유형, 민전, 토지국유제설과 균전제론, 전결제와 농업생산력의 문제, 조세·공부·요역 등의 세역제도와 조운, 수공업과 상업 등에 대하여 필자들의 논지를 중심으로 간략하게 살펴보았다.

원래 이 책은 지금까지의 연구성과를 정리하고 집대성하여 일반에게 소개하는 데 목적이 있었다고 알려져 있거니와, 대부분의 내용은 그 취지에 맞게 서술되었다고 생각되며, 개요를 작성한 나로서도 그 점에 많이 유의하였다. 그러나 집필자들 나름으로 견해가 없을 수 없는 데다가 또 의견이 엇갈려 학설이 팽팽하게 맞서 있는 경우 어느 한 편에 좀 더 기울어질 수도 있다고 이해된다. 따라서 독자와 견해를 달리하는 부분도 없지 않을 듯싶은데, 역시 각 논지는 집필자의 책임 하에 이루어진 것이므로 이 점 양해하고 읽어 주기 바란다.

이 개요가 일반 학설 및 그와 차이가 나는 점을 파악하고, 또 전체의 윤곽을 이해하는 데 조금이나마 보탬이 되었으면 한다.

〈朴龍雲〉

# Ⅰ. 전시과 체제

1. 전시과 제도
2. 공전·사전과 민전
3. 공전의 여러 유형
4. 사전의 여러 유형
5. 전시과 체제 하의 토지지배관계에 수반된 몇 가지 문제

# Ⅰ. 전시과 체제

## 1. 전시과 제도

### 1) 건국 직후의 토지지배관계와 역분전의 설치

#### (1) 토지지배의 내용

이 장에서 논의하게 될 전시과 체제의 역사적 위치와 성격을 보다 정확히 이해하기 위해서는 먼저 신라에서 고려 말에 이르는 시기의 토지지배 관계가 지닌 내용을 살펴 둘 필요가 있다.

오늘날과 마찬가지로 고려시대에도 개인의 토지 사유는 인정되고 있었다. 이러한 사실은 우선 地目·土地所在地·面積·四標·所有主 등이 명시된 채 매매나 기진의 사실을 밝히고 있는 각종의 田券과 量案을 통해 확인된다.[1] 그러나 토지 사유의 흔적, 다시 말해 사유지의 존재는 무엇보다도「民田」이라 불리는 토지에서 찾아진다. 즉 당시의 민전은 일반 백성이 주로 선조로부터 물려받은 것으로 매매·상속·증여 등이 자유로운 사유지였는데, 고려 전 시기에 걸쳐 존재하고, 경기와 5도는 물론 양계 지역에까지 널리 분포하고 있었으며, 일반 농민인 백정을 비롯하여 양반·노비에 이르기까지 매우 광범위한 계층이 소유하고 있었다는 것이다.[2]

그런데 이와 같은 개인의 토지 사유가 고려에 이르러 비로소 이룩된 것은 아니다. 통일신라시대 이래의 관례 내지는 제도였던 것이다. 元聖王의 陵址

---

1) 旗田巍, 〈新羅·高麗の田券〉(《史學雜誌》 79-3, 1970).
金容燮, 〈高麗時期의 量田制〉(《東方學志》 16, 延世大 國學硏究院, 1975).

2) 民田의 실체에 대해서는 이 책 제Ⅰ편 제2장 2절 〈민전〉 참조.

조성에 필요한 능 주변 토지의 매입 사실을 전하는 〈崇福寺碑〉와[3] 入雲이 京租 100石으로 烏乎比所里의 公書·俊休 등으로부터 14결의 토지를 사들였다는 내용의 〈開仙寺石燈記〉를[4] 통해 토지 매매의 관행을 알 수 있다. 또 12區 500결에 달하는 田莊을 安樂寺에 기증한 신라 말의 승려 智證의 사례와[5] 남의 집 고용살이를 해서 얻은 자그마한 傭田을 법회에 시주한 大城의 예에서[6] 토지의 증여 사실을 확인할 수 있는데, 이러한 매매와 증여는 개인의 토지 사유를 전제하지 않고서는 이해할 수 없다. 따라서 신라시대에도 고려의 경우와 같이 민의 사유지는 광범위하게 존재하였다고 생각되며, 〈新羅村落文書〉에 보이는 '烟受有田·畓'이 이러한 성격의 토지였다고 이해되고 있다.

물론 이 두 시기에 민전으로 대표되는 사유지만이 존재했던 것은 아니다. 국가나 공공기관이 소유권을 가지고 있던 국·공유지도 있었다. 內庄田·公廨田·屯田·學田·籍田 등으로 불리는 고려 때의 토지와 〈신라촌락문서〉에 나타나는 官謨田·畓 및 麻田 등은 다름 아닌 국·공유지였다. 그러나 연수유전·답의 전체 규모가 마전과 관모전·답을 훨씬 능가하는 사실에서 짐작할 수 있듯이 당시 전국 토지의 대종을 이루고 있었던 것은 민전이었으며, 국·공유지의 규모는 그리 큰 것이 아니었다. 그러므로 신라·고려시기의 토지제도는 일단 토지사유제를 기반으로 운영되었고, 아울러 토지지배의 일차적인 본질은 매매·상속·증여 등의 소유권 행사에 있었던 것으로 이해된다.

그러나 토지사유제에 바탕을 둔 이와 같은 소유권적 지배만을 이 시기 토지 지배의 전부라고는 할 수 없다. 왜냐하면 당시 민전을 비롯한 사유지에는 소유주의 소유권 외에도 국가권력에 의해 설정된 收租權이라는 또 하나의 권리가 작용하고 있었기 때문이다. 이 수조권은 "넓은 하늘 아래 왕의 토지가 아닌 것이 없다"는 동양적 왕토사상을 바탕으로 나타난 것으로 해당 토지에서 소정의 조세를 거둘 수 있는 권리였다. 국가가 量田을 행하고 양안을 만든 것도 사실은 이러한 수조권을 정확히 확보하고 행사하기 위해서였다. 즉 양안에

---

3) 〈慶州 崇福寺碑〉(《朝鮮金石總覽》 上, 朝鮮總督府, 1919), 121쪽.
4) 〈開仙寺石燈記〉(《朝鮮金石總覽》 上), 87~88쪽.
黃壽永 編, 《續金石遺文》, 95쪽.
5) 〈聞慶 鳳巖寺智證大師寂照塔碑〉(《朝鮮金石總覽》 上), 936쪽.
6) 《三國遺事》 권 5, 孝善 9, 大城孝二世父母.

해당 토지(사유지)의 소유주를 명기하여 그의 소유권을 인정하고 보호해 주면서 동시에 그를 조세부담자로 지정함으로써 수조권 행사의 대상을 정확히 파악해 두고자 했던 것이다. 이러한 국가의 수조권은 두 가지 형태로 운용되었다. 국가가 직접 수조권을 행사하여 사유지(주로 민전)를 국가 수조지로 편성·확보하는 것이 그 하나인데, 대부분의 사유지가 이에 해당한다. 다른 하나는 이 수조권을 양반관료 및 각종의 職役 부담자에게 위임함으로써 개인 수조지로 만드는 것인데, 전시과 규정에 따라 분급된 각종 지목의 대부분의 토지, 예컨대 양반과전·군인전·향리전 등으로 불리는 토지의 실체는 다름 아닌 이러한 개인 수조지로서의 사유지(민전)였다. 다시 말해서 전시과 규정에 따른 「土地分給」의 실체는 토지 자체(소유권)의 지급이 아니라 수조권의 지급이었던 것이다.

이처럼 사유지에 설정된 수조권을 행사하여 국가재정을 운영하고 관료 및 직역 부담자들의 보수를 지급할 수 있었으므로 국가의 입장에서는 국가의 수조권을 개인의 소유권보다 중시하였다. 본질이 사유지였음에도 불구하고 국가 수조지인 민전을 「公田」으로 간주한 것은[7] 바로 이러한 관념의 한 반영이었다. 즉 민전에서의 개인의 소유권을 보고하고는 있었지만, 수조권을 국가가 가지고 있는 한 그 민전은 국가의 지배하에 있는 「공적인 토지」라고 생각하였던 것이다. 「수조권의 지급」에 불과하면서도 「토지를 분급」한 것처럼 기술한 전시과 규정도 사실은 이러한 인식의 소산이었다. 그리고 비록 科田法 규정이기는 하지만 개인 수조지인 민전의 소유주를 '佃客'이라 하고 그 수조권자를 오히려 '田主'라 표기한 것이라든지, 전객의 사망이나 移徙·惰農 등으로 인해 수조를 실현할 수 없을 때에는 수조권자인 전주가 임으로 처분할 수 있게 한 조치 등에서[8] 국가가 수조권을 통한 토지지배에 얼마나 집착하고 있었는가를 극명하게 엿볼 수 있다.

그러므로 고려시대의 토지지배관계를 고찰함에 있어 수조권에 입각한 토지지배의 내용은 소유권에 의한 그것에 못지 않게 중시되어야 한다. 앞에서

7) 이른바 義倉米收租規定(《高麗史》 권 80, 志 34, 食貨 3, 常平義倉 현종 14년 判)에서 國家收租地로서의 民田을 '三科公田'으로 표기하고 있는 것이 그 대표적인 예이다(旗田巍, 〈高麗の公田〉, 《史學雜誌》 77-4, 1968).

8) 《高麗史》 권 78, 志 32, 食貨 1, 田制 祿科田.

도 언급하였듯이 전시과 규정에 따른 토지분급의 실상이 해당 토지에서 조세를 수취할 수 있는 수조권의 지급이었다고 파악되는 이상 더욱 그러하다. 그렇지만 이 시기 토지지배의 본질은 어디까지나 소유권적 지배에 있었다고 보아야 한다. 국가의 수조권이 아무리 강력하고, 과전법에서와 같이 수조의 실현을 위해 소유권의 일부가 제한되었을 가능성이 있다고 하더라도 조세납부의 의무를 이행하는 한 개인의 소유권 행사가 어떤 제한을 받을 리 없기 때문이다. 토지사유제에 입각한 소유권적인 지배를 바탕으로 하고, 그 위에 수조권을 매개로 한 또 하나의 지배관계를 설정한 토지지배, 이것이 바로 전시과 체제하의 토지지배가 지닌 내용이었다.

### (2) 식읍과 녹읍

널리 알려진 바와 같이 고려가 구체적이고 일정한 원칙을 세워 관료를 비롯한 여러 臣民에게 토지=수조지를 지급하기 시작한 것은 이른바 경종 원년(976)의 始定田柴科에서의 일이라고 할 수 있다. 그러나 신민에게 수조지를 지급하는 전통은 이 때에 이르러 비로소 만들어진 것이 아니라 삼국시대 이래의 유습이었다. 소위 食邑·祿邑으로 불리는 토지의 분급이 그것으로, 이들 토지는 고려 건국 직후까지도 존재하였다. 따라서 전시과 체제의 체계적 이해를 위해서는 우선 이들 토지의 성격에 대해 살펴 볼 필요가 있다.

제도적으로 周代의 봉건제도 하에서 왕족과 공신에게 나누어 주던 封土에, 그리고 역사적으로는 고구려와 부여에서 諸加가 下戶를 지배하던 방식에 기원을 두고 있는 식읍의 존재는[9] 고려의 건국에서 후삼국 통일에 이르는 시기에도 찾아지고 있다. 건국 직후부터 그 존재가 확인되는 東宮食邑과,[10] 태조 18년에 후백제의 甄萱과 신라의 金傅에게 지급한 楊州와 慶州의 식읍이[11] 바로 그것이다. 여기서 우선 왕자를 비롯한 왕족과 공신이 식읍의 지급대상이었음을 알 수 있다. 따라서 이 시기의 다른 왕족과 공신들에게도 식읍이 분급되었

9) 이에 대해서는 李景植, 〈古代·中世의 食邑制의 構造와 展開〉(《孫寶基博士停年紀念 韓國史學論叢》, 1988) 참조.

10) 《高麗史》 권 1, 世家 1, 태조 원년 6월 을축.

11) 《高麗史》 권 2, 世家 2, 태조 18년 6월·12월.

을 가능성이 없지는 않다. 그러나 더 이상의 사례는 찾아지지 않는다. 다만 공신의 경우에는 견훤과 김부에 상당하는 여타의 인물을 찾을 수 없을 뿐만 아니라, 王順式과 같은 大豪族과 洪儒·裵玄慶 등의 開國一等功臣에게서도 그러한 흔적을 찾을 수 없으며, 앞으로 설명하는 바와 같이 당시 이들에게는 주로 녹읍이 지급되었던 것으로 판단되므로 그렇게 생각하기는 어렵다고 하겠다. 결국 건국 직후에 공신에게 준 식읍은 견훤과 김부의 사례뿐이었다고 믿어진다.[12)]

그런데 이처럼 왕족과 공신들에게 식읍을 지급한 것은 그들을 왕실의 藩屛으로 삼고 그 위치를 공고히 함으로써 왕업을 융성케 하고 왕실의 번창을 도모하고자 하는 명분에서였다. 물론 공신 식읍의 경우는 그들의 공훈을 포상한다는 의미도 지니고 있었다. 그렇기 때문에 왕족에 대한 것이든 공신에 대한 것이든 간에 식읍의 수여는 왕의 私恩이 아니라 공적인 것으로 인식되었다. 그리고 이러한 식읍은 1丁에서 3丁으로 구성되는 課戶를 단위로 분급되었으며, 이에 따라 식읍의 크기는 자연히 封戶의 수로 정해졌다고 이해된다.[13)] 물론 견훤과 김부에게 주어진 식읍에서 보듯이 지역을 단위로 분급된 듯한 식읍이 없었던 것은 아니다. 그러나 그 실상은 역시 戶를 단위로 지급되었다고 생각된다. 김부의 경주 식읍이 그 좋은 실례이다. 《高麗史節要》의 기록에 의하면 당시 김부는 "食邑 8천 호에 봉해지고 경주를 식읍으로 받았다"고 하는데,[14)] 여기서 김부가 받은 식읍의 실상은 봉호 8천 호였다는 사실을 짐작할 수 있다. 따라서 경주라는 지역은 8천의 봉호가 거주하는 지역을 나타낼 뿐이라 하겠다. 그리고 이러한 김부의 식읍은 경주의 일부, 다시 말해 경주에 거주하는 人丁의 일부였다. 이것은 경종이 즉위하여 기존의 봉호 8천에다 2천 호를 가급하여 총 1만 호로 만들어 준 사실에서[15)] 확인된다. 만일 태조때 받은 식읍 8천 호가 경주 전체였다면 이와 같은 가급은 생각하기 어려운 일이다. 견훤의 양주 식읍도 그 실상은 아마 이와 다르지 않았을 것

12) 洪承基, 〈高麗初期의 祿邑과 勳田〉(《史叢》 21·22, 高麗大史學會, 1977).
朴春植, 〈羅末麗初의 食邑에 대한 一考察〉(《史叢》 32, 1987).

13) 李景植, 앞의 글.

14) 《高麗史節要》 권 1, 태조 18년 12월.

15) 《高麗史》 권 2, 世家 2, 경종 즉위년 10월 갑자.

이다. 이와 같이 식읍은 그것이 설정된 지역의 일부였다. 따라서 식읍은 자연히 국가의 행정체계 내에서 존재하였고, 또 운영되었다고 하겠다.

한편 식읍, 특히 공신에게 주어지는 식읍은 대체로 수급자와 어떤 연고를 지니고 있는 지역에 설정되었다는 점이 주목된다. 김부와 경주의 관계는 더 이상의 설명이 필요하지 않으며, 견훤과 양주도 비록 직접적인 것은 아니지만 간접적인 관계를 갖고 있다. 즉 양주를 견훤의 식읍으로 정한 것은 후백제가 백제의 정통을 이었으며, 양주(지금의 서울)가 곧 백제의 초기 도읍지였다는 점을 고려했기 때문으로 이해된다.[16] 이는 삼국시대에 지급된 식읍에서도 찾아볼 수 있는 식읍제의 한 특징이었다. 예컨대 금관가야의 왕 金仇亥가 받은 식읍은 본국인 金海였으며, 고구려의 戰功者들이 받은 것은 그들이 외적을 격퇴한 지역이었다.[17] 또 원성왕 때 金周元에게 주어진 식읍 溟州와 인근 지방은 그가 퇴거하여 세력을 뻗치고 있던 지역이었다.[18]

앞서 말한대로 식읍은 人丁을 기초로 한 戶를 단위로 분급되었으므로, 그곳에 대한 食邑主의 지배는 당연히 인정을 대상으로 하였다. 따라서 식읍주는 식읍민으로부터 조세는 물론 공부와 역역까지를 수취할 수 있었다. 祿轉과 稅布·徭貢 등을 직접 수납하였다고 생각되는 崔怡의 晋州 食邑이[19] 이를 잘 말해 준다. 여기서 식읍에서의 부세는 식읍주에 의해 직접 수취되었음을 알 수 있는데, 이를 위해 식읍주는 家臣을 파견하였다. 이와 관련하여 충선왕이 자신의 三食邑에 郎將을 파견하여 부세의 수취를 독려하였던 일이[20] 주목된다. 물론 이들은 모두 고려 중·후기의 사례이지만 고려 초 식읍의 경우도 이와 다르지 않았을 것이다. 한편 식읍의 봉호는 토지·인력 및 기타 재산 등을 고려하여 국가가 선정하였는데, 조세·공부와 역역을 감당할 수 있는 비교적 안정된 平民戶가 중심을 이루었다고 여겨진다. 즉 빈한한 家戶는 물론이고, 토호나 양반관료 등의 지배층 가호는 배제되었을 것이다. 그리고 이러한 식읍 지배의 권리는 원칙적으로 당대에 한하여 인정되었다. 즉 상속은 허용되지 않

16) 朴春植, 앞의 글.
17) 《三國史記》 권 4, 新羅本紀 4, 법흥왕 19년·권 16, 高句麗本紀 4, 신대왕 8년 11월·권 17, 高句麗本紀 5, 봉상왕 2년 8월.
18) 《新增東國輿地勝覽》 권 44, 江陵大都護府 人物.
19) 《高麗史節要》 권 16, 고종 37년 정월.
20) 《高麗史》 권 34, 世家 34, 충선왕 3년 8월 경오.

았다.[21]

이렇게 볼 때 식읍으로 분급된 지역의 토지가 식읍주의 사유지일 수 없음은 자명하다. 따라서 식읍의 토지는 주로 봉호의 민전으로서 식읍주의 수조지였다고 할 수밖에 없다. 이는 左倉이 실수로 최이의 진주 식읍에서 田租를 거두었던 사례와,[22] 왕실의 三倉邑이 설정되면서 백관의 녹봉이 부족해졌다고 하는 李齊賢의 주장에서도[23] 어렵지 않게 확인된다. 이와 같이 식읍 토지의 본질은 수조지였다. 그러므로 식읍주의 사망 등으로 인해 식읍이 해제되면 봉호는 당연히 조세·공부·역역 등을 국가에 바치는 일반 民으로 재편되며, 그 토지는 국가 수조지로 편입되었을 것이다. 그러나 식읍은 단순한 수조지가 아니었다. 앞서 언급한 바와 같이 전시과 체제하의 다른 토지와는 달리 토지만이 아니라 인정에 대한 지배, 즉 전조·공부·역역의 수취를 모두 인정받은 것이었다. 따라서 식읍주가 식읍에서 얻는 수입은 대단할 수밖에 없었다. 이러한 권리와 부를 바탕으로 그들은 田地를 買得하거나 新田을 개발하여 소유지의 규모를 확대할 수 있었고, 다량의 노비도 확보하였을 것이다. 이처럼 그 본질은 수조지였지만, 식읍은 단순한 수조지와는 비교할 수 없을 만큼 토지와 인정에 대한 수급자의 지배력이 강한 것이었다. 그렇다고 식읍주가 그 곳에서의 통치권 전체를 영속적으로 장악하는 私領地나 直領地라고는 할 수 없다. 앞에서도 설명하였지만 식읍은 국가의 행정체계 안에 존재하였으며, 상속이 허용되지 않았기 때문이다.

한편 고려 건국에서 후삼국의 통일에 이르는 시기에는 식읍과 유사한 성격을 지니고 있으면서도 몇 가지 특징을 달리하는 녹읍이 있었는데, 그 기원이 신라의 녹읍에 있었음은 물론이다. 그러나 신라의 녹읍이 모든 관료를 대상으로 지급되었음에 비하여,[24] 이 시기의 녹읍은 주로 후삼국을 통일하는

---

21) 河炫綱, 〈高麗食邑考〉(《歷史學報》 26, 1965).
李景植, 앞의 글.

22) 《高麗史節要》 권 16, 고종 30년 5월.

23) 《高麗史節要》 권 25, 충혜왕 후 5년 5월.

24) "下敎 罷內外官祿邑 逐年賜租有差"(《三國史記》 권 8, 新羅本紀 8, 신문왕 9년)와 "除內外群官月俸 復賜祿邑"(《三國史記》 권 9, 新羅本紀 9, 경덕왕 16년)의 녹읍 혁파 및 부활 기사가 이를 잘 말해 준다. 통일신라 때의 녹읍제에 대해서는 姜晋哲, 〈新羅의 祿邑에 대하여〉(《李弘稙博士回甲紀念 韓國史學論叢》, 1969) 참조.

과정에서 王建에게 적극적으로 협력한 지방의 크고 작은 호족에게 지급되었다. 견훤 휘하의 高思葛伊 성주로 있다가 고려로 귀부한 興達과 그의 세 아들이 靑州祿 및 珍州祿·寒水祿·長淺祿 등을 받은 일이나,[25] 燕山 昧谷의 장군으로 견훤의 심복이 되었다가 태조에게 귀순한 龔直이 大相의 官階와 함께 白城郡祿을 지급받은 것[26] 등이 그 좋은 실례이다. 또 碧珍郡(星州)에 웅거하던 李悤言이 태조에게 歸款함으로써 本邑(벽진군)의 장군으로 제배되고 이웃 고을의 丁戶 229를 추가로 하사 받은 것도[27] 녹읍 지급의 사례에 해당한다고 여겨진다. 기록상으로 확인할 수 있는 고려 초기의 구체적인 녹읍 지급의 실례는 이 정도이지만 실제로는 보다 많은 사례가 있었을 것으로 추측된다. 왜냐하면 당시에는 수많은 지방의 대소 호족들이 고려에 귀순해 왔었는데 오직 위의 몇몇 경우에만 녹읍을 주고 다른 호족들에게는 지급하지 않았다고 생각하는 것은 자연스럽지 않기 때문이다.

그러나 이러한 지방호족, 즉 귀순 성주들만이 녹읍을 받았던 것은 아니다. 태조 17년(934)에 禮山鎭 행차 때에 왕이 내린 조서에서 '王親權勢之家'와 '公卿將相'에게 녹읍이 주어지고 있음을 살필 수 있는데,[28] 귀순 호족만이 이들의 범주에 속한다고는 할 수 없다. 여기서의 '왕친'은 태조와 일정한 혈연관계를 지니고 있는 사람들이었을 것이고, '공경장상'과 '권세지가'에는 귀순 성주뿐 아니라 개국공신으로 대표되는 태조의 막료들도 마땅히 포함되었을 것으로 판단된다.[29] 따라서 고려 초기의 녹읍은 일단 공경장상이나 권세가라고 할 수 있을 정도로 높은 관계를 가진 귀순 성주와[30] 왕친·개국공신들에게 지급되었다고 하겠다. 물론 이의 시원으로서 통일신라 시기의 녹읍제에 비추어 볼 때 하위의 관계를 지닌 관료에게도 녹읍이 주어졌을 가능성이 없지는 않다. 그러나 고려 초의 녹읍은 후삼국의 통일과 함께 사라졌다는 점을 고려하면 신라와는 사정이 달랐을 것으로 생각된다. 만일 이 시기의 녹읍이 관료

25) 《高麗史》 권 92, 列傳 5, 王順式 附 興達.
26) 《高麗史》 권 92, 列傳 5, 龔直.
27) 《高麗史》 권 92, 列傳 5, 王順式 附 李悤言.
28) 《高麗史》 권 2, 世家 2, 태조 17년 5월 을사.
29) 洪承基, 앞의 글.
30) 당시 태조에게 귀부한 대부분의 지방호족들은 官階, 그것도 주로 元尹 이상의 高位 官階를 받았다고 한다(武田幸男, 〈高麗初期の官階〉, 《朝鮮學報》 41, 1966).

일반에 대한 보수로 주어진 것이었다면 통일 후 그렇게 빨리 소멸되기는 어렵기 때문이다. 따라서 고려 초의 녹읍은 개국 직후의 특수한 환경에서 高勳者나 지방호족들을 회유하여 통일의 과업에 적극 협력토록 할 목적으로 신라의 제도를 원용하여 시행한 이례적인 시책이었다고 생각된다.

홍달과 그의 아들 및 공직의 예에서 알 수 있듯이 녹읍은 주로 면적이 아닌 현 또는 군 규모의 지역을 단위로 지급되었는데, 그 지역이 반드시 수급자와 어떤 연고를 지닌 것은 아니었다. 예컨대 홍달에게 주어진 靑州(淸州)가 그의 본거지인 高思葛伊(聞慶)와 가까운 거리라고는 할 수 없으며, 그의 아들에게 지급된 珍州(珍山)와 寒水·長淺(長湍)도 본거지인 문경과는 먼 거리에 있다. 또 공직이 받은 녹읍 白城郡(安城郡)도 본거지인 燕山 昧谷(懷仁)과 결코 가까운 곳은 아니다. 그런데 홍달과 공직이 청주와 백성군을 녹읍으로 받았다고 해서 그들의 세력 본거지에 대한 지배가 부정되었다고는 생각되지 않는다. 왜냐하면 《高麗史》의 홍달과 공직의 열전에 의하면, 이들은 귀부 후에도 본거지에 거주하면서 태조의 번병 역할을 수행하였으므로 고사갈이와 연산 매곡은 계속 그들의 지배하에 있었다고 보아야 하기 때문이다. 따라서 단정할 수는 없겠지만 고려에 귀부한 이후 본거지에 대한 이들의 지배는 아마도 녹읍의 형태로 구현되었을 것으로 판단된다. 결국 홍달과 공직의 경우 일차 本邑을 녹읍으로 인정받은 위에 추가로 청주와 백성군을 분급 받았던 것으로 이해된다. 이총언의 경우도 마찬가지이다. 즉 그가 본읍 장군에 제배된 것은 본읍을 녹읍의 형태로 지배할 수 있도록 인정한 것이며, 이웃 고을 丁戶 229를 加賜 받았다는 것은 본읍 이외에 추가로 받은 녹읍이었다고 하겠다. 이렇게 생각할 때 귀순 성주에게는 일차적으로 그들의 본거지가 녹읍으로 지급되고, 홍달과 공직의 사례에서와 같이 별도의 녹읍이 추가로 주어지기도 했다고 이해하는 것이 타당할 듯하다.[31] 그러나 왕친과 개국공신에게 지급된 녹읍이 수급자와 어떤 지역적 연고를 지니고 있었는 지의 여부에 대해서는 잘 알 수 없다.

그런데 이러한 녹읍의 지급이 해당 지역의 토지 자체, 즉 소유권의 이양을

31) 姜晋哲, 《高麗土地制度史硏究》(高麗大出版部, 1980), 23쪽
이와는 달리 歸順豪族에게 지급된 녹읍은 그들의 본거지와 별로 관계가 없다고 보는 견해도 있다(洪承基, 앞의 글).

의미하지는 않는다. 앞에서도 언급하였듯이 당시에는 이미 토지사유제에 기초한 民의 사유지가 전국적으로 광범위하게 분포하고 있었으므로 특정인에게 녹읍으로 지급된 지역의 토지 역시 대부분은 그 지역에 거주하는 민의 사유지였을 것으로 판단되기 때문이다. 만일 녹읍의 지급을 소유권의 이양이었다고 한다면 그 지역에는 민의 사유지가 전혀 없었다고 해야 하는데, 토지사유제를 인정하는 한 이는 생각하기 어려운 일이다. 따라서 녹읍은 일단 수조권, 결국 수조지의 분급이었다고 이해된다. 그렇다고 녹읍의 지배가 단순히 조세(田租)의 수취에만 국한되었다고는 생각되지 않는다. 이와 관련하여 홍달의 사례가 주목된다. 당시 홍달에게는 청주록과 함께 '田宅'이 주어졌는데,[32] 이 「田」은 후술하는 바와 같이 단순한 수조지로 이해된다. 이렇게 단순한 수조지와 함께 수여된 녹읍이 그것과 성격을 달리하였을 것은 당연하며, 이 같은 사실은 결국 녹읍이 수조권 이상의 지배력을 지닌 실체였음을 의미한다고 믿어진다.

녹읍의 이러한 성격은 권세가와 공경장상 등의 녹읍주에게 행한 다음과 같은 태조의 훈시에서도 엿볼 수 있다.

> 5월 을사일에 禮山鎭에 행차하여 조칙을 내려, … 왕의 친족(王親)이나 권세가들이 방자·횡포하고 약한 자를 억눌러서 나의 백성들을 괴롭게 함이 어찌 없다고 하겠는가. … 너희들 公卿將相으로 祿을 먹는 사람들은 마땅히 내가 백성을 자식같이 사랑하는 뜻을 헤아려 너희 祿邑의 백성들을 불쌍히 여겨야 할 것이다. 만약 家臣의 무지한 무리들을 녹읍에 보내면 오로지 聚斂에만 힘쓰니 마음대로 빼앗아간들 너희들이 또 어찌 알겠으며, 비록 그 사실을 안다 하더라도 또한 금지하지 않고, 백성 중에 論訴하는 자가 있어도 관리들이 私情에 끌려 이를 숨기고 비호하고 있으니 원망과 비방이 일어나는 것은 주로 이에 연유하고 있다…(《高麗史》 권 2, 世家 2, 태조 17년 5월).

이것은 녹읍 지배의 실상을 어렴풋이 나마 알려 주는 유일한 기사인데, 녹읍주의 가신이 "오로지 취렴에만 힘쓴다"느니 "마음대로 빼앗아 간다"느니 하는 표현 등은 당시 녹읍에 대한 지배권이 수조권 이상이었음을 시사해 주고 있다.[33] 이처럼 녹읍에 대한 지배권이 수조권 이상이었다면 그것은 조세

32) 《高麗史》 권 92, 列傳 5, 王順式 附 興達.
33) 金哲埈, 〈新羅 貴族勢力의 基盤〉(《人文科學》 7, 1962).

뿐만 아니라 공부와 역역의 수취까지를 포함하는 것이었다고 여겨진다.[34] 이렇게 볼 때 녹읍의 지배는 단순한 수조권적 토지지배라기보다는 오히려 그 토지, 즉 일정한 지역에 거주하는 人丁에 대한 지배라는 성격을 짙게 띠고 있었다고 하겠다.[35] 한편 위 태조의 훈시를 통해 녹읍에서의 수취는 녹읍주에 의해 직접 이루어졌고, 이를 위해 그 곳에는 녹읍주의 가신이 파견되었음을 알 수 있다. 이상에서 살펴 본 바와 같이 고려 초기의 녹읍은 지배의 내용과 성격에 있어서 식읍과 매우 유사한 점을 지니고 있었다.

이처럼 조세는 물론 공부와 역역도 수취할 수 있었으므로 녹읍은 수급자들의 중요한 경제적 기반이 되었을 것이다. 특히 귀순 성주의 본거지에 설정된 녹읍은 그들의 군사적 기반으로도 활용되었다. 당대 최대의 호족으로 여겨지는 왕순식은 물론이고 홍달과 공직·이총언 등도 자신의 군사를 거느리고 있었는데, 그들의 녹읍이 이의 유지에 필요한 인적·물적 기반을 제공하였으리라는 것은 생각하기 어렵지 않다. 결국 귀순 성주들은 녹읍에 대한 지배를 통해 반독립적인 세력을 유지할 수 있었다고 하겠다. 그러므로 호족들을 완전히 복속시키고 지방에 대한 통제를 강화해야 할 태조에게 있어서 이러한 녹읍은 점차 축소 내지 폐지해야 할 대상이었다. 후삼국 통일이 달성된 이후 전공이 있는 자들에게 대규모의 토지(수조지)를 사급하면서도[36] 녹읍을 지급하지 않은 것은 바로 이러한 이유에서였을 것이다. 따라서 후삼국이 통일된 이후로 녹읍의 분급은 중단되었고, 기왕에 지급된 녹읍도 단순한 수조지의 사급(賜田)으로 대체되었다고 생각된다. 이와 관련하여 주목되는 것이 다름 아닌 태조 23년(940)에 실시된 役分田制이다.

### (3) 토지(수조지) 사급과 역분전의 설치

고려 건국 직후에 조세 및 공부·역역을 수취할 수 있는 식읍과 녹읍만이 지급되었던 것은 아니다. 조세의 수취만을 인정한 단순한 수조지의 분급도

34) 姜晋哲, 앞의 책.
이와는 달리 녹읍 지배의 내용을 제한된 액수의 조세(전조)만을 거두어 가는 것으로 파악한 견해도 있다(洪承基, 앞의 글).

35) 姜晋哲, 앞의 책, 13쪽.

36) 통일 직후 朴英規에게 1,000頃의 토지를 사급한 것이 그 대표적인 예이다(《高麗史》 권 92, 列傳 5, 朴英規).

함께 행해졌다. 흔히 면적 단위로 분급되거나, 단순히 '田 또는 田宅'의 사급으로 표현된 토지의 실체가 바로 그것이다. 그런데 이러한 토지를 지급 받는 계층은 매우 다양하였다. 우선 귀순성주 계열의 인물들이 그러한 토지의 사급 대상이었다. 홍달에게 청주록과 아울러 전택이 사급되었음은 이미 언급한 바 있고, 溟州의 대호족인 왕순식에게도 전택이 지급되었으며, 후백제의 장군으로 활약하다 귀순한 朴英規에게는 田 1,000頃이 주어졌다.[37] 다음으로 개국공신으로 대표되는 태조의 막료들도 사급의 대상이었다. 개국 일등공신인 卜智謙과 申崇謙이 각각 沔川과 平州의 토지 3백결을 받았던 일이나,[38] 林椿의 선조가 태조를 도와 큰공을 세우고 丹書鐵券으로 보증된 土田을 하사받은 것[39] 등이 이러한 사례를 해당한다고 하겠다. 그러나 녹읍의 주된 수급자이기도 한 이들 귀순성주와 개국공신, 즉 고위 관계의 소유자만이 이러한 토지(수조지)를 사급받은 것은 아니었다. 낮은 관계를 지닌 하위 관리들도 이의 사급 대상이었다고 생각된다. 이와 관련하여 김부가 귀순할 때 함께 와 고려의 관리로 서용된 인물들이 '田祿'을 받은 사실과,[40] 발해의 왕자 大光顯을 따라온 僚佐들이 官爵 및 전택을 받은 일[41] 등이 주목된다. 즉 김부와 대광현을 수종한 인물들은 대부분 고려의 하위 관리로 편입되었다고 판단되는데, 이들이 토지를 받게 된 것은 귀순이라는 사유 때문이 아니라 관리가 되었다는 사실, 다시 말해서 토지의 사급이 관리에 대한 일반적인 처우방식이었기 때문이라고 이해된다.[42] 따라서 토지의 지급은 이 시기의 관료를 대우하는 가장 보편적이고도 대표적인 방식이었다고 하겠다. 그러나 이러한 토지 지급과 관련된 더 이상의 구체적인 내용, 예컨대 지급의 원칙이나 기준이 어떠하였는가는 잘 알 수 없다. 다만 나름대로 일정한 원칙과 기준이 마련되어 있었을 것으로 추측될 뿐이다.

한편 이렇게 사급된 토지의 실체는 이미 언급한 바와 같이 식읍이나 녹읍

---

37) 《高麗史》 권 92, 列傳 5, 王順式 · 朴英規.
38) 《新增東國輿地勝覽》 권 19, 忠淸道 沔川郡 人物 · 권 41, 黃海道 平山都護府 人物.
39) 林椿, 《西河集》 권 4, 書簡, 上刑部李侍郎書.
40) 《高麗史》 권 2, 世家 2, 태조 18년 12월 임신.
41) 《高麗史》 권 2, 世家 2, 태조 17년 7월.
42) 洪承基, 앞의 글.

과는 다른 단순한 수조지였다. 즉 조세(田租)의 수취만이 허용된 토지였다. 앞서 소개한 바 있지만 "신숭겸에게 평주의 토지 300결을 하사하여 대대로 그 租를 먹도록 하였다(世食其租)"는 내용의 《新增東國輿地勝覽》의 기사가 이를 잘 말해 준다. 신숭겸이 받은 300결의 토지는 후대의 공신전과 유사한 성격을 갖고 있다 하겠는데,43) 이 토지에 대한 수급자 신숭겸의 지배권은 '世食其租', 즉 대대로 전조만을 수취할 수 있는 권리뿐이었다. 아울러 '世食其租'의 구절은 그 토지의 분급이 소유권의 이양과는 무관하다는 점도 시사하고 있다. 다시 말해서 이 때의 분급으로 인해 그 토지가 신숭겸의 사유지가 된 것은 아니었다. 위에서 열거한 다른 토지의 실체 또한 이와 다르지 않았을 것이다.

고려의 건국에서 후삼국 통일에 이르는 시기의 토지 분급의 실상은 대체로 이상과 같았다. 관리에 대해서는 관계의 고하에 상관없이 수조지가 사급되었고, 이 밖의 귀순성주와 개국공신 등 고위 관계를 소유한 인물들에게는 녹읍이 추가로 주어졌으며, 국왕의 신분으로 귀부한 견훤과 김부에게는 극히 예외적으로 식읍이 지급되었다. 그러나 앞서 언급한 바와 같이 통일을 완성한 태조의 입장에서 일정 지역에서의 人丁의 지배까지를 인정하는 녹읍을 더 이상 존속시킬 수는 없는 일이었을 것이다. 후삼국 통일 이후에 녹읍이 분급된 사례를 찾을 수 없는 것은 바로 이 때문이었다. 그렇다고 통일전쟁에서 공을 세운 인물에 대한 논공행상을 외면하기도 어려웠을 것이다. 이와 같은 상황에서 이제까지 녹읍제와 병행하였던 수조지 급여의 방식을 재정비하여 활용할 필요가 있었으며, 그것은 결국 역분전의 설치로 이어졌다.

역분전의 지급규정은 태조 23년에 마련되었는데, 《高麗史》에는 그 내용이 다음과 같이 전해지고 있다.

> 처음으로 役分田을 정하였는데, 통합 때의 朝臣과 軍士들에게 官階는 논하지 않고 그들 性行의 선악과 공로의 대소를 보아 차등있게 지급하였다(《高麗史》 권 78, 志 32, 食貨 1, 田制 田柴科).

43) 《新增東國輿地勝覽》에는 申崇謙이 이 토지를 받게 된 계기를 태조와 함께 수렵할 때 기러기를 쏘아 떨어뜨렸던 일로 기술하였으나 이는 그야말로 諺傳이며, 개국의 공으로 300頃(結)의 토지를 받았던 卜智謙의 사례에 비추어 볼 때 실제로는 태조를 추대하여 고려를 개국한 공훈 때문이었다고 생각된다. 그는 洪儒·裵玄慶·卜智謙과 함께 개국 일등 공신이었다(《高麗史》 권 92, 列傳 5, 洪儒).

44) 《高麗史》 권 92, 列傳 5, 朴守卿.

여기에서 역분전의 지급대상은 통일전쟁에 참여한 조신과 군사이며, 지급기준은 官階가 아닌 性行의 선악과 공로의 대소에 두어졌음을 알 수 있다. 그런데 성행의 선악은 새 왕조에 대한 충성도를 뜻하고, 공로는 곧 통일전쟁에서의 공훈을 가리킨다. 따라서 역분전은 일단 논공행상의 의미를 지니고 있다고 하겠다. 그러나 관계를 가진 조신을 그 분급대상에 포함시킴으로써 후일 전시과 제도의 선구를 이루었다는 점에도 주목하지 않을 수 없다. 그리고 분명한 기록이 없어 단정할 수는 없지만 이의 실시를 계기로 기왕의 녹읍도 폐지할 수 있었다고 생각된다. 그런데 이러한 역분전의 분급과 관련된 보다 구체적인 내용, 즉 어떠한 구분에 의해 어느 정도의 토지가 분급되었는가는 잘 알 수 없다. 다만 통일전쟁에서 큰공을 세운 朴守卿에게 특별히 사급하였다고 하는 역분전이 200결이었다는 사실을[44] 고려할 때 최대 200결 이상은 넘지 않았던 것으로 판단된다.

〈金載名〉

## 2) 경종 원년의 전시과－시정전시과－

주지하는 바와 같이 고려시대에는 국가의 관직에 복무하거나 職役을 부담하는 자들에 대한 반대급부로 토지를 주는「전시과」라는 제도가 있었다. 이에 대해《高麗史》食貨志 田制條의 序에서는 "墾田數를 종합하고 肥瘠을 나누어 문무백관으로부터 府兵·閑人에 이르기까지 모두 주고 또 樵採地도 주었으므로 전시과라 불렀다"고 기술하고 있다. 여기서 전시과의「田」은 곡물을 생산하는 田土를 뜻하고,「柴」는 땔감을 채취하는 산림을 가리킨다는 것을 알 수 있다. 아울러 이러한 전시를 받을 수 있는 인물 내지는 계층이 매우 포괄적이라는 것도 짐작할 수 있다. 따라서 전시과는 고려시대 토지분급제도의[1] 근간을 이루고 있었다고 하겠다. 한편 이러한 전시과 제도가 처음으로 창설된 것은 경종

1) 흔히 田柴科를 고려시대「토지제도」의 근간으로 말하고 있다. 그러나 앞서 논의한 바와 같이 토지사유제가 인정되는 한 토지지배의 일차적인 본질은 소유권적 지배에 있었다고 보아야 한다. 따라서 앞으로 자세히 논의하겠지만 수조권의 분급을 기본적인 특성으로 하고 있는 전시과를「토지제도」의 근간이라고 하기는 곤란하다. 당시 토지제도의 근간은 어디까지나 토지사유제에 있다고 해야 하며, 전시과는 이를 바탕으로 한 토지분급제 또는 수조지분급제였다고 해야 할 것이다.

원년의 일로, 《高麗史》에서는 이를 '始定職散官各品田柴科'라고 기술하고 있다. 그래서 흔히 이 경종 원년의 전시과를 「시정전시과」라 부르고 있다. 이후 이 시정전시과는 여러 차례에 걸쳐 변개를 거듭하였는 바 목종 원년(998)에 있은 改定(改正田柴科)과 문종 30년(1076)의 更正(更定田柴科) 사실이 주목된다. 그리고 위 전제조 서문에서도 알 수 있듯이 시정전시과를 비롯한 이들 전시과는 문무관료(양반)와 군인·한인 등의 각종 직역 부담자를 주된 지급대상으로 하고 있었으므로 '兩班 및 軍·閑人田柴科' 또는 '兩班田柴科' 등으로 불리기도 하였다. 그런데 당시에는 양반전시과와는 성격을 달리하는 전시도 지급되고 있었다. 5품 이상의 고급 관료에게 주어진 '功蔭田柴'라든지, 무산계 소유자에게 지급된 '武散階田柴', 지리업 관계자 및 승려들에게 분급된 '別賜田柴' 등이 바로 그것인데, 현재 이것들을 양반전시과와 구별하여 「別定田柴科」로 통칭하고 있다.

### (1) 전시과 제정의 배경

앞에서도 언급하였지만 고려시대 토지 분급제도의 근간을 이루었던 전시과가 처음으로 제정된 것은 경종 원년(976)의 일이었다. 그러나 이 제도가 마련되기까지는 나름대로의 역사적 배경을 지니고 있었다. 그러므로 전시과의 구체적인 내용을 고찰하기에 앞서 제정 당시의 시대적 배경을 살펴 두는 것은 이의 내용을 분석하고 특징을 이해하는 데 매우 유용할 것이다.

전시과의 제정이 경종 초년의 일이었던 만큼 전왕인 광종 때의 정치적 변화에 주목하지 않을 수 없다. 잘 알려진 사실이지만 광종은 즉위 후 한동안 기존의 정치세력인 호족 및 공신과 타협적인 자세를 유지하였다. 그러나 광종 7년(956) 이후로 일련의 개혁정치를 단행함으로써 기존의 호족 및 공신세력에게 일대 타격을 가하기 시작하였다. 그 해에는 奴婢按檢法을 시행하여 그들의 경제적·군사적 기반을 약화시켰으며, 동 9년에는 과거제도를 실시함으로써 유교적 소양을 갖춘 신진인사들을 등장시켰던 것이다. 특히 과거를 통해 새로 진출한 신예들은 이후 광종의 적극적인 후원 아래 기존의 호족과 공신세력을 대체할 하나의 정치세력으로 성장해 가므로 주목된다. 또 그 11년에는 백관의 公服을 제정하여 신구의 정치세력을 하나의 관료체제 안에 편입시키고자 하였고, 시기는 정확히 알 수 없으나 중국으로부터 文散階를 수용하여 기존의 관계와 병용함으로써 향후 새로운 관료체제가 형성될 수 있는 기초를 마련하였다. 이 같은 개혁정치와 함께 그 11년 이후로는 기존의 정치세력을 역모에 연루시켜 대대적으로 숙청하였다. 그리하여 광종 말년에는 마침내 "舊臣 중에 살아 남은 자가 겨우 40여 명 정도였다"고[2] 하는 상태에까지 이르렀는데, 이 구신이 공신세력임은 물론이다. 이렇게 하여 광종 말년 경에는 광종을 도와 과거제를 주관하거나 과거를 통해 관계에 들어 온 문신관료들이 하나의 정치세력으로 자리잡게 되었다. 그러나 경종의 즉위와 함께 그 동안 억눌려 왔던 호족과 공신 세력이 王詵을 대표로 하여 재등장하였고, 이들은 광종 때 세력기반을 다진 문신관료들과 적지 않은 갈등을 빚게 되었다.[3] 바로 이러한 과정에서 전시과가 출현하였고, 이에 따라 시정전시과는 두 정치세력간의 타협적인 성격을 띠게 되었던 것이다.

정치적인 변화에서 뿐만 아니라 경제적 측면에서도 광종대는 매우 주목되는 시기이다. 우선 광종은 즉위 직후부터 州縣 歲貢額을 결정하여[4] 전국적인 경제적 통제를 시도하였다. 그리고 정확한 賦稅源을 확보하기 위해 관원을 파견하여 量田을 실시하기도 하였다. 광종 6년과 7년에 楊州界內의 見州와 尙州界內의 若木郡에서 행한 양전이[5] 바로 그 실례이다. 이 때의 양전이 전국적인 것이었는 지의 여부에 대해서는 이견이 없지 않으나, 전혀 위치를 달리하는 두 지역에서 같은 시기에 시행되었다는 점이 주목된다. 즉 필요한 경우에는 전국 어디에서나 양전을 실시할 수 있었을 것으로 생각된다. 따라서 이 때의 양전이 비록 전국적인 것은 아니라고 하더라도, 광종 연간에 이르러 전국 대부분의 토지가 중앙의 부세원으로 파악되었을 가능성은 충분히 있다고 믿어진다. 뿐만 아니라 광종은 陳田의 개간을 장려함으로써[6] 새로운 부세원의 개발과 확보에도 노력하였다. 전시과는 바로 광종 때 마련된 이러한 경

---

2) 《高麗史》 권 93, 列傳 6, 崔承老.

3) 광종·경종 연간의 정치적 변화에 대한 보다 자세한 내용은 金甲童, 〈광종과 경종의 왕권강화책〉(《한국사》 12, 국사편찬위원회, 1993) 참조.

4) 《高麗史》 권 78, 志 32, 食貨 1, 田制 貢賦.

5) 浜中昇, 〈高麗前期の量田制について〉(《朝鮮學報》 109, 1983).
金容燮, 〈高麗時期의 量田制〉(《東方學志》 16, 1975).

6) 《高麗史》 권 78, 志 32, 食貨 1, 田制 租稅 광종 24년 12월.

제적 기반을 바탕으로 제정될 수 있었던 것이다. 사실 전국 토지에 대한 파악이 제대로 이루어지지 못한 상태에서 토지(수조지)의 분급을 시행한다는 것은 생각하기 어려운 일이다.

### (2) 시정전시과의 내용

시정전시과의 구체적인 내용을 알기 위해서는 무엇보다 이의 설치 기사를 분석해 볼 필요가 있는데, 이에 대하여 《高麗史》에는 다음과 같이 기술되어 있다.

> 경종 원년 11월에 처음으로 職散官 各品의 전시과를 정하니, 官品의 高低를 논하지 않고 다만 인품으로써 이를 정하였다. 紫衫 이상은 18품으로 나누고, 문반의 丹衫 이상은 10품, 緋衫은 8품, 綠衫 이상은 10품으로 나누었다. 殿中·司天·延壽·尙膳院 등 잡업의 丹衫 이상은 10품, 緋衫 이상은 8품, 綠衫 이상은 10품으로 나누었으며, 무반의 丹衫 이상은 5품으로 나누었다. 그 이하의 雜吏도 인품으로써 정하였는데 지급한 것이 동일하지는 않았으며, 이 해의 科等에 미치지 못하는 자에게는 한결같이 田 15결을 지급하였다(《高麗史》 권 78, 志 32, 食貨 1, 田制 田柴科).

이처럼 시정전시과의 내용은 크게 보아 田柴의 지급대상, 지급기준, 그리고 지급내역(수급액)의 세 부분으로 구성되어 있다. 여기서 지급대상과 관련하여 우선적으로 주목되는 사실은 '職散官', 즉 職官과 散官이 모두 전시과의 수급대상이었다는 점이다. 그런데 직관은 職事가 있는 실직을 말하고, 산관은 관계만 있고 관직이 없는 산계를 의미하였다.[7] 그러므로 일단 당시 관계를 가진 모든 인물은 관직의 유무에 관계없이 전시를 지급 받았다고 생각할 수도 있다. 그러나 시정전시과의 분급기준이 되기도 한 공복제 내용을 분석해 보면 반드시 그렇다고는 할 수 없다. 광종 11년에 제정된 공복제 규정에 의하면 "元尹 이상은 자삼, 中壇卿 이상은 단삼, 都航卿 이상은 비삼, 小主簿 이상은 녹삼"의 공복을 착용하도록 되어 있었는데,[8] 자삼의 기준인 원윤과 단·비·녹삼의 기준인 중단경·도항경·소주부는 성격을 달리하는 실체로 파악하고 있다. 즉 원윤은 국초 이래 사용된 16등급의 관계 중에서 10위에 속하는 관계

7) 李成茂, 《朝鮮初期 兩班研究》(一潮閣, 1980), 116~117쪽.
朴龍雲, 〈高麗時代의 文散階〉(《震檀學報》 52, 1981).

8) 《高麗史》 권 72, 志 26, 輿服 1, 官服 公服.

명이었음에 비하여 중단경 이하는 관직명이었다고 한다.[9] 따라서 前文의 산관은 곧 원윤 이상의 자삼층을 말하고, 직관은 중단경·도항경·소주부 등이 포함된 단삼·비삼·녹삼층을 가리킨다 하겠다. 아울러 단삼층 이하 직관은 원윤보다 낮은, 즉 佐尹 이하의 관계를 지녔을 것으로 믿어진다. 결국 원윤보다 낮은 관계에 있으면서 관직이 없는 인물은 전시과의 혜택을 받지 못하였다고 여겨진다.[10]

그러면 이처럼 전시과의 지급대상인 자삼층의 산관과 단삼층 이하 직관의 구체적인 실체는 무엇이었는가. 여기서 잠시 당시 관계의 사용 실태를 살펴 둘 필요가 있다. 지금까지의 연구에 의하면 高麗朝의 관계는 摩震의 官號를 기초로 하여 태조 초기에 형성되었는데, 그 말년에 이르러 원윤에서 三重大匡까지의 상위 10階와 좌윤 이하 中尹까지의 하위 6階로 구성되는 16등급의 체제를 갖추었다고 한다. 그러다가 광종 연간에 이르러 중국식 문산계가 수용되면서 중앙의 관인층은 재래의 관계와 함께 문산계를 병용하였으나 중앙의 관료기구에 조직되지 않은 비관인층, 즉 지방의 호족들은 재래의 관계만을 單稱하였다고 한다. 그리고 이 무렵에 좌윤 이하의 하부 관계층에서는 재래의 관계 자체가 지니는 의미가 희박하게 되어 관직을 갖는 순수한 관인이 이에 대신하여 새로 등장하였다는 것이다.[11] 이렇게 볼 때 원윤 이상의 자삼층에는 재래의 관계만을 쓰게 된 지방호족과[12] 문산계를 병용하는 중앙의 고위 관료가 함께 포함되었을 것으로 생각된다. 사실 자삼층을 설정함에 있어 관직이 아닌 관계를 기준으로 한 것은 관계만을 소유한 지방의 호족들을 공복 또는 전시과에 포함시켜 그들을 회유하고 대우하는 데 그 일차적인 목적이 있었다고 믿어진다. 반면 단삼층 이하의 경우는 복색을 결정하는 기준이 관직이었던 만큼 관직을 중시할 수밖에 없는 부류의 인물들이 주류를 이루었을 것으로 생각된다. 이와 관련하여 광종대 이후 새로운 관인으로 등장한 과거 출신자와 시위군 출신

9) 末松保和, 〈高麗初期の兩班について〉(《東洋學報》 36-2, 1953).

10) 金塘澤, 〈崔承老의 上書文에 보이는 光宗代의 '後生'과 景宗 元年 田柴科〉(《高麗光宗硏究》, 一潮閣, 1981).

11) 武田幸男, 〈高麗初期の官階〉(《朝鮮學報》 41, 1966).

12) 태조 때 귀순해 온 지방의 대호족에게는 주로 元尹 이상의 官階를 수여하였다(武田幸男, 위의 글 참조).

들이 주목된다. 특별한 정치적・경제적 기반 없이 유학적 소양만으로 과거를 통해 관계에 진출하거나 무사적 재질로 시위군에 뽑힌 이들은 광종의 특별한 보호 아래 성장을 거듭하여 전시과를 제정할 무렵에는 이미 관인사회의 주역으로 부상하였는 바, 바로 이들이 단삼층 이하의 문・무반 및 잡업의 중심을 이루었을 것으로 판단된다.[13] 이들 외에도 국초 이래 관직에 종사해 온 인물의 일부가 여기에 포함되었을 것은 물론이지만, 그 중심은 역시 과거 및 시위군 출신이었다고 생각된다.

그런데 이와 같이 관계나 관직을 소유한 인물만이 시정전시과의 수급대상이었던 것은 아니었다. 위 규정의 말미에 밝혀져 있듯이 잡리, 즉 胥吏・人吏 등의 여러 吏屬과 '이 해의 科等에 미치지 못하는 자'로 분류된 소위 限外科 해당자들에게도 전시가 지급되었다. 이속들에게 주어진 전시액의 규모는 잘 알 수 없으나, 대체로 녹삼의 하한인 '田 21결 및 柴 10결'을 상한으로 하고 한외과의 전 13결을 하한으로 하는 수준이었다고 믿어진다. 그러나 한외과의 수급대상자가 구체적으로 어떤 계층이었는가는 잘 알 수 없다. 다만 개정 및 갱정전시과에 정식 수급대상자로 올라 있는 군인이 이 시정전시과에 누락되어 있다는 점을 고려하여 이를 군인층으로 비정한 견해가[14] 있는가 하면, 이와는 달리 당시는 고려의 군제가 아직 정비되기 이전이었으므로 이를 군인으로 보기보다는 오히려 잡직 계통의 吏 가운데 未入仕職으로 파악되는 잡류로 간주하는 것이 옳다는 견해도[15] 있다.

여기서 시정전시과의 규정 중 세주 부분, 즉 토지분급의 내역(수급액)을 정리하면 다음의 〈표 1〉과 같다.

다음 표에서 알 수 있듯이 수급액과 관련하여 주목되는 사항의 하나로 단삼・비삼・녹삼의 각 품이 받는 전시의 액수가 문반・무반・잡업에 관계없이 완전히 동일하다는 점이다.[16] 이는 앞으로 설명하겠지만 전시과의 일차적인 지급 기준이 班보다는 복색의 구분에 두어졌기 때문이라고 생각된다. 다음으로는

13) 金塘澤, 앞의 글.
14) 千寬宇, 〈閑人考－高麗初期 地方統制에 관한 一考察－〉(《社會科學》 2, 1958). 李基白, 〈高麗 軍役考〉(《高麗兵制史硏究》, 一潮閣, 1968).
15) 姜晋哲, 《高麗土地制度史硏究》(1980), 109~110쪽.
16) 雜業 丹衫 1품의 田地 支給額 60결은 65결의 착오인 것으로 생각된다.

〈표 1〉 始定田柴科

(단위 : 결)

| 職散官 | | | | | | | | | | | | | | | | | | | | | | | | 雜吏 | 限外科 |
|---|---|---|---|---|---|---|---|---|---|---|---|---|---|---|---|---|---|---|---|---|---|---|---|---|---|
| 紫衫 | | | 文班 | | | | | | | | | 雜業 | | | | | | | | | 武班 | | | | |
| | | | 丹衫 | | | 緋衫 | | | 綠衫 | | | 丹衫 | | | 緋衫 | | | 綠衫 | | | 丹衫 | | | | |
| 品位 | 額數 | | 品位 | 額數 | | 品位 | 額數 | | 品位 | 額數 | | 品位 | 額數 | | 品位 | 額數 | | 品位 | 額數 | | 品位 | 額數 | | | |
| | 田 | 柴 | | 田 | 柴 | | 田 | 柴 | | 田 | 柴 | | 田 | 柴 | | 田 | 柴 | | 田 | 柴 | | 田 | 柴 | | |
| 1 | 110 | 110 | | | | | | | | | | | | | | | | | | | | | | | |
| 2 | 105 | 105 | | | | | | | | | | | | | | | | | | | | | | | |
| 3 | 100 | 100 | | | | | | | | | | | | | | | | | | | | | | | |
| 4 | 95 | 95 | | | | | | | | | | | | | | | | | | | | | | | |
| 5 | 90 | 90 | | | | | | | | | | | | | | | | | | | | | | | |
| 6 | 85 | 85 | | | | | | | | | | | | | | | | | | | | | | | |
| 7 | 80 | 80 | | | | | | | | | | | | | | | | | | | | | | | |
| 8 | 75 | 75 | | | | | | | | | | | | | | | | | | | | | | | |
| 9 | 70 | 70 | | | | | | | | | | | | | | | | | | | | | | | |
| 10 | 65 | 65 | 1 | 65 | 55 | | | | | | | 1 | 60 | 55 | | | | | | | 1 | 65 | 55 | | 田15결 |
| 11 | 60 | 60 | 2 | 60 | 50 | | | | | | | 2 | 결 | 결 | | | | | | | 2 | 60 | 50 | | |
| 12 | 55 | 55 | 3 | 55 | 45 | | | | | | | 3 | 55 | 45 | | | | | | | 3 | 55 | 45 | | |
| 13 | 50 | 50 | 4 | 50 | 42 | 1 | 50 | 40 | | | | 4 | 50 | 42 | 1 | 결 | 결 | | | | 4 | 50 | 42 | | |
| 14 | 45 | 45 | 5 | 45 | 39 | 2 | 45 | 35 | 1 | 45 | 35 | 5 | 45 | 39 | 2 | 45 | 35 | 1 | 결 | 결 | 5 | 45 | 39 | | |
| 15 | 42 | 40 | 6 | 42 | 30 | 3 | 42 | 30 | 2 | 42 | 33 | 6 | 42 | 30 | 3 | 42 | 30 | 2 | 42 | 32 | | | | | |
| 16 | 39 | 35 | 7 | 39 | 27 | 4 | 39 | 27 | 3 | 39 | 31 | 7 | 39 | 27 | 4 | 39 | 27 | 3 | 39 | 31 | | | | | |
| 17 | 36 | 30 | 8 | 36 | 24 | 5 | 36 | 20 | 4 | 36 | 28 | 8 | 36 | 24 | 5 | 36 | 20 | 4 | 36 | 28 | | | | | |
| 18 | 32 | 25 | 9 | 33 | 21 | 6 | 33 | 18 | 5 | 32 | 25 | 9 | 33 | 21 | 6 | 33 | 18 | 5 | 33 | 25 | | | | | |
| | | | 10 | 30 | 18 | 7 | 30 | 15 | 6 | 30 | 22 | 10 | 30 | 18 | 7 | 30 | 15 | 6 | 30 | 22 | | | | | |
| | | | | | | 8 | 27 | 14 | 7 | 27 | 19 | | | | 8 | 27 | 14 | 7 | 27 | 19 | | | | | |
| | | | | | | | | | 8 | 25 | 16 | | | | | | | 8 | 25 | 16 | | | | | |
| | | | | | | | | | 9 | 23 | 13 | | | | | | | 9 | 22 | 13 | | | | | |
| | | | | | | | | | 10 | 21 | 10 | | | | | | | 10 | 21 | 10 | | | | | |

*《高麗史》食貨志 기록에 약간의 오류가 있는 듯하나 원문대로 표기하였음.

단·비·녹삼의 각 품이 받는 전지의 수급액이 자삼 및 상급 복색의 일정 품위와 거의 일치하고 있다는 점도 관심을 끈다. 즉 단삼이 받는 전지는 자삼의 10품 이하가, 비삼은 자삼의 13품 및 단삼의 4품 이하가, 녹삼은 자삼의 14품과 단삼의 5품 및 비삼의 2품 이하가 받는 것과 일치한다는 점이다. 그리고 자삼에 있어서는 대체로 전지와 시급의 수급액이 동일하였음에 비하여, 다른 복색의 경우는 전지가 시지보다 많았다는 특징도 보인다. 아울러 전체적으로 보아 전지와 시지의 수급량이 후대의 전시과에서보다 후한 편이었다는 것도 간과할 수 없다. 시지의 경우는 더욱 그러하여, 그 최고액과 최저액이 갱정전시과의 거의 두 배를 넘는 수준이었다. 이 밖에도 자삼층의 전시 수급액이 대체로 다른 복색층의 그것보다 우월하였음을 알 수 있는데, 이는 앞서 설명한 대로 자삼층이 고위 관계를 가진 특수집단이었다는 점에 기인한다.

시정전시과의 지급대상 및 수급액과 관련된 이러한 내용들은 이의 지급기준과 적지 않은 관계를 지니고 있는데, 그 특징은 대체로 다음과 같이 이해된다. 먼저 人品과 官品이 함께 전시과 지급의 기준으로 활용되었다는 점이다. 비록 前文에서 관품의 고하는 따지지 않고 인품만으로 정했다고 이야기하고 있으나 실제로는 신분적 귀천 내지 세력의 대소를 뜻하는 인품과, 관등의 차이를 표시하는 관품이 아울러 고려되었다. 4색공복제를 지급기준으로 설정한 것 자체가 관품을 중시했다는 의미이다. 그러면서도 인품을 참작하여 각 복색층을 18품(자삼), 10품(문반 및 잡업의 단삼·녹삼), 8품(문반 및 잡업의 비삼), 5품(무반의 단삼) 등으로 세분하였던 것이다. 앞의 표에서 알 수 있는 바와 같이 대개 하급 복색의 최고품이 상급 복색의 최하품 밑에 바로 연결되지 않고 적당한 위치에 서로 중첩해 있는 것은 각 복색 내의 품위가 주로 인품에 기준을 두어 설정되었기 때문이라고 생각할 수밖에 없다.[17] 물론 여기서의 「品」을 인품이 아닌 관품으로 볼 수도 있다.[18] 그러나 자삼층의 품위가 18등급으로 구분되어 있었다는 점을 고려하면 그렇게 보기는 어렵다고 판단된다. 만일 이 「품」이 관품이라면 자삼층에 있어서 그것의 실체는 당연히 관계였다고 해야 하는데,

17) 姜晋哲, 앞의 책, 36~37쪽.

18) 全基雄, 〈高麗 景宗代의 政治構造와 始定田柴科의 성립기반〉(《震檀學報》 59, 1985). 이에 의하면 人品은 官品으로 구별할 수 없는 雜吏에게만 적용된 기준이라고 한다.

앞서 설명한 바와 같이 자삼층에는 10개의 관계만 있었을 뿐이며, 이 10개의 관계를 18등급으로 나눈다는 것은 생각하기 어려운 일이다. 이렇게 볼 때 자삼층의 18품은 관품으로서의 官階가 아니라 다른 기준에 의해 나누어졌음을 알 수 있으며, 인품 이외에 달리 찾아 볼만한 기준은 없다.

다음으로 지적할 수 있는 특징은 문반·무반·잡업 등으로 구별되는 관직 반열과 자삼·단삼·비삼·녹삼의 네 복색을 두 틀로 하여 전시가 지급되고 있었다는 점이다. 그런데 관직 반열보다는 복색이 기본적인 틀이었을 것으로 믿어진다. 왜냐하면 단삼 무반의 경우를 제외하고 같은 복색 내의 품위수가 관직 반열에 관계없이 완전히 같을 뿐 아니라, 같은 복색 내의 동일 품위에 속하는 각 관직 반열의 전시 수급액 또한 완전히 일치하기 때문이다. 이렇게 볼 때 자삼에서와 같이 단삼·비삼·녹삼의 경우에도 관직 반열에 따른 구별은 필요하지 않았다고 생각할 수 있는데, 그럼에도 불구하고 그러한 구별을 하게 된 것은 무반 때문이었다고 여겨진다. 즉 문반이나 잡업과는 달리 단삼에만 해당하고 품위 또한 5품으로만 되어 있는 무반의 실정을[19] 나타내기 위해서였다고 하겠다. 그리고 후대의 전시과와는 달리 여기에서는 관직 뿐 아니라 관계도 전시 분급의 기준이 되었다는 특징이 있다. 즉 이미 언급한 바와 같이 특수계층인 자삼층은 관계를 기준으로 설정되었고, 그 이하의 단·비·녹삼층은 관직을 기준으로 구분되었던 것이다. 사실 이는 4색 공복제의 특징인 바, 공복제를 기본 틀로 하여 짜여진 시정전시과 규정이 이러한 특성을 지니는 것은 지극히 당연한 일이라 하겠다.

### (3) 시정전시과의 한계와 의의

시정전시과가 지닌 내용상의 특징은 대체로 위에서 살펴 본 정도인데, 이를 종합해 볼 때 그것은 아직 미숙한 수준의 토지분급제도였다고 평가된다. 이러한 평가와 관련하여 주목되는 사항의 하나는 전시과의 지급기준이 관직과 관계의 이중체계에 입각하고 있었다는 사실이다. 이는 물론 앞에서 언급한 바와 같이 공복제를 전시과의 기본 틀로 활용하였다는 점에서 기인한다. 그러나 결

19) 이는 당시 무반직이 문반이나 잡업에 비해 미분화되었음을 반영하는 것으로 이해된다(金塘澤, 앞의 글).

과적으로 고위 관계를 지녔다는 이유만으로 관직에 종사하는 다른 계층보다도 많은 전시를 받는 특수계층으로서의 자삼층을 등장시켰는데, 이 자삼층의 존재는 관료체제의 하나인 공복제의 미비 뿐 아니라 그에 따른 토지분급체계로서의 전시과의 미숙성을 의미한다고 생각된다. 이러한 시정전시과의 미숙성은 관품과 함께 인품을 그 지급기준으로 삼았다는 점에서도 엿볼 수 있다. 즉 인품을 기준으로 각 복색 내의 품위를 구별함으로써 관계 내지 관직의 고하가 급여되는 전시의 다과와 일치하지 않게 되었고, 역으로 수급한 전시의 다과가 반드시 관계 또는 관직의 상하를 의미하지 않게 만들었다. 그 결과 〈표 1〉과 같이 결코 체계적이라고 할 수 없는 병렬적 분급체계를 이루게 되었다.

토지분급제도로서의 시정전시과가 지니는 이 같은 미숙성은 기본적으로 관료체제의 미비에 그 원인이 있다. 앞에서 설명한대로 광종대에 이루어진 일련의 개혁정치로 국초 이래의 호족 및 공신세력이 많이 약화되고 새로운 관료집단이 출현하여 하나의 정치세력을 형성하기는 하였지만, 경종의 즉위를 계기로 기왕의 호족 및 공신세력이 다시 등장하면서 양자간에는 적지 않은 갈등이 빚어졌다. 이처럼 경종 초까지만 해도 아직 관료화되지 못한 채 정치에 관여하는 세력이 존재하고 있었다. 전시과는 바로 이러한 정치적 상황에서 제정되었으므로 불가피하게 이들 두 정치세력의 이익을 모두 수용하지 않을 수 없었다. 이와 관련하여 이미 그러한 성격을 갖고 있는 공복제가 주목되었고, 마침내 전시과의 기본 틀을 짜는 데 채택되었다. 즉 관계를 기준으로 설정된 자삼층에는 국초 이래 쓰여 온 고위 관계만을 소유하고 관직이 없는 호족과 공신세력을, 관직을 기준으로 구분된 단·비·녹삼층에는 광종대 이후의 관료로 대표되는 관료집단을 편입시킬 수 있었던 것이다. 요컨대 시정전시과는 이미 관료화된 관료집단과 아직 그렇지 못한 호족·공신 등의 비관료집단 사이에 이루어진 타협의 산물로 등장하였다고 생각된다. 이러한 한계는 결국 시정전시과의 개정을 촉진시켰고, 드디어 목종 원년에 이르러 전혀 다른 분급체계를 갖춘 소위 개정전시과가 출현하게 되었다.

그러나 이러한 한계에도 불구하고 시정전시과가 지니는 다음과 같은 의의는 간과될 수 없다. 우선 이것은 모든 지배층을 대상으로 한 최초의 보수·대우 규정으로서 이의 제정을 계기로 그들을 하나의 통치체제 내에 흡수할 수 있었다는 점이 주목된다. 다시 말해 토지분급제도 자체로서는 아직 체계적이지 못하다는 미비점이 있으나, 바로 이 때문에 성격을 달리하는 두 지배층(관료집단과 비관료집단)을 하나로 묶어 낼 수 있었던 것이다. 그리고 비록 유일한 기준은 아니었지만 관직이 중요한 분급기준으로 활용됨으로써 후일 관직을 중심으로 하는 분급체제를 만드는 단초를 열었다는 점도 높이 평가된다. 전시과가 인품과 공로만을 보아 토지를 지급한 役分田보다 일보 전진한 제도였다고 할 수 있는 것도 바로 이 때문이다.

〈金載名〉

### 3) 목종 원년의 전시과－개정전시과－

#### (1) 전시과 개정의 배경

경종 원년의 특수한 시대적 배경, 즉 관료체제가 채 정비되지 못하여 관료는 물론 아직 관료화되지 못한 비관료집단까지를 흡수해야만 했던 정치적 상황에서 창설된 始定田柴科는 제도 자체의 한계성으로 인해 오랫동안 존속되기는 어려웠다. 즉 관료체제의 정비와 함께 불가피하게 개정될 수밖에 없다는 문제를 안고 있었던 것이다.

이러한 관료체제의 정비와 관련하여 주목되는 것이 바로 성종대에 이루어진 일련의 제도적 개혁이다. 잘 알려진 바와 같이 성종은 즉위 초년에 중앙의 관제를 정비하여 3省 6部制를 마련하였고, 崔承老의 건의를 받아 들여 전국의 12牧에 지방관을 파견하였으며, 아울러 향리직제를 개편함으로써 지방세력에 대한 본격적인 통제에 나서기 시작하였다. 이 같은 통제를 계기로 나말려초 이래 강력한 지방세력으로 군림하였던 호족들은 과거를 통해 중앙의 관인으로 변모하거나 향리로 격하되는 변화를 겪게 되었다. 성종 14년에 단행된 官階制의 일대 개편은 이러한 변화를 더욱 촉진시켰다. 즉 이전까지는 국초에 마련된 재래의 관계와 광종 연간에 중국에서 들어 온 문산계를 병용하였으나, 이 해의 개편을 계기로 문산계가 관인사회의 유일한 공적 질서체계로 자리를 잡게 되었고, 재래의 관계는 鄕職化되어 관인과 구별되는 특정의 부류에게 영예적인 칭호로 주어졌다.[1] 따라서 재래의 관계만을 소유하고 있던 지방의 호족들이 이전의 지위에 못지 않은 대우를 받기 위해서는 중앙의 관인으로 진출하여야 했으며, 그렇지 않으면 향리로 전락하는 처지에 놓이게 되었다고 하겠다. 그리고 이 해에는 지방 관제를 대폭 재정비함으로써 중앙집권적 통치체제를 한층 강화시켰다. 종래의 12牧을 12軍으로 개편하여 節度使를 두었으며, 거의 전국에 걸쳐 都團練使·團練使·刺史·都護府使·防禦使 등의 外官을 설치하였던 것이다. 이와 함께 중앙의 관제도 재정비하였다고 하는데, 그 자세한 내용은 알 수 없다. 다만 목종 원년의 전시과 규정에 그 개편 내용이 포함되어 있는 것으로 판단되어 주목된다.[2]

이와 같이 성종대는 내외 관제의 개편과 함께 지방세력, 즉 호족(향리)에 대한 강한 통제가 이루어짐으로써 중앙집권적 관료체제의 정비가 상당한 정도로 진척된 시기였다. 그러므로 호족이나 공신들이 개국 또는 후삼국의 통일에 협력한 공으로 얻은 재래의 관계만으로 관인보다 나은 대우를 받을 수 있도록 규정한 종래의 시정전시과는 더 이상 관인에 대한 보수체계로서의 기능을 유지하기 어려웠다고 하겠다. 이에 따라 이를 대신할 새로운 보수체계의 출현이 요구되었고, 그 요구는 결국 목종 원년의 전시과 개정을 통해 이루어졌다. 그런데 이에 대해《高麗史》食貨志에는 "文武兩班 및 軍人田柴科를 개정하였다"라고 기술되어 있어, 이 때 개정된 전시과를 흔히「개정전시과」라 부른다.

### (2) 개정전시과의 내용과 특징

시정전시과의 경우와 같이 개정전시과의 지급 내역 또한《高麗史》권 78, 食貨志 1, 田制 田柴科條에 자세히 보이는데, 이를 정리하면 다음의 〈표 1〉과 같다.

〈표 1〉에서 알 수 있듯이 개정전시과의 지급대상은 매우 다양하지만 대체로 官人層·吏屬層·軍人層의 세 계층으로 나누어진다고 하겠다. 그런데 이 관인층에는 실직에 종사하는 관원은 물론이고, 檢校·同正職만을 가진 관인과, 관직은 없고 散階만을 소유한 관인까지 섞여 있어 주목된다. 제3과의 檢校太

1) 武田幸男, 〈高麗時代の鄉職〉(《東洋學報》47-2, 1964).

2) 성종대의 관료체제 정비에 대한 자세한 내용은 金甲童, 〈고려귀족사회의 성립〉(《한국사》12, 국사편찬위원회, 1993) 및 朴龍雲, 〈관직과 관계〉(《한국사》13, 국사편찬위원회, 1993) 참조.

〈표 1〉 始定田柴科

(단위 : 결)

| 科 | 支給額 | | 受給者 |
|---|---|---|---|
| | 田地 | 柴地 | |
| 1 | 100 | 70 | 內史令 侍中 |
| 2 | 95 | 65 | 內史侍郎平章事 門下侍郎平章事 致仕侍中 |
| 3 | 90 | 60 | 參知政事 左右僕射 檢校太師 |
| 4 | 85 | 55 | 六尙書 御史大夫 左右散騎常侍 大常卿 致仕左右僕射 致仕太子太保 |
| 5 | 80 | 50 | 秘書監 殿中監 少府監 將作監 開城尹 上將軍 散左右僕射 |
| 6 | 75 | 45 | 左右丞 諸侍郎 諫議大夫 大將軍 散六尙書 |
| 7 | 70 | 40 | 軍器少卿 大常少卿 給舍中丞 太子賓客 太子詹事 散卿 散監 散侍郎 |
| 8 | 65 | 35 | 諸少卿 諸少監 國子司業 諸衛將軍 太卜監 散軍器監 散上將軍 散太子庶子 |
| 9 | 60 | 33 | 諸郎中 軍器少監 秘書丞 殿中丞 內常侍 國子博士 中郎將 折衝都尉 太醫監 閣門使 宣徽諸使判事 散少卿 散少監 |
| 10 | 55 | 30 | 諸員外郎 侍御史 起居郎 起居舍人 諸局奉御 內給事 諸陵令 郎將 果毅太卜少監 太史令 閣門副使 散郎中 散大將軍 散閣門使 散太醫監 散太子 諭德散太子家令 散太子率更令 散太子僕 |
| 11 | 50 | 25 | 殿中侍御史 左右補闕 寺丞 監丞 秘書郎 國子助敎 太學博士 太醫少監 尙藥奉御 通事舍人 宣徽諸使使 太子中允 中舍人 散員外郎 散太卜少監 散太史令 散諸奉御 散閣門副使 |
| 12 | 45 | 22 | 大常博士 左右拾遺 監察御史 內謁者監 六衛長史 六局直長 軍器丞 太子洗馬 四官正 散諸衛將軍 散寺丞 散監丞 散太醫少監 散尙藥奉御 散宣徽諸使使 |
| 13 | 40 | 20 | 主書 錄事 都事 內侍伯 寺注簿 監注簿 四門博士 太學助敎 中尙令 京市令 武庫令 大官令 大倉令 典廐令 供御令 典客令 大樂令 諸陵丞 別將 太卜丞 太史丞 侍御醫 尙藥直長 內殿崇班 大理評事 閣門祗候 宣徽諸使副使 散直長 散中郎將 散折衝都尉 散四官正 散藥藏郎 散典膳郎 散內直郎 散宮門郎 散典設郎 |
| 14 | 35 | 15 | 六衛錄事 正八品丞 正八品令 內謁者 東西頭供奉官 散員 指揮使 協律郎 太子監丞 散寺注簿 散監注簿 散郎將 散果毅 散內殿崇班 散閣門祗候 散太卜丞 散太史丞 散侍御醫 散尙藥直長 散宣徽諸使副使 |
| 15 | 30 | 10 | (從)八品丞 (從)八品令 秘書校書郎 四門助敎 諸衛校尉 靈臺郎 保障正 挈壺正 太醫丞 太醫博士 律學博士 左右侍禁 左右班殿直 散正八品 散別將 散指揮 散供奉官 |

| | | | |
|---|---|---|---|
| 16 | 27 | | 大祝 司廩 司庫 九品丞 九品主事 九品錄事 秘書正字 製述登科將仕郞 明經登科將仕郞 書學博士 算學博士 司辰 司曆 卜博士 卜正 監候 食醫 醫正醫佐 律學助敎 篆書博士 宣徽諸使判官 諸衛隊正 殿前承旨 中樞別駕 宣徽別駕 銀臺別駕 散校尉 散左右班殿直 散侍禁 |
| 17 | 23 | | 諸業將仕郞 令史 書史 監事 監作 書令史 楷書內承旨 客省承旨 閣門承旨 借殿前承旨 親事 內給事 馬軍 散殿前承旨 散隊正 |
| 18 | 20 | | 散殿前副承旨 散大常司儀 散大常齋郞 散國子典學 知班 注藥 藥童 軍將官 通引 廳頭 直省 殿驅官 堂引 追杖 監膳 引謁(等 流外雜職) 諸步軍 |
| 科外 | 17 | | 不及此限者 皆給田十七結 以爲常式 |

師와 제5과의 散左右僕射 이하로 앞에 「散」字가 붙은 관직의 실체는 이른바 검교직·동정직으로 불리는 산직이고,[3] 제2과와 제5과의 致仕侍中·致仕左右僕射·致仕太子太保는 현직에서 떠나 산계만을 소유하고 있는 致仕職이었으며, 또 제16과와 제17과에 보이는 製述·明經·諸業의 將仕郞은 登科는 했지만 아직 실직에 나가지 못하고 산계만을 보유하고 있는 관인을 말하는 것이다. 따라서 이들과 제16과 이하에 나오는 이속·군인층을 제외한 나머지가 모두 실직에 종사하는 관원이라 하겠다.

그러나 이처럼 산직이나 치사직만을 가진 관인이 실직을 소유한 관원과 함께 개정전시과의 지급대상에 포함되기는 하였지만 양자가 동등한 대우를 받은 것은 아니다. 산직과 치사직은 같은 관품의 실직에 비해 대체로 1~4단계 낮은 과등을 받게 되어 있었으며, 특히 치사직의 경우는 전시의 지급이 고위 관품에만 한정되어 있었던 것이다. 이렇게 볼 때 개정전시과는 관직, 그 중에서도 실직을 중심으로 운영되었다고 하겠다.

다음으로 제16과부터 제18과에 걸쳐 고루 배치되어 있는 이속층은 시정전시과에서 「雜吏」로 분류되어 있던 존재들인데, 크게 胥吏職과 流外雜職으로 나누어진다. 즉 16과의 主事·錄事·別駕와 17과의 令史·書史·監事·書令史·承旨 등은 서리직이며, 18과를 받은 知班·注藥·藥童·通引·殿驅官·堂引·

---

3) 金光洙, 〈高麗時代의 同正職〉(《歷史敎育》 11·12, 1969) 및 李成茂, 《朝鮮初期 兩班硏究》(一潮閣, 1980), 137~138쪽. 그러나 이와는 달리 이의 실체를 去官 이전의 前職官이거나 轉補待期 중에 있는 待遇官이었다고 보는 견해도 있다(姜晋哲, 《高麗土地制度史硏究》, 1980, 43쪽).

監膳·引謁 등은 유외잡직이었다.[4] 그리고 군인층은 馬軍과 步軍으로 구분되어 제17과와 제18과에 각각 배속되어 있는 바, 이렇게 군인이 전시과의 정식 대상자로 편입되어 있는 것 자체가 개정전시과의 뚜렷한 특징의 하나로 지적되고 있다. 왜냐하면 시정전시과에서는 군인의 존재를 찾아 볼 수 없으며, 비록 15결의 전지를 일률적으로 받는 '其未及此年科等者'의 범주에 군인이 포함되었다고 하는 견해를 인정한다 하더라도 그것은 어디까지나 限外科일 뿐 정식 대상자는 아니었기 때문이다.[5] 이처럼 이 때에 이르러 군인층이 전시과의 정식 수급 대상자로 포함된 것은 아마도 성종 연간에 거란과의 항쟁을 겪으면서 군인의 중요성이 증대되었다는 역사적 배경과 아울러 그 14년에 성립된 6위제와도 밀접한 관련이 있다고 생각된다. 그런데 군인층은 관인이나 이속층에 비교할 수 없을 만큼 규모가 큰 집단이었으므로 그들이 전시과에서 차지하는 비중 또한 매우 큰 것이었다. 따라서 군인은 관인과 더불어 개정전시과의 핵심을 이루는 계층이었다고 하겠다. 개정전시과의 전문에 문무양반과 함께 군인이 언급되어 있는 것도 바로 군인층이 지닌 이러한 비중을 반영한다고 생각한다. 그러나 이와 같은 군인층이 어떠한 성격을 지닌 존재였는가에 대해서는 현재 서로 다른 두 견해가 대립되어 있어 무엇이라 단정하기 어려운 실정이다. 즉 이를 농민이 아니라 국가적 관료체계의 말단에 위치하는 계층으로 간주하는 견해가[6] 있는가 하면, 兵農一致를 특색으로 하는 府兵制 하의 府兵과 같은 성격의 농민이었다고 보는 주장도[7] 있다.

앞에서 말한 대로 개정전시과에서는 관직을 중심으로 전시가 분급되었으므로 당시 관직, 특히 실직을 가진 관원은 모두 여기에 망라되었을 것으로 생각된다. 그러나 〈표 1〉을 잘 분석해 보면 마땅히 포함되었어야 할 관직(관원)이 누락되어 있음을 확인할 수 있다. 우선 중추원과 三司 소속의 관직이

4) 이들 胥吏職과 流外雜職에 대해서는 金光洙, 〈高麗時代의 胥吏職〉(《韓國史研究》 4, 1969) 및 洪承基, 〈高麗時代의 雜類〉(《歷史學報》 57, 1973) 참조. 제16과에 속한 주사·녹사·별가 등이 문종 이후와는 달리 목종 당시에는 9品의 品官이었을 가능성도 있는데, 여기에서는 기존의 연구에 입각하여 일단 서리직으로 파악해 둔다.

5) 이에 대해서는 앞의 〈경종 원년의 전시과〉 항 참조.

6) 李基白, 《高麗兵制史研究》(一潮閣, 1968).

7) 姜晋哲, 〈高麗初期의 軍人田〉(《淑明女子大學校論文集》 3, 1963).
———, 앞의 책, 109~134쪽.

완전히 빠져 있다. 성종 10년에 설립된 중추원에는 설립 당시부터 使·副使와 左·右承宣 등의 관원이 두어졌으며,[8] 삼사 역시 같은 시기에 설치된 것으로 이해되고 있으므로[9] 개정전시과에 이들 관사의 관원이 당연히 들어 있어야 하는데 그렇지 못한 것이다. 이 밖에 지방관도 누락되어 있다. 앞에서 설명한 바와 같이 지방관은 이미 성종 초년부터 파견되었던 만큼 이들 또한 당연히 포함되었어야 한다고 생각된다. 그리고 산직은 들어 있으나 정작 실직이 빠져 있는 경우도 있다. 군기감의 경우가 그 일례이다. 즉 제8과에 散軍器監이 있는데 정작 군기감은 누락되어 있는 것이다. 이와는 반대로 실직은 포함되었으나 산직이 누락된 경우도 적지 않다. 제3과의 左右散騎常侍와 제8과의 太卜監이 그러한 예에 해당한다. 이 같은 누락의 이유가 무엇인가는 잘 알 수 없지만 아마도 기록이 갖추어지지 않았기 때문이 아닌가 싶다.

이러한 일부의 양반직만이 아니라 향직도 앞의 표에는 나타나 있지 않다. 따라서 일견 향직에 대한 전시과 지급이 개정전시과에서는 배제되었다고 생각되기도 한다. 그러나 "鄕職의 大丞 이상은 죽은 뒤에, 左丞 이하 元尹 이상은 70세 이후에야 田丁을 자손에게 상속할 수 있다"는 현종 19년 판문을[10]주목할 때 사실은 그렇지 않았던 것으로 보인다. 즉 현종 19년이라 하면 개정전시과가 시행되고 있던 시기이며, 전정은 전시과의 전시와 그 실체가 같은 것으로 이해되고 있으므로[11] 결국 개정전시과 체제하에서도 향직을 가진 자에게 전시가 지급되었음을 알 수 있다. 사실 향직이 시정전시과와 갱정전시과의 지급대상에 모두 포함되어 있음을 고려할 때[12] 개정전시과에서도 이들에게 전시가 지급되었을 것은 생각하기 어려운 일이 아니다. 그럼에도 불구하고 개정전시과 규정에 이것이 빠져 있는 것은 매우 이해하기 어려운데, 역시 기록의 탈루에 그 원인이 있지 않은가 한다. 이렇게 볼 때 개정전시과의 지급대상은 앞의 표에 제시되어 있는 것보다 광범위하며 많았다고 해야 할 것이다.

---

8) 朴龍雲, 〈高麗의 中樞院 硏究〉(《韓國史硏究》 12, 1976).
9) 邊太燮, 〈高麗의 三司〉(《歷史敎育》 17, 1975).
10) 《高麗史》 권 78, 志 32, 食貨 1, 田制 田柴科.
11) 武田幸男, 앞의 글.
———, 〈高麗田丁の再檢討〉(《朝鮮史硏究會論文集》 8, 1971).
12) 엄밀히 말한다면 시정전시과에는 鄕職의 전신인 국초 이래의 「官階」, 즉 文散階를 사용하기 이전부터 쓰여 온 고려 고유의 관계를 소유한 자에게 지급되었다.

한편 개정전시과 규정은 시정전시과와는 달리 분급기준이 단일화됨으로써 매우 체계적인 분급체계를 갖추고 있다는 특징을 지니고 있다. 이전의 전시 지급에 있어 중요한 지급기준이었던 공복과 재래의 관계를 고려하지 않았을 뿐 아니라 인품이라는 막연한 요소도 제거하고, 오직 관직과 위계의 고하만을 기준으로 전시과의 모든 수급자를 18개의 科로 나눈 뒤, 각 科等의 전시액과 수급자를 구체적으로 표기하고 있다. 그런데 이 18개의 과등은 정·종 9품의 18등급과 일정한 대응관계를 이루고 있어서 주목된다. 반드시 그리고 정확하게 그런 것은 아니지만 문반의 실직을 중심으로 하여 제1과에는 종1품, 제2과에는 정2품, 제3과에는 종2품이 배치되고[13] 이하 이러한 순차로 내려가는 원칙을 좇아서 과등과 관품이 대응되었던 것으로 보인다. 이에 따라 종1품인 內史令·侍中이 제1과를 받고, 정2품인 內史·門下省의 侍郎平章事가 뒤를 이어 제2과를 받았으며, 종2품인 參知政事와 정3품인 6尙書·御史大夫가 각각 제3과와 제4과를 받게 되었다.[14] 그러므로 18과등은 당시에 이미 확립되어 있던 문산계의 관품 구분을 반영한 것이었다고 하겠다.

물론 이러한 원칙에 어긋나는 예외도 적지 않다. 예컨대 문종대의 관품을 기준으로 종3품인 左丞·右丞이 제6과를 받는 반면에 정4품인 少府·將作監은 오히려 제5과를 받고 있으며, 종4품인 少卿·少監·國子司業 등이 정5품의 과등인 제8과를 받고 있다. 또 종5품인 諸陵令과 太史令이 정6품의 과등인 제10과에 배정되어 있고, 정7품직인 國子博士는 종5품의 과등인 세 단계 위의 제9과에 배치되어 있어 주목된다. 이러한 현상은 무반직에서도 나타난다. 즉 정3품인 上將軍과 종3품인 大將軍, 정4품인 諸衛將軍, 정5품인 中郎將이 각각 1~2단계 아래인 제5과·제6과·제8과·제9과에 들어 있다. 이 밖에도 1~3단계 위 혹은 아래의 과등에 배치된 관직은 꽤 많이 보인다. 그렇기 때문에 개정전시과의 각 과등에는 관품이 다른 관직이 다양하게 배열되어 있다. 일례로 정5품의 과등인 제8과에는 산직을 제외하고도 종4품의 소경·소감·국자사업과 정4품의 제위장군 및 종3품의 태복감이 섞여 있는데,

13) 이렇게 제1과에 정1품이 아닌 종1품부터 배치된 것은 고려에는 실제로 정1품이 존재하지 않았기 때문이다.
14) 李佑成, 〈閑人·白丁의 新解釋〉(《歷史學報》 19, 1962).

정작 정5품의 관직은 빠져 있다. 그러므로 18과등의 구분을 관품과는 전혀 관계 없는 것으로 생각할 수도 있다.[15] 그러나 정8품의 丞·令이 제14과를, 종8품의 丞·令이 제15과를, 정9품의 丞이 제16과를 받도록 규정한 것을 보면 그렇게 생각하기는 어렵다. 관품과 과등을 일치시키고자 하는 흔적이 역력하기 때문이다.

그렇다면 과등의 배정에 예외적인 경우가 있었던 것은 무엇 때문인가. 여기서 생각해 볼 수 있는 것이 목종에서 문종에 이르는 사이에 적지 않은 관품의 변동이 있었으리라는 점이다. 다시 말해 이렇게 일치하지 않는 현상은 문종대의 관품을 기준으로 했기 때문이며, 실제로는 그렇지 않았으리라는 것이다. 그러나 사실《高麗史》百官志에는 문종 이후에 정해진 관품만이 소개되어 있어 그 이전의 실정에 대해서는 잘 알 수가 없다.[16] 그런데《高麗史》刑法志 避馬式條를 통해 몇몇 관직의 목종 때 관품이 확인되고 있어 주목된다. 즉 덕종 2년에 정한 피마 규정은[17] 소경·소감·사업 등이 문반의 정5품이었으며, 제릉령·태사령은 정6품이었다고 소개하고 있다. 또 상장군은 종3품, 대장군은 정4품, 장군은 정5품, 중랑장은 종5품의 무반직이었음도 보여준다.[18] 물론 위 피마 규정이 덕종 때 제정되었던 만큼, 엄밀하게 말한다면 이때의 관품이 개정전시과가 마련된 목종 원년의 그것과 완전히 같았다고 할 수 없을지도 모른다. 그러나 목종에서 덕종에 이르는 시기에 중앙 관제에 대한 뚜렷한 개편의 흔적을 찾을 수 없을 뿐 아니라, 덕종 2년은 아직 전시과의 재개정(덕종 3년)도 이루어지기 이전이었으므로[19] 개정전시과의 내용이 거

15) 官品과 科等이 일치하지 않는 이러한 예외적인 경우를 강조하여 改定田柴科의 18科 區分은 관품이 아니라 班의 차이와 職種·職分 등 직능의 개별 특수성을 고려하여 이루어졌다고 보는 견해도 있다(朴菖熙, 〈高麗의 兩班功蔭田柴去의 解釋에 再檢討〉,《韓國文化研究院論叢》22, 1973).

16) 이제까지 열거한 각 관직의 관품도 거의 모두 문종대의 품계이고, 丞·令의 정8품·종8품·정9품만이 목종 원년의 관품이었다.

17)《高麗史》권 84, 志 38, 刑法 1, 避馬式.

18) 상장군·대장군과 장군은 각각 문반의 종3품·정4품·정5품에 비견되어 있으며, 중랑장은 문반의 常參 6품에 비견되고 있는 것으로 보아 종5품직이었다고 판단된다.

19) 물론 현종 5년에 약간의 손질이 가해졌으나, 그것은 어디까지나「加給」에 불과한 것이고 전시과의 큰 개편을 의미하지는 않는다(《高麗史》권 78, 志 32, 食貨 1, 田制 田柴科).

의 그대로 시행되고 있던 시기였다고 하겠다. 따라서 개정전시과에 있어서 관직 및 관품과 피마식조의 그것은 아마도 거의 같았을 것으로 믿어진다. 문종대에는 찾아 볼 수 없는 南班職 宣徽諸使使가 개정전시과와 이 덕종 때의 피마식 규정에 함께 보이는 것은 이러한 판단이 잘못되지 않았음을 반증한다고 하겠다. 결국 목종 원년 당시 상장군·대장군의 관품은 각각 종3품·정4품이었고, 제위장군과 소경·소감·사업은 모두 정5품, 중랑장은 종5품, 제릉령·태사령은 정6품이었던 것으로 확인된다. 그러므로 개정전시과의 제5과에 상장군, 제6과에 대장군, 제8과에 제위장군과 소경·소감·국자사업, 제9과에 중랑장, 제10과에 제릉령과 태사령이 들어 있는 것은 지극히 당연하다고 하겠다.

이러한 사례를 미루어 보면 문종대의 품계로 종3품인 좌·우승이 제6과를 받는 반면 정4품의 소부·장작감이 제5과를 받도록 된 것도 이해할 수 있게 된다. 즉 개정전시과가 마련될 당시에는 오히려 전자가 정4품이었고 후자는 종3품이었던 것이다. 그러던 것이 문종대에 이르러 관품이 서로 뒤바뀌면서 전시과의 과등 또한 재조정되어 更定田柴科에서는 좌·우승이 제5과에 속하게 된 데 반해 소부·장작감은 제6과에 배정되었다. 이렇게 볼 때 지나친 비약일지는 모르나 개정전시과에서 과등과 1~2단계의 차이를 보이는 듯한 다른 관직(실직)의 관품도 실제로는 대부분 과등과 일치하지 않았을까 한다.[20] 그렇다고 관품과 과등이 일치하지 않는 예외적인 경우가 개정전시과에 전혀 없었다고는 할 수 없다. 자기의 관품보다 3단계 위의 과등에 배치된 국자박사가 그러한 예일 것이다. 국자박사는 갱정전시과에서도 관품보다 4단계 위의 과등에 배정되어 있는 바, 이는 관품의 변동을 가정해도 이해할 수 없는 아주 특수한 예라 하지 않을 수 없다. 이상에서 논의한 내용을 간단히 정리하면 다음의 〈표 2〉와 같다.

〈표 2〉에서 비록 몇몇의 예외는 인정된다 하더라도 개정전시과의 18과등은 관직(실직)의 관품을 기준으로 설정되었던 것으로 이해된다.

다만 제16과 이하로는 문무양반의 관인뿐 아니라 이속 및 군인층이 배치됨으로써 관품을 기준으로 하는 과등 배분의 원칙이 문란해진 느낌이 없지 않

20) 따라서 개정전시과 규정을 토대로 목종 원년 당시 혹은 성종 14년에 개편된 관제, 특히 관품의 실상을 규명할 수 있을 것이다.

〈표 2〉

| 과 등 | 해당관품 | 관 직 | 문종대 관품 | 목종대 관품 |
|---|---|---|---|---|
| 5과 | 종3품 | 소 부 감 | 정4품 | 종3품 |
| | | 장 작 감 | 정4품 | 종3품 |
| | | 상 장 군 | 정3품 | 종3품 |
| 6과 | 정4품 | 좌·우 승 | 종3품 | 정4품 |
| | | 대 장 군 | 종3품 | 정4품 |
| 8과 | 정5품 | 제소경·소감 | 종4품 | 정5품 |
| | | 국 자 사 업 | 종4품 | 정5품 |
| | | 제 위 장 군 | 정4품 | 정5품 |
| 9과 | 종5품 | 중 랑 장 | 정5품 | 종5품 |
| | | 국 자 박 사 | 정7품 | 정7품(?) |
| 10과 | 정6품 | 제 릉 령 | 종5품 | 정6품 |
| | | 태 사 령 | 종5품 | 정6품 |

다.[21] 그러나 꼭 그렇게 생각하지 않아도 좋을 듯하다. 이속은 각 관아의 사무 또는 잡역에 종사하는 준관료적 성격을 띠고 있고, 군인 또한 군역을 부담하고 있었으므로 이들에게 給田을 계획하는 한 이러한 현상은 불가피하기 때문이다. 오히려 제18과는 이에 해당하는 양반 관원이 없기 때문에 마땅히 이들 이속 및 군인층이 차지할 과등이었다고 여겨지며, 실제로 이속의 하층을 이루는 유외잡직과 군인의 대종인 보군이 배정되어 있는 것이다. 그러므로 이속의 상층인 서리들과 마군이 제16과 또는 제17과에 배치되는 것도 당연하다고 하겠다

지급대상과 기준에 관련된 이상의 특징 외에도 개정전시과에는 다음과 같은 특징이 있다. 우선 시정전시과에 비하여 각 과등의 지급액이 전체적으로 감소하였다. 전지를 기준으로 限外科만이 2결 증가하였을 뿐 최고액과 최하액은 물론이고 전 과등의 평균액도 시정전시과의 자삼층의 68.5결에서 58결로 줄어들었던 것이다. 이러한 현상은 柴地의 경우에 더욱 두드러진다. 최고·최하액은 물론 그 평균액 또한 67.5결에서 32결로 대폭 축소되었다. 제16

21) 李佑成, 앞의 글.
姜晋哲, 앞의 책, 40쪽.

과 아래로 시지가 지급되지 않은 것도 이러한 시지의 대폭적인 감축과 흐름을 같이한다고 생각된다. 이렇게 시지의 지급액이 절반 이하로 감소하게 된 이유가 무엇인지는 잘 알 수 없으나, 그 간 개간에 의한 시지의 경작지화가 상당히 진척되었기 때문인 것으로 이해한 견해가 있어 주목된다.[22] 다음으로 이전과 마찬가지로 한외과가 설정되어 18과등에 끼지 못하는 자에게도 전지 17결이 주어졌다는 특징을 들 수 있는데, 후일의 갱정전시과에 보이는 잡류가 이에 해당되었을 가능성이 있으나 확실하지는 않다. 그런데 개정전시과의 특징과 관련하여 한 가지 언급하지 않을 수 없는 것은 지금까지 무반에 비해 문반의 대우가 현저하게 우세했다고 이해하여 왔다는 점이다. 즉 문종 때의 관품으로 정3품인 상장군이 같은 품계의 문관인 6상서나 어사대부와는 달리 제4과가 아닌 제5과에 배치된 것은 부정할 수 없는 문·무반의 차대를 의미한다고 설명해 왔던 것이다.[23] 그러나 앞에서 논의하였듯이 목종 당시 상장군의 관품은 정3품이 아니라 종3품이었던 것으로 판단되므로 이 같은 설명에는 재고의 여지가 있다. 물론 문반의 산직이 실직보다 1~2단계 낮은 과등을 받았음에 반해 무반의 경우는 3~4단계까지 감등된 점을 고려하면 그러한 설명이 전혀 불가능한 것은 아니지만, 이미 말한 대로 개정전시과 규정은 실직의 관품을 중심으로 구성되었다는 사실에 유념할 필요가 있다. 이와 관련하여 "고려의 무반이 문반에 비해 실질적(사회적)인 면에서 큰 차별을 받은 것은 엄연한 사실이지만, 법제적(공직)인 면에서는 문반과 전혀 동등한 지위를 인정받았다"고 하는 연구가[24] 참고된다. 한편 각 과등의 관직들이 배열되어 있는 순서를 자세히 검토해 보면 관품이 같은 관직들 간에도 일정한 서열이 있음을 짐작할 수 있다. 즉 맨 처음에는 문반을, 이어 무반을, 다음에는 잡업 및 남반의 관직을, 그 뒤에 산직을 열거하였던 것이다. 일례로 제9과의 경우 무반직인 中郞將·折衝都尉 앞에는 諸郎中에서 國子博士에 이르는 일련의 문반직이, 그리고 그 뒤에는 잡업의 太醫監과 남반직인 宣徽諸使判事가 차례로 배열되어 있

22) 洪淳權, 〈高麗時代의 柴地에 관한 고찰〉(《震檀學報》 64, 1987).
李景植, 〈高麗時期의 兩班口分田과 柴地〉(《歷史教育》 44, 1988).

23) 姜晋哲, 앞의 책, 42쪽.
末松保和, 〈高麗初期の兩班について〉(《東洋學報》 36-2, 1953).

24) 邊太燮, 〈高麗朝의 文班과 武班〉(《史學研究》 11, 1961).

으며, 이어 산직인 散少卿·散少監이 열거되어 있는 것이다.

이상과 같은 내용을 담고 있던 개정전시과는 이후 현종 5년에 약간 수정되고, 덕종 3년에 재개정되었다가, 문종 30년의 갱정전시과로 이어져 갔다.

〈金載名〉

### 4) 문종 30년의 전시과－갱정전시과－

#### (1) 전시과 갱정의 과정

목종 원년에 제1차 개정을 본 전시과는 현종 5년(1014)에 이르러 약간의 수정이 가해졌다. 문무양반과 잡색원리에게 田柴를 加給한 조처가[1] 바로 그것인 데, 이의 구체적인 내용은 알 수 없다. 그러나 이 전시 가급의 조치는 전시과의 큰 개편이라기보다는 단순히 후생적인 시책의 하나였다는 성격을 지니고 있었던 것으로 생각된다. 경종 원년의 전시과 제정은「始定」, 목종원년과 덕종 3년(1034)의 개편은「改定」, 문종 30년(1076)의 것은「更定」이라 표기하고 있음에 반해 이 때의 개편은「加給」으로 표현하고 있기 때문이다. 이후 덕종 3년 4월에 이르러 전시과는 재개정되었는데, 이에 대해《高麗史》食貨志는 "兩班 및 軍·閑人의 전시과를 개정하였다"고 기술하고 있다. 그러나 더 이상의 설명이 생략되었을 뿐 아니라 여타의 관련 기록도 없으므로 그 구체적인 내용은 잘 알 수 없다. 다만 전시과의 수급 대상자로 이전의 양반·군인에 이어 한인이 새로 추가되었다는 점이 주목될 뿐이다.

이렇게 재정된 이후 개편을 거듭한 전시과는 문종 30년에 이르러 또 다시 개정되었다. 이에 대해 역시《高麗史》食貨志는 "양반의 전시과를 갱정하였다"고 기술하고 있으므로 이 때 개정된 전시과를 흔히 '갱정전시과'라 부르고 있다. 그런데 이 전시과의 갱정은 전반적인 관제 개혁의 일환으로 이루어졌다는 점에 주목할 필요가 있다. 즉 각종 관아의 증치 및 개폐가 일단락된 것과, 각 관직의 품계가 일차 확정된 것, 그리고 文武班祿을 비롯한 각종 녹봉의 규정 등이 모두 이 해에 이루어진 일이었다. "양반전시과를 갱정하고 또 관제를

1)《高麗史》권 78, 志 32, 食貨 1, 田制 田柴科.

고쳐 백관의 班次 祿科를 정하였다"고 하는《高麗史節要》의 설명은[2] 바로 이를 두고 한 것이었다. 따라서 갱정전시과는 같은 해에 단행된 행정관제의 개편을 토대로 출현하였다고 하겠는데, 이는 목종 원년의 개정전시과가 성종 14년에 이루어진 관제개혁의 결과로 나타난 사실과 맥락을 같이 한다.

### (2) 갱정전시과의 내용과 특징

개정전시과의 경우와 같이 갱정전시과의 지급내역 또한《高麗史》권 78, 食貨志 1, 田制 田柴科條에 상세하게 기록되어 있는데, 이를 간단히 정리하면 다음 〈표 1〉과 같다.

〈표 1〉 更定田柴科

(단위 : 결)

| 科 | 支給額 | | 受給者 |
|---|---|---|---|
| | 田地 | 柴地 | |
| 1 | 100 | 50 | 中書令 尙書令 門下侍中 |
| 2 | 90 | 45 | 門下侍郞 中書侍郞 |
| 3 | 85 | 40 | 參知政事 左右僕射 上將軍 |
| 4 | 80 | 35 | 六尙書 御史大夫 左右常侍 太子詹事 太子賓客 大將軍 |
| 5 | 75 | 30 | 七寺卿 秘書監 殿中監 國子祭酒 尙書左右丞 司天監 太子少詹事 諸衛將軍 右少詹事 |
| 6 | 70 | 27 | 吏部諸曹侍郞 將作監 小府監 軍器監 太醫監 左右庶子 左右諭德 諸中郎將 |
| 7 | 65 | 24 | 七寺少卿 秘書少監 殿中少監 將作少監 少府少監 司天少監 給事中 中書舍人 御史中丞 國子司業 太子僕 太子率更令 太子家令 |
| 8 | 60 | 21 | 諸郎中 太醫少監 軍器少監 內常侍 閤門引進使 太子左右贊善大夫 太子中允 太子中舍人 閤門使 國子博士 諸郎將 |
| 9 | 55 | 18 | 秘書丞 殿中丞 閤門副使 |
| 10 | 50 | 15 | 諸員外郞 起居郞 起居舍人 侍御史 六局奉御 殿中內給事 太史令 諸陵令 太廟令 內謁者監 太學博士 中尙令 四官正 太子藥藏郞 太子典膳郞 太子洗馬 |

2)《高麗史節要》권 5, 문종 30년 12월.

| | | | |
|---|---|---|---|
| 11 | 45 | 12 | 通事舍人 左右補闕 殿中侍御史 七寺丞 三監丞 司天丞 秘書郎 六衛長史 國子助教 京市令 內直郎 典設郎 宮門監 侍御醫 諸別將 |
| 12 | 40 | 10 | 監察御史 左右拾遺 閣門祇候 門下錄事 中書注書 軍器丞 六局直長 四門博士 詹事府司直 內侍伯 內殿崇班 諸散員 大相 左丞 |
| 13 | 35 | 8 | 尙書都事 七寺注簿 三監注簿 太學助教 大官令 大樂令 大盈令 典廐令 內園令 供驛令 掌冶令 太史丞 諸陵丞 太廟丞 司天注簿 東西頭供奉官 諸校尉 元甫 正朝 |
| 14 | 30 | 5 | 六衛錄事 軍器注簿 四門助教 京市丞 中尙丞 武庫丞 大樂丞 大盈丞 大倉丞 大官丞 典廐丞 內園丞 供驛丞 掌冶丞 秘書校書郎 良醞令 司儀令 守宮令 典獄令 都染令 雜織令 諸校令 掌牲令 太醫博士 太醫丞 挈壺正 保章正 律學博士 左右侍禁 左右班殿直 諸隊正 元尹 |
| 15 | 25 | | 都染丞 雜織丞 諸校丞 掌牲丞 守宮丞 司儀丞 典獄丞 良醞丞 司廩 司庫 太史司辰 太史司曆 太史監候 尙食食醫 律學助教 書學博士 算學博士 司天博士 太醫醫正 司天卜正 秘書正字 諸主事 御史臺錄事 中樞院別駕 門下待詔 文林郎 將仕郎 殿前承旨 都知 船頭 典丘官 司引 馬軍 |
| 16 | 22 | | 諸令史 書史 主事 中書書藝 秘書書藝 史館書藝 太史書藝 醫計師 司天卜師 卜助教 副殿前承旨 禮賓承旨 閣門承旨 獸醫博士 當印 堂直 監膳典食 典設 役步軍 |
| 17 | 20 | | 諸書令史 諸史 尙乘內承旨 尙乘副內承旨 太史 典史 注藥 藥童 通引 直省 知班 呪噤師 供膳 酒食 供設 掌設 堂從 追仗 引謁 計史 試計史 試書藝 監門軍 |
| 18 | 17 | | 閑人 雜類 |

위의 〈표 1〉을 통해 개정전시과의 지급대상이었던 관인·이속·군인층들이 여기에서도 중요한 지급대상으로 자리하고 있음을 알 수 있으나 몇 가지 면에서 차이를 보이고 있다. 먼저 관인층의 경우 지급대상에서 산직이 누락되어 있다는 특징이 눈에 띈다. 즉 개정전시과에서는 비록 실직보다 몇 단계 낮은 科等을 받기는 하였지만 실직에 못지 않게 중요한 위치를 자시하고 있던 檢校職과 同正職이 여기서는 완전히 사라진 것이다. 이는 곧 전시과의 지급이 이제는 철저하게 실직을 바탕으로 해서만 이루어졌음을 뜻하는 것으로 해석된다. 이와 함께 이전에 비해 무반의 대우가 뚜렷하게 좋아졌다는 특징도 보이고 있다. 즉 개정전시과에서는 무반의 최고위직인 상장군이 제5과에 위치

하였으나 〈표 1〉 제3과에 올라 있으며, 그 이하의 大將軍·諸衛將軍·中郎將·郎將·別將·散員·校尉·隊正 등도 모두 2~3단계 위의 과등을 받고 있다. 무반에 대한 이러한 대우는 그간 관품의 변동이 있었으리라는 점을[3] 고려한다 하더라도 우대 조처임에 틀림없다. 일례로 정3품으로 관품이 같은 6尙書가 제4과를 받고 있음에 비해 상장군은 1과 높은 제3과를 받고 있기 때문이다. 문반 우위의 고려사회에서 이런 현상이 나타나는 것은 선뜻 이해하기 어려운 일인데, 거란과의 오랜 전쟁을 치르면서 국방에 관한 인식이 높아지고, 이에 따라 무반의 지위가 상대적으로 오른 결과가 아닐까 한다.[4]

다음은 이속층, 즉 상층의 胥吏職과 하층의 流外雜職(雜路職)이 모두 분화하여 3과등으로 분속되었음이 주목된다. 서리직의 경우 개정전시과에서는 고급과 하급 서리로 나뉘어 각각 제16과와 제17과에 배정되어 있었다. 그러나 여기에서는 主事·錄事·待詔 및 別駕 등 최고위 서리와 令史·書史·書藝·醫計師 및 禮賓·閣門承旨 등 차상위 서리, 그리고 書令史·史·尙乘承旨 등 하급 서리로 구분되어 각각 제15과·제16과·제17과에 배속되었다. 이와 같은 이속층의 분화는 잡로직에서 더욱 뚜렷이 나타난다. 즉 개정전시과에서는 이들 잡로직이 모두 제18과에 속해 있었으나, 여기서는 세 층으로 나누어져 典丘官은 최고위 서리들과 함께 제15과에, 當印·堂直·監膳·典食·典設 등은 차상위 서리들과 같이 제16과에, 그리고 나머지는 하급 서리들과 더불어 제17과에 배정되었다.[5] 이와 함께 이전에는 限外科로 분류되었을 잡류가 限內로 편입되어 제18과에 자리잡게 되었다. 따라서 갱정전시과에서는 이전에 비해 이속층, 특히 잡로직의 대우가 좋아졌다고 하겠다.

이러한 변화는 이속층만이 아니라 군인층에서도 찾아진다. 이제까지 馬軍과 步軍으로만 구분되어 있던 군인층 역시 馬軍·步軍·監門軍 등으로 분화되어 이전보다는 높은 과등을 받게 되었다. 즉 개정전시과에서 마군은 하급 서리들과 함께 제17과에 속해 있었으나, 여기에서는 제15과로 분류되어 9품관 및 최고위 서리들과 똑같이 25결의 전지를 받고 있는 것이다. 또 잡로직

3) 이에 대해서는 앞의 〈목종 원년의 전시과－개정전시과－〉 참조.

4) 姜晋哲, 《高麗土地制度史硏究》(高麗大出版部, 1980), 49쪽.

5) 洪承基, 〈高麗時代의 雜類〉(《歷史學報》 57, 1973).

과 더불어 제18과에 속해 있던 보군은 차상위 서리들과 함께 제16과에 배정되어 22결의 전지를 받게 되었으며, 감문군 또한 제17과에 배치되어 20결의 전지를 지급 받게 되었다. 군인층이 받게 된 이러한 전지의 규모는 절대액으로 보아도 이전보다 증가한 것인 바, 이는 곧 군인층에 대한 현격한 우대를 의미한다고 하겠다. 이처럼 군인층에 대한 대우가 현저하게 상승한 것은 아마도 무반직의 경우와 비슷한 이유에서였다고 믿어진다.

그리고 지급대상과 관련하여 갱정전시과에는 이들 관인·이속·군인층 외에도 향직을 가진 자들이 포함되어 있어 주목된다. 즉 향직의 4품인 大相과 3품인 左丞이 제12과에, 4품인 元甫와 5품인 正甫가[6] 제13과에, 그리고 6품인 元尹이 제14과에 각각 배치되어 있는 것이다. 이로써 갱정전시과의 지급대상에 향직이 포함되었음은 일단 확인되었다고 하겠는데, 한 가지 의문으로 남는 것은 大丞 이상의 향직이 여기에 누락되어 있다는 점이다. "향직의 대승 이상은 죽은 뒤에, 좌승 이하 원윤 이상은 70세 이후에야 田丁을 자손에게 상속할 수 있다"고 한 현종 19년의 판문에[7] 의거할 때, 대승 이상에게도 전정 즉 전시가 지급되었음은 분명한데, 갱정전시과 규정에 이들이 빠져 있는 것은 이해하기 어렵다. 혹 기록의 탈루가 있는 듯하나 확실하지는 않다. 이와 함께 한 가지 유념해야 할 것은 향직에 대한 토지지급이 이 때 비로소 시작된 것은 아니라는 점이다. 향직의 전신인 재래의 官階 소유자들이 시정전시과의 紫衫層의 주류를 이루고 있었음은 널리 알려진 사실이고, 비록 개정전시과의 규정에는 향직이 누락되어 있지만 위 현종 19년의 판문을 통해 알 수 있듯이 그 규정이 시행되던 시기에도 향직에 대한 전시의 지급은 시행되고 있었다. 따라서 갱정전시과에 향직이 포함된 것은 시정전시과 이래로 향직 소유자에게 지급해 오던 전시의 액수를 재조정한 조처였다고 하겠다.

이처럼 개정전시과에는 빠져 있던 향직을 포함하고, 한외과를 한내로 흡수하는 등의 다소 정비된 측면을 보이고 있기는 하지만, 갱정전시과 규정 또한 불비한 점이 적지 않다. 마땅히 들어 있어야 할 관직이 그 지급대상에서 누락되어 있는 것이다. 개정전시과에서 빠뜨린 중추원 및 삼사의 여러 관직과

6) 원문의 正朝는 正甫의 착오인 것으로 판단된다.
7) 《高麗史》 권 78, 志 32, 食貨 1, 田制 田柴科.

지방관은 물론이고,《高麗史》百官志와 비교해 볼 때 상당히 많은 관직이 누락되어 있다. 일례로 左右諫議大夫 起居注 등의 諫官과 知事·雜端 등의 臺官, 閤門의 引進副使, 太史局의 靈臺郎, 掖庭局의 內謁者 등이 모두 빠져 있는 것이다. 따라서 갱정전시과의 지급대상 또한 앞의 〈표 1〉에 제시되어 있는 것보다 광범위하였으며 많았다고 생각된다.

한편 〈표 1〉에서 알 수 있듯이 갱정전시과는 개정전시과의 체제를 그대로 이어 받아 18과등제를 취하고 있다. 그러므로 제1과에 종1품이, 제2과에 정2품이, 제3과에 종2품이, 제4과에 정3품이 배정되고, 이하 이러한 순서에 따라 각 관직(관원)의 과등이 결정되었을 것은 생각하기 어렵지 않다. 실제로 제1과에서 제9과까지와 제13과에서는 한 두 개의 예외가 있기는 하나 이러한 원칙이 잘 지켜지고 있다. 그러나 제10과에서 제12과까지도 예외가 적지 않고, 특히 제14과와 제15과에서는 예외적인 경우가 훨씬 많으며, 제16과와 제17과에는 아예 이속과 군인만이 전속되어 있다. 이렇게 된 배경에는 대체로 다음과 같은 두 가지 이유가 있었을 것으로 짐작된다. 먼저 개정전시과에서 한외과로 분류되었을 잡류가 한인과 더불어 갱정전시과의 제18과로 편입되면서 제14과까지 연쇄반응이 일어났기 때문으로 판단된다. 즉 한인·잡류가 제18과에 편입되자 거기에 있던 유외잡직(잡로직)이 제17과로 올라가고, 이어 제17과에 있던 서리 중 차상위 서리가 제16과에, 제16과에 있던 9품의 품관들과 최고위 서리들이 제15과에, 그리고 제15과에 있던 종8품의 품관들이 정8품의 품관들과 함께 제14과에 편제되었던 것이다. 다음으로는 과등의 배정에 있어 관품과 함께 관직의 중요성도 아울러 고려하였기 때문이다. 즉 관품과 과등을 일치시키는 것을 원칙으로 하였지만 관직의 중요성을 고려하여 경우에 따라서는 관품보다 1~4단계 위 또는 아래의 과등에 배정시키기도 하였던 것이다. 정2품으로서 제3과에 배정된 左右僕射와 정7품으로서 제8과에 배치된 國子博士가 그 좋은 실례이다. 좌우복야의 경우 품계는 비록 정2품이었지만 실제로는 간신히 재추의 반열에 낄 정도로 종2품보다도 낮은 위치에 처해 있었으므로[8] 종2품의 과등인 제3과에 배정된 것이며, 국자박사가 관품보

8) 邊太燮, 〈高麗宰相考〉(《歷史學報》35·36, 1967).

다 4단계 위의 과등을 받은 것은 교육기관의 중요성이 반영되었기 때문이라고 여겨진다. 대체로 보아 관품보다 높은 과등에 배정된 사례가 낮은 과등에 배치된 경우보다 많은데, 상장군 이하의 무반직과 國子博士·太學博士·四門博士 등 國子監의 관직은 1~4단계 위의 과등을 받았으며, 起居郎·起居舍人·左右補闕·左右拾遺 등 中書門下省의 郎舍職(諫官)과 侍御史·殿中侍御史(臺官) 및 監察御史 등의 御史臺 관원들이 1단계 낮은 과등을 받았다. 무반에 대한 우대는 이미 언급한 대로 갱정전시과의 큰 특징으로 지적되고 있고, 국자감 소속의 관원이 관품보다 높은 과등을 받은 것은 역시 교육기관의 중요성을 감안한 결과라고 믿어지는데, 소위 淸要職·華要職으로 불리는 臺諫들이 낮은 과등을 받은 까닭은 잘 이해되지 않는다.

여기서 결코 간과할 수 없는 갱정전시과의 한 특징은 이전의 전시과에 비하여 전시의 지급액이 감소되었다는 점이다. 전지의 경우 제1과를 제외하고 모든 과등의 수급액이 개정전시과에 비해 5결 정도 줄어들었다. 이러한 현상은 시지의 경우에 더욱 두드러진다. 즉 최고·최하액은 물론이고 전 과등의 평균액 또한 이전의 32결에서 19결 수준으로 축소되었던 것이다. 이렇게 시지의 지급액이 크게 감소하게 된 이유가 무엇인가는 잘 알 수 없으나, 대체로 시지의 경작지화가 상당히 진척되었기 때문으로 이해되고 있다.[9]

시지는 본래 땔나무를 공급하기 위해 설정된 것인 만큼 대체로 양반 관료들

〈표 2〉 柴地의 所在

| | |
|---|---|
| 1日程 | 開城 定州(開豊) 白州(白川) 鹽州(延安) 幸州(高陽) 江陰(金川) 兎山(金川) 臨江(長湍) 新恩(新溪) 麻田(漣川) 積城(漣川) 坡平 昌化(楊州) 見州(楊州) 沙川(楊州) 峯城(坡州) 臨津(長湍) 長湍 交河(坡州) 童城(金浦) 高峯(高陽) 松林(長湍) 通津(金浦) 德水(開豊) |
| 2日程 | 安州(載寧) 洞州(瑞興) 鳳州(鳳山) 樹州(富平) 抱州(抱川) 楊州 東州(鐵原) 遂安 土山(中和) 唐城(南陽) 仁州(富川) 金浦 梁骨(永平) 洞陰(永平) 荒坪(楊州) 僧旨(?) 黃先(?) 道尺(?) 阿等押(安峽?) 安俠(安峽) 守安(金浦) 孔巖(陽川) |

9) 洪淳權, 〈高麗時代의 柴地에 관한 고찰〉(《震檀學報》 64, 1987).
李景植, 〈高麗時期의 兩班口分田과 柴地〉(《歷史敎育》 44, 1988).

의 거주지인 개경 주변에 위치하고 있었다. 여기서《高麗史》食貨志의 갱정 전시과 규정 말미에 보이는 시지의 소재지를 소개하면 앞의 〈표 2〉와 같다.

문종 30년에 이상과 같은 내용으로 전시과의 갱정이 있은 후 더 이상의 개편은 없었던 것으로 보인다. 따라서 갱정전시과는 고려시대 토지분급제도의 가장 기본적인 틀이었다고 하겠다. 그런데 갱정전시과에는 이러한 양반전시과와는 성격이 다른 또 다른 전시과가 병설되어 있었다. 무산계 및 별사전시가 바로 그것인데, 이에 대한 보다 구체적인 내용은 항을 바꾸어 살펴보고자 한다.

〈金載名〉

### 5) 별정전시과

앞서 언급하였듯이 갱정전시과에는 18과로 구분된 양반전시과와는 별도로 武散階田柴 및 別賜田柴가 설정되어 있었다. 그래서 흔히 전자를 비롯한 시정 및 개정전시과를 일반전시과라 부르고, 후자를 별정전시과로 분류하고 있다. 그런데《高麗史》食貨志 田制條에는 양반전시과와는 성격을 달리하는 또 다른 전시의 지급규정이 실려 있다. 5품 이상의 고위 관료를 특별히 우대하기 위해 마련된 것으로 이해되고 있는 兩班功蔭田柴와[1] 중앙과 지방의 여러 관청의 운영 경비를 조달하기 위한 재원으로 설치된 公廨田柴가 바로 그것이다. 따라서 이들 또한 별정전시과의 범주에 속한다고 하겠다. 그러므로 별정전시과를 논의함에 있어 무산계 및 별사전시는 물론 양반공음전시와 공해전시도 마땅히 다루어야 할 것이나, 후자에 대해서는 별도의 항목에서 자세하게 언급될 것이므로[2] 여기서는 무산계전시와 별사전시에 대해서만 설명하기로 한다.

#### (1) 무산계전시

무산계전시는 문자 그대로 무산계를 소유한 인물들에게 지급된 토지였다.

---

1) 이와는 달리 兩班功蔭田柴科는 모든 관리들 중에서 특별한 공이 있는 소수의 인물들에게 兩班科田 이외의 토지를 추가로 지급하기 위한 규정이었다고 보는 견해도 있다(朴菖熙, 〈高麗의 兩班功蔭田柴法의 解釋에 대한 再檢討〉, 《韓國文化研究院論叢》 22, 1973).

2) 이에 대해서는 이 책 I편 3장 2절 〈공해전〉 및 4장 2절 〈공음전〉 참조.

따라서 무산계전시의 구체적인 내용을 알기 위해서는 우선 무산계의 실체부터 살펴보아야 하는데, 이에 앞서 잠시 그 지급 내역을 소개해 둘 필요가 있다. 여기서 갱정전시과 규정의 말미에 붙어 있는 지급내역을 정리하면 다음 〈표 1〉과 같다.

〈표 1〉

| 支給額數 | 受給者 |
|---|---|
| 田 35결, 柴 8결 | 冠軍大將軍 雲麾將軍 |
| 田 30결 | 掌武將軍 宣威將軍 明威將軍 |
| 田 25결 | 寧遠將軍 定遠將軍 遊騎將軍 遊擊將軍 |
| 田 22결 | 耀武校尉 耀武副尉 振威校尉 振威副尉 致果校尉 致果副尉 翊麾(威?)校尉 翊麾(威?)副尉 |
| 田 20결 | 宣折校尉 宣折副尉 禦侮校尉 禦侮副尉 仁勇校尉 仁勇副尉 陪戎校尉 陪戎副尉 |
| 田 17결 | 大匠 副匠 雜匠人 御前部樂件樂人 地理業 僧人 |

위의 표에 나타나 있는 바와 같이 무산계전시 규정은 지급되는 전지의 다과에 따라 6개의 등급으로 나뉘어 있다. 제1등급에서 제5등급까지는 冠軍大將軍 이하 여러 장군과 교위·부위 등의 무산계가 배치되어 있는데, 무산계 29계 중 제1계에서 제3계에 이르는 驃騎大將軍·輔國大將軍·鎭國大將軍과 제6계인 中武將軍은 빠져 있다. 아마도 기록의 누락이 있었던 것으로 믿어진다.[3] 그리고 제6등급에는 大匠·副匠·雜匠人·御前部樂件樂人 및 地理業·僧人 등 무산계와는 직접 관련이 없는 부류의 인물들이 들어 있어 주목된다. 역시 기록의 착오일 가능성도 있으나, 꼭 그렇게만 생각할 수 없을 것이다. 사실 고려시대 무산계의 특성을 이해하면 이러한 의문은 그리 어렵지 않게 풀린다.

3) 驃騎·輔國·鎭國大將軍의 누락을, 위계는 원칙적으로 존재하였지만 실제로 수여되는 예가 없었기 때문으로 추정한 견해도 있으나(姜晋哲, 《高麗土地制度史硏究》, 高麗大出版部, 1980, 55쪽), 현종 연간에 표기·보국대장군의 위계를 가진 老兵士의 존재가 보이고 있어(《高麗史》 권 4, 世家 4, 현종 4년 9월 경술) 단순한 기록의 누락으로 보는 것이 옳을 것이다. 한편 무산계 29계의 내용에 대해서는 朴龍雲, 〈향직과 무산계〉(《한국사》 13, 국사편찬위원회, 1993) 참조.

잘 알려진 사실이지만 고려 관인사회의 질서체계는 문산계에 의해 유지되었다. 그러나 고려 초부터 문산계가 사용된 것은 아니었다. 국초에는 摩震의 관계를 기초로 하여 16등급으로 형성된 재래의 관계가 사용되다가, 광종 연간에 중국으로부터 문산계가 수용되면서 양자를 병용하기 시작하였다. 이후 성종 14년에 이르러 官階制의 일대 개편이 단행되면서 문산계가 관인사회의 유일한 공적 질서체계로 자리하게 되었다. 이로 인해 종래의 관계는 향직화하여 향리·군인·양반·서리 및 無官의 노인, 무산계 소유자, 여진의 추장등에게 수여되었다.[4] 고려에서 무산계를 사용하게 된 것은 바로 이 때의 일이다. 즉 문산계를 중심으로 관인사회의 질서를 재편하면서 이와 짝을 이루는 무산계를 함께 받아 들였던 것이다. 따라서 이 때부터 문관과 무관은 각각 문산계와 무산계를 썼을 것으로 생각하기 쉽다. 그러나 고려에서는 무산계를 무관의 산계로 사용하지 않았다. 즉 고려에서는 무관에 대해서도 문관과 같이 문산계가 수여되었고, 무산계는 문무의 관인층과는 성격이 다른 부류에게 주어졌던 것이다.

지금까지의 연구에 의하면 고려의 무산계는 매우 다양한 부류의 인물들에게 주어졌다고 한다. 우선 노령의 병사가 그 수여의 대상이었다. 목종이 서경에 행차하여 祭를 올리고 兩京의 수비를 담당하던 군사 중에서 80세 이상의 무직자에게 무산계의 제28계인 陪戎校尉를 수여한 일이[5] 그 일례라 하겠다. 무산계는 향리에게도 수여되었다. 通州의 戶長 金巨가 무산계 제17계인 振威副尉에 올랐던 일과,[6] 權適의 증조부 均漢이 호장으로서 배융교위를 가지고 있었던 것[7] 등은 그러한 사례의 하나이다. 사실 고려에서는 京役의 복무를 마친 주현의 進奉長吏에게 무산계를 수여하는 관례가 있었다.[8] 따라서 향리가 무산계를 소유하는 사례는 적지 않았을 것으로 생각된다. 그리고 탐라의 왕족과 여진의 추장도 무산계를 수여 받았다. 일례로 현종 15년에 탐라의 추장 周物과 그의 아들 高沒은 雲麾大將軍을 받았고,[9] 문종 37년에 말을 헌상

---

4) 武田幸男, 〈高麗初期の官階〉(《朝鮮學報》 41, 1966).
　———, 〈高麗時代の鄕職〉(《東洋學報》 47-2, 1964).

5) 《高麗史節要》 권 2, 목종 2년 10월.

6) 《高麗史》 권 5, 世家 5, 덕종 원년 2월 임인.

7) 〈權適墓誌〉(《朝鮮金石總覽》 上, 朝鮮總督府, 1919).

8) 《高麗史》 권 12, 世家 12, 예종 3년 2월 신묘.

9) 《高麗史》 권 5, 世家 5, 현종 15년 7월 임자.

하기 위해 온 여진인 方眞은 寧遠將軍의 위계를 띠고 있었다.[10] 이 밖에도 《高麗史》에는 이러한 사례가 적지 않게 보이고 있다. 이들 뿐 아니라 각종의 工匠에게도 무산계가 수여되었는데, 이러한 사례는 《高麗史》 食貨志 祿俸條의 諸衙門 工匠別賜 항목에서 우선 찾아 볼 수 있다. 군기감에 소속되어 米 7석을 녹봉으로 받은 牟匠은 行首宣節(折)校尉였고, 長刀匠은 行首陪戎副尉였으며, 角弓匠은 陪戎校尉였던 것이다. 그리고 碑의 刻造盖 및 刻字에 秘書省 소속의 遊擊將軍과 배융교위가 大匠과 함께 참여한 사례도[11] 그러한 예의 하나라 하겠다. 왜냐하면 석공의 일인 비의 각조개 및 각자를 맡은 유격장군·배융교위라면 그 실체는 石匠일 수밖에 없기 때문이다. 일반 공장과 마찬가지로 樂人(樂工)도 무산계를 받을 수 있었다. "악공은 배융부위에서 시작하여 耀武校尉까지 승급할 수 있다"고 규정한 문종 7년의 판문이[12] 이를 잘 말해 준다.

이처럼 고려시대의 무산계는 노병사·향리·공장·악인 및 탐라의 왕족과 여진의 추장에게 수여되고 있었다. 그러나 이러한 부류에 속하는 모든 사람이 무산계를 받았던 것은 아니다. 일례로 향리의 경우 이를 갖지 못한 자가 보다 많았던 것으로 보인다. 이와 관련하여 주목되는 것이 바로 《三國遺事》 권 4, 義解 5, 寶壤梨木條이다. 여기에는 예종 때를 전후한 시기에 淸道郡의 戶長과 其人을 지낸 6명의 향리가 보이는데, 그 중에서 무산계를 지닌 자는 '前副戶長禦侮副尉'였던 李則禎 1인 뿐인 것이다. 사실 향리에 대한 무산계 수여는 제한적으로 이루어지고 있었다. 즉 모든 향리에게 일률적으로 주어진 것이 아니라 특별한 공로가 있다거나, 京役을 끝마치는 등의 일정한 조건을 갖춘 자에게 수여되었던 것이다. 통주 호장 김거가 진위부위에 오른 것도 국방에 대한 공로 때문으로 이해되고 있다.[13] 그리고 그들이 받은 무산계의 위계도 일률적인 것은 아니었다. 활동상에 따라 주어지는 위계에 차이가 있었던 것으로 보인다. 공장과 악인의 경우도 마찬가지였다고 생각된다. 위 제아문공장별사록 항목에 무산계를 갖지 않은 대장·부장 및 잡장인과 여타 악인들의 존재가 훨

10) 《高麗史》 권 9, 世家 9, 문종 37년 2월 신미.
11) 〈玄化寺碑〉(《朝鮮金石總覽》 上).
〈七長寺慧炤國師塔碑〉(위의 책).
〈法泉寺智光國師玄妙塔碑〉(위의 책).
12) 《高麗史》 권 75, 志 29, 選擧 3, 限職 문종 7년 10월.
13) 旗田巍, 〈高麗の武散階〉(《朝鮮學報》 21·22, 1961).

씬 많이 보이고 있으며, 앞서 언급하였듯이 비문의 각자를 맡은 석장에도 무산계가 없는 대장이 보이기 때문이다. 따라서 이들의 경우는 오히려 기술이 뛰어나거나 근무 기간이 오래된 소수의 인물들에게만 무산계가 수여된 것이 아닌가 하는 생각도 든다. 여하튼 이렇게 볼 때 공장과 악인에는 일단 무산계를 가진 인물과 그렇지 못하고 나름대로의 위계를 소유한 인물의 두 부류가 있었다고 하겠다.

이렇게 무산계가 관인인 무관이 아니라 그보다 신분이 낮은 노병·향리·공장·악인 및 탐라의 왕족과 여진의 추장 등에게 수여되었다면, 그것은 곧 무산계가 양반관료층과 그 범주에 해당하지 않는 다른 계층의 인간들, 특히 향리층을 명확히 구별하는 하나의 수단으로 활용되었음을 의미한다. 따라서 무산계를 받았다고 해서 특별한 신분 또는 계층상의 변화가 있었던 것은 아니었다고 하겠다. 사실 무산계의 수여는 恩典·褒賞·慰勞의 의미를 강하게 지니고 있었다.[14]

고려시대 무산계의 실체는 대체로 이상과 같은 것이었다. 이를 기초로 할때 무산계전시의 내용은 대략 다음과 같이 정리될 수 있겠다. 첫째, 무산계전시의 지급대상으로는 우선 무산계 소유자를 들 수 있는데, 이에는 노병·향리·공장·악인 및 탐라의 왕족과 여진의 추장 등이 있었다. 그러나 이들이 무산계를 소유했다고 해서 모두 무산계전시를 받았다고는 생각되지 않는다. 왜냐하면 이들 중 일부는 향직을 받을 수 있는 대상이기도 하였는데,[15] 무산계를 갖고 있으면서 또 향직을 받은 경우는 일반전시과 규정에 따라 鄕職田을 받았을 가능성이 크기 때문이다. 무산계와 향직을 모두 소유한 경우 어느 쪽이든 지급액수가 큰 쪽의 적용을 받았다고 판단되는데, 대체로 향직전의 규모가 무산계전보다 컸던 것이다.[16] 하나의 예로 현종 4년에 보국대장군인 宋能과 표기대장군인 庾孫이 100세가 되어 향직인 大匡을 추가로 받았는데,[17] 이 경우 송능과 유손은 당연히 일반전시과 규정에 따라 향직전을 지급받았을 것이다. 만일 이들

14) 이와 같은 무산계의 내용과 성격에 대해서는 旗田巍, 위의 글 참조.
15) 武田幸男, 앞의 글(1964) 참조.
16) 일반전시과에 보이는 향직전 중 최하등급(田 30결, 柴 5결)만이 무산계전시의 제1등급보다 적고 여타의 향직전은 이와 같거나 많다.
17) 《高麗史》 권 4, 世家 4, 현종 4년 9월 경술.

이 무산계의 제1계와 제2계인 표기 · 보국대장군에 따라 무산계전시를 받는다면 그 액수는 田 35결과 柴 8결(제1등급)을 넘을 수 없는 데 반해, 향직의 제3계인 대광을 기준으로 일반전시를 받으면 향직의 제6계인 佐丞의 수급액 전 40결과 시 10결(제12과)보다는 많은 수준이었을 것이기 때문이다.[18] 그리고 이국인인 탐라의 왕족과 여진의 추장에게는 실제로 무산계전시가 지급되지 않았을 가능성도 있다.

둘째, 무산계가 없는 공장과 악인도 무산계전시의 제6등급에 편입되어 전 17결을 지급 받았다. 앞에서도 언급하였지만 이것은 일견 이해하기 어려운 일이다. 그러나 공장 · 악인과 무산계의 관계를 고려하면 전혀 이해될 수 없는 것만은 아니다. 공장과 악인이 무산계와 어떤 관련을 맺고 있었으리라는 것은 이들 중의 일부가 무산계를 갖고 있었다는 점에서 어느 정도 짐작되는 사실이다. 그런데 이러한 사실을 좀 더 분명하게 시사하는 기록이 있어 주목된다. 앞에서 소개한 바 있지만 "악공은 배융부위에서 시작하여 요무교위까지만 승급할 수 있다"고 한 문종 7년의 판문이 그것이다. 여기서 악공의 승진이 무산계로 이어지고 있음을 알 수 있는데, 그 밖에 공장의 경우도 아마 이와 비슷하였을 것이다.[19] 공장 · 악인이 무산계전시를 받을 수 있었던 것, 다시 말해 무산계전시 규정에 제6등급을 설정하여 일견 무산계와는 직접 관련이 없는 듯한 공장과 악인을 편입시킨 것은 이처럼 그들의 위계가 무산계와 연결되어 있었기 때문이다.[20] 좀 더 부연한다면 공장과 악인에게 무산계가 주어지고 있었으므로 그들을 무산계전시의 대상에 포함시키기는 하였는데, 아직 무산계를 받지 못하고 이에 준하는 나름대로의 위계를 가진 자들도 많이 있었기 때문에 이들에게 전시를 주기 위해서는 제6등급과 같은 별도의 등급을 설정할 수밖에 없었던 것이다. 따라서 결국 무산계를 지닌 공장과 악인은 그 위계에 해당하는 무산계전시를 받고, 나머지는 제6등급의 무산계전시를 받았다고 믿어진다.

---

18) 更定田柴科 규정에 佐丞 위의 향직이 빠져 있는 것은 기록의 누락이며, 실제로는 大丞 이상의 향직에 대해서도 田柴가 지급되었던 것으로 이해되고 있다(앞의 〈문종 30년의 전시과-갱정전시과-〉 참조).

19) 다만 玄化寺碑의 刻造蓋를 맡은 石匠이 遊擊將軍이란 무산계를 갖고 있었던 점으로(〈玄化寺碑〉, 《朝鮮金石總覽》 上) 미루어 볼 때 일반 공장의 경우는 耀武校尉 이상까지 승급할 수 있었던 것으로 보인다.

20) 洪承基, 〈高麗時代의 工匠〉(《震檀學報》 40, 1975).

그렇다고 모든 공장·악인이 무산계전시의 지급대상이었다고는 생각되지 않는다. 고려의 공장은 크게 官屬工匠과 非官屬工匠으로 나누어진다고 할 수 있는데, 이 중에서 군기감을 비롯한 중앙의 여러 관서에 전속되어 있던 관속공장만이 그 대상이었을 것이다. 공장의 절대 다수를 차지하는 비관속공장의 경우는 주로 잉여제품의 판매나 타인에의 고용을 통해 생계를 유지하고 있었으므로,[21] 이들이 국가로부터 토지를 비롯한 일정한 반대급부를 받았다고는 생각되지 않기 때문이다. 악인의 경우도 아마 일반 공장과 다르지 않았을 것이다. 따라서 공장이 비록 무산계전시의 대상이었다고는 하지만, 그 수가 그리 많은 것은 아니었다고 하겠다. 대체로 제아문공장별사록의 지급대상과 일치하는 수준, 즉 100여 명 정도에 불과하지 않았을까 한다.

셋째, 그러나 제6등급의 말미에 들어 있는 地理業·僧人은 공장과 악인의 경우와는 달리 무산계전시와 관련이 없었던 것으로 판단된다. 다시 말해 기록의 착오로 여기에 포함된 것이 아닌가 한다. 왜냐하면 이들에게 무산계가 주어진 어떠한 흔적도 찾을 수 없을 뿐 아니라, 그 뒤에 나오는 別賜田柴의 지급대상이 승인과 지리업 관계자였음을 고려할 때, 이들은 오히려 별사전시에 관련된 존재였던 것으로 짐작되기 때문이다. 따라서 무산계전시 제6등급의 지급대상란에 세주로 표기된 '지리업·승인'은 세주가 아니라 큰 글자로 刻字되어 곧 이어 나오는 별사전시를 수식하는 용어였을 가능성이 크다고 하겠다.[22] 이렇게 볼 때 별사전시의 명칭 또한 원래는 '지리업·승인별사'였을 것으로 생각된다.

이상의 논의를 종합해 볼 때 무산계만을 소유한 인물, 즉 관직은 물론 향직을 겸대하지 않은 인물과 중앙의 각 관서에 분속된 관속공장 및 악인만이 실제로 무산계전시를 받았다고 판단된다. 오히려 무산계전시는 주로 관속공장과 악인을 위해 제정된 것이 아닌가 생각되기도 하지만 확실하지는 않다.

---

21) 洪承基, 위의 글 참조.
22) 旗田巍, 앞의 글.
이와는 달리 '地理業僧人'의 실체는 地理業 출신의 僧人 또는 '業中僧'과 같은 것으로, 이것이 무산계전시에 포함되어 있는 것을 《高麗史》의 誤記로 간주할 수 없다는 견해도 있다(許興植, 《高麗科擧制度史硏究》, 一潮閣, 1981, 193쪽 및 文喆永, 〈高麗時代의 閑人과 閑人田〉, 《韓國史論》 18, 서울大 國史學科, 1988).

## (2) 별사전시

갱정전시과에 무산계전시와 함께 별사전시가 병설되어 있으며, 이 별사전시의 원래의 명칭이 '지리업·승인별사'였을 것이라는 점은 앞서 언급한 그대로이다. 여기서 이의 지급내역을 간단히 정리하면 다음 〈표 2〉와 같다.

〈표 2〉

| 支　給　額　數 | 受　給　者 |
|---|---|
| 田 40결, 柴 10결 | 大德 |
| 田 35결, 柴 8결 | 大通 |
| 田 30결 | 副通 |
| 田 25결 | 地理師 |
| 田 20결 | 地理博士 |
| 田 17결 | 地理生, 地理正 |

위의 〈표 2〉에 나타나는 바와 같이 별사전시는 무산계전시와 마찬가지로 모두 여섯 등급으로 나뉘어져 있다 그러나 등급별 지급액은 무산계전시보다 다소 많은 편이다. 즉 제5·6등급만 같을 뿐, 그 밖의 등급은 3~5결 정도 많이 책정되어 있다.

한편 이의 지급대상은 크게 승인과 지리업 관계자로 구분된다. 제1등급을 받도록 되어 있는 大德은 選佛場(僧科)에 합격하는 자에게 주어지는 최초의 法階이며[23] 大通 이하는 지리업 관계의 직함이었던 것으로 판단된다. 즉 〈玄化寺碑陰記〉에 "地理業三重大通鄭雄 重大通金得義"라는 문구가 보이는 것으로 보아[24] 대통은 지리업 관계의 직함이었음이 분명하고, 副通은 아마도 대통 다음의 직위인 듯하다. 그리고 地理師 이하 역시 그 명칭으로 보아 지리업 관계의 인물이었음에 틀림없다고 하겠으나, 이의 구체적인 실체는 잘 알 수 없다.

고려시대에는 불교와 풍수지리설이 널리 성행하고 또 중시되었던 만큼 이에 종사하는 인물들에게 전시를 지급한다는 것 자체는 극히 당연한 일로 생

23) 이에 대해서는 〈金山寺慧德王師眞應塔碑〉(《朝鮮金石總覽》 上) 참조.
24) 〈玄化寺碑〉(위의 책).

각된다. 그런데 이들 승인과 지리업 관계자에 대한 별사전시의 지급과 관련해서는 몇 가지 이해되지 않는 의문이 있다. 첫째, 대덕이 총 6계로 되어 있는 僧階 중 가장 낮은 위계임에도 불구하고 이처럼 별사전시를 받았다면 이보다 위에 있는 승계 소지자[25] 또한 어떠한 형태로든 전시를 받았을 것인데, 현재로서는 그 내용을 잘 알 수 없다는 점이다. 가령 대덕과 함께 별사전시의 제1등급에 포함된 것인지, 아니면 이와는 달리 일반전시과에 편입된 것인지 전혀 분명하지 않다. 둘째, 상식적으로 보아 지리업 관계자들은 司天博士와 司天卜正과 같은 일종의 기술직으로 여겨지는데, 후자는 일반 전시과 안에 포함되고 전자만 별사전시에 편입된 것은 무슨 이유인지 의문이 아닐 수 없다. 셋째, 지리업 출신의 登科者와 별사전시의 관계는 어떠한 것이었는가 하는 점이다.《高麗史》권 74, 選擧志 2, 科目 崇奬之典條의 문종 30년의 판문에 의하면 지리업의 甲科 출신자에게는 20결, 나머지 乙科 이하에게는 17결의 토지를 지급토록 했다고 하는데, 이들이 받은 토지와 별사전시가 같은 것인지 아직 밝혀지지 않고 있다. 아울러 수급액의 규모가 같은 별사전시의 地理博士와 지리업의 갑과 출신자, 地理生 및 地理正과 지리업의 을과 이하 출신자는 어떠한 관계에 놓여 있는지도 해결되어야 할 의문인 것이다.

〈金載名〉

## 6) 전시과의 운영과 그 성격

### (1) 전시과 토지의 실체

전시과의 규정에 의해 지급된 토지(과전)는 그 지급대상에 따라 여러가지 이름(地目)으로 불리었다. 즉 문무관료에게 주어진 것은 양반전(兩班科田), 군인에게 분급된 것은 군인전, 閑人에게 지급된 것은 한인전이라 칭하였다. 이 밖에도 전시과 규정에는 빠져 있지만 궁원전·사원전·향리전 등으로 불리는 매우 다양한 지목의 토지가 분급되고 있었다. 이처럼 여러 가지 지목의 토지가 지급되고 있었지만 전시과 토지의 대표적인 존재는 역시 양반과전과 군인전이라 하겠다. 왜냐하면 문무의 양반관료와 군인이 전시과 지급대상의 절대

25) 大師·重大師·三重大師와 敎宗의 首座·僧統, 禪宗의 禪師·大禪師.

다수를 차지하고 있으며, 이에 따라 이들 토지가 전시과에서 차지하는 비중 또한 절대적이기 때문이다. 그러므로 전시과 운영의 실상과 그 성격을 논의함에 있어 양반과전과 군인전이 중심이 되어야 할 것은 물론이다. 이하 이 두 지목의 토지에 관련된 기록과 내용을 토대로 전시과 토지의 실체·운영·성격 등의 문제를 검토해 보고자 한다.

본장의 서두에서 언급한 바와 같이 나말려초에서 고려 말에 이르는 시기의 토지지배가 지니는 내용은 기본적으로 소유권적 지배와 수조권적 지배의 두 가지로 구분된다고 할 수 있겠는데, 각종의 지목으로 분급된 전시과 토지가 수조권적 지배를 기초로 하고 있었음은 이론의 여지가 없다. 그러나 그러한 수조권적 지배의 구체적인 내용에 대해서는 현재 서로 다른 의견이 나와 있어 실상을 파악하는 데 적지 않은 혼란이 빚어지고 있다. 그러므로 우선 이와 관련하여 그 동안에 제시된 견해들을 간단히 소개해 둘 필요가 있다.

먼저 같은 전시과 규정에 따라 분급된 토지인 양반전과 군인전의 실상을 달리 이해한 견해가 있는데, 그 내용은 대략 다음과 같이 정리된다.

전시과 체제하의 양반전을 과전법의 과전과 같은 실체, 즉 일반 民田 위에 설정된 토지로 보기는 어렵다. 여기에는 두 가지 이유가 있다. 첫째, 조선의 경우와 달리 고려에서는 공전과 사전의 수조율에 차이가 있었기 때문이다. 즉 공전의 수조율은 1/4이었고 사전은 1/2이었는데, 만일 양반전이 민전 위에 설정되었다고 한다면 양반전(사전)으로 편입된 민전은 국가수조지(공전)로 편성된 민전보다 갑절이나 많은 田租를 내야 하는 매우 불합리한 경우가 상정되어야 한다. 둘째, 현종 14년의 '義倉米收租規定'에 양반전은 일반 민전과는 전혀 무관한 토지로 분류되어 있기 때문이다.[1] 즉 위 규정에 따르면 양반전은 궁원·사원전 등의 그 밖의 사전과 함께 1결에 租 2斗의 의창미를 부담토록 되어 있는 반면 국가수조지인 민전은 3科公田으로 분류되어 조 1두를 내도록 되어 있는데, 만일 양반전이 일반 민전 위에 설정된, 곧 민전과 동질적인 토지였다면 양반전으로 된 민전은 국가수조지로 남은 민전이 부담하는 의창미의 2배를 내야 한다는 이해하기 어려운 상황이 발생하기 때문이다. 따라서 양반전은 민전과는 실체가 다른 토지였다고 해야 하며, 아마도 나말려초의 변동기에 국

1) 《高麗史》 권 80, 志 34, 食貨 3, 常平義倉.

가에 몰수된 호족들의 田莊에 설치되었던 것이 아닌가 한다. 그러한 과정에서 호족들은 자신의 전장을 몰수당하는 대신 관료 내지 관계 소유자의 자격으로 양반전이라는 이름의 전시과를 지급 받았던 것이다. 그리고 나말려초 호족들의 전장이 주로 소작제에 의해 경영되었던 만큼 이를 모태로 출현할 양반전 또한 소작제로 경영되었을 것이며, 그 수조율은 소작제에 의한 分半收益의 관례가 그대로 적용되어 1/2로 정해졌다고 생각된다. 그렇지만 이러한 양반전의 지급이 분급된 토지의 소유권을 인정하는 것은 아니었다. 즉 소유권의 지급이라고는 할 수 없으며, 재직하는 동안 전조를 수취할 수 있는 권리(수조권)를 부여한 것에 불과하다. 따라서 매매는 물론이고 증여 및 상속의 대상이 될 수 없었으며, 수급자가 범죄를 저지르거나 사망하면 국가에 몰수 내지 회수되어야 했다. 그리고 그 경작을 감독하고, 전조를 수취하여 중앙으로 수송하는 것 등은 모두 지방의 수령에게 위임되어 있었다. 말하자면 수급자인 양반관료는 양반전의 경영과 관리를 책임지는 지주는 아니었다. 요컨대 양반관료의 양반전에 대한 지배는 수조권을 매개로 하는 토지지배에 불과할 뿐이었던 것이다.

양반전과는 달리 군인전은 민전 위에 설정되었으며, 이 때의 민전은 주로 군인 자신의 소유지였다고 생각된다. 왜냐하면 자신의 민전을 제쳐 두고 타인의 민전 위에 군인전을 설정한다는 것, 즉 군인의 민전에서는 국가가 전조를 수취하고 군인으로 하여금 타인의 민전에 대해 수조권을 행사케 한다는 것은 행정적으로도 확실히 부자연스러운 일이기 때문이다. 이렇게 볼 때 군인전의 지급은 '지급'이라는 의제적인 형식을 취했을 뿐, 실제로는 군인 자신의 민전이 국가에 부담해야 할 전조를 면제해 주는 것이었다. 말하자면 군인전의 지급은 형식상 수조권의 분급이지만, 사실은 자기 소유지에 대한 免租權의 인정이었던 것이다. 그리고 이러한 군인전은 주로 군인 가족이나 養戶의 노동력에 의해 경작되었다. 물론 모든 군인전이 이러한 내용을 지닌 것은 아니었다. 수급자인 군인의 민전이 정액에 미치지 못할 경우에는 타인의 민전을 그의 수조지로 加給해 주기도 하였다. 그러나 그러한 가급은 일시적이고 예외적인 경우에 한정되었다. 그리하여 양반에 비해 정치·경제적으로 열악한 처시에 놓여 있던 군인들의 군인전은 항상 부족한 상태였다.[2]

2) 姜晋哲,《高麗土地制度史硏究》(高麗大, 1980), 68~83·109~134·414~415쪽.

전시과 토지에 대한 이러한 견해는 크게 보아 앞으로 설명할「收租權分給說」의 범주에 속하는 것이지만, 양반전의 실체를 민전이 아닌 호족으로부터 몰수한 田莊, 즉 국유지 위에 설정된 分給收租地로 간주하고 있다는 점에서 큰 차이를 보이고 있다. '公田租 1/4, 私田租 1/2'이라는 관점에 초점을 맞추면 이와 같은 이해는 일견 매우 타당한 듯하며, 사실 군인전에 대한 설명은 실상에 매우 근접한 것이었다고 평가된다. 그러나 양반전에 대한 설명에는 적지 않은 의문이 든다. 왜냐하면 다음과 같은 문제점이 있기 때문이다.

첫째, 똑같은 전시과 규정에 따라 분급된 두 토지의 실체가 본질적으로 이렇게 다를 수 있겠는가. 즉 양반전은 국유지이고 군인전은 사유지(민전)일 수 있겠는가 하는 의문이 든다. 그럼에도 불구하고 이에 대해서는 전혀 설명하고 있지 않다. 둘째, 양반전이 설정된 토지가 호족들이 소유했던 전장으로서 국가에 몰수된 국유지였다는 근거 사료는 물론, 나아가 나말려초의 정치적인 변동기에 양반전을 설정할 수 있을 정도로 대규모(10여만 결)의 전장이 호족들에게서 몰수되었다는 증거 또한 전혀 결여되어 있다. 오히려 고려의 건국은 호족세력의 연합이라는 성격을 짙게 띠고 있었던 만큼, 호족의 전장에 대한 대규모의 몰수는 생각하기 어려울지도 모른다. 사실 후삼국 통일이 완성되기 이전까지만 해도 많은 귀순 호족들에게는 지역적 지배의 개념을 지닌 녹읍이 주어지고 있었는데, 여기에는 자신의 본거지는 물론 그 밖의 지역이 포함되기도 하였다.[3] 셋째, 또 이 같은 주장의 입론적 근거가 된 '공전조 1/4, 사전조 1/2' 또한 수정되어야 한다고 이해되고 있는 이상,[4] 양반전이 민전 위에 설정되었다고 해도 수조율과 관련한 논리상의 모순은 생기지 않는다. 넷째, 만일 양반전을 민전과 등질적인 토지로 보면 '의창미수조규정'의 해석에 있어 이해하기 어려운 상황이 발생한다고 지적하였지만, 이것 또한 다음과 같은 이유에서 그리 우려할 문제가 아니라고 생각된다. 즉 위 규정은 수조율 규정이 아니라 어디까지나 의창미 규정이었는 바, 여기에 나오는 여러 토지의 부담에 차이가 생긴 것은 해당 토지의 성격보다는 그 수급자의 신분 내지 경제적 우열 때문이었을 것이다. 다시 말해 양반전·궁원전·사원전 등은 경제적으로 우세한 양반이나 궁원·사원이

---

3) 이 편 1장 1절 〈건국 직후의 토지지배 관계와 역분전의 설치〉 참조.

4) 이에 대해서는 이 책 Ⅱ편 1장 〈조세〉 참조.

지급 받은 토지(수조지)였으므로[5] 경제적으로 열악한 군인과 기인의 수조지인 軍人戶丁·其人戶丁의 배에 해당하는 의창미를 부담하였다고 생각된다.[6] "문무 양반전과 여러 궁원전을 30결 이상 받으면 예에 따라 1결당 5升의 세를 거둔다"고 한 현종 4년의 判文도[7] 이와 유사한 차원의 조처라 하겠다. 이 경우 군인전과 기인전을 받은 자는 세를 부담하지 않았던 것으로 판단된다. 이상의 논의를 통해 볼 때 양반전을 국유지 위에 설정된 수조지로 파악한 견해는 '공전조 1/4, 사전조 1/2'이라는 수조율을 불변의 사실로 확인하는 데 너무 집착한 인상이 짙고, 이로 인해 첫번째와 같이 매우 납득하기 어려운 의문을 가지게 된 것이 아닌가 한다. 여기서 양반전 또한 군인전과 마찬가지로 일반 민전 —그것이 자기 소유의 토지이든 남의 토지이든 간에— 위에 설정된 것으로 볼 수 있는 가능성을 상정하게 된다. 양반전과 군인전이 본질적으로 같은 성격을 지닌 토지였을 것이라는 이 같은 사실은 "아버지의 軍人永業田을 물려받기 위해 胥吏가 되려다가 결국은 登科하여 品官이 되었다"는 李永의 사례에서[8] 실제로 확인된다. 이영이 서리가 되었다면 받았을 과전은 다름 아닌 아버지의 군인영업전(군인전)이므로 서리에게 주어지는 田柴와 군인전은 성격상 차이가 없다 하겠으며, 또 서리는 품관으로 진출할 수 있는 존재였으므로[9] 胥吏田과 품관의 양반전은 그 성격이 구별된다고 할 수 없다. 따라서 결국 양반전과 서리전·군인전은 모두 동일한 성격의 토지였다고 하겠다.

다음으로는 이 수조권의 본질을 면조권에 불과한 것으로 간주하는 견해가 있는데, 이를 간단히 요약하면 다음과 같다.

양반전이든 군인전이든 간에 전시과 토지(과전)의 지급은 모두 토지 그 자체의 지급이며, 거기에는 25%의 田租가 면제되는 특권이 부수되어 있다. 그리고 전시과에 규정된 지급액은 지급의 상한을 의미할 뿐이며, 지급되는 토

5) 이 義倉米收租規定에 나오는 兩班田과 宮院·寺院田이 동일한 성격을 지닌 收租地였을 것이라는 점에 대해서는 朴鍾進, 〈高麗初 公田·私田의 性格에 대한 再檢討〉(《韓國學報》 37, 1984) 참조.

6) 義倉米를 내는 주체가 누구였는가는 아직 불명이라 하겠는데, 해당 토지의 소유자가 아닌 수조권자로 보면 兩班田의 부담이 軍人田이나 其人田보다 많은 사실은 이해하기 어려운 것이 아니다.

7) 《高麗史》 권 78, 志 32. 食貨 1, 田制 租稅.

8) 《高麗史》 권 97, 列傳 102, 李永.

9) 金光洙, 〈高麗時代의 胥吏職〉(《韓國史研究》 4, 1969).

지는 국가가 아닌 수급자 자신이 마련해야 했다. 즉 과전의 수급자가 父祖 또는 친족으로부터 상속받을 전지를 준비하여 국가에 신청하면 국가는 지급 상한액의 범위에서 이를 인정해 주는 방식을 취하였던 것이다. 따라서 수급자에게 있어 과전의 지급은 영업전인 과전의 상속을 의미할 뿐이었다. 한편 이와 같은 과전은 원칙적으로 전주가 자가경영하는 토지로서 주로 소작제에 의해 경영되었는데, 농민의 경작지인 민전의 불안정성이 그러한 경영을 성립할 수 있도록 하였다. 즉 전시과 단계의 경지는 토지생산성이 낮았을 뿐 아니라 陳田化될 위험성을 항상 안고 있었기 때문에 농민은 자립이 어려웠고 불가피하게 과전을 소작할 수밖에 없었던 것이다. 이처럼 지급 받을 전지를 수급자 자신이 마련하고 수급자(전주)에 의해 주로 소작제로 자가경영된 과전에서의 전주의 분반수익권을, 민전 경작자로서의 자작농으로부터 정액의 전조를 거두는 수조권과 성격이 같은 것으로 파악할 수는 없다. 따라서 전시과 단계에서 농민의 민전을 기반으로 하는 수조권 분급제 및 이와 깊은 관계가 있는 科田 전조의 官收官給制가 실시되었다고는 하기 어렵다.10)

이러한 주장을 현재 흔히「免租說」이라 부르고 있는데, 이에 의하면 일견 전시과 토지가 수조권적인 지배와는 무관한 것처럼 이해될 수도 있다. 과전 지급의 실체를「토지 그 자체의 지급」으로 표현하고 있기 때문이다. 그러나 곧 설명되겠지만 이 면조설이 기본적으로「전시과 토지의 수조권적 지배」라는 범주를 벗어나는 것은 아니다. 면조권과 수조권이 본질적으로 다른 것이 아니기 때문이다. 면조권이란 수급자 자신의 민전에 대한 수조권의 다른 표현일 뿐이다. 한편 앞서 소개한 견해와는 달리 여기에서 양반전을 군인전과 성격이 같은 토지로 파악한 것은 타당하다고 하겠다. 그러나 이 면조설에는 몇 가지 논리상의 문제가 있다.

첫째, 과전의 지급을「토지 그 자체의 지급」이라고 하면서도 과전을 지급받기 위해서 수급자 자신이 전지를 준비해야 했다고 하는 것은 논리적인 모순이다. 토지 그 자체의 지급은 본래 소유권의 이전, 결국 국유지의 사유지화를 의미하는 것이므로, 과전으로 지급할 전지를 마련해야 할 주체는 당연히 국가

10) 浜中昇,〈高麗田柴科の一考察〉(《東洋學報》63-1・2, 1981).
———,〈高麗前期の小作制とその條件〉(《歷史學研究》507, 1982).

이어야 한다. 역으로 수급자 자신이 과전의 수급, 즉 면조권의 인정을 위해 전지를 준비했다면 그것을 결코「토지 그 자체의 지급」으로 표현할 수는 없다.

논지를 미루어 보건대 수급자 자신의 소유지(민전)에 면조권이 추가로 부여되어 소유권과 수조권을 모두 갖게 됨으로써 그 토지를 완전히 배타적으로 지배하게 된 것을「토지 그 자체의 지급」이라고 표현한 듯한데, 전시과 토지에 대한 이러한 정의는 오해의 소지가 크다고 생각된다.

둘째, 과전으로 인정해 준 수급자의 전지가 본질적으로 민전이라는 사실을 간과하였고, 그 결과 과전과 민전의 관계, 나아가 과전 전주로서의 권리와 民田主로서의 권리를 혼돈하고 있다. 과전의 소작제 경영을 운위하고 있는 것이 바로 그것이다. 과전의 지급이 소유권의 이전까지를 인정한 국유지의 분급, 그야말로「토지 그 자체의 지급」이 아닌 이상, 과전이 소작제로 경영되었다고는 말할 수 없다. 소작제로 경영된 것의 실체는 과전이 아니라 그 과전이 설정된 토대로서의 민전(소유지)이라고 보아야 한다. 소작제는 원칙적으로 소유권을 기초로 성립될 수 있다고 하겠는데, 과전이 수급자의 민전에 설정되었다고 할 경우 그 토지가 소작제로 경영된 것은 과전이기 때문이 아니라 사유지인 민전이기 때문이다. 따라서 소작제 경영을 통해 얻어지는 분반수익은 어디까지나 민전주로서의 수입이며, 과전 수급자로서의 권리는 그가 민전주로서 국가에 전조로 내야 할 분반수익의 일부(1/2, 수확량의 1/4)를[11] 면제받은 것 뿐이라 하겠다. 이렇게 볼 때, 과전은 주로 소작제로 경영되었고, 이를 통해 얻어지는 분반수익의 성격이 민전에서의 전조 수취와 다르기 때문에 과전의 지급은 수조권 분급의 차원이 아닌「토지 그 자체의 지급」으로 이해해야 한다는 논리는 수긍하기 어렵다.

그런데 최근 전시과 단계의 농업경제적 수준으로는 과전법에서와 같은 수조권 분급제가 실시될 수 없고, 따라서 전시과 토지는 수급자 자신의 민전에 대한 면조권을 부여한 것으로 이해해야 한다는 견해가[12] 제기되어 위의 면조설

11) 일반적으로 민전에서의 수조율은 수확량의 1/10이었던 것으로 이해되고 있는데(이 책 Ⅱ편 1장 〈조세〉 참조), 浜中昇은 그것을 1/4로 보는 姜晋哲의 견해를 따르고 있다.

12) 金琪燮, 〈高麗前期 農民의 土地所有와 田柴科의 性格〉(《韓國史論》 17, 서울大國史學科, 1987).

을 강력하게 뒷받침하고 있다. 즉 고려 전기에는 自小作農의 존재가 보편적이었고, 休閑農法의 제한으로 인해 농민층은 경제적으로 자립하기 어려운 상태에 처해 있었기 때문에 자립농을 기반으로 한 전면적인 수조권 분급제의 실시는 어려웠다는 것이다. 뿐만 아니라 과전이 수급자의 본관 지역에 있었음을 말해 주는 명종 때의 廉信若의 사례와,[13] 집안이 가난하여 名田(軍人田)이 부족한 군인에게 공전을 가급해 주라고 하는 정종 2년의 制文,[14] 그리고 전시과 단계에서는 田品이 전혀 문제되지 않았던 사실 등은 모두 전시과 토지가 수급자 자신의 소유지(민전)에 설치되었음을 증명해 주는 것이라는 주장도 나와 있다.[15] 이러한 견해들이 면조설의 범주에 속하는 것임은 물론인데, 과전이 설정된 수급자 자신의 토지 또한 그의 민전이었음을 인식함으로써 앞서 소개한 면조설의 문제점을 어느 정도는 보완하고 있다. 그러나 면조설로 통칭될 수 있는 이러한 여러 주장들이 전시과 토지의 실체를 올바르게 설명했다고 하기에는 문제점이 적지 않다.

첫째, 면조설로써는 이미 분급된 전시과 토지(田丁)를 회수하여 타인에게 지급하였음을 말해 주는 법제나 구체적인 사례들을 결코 논리적으로 설명할 수 없다. 만일 과전(전정)이 수급자의 소유지 위에 설정되었다고 한다면 범죄인의 전정을 회수하여 타인에게 주도록 규정한 判文과,[16] 그러한 법규가 실제로 시행되었음을 시사하는 기사,[17] 軍役을 피하여 도망한 자들의 전정을 빼앗아 從軍者에게 준 조처[18] 등은 합리적으로 이해되지 않는 것이다.[19] 이러한 법규와 사례들은 오히려 과전의 지급을 수조권의 분급으로 볼 때에만 이해가 가능하다.

둘째, 면조설의 근거로 제시된 사료들 또한 해석에 따라서는 면조설이 아닌 수조권 분급설을 뒷받침해 주는 것으로 이해할 수도 있다. 면조설의 가장 중

13) 《高麗史節要》 권 12, 명종 7년 7월.
14) 《高麗史》 권 81, 志 35, 兵 1, 五軍.
15) 朴國相, 〈高麗時代의 土地分給과 田品〉(《韓國史論》 18, 서울大 國史學科, 1988).
16) 《高麗史》 권 84, 志 38, 刑法 1, 職制.
17) 李　穡, 《牧隱文藁》 권 15, 碑銘 高麗國大匡完山君諡文眞崔公墓誌銘.
18) 《高麗史》 권 81, 志 35, 兵 1, 五軍 충렬왕 9년 3월.
19) 면조설 중에도 타인의 民田에 대한 收租權의 지급을 예외적이고 일시적인 경우로 인정하는 견해가 있기는 하다(金琪燮, 앞의 글). 그러나 법제적인 규정까지를 예외적인 경우로 이해할 수는 없다고 하겠다.

요한 사료적 근거가 되고 있는 靖宗 2년의 制文에 대한 해석이 그 일례라 하겠다. 즉 이 제문 가운데 "家貧而名田不足者"를 면조설은 '집안이 가난해서 명전이 부족한 자'로 해석하여 '집안이 가난해서 소유 토지가 부족하기 때문에 전액에 차지 않은 자'의 뜻으로 이해하고 있으나,[20] 이 구절이 꼭 그렇게 해석될 수 있는 것만은 아니다. '집안이 가난한 데다가 또 명전까지 부족한 자'로 해석할 수도 있으며, 문리상으로는 오히려 이러한 해석이 보다 타당하다고 생각된다. 그리고 이러한 군인전 부족에 대한 해결책이 결국 국가 수조지로서의 공전, 즉 타인의 민전을 가급하는 것이었다는 사실 또한 후자의 해석이 타당함을 반증한다고 하겠다. 물론 이러한 해결책을 일시적인 것으로 치부할 수도 있으나,[21] 오히려 타인의 민전에 대한 수조권의 지급이 군인전의 본질이었기 때문에 여기에서도 그러한 조처를 취할 수 있지 않았을까 한다. 결국 위의 구절은 "소유 토지가 적은 데다가(家貧) 국가에서 분급해 주는 명전(군인전)까지 부족한 자"의 뜻으로 이해되어야 하며, 따라서 이를 근거로 군인전을 비롯한 전시과 토지가 반드시 수급자 자신의 민전에만 설치되었다고는 할 수 없다. 그러므로 아직까지는 면조설의 실증적 토대가 마련되었다고 평가하기는 어렵지 않을까 한다.

셋째, 면조설은 전시과 단계의 농업경제적 수준이 전면적인 수조권 분급제를 실시하기 어려운 상태였다고 지적하고 있으나, 이것 또한 의문이라 아니할 수 없다. 고려 전기의 지배적인 농법 단계에 대해서는 현재 常耕說과 休閑說이 대립되고 있는데,[22] 휴한농법의 제한으로 인해 토지 생산성이 낮아 농민 가호의 경제적 자립이 어려웠다고 전제하는 것도 성급하려니와, 설사 그렇다고 하더라도 가호당 또는 노동력당 생산성까지 농민층을 상대로 수조권을 행사할 수 없을 정도로 매우 낮았다고 단정할 수는 없다고 생각된다. 사실 이보다 더 큰 의문은 농민층의 자립을 수조권 분급제 실시의 전제로 보는 논리 그 자체이다. 전시과 단계의 농민이 주로 자소작농이었다고 하는 점을 인정한다 하더라도 이들 자소작농의 민전이 국가 수조지일 수는 있으되 개인 수조지일

20) 金瑭燮, 위의 글.
    朴國相, 앞의 글.
21) 金瑭燮, 위의 글.
22) 이에 대해서는 이 책 Ⅰ편 5장 4절 〈농업 생산력의 발전〉 참조.

수는 없다는 식의 이해 방식은 설득력이 없는 것이다.

넷째, 전시과 토지의 운영 원리로 이해되고 있는 田丁連立의 자료와 면조설은 정면으로 모순되어 양립할 수 없는 것으로 보인다는 점이다. 면조설에 따르면 전시과 체제에서의 전정 분급이란 수급자 자신의 소유지에 부과될 전조에서 그 지급액만큼 면제해 주는 것이고, 만일 자신의 소유 토지가 그 액수보다 적거나 없으면 그 만큼 혜택을 누리지 못하게 된다. 즉 전정(과전)의 분급은 타인 소유지(민전)에 대한 지배의 의미를 갖지 못하고, 자기 소유지(민전)의 존재를 전제로 한 부가적인 혜택에 불과할 뿐이다. 따라서 면조설이 옳다면 퇴임 등으로 職役의 변동이 있더라도 면조 혜택이 소멸되는 정도에 그치고, 면조권 그 자체가 전수되거나, 면조권 그 자체에 의한 소유권의 변동이 이루어질 수는 없다고 하겠다. 그러나 많은 전정연립 관계의 자료들은 분급된 전정이 직역과 연계되어 친족에게 전수되었음을 보여 준다. 예컨대 직역이 승계되지 않을 경우에는 전정이 연립되지 않고, 대신 구분전이 지급되고 있었음을 알려 주는 기록들은[23] 전정연립이 직역과 연계된 토지에 대한 권리의 전수임을 말해 주고 있다. 그리고 그 전수의 순위는 嫡長子－嫡孫－同母弟－庶孫－女孫의 차례로 되어 있었다.[24] 그런데 만일 면조설이 이러한 전정연립에 부합되려면 그것은 우선 면조권의 승계가 되어야 하며, 단순한 면조권의 승계란 생각할 수 없으므로, 다음으로는 이의 승계를 가능하게 하기 위해 토지의 소유권 자체도 승계되는 것으로 보아야 한다. 그렇다면 면조설에서 설정하는 바와 같이 단지 자신의 소유지에 대한 면조권을 부여받는 것이 아니라, 면조권을 받은 후에는 소유권도 그에 제약을 받으며 직역담당 상태에 따라 옮겨져야 한다. 더구나 늙고 병든 군인의 경우 자손이나 친족이 있으면 전정연립은 의무적으로 강제되고 있거니와,[25] 그럴 경우 군인은 퇴역을 계기로 면조권은 물론 자신의 소유지에 대한 소유권까지도 강제로 이양해야 했다고 하겠다. 이는 앞서 말한 면조설의 함축적인 전제, 즉 '면조권 그 자체에 의한 소유권의 변동은 이루어질 수 없다'는 것에 비추어 볼 때 명백한 모순이다. 뿐만 아니라 면조설에

23) 《高麗史》 권 78, 志 32, 食貨 1, 田制 田柴科 현종 15년 5월 判·문종 원년 2월 判.
24) 《高麗史》 권 84, 志 38, 刑法 1, 戶婚 정종 12년 判.
25) 《高麗史》 권 78, 志 32, 食貨 1, 田制 田柴科 문종 23년 10월.

의하면 결국 수조권의 일종인 면조권이 소유권을 제약하는, 즉 면조권이 소유보다도 강력한 토지지배의 권리였다는 결론에 이르게 되는데, 토지사유제를 인정하는 한 이러한 결론에 동의할 수는 없다. 물론 전정연립이 사유지의 상속에 관한 규정이라면 면조설이 성립할 여지가 없는 것은 아니다. 그러나 전정은 사유지가 아니며, 전정연립 또한 사유지의 상속과는 무관한 것이었다.[26] 이상의 반론을[27] 종합해 볼 때, 전시과 토지(과전)는 반드시 수급자 자신의 소유지(민전) 위에 설정되었으며, 따라서 전시과 규정의 지급액은 면조의 상한액에 불과하다고 하는 면조설은 설득력이 부족하지 않은가 한다.

끝으로 토지사유제를 토대로 한 수조권의 분급이 전시과 토지의 본질이었다고 하는 견해가 제기되어 있는데, 그 내용은 대략 다음과 같이 정리된다.

고려시대에는 개인의 토지사유가 인정되고 있었다. 따라서 일차적인 토지지배는 매매·상속·증여 등의 권리가 주어진 소유권에 의해 이루어졌다. 그러나 소유권만이 토지지배에 있어 유일한 권리는 아니었다. 당시의 토지에는 이와는 별도로 국가 권력에 의해 설정된 수조권이 작용하고 있었다. 전시과는 바로 이러한 수조권을 관직이나 각종의 직역에 종사함으로써 국가에 봉사와 충성을 행하는 자에게 그 대가로 분급하는 제도였다. 그리고 이들에게 분급하는 수조권은 타인의 사유지(민전) 위에 설정되는 것이 보통이었다. 그러나 때로는 자신의 민전 위에 설정되기도 하였다. 이처럼 전시과 토지는 국가에 의해 개인의 민전에 설정된 수조권을 수급자에게 분급하는 분급수조지였다. 따라서 양반전을 비롯하여 전시과 규정에 의해 분급된 개인수조지에 대한 수급자(전주)의 권리는 민전에 대한 국가의 지배권과 본질적으로 동일한 것이었다. 즉 수확량의 1/10을 전조로 수취할 수 있는 권리만이 인정될 뿐이었다. 그리고 이러한 전주의 권리는 文券 또는 契券의 작성을 통해 보장되었다. 그러나 전주에 의한 전조의 직접 수취를 원칙으로 함으로써 수조권을 가진 田主와 民田主인 佃客 사이에는 적지 않은 대립과 갈등이 빚어졌으며, 전시과 제도가 문란해진 고려 중·후기에는 이러한 현상이 더욱 심화되

26) 이에 대해서는 〈재산과 상속〉(《한국사》 15, 국사편찬위원회, 1994 간행예정) 참조.

27) 면조설에 대한 이상의 비판에 대해서는 盧明鎬, 〈田柴科體制下 白丁 農民層의 土地所有〉(《韓國史論》 23, 서울大 國史學科, 1990) 참조.

었다. 한편 이러한 분급 수조지는 직역의 승계에 따라 영업전의 이름으로 후손에게 전수되었으며(田丁連立), 그렇지 못할 경우에는 구분전의 명목으로 그 일부가 遞受되었다. 그러나 사유지가 될 수 있었던 것은 아니다. 따라서 매매될 수 없었음은 물론이다.[28]

전시과 토지에 대한 이러한 견해는 흔히 「收租權分給說」로 불리우고 있는데 그 실체를 「분급수조지」로 보고 있다는 점에서 日人 官學者들의 그것과 일면 상통하는 바가 있다. 그러나 일인들의 주장이 토지국유제를 전제로 한 것임에[29] 비해 이 견해는 광범위한 민전의 존재, 즉 토지사유제를 기초로 하여 제기된 것이었다는 점에 기본적인 차이가 있다.

그리고 이 수조권 분급설은 양반전을 비롯한 전시과 토지를 '일반 민전 위에 설정된 수조지'로 이해하고 있다는 점에서 앞서 소개한 두 견해와 차이를 보이고 있다. 즉 수조지인 양반전을 국유지가 아닌 민전으로 보고 있다는 점에서 첫번째 견해와 다르며, 그러한 민전의 범주를 과전 수급자 자신의 민전에만 국한시키지 않고 있는 점, 다시 말해 과전은 그 전주의 민전에 설정되는 경우도 있지만 일반적으로는 타인의 민전에 설정되었다고 보고 있다는 점에서 두번째의 면조설과도 다르다.

사실, 전시과 규정에 따라 지급된 각종의 과전이 일반 민전에 설정된 수조지였음을 분명하게 언급하고 있는 사료는 찾아지지 않는다. 그러나 몇몇 기록을 분석해 보면 이러한 사실은 그리 어렵지 않게 확인된다. 먼저 앞서 소개한 바도 있지만 명전(군인전)이 부족한 군인들에게 지급되어 결국 군인전이 되었을 「공전」의 실체는 국가수조자로서의 민전으로 이해되는 바,[30] 여기서 타인의 민전에 설치된 군인전의 존재를 일차 확인할 수 있다. 이 같은 사실은 "군인의 증액으로 인해 부족해진 백관의 녹봉을 보충하기 위해 京軍의 영업전을 빼앗아 무관들의 불평을 샀다"는 皇甫兪義의 사례에서[31] 보다

28) 金容燮, 《高麗時期의 量田制》(《東方學志》 16, 1975).
李成茂, 《朝鮮初期兩班研究》(一潮閣, 1980), 290~294쪽.
李景植, 《朝鮮前期土地制度研究》(一潮閣, 1986), 97~168쪽.
29) 이에 대해서는 이 책 1편 5장 1절 〈토지국유제설〉 참조.
30) 姜晋哲, 앞의 책, 113~114 · 127쪽.
31) 《高麗史》 권 94, 列傳 7, 皇甫兪義.

분명하게 드러난다. 군액이 늘어남으로써 녹봉이 부족해졌고, 또 부족해진 녹봉을 보충하기 위해 경군의 영업전을 빼앗았다는 것은 곧 경군영업전(군인전)이 녹봉의 재원인 국가수조지로서의 민전으로 편성되었음을 말한다. 그리고 그 민전은 영업전(군인전)의 수급자인 경군 자신의 소유지가 아니라 타인의 민전이었다고 생각된다. 왜냐하면 만일 여기서의 경군 영업전이 수급자의 민전에 설치된 것, 즉 면조설이 주장하는 바와 같이 군인의 민전에 대해 면조권을 인정한 것이라면 지급된 군인전을 빼앗아 녹봉에 충당시키려는 시도 자체가 용이한 일이 아니기 때문이다. 법제적으로 면조의 권리를 갖고 있는 민전주로서의 군인이 군인전의 회수가 부당한데도 자기의 민전에 대한 전조의 수취에 쉽게 응하리라고는 생각하기 어렵다. 이와 같이 군인전은 토지 그 자체, 즉 소유권을 지급한 것이 아니라 수조권만을 인정해 준 분급수조지였으며, 타인의 민전 위에 설정되는 것이 보통이었다고 믿어진다. 그러나 모든 군인전이 그러했다고는 생각되지 않는다. 앞서 소개한 첫번째 견해가 주장한 것처럼 군인 자신의 민전은 제쳐 두고 타인의 민전에만 군인전을 설정하는 것은 행정적으로도 불합리하다고 판단되기 때문이다. 따라서 군인전의 분급은 우선 군인 자신의 민전을 그의 수조지로 인정함으로써 결국 민전주로서의 군인이 내야 할 전조를 면제시켜 주고(면조), 그의 민전이 자신의 군인전 액수에 미달할 때에는 타인의 민전에 대한 수조권을 추가로 지급해 주는 절차를 취했을 것으로 생각된다. 물론 자신의 민전이 받아야 할 군인전의 액수를 초과하는 경우에는 지급액 만큼만 면조되고 나머지는 국가수조지 또는 타인의 과전으로 편성되었을 것이다. 이처럼 일면 면조권의 지급이라는 의미를 띠고 있기는 하지만 꼭 그러한 것은 아니었기 때문에 군인전의 분급은 '자타의 민전을 막론한 일반 민전 위에 설정된 수조지의 지급'으로 이해해야 할 것이다.

군인전이 이러한 이상 양반전 또한 이와 같았을 것이다. 앞에서도 언급한 바 있지만 아버지의 군인전을 승계하기 위해 서리가 되고자 했던 이영의 사례를 통해 군인전과 서리전·양반전은 본질적으로 성격이 같은 토지임을 확인할 수 있기 때문이다. 사실, 똑같이 전시과의 규정에 따라 분급된 군인전과 양반전의 실체 내지 성격이 다르다고 생각하는 것은 자연스럽지 못하다. 그리고 앞으로 설명되겠지만 兩班과 軍·閑人에게 지급된 과전의 일부가 兩班口分田

이란 이름으로 외방이 아닌 京畿에 설치되었는데, 그렇다면 적어도 양반구분전만은 수급자의 민전이 아닌 타인의 민전에 설치된 것으로 이해할 수밖에 없다고 하겠다.

이상의 논의를 종합해 볼 때 전시과 토지에 대한 여러 가지 설명 중 「수조권 분급설」이 가장 사실에 가까운 이해가 아니었을까 한다. 그러므로 전시과 토지의 실체는 '일반 민전 위에 설정된 수조지', 즉 「분급수조지」로 이해해야하겠으며, 전시과의 운영과 성격 또한 이러한 이해를 전제로 설명되어야 할 것이다.

### (2) 전시과의 운영

과전법의 과전과는 달리 전시과의 각종 토지(과전)는 외방의 여러 주현에 설치되었다. 이는 "토지를 수급한 자가 또한 1만 4천여 명인데, 그 토지는 모두 外州에 있다"고 한 徐兢의 설명에서[32] 우선 확인된다. 그리고 "모든 州縣에는 각각 京外 양반 및 군인의 家田과 永業田이 있다"고 한 명종 18년의 制文에서도[33] 재차 확인된다. 양반·군인의 영업전이란 다름 아닌 그들의 과전, 즉 전시과 토지이기 때문이다. 그런데 여기서 말하는 외방에는 양계 지역이 포함되지 않는다. 양계에는 원래부터 과전, 즉 개인수조지로서의 사전이 없었기 때문이다.[34] 결국 전시과의 각종 과전은 경기와 양계를 제외한 그 밖의 외방 주현에 설치되었던 것으로 이해된다.

따라서 경기의 토지는 주로 공전, 즉 국가수조지로 편입되었다고 하겠다. 그러나 반드시 그러했던 것은 아니다. 경기에도 양반전을 비롯한 각종 과전의 일부가 설치되었던 것이다. 충목왕 원년의 都評議使司 上言에 의하면 녹과전이 실시되기 시작한 원종 12년 이전에도 경기 8현에는 御分·宮司田과 鄕吏·津尺·驛子의 雜口分田 및 양반·군인·한인의 구분전 등이 있었다고 하는데,[35] 이 「양반·군인·한인의 구분전」이 바로 전시과 규정에 따라 지급된 과전의

---

32) 《高麗圖經》 권 16, 官府 倉廩.
33) 《高麗史》 권 78, 志 32, 食貨 1, 田制 田柴科.
34) 《高麗史》 권 78, 志 32, 食貨 1, 田制 祿科田 신우 14년 6월 창왕 敎·권 82, 志 36, 兵 2, 屯田 신우 원년 10월.
35) 《高麗史》 권 78, 志 32, 食貨 1, 田制 祿科田 충목왕 원년 8월.

일부인 것이다. 이와 같은 사실은 "고려의 田制에서 사대부의 구분전을 제외한 경기의 토지는 모두 공전이며, 사전은 모두 下道에 설치되었다"든지,[36] "고려의 사전은 모두 하도에 있었으며, 경기에는 비록 고위 관원(達官)이라도 단지 구분전 십수 결만이 있었을 뿐이나 이것만으로도 그 생활을 영위할 수 있었다"고[37] 한 司諫院의 설명에서도 다시 확인된다. 경기에 있었다고 하는 사대부나 달관의 구분전은 앞서 말한 양반·군인·한인의 구분전(이하 「양반구분전」으로 칭함)과 같은 것이다. 물론 양반구분전의 존재를 알려 주는 이상의 기록은 모두 고려 후기 이후의 것들이며, 이와 관련된 고려 전기의 기록은 전혀 찾아지지 않는다. 따라서 양반구분전을 고려 후기에만 존재하였던 것으로 생각할 수도 있으며, 실제로 이를 녹과전의 창설과 함께 고려 전기의 전시과 토지를 계승하여 출현한 것으로 보는 견해도 나와 있다.[38]

그러나 앞서 소개한 세 자료를 면밀히 검토하면 고려 전기에도 양반구분전이 존재하였음을 어렵지 않게 추론할 수 있다. 우선 경기 8현의 토지에 대해 새로운 經理를 건의하고 있다. 충목왕 원년의 도평의사사 상언에는 양반구분전의 경우 녹과전이 실시된 "원종 12년 이전의 公文을 考覈하여 折給한다"고 하였는데, 이는 원종 12년 이전에도 이미 양반구분전이 존재하였음을 말해 주는 것이라고 하겠다. 그리고 "고려의 전제에서 약간의 사대부 구분전을 제외하고 경기의 토지는 모두 공전이었다"고 한 조선 초 사간원의 설명 또한 고려 전기의 전제를 언급한 것이었다고 믿어진다. 이 같은 사간원의 주장은 과전의 下三道 移給의 명분을 전조(고려)의 전제에서 찾고자 했던 것인데, 그러한 주장의 근거를 제도가 매우 문란해진 고려 후기의 전제에 두었다고는 생각되지 않기 때문이다.[39] 따라서 충목왕 원년의 도평의사사 상언에서 말하는 「원종 12년 이전」 또한 전시과 제도가 제대로 운영되고 있던 고려 전기 이래 원종 12년 이전까지를 뜻하는 것으로 판단된다. 결국 양반구분전은 고려 전기의 전시과 체제에서도 존재하였던 것으로 이해된다.

---

36) 《太宗實錄》 권 5, 태종 3년 6월 임자 司諫院進時務.
37) 《太宗實錄》 권 5, 태종 3년 6월 을해 司諫院上疏.
38) 武田幸男, 〈高麗時代の口分田と永業田〉(《社會經濟史學》 33-5, 1967).
39) 실제로 조선의 관료들은 田制 운영에 관한 한 고려 후기를 혹평하는 입장에서 있었다.

이처럼 양반전을 비롯한 전시과의 과전은 주로 외방의 주현에 설치되었지만, 그 일부는 구분전이란 이름으로 경기에 설치되었다. 즉 한 개인이 받는 과전은 경기의 구분전(양반구분전)과 외방에 설치된 것의 두 부문으로 구성되어 있었던 것이다. 고려가 과전을 분급함에 있어 이러한 방식을 채택하게 된 것은 다음과 같은 이유에서였다. 첫째, 조운의 미비로 인한 전조 수납의 어려움 때문이었다. 즉 가능한 한 경기에 국가 수조지로서의 공전을 많이 확보하고 과전을 비롯한 사전을 외방에 두면 국가로서도 조운을 통한 전조 수납의 어려움을 덜 수 있을 뿐 아니라, 사전의 전주도 나름대로 필요한 잡물로 징수할 수 있었고, 이에 따라 佃客(농민) 또한 전조 수송의 노고를 피할 수 있었던 것이다.[40] 둘째, 그러나 한편으로 과전 수급자의 대부분은 개경에 거주하고 있었으므로 생활의 안정을 위해 신속히 식량을 조달할 수 있는 근거리의 과전을 필요로 하였으며, 따라서 국가는 과전의 일부를 畿內에 설치하지 않을 수 없었던 것이다. 그것이 바로 양반구분전이었다. 이와 같이 양반구분전은 과전의 외방절급이라는 대원칙 아래에 운영된 것이므로 그 규모는 작을 수밖에 없었다. 달관의 경우도 십수 결에 불과하였던 것이다. 달관이라면 갱정전시과를 기준으로 대개 제1과 내지 제2과에 해당하는 관원이라 하겠고, 그들은 각각 100결과 90결의 전지를 받고 있었으므로 양반구분전의 액수는 대략 科田額의 1/8 내지 1/7에 이르는 수준이 아니었을까 한다.[41]

여러 차례 언급한 대로 전시과 토지는 분급 수조지였다. 따라서 이를 수급한 전주의 가장 큰 권리는 전조의 수취였다. 그리고 그 수조율은 널리 알려진 바와 같이 생산량의 1/10이었다. 그러나 전주의 권리, 즉 수조권의 내용이 전조의 수취에만 한정된 것은 아니었다. 전주는 과전의 전객으로부터 藁草도 거둘 수 있었다. "전조(고려)에서는 藁草를 징수한 것이 산과 들을 두를만하는 등 사전의 폐해가 매우 많았다"고 하는 申商의 지적이[42] 그러한 사실을 잘 말해 준다. 그리고 과전에 대한 이러한 전주의 권리는 문권의 작성을 통해 보상되었다. 즉 과전을 분급할 때 국가는 반드시 그 사실을 증빙하는 문권을 작성

40) 《太宗實錄》 권 5, 태종 3년 6월 임자 司諫院進時務.

41) 전시과 토지의 구성에 대한 이러한 내용에 대해서는 李景植, 〈高麗時期의 兩班口分田과 柴地〉(《歷史教育》 44, 1988) 참조.

42) 《世宗實錄》 권 58, 세종 14년 12월 무자.

해 주었던 것이다. 이러한 문권은 흔히 契券·文契 등으로도 불리었는데, 量案상의 토지(전정)가 누구에게 주어졌는가를 명시하는 것이었다. 따라서 이를 소지해야만 비로소 수조권을 통한 토지지배의 권리, 즉 수조지 지배의 권리를 행사할 수가 있었다. 이러한 사실은 祖父文券을 가지고 國田, 즉 수조지를 坐食한다고 하는 지적에서[43] 단적으로 확인된다. 그리고 권세자들이 문계를 조작하여 타인의 노비와 전정을 탈점하였다든지,[44] 高曾之券을 근거로 수조지를 서로 쟁탈하였다고[45] 하는 수조지 탈점과 쟁탈 기사에서도 재차 확인할 수 있다. 이 밖에 문권을 고찰하여 수조지 분쟁을 해결하고,[46] 高曾契券에 대한 고핵을 통해 탈점된 토지를 辨正할 수 있다고 하는[47] 기사 등도 그러한 사실을 말해 주는 것이라 하겠다. 고려 말의 사전개혁론자들이 양계의 국가 수조지를 탈점한 권세가들의 사전을 몰수하기 위해 그들이 소지하고 있던 문계를 회수한 것도[48] 그러한 이유에서였다. 즉 문계가 있으면 수조지를 지배할 수 있기 때문이었다. 이러한 자료는 물론 모두 수조지의 지배가 문계를 통해 보장되었음을 알려 주는 고려 후기에 관한 것들이다. 그러나 고려 후기에만 그러했다고 생각되지는 않으며, 수조지의 탈점과 분쟁 해결의 근거가 되었던 문권을 조부문권·고증계권 등으로 표현하고 있는 것으로 보아 전시과가 실시될 당시부터 수조지의 분급에 따른 문권의 작성이 이루어졌다고 판단된다.

전주는 수조지의 분급과 함께 문권을 받은 근거로 자기 과전의 전조를 직접 수취하였던 것으로 이해된다.[49] 그러나 이와는 전혀 다른 견해도 나와 있다. 과전을 비롯한 각종 사전의 전조도 국가 수조지로서의 공전과 마찬가지로 국가의 책임 아래 수취되어 전주에게 분급되었다는 이른바 「官收官給制說」이 그것이다. 따라서 관계 사료를 간단히 검토해 볼 필요가 있다.

A-1. (州縣들이) 養戶로 하여금 군인전에서의 양곡(田租)을 수송케 하지 않음으로써 군인들이 굶주리고 추위에 떨어 도망하고 흩어지니…(《高麗史》 권 79, 志

43) 《高麗史》 권 78, 志 32, 食貨 1, 田制 祿科田 李行 上疏.
44) 《高麗史》 권 84, 志 38, 刑法 1, 職制 충렬왕 34년 충선왕복위 下敎.
45) 《高麗史》 권 78, 志 32, 食貨 1, 田制 祿科田 黃順常 上疏.
46) 《高麗史》 권 78, 志 32, 食貨 1, 田制 祿科田 趙浚 1次上疏.
47) 《高麗史》 권 78, 志 32, 食貨 1, 田制 祿科田 李行 上疏.
48) 《高麗史》 권 78, 志 32, 食貨 1, 田制 祿科田 신우 14년 6월 창왕 敎.
49) 金容燮, 앞의 글 및 李景植, 앞의 책, 119~124쪽.

33, 食貨 2, 農桑 예종 3년 2월 制).

2. 그 토지는 모두 지방에 있는데, 佃軍이 경작하여 때에 맞추어 전조를 내면 고르게 나누어준다(《高麗圖經》 권 16, 官府 倉廩).

3. 郎中 卜章漢이 죄도 없이 귀양가게 되었으므로 守平이 그의 토지를 遞食했는데, 몇 년 뒤 章漢이 사면을 받아 돌아오자…또한 田租가 이미 강으로 조운되고 있었는데도 수평이 租簿를 소매에 넣고 가서 그에게 돌려주었다(《高麗史》 권 102, 列傳 15, 權守平).

B-1. 권세가의 노복들이 앞을 다투어 전조를 징수하므로 백성이 모두 아우성치고 근심하니…(《高麗史》 권 129, 列傳 42, 叛逆 3, 崔忠獻).

2. 兼併家의 전조를 거두는 무리가 병마사·부사·판관을 사칭하고 혹은 별좌를 칭하며, 從者 수십 명이 수십 필의 말을 타고…가을부터 여름까지 떼를 지어 횡행하고 침략함이 도적보다 배나 되니…(《高麗史》 권 78, 志 32, 食貨 1, 田制 祿科田 趙浚 1次上疏).

3. 전조(고려)의 전제에서 경기의 토지는 사대부의 구분전을 제외하고는 모두 공전이었고 사전은 모두 下道에 설치하였다. 그렇게 한 이유는 공전의 전조는 반드시 民力으로써 수송해야 하는데 경기는 쉽고 下道는 어려우며, 만약 사전은 하도에 있더라도 田主가 각자 임의로 雜物로써 징수할 수 있는 까닭에 佃客에게는 전조를 수송하는 폐단이 없고 전주 또한 무역하는 번거로움을 꺼리지 않았기 때문이었다(《太宗實錄》 권 5, 태종 3년 6월 임자 司諫院進時務數條).

이 A·B의 기사는 물론 수조지에서의 전조 수취와 관련된 것들인데, 관수관급제설에 의하면 A-1·2·3은 과전 전조의 관수관급을, B-1·2는 전주에 의한 그것의 직접 수취를 말해 주는 것이라고 한다. 아울러 이러한 이해를 전제로 관수관급제설은 수조 방식의 변화를 상정하고 있다. 즉 고려 전기의 전시과 체제에서 관수관급의 형태로 수취되던 과전의 전조가 전시과가 무너지기 시작한 중기 이후로는 전주에 의해 직접 수취되었다는 것이다.[50]

그러나 이러한 이해에는 납득하기 어려운 문제가 하나 있다. 다름 아니라 관수관급제설의 논리대로라면 중기의 말엽인 고종대 무렵에는 이미 전주에 의한 직접 수취의 방식이 상당히 정착되었을 것인데, 그러한 시기에 A-3과 같은 관수관급제의 사례가 보이는 것을 어떻게 이해해야 하는가 하는 점이

50) 周藤吉之, 〈高麗朝より朝鮮初期に至る田制の改革〉(《東亞學》 3, 1940).
李佑成, 〈高麗의 永業田〉(《歷史學報》 28, 1965).
金泰永, 〈高麗兩班科田論〉(《朴性鳳敎授回甲紀念論叢》, 1987).

다. 여기서 A-1·2·3의 내용을 다시 음미해 볼 필요가 있다. 사실 A의 세 사료 중에서 A-2만이 관수관급을 시사하고 있을 뿐이고, 나머지는 전조의 수송에 지방관이 관여하고 있다거나(A-1), 과전 전조의 수송에 관의 漕運制가 활용되었음을(A-3) 알려 주는 정도이다. 따라서 A-1·3은 과전의 전조를 수취함에 있어서의 협력이라는 수준에서 이해될 수 있다고 하겠다. 전시과라는 국가적 토지 분급제를 실시하면서, 더구나 과전을 외방에 설치하였으므로 전주에 의한 과전전조의 직접 수취를 원칙으로 한다 하더라도 그러한 정도의 관의 협력은 불가피한 것이었다고도 하겠다. 이렇게 볼 때 서긍이 A-2에서 官이 과전 전조를 수납하여 분급한 것처럼(及時輸納而均給之) 기술한 것도 조운으로 운송되어 온 과전의 전주가 문권을 가지고 찾아 간 사실을 표현한 것에 불과하지 않을까 한다.

과전법에서와 마찬가지로 전시과의 과전에 대한 수조가 전주의 책임 아래 이루어졌음은 사료 B에 드러난 바와 같다. 고려 중기 이후만이 아니라 전기에도 그러했던 것으로 생각된다. 앞서 언급한 바와 같이 B-3은 고려 전기의 전제, 즉 전시과 제도에 대한 설명으로 이해되는데, "과전의 전조가 전주의 뜻에 따라 잡물로도 징수될 수 있었다"고 한 점에서 전주에 의한 직접 수조의 사실을 엿볼 수 있기 때문이다. 관수관급제의 근거라고 하는 A-1도 사실은 전주에 의한 직접 수취를 시사한다고 생각된다. A-1의 내용에 의하면 군인전의 전조를 수취한 것은 지방관이 아니다. 지방관의 임무는 단지 전조의 수송을 양호에게 독려하는 것뿐이었다. 결국 군인전의 전조는 그 경작자의 대표격인 양호에 의해 군인에게 직접 납부되었다고 보아야 할 것이다. 다만 외방에 있는 군인전의 경우에는 수납 과정에서 국가적인 조운제가 활용되었을 것이다. 이처럼 과전의 전조는 納租者가 전주에게 직납하는 것이 원칙이었다. 물론 B-1·2가 전하는 바와 같이 전조의 수납을 위해 전주는 노복 등의 수조인을 파견하기도 했으나, 그들이 전조를 직접 받아 간 것은 아니며, 이 때에도 전조는 납조자인 전객이 납부하여야 했다. 수조인의 임무는 수조의 實額을 사정하고, 그 전조의 수취를 집행 감독하는 것이 아니었을까 한다. 결국 전시과의 과전을 수급한 전주는 자신의 책임 아래 전조를 직접 수취하였으며, 국가는 지방관 또는 조운제를 통해 그들의 수조를 지원해 줌으로써 수조권의 행사를

보장해 주었던 것으로 이해된다.51)

잘 알려진 사실이지만 전시과의 과전은 관직에 종사하거나 특정의 직역을 수행하는 계층에게 분급되었다. 따라서 과전은 먼저 관료·군인·한인 등의 국왕에 대한 충성의 대가라는 성격을 지니고 있다고 하겠다. 그러한 의미에서 「祿」의 일종이라 할 수도 있다. 그러나 「녹」은 원래 현직자의 직무수행에 대한 보상으로 현물로 지급되어 녹봉이라 불리지만, 과전은 관직 또는 직역에 종사하는 당사자 개인을 넘어 그 가계의 지속적인 유지를 위해 지급되는 성질을 가지고 있다는 점에 차이가 있었다. 그래서 과전은 「世祿」으로 관념되기도 하였다.52) 이처럼 과전의 분급은 관직 또는 직역 종사자에 대한 보상이라는 성격과 그들 가계의 지속적인 유지를 위한 기반이라는 성격을 함께 지니고 있었다.

과전은 관직이나 직역에 종사하는 자에 대한 보상으로 지급되었던 것이므로 사망 등으로 인해 수급자의 奉供이 끝나게 되면 원칙적으로 국가에 반납하여야 했다. 그러나 다른 일면으로 수급자 가계의 지속적인 유지라는 기능도 갖고 있었기 때문에 「回收와 再分給」이라는 절차를 거쳐 실제로는 유족, 즉 처자에게 전수되었다. "(전시과는) 자신이 죽으면 모두 국가에 반납하는데, 오직 府兵은 20세가 되어 비로소 전시과를 받고 60세가 되면 반납하되, 자손과 친척이 있으면 그 田丁을 遞立(連立)하고 없으면 監門衛에 소속시켰다가 70세가 된 이후에는 口分田을 지급하고 나머지 토지는 회수하며, 후손 없이 사망하거나 전사한 자의 처에게도 또한 모두 구분전을 지급한다"고 하는 《高麗史》 食貨志 國制의 서문이 그러한 사실을 잘 말해 준다. 즉 전시과의 과전은 전정연립에 의해 자손에게 전수되거나 구분전의 형태로 70세 이상의 군인 또는 수급자의 처에게 계속 분급되었던 것이다.

그런데 이러한 전정연립과 구분전의 분급은 일정한 원칙에 의해 운영되었다. 먼저 전정연립은 첫째, 군인·향리 등 특정의 직역을 부담하는 有役人들의 과전을 대상으로, 둘째, 그들의 자손이나 친척이 있는 경우에 이루어졌는데, 셋째, 그 범위와 순서는 嫡子－嫡孫－同母弟－庶孫－女孫의 차례였다.53) 여기서 유역인

51) 李景植, 앞의 책, 124쪽.

52) 《高麗史》 권 78, 志 32, 食貨 1, 田制 祿科田 趙浚 3次上疏.

53) 《高麗史》 권 84, 志 38, 刑法 1, 戶婚 정종 12년 判.

들의 과전은 嫡長의 자손을 우선으로 최소한 직역을 전수하는 단독전수가 일반적인 원칙이었음을 알 수 있다. 물론 이러한 전정연립은 직역의 계승을 전제로 한다. 따라서 전정연립의 순서는 곧 직역 계승의 순서이기도 하다. 전시과 과전(전정)의 이와 같은 적장자 우선의 단독전수는 원칙적으로 자녀간에 분할상속되었던 사유지의 상속과는 전혀 상반된다. 사유지 뿐 아니라 당시에는 노비도 자녀간에 분할상속되었다.[54] 이와 같이 재산의 분할상속이 관습화된 고려시대에 전정만이 단독전수된 데에는 나름대로의 사정이 있었다. 그것은 전시과의 과전(전정)이 사유재산이 아니라 직역에의 봉사를 전제로 한 분급수조지에 불과하였기 때문이다. 만일 이의 분할 전수를 용인한다면 국가는 직역을 부과하는데 적지 않은 어려움을 겪어야만 했을 것이다. 이러한 이유에서 국가는 과전의 사사로운 전수를 금하고, 반드시 관에 신고한 뒤에 전수할 수 있게 하였다.[55] 전시과를 두고 '祖宗授田收田之法'이라고 설명한 것도[56] 그 같은 이유에서였다. 즉 전시과의 과전은 명분상 국가가 분급하고 회수하였다가 또 다시 재분급하는 그러한 성격의 토지였다는 것이다. 그러나 어쨌든 유역인들의 과전이 전정연립의 형태로 직역을 계승하는 자손에게 단독 전수된 것만은 분명한 사실이다. 그런데 전정을 연립하는 시기는 직역에 따라 차이가 있었다. 즉 앞서 소개한 《高麗史》 식화지 전제 서문의 설명과 같이 군인은 60세에, 元尹 이상 佐丞까지의 향직을 소유한 자는 70세에, 大丞 이상의 향직 소유자는 죽은 후에 자신의 전정을 자손에게 전수할 수 있었다.[57] 그리고 무관의 과전 또한 유역인의 경우와 같이 전정연립의 원칙에 따라 전수되었을 것으로 생각되나,[58] 유역인들의 직역에 해당하는 무반 관직이 과연 세습되었는지는 잘 알 수 없다.

군인전·향리전 등 유역인들의 과전은 이처럼 전정연립의 이름 아래 직역의 계승을 전제로 자손에게 전수되었다. 그렇지만 양반관료, 특히 문관들의 과전인 양반전의 경우는 사정이 좀 달랐다. 과전을 받는 매개로서의 관직이

54) 이에 대해서는 〈財産의 相續〉(《한국사》 15, 국사편찬위원회, 1994 간행예정) 참조.
55) 《高麗史》 권 78, 志 32, 食貨 1, 田制 祿科田 신우 14년 7월 諫官 李行 上疏.
56) 《高麗史》 권 78, 志 32, 食貨 1, 田制 祿科田 趙浚 1次上疏.
57) 《高麗史》 권 78, 志 32, 食貨 1, 田制 田柴科 현종 19년 5월.
58) 위와 같음.

그대로 계승되는 것이 아니기 때문이다. 따라서 양반전의 연립을 명기한 규정은 찾아 볼 수 없다. 그러나 양반전도 실제로는 자손에게 전수되었다. 즉 양반전 또한 無期永代的 收租地인 영업전의 범주에 포함되었던 것이다.[59] 이 같은 사실은 "連立할 자손이 없는 6품 이하 7품 이상 관원의 처에게 구분전 8결을 지급한다"고 하는 문종 원년의 판문에[60] 잘 드러나 있다. 여기서 말하는 「연립」의 구체적인 대상은 관원인 父祖의 과전, 즉 양반전일 수밖에 없다 하겠고, 따라서 위 판문의 내용은 양반전의 자손에의 전수가 일반적이었음을 전제하지 않고서는 제대로 이해되지 않는다. 그리고 "상장군 이홍숙은 죄를 짓고 유배갔으므로 그의 영업전을 처·자손에게 지급해서는 안된다"고 주장한 정종 7년의 문하성의 상주도[61] 그러한 사실을 시사해 준다고 할 것이다. 이러한 주장의 이면에는 범죄가 아닌 그 밖의 경우, 예컨대 사망한 경우라면 이홍숙의 영업전(양반전)은[62] 그의 처자에게 당연히 전수된다는 사실이 전제되어 있기 때문이다.

이와 같이 전시과 체제에서도 양반전은 처자에게 전수되고 있었다.[63] 그러나 전수되는 과전의 액수가 어느 정도였는가는 잘 알 수 없다. 추측컨대 과전법의 예에 비추어 볼 때 처와 자손이 모두 있는 경우는 처가 사망할 때까지 전액이, 자손만 있는 경우는 일부만이 전수되었을 것인데, 후자의 경우는 연령이나 出仕에 따른 별도의 기준이 마련되어 있었을 것이다.[64]

한편 앞서 언급한 바와 같이 父의 양반전을 연립할 자손이 없는 6품 이하 관원의 처에게는 구분전이 지급되었다. 그러나 이들에게만 구분전이 주어진 것은 아니었다. 이들 외에 자손이나 친척 없이 70세에 이른 군인, 자식 없이 사망한 군인의 처, 부모가 모두 죽고 남자 형제도 없이 아직 출가하지 않은 5

59) 武田幸男, 앞의 글.
60) 《高麗史》 권 78, 志 32, 食貨 1, 田制 田柴科.
61) 위와 같음
62) 여기서의 永業田이 兩班田이라는 것은 이 門下省의 上奏가 《高麗史》 권 78, 志 32, 食貨 1, 田制 田柴科에 수록되어 있다는 점에서 어렵지 않게 짐작된다.
63) 個人收租權을 질적·양적으로 제한하고 정비하는 방향에서 제정된 科田法에서조차 守信田·恤養田의 이름으로 처자에게 전수되었는데, 이러한 규정이 이에 이르러 비로소 마련되었다고는 생각되지 않는다. 그 이전의 전시과 체제에서도 어떠한 형식으로든 과전, 즉 양반전은 처자에게 전수되었을 것이다.
64) 李景植, 앞의 책, 154쪽.

품 이상 관원의 자녀 등도 5~8결의 구분전을 받았다.[65] 그런데 이들이 받은 구분전은 다름 아니라 자신이나 부친 또는 남편에게 주어졌던 과전의 일부였다. 즉 구분전을 지급한다고 해서 새로운 수조지를 분급하는 것은 아니다. 이미 지급되었던 과전의 일부를 구분전이라는 이름으로 계속 용익할 수 있도록 인정한 것에 불과하였다. "전정을 연립할 자손이나 친척이 없는 군인에게는 70세가 된 후에 구분전을 지급하고 나머지 토지는 회수한다"고 하는 식화지 전제의 서문이 그러한 사실을 잘 말해 준다. 70세가 된 군인이 받은 구분전은 곧 자신이 받았던 군인전의 일부였던 것이다. 이처럼 과전과 구분전은 전혀 별개의 토지가 아닌 같은 토지의 양면이었던 것이다. 그런데 구분전의 지급대상은 모두 의지할 만한 남자 자손이 없다는 공통점을 가지고 있다. 그리고 그 규모 또한 최소한의 생계를 위해 필요한 수입을 제공하는 정도, 즉 半丁 내외였다. 따라서 구분전은 恤養的인 기능을 갖고 있었다 하겠다. 여기서 휼양적 기능을 지닌 이 구분전과 앞서 언급한 바 있는 양반구분전 사이에 어떤 관계가 있었을 가능성이 충분히 상정된다. 즉 양반구분전 또한 관원의 居京 생활에 필요한 양곡의 조달이라는 기능을 갖고 있었으며, 정확히 같은 것은 아니지만 6품 관원의 경우 그 규모 역시 대략 반정 수준이었던 것이다.[66] 이렇게 볼 때 휼양을 위해 구분전으로 지급된 과전의 일부란 곧 경기에 설치되었던 양반구분전이거나, 또는 그 일부가 아니었을까 한다.

이처럼 일단 분급된 전시과의 과전은 비록 회수와 재분급이라는 의제적인 절차는 거쳤지만 그 전액 혹은 일부가 전정연립 또는 구분전의 이름으로 수급자의 자손이나 처에게 전수되었다. 즉 과전은 강한 世傳性을 지닌 분급 수조지였던 것이다. 그러나 앞서 소개한 이홍숙의 사례에서 짐작되는 바와 같이 수급자가 죄를 범하면 세전이 인정되지 않고[67] 곧바로 국가에 회수되었다. 이홍숙의 처자에게 그의 양반전을 전수시킬 수 없다고 주장한 문하성이

---

65) 《高麗史》 권 78, 志 32, 食貨 1, 田制 田柴科 문종 원년·23년 判.

66) 更定田柴科에서 6품 관원이 받는 田地額은 50~45결 수준이었는데, 대략 科田額의 1/7 내지 1/8이 兩班口分田이었다고 이해되므로 6품관의 양반구분전은 6~7결이었을 것으로 추산된다.

67) 門下省의 上奏에도 불구하고 李洪叔의 경우는 왕의 特命으로 영업전(양반전)의 전수가 이루어졌다. 그러나 이것은 어디까지나 특령에 의한 예외적인 경우이고 일반적인 원칙은 아니었다.

"모든 범죄자는 영업전을 받을 수 없다"고 한 舊法을 거론하고 있는 것과, "관리가 臨監하면서 스스로 도적질하거나 뇌물을 받고 법과 다르게 처리한 자는 職田을 회수하고 歸鄕시킨다"고 한 법제[68] 등은 모두 그러한 사실을 말한다. 그러나 몰수된 과전이 본인 또는 그의 처자에게 환급될 수도 있었다. 국왕의 사면으로 면죄되었을 경우이다. 그리고 이 때에는 몰수 이전의 과전이 그대로 지급되었던 것으로 보인다. "몇몇 범죄의 경우를 제외하고 범죄로 인해 직전이 몰수된 자가 사면을 받으면 직전의 환급을 허락해 주라"는 내용의 현종 16년의 교지가[69] 이의 법적 근거라고 하겠으며, 앞서 인용한 바 있는 낭중 복장한의 경우가(A-3) 그 구체적인 사례라 하겠다.

널리 알려진 바와 같이 전시과에서는 田地와 함께 柴地가 분급되었다. 그러나 전시과의 모든 수급자가 시지를 받은 것은 아니었다. 갱정전시과에 의하면 일반전시과의 제14과 이상에 배정된 양반관료, 武散階田柴와 別定田柴의 제1등급에 배치된 소수의 무산계 소지자 및 大德(僧人)들만이 시지를 받을 수 있었고, 이속과 군인·한인들은 그 지급대상에서 제외되었다. 따라서 시지는 주로 양반관료에게 분급되었다고 하겠다. 이러한 시지가 樵菜地, 즉 섶(薪)과 숯(炭) 등의 땔감을 조달하는 물적 기반으로서의 기능을 지녔음은 물론이다. 그러한 의미에서 시지는 居京者들의 식량 조달을 위한 물적 기반으로 이해되는 양반구분전과 유사한 성격을 지녔다고 하겠다. 이에 따라 시지는 수급자가 거주하는 개경 근처의 경기에 주로 설치되었다. 운송상의 편리를 고려해야만 했던 것이다. 시지로 설정된 지역이 2日程을 넘지 않은 것도 그러한 이유에서였다고 생각된다. 이렇게 국가가 분급한 것인 만큼 분급 시지가 사유지일 수 없음은 물론이다. 그것은 수조지로서의 과전과 같은 성격을 지닌 존재였다. 그러므로 타인의 이용을 금하는 독점 행위는 허용되지 않았을 것이다. 대개 이러한 분급시지는 민과의 공동이용을 전제로 한 無主空山, 곧 국유지에 설정되었을 것으로 생각된다. 오히려 양반관료는 그러한 공동이용을 매개로 섶·숯의 수취라는 분급시지에서의 권리를 실현할 수 있었다고 하겠다. 즉 양반 전주는 분급시지의 주변에 거주하는 농민에게 그것

68) 《高麗史》 권 84, 志 38, 刑法 1, 職制.
69) 《高麗史》 권 5, 世家 5, 현종 16년 12월.

을 이용하게 하고 그 대가로 소정의 섶·숯을 수취할 수 있었을 것이다.[70)]

전시과의 전지, 즉 과전과 시지는 대체로 이상과 같은 내용으로 운영되었다. 그런데 전시과의 제도적인 모순과 그 동안 진전되어 온 농업생산력의 증대 및 농민층의 계층분화 등으로 인해 전시과 제도는 12세기 이후 서서히 무너지기 시작하였다. 그 위에 인종·의종대에 일어난 일련의 정치적 혼란, 특히 무신란을 계기로 한 통치질서의 문란은 이의 원만한 운영을 더욱 어렵게 하였다. 즉 권세가들은 타인의 민전(소유지)은 물론 수조지까지 탈점·겸병하여 농장을 형성함으로써 이른바「私田의 弊害」를 야기시켰던 것이다.[71)] 그렇다고 전시과 제도 자체가 없어지거나 완전히 기능을 상실하였다고는 할 수 없다. 이미 언급한 바 있지만 문종 30년의 갱정전시과 규정이 마련된 이후 이의 개정이나 폐기를 알려 주는 기록은 보이지 않으며, 중·후기의 기사에서도 전시과 과전의 존재는 계속 찾아지고 있기 때문이다.「選軍給田」즉 군인전의 지급은 널리 알려진 사실이고, 양반구분전의 존재를 전해 주는 충목왕 원년의 도평의사사의 상언, 양반관료의 과전이 외방에 있었음을 말해 주는 고종 때 卜章漢의 사례 등은 모두 중·후기에도 양반전이 계속 지급되고 있었음을 시사하는 것들이라 하겠다. 그러나 이러한 중·후기의 사회·경제적인 여건의 변화는 전시과 과전의 파행적인 운영을 초래하였다. 하나의 예로 이 시기에 이르러 전시과의 과전은 관에 신고되지 않은 채 자손에게 사사로이 전수되고 있었다. 뿐만 아니라 주로 직역을 계승하는 적장자에게 단독 전수토록 되어 있던 원칙도 제대로 지켜지지 않았다. 즉 자손간에 분할 전수되는 경우도 많았다. 이러한 현상은 전시과 토지에 대한 국가의 관리 및 운영 능력이 마비됨으로써 강한 세전성을 띠고 있던 양반전을 비롯한 분급 수조지가 祖業田의 이름으로 家産化되어 버린 현실에서 기인하는 것이었다.[72)] 그리고 분급 수조지에 대한 국가 통치력의 약화는 마침내 하나의 토지에 5~6명의 전주가 있게 되고 1년에 8~9차례나 전조를 내야 하는 상황을 초래하기까지 하였다.[73)] 이러한 현상은 외방에 설치된

70) 柴地의 운영에 관한 이러한 내용에 대해서는 李景植, 앞의 글 참조.

71) 전시과 제도의 문란과 농장의 형성에 대한 자세한 내용은 〈농장의 성립과 구조〉(《한국사》19, 국사편찬위원회, 1994 간행예정) 참조.

72) 李景植, 앞의 책, 161~162쪽.

73)《高麗史》권 78, 志 32, 食貨 1, 田制 祿科田 趙浚 1次上疏.

과전의 경우에 더욱 심하였다. 이에 따라 여말의 사전개혁론자들은 과전의 외방설치를 문제 삼았고, 결국 과전법을 제정할 때 과전을 경기에 한정시키는 원칙을 마련하였다. 이렇게 과전의 전액이 경기에 설정된 이상 종래의 양반구분전은 더 이상 존속할 수 없었다. 종전처럼 특별히 과전의 일부를 구분전이란 지목으로 떼어 내어 경기에 둘 필요가 없어졌기 때문이다. 다시 말해 외방의 과전과 경기의 양반구분전으로 이원화되어 있던 전시과의 과전은 과전법의 제정·시행으로 畿內의 과전으로 일원화되었고, 이와 함께 종래 양반구분전의 기능 또한 당연히 과전으로 흡수되었던 것이다. 사지의 경우도 마찬가지였다. 전주에게 과전의 四標 안에 있는 閑荒地의 樵牧漁獵權을 인정해 주는 것으로 시지의 분급을 대신하였던 것이다.[74]

### (3) 전시과의 성격

앞서 언급한 바와 같이 전시과의 과전은 기본적으로 관료·군인·한인 등이 관직이나 특정 직역에의 종사를 통해 국가에 대한 충성의 반대급부로 주어진 것이었으나, 이와 함께 그들의 가계를 지속적으로 유지시키기 위한 물적 기반이라는 성격도 지니고 있었다. 과전이 처·자손에게 전수될 수 있었던 것은 바로 이러한 성격에 기인하는데, 소위 전정연립과 구분전의 지급이 이의 법적 규정이었던 것이다. 그래서 과전은 세록으로 관념되기도 하였으며, 무기 영대적인 영업전으로 불리기도 하였다. 이와 같이 전시과의 과전은 강한 세전성을 띠고 있었다. 따라서 전시과는 蔭敍制와 함께 지배신분층의 지속적인 유지를 위한 양대 축이었다고 하겠다. 즉 당시의 지배신분층은 과전의 세전을 통해 경제적인 기반을 확고히 함으로써 이산하지 않을 수 있었고, 음서를 통해 대를 이어 관직에 진출할 수 있는 가능성을 확대할 수 있었던 것이다. 결국 과전은 경제적 빈곤으로 인한 지배층의 이산, 곧 신분질서의 혼란을 예방함으로써 신분제 사회를 지속시키는 기능을 수행했던 것이다.

한편 전시과는 분급토지에 대한 수급자의 지배력이 약화되는 과정에서 성립되었으며, 개정을 거듭하면서 그 분급대상이 지속적으로 축소되고 지급액 또한 크게 감소되었다는 특징을 갖고 있다. 즉 전시과는 군·현 규모, 최소

---

74) 李景植, 앞의 글.

한 몇 개의 촌락을 합한 규모로 지급되어 전조는 물론 공부와 요역의 수취권까지 인정한 녹읍제를 극복하고 출현하였으며, 시정전시과에서 과전법에 이르는 동안 그 분급대상과 지급액은 계속 감축되었던 것이다. 예컨대 분급대상의 경우 갱정전시과의 성립과 함께 개정전시과의 대상이었던 散職이 제외되었으며, 다시 과전법으로 바뀌면서 이속과 군인이 탈락되었던 것이다. 그리고 지급액의 경우 시정전시과(紫衫層)→개정전시과→갱정전시과로 변천하면서 전지의 평균액이 각각 68결→58결→53결로 축소되었다. 이러한 현상은 조선에 들어 와서도 계속되었다. 職田制의 실시와 함께 지급대상은 현직의 관료로만 국한되었으며, 급기야는 토지분급제 자체가 폐지되기에 이르렀던 것이다. 특히 직전제의 시행으로 수신전·휼양전이 회수되면서 분급토지(과전)는 세전성마저 상실하게 되었다.

그런데 이러한 변화는 중앙집권체제의 정비 내지 왕권의 강화와 흐름을 같이 한다. 즉 그 변화의 이면에는 강화된 왕권이 작용하고 있었으며, 내외관제의 정비가 수반되었던 것이다. 광종에 의한 일련의 정치개혁을 바탕으로 전시과가 제정될 수 있었고, 성종 연간에 중앙과 지방의 관제가 정비됨으로써 개정전시과가 출현할 수 있었으며, 문종 30년의 갱정전시과 또한 같은 해에 단행된 관제의 개편을 토대로 마련되었다. 사실 국왕의 입장에서는 녹봉 외에 과전을 추가로 지급하는 이중적인 보수체계, 또는 실제로 관직이나 직역에 종사하지 않는 사람에게 신분 내지 생계를 유지시키기 위해 과전을 수여하는 수조지 분급제 자체가 바람직하였을 리는 없는 것이다. 따라서 국왕은 기회만 주어진다면 이의 지급대상과 액수를 감축하는 것은 물론, 궁극적으로는 그러한 제도 자체를 폐지시키고자 하였을 것이다. 전시과는 바로 이러한 성격을 지닌 수조지 분급제였다. 요컨대 전시과는 신라 말의 녹읍제에서 조선 초의 직전제 폐지에 이르기까지 분급토지가 양적으로 축소되고 그에 대한 수급자의 지배력이 질적으로 약화되는 과정, 말하자면 중앙집권체제 및 왕권이 강화되는 과정의 중간 단계에 위치해 있었던 것이다.

〈金載名〉

### 7) 녹봉제

고려의 중앙집권적 통치체제는 성종대에 정비되기 시작하여 문종대에 완성되었다. 고려왕조의 중앙집권적인 체제 확립의 가장 기본적인 요소는 관료조직의 정비라 할 수 있고, 그 관료체제를 운영하는 데 있어서 경제적 기반이 된 것은 토지제도와 녹봉제의 정비라 할 수 있다. 고려왕조의 집권적 통치체제 내에 편입된 관료들에 대해서는 토지와 녹봉을 지급하여 경제적 기반을 마련해 주었다. 고려의 전시과 제도와 녹봉제의 정비는 바로 이러한 관료들에 대한 대우제도가 이원적으로 정비된 것을 뜻한다. 전시과는 토지를 지급하여 수조권을 인정해 주는 것이고, 녹봉제는 국가에서 현물을 지급하는 것으로 그 운영 방법에서는 약간의 차이가 있다. 그러나 관료들의 생활보장이라는 기본적인 성격에서는 공통점이 있는 것이다.

관료들에 대한 이와 같은 이원적 대우 방법으로 그들의 생활을 보장한 예는 중국의 周·漢代에서 그 선례를 찾아 볼 수 있고,[1] 우리나라에서는 통일신라 신문왕 때 官僚田과 녹봉(歲租)을 아울러 지급한 예가 있다. 신문왕 7년(687)에 관료전이 지급되고,[2] 신문왕 9년(689)과[3] 경덕왕 16년(757)[4] 사이 약 70여 년간 녹읍이 혁파되면서 관료전과 녹봉이 아울러 지급되었으며, 그 이후에 녹읍이 다시 부활되었다.[5]

고려가 채택한 녹봉제의 이론적 근거는 통일신라 때 관료전과 녹봉을 지급한 것에서 그 기원을 찾을 수 있겠으나, 실제로 고려가 채택한 녹봉제는 唐制라기 보다는 宋制를 수용한 것이다. 당제에서는 문무관의 職分田은 9품등으로[6] 녹봉제는 18과등으로 정비되었다.[7] 그러나 고려의 전시과는 18과등으로

---

1) 《文獻通考》 권 65, 職官考, 祿秩.
《宋史》 권 172, 職官 12, 職田.
2) 《三國史記》 권 8, 新羅本紀 8, 신문왕 7년.
3) 《三國史記》 권 8, 新羅本紀 8, 신문왕 9년.
4) 《三國史記》 권 9, 新羅本紀 9, 경덕왕 16년.
5) 金哲埈, 〈新羅 貴族勢力의 基盤〉(《人文科學》 7, 延世大, 1962), 282~283쪽.
姜晋哲, 〈新羅의 祿邑에 대하여〉(《李弘稙博士回甲紀念 韓國史學論叢》, 1969), 59쪽.
6) 《新唐書》 권 55, 志 45, 食貨 5.
7) 위와 같음.

구분하고, 녹봉제는 47과등(문무반록)으로 구분하여 당제와는 그 양상이 조금 다르다. 고려에서는 '法唐體宋'이라 한 것과 같이 당제를 바탕으로 송제를 채택한 것이 많다. 송제에서 직전과[8] 녹봉이 이원적으로 지급된 것은 고려의 제도와 비슷하다. 특히 宰臣 이하 岳瀆廟令에 이르기까지 관직을 기준으로 41과등으로 구분한 송의 녹봉제는[9] 문종 30년에 정비된 고려의 녹봉제와 아주 흡사하다. 당의 녹봉제가 관품을 기준으로 18과등으로 구분한 데 비하여 송의 녹봉제는 관품보다 관직에 기준을 두고 41과등으로 구분하였다. 이것은 고려 녹봉제의 문무반록이 관직을 기준으로 47과등으로 정비된 것과 아주 비슷한 것이다. 고려의 관제 가운데 중추원·어사대·삼사 등 송제를 수용한 것이 많은 것과 같이 고려의 녹봉제도 송제를 수용한 것이다.

### (1) 녹봉제의 성립과정

#### 가. 녹읍과 녹봉

후삼국의 혼란기를 극복한 고려는 개국 직후 개국공신·귀순인사·지방성주들에게 특수한 대우방식의 하나로 녹읍을 지급하였다.[10] 이 녹읍은 신라 경덕왕 16년(757)에 부활되어 고려 초에 이르기까지 성행된 것으로 조세·공부·역역 등 경제적 수취를 허용한 일정한 지역을 의미한다.[11] 녹읍에서 수취되는 녹은 넓은 의미에서 國祿이라는 녹봉의 성격도 지니고 있었으나, 이는 국가에서 현물을 지급하는 고려의 일반적인 녹봉제와는 그 성격을 달리하는 것이다.[12] 국초에 녹봉의 성격을 지니는 현물이 지급된 예는[13] 녹읍제의 폐기와 더불어 그 자취를 감추면서 국초의 功役者들에게는 役分田과 例食이 지급되었다.

---

8) 《宋史》 권 172, 職官 12, 職田.
9) 《宋史》 권 171, 職官 11, 俸祿制 上.
10) 旗田巍, 〈高麗時代の王室の莊園－庄·處－〉(《歷史學硏究》 246, 1960).
金哲埈, 앞의 글.
姜晋哲, 앞의 글.
洪承基, 〈高麗初期의 祿邑과 勳田〉(《史叢》 21·22, 1977).
崔貞煥, 〈高麗 祿俸制의 成立過程〉(《大丘史學》 15·16, 1978 ; 《高麗·朝鮮時代 祿俸制 硏究》, 경북대출판부, 1991).
11) 姜晋哲, 위의 글, 68~70쪽. 이에 비하여 洪承基는 제한된 액수의 조세를 거두어 가는 것으로 그쳤다고 좀 다른 주장을 하고 있다(위의 글, 162·172쪽).
12) 崔貞煥, 앞의 책, 14~17쪽.
13) 《高麗史》 권 2, 世家 2, 태조 17년 5월 을사·태조 18년 10월.

나. 역분전과 예식

국초의 朝臣·軍士들에게는 역분전을 지급하였고, 또한 공역자들에게는 例食으로 일정액의 미곡을 사급하였다. 태조 23년(940)에 처음으로 제정된 역분전의 지급기준은 官階를 논하지 않고 개인의 性行의 선악과 공로의 대소를 기준으로 전토를 차등있게 지급한 논공행상적인 것이었다.[14] 예식의 급여는 후삼국 통일을 즈음하여 시행되어 오다가 광종 즉위년(950)에 이르러 개정되었다.[15] 광종 즉위년에 제정된 예식은 국초의 공역자들을 4役者(25석), 3役者(20석), 2役者(15석), 1役者(12석)로 4등급하여 미곡을 사급한 것으로 녹봉의 성격을 지닌 특수한 대우 방법이었다. 이 예식과 役分田의 지급은 이원적인 방법으로 관료들의 생활을 보장한 첫 시도라 할 수 있다. 그러나 이 예식은 역분전과 마찬가지로 논공행상적인 범주를 벗어나지 못한 것으로 고려의 일반적인 녹봉제가 실시되는 후대까지 존속하였다.[16] 따라서 예식은 고려의 일반적인 녹봉제와는 그 성격을 달리하는 특수한 대우방법이라 해야 할 것이다.

例食의 급여와 더불어 광종조에는 또 다른 대우방법이 나타났다. 광종 16년(965) 內議令 徐弼에게 예식과는 다른 녹봉이 지급되고 있다.[17] 이것은 고려적인 녹봉제로서는 처음 보이는 기록으로 고려 녹봉제의 효시라 할 수 있다. 그러나 성종 원년(982)에 내사문하성의 관제가 정비되면서 내의령이 없어지므로 이것 역시 고려에서 관행된 일반적인 녹봉제라고는 할 수 없다. 따라서 고려적인 중앙집권체제가 정비되기 시작하는 성종대 이전의 녹봉 급여는 관제가 정비된 이후에 官階와 官職이 기준이 되어 실시된 고려의 일반적인 녹봉제와는 차이가 있는 것이다. 즉 고려의 녹봉제는 고려적인 관세의 정비와 그 녹봉의 재원이 되는 토지제도의 정비를 통해서 성립될 수 있었던 것이다.

다. 전시과와 녹봉제의 성립

전시과와 녹봉제의 정비는 관료들에 대한 대우제도가 이원적으로 정비된 것을 의미한다. 고려 전기 토지제도의 중심을 이룬 것은 전시과이며 전시과

14) 《高麗史節要》 권 1, 태조 23년 12월.
15) 《高麗史》 권 2, 世家 2, 광종 즉위년 추8월.
16) 《高麗史》 권 80, 志 34, 食貨 3, 賑恤.
17) 《高麗史節要》 권 2, 광종 16년 추7월.

가 처음으로 정비된 것은 경종 원년(976)이다. 광종 때 역분전을 받은 공신세력이 많이 물러나고, 4색공복의 제정을 비롯하여 새로운 질서체계가 갖추어지면서, 이를 토대로 하여 경종 원년에 始定田柴科가 제정되었다.

경종 원년의 시정전시과는 4색공복제에 따라 4계 8층으로 나누어 응분의 전토와 시지를 지급하는 토지 분급규정이다.[18] 그러나 여기에는 구체적인 관직은 표시되어 있지 않고, 또한 관품의 고하를 막론하고 다만 인품의 우열에 따라 田·柴를 분급한 것이라 하지만, 실제로는 관품과 인품을 병용한 급전제였다.[19] 급전의 기준을 功役에 두었던 역분전 지급의 초기적인 관례를 탈피하고 관품이라는 새로운 기준을 채택한 것은, 고려 관료조직의 체계가 점점 자리잡아 가고 있음을 의미하는 것으로, 관제 발달면에서 새로운 진전이라 할 수 있다.

경종 원년의 시정전시과가 실시된 이후 성종조에 이르러서 중앙집권체제가 확립되기 시작함에 따라 모든 관료가 관직에 복무하는 대가로 지급받게 되는 녹봉은 관제가 정비되기 이전에 지급되었던 녹제와는 구별되어야 한다. 고려의 중앙관제는 성종 원년과 2년에 갖추어지기 시작하여 성종 14년에 대폭적인 개편이 이루어졌다.

성종 15년(996)에 內史令 徐熙에게 致仕祿이 지급되었는데,[20] 치사록은 70세가 되어 정년 퇴임하는 3품관 이상에게 지급되는 녹봉이다. 이로 보아 녹봉은 관직에 복무하는 대가로서만이 아니라 퇴관 후의 생활보장과도 관계가 있는 것이고, 또한 그것은 서희가 치사록을 받기 이전에 역임했던 내사령직에 대한 녹봉으로 지급되었음을 알 수 있다. 이렇게 보면 성종 이전의 녹읍과 녹봉, 역분전과 예식은 국초의 공역자들에게 특수한 대우 방법으로 지급된 것으로, 고려적인 관제 정비의 바탕 위에 지급된 녹봉제와는 차이가 있다.

또한 광종 16년에 내의령 서필에게 녹봉이 지급된 것이 고려적인 녹봉제의 효시라 할 수 있겠지만, 하나의 제도로서 정착된 것은 아니었다.

성종 14년(995)에 이루어진 관제개편은 그 후 3년이 지난 목종 원년(998)에

---

18)《高麗史》권 78, 志 32, 食貨 1, 田柴科.
19) 姜晋哲, 〈田柴科體制下의 土地制度〉(《한국사》5, 국사편찬위원회, 1975), 135쪽.
20)《高麗史》권 94, 列傳 7, 徐熙.

개정되어 改定田柴科에 그대로 반영되었다.[21] 이 개정전시과는 앞서 경종 원년의 시정전시과와는 달리 전체 전시 수급대상자를 제1과부터 제18과에 이르기까지 오로지 관직과 위계의 고하를 기준으로 삼았다. 예를 들면 같은 정3품 가운데서도 6상서는 4과로, 상장군은 5과로 구분되어 같은 품계라도 관직에 따라 차등이 있었다. 그러나 품계가 전혀 고려되지 않은 것은 아니었다. 이와 같이 성종대의 관제정비 바탕 위에 관품과 관직을 기준으로 한 전시과와 녹봉제가 시행되었을 것으로 믿어지지만 녹봉 지급면에서는 그와 같은 구체적인 예는 찾아 볼 수 없다.

현종 원년(1010)에 거란의 침입을 받아 증가된 군수조달로 백관의 녹봉이 부족하게 되자 京軍의 영업전을 탈취하여 녹봉에 충당함으로써 무관들로부터 자못 불평을 사게 된 일이 발생했다.[22] 이렇듯 현종대에는 녹봉 급여를 둘러싸고 분쟁이 야기될 정도로 관료들의 녹봉에 대한 요구는 더욱 가중되어 갔다. 현종 15년에 문하시랑평장사로 죽은 崔沆은 "달 수를 계산하여 녹봉을 청하였다(計月請俸)"고 하였는데,[23] 이로 미루어 보면 최항이 받아야 할 녹액도 당연히 정해져 있었을 것이 분명하지만, 그 구체적인 녹액규정은 알 수가 없다. 구체적인 녹액규정에 따라 실시된 녹봉제는 덕종 원년(1032)에 제정된 외관록인 東京官祿에서 비로소 찾아 볼 수 있다.

덕종 원년 7월에 정한 동경관록에는 留守(250석), 判官(130석), 司錄(70석), 掌書記(60석), 法曹(30석) 등 외관에 대한 구체적인 녹봉 액수가 정해져 있다.[24] 이 동경관록은 고려 녹봉제의 외관록에 관한 기사로서는 처음 보이는 기록이며, 또한 구체적인 녹액을 규정한 것으로도 최초의 것이다. 이 덕종 원년에 정한 동경관록과 문종 때 정비되었다고 하는 3京 留守官의 녹봉을 비교 고찰해 보기 위해 《高麗史》 백관지·지리지·식화지의 3경에 관한 기록을 종합하여 정리하면 〈표 1〉과 같다.

〈표 1〉에서 먼저 의문이 제기되는 것은, 3경의 유수관 설치 과정에서 대조 이래 보다 중요시하여 왔던 서경이 동경보다 늦게 설치되었다는 점이다. 이에

21) 李基白, 〈貴族的 政治機構의 成立〉(《한국사》 5, 국사편찬위원회, 1975), 35쪽.
22) 《高麗史》 권 94, 列傳 7, 皇甫俞義.
23) 《高麗史節要》 권 3, 현종 15년 6월.
24) 《高麗史》 권 80, 志 34, 食貨 3, 祿俸 外官祿.

〈표 1〉 3京의 留守官 설치와 녹봉(德宗~文宗)

| | 留守官 設置 | 留守官 祿整備 | 祿 | | | | | | | 俸 | | | | |
|---|---|---|---|---|---|---|---|---|---|---|---|---|---|---|
| | | | 3品이상 | | 4品이상 | | 6品이상 | | | | 7品이상 | | 8品이상 | |
| 西京 | 成宗 14년 | 文宗朝 | 知西京留守事 | 270석 | 副留守 | 200석 | 判官 | 86석 10두 | 司錄 | 46석 10두 | 掌書記 | 40석 | 法曹 | 20석 |
| 東京 | 成宗 6년 | 德宗 원년 | 留 守 | 250석 | | | 判官 | 130석 | 司錄 | 70석 | 掌書記 | 60석 | 法曹 | 30석 |
| | | 文宗朝 | 留 守 | 223석 | 副留守 | 66석 10두 | 判官 | 86석 10두 | 司錄 | 46석 10두 | 掌書記 | 40석 | 法曹 | 20석 |
| 南京 | 文宗 21년 | 文宗朝 | 留 守 | 200석 | 副留守 | 120석 | 判官 | 86석 10두 | 司錄 | 46석 10두 | 掌書記 | 40석 | 法曹 | |

* 東京副留守 66석 10두는 166석 10두의 잘못임.

대해서는 성종이 서경을 멀리하고 신라 출신인 崔承老를 그의 정치 고문으로 등용하는 등 친신라적인 정책의 결과 때문이라고 풀이하기도 한다.[25] 그러나 외관록제 실시에서 동경이 서경보다 40년이나 앞서 실시되고, 또한 중앙관록보다 동경관록이 먼저 정비된 것처럼 기록된《高麗史》의 기사는 그것만으로 일단의 의문을 풀 수 없게 한다. 다음으로 덕종 원년에 정한 동경관록과 문종 때 정한 동경관록을 비교해 보면, 그 녹액면에서 상당히 감소 조정되고 있다. 이것은 덕종 원년에 정한 동경관록이 그 후 문종 때 이르러 다시 조정된 것을 의미한다. 그리고 덕종 원년의 동경관록에서 외관의 구체적인 녹봉이 나타나고 있는데 비하여 중앙 문무반의 녹액규정이 보이지 않는 것은 기록상의 누락임이 분명하다.

외관록인 동경관록이 정해진 시기와 비슷한 덕종 원년 정월에 좌복야 異膺甫와 우복야 金如琢이 각각 司徒와 司空을 加授하여 그 반차를 참지정사 아래 중추원사 위에 있게 하고, 아울러 그에 따른 녹봉도 더 지급하도록 하였다.[26] 여기서 '並加祿俸'이라 했을 경우 좌·우복야에 대한 구체적인 녹액규정이 정해져 있었음을 전제로 하여 아울러 지급할 수 있는 것이다. 이렇게 보면 문무반록을 비롯한 녹제 전반에 걸쳐 구체적인 녹액규정이 정해져 있었던 것이 분명해진다. 그러나《高麗史》식화지 녹봉조에는 문무 반록을 비롯한 대부분의 녹제가 문종 30년(1076)에 정비된 것으로 되어 있다. 이것은 녹봉조의 기록이

25) 河炫綱,〈高麗 西京考〉(《歷史學報》35·36, 1976), 159쪽.
26)《高麗史》권 5, 世家 5, 덕종 원년 정월.

잘못이거나 누락임이 분명하다. 이러한 사실을 더욱 확신시켜 주는 것으로 덕종조를 지나 靖宗 2년(1036) 2월에 백관에게 祿牌를 賜給한 기록이 나타나고 있다.[27] 녹패는 녹봉을 받을 수 있는 증서로서 구체적인 녹액이 규정되어 있었을 것이다.

문종 30년은 성종 이래 개편을 보게 된 관제가 정비되고, 경종 원년의 시정전시과 이래 고려의 토지제도로서는 완성을 뜻하는 갱정전시과의 정비 등 고려의 통치조직이 일단 매듭짓는 중요한 시기였다. 이 때를 당하여《高麗史》식화지 녹봉조에는 외관록을 제외한 대부분의 녹봉제가 문종 30년에 정비된 것으로 나타나고 있다.

녹봉은 관료가 국가에 봉사하는 데 대한 급부로서 지급한 것으로 녹봉제의 정비는 곧 관료체제의 완성을 뜻한다. 녹봉제의 정비는 토지제도의 정비와 병행하는 것으로서 녹봉의 재원이 될 토지를 비롯한 조세 수입을 확보할 때 가능하다고 할 수 있다. 고려의 토지제도로서 완성을 뜻하는 갱정전시과와 녹봉제의 정비가 문종 30년에 동시에 이루어진 것은 정비작업이 각각 단계적으로 추진되어 왔기 때문이라 여겨진다.

### (2) 녹봉제의 정비와 운영 및 그 성격

#### 가. 녹봉제의 정비

고려의 녹봉제는 문종 30년(1076)에 정비되었다.[28] 이 때 정비된 녹봉의 항목을 정리해 보면 ①妃主祿, ②宗室祿, ③文武班祿, ④權務官祿, ⑤東宮官祿, ⑥西京官祿, ⑦外官祿, ⑧雜別賜, ⑨諸衙門工匠別賜의 9개이다(〈표 2〉).

문종 30년에 9개 항목으로 정비된 녹봉제는 그 뒤 예종 16년(1121)에 州鎭將相將校祿이 추가 정비되고, 인종조에 이르러 녹제의 전면적인 개정이 이루어졌다. 仁宗 更定祿制는 문종 이후 관제개편에 따른 후속 조처와 겸직제로 인한 관직운영의 변화 등 녹제 자체 개편의 필요성이 작용하여 개정된 것으로, 고려

27)《高麗史節要》권 4, 정종 2년 2월.

28) 李熙德, 〈高麗 祿俸制의 研究〉(《李弘稙博士回甲紀念 韓國史學論叢》, 신구문화사, 1969).
崔貞煥, 〈高麗 祿俸制의 運營實態와 그 性格〉(《慶北史學》 2, 1980 ; 앞의 책).

〈표〉 문종 30년의 녹제 정비

| 項目 | 最高俸 | 受祿者 | 最下俸 | 受祿者 | 科等 |
|---|---|---|---|---|---|
| ① 妃主祿 | 233石 5斗 | 諸院主 | 200石 | 貴·淑妃·諸公主·宮主 | 2 |
| ② 宗室祿 | 460石 10斗 | 公 | 220石 | 司空 | 6 |
| ③ 文武班祿 | 400石 | 中書令·尙書令·門下侍中 | 10石 | 國學學正 등 26 | 47 |
| ④ 權務官祿 | 60石 | 五部·八關寶·內莊宅使 | 6石 | 勾覆院重監 | 10 |
| ⑤ 東宮官祿 | 300石 | 賓客詹事 | 4石 | 藥藏郞 藥藏丞 | 13 |
| ⑥ 西京官祿 | 246石 10斗 | 兵部尙書·戶部尙書 | 8石 | 良醞雜材丞 | 19 |
| (西京權務官祿) | 40石 | 五部·禮儀·營作院使 등 5 | 8石 10斗 | 正設院 判官 등 12 | 6 |
| ⑦ 外官祿 | 270石 | 知西京留守事 | 13石 5斗 | 開城法曹 | 16 |
| ⑧ 雜別賜 | | | | | |
| (1年以上出仕) | 50石 | 國大夫人 | 稻 10石 | 同 1科計史 | 10 |
| (300日以上出仕) | 12石 | 內侍散職員 등 4 | 2石 10斗 | 臺 2科試知班 등 2 | 11 |
| (180日以上出仕) | 1科 10石<br>2科 8石 | 御茶房員吏 등 4 | 1科 6石<br>2科 4石 | 內承旨 供善 | 2 |
| ⑨ 諸衙門工匠別賜<br>(300日以上出役) | 軍器監·中尙署·掌冶署·都校署·尙衣局·雜職署·掖庭局·尙乘局·大僕寺·內弓箭庫·大樂管絃房 등의 11官署에 소속된 工匠들이 300일 이상 出役하여 別賜祿을 받았던 것인데 각 官署에 따라 각각 수개의 科等을 설정하고 있다. | | | | |

녹봉제로서는 최종적으로 완비된 것이다(〈표 3〉).

인종 갱정록제의 개편 가운데 문종 녹제에 비해 가장 현저한 변화는 문무반록과 외관록 및 권무관록이고, 그 다음 妃主祿에 약간의 변동이 있었다. 서경관록·잡별사·제아문공장별사에 관한 개편 기록은 보이지 않고 치사록이 새로

〈표 3〉 仁宗 更定祿俸表

| 項目 | 最高俸 | 受祿者 | 最下俸 | 受祿者 | 科等 |
|---|---|---|---|---|---|
| ① 妃主祿 | 300石 | 王妃 | 200石 | 貴·淑妃·諸公主·宮主 | 2 |
| ② 宗室祿 | 600石 | 國公 | 220石 | 諸守司空 | 5 |
| ③ 文武班祿 | 400石 | 門下侍中 中書令 | 10石 | 秘書正字 등 29 | 28 |
| ④ 權務官祿 | 60石 | 五部使 등 4 | 8石 10斗 | 秘書校勘 등 23 | 9 |
| ⑤ 東宮官祿 | 46石 10斗 | 詹事府丞 | 4石 | 藥藏郞 藥藏丞 | 11 |
| ⑥ 致仕官祿 | 300石 | 門下侍中 中書令 | 160石 10斗 | 試尙書 등 13 | 6 |
| ⑦ 外官祿 | 200石 | 西京留守 | 13石 5斗 | 開城府法曹 등 8 | 14 |

이 증설되었다. 여기서 서경관록은 좀 다른 시각에서 고찰할 필요가 있고, 잡별사·제아문공장별사와 앞서 말한 주진장상장교록에 관한 개편 기록이 보이지 않는 것은 별 변동없이 종전대로 습용되었기 때문이라 여겨진다. 그리고 예종 16년에 추가로 정비된 ⑩주진장상장교록과 인종 때 새로이 증설된 ⑪치사관록을 합하면 고려 녹봉제는 모두 11개 항목으로 완비된 셈이다.

①妃主祿 : 문종 30년에 정비된 비주록과 인종 때 개정된 비주록을 비교하여 정리해 보면 다음과 같다.

| 문 종 록 제 | 234石 5斗 諸院主 | 200石 貴·淑妃·諸公主·宮主 |
|---|---|---|
| 인종 개정록제 | 300石 王妃 | 200石 貴·淑妃·諸公主·宮主 |

즉 인종 개정록제에서 왕비가 추가된 대신에 제원주가 제외되었고, 200석의 귀·숙비, 제공주, 궁주는 변함이 없다. 그리고 이러한 녹봉과 아울러 宮院의 莊·處田이 그들의 재정기반과 관련이 있었을 것으로 여겨진다.

②宗室祿 : 문종 30년에 정비된 종실록은 종실들의 封爵의 높고 낮음에 따라 6과등으로 구분하여 녹봉을 지급하였다. 즉 460석 10두(公), 400석(侯), 350석(尙書令), 300석(守太尉侯), 240석(守司徒·司空伯), 220석(司空)으로 6과등을 이루고 있다. 종실에게 田柴를 지급한 기록은 보이지 않으나, 후기 口分田의 지급 규정에는 1과에,[29] 여말 선초의 科田法에는 在內大君 1과, 在內諸君 2과로[30] 나타나 있어 종실에게 토지가 지급된 것으로 여겨진다. 그리고 종실에게는 또한 食邑도 지급되었다.[31]

문종 30년에 정한 종실록과 인종 개정록제의 종실록을 비교하여 정리하면 다음과 같다.

| 문종 | 460石 10斗 公, 400石 侯, 350石 尙書令, 300石 守大尉侯, 240石 守司徒·司空 伯, 220石 司空 |
|---|---|
| 인종 | 600石 國公, 350石 諸公 尙書令, 300石 諸侯, 240石 諸伯, 220石 諸守司空 |

29) 《高麗史》 권 78, 志 32, 食貨 1, 田制 祿科田 신우 14년 7월 趙浚 上書.
30) 《高麗史》 권 78, 志 32, 食貨 1, 田制 祿科田 공양왕 3년 5월 都評議使司 上書.
31) 河炫綱, 〈高麗 食邑考〉(《歷史學報》 26, 1965).

문종 30년에 6과등으로 정비된 종실록은 인종 녹제에서 5과등으로 축소되었고, 문종 녹제에 없었던 國公이 새로 등장하여 고려 녹봉제에서는 최고록인 600석을 받고 있다. 상서령은 문종 녹제의 문무반록에서는 400석, 종실록에는 350석으로 기록되어 있다. 그러나 인종 갱정록제에서는 종실록에만 350석으로 나타나 있어 상서령은 이 때 이르러 일반인에게는 제수하지 않고, 종친에게만 수여한 것으로, 봉작을 대신한 대우직으로 이용되었다.[32] 그러나 후대 충렬왕 24년에 충선왕이 즉위하여 관제를 개편할 때 종실의 大君과 院君은 정1품, 諸君은 종1품으로 하고, 종친으로 封君된 자는 政丞보다 위계가 높았으며 異姓諸君을 종1품으로 개혁한 바 있었다.[33] 후대에 상서령을 종친에게 수여하여 대우하는 제도는 없어지고, 종실봉군과 이성봉군을 포함한 봉군록과를 제정하여 대체로 종실봉군과 侍中을 지낸 諸封伯은 현관 재추와 같은 녹과를 받고, 이성제군은 현관 재추에 비해 1과 강등한 녹과를 받다가 同科로 되는 등 일정하지 않았다.[34]

③文武班祿 : 문무반록은 녹제 가운데 가장 중심을 이루는 것으로, 문종 30

〈표 4〉 고려 3品官 이상 중요 관직의 田柴科의 祿俸(文宗朝 기준)

| | 中書門下省 | 尙書省 | 三　司 | 中樞院 | 尙書 6部 | 御史臺 |
|---|---|---|---|---|---|---|
| 正 1 品 | 3師(大師, 大傅, 大保)·3公(太尉, 司徒, 司空) | | | | | |
| 從 1 品 | 中書令 1<br>門下侍中 1 | 尙書令 1 | 判事 1(宰臣兼之) | | 判事 2(宰臣兼之) | |
| 正 2 品 | 門下侍郞平章事 1<br>門下平章事 1<br>中書侍郞平章事 1<br>中書平章事 1 | 左僕射 1<br>右僕射 1 | | | | |
| 從 2 品 | 參知政事 1<br>政堂文學 1<br>知門下省事 1 | 知省事 1 | | 判院事 1<br>院使 2<br>知院事 2<br>同知院事 1 | | |

32) 邊太燮, 〈高麗宰相考〉(《歷史學報》 35·36, 1967 ; 《高麗政治制度史硏究》, 一潮閣, 1971), 69쪽에서 상서령은 종친에게만 수여되는 명예직이라 하였다. 그러나 350석의 녹봉이 주어졌다면 단순한 명예직에 불과한 것으로만 볼 수 없고, 종친에게 봉작 대신에 상서령을 除授하여 대우직으로 이용한 것으로 보아야 할 것이다.

33) 《高麗史》 권 77, 志 31, 百官 2, 宗室諸君.

34) 《高麗史》 권 80, 志 34, 食貨 3, 祿俸.

| | | | | | | |
|---|---|---|---|---|---|---|
| 正 3 品 | 左常侍 1<br>右常侍 1 | | 使 2 | 副使 2<br>簽書院事 1<br>直學士 1 | 尙書(各1) | 判事 1<br>御史大夫 1 |
| 從 3 品 | 直門下 1 | 左丞 1<br>右丞 1 | | | 知部事(各1)<br>(他官兼之) | |

更定田柴科(文宗 30年)

| 科 | 田(結) | 柴(結) | 受　田　者 |
|---|---|---|---|
| 1 | 100 | 50 | 中書令, 尙書令, 門下侍中 |
| 2 | 90 | 45 | 門下侍郞, 中書侍郞 |
| 3 | 85 | 40 | 參知政事, 左・右僕射, 上將軍 |
| 4 | 80 | 35 | 六尙書, 御史大夫, 左・右常侍, 太子詹事, 太子賓客, 大將軍 |
| 5 | 75 | 30 | 七寺卿, 秘書監, 殿中監, 國子祭酒, 尙書左・右丞, 司天監, 太子少詹事, 諸衛將軍, 右少詹事 |

祿　俸(文武班祿, 文宗 30年)

| 科 | 祿額(石, 斗) | | 受　祿　者 |
|---|---|---|---|
| 1 | 400 | | 中書令, 尙書令, 門下街中 |
| 2 | 366 | 10 | 中書侍郞, 門下侍郞 |
| 3 | 353 | 5 | 諸殿大學士, 參知政事, 中樞院使, 同知院事 |
| 4 | 333 | 5 | 左・右僕射 |
| 5 | 300 | | 六部尙書, 左・右常侍, 御史大夫, 中樞院副使, 簽書院事, 翰林學士承旨, 三司使 ,中樞院直學士, 判閣門事, 上將軍 |
| 6 | 280 | | 試六尙書, 試左・右常侍 |
| 7 | 246 | 10 | 判禮賓・衛尉・大府・司宰・大僕事 |
| 8 | 233 | 5 | 六卿・秘書・殿中監, 尙書左・右丞, 國子祭酒, 判將作・小府事, 大將軍 |
| 9 | 213 | 5 | 試六卿・秘書 殿中監, 尙書左・右丞, 國子祭酒 |
| 10 | 200 | | 直門下・判司天・大醫事, 吏部諸曹侍郞, 御史中丞, 將軍 |

년의 규정에 의하면 제1과 400석을 받는 중서령・상서령・문하시중에서 제47과 10석을 받는 國學學正・國學學錄・都染丞 등에 이르기까지 47과등을 이루고 있다. 고려의 문무관리들은 녹과의 각 과등에 따라 응분의 녹봉을 받고, 또한 18과의 전시 지급규정에 따라 田柴를 받아 이원적인 대우방법으로 그들의 경제적 기반을 마련할 수 있었다.

문무반록은 47과등이란 복잡한 녹과를 이루고 있는데 3품 이상의 중요 관직을 기준으로 하여《高麗史》백관지와 식화지의 전시과 및 녹봉조의 기록을 종합하여 〈표 4〉와 같이 정리할 수 있다.

첫째로 주목되는 것은 2품 이상으로 3師·3公과 중서문하성과 상서성, 그리고 중추원의 4기관에 대한 녹봉이다. 3사·3공은 정1품의 최고직이지만, 실직이 아니므로 전시과나 녹봉 규정에 나타나 있지 않다. 중서령·상서령·문하시중은 문무반록에서 최고록인 400석으로 규정되어 있다. 백관지에 보이는 중서문하성의 문하평장사·중서평장사·정당문학·지문하성사와 상서성의 지성사 그리고 중추원의 판원사·지원사 등의 녹봉은 보이지 않는다.

문하평장사·중서평장사가 전시과와 녹봉 지급규정에 보이지 않고 그 직명도 문하시랑·중서시랑으로 나타나 있는 것은, 문하시랑은 문하시랑평장사를, 중서시랑은 중서시랑평장사를 의미함과 아울러 문하시랑평장사·중서시랑평장사·문하평장사·중서평장사의 4평장사가 동일한 녹봉을 받았기 때문이다.[35] 이러한 평장사 외에 정당문학·지문하성사와 상서성의 지성사, 그리고 중추원의 판원사·지원사 등의 관직명이 녹제나 전시과에 보이지 않는 이유를 단순한 겸직일 경우로 보는 견해가 있는데[36] 고려시대 겸직에는 복잡하고 다양한 겸직의 형태가 있었다. 백관지에 나타나는 관직명 다음에 '宰臣兼之' 또는 '他官兼之'라는 규정과 같이 제도적으로 겸직하기로 되어 있는 일반적인 겸직과 상서성의 지성사와 같이 어떠한 규정이나 아무런 단서가 없이 전시과나 녹과규정에서 빠지고 겸직하는 경우, 실직을 지니고 있으면서 재·추신직을 제수 받는 재·추신직의 겸직과 行頭兼職制 등 복잡하고 다양한 겸직의 형태가 있었다.[37]

정당문학과 지문하성사가 전시과와 녹제에 모두 보이지 않는 것은 이들이 중서문하성의 재신으로 모두 실직을 지니고 있었기 때문이다. 즉 3품관 이상

---

35) 崔貞煥, 〈高麗 中書門下省의 祿俸規定〉(《韓國史硏究》 50·51, 1985 ; 앞의 책, 89~91쪽)에서 공민왕 5년 관제복구 이전에 문하시랑평장사와 중서시랑평장사를 문하평장사·중서평장사로 略稱한 것으로 보아 2평장사가 있었던 것으로 간주하였다.

36) 邊太燮, 앞의 책, 68쪽 및 李基白, 앞의 글, 41쪽에서는 다 같이 단순한 겸직이었을 것으로 보고 있다.

37) 崔貞煥, 앞의 책, 122~140쪽.
　　―――, 〈高麗前期 中樞院 樞臣職의 運營實態〉(《人文科學》 1, 경북대 인문과학연구소, 1985) 58, 83~85쪽.

의 실직을 지니고 있으면서 정당문학・지문하성사를 제수 받아 재신이 된 것으로서 일반적인 겸직제와는 다른 특수한 겸직제의 형태로 운영되었다.[38] 이와는 좀 다르게 중추원의 판원사・지원사가 전시과와 녹제에 보이지 않는 것은 문종 녹제가 실시되었던 기간 동안에는 판원사와 지원사가 상서 6부의 판사(宰臣兼之)와 知部事(他官兼之), 상서성의 知省事, 삼사의 判事(宰臣兼之)와 知司事, 어사대의 判事와 知事 등과 같이 전시과와 녹봉규정이 없이 他官이 겸직하도록 하여 일반적인 겸직제처럼 운영되었기 때문이다. 판원사는 재신급에서 겸하였고, 지원사는 3품관 이상의 실직을 가진 他官이 이를 겸하였다.[39]

문종 녹제 하에서 녹과규정이 없었던 판원사・지원사와는 달리 문무반록에 제3과(353석 5두)로 규정되어 있는 중추원사・동지원사와 제5과(300석)의 중추원부사・첨서원사・직학사는 문종 녹제 하에서 모두 祿官이었지만, 전시과 지급에는 모두 빠져 있다. 이들이 전시과에 모두 빠지고 없는 것은 단순한 기록의 누락이라고는 볼 수 없다. 문종 녹제 하에서 녹봉만 받고 전시의 혜택은 받지 못했던 것은 이들이 모두 실직을 지니고 있었기 때문이 아닌가 한다.[40] 이후 인종 갱정록제에서는 이들 5추신은 그 이전에 지급받던 녹봉마저도 녹과규정에서 빠지고 말았다. 이것은 중추원이 성종 10년(991)에 처음 설치된 이후 헌종 원년(1095)에 樞密院으로 개칭되면서 인종 갱정록제에서는 그들의 녹과가 모두 빠지고 그 실직에 해당하는 녹봉을 받았기 때문이다. 이는 단순히 추밀원으로 명칭만 변한 것이 아니라, 중추원의 관직운영 방법이 제도적으로 변하게 된 것을 의미하는 것이다. 즉 문종 녹제 하에서 판원사・지원사의 2추신은 겸직으로 하고, 중추원사 등 나머지 5추신은 녹관으로 하였으나, 인종 갱정록제 하에서는 7추신 모두 실직을 지니고 그 실직에 해당하는 녹봉을 받으면서 추신직에 제수되는 특수한 겸직제로 운영된 것이다. 이러한 관직운영의 방법은 앞서 말한 재신직에서도 마찬가지였다. 재신직에도 참지정사 이상은 祿官으로 하고, 정당문학・지문하성사는 녹관이 아닌 그 실직에 해당하는 녹봉을 받도록 하였다.

둘째로 주목되는 것은 품계와 녹봉의 등급이 반드시 일치하지 않다는 점

38) 崔貞煥, 위의 책, 127~132쪽.
39) 崔貞煥, 앞의 글(1985), 58~67쪽.
40) 崔貞煥, 위의 글, 69~82쪽.

이다. 전시과는 품계를 기준으로 하여 18과등을 이루고 있는데 비하여 녹과는 문무반록의 경우 47과등이라는 복잡한 과등을 이루고 있다. 하위의 품계가 상위 품계보다 녹봉이 많은 경우와, 같은 품계라도 녹과의 차등을 두는 등 전 관직에 걸쳐 복잡하게 품계와 일치하지 않는 다양한 과등을 설정하고 있다. 이것은 녹과를 규정함에 있어 각기 맡은 관직의 직능과 임무의 비중에 역점을 두어 녹과를 정한 고려 녹봉제의 실제성을 잘 나타내 주는 것이다. 예를 들어 상서성의 정2품 좌·우복야의 녹봉(333석 5두)은 종2품 참지정사·중추원사·동지원사(353석 5두)보다 낮다. 이것은 참지정사는 宰臣이고, 중추원사·지원사는 추신이므로 그 직임의 비중이 좌우복야보다 크기 때문이라 하겠다. 전시과 지급면에서도 좌·우복야는 종2품 참지정사보다 하위의 정3품 상장군과 동일한 3과(田 85결, 柴 40결)를 받아 그 대우가 낮았다.

전시과 규정에 빠져 있는 중서문하성의 종3품 직문하의 녹봉 10과(200석)는 같은 종3품인 6경·비서감·전중감·상서좌우승·국자제주·대장군(8과 233석 5두)보다 낮고, 상위의 정3품 판사천사, 같은 품계인 종3품 판대의사, 하위인 정4품 6부시랑, 종4품 어사중승, 정4품 장군(10과 200석) 등과 같은 녹과로 규정되어 있다. 이렇게 상위 품계가 하위 품계보다 녹과가 낮은 경우가 있고, 같은 품계라도 녹과에 차등을 두는 등 품계와 녹과는 서로 일치하지 않았다.

셋째로 녹과는 있으나, 전시과 지급 규정에 없는 관직들이 많이 발견된다. 예를 들어 중추원의 관직들과 중서문하성의 직문하는 전시과에는 보이지 않는다. 중추원의 전 관원이 전시과에 빠져 있고, 또한 판원사·지원사의 녹봉이 보이지 않는 것은 중추원 관직의 겸직 때문이며, 직문하가 전시과의 혜택도 없이 낮은 녹과를 받은 것은 行頭兼職制와 관련된 것이라고 할 수 있다.[41] 문종 30년 갱정전시과의 18과등에 따른 관직수가 232직인데 비하여 문무반록의 47과등에 따른 관직수는 475직으로 되어 있어 더욱 비교 검토하기가 어렵다.

넷째로 주목되는 것은 전시과의 18과등에 나타난 모든 관직명의 대부분이 문무반록 규정에 나타나고 있다는 점이다. 전시과 4과에 해당하는 태자첨사·태자빈객이 동궁관록에 빈객·첨사 300석으로 보이며, 전시과 15과로부

41) 崔貞煥, 앞의 책, 101~105쪽.

터 17과 사이의 吏屬에 해당하는 관직이 잡별사 규정에 소략하게 나타나 있다. 이를 통해서 보면 문종 30년에 9개 항목으로 정비된 녹제 가운데 ③문무반록, ⑤동궁관록, ⑧잡별사, ⑨제아문공장별사를 제외한 ①비주록, ②종실록, ④권무관록, ⑥서경관록, ⑦외관록 등은 전시과 지급 규정에 전혀 보이지 않는다. 따라서 전시과를 지급받는 자의 대부분은 문무반록을 비롯해 동궁관록, 잡별사 등의 녹봉을 받는 셈이다. 하급 이속으로 전시과 15과와 17과 사이에 포함되어 있는 자들은 녹봉이 아닌 잡별사를 받고 있고, ⑨제아문공장별사를 받는 工匠들은 武散階 제6과의 大匠·副匠·雜匠人 등으로 이들은 무산계에 해당하는 전·시를 받고 있다.

다섯째로, 전시과의 지급 규정에 보이지 않는 試職과 攝職이 문무반록에 많이 출현하고 있는 것이 특징이다. 시직과 섭직이 출현하면서 문무반록의 과등이 훨씬 복잡한 양상을 띠게 되는데 시직에 대해서는 후술할 기회가 있으므

〈표 5〉 무반의 祿俸과 田柴 지급규정

| | | | | | |
|---|---|---|---|---|---|
| 文宗祿制 | 上將軍<br>300石<br>(5科) | 大將軍<br>233石 5斗<br>(8科) | 將軍<br>200石<br>(9科) | 中郎將<br>120石<br>(16科) | 郎將<br>86石 10斗<br>(19科) |
| 田·柴(結) | 3科(85.40) | 4科(80.35) | 5科(75.30) | 6科(70.27) | 8科(60.21) |
| 仁宗祿制 | 300石<br>(4科) | 233石 5斗<br>(7科) | 200石<br>(9科) | 120石<br>(13科) | 76石 10斗<br>(16科) |
| | 攝上將軍<br>233石 5斗<br>(7科) | 攝大將軍<br>200石<br>(9科) | 攝將軍<br>120石<br>(13科) | 攝中郎將<br>76石 10斗<br>(16科) | 攝郎將<br>46石 10斗<br>(19科) |
| 武班祿科 | 1科 | 2科 | 3科 | 4科 | 5科 |

| | | | | |
|---|---|---|---|---|
| 文宗祿制 | 別將<br>46石 10斗<br>(28科) | 散員<br>33石 5斗<br>(33科) | 校尉<br>23石 5斗<br>(40科) | 隊正<br>16石 10斗<br>(44科) |
| 田·柴(結) | 11科(45.12) | 12科(40.10) | 13科(35.8) | 14科(30.5) |
| 仁宗祿制 | 46石 10斗<br>(19科) | 33石 5斗<br>(21科) | 23石 5斗<br>(25科) | 16石 10斗<br>(27科) |
| | 攝別將<br>33石 5斗<br>(21科) | 攝散員<br>23石 5斗<br>(25科) | | |
| 武班祿科 | 6科 | 7科 | 8科 | 9科 |

로 여기서는 섭직에 대해서만 살펴보기로 한다. 문반에 시직이 많은데 비해서 섭직은 무반에 많이 설정되고 있는데, 무반의 녹봉과 전시의 수급을 관련시켜 정리하면 〈표 5〉와 같다.

〈표 5〉를 통해 보면 문종 녹제에서 상장군 이하 대정에 이르기까지 무반 正職의 녹봉은 규정되어 있으나, 섭직의 녹봉은 없다. 전시과에도 섭직은 보이지 않는다. 문종 녹제에 없었던 무반의 섭직이 인종 갱정록제에는 섭상장군에서 섭산원에 이르기까지 정연하게 나타나 있다. 교위와 대정에는 섭직의 녹과가 없으며, 무반록만을 기준해서 볼 때 섭직은 정직에 비해 일률적으로 1과 하위의 녹봉을 받고 있다. 이렇게 인종 녹제에서 무반섭직의 녹과가 대거 등장한 것은 무반의 지위 향상과도 관련이 있을 것으로 여겨진다. 문종 녹제에서 무반의 녹과는 상장군 1과(문무반록 5과)로부터 대정 9과(문무반록 19과)에 이르기까지 9과등을 이루고 있는데, 인종 갱정록제에서 郎將이 86석 10두(5과, 문무반록 19과)에서 76석 10두(5과, 문무반록 16과)로 감소된 것을 제외하면 그 녹액

〈표 6〉 仁宗 更定 文武班祿 비교표(3품이상 중요 관직)

| 文宗 | | | | 仁宗 | | | |
|---|---|---|---|---|---|---|---|
| 受祿者 | 科 | 祿俸(石, 科) | | 受祿者 | 科 | 祿俸(石, 科) | |
| 中書令, 尙書令, 門下侍中 | 1 | 400 | | 門下侍中, 中書令 | 1 | 400 | |
| 中書侍郞, 門下侍郞 | 2 | 366 | 10 | 門下平章, 中書平章 | 2 | 366 | 10 |
| 諸殿大學士, 參知政事, 中樞院使, 同知院事 | 3 | 353 | 5 | 參知政事, 左右僕射 | 3 | 333 | 5 |
| 左右僕射 | 4 | 333 | 5 | 六部尙書, 左右常侍, 御史大夫, 判閣門事, 上將軍 | 4 | 300 | |
| 六部尙書, 左右常侍, 御史大夫, 中樞院副使, 簽書院事, 翰林學士承旨, 三司使, 中樞院直學士, 判閣門事, 上將軍 | 5 | 300 | | 判國子監事, 守太尉 | 5 | 250 | |
| 試六尙書, 試左右常侍 | 6 | 280 | | 判五寺三監事, 國子大司成 | 6 | 246 | 10 |
| 判禮賓·衛尉·大府·司宰·大僕事 | 7 | 246 | 10 | 國子祭酒, 秘書·殿中監, 大府·大僕·禮賓·衛尉·司宰卿, 尙書左·右丞, 判少府·將作事, 大將軍, 試六尙書, 試左右常侍, 試御史大夫, 攝上將軍 | 7 | 233 | 5 |
| 六卿, 秘書·殿中監, 尙書左·右丞, 國子祭酒, 判將作·小府事, 大將軍 | 8 | 233 | 10 | 試國子大司成 | 8 | 213 | 5 |
| 試六卿, 試秘書·殿中監, 試尙書左·右丞, 試國子祭酒 | 9 | 213 | 5 | 判大醫·司天事, 諸曹侍郞, 給事中, 中書舍人, 御史中丞, 諸將軍, 試祭酒·五寺卿, 試左右丞, 試秘書·殿中監, 攝大將軍 | 9 | 200 | |
| 直門不, 判司天·大醫事, 吏部諸曹侍郞, 給事中, 中書舍人, 御史中丞, 將軍 | 10 | 200 | | | | | |

이나 과등이 문종 녹제와 완전히 일치한다. 그리고 대정을 중간계층이 취임하는 品外官의 직위로 간주하여 무반과 구별하는 견해가 있으나,[42] 대정은 녹봉과 전시를 받으며 또 同正職體系의 散官이므로 무반으로 간주해야 한다. 품외직이나 중간계층의 吏屬들은 녹봉이 아닌 별사를 받고 있다.

문종 30년에 정비된 문무반록은 인종 때 다시 개편되었다. 그 개편에서 우선 주목되는 것은 녹봉 지급의 과등이 문종 녹제의 47과등에서 28과등으로 축소되었다는 점이다. 최고 400석에서 최하 10석으로 되어 있었던 녹액의 상하한은 변동이 없고, 그 사이 등급이 대폭 축소 조정되었고, 각 과등에 따라 연결된 475직의 관직명 가운데 약 60여 종이 보이지 않으며, 40여 종의 관직이 새로이 등장하고 있다. 이를 비교해 검토하여 정리하면 앞의 〈표 6〉과 같다. 〈표 6〉에서 첫째로 주목되는 것은, 문하시중·중서령은 400석으로 변함이 없으나, 상서령의 녹과가 빠지고 없다. 아마 상서령은 인종 녹제 실시 무렵에 이르러 종친에게 封爵 대신에 수여된 대우직이던 것 같다. 문종 녹제의 중서시랑·문하시랑 대신에 인종 녹제에서는 문하평장·중서평장이 나타나며 원사·동지원사·부사·첨서원사·직학사 등 추신의 녹과가 모두 빠지고 없다. 또 참지정사는 문종 녹제에서 좌우복야보다 상위의 녹봉을 받았는데 인종 갱정록제에서는 동일한 333석 5두로 되어 있다.

둘째로, 문종 녹제에서는 시직이 나타나고 있는데, 주로 문반록제와 동궁관록에 시직이, 서경관록에는 시직과 섭직이 동시에 나타나고 있다. 인종 녹제에는 문무반록에서만도 무려 60여 종의 관직이 도태되고 더 많은 시직과 섭직이 나타나고 있음이 특징이다. 시직에 대해서는 宋制에 「行·守·試請受法」이 있어 高1品은 行, 下1品은 守, 下2品은 시직으로 3등급하여 일정한 녹액(職錢)의 차이를 두고 지급된 예가 있다.[43] 고려의 시직에서는 宋制와 같은 일정한 규정은 찾아볼 수 없으나,[44] 宋制를 참용한 것이 아닌가 한다.

셋째로, 무반록에 대해서는 앞서 살펴본 바와 같이 문종 녹제에 비하여 인종 녹제에서는 녹액의 차이는 큰 변함이 없으며, 많은 섭직이 출현하여 正職

42) 朴龍雲, 《高麗時代史》 上 (一志社, 1985), 287쪽.
43) 《續資治通鑑長編》 권 318, 元豊 4년 10월.
44) 崔貞煥, 앞의 책, 55쪽.

보다는 1등 하위의 녹봉을 받고 있다. 이 무반 섭직은 문반 시직에 대응하는 것이라 생각되기 쉽지만, 서경관록에는 문무반 양자에 걸쳐 섭직을 설정하고 동궁관록에도 섭직이 보이고 있어, 무반 攝職은 반드시 문반 試職에 대응하는 것으로만 볼 수 없다.[45]

④權務官祿 : 권무관은 정직 품관의 실직이 아닌 특정한 임시관서의 실무직에 종사하는 同正職의 散官을 비롯해서 일정한 散階를 지니고 있는 품관을 뜻하며 이들에게 지급된 녹봉이 권무관록이다.[46] 권무직은 품관권무·갑과권무·을과권무·잡권무로 구별되었다. 품관권무는 3품으로부터 7품 이상의 使·副使에 해당하는 권무를 뜻한다. 갑과·을과·병과권무는 과거나 음서를 통해서 문산계나 동정직의 산계 8·9품을 지닌 품관으로서 정직 품관의 실직으로 진출하지 못하고, 특정한 임시관서의 錄事·判官 등의 실무직에 종사하는 권무였다. 잡권무는 과거나 음서와는 관계가 없는 雜類들이 품관으로 진출하기 위해서 受職하는 권무로서, 임시관서의 直·典 등의 실무직에 종사하였다. 따라서 권무직에 대해 지금까지 학계에 일반적으로 알려져 있는 品官과 吏屬 사이에 개재되는 準品官的인 직제였다고 한 견해는[47] 그 논리가 맞지 않는다.

권무관록은 문무반록을 비롯한 정직 품관의 반록규정과 구별이 되었고, 하급 吏屬(雜別賜)이나 工匠(工匠別賜)들에게 지급한 別賜와도 구별하여 문종 30년에 정비되었다. 이 때의 권무관록은 1과(60석) 五部使(4품 이상)·八關寶使(4품 이상)·內庄宅使(3품 이상)로부터 10과(6석) 勾覆院重監에 이르기까지 10과등으로 정비되었다가 인종조에 다시 개정되었다. 인종 때 개정된 권무관록은 1과(60석) 五部·興王都監·八關寶·內庄宅使로부터 9과(8석 10두) 諸陵直 등에 이르기까지 9과등을 이루어 1과등이 줄어들었다. 각 과등에 따라 나타나는 관직명을 문종 녹제와 비교해 볼 때 관직들의 출몰이 심하여 권무직의

45) 李熙德, 앞의 글, 182쪽에서 무반의 섭직을 문반 시직에 대응하는 것으로 보고 있다.

46) 崔貞煥, 〈權務官祿을 통해 본 高麗時代의 權務職〉(《國史館論叢》 26, 국사편찬위원회, 1991).
———, 〈權務職を通じてみた高麗時代の權務職〉(《史林》 75-3, 京都大, 1992).

47) 金光洙, 〈高麗時代의 權務職〉(《韓國史硏究》 30, 1980), 59쪽에서 "권무관이란 임시적인 職務의 뜻으로 品官과 吏屬사이에 개재되는 準品官的인 직제였다"고 하고 朴龍雲, 앞의 책, 107쪽에서도 이 견해를 수용하는 입장을 취하고 있다.

임시적인 성격을 잘 알 수 있다.48)

권무관록은 중앙에서만 아니라 서경에서도 문종 30년에 정비되었다. 중앙의 권무관록은 1과 60석에서 10과 6석에 이르기까지 10과등을 이루고 있는데 비하여, 서경의 권무관록은 1과 40석에서 6과 8석 10두에 이르기까지 6과등을 이루고 있다. 같은 명칭의 관직이라도 녹액 규정에 차이를 두어 중앙과는 상하관계를 이루고 있다. 五部使·勾覆院 등과 같이 중앙의 명칭과 같은 권무직이 있는가 하면 중앙에 보이지 않는 禮儀院使·營作院使 등과 같은 권무직도 있다. 이러한 것은 서경에서 독자적으로 권무직을 설정하여 운영하였음을 의미한다. 문종 30년에 정비된 중앙의 권문관록은 인종 때 다시 갱정되었지만, 서경관록을 비롯한 서경 권무관록에 대한 갱정의 기록은 없다. 이것은 妙淸의 난(인종 13년, 1135) 이후 서경의 기구와 체제가 개편됨으로써 서경관록이 대폭 축소되고 서경 권무관록이 폐지된 때문으로 여겨진다.49)

권무직은 녹봉이 지급되지 않는 산직인 동정직과는50) 달리 특정한 임시관서의 실무직에 職務하여 녹봉을 받는 직제였다. 권무직이 비록 정직 품관의 실직은 아니지만, 특정한 관서의 실무직에 종사하였다는 점에서는 실직의 성격을 지니고 있다. 그러나 권무직은 정직을 받기 위한 중간적 仕路에 위치한 직제였다는 점에서 정직의 품관과는 구별되어 藍衫 또는 藍袖로 불리었다.51) 권무직의 기본적인 성격은 임시직이라는 점에서 정직과는 다르고, 실무직이란 점에서 산직인 동정직과는52) 서로 구별되는 것이다.

---

48) 崔貞煥, 앞의 글(1991), 86~90쪽.

49) 崔貞煥, 위의 글, 92쪽.

50) 《高麗圖經》 권 16, 倉廩.

51) 金光洙, 앞의 글, 50~51쪽.
崔貞煥, 앞의 글(1991), 102쪽.

52) 산직인 동정직에 대해서는, 金光洙, 〈高麗時代의 同正職〉(《歷史敎育》 11·12, 1969), 144쪽에서 문반은 5품, 무반은 4품 이상에 檢校職을 설정하고, 문반 6품 무반 5품 이하에 동정직을 설정하여 상하 일관된 산직체계를 이룬 것으로 보았고, 李成茂, 《朝鮮初期 兩班硏究》(一潮閣, 1981), 139쪽. 朴龍雲, 앞의 책, 104쪽에서는 그 견해를 수용하는 입장을 취하고 있다. 崔貞煥, 앞의 글(1991), 97~100쪽에서 동정직은 정직에 대한 임시직으로 吏職을 포함한 初入仕職을 비롯하여 정직의 품관으로 진출하지 못한 산관들의 受職을 위해 정원 외로 설정하여 문산계 5·6품 이하 9품에 이르기까지 별도의 산직체계를 이루고 있는 것으로 보고 있다.

고려시대 녹제가 정비될 당시에 권무관록은 3품으로부터 9품 이하 잡권무에 이르기까지 문반에 한하여 설정되었다. 그러나 고려 후기에 이르러 무반에도 권무직을 설정하면서, 3품 이하 7품에 해당하는 使·副使의 품관권무는 없어지고, 갑과·을과·병과 및 잡권무는 서반권무와 더불어 권무 9품을 상한으로 고려 말까지 존속했다.[53] 조선 초에 이르러 권무관록은 정규 반록 규정의 科外로 설정되어 세종 20년 녹제 개정 이후 세조 때까지 존속했으나 《經國大典》에는 보이지 않는다. 이는 鮮初로부터 점진적으로 추진되어 온 遞兒職의 정비로 말미암아 麗代 이래의 권무직이 혁파되고 그 기능은 체아직으로 계승된 때문이다.[54]

⑤東宮官祿 : 문종 30년 동궁관록 규정에는 최고 1과 300석(賓客詹事)에서 최하 13과 4석(藥藏郎·藥藏丞)에 이르기까지 13과등을 이루었다. 동궁관속의 田·柴 지급에 관해서는 갱정전시과에 의하면 4과 80결(太子詹事·太子賓客)에서 12과 40결(詹事府司直) 사이에 동궁관속의 직명이 보이고 있어 그들은 녹봉과 아울러 田·柴도 지급받았다. 동궁관록은 인종 때 갱정되어 최고 46석 10두를 받은 詹事府丞으로부터 최하 4석을 받은 약장랑·약장승에 이르기까지 11등급으로, 문종조의 동궁관록 13과등 보다 2과등이 축소되었다. 또한 녹액을 규정한 각 과등에 따라 연결된 관직 수는 더 증가하고 試職과 攝職이 보이고 있는 것이 특징이다. 그리고 문종 녹제에서 최고 300석을 받았던 빈객첨사와 200석을 받았던 小詹事는 인종 녹제에서는 다 같이 20석으로 파격적인 감소를 보이고 있다.

⑥西京官祿 : 국초 태조 이래 중시되어 오던 서경의 관원에 대한 녹봉은 최고 1과 246석 10두(兵部尙書·戶部尙書)로부터 최하 19과 8석(良醞丞·雜材丞)에 이르기까지 모두 19과등으로 정비되었다. 서경의 권무관록은 최고 40석(五部·禮儀·營作院使)에서 최하 8석 10두(正設院判官)에 이르기까지 6과등을 이루고 있다. 서경관속으로서 최고봉인 병·호부상서(246석 10두)는 중앙 문무반록의 7과에 해당하는 정3품관에 비정되며, 서경의 외관장인 知西京留守事(정3품)가 받는 270석과 비교하면 같은 품관이라 볼 때 지서경유수사가 훨

53) 崔貞煥, 위의 글, 105~107쪽.
54) 崔貞煥, 위의 글, 107~108쪽.

씬 많은 녹봉을 받고 있다. 그리고 서경 권무관록을 중앙과 비교하면 중앙 권무관록의 최고액이 60석인데 비하여 서경 권무관의 최고액은 40석으로 권무관에서도 중앙과 서경은 상하관계를 이루고 있다. 문종 30년에 정비된 고려의 녹봉제는 인종 때에 다시 많이 개정되었지만, 서경관록을 비롯한 서경 권무관록이 인종 때 갱정되었다는 기록은 없다. 妙淸의 난(인종 13년, 1135) 이후 서경의 기구와 체제가 크게 개편됨으로써 서경관록은 대폭 축소되고, 서경 권무관록은 폐지된 것으로 보인다.

⑦外官祿 : 문종조에 정비된 외관록은 최고 知西京留守事 270석에서 최하 開城法曹 13석 5두에 이르기까지 모두 16과등을 이루고 있다. 이를 〈표 7〉과 같이 정리해 볼 수 있다.

〈표 7〉에서 주목되는 것은 첫째, 지서경유수사·동경유수사·남경유수·8

〈표 7〉 文宗朝 外官祿

| 祿 俸 | 外 官 名 |
|---|---|
| 270石 | 知西京留守事 |
| 223石 | 東京留守使 |
| 200石 | 西京副留守, 南京留守, 八牧使, 安西大都護使 |
| 120石 | 南京副留守, 八牧副使, 安西大都護副使 |
| 100石 | 蔚州, 禮州, 金州, 梁州, 豊州 등 州防禦使 |
| 86石 10斗 | 開城府使, 東·西·南京·八牧 安西大都護判官 ㉮ 仁·水·原·公·洪·俠·春·東·交·平·谷州使 ㉯ 天安·南原·長興·京山·安東 등 府使 ㉰ 古阜·靈光·靈岩·寶城·昇平 등 郡使 |
| 66石 10斗 | 東京副留守 |
| 46石 10斗 | 東·西·南京司錄, 參軍事,·禮·金·豊 등 州防禦副使 |
| 40石 | 開城府副使, 東·西·南京掌書記, 八牧司錄, 安西大都護司錄 ㉮의 州副使 ㉯의 府副使 ㉰의 郡副使, 蔚·梁州防禦副使, 白嶺鎮將 |
| 33石 5斗 | 禮·金州防禦判官 |
| 30石 5斗 | 蔚·梁州防禦判官 |
| 30石 | 開城府判官 |
| 26石 10斗 | ㉮㉯㉰의 判官 江東, 江西, 中和, 順和, 江華, 固城, 南海, 巨濟, 一善, 管城, 大丘, 義城, 順安, 基陽, 遂安, 甕津, 臨陂, 進禮, 金堤, 富城, 嘉林, 綾城, 耽津, 海陽, 金溝 등 縣令, 白嶺鎮副將 |
| 20石 | 東·西京, 八牧, 安西大都護法曹, 江華, 一善, 管城, 大丘, 義城, 順安, 臨陂, 進禮, 金堤, 富城, 嘉林, 綾城, 耽津, 甕津, 海陽 등 縣尉 |
| 16石 10斗 | 固城縣尉 |
| 13石 5斗 | 開城法曹 |

목사·안서대도호사는 모두 3품관 이상으로 임명하도록 되어 있으나,[55] 받는 녹봉은 지서경유수사가 270석, 동경유수사가 233석이고, 서경부유수·남경유수·8목사 안서대도호사는 각각 200석으로 차이가 있다. 외관록에서도 품계만을 기준하여 녹봉이 지급된 것이 아니라 관직을 중심으로 녹액을 규정하고 있음을 알 수 있다. 留守官의 경우는 지서경유수사가 270석, 동경유수사가 223석, 남경유수가 200석의 순서로 3경 가운데 서경이 항상 상위에 속하고 남경은 하위에 위치하고 있다. 그러나 부유수의 경우는 서경(200석), 남경(120석), 동경(66석 10두)의 순으로 남경과 동경의 순서가 바뀌고 있다. 이것은, 동경 부유수 66석 10두가 166석 10두의 착오로 인정되기 때문에 서경(200석), 동경(166석 10두), 남경(120석)의 순으로 보아야 할 것이다.[56]

둘째, 외관록이 문종조(1047~1083)에 제정된 것이라고 밝히고 있지만, 받아야 할 녹봉의 각 과등에 따라 나타나 있는 군현 관계 기록은 모두 문종 통치기간에 정한 것이 아니라 후대의 사정도 반영되어 있다. 《高麗史》 지리지에 의하면 〈표 7〉의 26석 10두에 해당하는 강동·강서·중화·순화 등 4현은 인종 14년(1136)에 설치한 현이고,[57] 일선·관성·대구·의성·순안·김제·부성·능성현 등은 모두 인종 21년(1143)에 속현으로부터 현령관으로 승격한 고을이다.[58] 그리고 금구현은 의종 24년(1170)에, 기양현은 명종 2년(1172)에 현령관으로 등장한 것으로 되어 있다. 그러나 이러한 현령관들이 문종 때 제정한 외관록에 올라 있는 것은 의문이 아닐 수 없다. 고려의 외관록은 덕종 원년에 정한

55) 《高麗史》 권 77, 志 31, 百官 2, 外職.

56) 김유철, 〈군현제연구의 견지에서 본 고려사 식화지 녹봉조 외관록에 관한 기사의 가치 (1)〉(《력사과학》 3, 1987), 37쪽에서 부유수의 경우 남경과 동경의 순서가 바뀐 것에 대하여 의문을 품고 동경부유수 120석, 남경부유수 66석 10두의 순으로 파악하여 동경부유수의 녹봉을 120석으로 간주하였다. 그렇게 보면 남경부유수의 66석 10두는 남경판관 86석 10두 보다 녹봉이 적었다는 모순에 빠진다. 앞서 〈표 1〉에서 보여주는 바와 같이 동경부유수 66석 10두는 166석 10두의 착오인 것으로 보는 것이 타당할 것이다. 한편 浜中昇, 〈《高麗史》 食貨志 外官祿條の批判〉(《朝鮮歷史論集》 上, 龍溪書舍, 1979), 458쪽에서 동경부유수의 녹봉 66석 10두는 166석 10두의 誤記인 것으로 보고 있다.

57) 《高麗史》 권 58, 志 20, 地理 3, 西京留守官 平壤府.

58) 위에 열거한 고을들은 《高麗史》 地理志에 모두 인종 21년(1143)에 현령관으로 승격한 것으로 되어 있고, 부성현만이 인종 22년(1144)에 승격된 것으로 되어 있다. 그러나 《世宗實錄》 권 149, 地理志, 忠淸道 瑞山郡에 부성이 현령관으로 된 해를 '仁宗 21년 癸亥'라고 밝히고 있어 이것이 더 신빙성이 있다.

동경관록에 이어 문종 때 크게 정비되고, 인종 때 갱정되었다. 그런데 인종 14년(1136)과 인종 21년에 현령관으로 승격한 고을들이 문종 때 정한 외관록에 올라 있다. 이것도 의문이지만, 의종 24년과 명종 2년에 현령관으로 등장한 금구현과 기양현은 응당 인종 갱정외관록에 올라 있어야 정상이라고 할 수 있다. 이것은《高麗史》지리지와 식화지 녹봉조 가운데 어느 한쪽이 착오가 있다는 것을 말해 주고 있는 것이다. 어느 쪽이 옳다고 단적으로 결론을 내리기는 힘들지만 외관록의 녹액규정 자체는 문종 때 정해졌고, 군현 관계 자료들은 인종대(1143) 이후 의종(1170)·명종대(1172)의 사실까지도 반영하고 있는 것이다.[59)]

셋째로, 〈표 7〉의 외관록에 나타나 있는 군현 관계 자료가《高麗史》지리지에 기록된 문종 당시의 군현의 명칭과는 서로 다르게 나타나고 있다. 안서대도호부는 지리지에 안서도호부로, 仁州는 邵城縣, 長興府는 定安縣, 一善縣은 善州, 義城縣은 義城府, 順安縣은 剛州, 基陽縣은 甫州로 각각 다르게 나타나고 있다. 이에 대해서는 하나 하나 구체적인 검토가 필요하겠지만, 주목되는 것은 기양현이다.《高麗史》지리지에 의하면 기양현은 명종 때에 현령관으로 되었고, 신종 7년(1204)에 知甫州事로 승격된 고을이다. 그리고 〈표 7〉의 ㉯에 보이는 南原府는 지리지에 의하면 태조 23년 이래 줄곧 府로 칭해왔으나, 명종 15년(1185)에 南原郡으로 일컬은 용례가 보인다.[60)] 이로 보면 〈표 7〉에서 문종 때 정한 것으로 외관록에 올라 있는 군현 관계 자료는 명종 2년 내지 최소한 명종 15년 이전의 군현 관계 사실을 반영하고 있다.

넷째로, 〈표 7〉에 올라 있는 외관은 모두 3京·1大都護府·8牧·16州·6府·5郡·1鎭·25縣으로 구성되어 있는데, 이러한 지방행정 단위에서는 지방관의 독자적인 행정이 행해지고 있었으리라 생각된다.[61)] 물론 〈표 7〉에서 누

---

59) 浜中昇, 앞의 글, 455쪽에서 위에 열거한 모든 군현들은 문종대에는 모두 屬邑이었고, 명종 2년부터 명종 15년까지의 군현관계 사실들이 녹봉조에 반영된 것으로 보고 있다. 김유철, 앞의 글, 35~36쪽에서는 위에 열거한 군현 가운데 의종 24년에 현령관으로 등장한 금구현과 명종 2년에 등장한 기양현에 관한 기록은 의문에 붙이고, 나머지 고을들은 문종(1076년?) 때로부터 인종 21년경까지의 사실을 반영한 것으로 보고 있다.

60)《高麗史》권 84, 志 38, 刑法 1, 殺傷.

61) 邊太燮, 앞의 책, 134쪽.
河炫綱, 〈地方勢力과 中央統制〉(《한국사》5, 국사편찬위원회, 1983), 69쪽.

락된 지방도 있다. 예를 들면 樹州[62]와 密城郡은[63] 《高麗史》 지리지와 《世宗實錄地理志》, 《新增東國輿地勝覽》 등 각종 지리지에 의하면 분명히 知州郡事가 파견된 고을이었으나, 〈표 7〉의 문종 때 제정한 외관록에는 보이지 않는다.

고려의 지방제도는 성종 2년에 12목을 설치하면서부터 여러 차례 개편되어 현종 9년에 완비되었다. 3京・4都護・8牧・56知州郡事・28鎭將・20縣令을 설치하여 고려 일대의 지방제도의 기본체제가 갖추어졌던 것인데, 이러한 사실과 〈표 7〉에 3경・1대도호부・8목・16주・6부・5군・1진・25현령으로 나타나 있는 것과는 상당한 대조를 이루고 있다. 이에 대한 구명은 고려 지방제도의 실태를 옳게 파악하는 데 많은 도움을 줄 수 있으리라 생각된다.

문종 때 제정된 외관록은 그 후 인종 때 다시 갱정되었다. 문종조의 외관록에서 최고직인 지서경유수사 270석으로부터 최하 13석 5두에 이르기까지 16과등을 이루고 있었다. 이에 비하여 인종 갱정외관록에서는 최고의 외관록을 받은 서경유수가 200석으로 전보다 70석이나 줄어들고, 최하 13석 5두는 변동이 없으나 녹과는 16과등에서 14과등으로 2등급이 축소되었다. 이를 〈표 8〉과 같이 정리해 볼 수 있다.

먼저, 3경에 대해서 보면 문종 때 제정된 외관록의 순서는 지서경유수사(270석), 동경유수사(223석), 남경유수(200석)로 나타나는데, 인종 때 갱정된 외관

〈표 8〉 仁宗朝 更定外官祿

| 祿 俸 | 地 名 | 外官職名 | 祿 俸 | 地 名 | 外官職名 |
|---|---|---|---|---|---|
| 200石 | 西京 | 留守 | | 巨濟 등 | |
| 166石10斗 | 東・南京 | 留守 | 26石10斗 | ㉣와 谷・平・春・東・交・水・仁・原・洪・公・俠・昇州 등 | 州判官 |
| 120石 | 安西・安北 | 大都護 | | | |
| | | 副使 | | | |
| | 安邊・安南 | 小都護使 | | 昇天, 天安, 長興, 安東, 京山, 開城 등 | 府判官 |
| | 八牧 | 副使 | | | |

62) 樹州는 현종 9년(1018)부터 오랫동안 知州事 단위로 있다가 의종 4년(1150)에 안남도호부로 개편되었다(《高麗史》 권 56, 志 10, 地理 1, 陽廣道 南京留守官 安南都護府 樹州).

63) 密城郡은 현종 9년(1018)에 知郡事로 된 후 충렬왕 원년(1275)까지 변동이 없었던 것으로 되어 있다가 일시 歸化部曲으로 강등되었다(《高麗史》 권 57, 志 11, 地理 2, 慶尙道 梁州 密城郡).

| | | |
|---|---|---|
| 86石10斗 | 東·西·南京 | 判官 |
| | 安邊·安南 | 都護副使 |
| | 安北·安西 | 都護判官 |
| | 八牧 | 判官 |
| | 諸知州府郡事 | 知事 |
| 60石 | ㉮雲·龍·延·昌·靜·朔·麟·孟·定·長·義州 등 | 州副使 |
| | ㉯寧德, 定戎, 平虜, 威遠, 寧朔, 淸塞, 寧仁, 宣德, 元興, 耀德, 寧遠 등 | 鎭副使 |
| 46石10斗 | 西京 | 錄事 |
| | ㉰宣·鐵·和·金·梁·蔚·禮·溟·豊州 등 | 州副使 |
| 40石 | 東·西·南京 | 掌書記 |
| | 安邊·安南都護 | 判官 |
| | 安北·安西都護, 八牧 | 司錄兼掌書記 |
| | 諸知州府 | 副使 |
| | ㉮ 등 | 州判官 |
| | ㉯의 耀德을 제외한 鎭 | 鎭判官 |
| | 靜邊, 永興, 鎭溟, 龍津, 長平, 朝陽, 白嶺 등 | 鎭將 |
| | ㉱撫·渭·博·嘉·肅·慈·郭·殷·成·順·德·高·文·豫·龜·泰·宜·交州 등 | 州副使 |
| | 安義 | 鎭副使 |
| 33石 5斗 | ㉰ | 州判官 |
| | ㉲龍岡, 咸從, 通海, 永淸, 金壤, 甕津, 翼嶺, 高城, 杆城, 三陟, 蔚珍, 固城, | 縣令 |
| | 南原, 古阜, 靈岩, 靈光, 寶城, 密城 | [郡]判官 |
| | 安義, 陽岩, 雲林, 隘守 등 | 鎭將 |
| | 靜邊, 龍津, 長平, 朝陽, 白嶺 등 | 鎭副將 |
| | 鎭溟 | 縣尉 |
| | 西京六縣 | 縣令 |
| | ㉳江華, 耽羅, 長湍, 海陽, 遂安, 嘉林, 富城, 金口, 臨陂, 進禮, 金堤, 南海, 珍島, 綾城, 管成, 大丘, 一善, 義城, 基陽, 順安, 延日, 東萊, 萬頃, 牛峰, 盈德, 金浦 등 | 縣令 |
| 23石 5斗 | ㉲의 巨濟를 제외한 縣 | 縣尉 |
| | 安戎 | 鎭將 |
| 20石 | 東·西·南京 | 法曹 |
| | 安北·安西 | 都護法曹 |
| | 黃·廣·淸·忠·全·羅·晋·尙·龍州 등 | 州法曹 |
| | 永豊, 樹德 등 | 鎭將 |
| | 十三倉 | 判官 |
| | 西京六縣 | 縣尉 |
| | ㉳의 (·)표한 縣 | 縣尉 |
| | | 諸監務 |
| 16石10斗 | 安南 | 都護法曹 |
| | 溟州, 豊州 | 法曹 |
| 15石10斗 | 安邊 | 都護法曹 |
| 13石 5斗 | 開城, 昇平, 安東, 京山 등 | 府法曹 |
| | 春·公·洪州 등 | 州法曹 |

록에서는 서경유수는 200석, 동·남경유수는 다같이 166석 10두로 그 녹봉이 현저히 줄었고, 이전의 규정과는 달리 3경 부유수의 녹봉 전체가 빠지고 보이지 않는다.64)

둘째로, 인종 갱정외관록 역시 인종(1123~1146) 때 정해진 것이라고 하였지만, 실제로 군현 관계 자료들은 인종 21년(1143) 무렵부터 신종 원년(1198) 이전까지의 역사적 사실도 반영되고 있다. 〈표 8〉 ㉳의 管城과 富城은 인종 21년에 현령관으로 승격한 고을이었다는 것은 이미 지적한 바이지만 이들이 〈표 8〉의 인종 갱정외관록에 올라 있는 것은 인종 21년 이후의 역사적 사실이 거기에 반영되고 있는 것이다. 《高麗史》 지리지에 의하면 〈표 8〉 ㉳의 金浦縣은 신종 원년에 監務官으로부터 현령관으로 승격한 고을인데 인종 갱정외관록에는 현령관으로 올라 있다. 이것은 신종 원년 무렵까지의 역사적 사실을 반영하고 있는 것이다.

반면에 의성현은 신종 2년(1199)에 현령관에서 감무관으로 격이 떨어졌는데도 여전히 현령관으로 되어 있다. 이러한 것은 인종 21년 이후부터 신종 2년 이전 즉 신종 원년까지의 역사적 사실을 반영하고 있는 것이다. 한편 기양현은 이후 신종 7년(1204)에 知甫州事로 승격된 고을인데 知州事 단위가 아닌 현령관으로 되어 있고, 동경도 신종 7년에 知慶州事로 강격되었으나, 여전히 동경으로 적혀 있다. 김포현은 명종 2년(1172)에 감무관으로 된 이후 신종 원년에 현령관으로 승격하였으나, 여전히 현령관으로 다루고 있다. 樹州는 현종 9년(1018)부터 지주사로 있다가 의종 4년(1150)에 비로소 안남도호부로 개편되었는데 〈표 8〉에는 수주가 아닌 안남소도호부로(副使는 소도호부사로 되어 있으나 判官은 도호판관으로 엇갈리고 있음) 적혀 있다. 安東府는 현종 21년(1130) 이래 줄곧 府로 존재하다가 명종 27년(1197)에 도호부로 승격되었다고 하는데 녹봉조에는 안동도호부가 아닌 안동부[65]로 되어 있다. 이러한 것은 〈표 8〉의 내용이 명종(1171~1197) 말년과 신종 원년까지의 군현 관계 사실들을 반영하

---

64) 3경 부유수의 녹봉 전체가 빠져있는 것에 대해서 浜中昇, 앞의 글, 458쪽에서는 3경의 부유수가 폐지된 것으로 보았고, 김유철, 앞의 글, 37쪽에서는 기록의 잘못으로 인한 누락으로 보아 서경 부유수 166석 10두, 동·남경 부유수 120석으로 보충하고 있다. 그러나 후자의 경우 인종 13년에 妙淸의 난이 일어난 이후 서경의 留守監軍 分司御吏 외에 모든 관원을 태거하고 이어서 곧 6현을 설치하였다(《高麗史》 권 58, 志 12, 地理 3, 西京留守官)고 한 것이나, 神宗 7년(1204)에 동경이 知慶州事로 강격되는(《高麗史》 권 57, 志 11, 地理 2, 東京留守官) 사실을 고려한다면 3경 부유수관의 녹봉을 보충 추가하는 것은 신중을 기해야 할 것이나.

65) 安東府는 〈표 8〉에는 보이지 않으나, 40석 '諸知州府副使'의 府에 해당하는 것으로 간주하였음.

고 있으나 크게 보아 신종 원년 이전의 사실도 반영한다고 할 수 있겠다.

셋째, 지방행정 단위의 수는 문종 외관록에서 3京·8牧·1대도호부·16州·6府·5郡·1鎭·25縣이었던 것에 비하여 인종 갱정외관록에서는 3경·2대도호부·2소도호부·8목·49주·6부·24진·46현·13창으로 나타나 있다. 물론 이상의 지방행정 단위가 고려 지방제도의 전모를 나타내는 것은 아닐 것이고, 외관이 파견된 지역만을 보여주는 것이라 할 수 있다. 그런데 문종 외관록과 인종 갱정외관록을 비교해 볼 때 3경 부유수의 녹봉이 보이지 않았던 것에 대해서는 앞서 지적한 바 있지만, 또한 大·小都護府 및 8牧·防禦使·鎭使 등 使의 녹봉이 보이지 않고, 副使들의 녹봉만 나타나 있다. 〈표 8〉에 보이지 않는 대·소도호부를 비롯한 8목·방어사·진사 등의 사는 모두 폐지된 것으로 여겨진다.[66)]

넷째, 문종 외관록에 올라 있던 방어사·방어부사·방어판관 가운데 방어부사와 판관의 녹봉은 〈표 8〉에 나타나 있으나, 방어사는 보이지 않는다. 방어사·부사·판관의 녹과는 〈표 8〉에 애매하게 나타나므로 그 뜻이 분명하지 않다. 이에 대해 방어사가 폐지되었다는 견해와 '諸知州府郡事' '諸知州府副事'라는 총괄적인 명칭 속에 포함된 것으로 보는 등 여러가지 견해가 있다.[67)] 그러나 州에는 양계에 설치된 防禦州(32주)[68)]와 양계 이외에 설치된 방

---

66) 浜中昇, 앞의 글, 458~464쪽에서 使는 모두 폐지된 것으로 보았고, 김유철, 앞의 글, 37쪽에서는《高麗史》편찬자의 부주의로 생긴 기록의 누락으로 보아 녹과를 보충해 넣고 있다.

67) 李熙德, 앞의 글, 184쪽에서 州의 방어사·방어부사·방어판관 등이 도태되고 州使·州副使 등의 민정관으로 개편된 것으로 보았다. 김유철, 앞의 글, 38쪽에서는 주방어사가 폐지된 것이라고 의문을 가지면서도 일단은 "諸知州府郡事" 속에 총괄적으로 포함된 것으로 간주하였다. 浜中昇, 앞의 글, 457쪽에서 방어사는 폐지되고, 방어부사와 판관은 존속한 것으로 보고, 知州事와 防禦州는 구별되어야 한다고 지적하였다.

68) 〈표 8〉 ㉮11주와 ㉰의 9주, ㉱의 18주 가운데 交州를 제외한 17주를 합한 37주가 방어주이다. 교주는《고려사》지리지에 현종 9년부터 충렬왕 34년 이전까지 방어사가 설치된 것으로 되어 있지만, 문종 녹제 〈표 7〉 ㉮에 방어주가 아닌 州使·副使·判官으로 나타나 있고, 인종 녹제 〈표 8〉 ㉱에서도 방어주가 아닌 교주판관(26석 10두)으로 나타나 있다. 그러나 〈표 8〉 40석 ㉱의 교주부사는 방어주로 되어 있어 기록이 서로 엇갈리고 있다. 이것은 어느 한 쪽의 기록이 잘못임이 분명 하지만, 일단 교주를 방어주에서 빼면 전체 49주 가운데 방어주는 37주가 된다. 방어주 37주 가운데 양계에 설치된 방어주는 ㉰의 9주 가운데 양계 외에 설치된 방어주 5주(金·梁·蔚·禮·豊州)를 제외하면 32주가 된다.

어주(5주)[69] 및 知州事가 설치된 주(12주)[70]가 있고 지주사 단위가 아닌 방어주의 使는 녹과가 없으므로, 이들 防禦州使는 폐지되고 방어부사·방어판관 등만 존속한 것으로 보아야 할 것이다.

다섯째, 방어부사·방어판관·진부사·현령·진장·진부장 등은 각 지역에 따라 녹봉의 차이가 있다. 그러나 '제지주부군사(86석 10두)'와 '제지주부(군)부사(40석)'의 녹봉은 지역에 따른 차이를 두지 않고 일괄적으로 처리하고 있다. 같은 방어주라도 지역에 따라 녹봉에 차이가 있는데 방어부사의 경우 ㉮의 방어주부사는 60석, ㉰의 방어주부사는 40석 10두, ㉱의 방어주부사는 40석으로 차이를 두고 있다. 방어주부사는 최고 60석에서 40석 사이인데 비하여 '제지주부(군)부사'는 일괄적으로 40석을 받게되어 있어 방어주 단위의 지위가 높았음을 알 수 있다. 현령에도 33석 5두를 받는 현령과 26석 10두를 받는 현령으로 차이를 두었다. 鎭에도 부사·판관 등을 둔 방어진과 진장·진부장을 두는 진으로 구별되어 있다. 전체 24진 가운데 〈표 8〉 ㉯(60석)의 11진과 安義鎭(40석)을 합한 12진은 방어진이다. 안의진은 진부사(40석)와 진장(26석 10두)의 두 가지 진으로 나타나 있다. 지리지에는 鎭使가 설치된 방어진으로 되어 있으나, 두 개의 진이 병존했을 가능성도 생각할 수 있다. 방어진은 진장·진부장이 설치된 진보다 녹봉이 많고 상위 행정단위였음을 알 수 있다. 鎭溟은 《高麗史》 지리지에 진명현으로 되어 있으나, 〈표 8〉 ㉯40석에는 진장으로 나타나고, 26석 10두에는 현위로 나타나 있다.[71] 이와 같이 외관의 녹제는 외관의 실태를 파악하는데 많은 도움을 줄 수 있으리라 생각되지만 제한된 지면상 더 구체적으로 해명되어야 할 문제들은 별고로 다루고자 한다.

여섯째, 문종 외관록에 비하여 인종 갱정외관록에서는 훨씬 더 많은 외관이 파견된 것으로 나타나고 있다. 문종 외관록에서는 양계에 속하는 고을로서 서경과 그 부근 강동·강서·중화·순화 등 4현 뿐이었으나, 〈표 8〉에서

69) 〈표 8〉 ㉰의 金·梁·蔚·禮·豊州 등 5주.

70) 〈표 8〉 26석 10두에 ㉱를 제외한 谷·平·春·東·交·水·仁·原·洪·公·俠·昇州 등 12州.

71) 김유철, 앞의 글, 37쪽에서 40석의 鎭溟 鎭將을 현으로 간주하여 현령 40석으로 바로 잡고 있다. 그러나 진명진을 현으로 간수할 수 있을지는 몰라도 현령의 녹봉을 40석으로 바로 잡는 것에는 동의할 수 없다. 〈표 8〉에서 현령의 최고 녹봉이 33석 5두 이상은 없다. 따라서 진명 현령만이 홀로 40석이라는 것은 모순이다.

는 양계 지역에 집중적으로 많은 외관이 파견된 것으로 나타나고 있다. 안북대도호부 · 안변소도호부를 비롯하여 방어주 · 방어진진장 · 진부장 등 거의 대부분이 양계 지역에 집중되어 있다. 이러한 현상은 12세기 당시 국방상 북변 방비의 확대와도 관련이 있을 것으로 여겨진다.

⑧雜別賜 : 문종 30년에 제정된 잡별사는 여러 관서의 말단 吏屬들에게 지급되는 별사로서 정직 품관에게 지급되는 녹봉과 구별하여 별사라 하였다. 이 잡별사는 1년 이상 入仕한 사람으로서 최고 1과 50석(國大夫人)으로부터 8과 2석(進房燈燭小奴 등)에 이르기까지는 별사미를 지급하고 그 아래 稻가 지급되는 2과등(稻 13석 大府計史, 10석 同 1科計史)을 포함하면 모두 10과등을 이루고 있다. 300일 이상 근무한 사람은 최고 1과 12석(內侍散職員 등)으로부터 최하 11과 2석 10두(臺2科試知班 등)에 이르기까지 모두 11과등을 이루고, 180일 이상 근무한 사람은 1과 10석 2과 8석(御茶房員吏 등)과 1과 6석 2과 4석(內承旨 등)의 2과등을 이루고 있다. 이 잡별사의 경우는 주로 여러 관서의 말단 이속들에게 지급된 것인데 국대부인이라든가 御殿侍女 · 御殿侍婢 · 老奴 등에게도 잡별사가 지급되었다. 잡별사의 각 과등에 따라 연결된 말단 이속의 직명이 전시과 15과에 간혹 보이므로 이들에게 토지가 지급되었음을 알 수 있다. 1년 이상 근무해야 잡별사 4석 5두를 받는 중추원 別駕는 갱정전시과의 15과에 田 25결로 규정되어 있고, 300일 이상 근무해야 잡별사 10석을 받는 門下待詔도 같은 15과에 해당된다. 잡별사 규정에 보이지 않는 中書書藝는 갱정전시과 16과에 22결로 나타나 있다.

⑨諸衙門工匠別賜 : 여러 아문의 공장들에게는 모두 300일 이상 出役한 자에게만 별사미를 지급하였다. 공장들이 직역에 종사한 대가로 지급 받는 별사를 工匠別賜라 하여 하급 관서의 이속에게 지급되는 잡별사와 구별하였다. 《高麗史》 권 80, 志 34, 食貨 3, 祿俸 諸衛門工匠別賜에 보이는 여러 관서는 軍器監 · 中尙署 · 掌冶署 · 都校署 · 尙衣署 · 雜織署 · 掖庭局 · 尙乘局 · 大僕寺 · 內弓箭庫 · 大樂官絃房 등이다. 각 관서에 따라 받는 녹봉은 각각 수 개의 과등을 이루고 각 녹액규정에 따라 특수한 기술자인 공장들의 직명이 나타나 있다. 이들 공장들은 같은 위계(武散階)[72]라도 받는 녹봉(공장별사)에는 차이가 있었다.

72) 旗田巍, 〈高麗の武散階〉(《朝鮮學報》 21 · 22, 1961).

고려시대에는 관청수공업이 정부의 용도와 수요에 따라 분류되었고, 각 관청마다 물품을 제조하는데 필요한 각종 공장을 전속시키고 일정한 규정의 녹봉을 지급했던 것이다.73) 공장들의 토지지급 관계는 무산계의 급전규정에 나타나는데, 무산계 6과 17결(大匠·副匠·雜匠人 등)을 받는 것으로 되어 있으나 이들 공장들에게 모두 토지가 지급된 것인지는 알 수가 없다.

앞서 말한 잡별사와 함께 이 공장별사는 '職役'에 종사한 날 수를 기준하여 별사록을 지급한 것으로 조선시대 都目과 番次에 따라 職事에 근무한 기간에 한해서 녹봉이 지급되는 雜職遞兒祿과 유사하다.74)

⑩州鎭將相將校祿 : 주진장상장교록은 예종 16년(1121) 11월에 제정된 것으로 양계 州鎭의 장상·장교들에게 지급된 녹봉이다. 제1과 40석 中郞將, 제2과 33석 郞將·攝中郞將, 제3과 20석 攝郞將(혹 18석), 제4과 18석 別將, 제5과 14석 校尉, 제6과 9석 隊正으로 모두 6과등을 이루고 있다. 섭랑장을 18석으로 간주하면 5과등이 된다. 주진의 장상·장교의 녹제가 중랑장 이하 대정에까지 중앙 무반의 직명을 그대로 사용하고 있지만, 그 녹봉의 차이는 현저하게 달랐다. 중앙 무반의 중랑장이 120석인데 비하여 주진의 중랑장은 40석이고, 중앙의 대정이 16석 10두인데 비하여 주진의 대정은 9석으로 현격한 차이가 있었다. 주진의 장상·장교란 중랑장 이하 대정까지를 말하며 이들은 외관장인 방어사나 진장의 통제 하에 주진의 상비군을 지휘할 수 있는 단위 부대장이었다.75) 이들 주진의 장상·장교록이 문종 30년에 녹제가 정비된 지 45년이 지난 예종 16년(1121)에 정비되었다고 하는 것은 당시의 북변 방어와 국초 이래 북진정책의 추진에 따르는 집권정치의 확대와도 관련이 있었을 것이다.

⑪致仕官祿 : 치사관록은 나이 70세가 되어 퇴임하는 3품 이상 고위 관료들에게 지급한 녹봉으로서 인종 때 비로소 정비되었다. 이에 앞서 치사록이 지급된 예는 성종 15년 徐熙의 경우와76) 문종 7년 崔冲의 경우77)에서도 찾아볼 수 있고, 선종 7년에 '七十致仕給半祿'78)의 법도 있어 인종 때 치사관록이

73) 姜萬吉, 〈手工業〉(《한국사》 5, 국사편찬위원회, 1983), 184쪽.
74) 崔貞煥, 〈朝鮮前期 遞兒祿의 整備〉(《大丘史學》 24, 1983 ; 앞의 책, 305쪽).
75) 李基白, 〈高麗 兩界의 州鎭軍〉(《高麗兵制史硏究》, 一潮閣, 1968), 254~256쪽.
76) 《高麗史》 권 94, 列傳 7, 徐熙.
77) 《高麗史》 권 95, 列傳 8, 崔冲.
78) 《高麗史節要》 권 6, 선종 7년 춘 정월.

정비되기 이전에 이미 치사록이 지급되고 있었음을 알 수 있다. 그러한 것이 인종대에 이르러 구체적으로 정비되었는데 최고 제1과 300석(門下侍中·中書令)에서 제6과 116석 10두(大將軍·5寺·3監의 卿·監 등)에 이르기까지 3품 이상을 대상으로 하여[79] 6과등으로 정비되었다. 이는 인종 갱정록제에서 치사록이 정비되기 이전에「七十致仕半祿法」을 적용해 오다가, 인종 때 이르러 致仕半祿의 원칙을 적용하지 않고 별도로 치사록을 제정하여 실시한 것이다. 조선시대 치사록은 정3품 당상관 이상을 대상으로 奉朝請祿科를 별도로 제정하여 실시하였다.[80]

나. 녹봉제의 운영 및 재원

가) 출관과 반록

문종 30년(1076)에 녹제가 정비된 이후 12년이 지난 선종 5년(1088)에 出官과 差出의 조건에 의한 頒祿法이 제정되었다. 매년 3월 전에 차출되어 6월 전에 임관하면 전 녹봉을 지급하고, 6월 후에 임관하면 반액을 지급하고, 3월 후 6월 전에 차출되어 10월 전에 임관하면 半祿을 지급하고, 10월 후에 임관하면 그해에는 녹봉을 전혀 받을 수 없었다.[81] 즉 차출과 임관의 달 수가 녹봉 지급의 기준이 된 셈인데 이와 같은 차출과 임관의 조건을 고려시대 연 2

79) 치사록이 3품 이상 퇴직자에게 지급한 녹봉이라는 것은 이미 밝힌 바 있다(崔貞煥, 앞의 책, 57쪽). 그러나 치사관록은 무반 3품, 문반 4품 이상에게 지급되는 것이라는 새로운 견해가 나오고 있다(박용운, 앞의 책 上, 174쪽). 치사록 수급대상의 가장 하위인 대장군은 종3품이고, 5寺 3監의 卿·監은 종3품이다. 5시 3감이 구체적으로 어느 관서를 지칭하는지 분명하지 않으나 衛尉卿·大僕卿·禮賓卿·大府卿·司宰卿 등 5시의 경은 종3품이고, 秘書監·殿中監·司天監 등의 3감은 종3품이다. 小府監·將作監·軍器監 등의 諸監은 정4품인데 이들 4품급의 諸監은 제외되는 것으로 보아야 한다. 문종 30년에 개정된 경정전시과에서 7寺卿과 비서감·전중감·사천감(종3품)은 5과에 장작감·소부감·군기감(정4품)은 6과를 적용하고 있다. 이로 보아 식화지 녹봉조에 구체적으로 5시 3감으로 밝히고 있는 것은 3품급의 경·감을 뜻하는 것이지 소부감 등 4품급의 제감을 지칭하는 것은 아님을 알 수 있다. 이를 보다 분명히 해 주는 것은 소부감·장작감의 종3품 판사가 치사록 수록대상의 최하위 6과 116석 10두에 올라 있으므로 그 하위 정4품의 소부감·장작감 등의 4품급은 제외되는 것이 분명한 것이다.

80) 崔貞煥, 〈朝鮮前期 祿俸制의 整備와 그 變動〉(《慶北史學》 5, 1982, 57~58쪽 ; 앞의 책, 248~250쪽).

81) 《高麗史》 권 80, 志 34, 食貨 3, 祿俸.

회 頒祿과도 밀접한 관련이 있는 것이다. 반록시기는 정월 7일과 7월 7일 연 2회 初2番 정기반록일이 있었다.[82] 전기에 지급하는 것을 初番祿이라 하고 후기에 지급된 것은 封倉祿이라 하였다. 이러한 연 2회의 정기 반록 외에 月奉이 지급된 예도 있었다.

나) 녹 패

녹패는 녹봉을 받을 수 있는 증서로서 정월 7일에 백관에게 하사되었다.[83] 人日 즉 정월 7일에 하사하였기 때문에 人勝祿牌라고도[84] 하였으며, 또한 녹패는 매매되기도 하였다.

다) 녹봉의 품목

녹봉으로 지급되는 중심 품목은 米·粟·麥이었다.[85] 그러나 米·粟·麥 등 곡류만이 지급된 것은 아니었다. 예종 10년(1115)에 三司에서 개정한 祿折計法[86]에는 大絹·絲緜·小絹·小平布·大綾·中絹·緜紬·常平紋羅·大紋羅 등의 絹·布·綾·羅가 미곡과 換算되어 지급되기도 하였다. 그 折價의 기준이 미곡이었던 만큼 녹봉의 중심되는 품목은 미곡이었다고 할 수 있다. 당·송대에 화폐가 녹봉으로 지급되었고, 조선시대에는 楮貨를 지급한 예가 있으나, 고려시대에는 화폐를 지급한 예를 찾아볼 수 없다. 화폐가 널리 유통되지 못한 사회의 반영이라 하겠다.

라) 녹봉의 재원과 관장

녹제가 일단 정비되는 문종 당시 녹봉으로 지출해야 할 총액은, 중앙관록을 취급하는 左倉의 세입이 139,736석 13두, 서경관록을 취급하는 서경 大倉의 세입이 17,722석 13두로서 도합 약 16만석이었다. 그런데 외관록의 경우는 좌창과 外邑에서 각각 반씩을 지급하도록 되어 있어,[87] 실제로 외관을 포함한 모든 관리들에게 지출해야 할 총액은 이보다 훨씬 더 많아야 했던 것이

---

82) 李熙德, 앞의 글, 186~187쪽.
崔貞煥, 앞의 책, 61~63쪽.
83) 《高麗史》 권 19, 世家 19, 명종 3년 춘정월.
84) 《高麗史》 권 67, 志 21, 禮 9, 人日賀儀.
85) 《高麗史》 권 80, 志 34, 食貨 3, 祿俸.
86) 위와 같음.
87) 《高麗史》 권 80, 志 34, 食貨 3, 祿俸 序文.

다. 즉 양계와 서경 관내 및 半給하는 외관록을 제외한 139,736석 13두가 개경의 좌창에 세입되어 내외관의 녹봉으로 충당된 셈이다.

양계와 서경 관내에서는 녹봉에 충당할 地祿으로 吏民地祿[88]과 龍岡·咸從·成州 등에 '祿位餘田'[89]이 별도로 설정되어 있었다. 交州道·忠淸道·全羅道 등 여러 州와 각 도의 '祿轉'[90] '轉米稅租'[91]는 祿轉車·祿轉船[92] 등의 교통수단을 이용하여 중앙의 廣興倉(左倉)으로 수송되었다. 이렇게 전국 각처에서 녹전이 소출되고 있는 지록은 民田이었으며, 민전의 租는 개경의 좌창에 수송되어 녹봉에 충당되기도 하고 右倉(豊儲倉)·大倉에 수납되어 國用에 충당되기도 하였다.

고려시대 재정운영 방식은 전국에서 수취되는 田租를 일괄적으로 국고에 수납해서 그것을 다시 재정 용도별로 각 기관에 분할해서 지출하는 것이 아니라 전초가 소출되는 토지를 국가재정의 각 항목에 맞추어 구분하고, 토지 그 자체를 각종 재정의 항목에 따라 분할해서 재원을 미리 분배 고정시켜 놓았다.[93] 이러한 재정운영의 원칙에 따라서 전국의 토지는 각기 그 독자의 재정용도를 갖게 되었다. 供上 즉 御需를 위해서 內莊宅 소속의 광대한 御料地가 준비되어 왕실의 재정을 맡았다. 祭祀·賓客 등에 소용되는 재정비용 즉 국용은 주로 우창(풍저창)과 대창에서 관장했다. 軍需 즉 군사비를 부담하는 재원에는 軍人田이 있었다.

녹봉의 재원이 되는 것은 민전이었으며,[94] 민전의 租(地稅)는 개경의 좌창에 수송되어 녹봉에 충당하거나, 우창과 대창에 수납되어 국용에 충당하기도

---

88) 《高麗史》 권 78, 志 32, 食貨 1, 租稅.
89) 《高麗史》 권 80, 志 34, 食貨 3, 祿俸 西京官祿.
90) 《高麗史節要》 권 21, 충렬왕 17년 정월·18년 3월.
91) 《高麗史》 권 80, 志 34, 食貨 3, 祿俸 西京官祿.
92) 《高麗史節要》 권 16, 고종 19년 6월 및 권 29, 공민왕 23년 4월.
祿轉을 수송하는 교통수단으로 祿轉車·祿轉船이 있음을 알 수 있다.
93) 姜晋哲, 앞의 글(1975), 179쪽.
94) 姜晋哲, 〈高麗時代의 土地制度〉(《韓國文化史大系》 Ⅱ, 고려대 민족문화연구소, 1965), 1295~1298쪽.
———, 〈高麗前期의 公田·私田과 그의 差率收租에 대하여〉(《歷史學報》 29, 1965), 30~31쪽.
———, 앞의 글(1975), 168~190쪽.
———, 〈公田支配의 諸類型〉(《高麗土地制度史硏究》, 고려대출판부, 1980), 178쪽.

하였다. 民田租로서 좌창에 세입되어 녹봉에 충당되는 것을 국용에 충당되는 것과 구별하여 녹전이라 하였던 것이다.

그러면 전국 토지의 총면적에서 녹봉이 차지하는 비율은 얼마나 되었을까. 공양왕 즉위년 12월에 趙浚이 올린 상소에 전국의 토지 50만 결 가운데 국용을 위한 10만 결을 우창에 소속시키고, 供上을 위한 3만 결을 四庫에, 녹봉의 재원으로 10만 결을 좌창에 소속시키고, 朝士들에게 지급해야 할 토지를 畿田(祿科田) 10만 결로 計上하고 있다.[95] 여기서 기전 10만 결이라 한 것은 조사 즉 관료들에게 지급해야 할 녹과전을 지칭한 것으로서 국용 및 녹봉의 재원으로 계상하고 있는 각 10만 결과 같은 비율로 책정하고 있다. 즉 녹과전과 녹봉의 재원이 되는 토지 10만 결은 전국 토지의 5분의 1에 상당한다. 녹봉의 재원이 되는 10만 결에 대한 생산고는 성종 11년 判에 의거하여 水田과 旱田을 합한 상·중·하등전의 1결당 평균 생산고 8석으로 계산하면[96] 80만석이 된다. 그 생산고 80만석에 대한 조세액은 민전조 4분의 1세율을 적용하면 20만석이 되어 이것은 문종 당시 녹봉의 재원으로 책정한 16만석을 충분히 충당할 수 있는 액수이다. 그러나 민전조율 10분의 1을 적용하면 8만석이 되어 16만석으로 책정한 것과는 현격한 차이가 난다. 이렇게 되면 민전조율이 10분의 1이 아니라 4분의 1이라는 이론을 뒷받침하게 되는데 이에 대해서는 더 검토되어야 할 문제로 남겨 둔다.[97]

외관록의 경우 문종 당시에 반은 좌창에서, 반은 외읍에서 지급하기로 되어 있었다. 그러나 숙종 6년(1101) 2월에 그 재원이 외읍으로 완전히 이관되

---

95) 《高麗史》 권 78, 志 32, 食貨 1, 田制 祿科田.

96) 《高麗史》 권 78, 志 32, 食貨 1, 田制 租稅 성종 11년 判에 의거하여 姜晋哲, 〈公田·私田 差率收租의 문제〉(앞의 책, 1980), 394쪽에서 계산한 水田과 旱田을 합한 上·中·下等田의 1결당 평균 생산고는 약 8석이 된다.

97) 참고로 《高麗史》 권 78, 志 32, 食貨 1, 田制 祿科田 신우 14년 7월 趙浚 上書의 '什一稅法'에 의거하여 田 1負에 3升씩을 수취했다면 1결의 田租額은 300升(30斗) 즉 2石(15두 1석)이 되고, 1결의 생산고는 20석이 된다. 1결당 생산고 20석에 녹봉의 재원으로 책정한 10만결을 곱하면 200만석이 되고, 민전의 조율 10분 1을 적용하면 20만석이 된다. 이것도 문종 당시 녹봉의 재원으로 책정한 16만석을 충분히 충당할 수 있는 액수이다. 그러나 이 경우 생산고 20석은 당시 생산 수준으로 도저히 산정할 수 없는 액수이다. 성종 11년 判에 의거한 당시 水田의 경우 상등전 1결당 생산고는 15석~13석이고, 하등전의 경우는 7석~10석 밖에 되지 않는다. 水田과 旱田을 합한 상·중·하등전의 1결당 평균 생산고는 약 8석이 된다.

어 외관록은 외읍의 公須租에서 모두 충당하도록 되었다.[98] 公須租는 외읍의 公須田에서 거두는 조를 말하며, 공수전은 紙田·長田 등과 같이 公廨田에 속하는 것으로 소속 지방관청의 비용을 위한 것이다. 외관의 녹봉은 숙종 6년 이후부터는 지방의 공수전에서 소출되는 공수조로서 충당하였다. 결국 외읍의 공수전이 외관록의 재원이 된 것이다.

서경관록의 경우는 서경관을 위한 녹봉의 재원으로 서해도 稅粮 17,722석 13두가 마련되어 있었다.[99] 그 관장은 서경 大倉의 소관이었다. 여기서 서해도 세량은 서해도 관내의 '祿位餘田' 또는 '轉米稅租' 즉 民田租(地稅)에서 歲收되는 祿轉米를 말한다.

마) 녹봉제의 운영

고려 녹봉제는 중앙집권적인 체제확립을 위한 여러 시책 가운데 전시과와 더불어 관리들의 경제적 기반을 마련하여 준 제도였다. 그러나 그 운영면에서는 전시과와 기본적으로 차이가 있다.

전시과는 국가가 科田 소유자에게 收租權을 인정하되 국가권력이 개입된 공적인 색채가 강한 것이라면, 녹봉은 국고(廣興倉)에서 일괄 수납하여 지급하는 완전 공적인 성격을 지닌 것이다. 다시 말해서 전시과는 田主가 경작자로부터 직접 租를 받지 못하고 국가에서 받아 주어 地主와 佃戶 사이에 지방관을 통한 간접 지배밖에 못하게 함으로써 지주제 토지경영을 방지한 것이다. 전시과의 운영이 지주와 전호 사이에 국가권력이 개입되었다고 하더라도 녹봉제의 운영방법과 같이 완전히 공적인 성격을 지닌 것은 아니었다. 기본적으로 공적인 성격을 지니면서도 수조권의 사유라는 사적인 성격도 지니고 있다. 그렇기 때문에 科田을 공전으로 보는 견해도 있으나[100] 사전으로 간주되기도 한다.[101] 만약에 전시과의 운영방법이 녹제운영과 같은 것이었다면 그것은 녹봉제이지 토지제도가 아니며, 새로이 녹봉제를 더 설정할 필요가 없었을 것이다. 고려시대는 토지와 녹봉을 이원적으로 지급하여 관료들의 경제적 기반을 마련하여 주었다.

고려시대 관료들은 대체적으로 경제적 기반의 절반 정도는 전시과 田租의

98) 《高麗史》 권 80, 志 34, 食貨 3, 祿俸 外官祿.
99) 《高麗史》 권 80, 志 34, 食貨 3, 祿俸 序文.
100) 李佑成, 〈高麗의 永業田〉(《歷史學報》 28, 1965).
101) 姜晋哲, 〈私田支配의 諸類型〉(앞의 책, 1980) 및 앞의 글(1965).

수입에 의존하고, 절반은 녹봉에서 충당하도록 짜여져 있다. 앞서 공양왕 즉위년에 趙浚이 올린 상소에서 녹봉의 재원으로 10만결을 책정하고, 朝士 즉 관료들에게 지급해야 할 畿田의 녹과전도 10만결로 책정하여 녹봉과 田租 수입의 재원이 되는 토지의 면적은 같은 비율이었다. 고려 녹봉제가 정비되는 문종 30년 당시에 전시과는 18과를, 녹봉제는 문무반록의 경우 47과를 이루어, 대체로 전시과와 녹봉에서 들어오는 수입은 절반 정도로 보아 크게 틀리지는 않을 것 같다.

전시과의 1科田 100결(중서령·상서령·문하시중)은 성종 11년 判에 의거하여 水田과 旱田을 합한 상·중·하등전의 1결당 생산고의 평균치 8석을 기준으로 私田租率 2분의 1을 적용하면, 전시과 1과의 수입은 400석이 되어 문무반록 1과 400석(중서령·상서령·문하시중)과 완전 일치된다. 이와 같은 방법으로 1결당 생산고 8석을 기준으로 전시과 18과 전체에 적용시켜 보면 대체적으로 1과에서 11과(45결 180석, 녹봉 11과 180석)까지는 科田에서의 수입과 녹봉 수입이 거의 비슷하게 되고, 11과 이하는 비교가 어렵다. 이로 미루어 보아 과전에서의 수입과 녹봉 수입의 비율은 반 정도였다고 보아도 큰 무리는 없을 것 같다.

### 다. 녹봉제의 성격

고려 녹봉제는 관리들이 職役에 종사한 데 대한 반대급부로서 국가가 응분의 대가를 지급하여 그들의 경제적 기반을 마련해 주는 생활보장제도였다. 그 지급 원칙은 현직 실직주의 원칙에 입각하여 散官에게는 지급되지 않았다. 그러한 점에서 고려 녹봉제는 관료적 성격의 일면을 반영한다. 그러나 녹봉제가 현직주의 원칙에 의해서만 실시된 것은 아니다. 실직이 아닌 치사관록·검교관록·종실록·봉군록 등은 현직주의에 어긋난 것으로서, 관료적 성격이라기보다는 오히려 귀족적 성격의 일면을 반영한 것이다. 종실록을 제정하며 종친을 우대하고 3품 이상의 퇴직자에게 치사록을 지급하여 그들을 우대한 것이나, 후대의 일이지만 검교관록을 설정하여 勳官을 우대한 것, 宗室封君과 異姓封君을 포함하여 별도로 封君祿科를 설정한 것 등은 음서나 공음전의 지급 못지 않게 녹봉으로 귀족들의 특권을 경제적으로 보장한 고려 사회의 귀족적 성격을 보여준다. 妃主 · 종실 · 봉군 · 검교관 · 치사관 등의 특권적 귀족 신분층과 정직의 품관에게 지급된 것을 녹봉이라 하고, 하위 품외직의 吏屬이나 기타 직역에 종사하는 신분층에게 지급된 녹봉을 別賜라 하여 구별한 것도 귀족사회의 특성을 잘 말해 주는 것이라 하겠다.

〈崔貞煥〉

## 2. 공전 · 사전과 민전

### 1) 공전과 사전

#### (1) 공전 · 사전의 개념과 그 변천

고려시대의 토지는 크게 공전과 사전으로 구분된다. 그러나 이 공전과 사전의 개념을 정의하는 것은 그리 간단한 문제가 아니다. 당시의 토지제도를 국유제로 보는가 아니면 사유제로 보는가에 따라 그 개념 내지는 실체가 전혀 달라지기 때문이다. 다시 말해 토지국유제론의 입장에서 볼 때의 공전과 사전은 田租를 거둘 수 있는 수조권이 국가 또는 공공기관에 있었는가 아니면 개인에게 귀속되었는가에 따라 구분되는 개념이었지만, 당시 토지제도의 근간을 사유제였다고 보는 토지사유제론에 입각할 때는 이러한 수조권의 귀속만으로는 그 실체를 충분히 규명할 수 없다. 그러므로 공전 · 사전의 개념을 규정하기에 앞서 고려시대의 토지제도가 과연 국유제였는가 아니면 사유제였는가 하는 문제를 간단히 살펴 볼 필요가 있다.

1960년대 초까지만 해도 고려는 물론 신라와 조선시대의 모든 토지는 국가의 소유를 원칙으로 하였다는 토지국유제론이 전근대 한국의 토지제도를 보는 기본적인 시각이었다. 이러한 국유제론은 크게 두 가지 유형, 즉 일제 관학자들의 견해와 唯物史觀論者들의 입장으로 구분된다. 전자는 삼국시대까지의 部族的 共産制가 통일신라시대에 이르러 국가적 규모의 토지공유제인 「公田制度」로 발전하여 고려 및 조선시대까지 지속되었는데, 이 공전제도 아래에서의 모든 토지는 공유였고 사유는 인정되지 않았다고 하였다. 그리고 이러한 국유

토지는 職田·科田을 비롯한 여러 가지 명목으로 관료와 공로자들에게 지급되고 丁田의 이름으로 일반 농민에게 지급되었는데, 여기서의 「지급」은 소유권의 지급이 아니라 수조권(직전·과전 등의 경우) 또는 경작권(정전의 경우)의 지급에 불과한 것이라고 한다. 그러던 것이 고려 중기 이후의 정치적 혼란기에 간사하고 교활한 권세가들에 의해 불법적으로 겸병되거나 점유되어 한동안 사유지처럼 되었으나, 고려 말의 私田改革과 科田法의 제정으로 원래의 공전제도 정신이 부활되었다고 하였다.[1] 이러한 견해는 다시 국가에 조세를 내는 토지가 공전이고, 국가로부터 토지를 賜給 또는 반급 받은 被給者가 그 전조를 거두는 토지가 사전이었다고 하는 주장으로 이어졌다.[2]

이와 함께 공전제도론을 발전시킨 토지 소유의 질적 분할론도 제기되었다. 즉 전근대 한국 사회의 토지 지배는 국가의 관리·처분권과 田主(주로 관료)의 수조권 및 佃客(농민)의 경작권으로 분할되어 있었는데, 이 가운데 국가의 관리·처분권이 다른 두 지배권 보다 월등히 우위에 있었으므로 고려·조선시대의 전국 토지는 공유(국유제)의 성격을 띠는 공전이었다는 것이다. 그리고 이러한 광의의 공전 속에 협의의 공전과 사전이 포함되어 있어, 수조권이 국가에 귀속되는 토지가 「공전 중의 공전」이고 사인에게 주어지는 토지가 「공전 중의 사전」이었다고 한다.[3]

다음으로 유물사관 학자들의 토지국유제론은 이른바 「아시아 국가에 있어서의 사적 토지소유의 결여」라는 명제에 입론의 근거를 두고 있다. 즉 삼국시대에 중앙집권제의 물질적 기초로서 토지국유제가 마련되었다가, 정복국가의 발전 과정에서 농업생산력이 증대되고 세습적 사유가 촉진되면서 통일신라기에는 봉건적인 토지사유제로 변하였다고 한다. 이후 고려왕조의 성립을 계기로 봉건적 사유제는 일단 극복되고 「集權的 公田制」가 시행되었는데, 이는 집권적 토지국유의 기반 위에 존립하였다는 것이다. 따라서 국가는 최고의 지주이며 농민이 국가에 내는 조세는 바로 地代였다고 보고 있다. 물론 이 집권적 공전제

1) 和田一郎, 《朝鮮土地·地稅制度調査報告書》(宗高書房, 1920) 참조.

2) 周藤吉之, 〈高麗朝より朝鮮初期に至る田制の改革－特に私田の變革過程と封建制との關聯に就いて－〉(《東亞學》 3, 1940).

3) 深谷敏鐵, 〈鮮初の土地制度一斑－いわゆる科田法を中心として－〉(《史學雜誌》 50-5·6, 1939).

아래에서도 사전은 존재하였지만 그것은 수조권의 인정에 불과하고 토지의 사유를 용인한 것은 아니었다고 한다. 이러한 집권적 공전제는 무신집권과 더불어 보편화된 대토지사유에 의해 붕괴되기 시작하였고, 그 붕괴는 마침내 고려 멸망의 원인으로 작용하였다는 것이다.[4]

이와 같이 비록 입론의 근거는 다르지만 일인 학자들과 유물사관론자들은 결론적으로 고려시대의 토지제도가 국유제였으며, 이 국유제 하에서의 공전과 사전은 수조권의 귀속에 따라 구분된다는 것에 의견을 같이 하고 있다. 그러나 전자는 다분히 토지조사사업을 통한 국유지 창출의 당위성을 부각시키기 위한 목적에서 출발하였으며, 후자는 유물사관의 한국사에의 적용 가능성을 모색하기 위해 시도된 만큼, 양자 모두 구체적인 역사적 사실의 충분한 분석을 토대로 한 것은 아니었다. 이 때문에 토지유국제론은 역사적 사실과 부합되지 않는 결론에 이르게 되었고, 1960년대 중반 이후 토지사유제의 흔적이 하나씩 밝혀지면서 재검토되기 시작하였다.

토지사유제가 전근대 한국, 특히 고려시대 토지제도의 근간을 이루고 있었음은 대체로 세 가지 각도에서 확인할 수 있다. 우선 신라 및 고려시대의 기록에서 사유토지의 존재를 발견할 수 있다는 것이다. 신라 원성왕의 陵地를 조성하기 위해 사들인 능 주변의 토지는 사유지일 수밖에 없으며,[5] 전시과체제 내에 실재하였던 양반의 功蔭田柴와 향리전·군인전 등의 永業田(傳遞土地)도 자손에게 상속이 허용된 사유지적 성격의 토지였다.[6] 뿐만 아니라 地目·土地所在地·面積·四標·所有主 등이 명시된 채 매매나 寄進의 사실을 밝히고 있는 각종의 田券과 量案에 나오는 토지 또한 사유지였음에 틀림없다.[7] 다음으로 당시 전국에 걸쳐 광범위하게 존재하였던 民田은 소상으로부터 물려받은 일반 백성의 소유지로서 매매·상속·증여 등이 자유로운 사유지였다는

4) 白南雲, 《朝鮮社會經濟史》(改造社, 1933).
——, 《朝鮮封建社會經濟史》 上(改造社, 1937).

5) "其成九原 則雖云王土 且非公田 於是括以邇封 求之善價 益丘壟 餘二百結酎稻穀合二千苫"(〈慶州 崇福寺碑〉, 《朝鮮金石總覽》上, 朝鮮總督府, 1919).

6) 李佑成, 〈新羅時代의 王土思想과 公田〉(《趙明基博士華甲紀念佛教史學論叢》, 1965).
——, 〈高麗의 永業田〉(《歷史學報》 28, 1965).

7) 旗田巍, 〈新羅·高麗の田券〉(《史學雜誌》 79-3, 1970).
——, 〈新羅·高麗의 土地臺帳〉(《成均館大學校東洋學學術會議論文集》, 1975).
金容燮, 〈高麗時期의 量田制〉(《東方學志》 16, 1975).

점이 중시된다.[8] 마지막으로 공전의 개념 변화에서 사적 토지소유의 실상을 찾을 수 있다는 것이다. 즉 신라 때에는 국·공유지만을 가리키던 공전이 고려시대에는 국가수조지까지 포함하였다가 여말선초에 이르러서는 오히려 후자를 주로 의미하게 되었는데, 이러한 과정은 바로 과세지의 확대와 함께 사유지의 성장을 반영하는 것이라는 사실이다.[9] 따라서 고려시대의 토지제도는 국유제가 아니라 사유제가 근간을 이루고 있었다고 보아야 할 것이다.[10]

이와 같이 토지사유제론에 입각할 때 고려시대의 공전·사전의 개념은 매우 다양하게 파악된다. 우선 공전과 사전은 소유권의 귀속을 기준으로 구분할 수 있다. 즉 소유권이 국가나 왕실 및 공공기관에 있었던 토지가 공전이며 개인에게 주어진 토지가 사전이었다. 비록 신라의 예이기는 하지만 〈崇福寺碑〉에 나오는 공전이[11] 곧 국유지임은 잘 알려진 사실이며, "白丁에게 公田을 주어 丁戶로 삼는다"고[12] 하였을 때의 공전이나 "宮庄으로 抽減된 민전을 공전으로 보상한다"고[13] 했을 경우의 공전도 역시 국유지이다. 이에 반해 "공전이 관청의 운영 경비에 부족하여 지방관이 부유한 백성으로부터 도움을 받는다"고[14] 했을 때의 공전은 공유지이다. 그리고 "사전을 개간한 사람에게 첫 해에는 수확의 전부를 주고 그 다음해부터 전주와 分半토록 하며, 공전의 경우는 3년 동안 稅를 면제해 주고 4년째부터 법에 따라 收租케 한다"는[15] 광종 24년의 기사에 나오는 공전과 사전은 국·공유지와 사유지를 말한다. 전주와 더불어 병작반수하는 사전이란 사유지여야하며, 사유지로서의 사전과 함께 쓰인 공전은

---

8) 姜晋哲, 〈高麗前期의 公田·私田과 그의 差率收租에 대하여〉(《歷史學報》 29, 1965).
旗田巍, 〈高麗の民田について〉(《朝鮮學報》 48, 1968).
有井智德, 〈高麗朝における民田の所有關係について〉(《朝鮮史硏究會論文集》 8, 1971).

9) 旗田巍, 〈高麗の公田〉(《史學雜誌》 77-4, 1968).
———, 〈李朝初期の公田〉(《朝鮮史硏究會論文集》 3, 1967).

10) 土地國有制論의 내용과 문제점, 그리고 土地私有制論의 반론에 대한 보다 상세한 설명은 이 책 제I편 5장 1절 〈토지국유제설의 문제〉 참조.
李成茂, 〈高麗·朝鮮初期의 土地所有權에 대한 諸說의 檢討〉(《省谷論叢》 9, 1978).
姜晋哲, 〈土地國有制說의 問題〉(《高麗土地制度史硏究》, 高麗大出版部, 1980).

11) 주 5)의 인용문 참조.

12) 《高麗史節要》 권 2, 성종 9년 9월.

13) 《高麗史》 권 78, 志 32, 食貨 1, 田制 經理 현종 13년 2월.

14) 《高麗圖經》 권 3, 城邑.

15) 《高麗史》 권 78, 志 32, 食貨 1, 田制 租稅.

국・공유지일 수밖에 없기 때문이다. 또 公・私의 田井을 훔쳐 파는 자는 그 액수에 따라 笞 50에서 徒 2년 반까지, 공전과 사전을 몰래 경작하는 자는 그 액수에 따라 笞 30에서 徒 1년 반까지의 형벌에 처한다고 하는[16] 禁令 기사의 공・사전도 국・공유지와 사유지를 가리키는 것이다. 盜賣와 盜耕의 대상이 되는 공・사전은 소유권에 입각한 공・사전, 즉 국・공유지와 사유지가 아니면 이해될 수 없기 때문이다.

반면 토지국유론자들의 주장처럼 공전과 사전은 수조권의 귀속에 따라 구분되기도 하였다. 이 때의 공전은 수조권이 국가 또는 공공기관에 있었던 토지를 말하고, 사전은 그것이 관료를 위시한 개인에게 주어진 토지를 지칭하였다. 문종 12년에 왕명으로 興王寺에 移給된 景昌院 소속의 田柴를 대신하여 지급한 공전이[17] 다름 아닌 수조지로서의 공전이다. 왕명에 따라 수급처가 바뀌는 토지는 사유지일 수 없으므로 결국 수조지로 보아야 하는데, 이 수조지로서의 전시를 대신하기 위해 공전이 지급되었다면 그 또한 수조지로 볼 수밖에 없기 때문이다. 또 명종 26년 당시의 권신 최충헌 형제가 封事 10條를 올리면서 "先王이 土田을 제정하면서 공전 이외의 토지를 臣民에게 차등있게 나누어주었는데, 관리들이 공・사전을 겸병함으로써 개인은 부유해졌으나 나라의 賦稅는 감소되었다"고[18] 하였을 때의 공전과 사전도 수조지로서의 공・사전을 말하는 것이다. 신민에게 차등 분급된 토지란 바로 전시과 규정에 따라 지급된 수조지를 말하는데, 그 분급 대상에서도 제외되고 국가 부세의 증감과 직결되어 있는, 즉 국가 세수의 원천이 되는 공전은 수조지로서의 공전이어야 하며, 이러한 공전과 나란히 쓰인 사전 역시 수조지로서의 사전이어야 하기 때문이다. 그리고 "東北面과 西北面에는 원래 사전이 없었다"는 내용의 창왕 교서에[19] 보이는 사전 역시 수조지로서의 사전이다. 왜냐하면 서북면을 비롯한 양계 지역에는 고려 전기부터 이미 사유지로서의 민전(사전)이 광범위하게 존재하고 있었으므로[20] 이 사전을 사유지의 개념으로는 생각할 수 없으며, 따

16) 《高麗史》 권 85, 志 39, 刑法 2, 禁令.
17) 《高麗史》 권 8, 世家 8, 문종 12년 7월.
18) 《高麗史》 권 129, 列傳 42, 叛逆 3, 崔忠獻.
19) 《高麗史》 권 78, 志 32, 食貨 1, 田制 祿科田.
20) 《高麗史》 권 78, 志 32, 食貨 1, 田制 經理.

라서 수조지로서의 사전으로 이해해야 하기 때문이다. 이러한 수조지로서의 공·사전의 개념은 특히 과전법 규정에서 많이 사용되었다. "차후로 사전은 수급자가 비록 범죄를 저질러도 공전으로 편입시키지 말라"거나, "과전을 科外로 더 받은 자와 공전 혹은 사전을 침탈한 자는 법에 따라 처벌한다"든지, "만약 대군을 일으켜 식량이 부족할 경우는 공·사전을 불문하고 비용의 다소에 따라 임시로 국가에서 田租를 거둔다"는 규정에[21] 보이는 공·사전은 모두 수조지로서의 공·사전의 의미로 쓰인 것이다.

한편 공전이라는 용어는 사유지 또는 수조지로서의 개념 외에 왕토로서의 개념으로도 사용되었다. 이는 "넓은 하늘 아래 왕토 아닌 것이 없고, 온 천하에 왕의 신하 아닌 사람이 없다"는[22] 동양적 왕토사상에 근거를 두고 태동한 것인데, 이 왕토사상은 중국을 포함한 동아시아 지역에서 고대로부터 토지 국유 내지 공유의 이념적 바탕이 되어 왔다. 즉 왕토사상은 고대 국가의 성립 초기에 있어서 절대적 권력의 표상으로 작용하였지만 이후 현실적으로 토지사유제가 성장해 가면서 하나의 관념으로만 남게 되었다. 〈崇福寺碑〉·〈雙溪寺眞鑑禪師碑〉·〈鳳巖寺智證大師碑〉 등 통일신라 때의 비문에 보이는「王土」가 바로 이러한 관념적인 왕토사상의 표현이었다.[23] 그러나 역대의 군주들은 이 관념을 자기들에게 유리하게 활용하여 현실적으로 확립되어 있던 토지사유제 하의 개인소유권에 어느 정도의 통제를 가하였다. 사유지로서의 민전(사전) 위에 설정된 수조권이 바로 이 왕토사상의 소산이었다. 따라서 전시과 체제 및 과전법 규정 하에서 수조권의 귀속을 기준으로 구분되는 공전과 사전은 왕토사상을 근거로 존재할 수 있었다고 하겠다. 이와 같은 왕토사상을 공전으로 표기한, 즉 왕토로서의 공전의 구체적인 예는 고려 말 전제개혁론자들의 상소문에 보이고 있다. "私田은 私門에만 이롭고 나라에는 이익이 없으나 공전은 公室에도 이로울 뿐 아니라 백성에게도 매우 편리하다"던가, "국가의 공전을 공도 없이 놀고먹는 사람에게 주는 것은 좋은 계책이 아니다"고[24] 할 때의 공전은 국가의 지배 하에 있는 광범위한 토지, 즉 왕토로서의 공전을 말하는 것이

21) 《高麗史》 권 78, 志 32, 食貨 1, 田制 祿科田 공양왕 3년 5월.
22) "溥天之下 莫非王土 率土之浜 莫非王臣"(《詩經》 권 13, 小雅 北山).
23) 이에 대해서는 앞의 李佑成, 앞의 글(1965a) 참조.
24) 《高麗史》 권 78, 志 32, 食貨 1, 田制 祿科田 趙浚·許應 上疏.

다. 그리고 조선 초기의 기사이기는 하지만 司憲府가 모든 토지는 오직 국왕만이 처분할 수 있다는 명분을 암시하며, "土田은 臣者가 사사로이 할 수 있는 바가 아닌데도 戶曹가 과전을 折給할 때에 공전을 가지고 사사로이 은혜를 베푼 것은 매우 잘못된 것이다"라고[25] 한 상소에 보이는 공전 역시 다름 아닌 왕토로서의 공전을 가리킨다.

이상에서 설명한 바와 같이 고려시대의 공전의 개념은 첫째 왕토로서의 공전, 둘째 소유권을 기준으로 구분되는 공전(국·공유지)과 사전(사유지), 셋째 수조권의 귀속에 따라 구분되는 공전(국가수조지)과 사전(개인수조지)으로 나눌 수 있다.[26] 이를 바꾸어 말한다면 공전에는 왕토로서의 공전과 국·공유지로서의 공전 및 국가수조지로서의 공전이 있었고, 사전에는 사유지로서의 사전과 개인 수조지로서의 사전이 있었던 것이다.

이러한 공전과 사전의 개념 중 신라와 고려 초에는 소유권을 기준으로 구분되는 개념, 즉 국·공유지와 사유지로서의 공·사전이 많이 쓰였다. 앞서 잠시 언급한 바도 있지만 신라의 숭복사비문에 나오는 공전, 토지의 개간을 장려하는 광종 24년의 판문에 나오는 공·사전의 용례가 이의 좋은 예가 될 것이다. 반면 고려 말과 조선 초기에는 수조권의 귀속을 기준으로 구분되는 개념, 즉 국가수조지와 개인수조지로서의 공·사전 개념이 주로 쓰였다. 과전법 규정의 도처에 보이는 공전·사전이 그 대표적인 용례라 하겠다. 그리고 이 시기에는 왕토로서의 공전 개념도 적지 않게 사용되었다. 고려 말 전제개혁론자들의 상소문에 보이는 공전이 그 실례라 할 수 있다. 한편 전시과 체제 하에서는 소유권과 수조권을 기준으로 구분되는 공·사전의 개념이 모두 널리 쓰이고 있었다. 공·사전을 盜賣하거나 盜耕한 자를 처벌토록 규정한 《高麗史》 刑法志 禁令條의 공전·사전은 전자의 한 증거이며, 겸병에 의한 공전의 감소가 국가 세수의 감소와 직결되어 있음을 말하고 있는 최충헌 봉사 10조 중의 공전·사전은 후자의 일례일 것이다. 결국 신라에서 조선 초기에 이르는 과정을 거치면서 소유권 기준의 공·사전 개념보다는 수조권 귀속을 기준으로 한 공·사전의 개념과 왕토로서의 공전 개념이 점점 더 많이 쓰

---

25) 《太宗實錄》 권 12, 태종 6년 12월 병술.

26) 公·私田의 이러한 개념 구분에 대해서는 李成茂, 〈公田·私田·民田의 槪念〉 《韓㳓劤博士停年記念史學論叢》, 1981) 참조.

여져 갔다고 정리할 수 있는데, 이것은 중앙집권체제의 정비과정과 적지 않은 관련을 지녔다고 생각된다. 즉 중앙집권체제의 강화와 함께 토지에 대한 국가 지배의 밀도가 높아져 가는 과정을 반영하는 것으로 여겨지는 것이다.

### (2) 공전의 세 유형과 공전·사전의 지목

앞에서 설명한 바와 같이 고려의 공전은 세 가지 개념을 포함하고 있는 용어였다. 그런데 이러한 개념 구분을 초월하여 당시의 공전은 세 가지 유형으로 분류되었다. 이른바 1과공전·2과공전·3과공전 하는 것이 그것이다. 이와 관련하여《高麗史》食貨志 常平義倉條에 나오는 다음의 기록이 주목된다.

> 현종 14년 윤 9월에 判하기를, "무릇 여러 주현의 義倉法은 都田丁의 수에 의거하여 거두어 들이되 1科公田은 1결당 租 3斗를, 2科(公田) 및 宮院田·寺院田·兩班田은 租 2斗를, 3科(公田) 및 軍人戶丁·其人戶丁은 租 1斗씩을 내도록 이미 규정한 바 있으니, 혹 흉년을 만나 백성들이 굶주릴 때는 이것으로 위급함을 구제하였다가 가을에 이르러 환납토록 하되 남용되는 비용이 없도록 할 것이다"고 하였다(《高麗史》권 80, 志 34, 食貨 3, 常平義倉).

이 기록이 비록 義倉米의 징수를 위해 마련된 것이기는 하지만 그 징수의 대상이 되는 토지를 세 유형으로 분류하고 있어 각각의 토지 사이에는 어떠한 성격 차이가 내재해 있었을 것이라는 사실을 시사해 주고 있다. 즉 의창미의 부담액에 차이를 보이고 있는 1과·2과·3과의 공전은 각각 성격을 달리하는 토지였다고 생각되는 것이다. 그런데 이와 같은 성격 차이를 토지의 비옥도나 수확량의 다소, 또는 그 경영형태의 차이였다고는 생각하기 어렵다. 왜냐하면 만일 그렇다면 공전만이 아니라 모든 토지를 3과로 구분했어야 하기 때문이다. 따라서 여기서 말하는 성격 차이, 다시 말해서 공전을 세 유형으로 나누는 기준은 토지의 귀속 또는 토지 지배자의 차이였다고 생각할 수밖에 없다. 이렇게 볼 때 1과공전은 왕실소유지이고, 2과공전은 관청소유지이며, 3과공전은 민전이었다고 여겨진다.[27] 우선 1과공전은 2·3과공전과는 달리 이에 비교될 수 있는 사전이 존재하지 않았다는 점에서 王室御料地인 內庄田이었을

27) 이 자료의 해석에 대하여 많은 학자들이 관심을 표시하였는데 旗田巍, 앞의 글(1968b)과 姜晋哲, 앞의 책이 대표적인 업적이라 할 수 있다.

것이다. 이는 결당 가장 많은 의창미를 내도록 규정되어 있다는 사실, 즉 다른 토지에 비해 가장 많은 의창미를 부담해도 별다른 불만이 표출되지 않을 토지였다는 사실에서도 쉽게 짐작이 된다. 다음으로 2과공전은 이러한 1과공전과는 구별되면서도 궁원·사원·양반전 등의 사전에 비교될 수 있는 토지였으므로 중앙과 지방 관청의 부속지였던 공해전을 위시한 각종의 국·공유지가 이에 해당된다. 반면 3과공전은 국·공유지로서의 1·2과공전과는 구별되고 軍人戶丁(軍人田)·其人戶丁(其人田) 등에 비교될 수 있었다는 점에서 사유지로서의 민전을 말하는 것이었다고 여겨진다. 결당 의창미를 가장 적게 부담한다는 사실도 3과공전의 실체가 민전이었음을 말해 주는 것이다. 다시 말해 3과공전의 소유주는 의창미를 가장 적게 부담할 정도로 1·2과공전의 소유주인 국가나 왕실 또는 관청에 비해 경제적으로 열악하였다고 생각되는데, 일반민을 제외하고는 이에 해당하는 존재를 찾기 어렵다는 이해이다. 이 민전이 국가수조지의 핵심을 이루고 있었음은 물론이고, 바로 이 국가수조지라는 사실 때문에 사유지인 민전이 공전으로 표기될 수 있었다. 그러므로 이미 설명한 공전·사전의 개념에 입각하여 이들 세 유형의 공전은 다음과 같이 정리할 수 있게 된다. 즉 1과 및 2과공전은 소유권을 기준으로 보았을 때의 공전(국·공유지)일 뿐이지만, 3과공전은 소유권을 기준으로 하면 사전(사유지)이고 수조권의 귀속을 기준으로 하면 공전(국가수조지)이었다.

그러나 이와 같은 공전의 3과 구분이 고려 전시기에 걸쳐 지속되었던 것은 아니다. 늦어도 고려 말 특히 과전법 규정에 이르러 1과 및 2과공전은 3과공전에 흡수되어 국가수조지의 일부로서만 존재하게 되었다. 과전법 조항에 나오는 공전의 대부분이 수조지로서의 공전(국가수조지)의 의미로 쓰인 사실이 이를 말해 준다. 그렇다고 1·2과공전을 구성하고 있던 왕실어료지나 공해전 등이 이 시기에 완전히 없어졌다고는 할 수 없다. 존속은 하였으되, 다만 1·2과공전으로 구분될 정도로 고려 전기에 지니고 있던 독자성은 상실하였다는 이야기이다. 이러한 변화의 배경으로는 대체로 다음과 같은 점들이 지적되고 있다. 먼저 왕실어료지 및 공해전 관련 기사가 전기에 편재해 있다는 점에서 미루어 짐작될 수 있는 바와 같이 1·2과공전의 비중이 전기에 비하여 감소하였다는 측면이 있다. 다음으로, 1·2과공전의 경영이 점차 佃戶制

로 일원화되어 가는 추세에 있었다는 점 또한 이러한 변화의 요인으로 주목된다. 전기에 이들 토지는 전호제로 경영되기도 하고 직영제로 경작되기도 하였는데, 차츰 직영제형은 전호제형의 토지(수조지)로 바뀌어 갔고 과전법 단계에서는 전호제형이 일반화되었던 것으로 보인다.[28]

그러면 이러한 세 유형의 공전에는 각각 어떠한 지목의 토지들이 있었는가. 우선 1과공전에는 왕실소유지로서의 內庄田(庄宅田)이 있었다. 이 토지는 왕실이 초기부터 소유하고 있던 것으로 내장택에서 이의 관리 및 운영을 담당하였다. 내장 및 동궁의 식읍에 쌓여 있는 곡식이 썩는 것을 걱정하는 태조 원년의 詔文에[29] 나오는 내장(전), 宮庄에 抽減된 泗州의 민전을 보상하는데 쓰인 공전[30] 등이 바로 1과공전으로서의 내장전이다. 물론 이외에도 내장전에 포함될 수 있는 토지로 莊과 處가 있었다. 그러나 앞으로 설명하는 바와 같이 장·처는 왕실의 소유지가 아니라 민전과 성격이 같은 토지로 보는 것이 타당하므로 여기에 포함시키기는 어렵다. 다음으로 2과공전에는 중앙 및 지방관청의 운영 경비를 조달하기 위해 마련된 公廨田과 官屯田, 특정 지역에 설치된 군사조직의 군량과 필요한 경비를 현지에서 조달할 목적으로 두어진 軍屯田, 각급 학교의 운영 경비를 마련하기 위해 중앙의 국자감과 지방 각 주현의 향학에 분속되어 있던 學田, 그리고 왕이 親耕을 실행함으로써 勸農의 모범을 보이고 그 산물로 神農·后稷의 제사를 모셨다는 籍田 등이 있었다. 그리고 3과공전에 속하는 것으로는 민전과 장·처가 있었다. 잘 알려진 바와 같이 민전은 국가 재정의 주된 수입원으로서 전국에 걸쳐 광범위하게 존재한 일반 民의 사유지였다. 그러나 모든 민전이 3과공전이었다고는 할 수 없다. 왜냐하면 민전 중 일부는 전시과 규정에 따라 관료를 비롯한 여러 직역 담당자에게 수조지로 분급되었기 때문이다. 즉 개인수조지도 있었던 것이다. 위에서 인용한 바 있는 현종 14년의 의창미 수조규정에 구체적인 지목으로 등장하는 양반전·군인호정·기인호정 등의 실체가 바로 이 개인수조지인데, 이들 토지는 소유권을 기준으로 볼 때도 사전이고 수조권의 귀속을 기준으로

---

28) 이에 대해서는 旗田巍, 위의 글 참조.
29) 《高麗史》 권 1, 世家 1, 태조 원년 6월 을축.
30) 《高麗史》 권 78, 志 32, 食貨 1, 田制 經理 현종 13년 2월.

보아도 사전이므로 절대 공전으로 표기될 수 없는 것이다. 따라서 민전 중 국가수조지만이 3과공전에 해당한다고 하겠다. 앞에서도 잠시 언급한 바와 같이 이러한 민전은 소유권을 기준으로 보면 비록 사전(사유지)이지만 수조권이 국가에 있었기 때문에 공전으로 표기될 수 있었다. 국가수조지로서의 민전 외에 장·처(전)도 3과공전에 해당되는 토지였다고 이해된다. 물론 이 장·처를 1과공전으로 보는 견해도 있기는 하지만, 그 성격이 민전과 등질적이었다는 점을 고려할 때 3과공전으로 보는 견해가 타당할 것이다.[31] 즉 莊·處는 고려의 군현제도를 정비하는 과정에서 형성된 촌락 단위의 왕실 直領이었으므로 군현제의 하부단위인 촌락과 동일한 촌락이었다는 등질성을 지니고 있으며, 따라서 장·처의 토지와 주민 또한 일반 군현의 민전 및 농민과 등질적인 존재였다는 것이다. 다시 말해 장·처는 그 곳 주민의 사유지로서 왕실에 조를 내는 수조지였다는 것이다. 결국 수조권이 왕실에 있었다는 점에서 공전으로 표기될 수 있으나, 왕실소유지로서의 내장전과는 달리 소유권이 왕실이 아닌 장·처의 민에게 있었으므로 1과공전이 아닌 3과공전이었던 것이다. 그러나 모든 장·처(전)가 3과공전이었다고는 할 수 없다. 두말할 필요 없이 장·처의 대부분은 왕실수조지였지만 국왕의 施納이나 移給 등을 통해 궁원과 사원으로 이속된 것도 적지 않았기 때문이다. 이러한 장·처를 3과공전으로 볼 수 없음은 민전의 경우와 마찬가지이다. 즉 궁원과 사원의 장·처(전)는 소유권을 기준으로 볼 때도 사전(사유지)이고 수조권의 귀속을 기준으로 해도 사전(개인수조지 : 궁·사원수조지)이기 때문이다.[32]

여러 차례 언급하였지만, 고려의 사전은 사유지로서의 사전과 개인수조지로서의 사전이라는 두 가지 개념으로 쓰였으므로 그 구체적인 지목 또한 둘로 나누어 고찰하는 것이 타당할 것이다. 먼저 전자의 대표적인 지목으로는 민전을 들 수 있다. 잘 알려져 있듯이 민전은 주로 농민이 소유하고 경작하는 토지를 말한다. 관료를 비롯한 각종의 직역부담지들이 소유한 토지 역시 민전이

31) 旗田巍는 이를 1科公田이라 하며(앞의 글, 1968b), 姜晋哲은 3科公田이라고 한다(앞의 책, 224~235쪽). 한편 庄·處田을 2科公田으로 본 견해도 있다(朴鍾進, 〈高麗初 公田·私田의 性格에 대한 再檢討〉, 《韓國學報》 37, 1984).

32) 이 宮·寺院收租地로서의 庄·處도 3科公田으로 간주하고 있다(姜晋哲, 앞의 책, 160·229쪽).

었음은 물론이다. 그런데 대부분의 민전은 조상으로부터 상속되어 온 것이기 때문에 흔히 祖業田·世業田·父祖田·父母田·家田 등으로 불리기도 하였다. 이 밖의 매매·증여·개간 등을 통하여 새로 형성된 민전도 있었을 것이다. 이러한 민전의 대부분은 국가수조지로 편입되어 국가 재정의 주된 수입원이 되었으나, 일부는 전시과의 규정에 의해 개인수조지로 분급되기도 하였다. 민전만이 아니라 왕의 비빈 또는 왕족들의 궁원에 속한 궁원전도 사유지로서의 사전이었다. 玄化寺의 창건에 즈음하여 여러 궁원이 헌납한 田地가[33] 바로 이러한 사유지였을 것이다. 또 사찰이 오래 전부터 소유해 왔거나, 국왕·귀족 및 일반 백성들의 사유지로서 사찰에 시납·기진된 사원전도 이러한 사전이었다. 물론 똑같이 궁원전·사원전으로 불리었다고 하더라도 그 실체가 수조지였던 것으로 보이는 궁원·사원의 장·처는 궁·사원의 사유지라고 할 수 없다. 그러나 앞서 논의하였듯이 장·처 자체는 민전과 등질적인 토지였으므로 역시 사유지로서의 사전으로 간주해야 할 것이다.

다음으로 수조지로서의 사전에는 매우 다양한 지목이 있었다. 이러한 사전은 「名田」, 즉 수조권자의 사회적 신분이나 지위에 따라 이름이 붙여지는 형식으로 존재하였기 때문이다. 위에서 인용한 바 있는 현종 14년의 의창미 수조규정에서 2·3과공전과 대비되어 쓰인 양반전·군인호정(군인전)·기인호정이 대표적인 수조지로서의 사전이었다. 양반전은 문·무반에 재직하고 있는 관료들에게 그 복무의 대가로 전시과 규정에 따라 지급한 것으로서 과전으로도 불리었으며, 군인전은 경군에 소속된 군인들에게 군역에 복무하는 대가로 지급한 토지였다. 그리고 기인전은 향리 중 선상하는 자에게 지급된 토지였는데, 기인 외의 다른 향리들에게도 향역의 대가로 향리전이 지급되었으므로 기인전은 넓게 보아 향리전에 포함되는 것이었다. 이 밖에도 5품 이상의 귀족 관료들의 특권적인 생활을 보장해 주기 위해서 지급된 공음전(兩班功蔭田柴), 주로 6품 이하의 하급 양반 및 군인의 유족에게 지급된 후생정책적 의미의 구분전, 6품 이하관의 자녀로서 未仕·未嫁인 閑人에게 지급된 한인전, 외국인이 귀화하였을 때 지급한 투화전, 왕족·공신·중신들에게 특별히 지급한 식읍 등이 있었다. 그리고 앞에서도 잠시 언급하였듯이 궁·사원전 중

33) 〈玄化寺碑 陰記〉(《朝鮮金石總覽》 上).

에서 사유지가 아닌 수조지로서의 장·처도 이러한 사전이었다. 그런데 여기서 한 가지 간과할 수 없는 것은 이와 같은 수조지로서의 여러 사전이 사유지로서의 민전 위에 설정되었다는 사실이다. 다시 말해서 민전 위에 설정된 국가의 수조권이 각종의 명분으로 개인에게 양도되면서 다양한 수조지로서의 사전이 나타날 수 있었던 것이다. 따라서 수조지로서의 사전의 본질은 수조권의 소유일 뿐 해당 토지 자체의 소유권을 가지는 것은 아니었다.

이상에서 설명한 공전의 세 유형과 그 성격 및 공전·사전의 구체적인 지목을 간단히 정리하면 다음의 〈표 1〉, 〈표 2〉와 같다.

〈표 1〉 公田의 3類型과 地目

| 區 分 | 國·公有地로서의 公田 | | 收租地로서의 公田 |
|---|---|---|---|
| 類 型 | 1 科 公 田 | 2 科 公 田 | 3 科 公 田 |
| 地 目 | 內 庄 田<br>(庄·處 除外) | 公 廨 田·屯 田<br>學 田·籍 田 | 民 田(國家收租地)<br>庄·處(王室收租地) |
| 所 有 權 者 | 王 室 | 國家·公共機關 | 주 로 農 民 |

〈표 2〉 私田의 地目

| 區 分 | 私有地로서의 私田 | 收租地로서의 私田 |
|---|---|---|
| 地 目 | 民田, 宮院田, 寺院田(莊·處 除外), 莊·處(田) | 兩班田·軍人田·鄕吏田(其人田)·功蔭田·口分田·閑人田·投化田·食邑 등 |
| 所 有 權 者 | 一般 民, 宮院 및 寺院, 莊·處民 | 一般民 |

### (3) 공전·사전의 형성과정과 경영형태

고려의 공전(국·공유지)과 사전(사유지)은 통일신라 말의 혼란을 극복하는 과정, 즉 후삼국간의 쟁패과정에서 성립되었다고 할 수 있다. 우선 신라의 귀부로 인해 官謨田·畓과 麻田 등을 비롯한 신라 때의 공전이 그대로 고려의 공전으로 되었을 것이고, 후백제와의 전쟁에서도 상당액수의 공전이 창출되었을 것이다. 또 반고려적인 호족들이 제거되면서 그들이 소유하였던 토지와 호족의 일원으로서 태조 자신이 본래부터 가지고 있었던 토지도 공전으로 편입되었을 것이다. 특히 후자는 왕실어료지로서의 내장전(왕실소유지)이 되었을 것으로 여겨진다. 한편 고려왕조가 성립된 이후 공전은 주로 개간을 통해 확대되어 갔다고 생각된다. 陳田의 개간을 장려하고 있는 광종 24년의 판문이[34] 그 일례라 하겠는데, 사전(사유지)의 경우보다 유리한 조건을 제시하고 있다는 점으로 보아 공전의 경작지는 개간을 통해서 적지 않게 증가되었을 것으로 추측된다. 또, 국·공유지의 하나인 둔전의 경영이 주로 閑曠地의 개간을 통해 이루어지고 있었다는 사실도[35] 이를 반영하는 것이다.

한편 사전(사유지)은 주로 相續·買得·贈與·奪占·開墾 등을 통해 형성되었다. 이미 신라 때에도 烟受有田·畓으로 불리는 백성들의 사전(사유지)이 광범위하게 존재하고 있었고, 고려에서도 사유지의 대표적 존재라 할 수 있는 민전이 있었다. 이러한 사전은 우선 상속을 통해 계속 사전으로 남아 있었다. 조업전·세업전·부조전·부모전·가전 등이 선조로부터 상속된 토지를 가리킨다는 것은 앞서 지적한 대로이고, "文契가 없는 父祖田은 嫡長子에게 우선 決給한다"고 한 예종 17년의 판문[36]과 충렬왕 때 李承休가 그의 외가로부터 2 頃의 전지를 물려 받았던 사실[37] 등은 사유지 상속의 좋은 실례이다. 이 밖에도 사유지로서의 조업전이 당연히 포함되어 있을 가산의 상속을 말해 주는 기사는 매우 많다. 매매와 증여도 사유지 형성의 한 방법이었다. 우왕 때 閑散軍으로 뽑힌 농민이 군마를 마련하기 위해 경작 중인 땅을 판 일,[38] 정중부의 난 때 간신히 살아 남은 林椿이 湍州에서 땅을 사게 되는 이야기[39] 등은 전자의 예이고, 通州副使 金用卿과 襄州副使 朴琠이 〈三日浦埋香碑〉의 건립에 즈음하여 소유 토지를 기증한 일,[40] 姜邯贊이 開寧縣에 있던 그의 토지 12결을 軍戶에게 준 사실[41] 등은 후자의 예이다. 특히 기진(증여)은 사유지로서의

---

34) "光宗二十四年十二月判 陳田墾耕人 私田則初年所收全給 二年始與田主分半 公田限三年全給 四年始依法收租" (《高麗史》 권 78, 志 32, 食貨 1, 田制 租稅).
35) 安秉佑, 〈高麗의 屯田에 관한 一考察〉(《韓國史論》 10, 1984) 참조.
36) 《高麗史》 권 85, 志 38, 刑法 2, 訴訟.
37) 李承休, 《動安居士集》, 雜著, 葆光亭記.
38) 《高麗史》 권 81, 志 35, 兵 1, 五軍.
39) 林 椿, 《西河集》 권 4, 寄山人悟生書.
40) 黃壽永 編, 《韓國金石遺文》(一志社, 1981), 134~137쪽.
李蘭暎 編, 《韓國金石文追補》(亞細亞文化社, 1968), 28쪽.
41) 《高麗史》 권 94, 列傳 7, 姜邯贊.

사원전 증대에 있어 중요한 수단으로 작용하였다. 고려 일대를 통해 국왕을 비롯한 왕족 및 귀족은 물론이고 일반 백성들까지도 막대한 양의 사유지를 사원에 기진하였던 것이다. 玄化寺의 창건에 즈음하여 현종과 여러 궁원이 시납한 토지가 사유지임은 이미 언급한 바 있고, 靖宗 때 崔齊顔이 天龍寺·地藏寺 등에 시납한 토지,[42] 충렬왕 때 이승휴가 看藏寺에 기진한 7~8결의 토지[43] 등도 모두 사원의 사유지였다. 반면 불법적으로 남의 토지를 빼앗는 탈점은 주로 권세가들의 사유지 형성에 활용되었다. 물론 이러한 탈점은 사유지 뿐 아니라 수조지를 대상으로 하는 경우도 많았으나 역시 그 주류는 사유지였다고 생각되며, 비록 무신 집권기 이후에 본격화되었지만[44] 그 이전에도 탈점을 통한 사유지의 확대 현상은 나타나고 있었다. 李資謙 일파가 탈점한 토지의 환원을 명한 기록이나,[45] 장인의 첩이 가진 토지를 탈점하였다가 조롱을 받았던 朴挺蕤의 사례가[46] 그 좋은 예이다. 한편 진전의 개간을 장려하는 광종 24년(973)및 예종 6년(1111)의 판문에서[47] 알 수 있는 것과 같이 사유지는 개간을 통해서도 형성되었다. 여기서 말하는 진전은 비단 휴경지만을 의미하는 것이 아니라 개간 대상이 되는 보다 넓은 한광지까지 포함하는 것으로 보인다. 왜냐하면 미개간 한광지가 꽤 많이 있었으리라고 생각되는 당시에 굳이 휴경지만을 그 대상으로 삼을 필요가 없었기 때문이다. 특히 이 방법은 여러 차례의 전쟁으로 많은 경작지가 황폐화된 고려 후기에 세력 있는 양반귀족이나 향리들의 농장 확대에 적극적으로 활용되었다.[48]

이와 같이 다양한 과정을 통해 형성된 고려의 공전(국·공유지)과 사전(사유지)은 대체로 두 가지 형태로 경영되었던 것으로 분석된다. 먼저, 공전은 직영제와 전호제에 의하여 경영되었다. 직영제란 왕실이나 국가 또는 공공기관이 소유 토지(국·공유지)를 소속 노비나 주변 농민의 요역을 동원하여 경작

---

42) 《三國遺事》 권 3, 塔像 4, 天龍寺.
43) 李承休, 《動安居士集》, 雜著, 看藏寺記·看藏庵重創記.
44) 이에 대한 보다 상세한 내용은 〈農莊의 發達과 그 構造〉(《한국사》 19, 국사편찬위원회, 1994 간행예정) 참조.
45) 《高麗史節要》 권 9, 인종 5년 10월.
46) 《高麗史》 권 98, 列傳 11, 朴挺蕤.
47) 《高麗史》 권 78, 志 32, 食貨 1, 租稅.
48) 주 44) 참조.

하고 그 수확을 모두 확보하는 것이고, 전호제는 그 소유 토지를 농민에게 佃作(소작)시키고 일정한 비율의 조세(지대)를 수취하는 경영형태를 말한다. 국·공유지에서의 전호제 경영을 말해 주는 대표적인 것은 이미 여러 차례 언급한 바 있는 광종 24년의 개간 장려 기사이다.49) 이에 따르면 개간된 공전(국·공유지)의 租(地代)는 3년 동안 면제되었다가 4년째부터 법에 따라 수취된다고 하였으므로, 그 공전은 개간자인 농민을 전호로 하는 전호제 경영에 의해 경작되었음이 거의 확실하다고 하겠다. 이 밖에 공전에서의 전호제 경영의 흔적은 1·2과공전의 구체적인 지목에서도 발견되고 있다. 즉 일부 내속노비를 제외한 나머지를 出郊시켜 토지(내장전)를 경작하여 납세케 한 태조의 조치는50) 외거노비를 전호로 하는 내장전에서의 전호제 경영을 말해 주는 좋은 예이다. 또 宮庄으로 抽減되어 결국 내장전이 된 泗州 民田의 농민들이 과중한 세를 부담하고 있었음을 전하는 현종 13년(1022)의 호부 奏文은51) 농민을 전호로 하는 내장전의 전호제 경영을 의미하고 있다. 그리고 공해전의 일부를 이루는 公須田에서 조가 수취되었음을 말해 주는 문종 2년(1048)과 숙종 6년(1101)의 公須田租 관계의 판문,52) 공해전을 포함하는 朝家田에 전호가 우선적으로 差定됨으로써 군인전의 경작이 차질을 빚고 있다고 한 예종 3년의 制文53) 등은 모두 공해전에서의 전호제 경영을 시사하고 있다. 또, 국·공유지 중 가장 규모가 컸을 것으로 생각되는 군둔전에서도 전호제 경영의 자취는 찾아진다. "河陰部曲民 100여 호를 嘉州 南屯田所로 이주시켜 佃作에 충당하자"는 현종 15년의 都兵馬使 奏文과,54) "州鎭屯田軍 1대에 토지 1결씩을 지급하여 (경작케 하고) 旱田에서는 결당 1석 9두 5승을 거두며 水田에서는 3석을 거두도록 한다"는 숙종 8년의 판문55) 등에 나오는 「佃作」이나 「收租」는 군둔전의 전호제 경영

49) 주 34) 참조.

50) 《高麗史》 권 93, 列傳 6, 崔承老.

51) 《高麗史》 권 78, 志 32, 食貨 1, 田制 經理.

52) 《高麗史》 권 78, 志 32, 食貨 1, 田制 租稅 · 권 80, 志 34, 食貨 3, 祿俸 外官祿.

53) "睿宗三年二月制 近來州縣官 祇以宮院朝家田 令人耕種 其軍人田 雖膏腴之壤 不用心勸稼 亦不令養戶輸糧 因此 軍人飢寒逃散 自今先以軍人田 各定佃戶"(《高麗史》 권 79, 志 33, 食貨 2, 農桑) 현재 이 기록의 이해를 두고 전혀 입장을 달리하는 두 해석이 있는데, 이에 대해서는 이 책 제1편 3장 2절 〈공해전〉 참조.

54) 《高麗史節要》 권 3, 현종 15년 정월.

55) 《高麗史》 권 82, 志 36, 兵 2, 屯田.

을 전제로 해서만 이해될 수 있는 것이다.[56]

한편 국·공유지가 직영제에 의해 경작되었음을 나타내는 기록도 적지 않게 발견된다. 우선 태조의 조치로 전호제 경영을 택하게 된 내장전이 그 이전에는 궁중 노비의 役使에 의한 직영제로 경영되었으리라는 사실은 어렵지 않게 짐작된다. 아울러 내장전의 경영이 점차 직영제에서 전호제로 옮겨 가는 추세에 있었다고 하더라도 일부는 아직 노비나 주변 농민의 요역 동원을 통해 경작되는 직영제 단계에 머물러 있었을 것으로 추측되기도 한다. 특히 군둔전은 '且耕且戍'라는 관념 하에 설치되었던 것이므로 주로 군졸의 노동력 동원을 통한 직영제 경영의 흔적이 이 곳에 가장 많이 남아 있다. "유사시에는 병기를 잡고 평시에는 둔전을 경작한다"든가,[57] "둔전의 법은 屯戍하는 병졸로 하여금 전투도 하고 경작도 하게 함으로써 조운의 비용을 절약하는 것이다"[58]고 하는 군둔전 경영의 원칙론적 설명은 차치하고라도, 의종 17년(1163)에 金光中이 麟州·靜州 관내의 섬에 방술군과 함께 설치한 둔전과[59] 부곡민의 사민이 시작된 현종 15년 이전의 가주 남둔전 등은 군졸을 동원한 직영제에 의해 경영되었을 것이다. 군둔전과 마찬가지로 관둔전 또한 직영제 경영을 원칙으로 하고 있었던 것으로 생각된다. 비록 고려 후기의 사례이지만 공민왕 때 南原府使가 된 李寶林이 향리들의 작폐를 제거하고 직접 둔전 경영을 장악하여 상당한 양의 곡물을 거둔 사실은[60] 관에 의한 직접 경작을 보여 주는 실례이다. 한편 學田의 경우도 "國學에서 인재를 양성하는 비용이 너무 많이 들어 민폐가 심하니 종전의 제도를 폐지하자"는 숙종 7년 邵台輔의 上奏文을[61] 통해 볼 때 관노비나 주변 농민의 요역 동원에 의한 직영제로 경영되었음이 짐작된다. 그리고 조선시대의 籍田 운영을 고려한다면 고려의 적전 또한 적전에 배속된 노비나 또는 그 주변에 거주하는 농민들의 요역을 동원하여 경작되었던 것으로 이해된다.

---

56) 이 두 자료에 대한 이해 역시 전혀 입장을 달리하는 두 가지 견해가 제시되어 있는데 이에 대한 자세한 내용은 이 책 제I편 3장 3절 〈둔전과 학전·적전〉 참조.
57) 《高麗史》 권 82, 志 36, 兵 2, 屯田 공민왕 5년 11월.
58) 鄭道傳, 《三峯集》 권 8, 朝鮮經國典 下, 政典 屯田.
59) 《高麗史節要》 권 11, 의종 19년 3월.
60) 李　穡, 《牧隱文藁》 권 1, 記, 南原府新置濟用財記.
61) 《高麗史》 권 74, 志 28, 選擧 2, 學校.

이와 같이 국·공유지에서의 전호제 경영의 흔적은 고려 전기부터 내장전을 비롯한 공해전·군둔전 등에서 확인되며, 직영제 경영은 내장전·군둔전·관둔전·학전·적전 등에서 엿볼 수 있다. 특히 규모가 매우 컸으리라고 여겨지는 내장전·공해전 및 군둔전의 일부가 전호제로 경영되었음이 주목된다. 그리고 태조 때의 내장전과 현종 때의 가주 남둔전의 경우에서 보듯이 그 경영은 직영제에서 점차 전호제로 바뀌어 가는 추세에 있었다고 이해된다. 이처럼 고려 전기부터 전호제로 경영되는 국·공유지가 큰 규모로 존재하였고 또 점차 확대 일로에 있었으므로 국가는 이들 국·공유지에서의 조세 수취에 관심을 기울이지 않을 수 없었을 것이다.

다음으로 사전(사유지)은 자기경영의 방식으로 경작되기도 하였고 小作制(佃戶制) 형태로 경영되기도 하였는데, 자기경영은 소유 토지를 자신 및 그 가족의 노동력만으로 경영하는 순수 자기경영과 소유 노비나 雇工을 통해 직영하는 직영형 자기경영으로 나누어 볼 수 있다. 자기경영의 가장 좋은 실례는 사유지의 대표적 존재인 민전에서 찾아진다. 민전의 대부분은 당시 광범위하게 존재하였던 백정 농민이 조상 대대로 물려받은 소규모의 토지였으므로 자신의 가족노동력에 의지하여 경작하는 순수 자기경영의 방식을 취하고 있었다. 그러나 모든 민전의 소유 규모가 작았던 것은 아니다. 민전 중에는 중앙의 양반 관료를 비롯하여 富民·豪右·豪富·民長 등으로 불리었던 지방 유력자들의 토지도 적지 않게 있었는데, 지방 관아의 재정적인 곤궁을 부민이 돕고 있는 사실[62]을 고려할 때 그들의 소유 토지는 비교적 규모가 컸을 것으로 생각된다. 이와 같이 규모가 큰 유력자들의 민전은 가족노동력만으로는 경작될 수 없었으므로 일부는 소작되기도 하였겠으나 더러는 노비나 고공의 노동력을 이용한 직영형 자기경영으로 경작되기도 하였을 것이다. 민전 뿐 아니라 궁원전·사원전 등의 사유지에서도 이러한 자기경영, 특히 직영형 자기경영이 이루어지고 있었다. 당시 궁원과 사원에는 상당수의 노비가 예속되어 있었으므로 이들의 노동력 동원을 통한 궁·사원전의 직접 경작은 어렵지 않게 추측된다.

앞서 이야기 한대로 사유지의 대표적 존재인 민전의 대부분은 소규모로

62) 徐 兢,《高麗圖經》, 권 3, 城邑.

존재하였고 순수 자기경영으로 경작되었다. 그러나 주로 양반이나 지방 유력자의 경우로 생각되지만 가족노동력의 한계를 넘어 서는 큰 규모의 토지를 소유한 사람도 있었지만, 오히려 소유한 토지가 적어 가족노동력이 남아도는 형편임에도 불구하고 생계 유지가 곤란한 농민도 많았다. 이러한 상황에서 여유 토지를 가진 유력자가 여유 노동력을 가진 농민에게 소작을 주는 전호제(소작제) 경영이 자연스럽게 발생하였다. 양반이나 지방 유력자의 민전 뿐 아니라 사유지로서의 궁원전·사원전에도 이러한 전호제 경영이 있었다. 오히려 궁·사원전은 유력자의 민전보다 훨씬 규모가 컸기 때문에 이 전호제가 더욱 적극적으로 활용되었던 것으로 보인다. 이와 같은 전호제 경영에 참여한 소작인은 주로 백정 농민과 외거노비였다. 이들 가운데 자신의 토지가 전혀 없는 농민도 더러 있었겠으나, 적으나마 자기 소유의 민전이 있는 영세한 自小作 농민이 대부분이었다고 이해되고 있다. 이 밖에 사원전의 경우에는 「隨院僧徒」나 「在家和尙」 등으로 불리면서 가족을 구성하고 있는 평민 출신의 하급 승려들도 소작인으로 참여하였다.[63] 사유지에서의 이러한 전호제 경영이 언제부터 시작되었는지는 정확히 알 수 없으나, 사전 개간지에서의 分半收取를 규정하고 있는 광종 24년의 판문을 고려할 때 고려 초기부터 있었다고 여겨진다. 또 「전호」의 존재를 나타내 주는 기록이 예종 때 자주 보이고 있고,[64] 處干(佃戶)의 철폐를 논의하고 있는 충렬왕 때의 기사를[65] 참작하면 사유지에서의 전호제 경영은 고려 전시기에 걸쳐 실재하였다고 생각된다. 특히 유력자들에 의한 대토지 소유가 크게 발달하였던 중기 이후로 전호제 경영은 더욱 일반화되었던 것으로 보인다.

### (4) 공전·사전의 수조율

고려시대에는 보통 「分半」, 「四分取一」, 「什一」 등으로 표현되는 3가지 수조율이 있었다. 「분반」이 생산량의 1/2을, 「사분취일」이 1/4을, 「십일」이 1/10

63) 姜晋哲, 앞의 책, 155~156쪽.
李炳熙, 〈高麗前期 寺院田의 分給과 經營〉(《韓國史論》 18, 서울大 國史學科, 1988), 70~72쪽 참조.

64) 《高麗史》 권 78, 志 32, 食貨 1, 田制 租稅 예종 6년·권 79, 志 33, 食貨 2, 農桑 예종 3년.

65) 《高麗史》 권 28, 世家 28, 충렬왕 4년 7월 을유.

을 거두는 수조율이었음은 잘 아는 사실이다. 그러면 이러한 세 가지 수조율은 각각 어떠한 성격의 토지에 적용되었는가.

그런데 앞에서 설명한 것처럼 고려시대의 공전은 직영제와 전호제에 따라 경영되었고, 사전은 자기경영과 전호제(소작제)에 의해 경작되었다. 직영제와 자기경영의 토지는 생산량의 전부를 토지 소유자가 확보하므로 수조율이 문제되지 않지만 전호제에 의해 경작되고 있던 공전(국·공유지)이나 사전(사유지)은 그렇지 않다. 수확의 얼마를 소작료로 징수할 것인가는 토지 소유자와 소작자 모두에게 관심의 대상이 되지 않을 수 없다. 이 소작료는 借耕者가 소유자에게 내는 이른바 지대의 개념에 해당하는 것이다. 따라서 우선 수조율이 개재될 수 있는 토지로 전호제형의 공전과 사전을 들 수 있다. 한편 이미 언급한 사실이지만 국가는 개인의 토지 사유를 인정하면서도 일정한 통제를 가하고 있었다. 동양적 왕토사상을 관념적 토대로 하여 사유지로서의 민전 위에 설정한 수조권이 그것이었다. 수조권을 설정한 이상 국가는 생산량의 얼마를 수취해야 하는가 하는 수조율도 규정해야만 했다. 이러한 수조율은 토지 소유자가 국가에 내는 地稅의 개념에 해당한다. 그러므로 수조율이 개재될 수 있는 또 하나의 토지로 사유지로서의 민전을 들 수 있겠다. 바로 이러한 성격을 지닌 세 토지, 즉 전호제로 경작되는 공전(국·공유지) 및 사전(사유지)과, 본질은 사유지이지만 국가에 의해 수조권이 설정되면서 수조지가 된 민전이 1/2·1/4·1/10의 수조율과 관련이 있었던 것이다.

우선 전호제(소작제)로 경작되는 사유지에서의 수조율(소작료)은[66] 1/2이었다. 이러한 사실은 "陳田을 개간한 자에게 사전인 경우 첫 해에는 수확의 전부를 주고 2년째부터 비로소 田主와 分半한다"고 한 광종 24년의 판문에[67] 잘 나타나 있다. 이미 설명한 대로 여기에 나오는 사전은 사유지임이 분명하다. 따라서 개간된 사유지는 개간자를 전호로 하는 전호제에 의해 경작되었다고 이해되는데, 그 수조율(소작료)이 1/2이었던 것이다. 이렇게 볼 때 전호제로 경

66) 私有地에서의 소작료를 「租」라 부른 예는 處干의 실체에 대해 설명하고 있는 충렬왕 때의 소위 處干 기사(《高麗史》 권 28, 世家 28, 충렬왕 4년 7월 을유)에서 찾아 볼 수 있다. 한편 國·公有地에서의 소작료를 「租」라 칭한 예는 광종 24년의 判文에서 쉽게 확인된다.

67) 주 34) 참조.

작되는 사유지에서의 수조율은 늦어도 고려 초기부터 1/2이었다고 할 수 있다. 그러나 이러한 규정이 이 시기에 비로소 만들어진 것이었다고는 생각되지 않는다. 신라 말에도 귀족·호족들의 많은 사유지가 있었고, 그 일부는 전호제로 경작되었을 것이므로 소작료로서의 분반 수취 또한 존재하였을 것이다. 그러므로 위 광종 24년의 판문은 그 이전부터 있어 온 분반수취의 관행을 재확인한 것이었다고 하겠다. 광종 24년 이후에도 이러한 관행이 계속되었음은 물론이다. 역시 사유지 개간 때의 收租 문제를 언급하고 있는 것이지만 "3년 이상된 陳田을 개간할 경우 2년 동안은 수확의 전부를 개간자에게 주고 3년째부터 田主와 分半한다"고 한 예종 6년의 판문에서도[68] 사전에서의 분반수취 원칙은 지켜지고 있다. 뿐만 아니라 "고려 때에는 관의 간섭없이 개간을 자유롭게 행할 수 있어서 세력있는 자들은 많은 토지를 개간하여 빈한한 농민들에게 빌려주고 소출의 반을 거두었다"고 한 鄭道傳의 지적에서도[69] 분반수취의 관행을 엿볼 수 있는데, 정도전이 말하는 이러한 상황은 특히 고려 말기의 경제적 상태를 가리키는 것으로 여겨진다. 따라서 사전에서의 분반수취, 즉 사전 조율 1/2의 원칙은 사유지에서의 전호제 경영과 마찬가지로 고려 전시기에 걸쳐 존속되었던 것으로 이해된다.

한편 민전에 대한 국가의 수조율은 고려 초기부터 1/10이었다. 이는 고려 말 사전개혁을 주장하면서 올린 趙浚의 上書에 분명하게 밝혀져 있다. 조준에 의하면 태조는 즉위 직후 弓裔의 수취가 너무 가혹하였음을 개탄하고 什一租法에 따라 토지 1負當 3升의 租를 거두도록 하였다는 것이다.[70] 또 고려의 取民之制, 즉 주세 수취가 맹자가 말하는 십일조법에 부합하는 것이었다고 피력하고 있는 李齊賢의 策問에서도[71] 민전에서의 수조율이 1/10이었음은 다시 확인된다. 고려 초 뿐만이 아니라 중기에도 이 십일조 원칙은 지켜지고 있었다. 백성에 대한 수취를 가볍게 하여 비록 공전에서 「什一」(1/10)을 거두어도 국가 재정이 넉넉하였음을 이야기하는 李奎報의 〈乙酉年大倉泥庫上樑文〉[72]이 그

68) 《高麗史》 권 78, 志 32, 食貨 1, 田制 租稅.
69) 鄭道傳, 《三峯集》 권 7, 朝鮮經國典 上, 賦典 經理.
70) 《高麗史》 권 78, 志 32, 食貨 1, 田制 祿科田.
71) 李齊賢, 《益齋集》 권 9 下, 策問.
72) 李奎報, 《東國李相國集》 권 19, 雜著, 乙酉年大倉泥庫上樑文.

실례이다. 여기에 나오는 「공전」이 국·공유지가 아닌 민전, 즉 국가수조지로서의 공전이라는 것은 이 곳에서 거두는 조세가 국가 재정의 근본이 되고 있다는 사실에서 자명하다. 그리고 공민왕 11년에 密直提學 白文寶가 그의 箚子에서 "우리 나라의 전제는 漢나라의 限田制를 받아 들여 10분의 1만을 과세하였을 뿐이다"고[73] 밝히고 있는 사실에서 미루어 볼 때 고려 후기에도 십일조법이 여전히 시행되고 있었음을 알 수 있다. 이 밖에 잘 알려진 바와 같이 과전법의 전조 수취규정 또한 이 십일조법에 입각하고 있었다. 그러므로 민전에 대한 수조율은 태조 이래 말기까지 줄곧 1/10이었다고 이해된다. 그런데 민전에 대한 수조율이 1/10이었다고 할 때의 민전에는 국가수조지는 물론이려니와 양반전·군인전·향리전 등으로 불리는 각종의 개인수조지까지 포함된다. 개인수조지란 본래 국가수조지였던 것을 전시과 규정에 의거하여 개인에게 분급된 것에 불과하므로 양자 사이에 수조율의 차이가 생길 수 없기 때문이다. 이처럼 국가수조지(공전)와 개인수조지(사전)의 수조율이 모두 1/10이었으므로 십일조를 「공전조」 또는 「사전조」로 칭할 수는 없다. 「민전조」라고 하는 것이 가장 정확한 표현일 것이다.

이와 같이 1/2은 전호제로 경작되는 사유지에서의 소작료였고, 1/10은 국가 권력에 의해 수조권이 설정된 민전에서의 수조율이었으므로, 1/4은 자연히 전호제로 경영되는 국·공유지에서의 수조율(소작료)일 수밖에 없다. 이른바 「四分取一」 기록으로 불리는 성종 11년(992)의 판문이 그 유일한 근거이다. 즉 "公田에서의 조세는 1/4을 취하는데 水田은 상등전 1결에 租 2석 11두 2승 5합 5작, 중등전 1결에 租 2석 11두 2승 5합, 하등전 1결에 조 1석 11두 2승 5합으로 한다"[74]고 하였을 때의 공전의 실체는 국·공유지였던 것이다. 물론 여기서의 공전을 공전이라 부를 수 있는 또 다른 토지, 즉 국가수조지로서의 민전으로 볼 여지가 없는 것은 아니며, 사실 그러한 견해가 제시된 바 있다. 즉 "당시 대부분의 국·공유지는 직영제로 경영되었으므로 이에 대한 수조율을 특별히 설정할 필요가 없었고, 전호제로 경영되었던 일부 국·공유지에서도 사유지의 경우와 같이 1/2의 수취가 이루어졌을 것이기 때문에 사분취일

73) 《高麗史》 권 78, 志 32, 食貨 1, 田制 租稅.
74) 위와 같음.

기록에 나오는 공전의 실체는 국·공유지가 아닌 민전으로 보아야 한다. 따라서 민전(공전)에서의 수조율은 1/4이었으며, 이를 1/10로 기술하고 있는 고려말 조준 상서의 내용은 신뢰하기 어렵다. 왜냐하면 당시 전국 토지의 대부분을 차지하고 있는 하등전(수전 기준)의 생산량은 '사분취일' 기록에 의거할 때 약 7석이었으므로, 토지 1결의 생산량을 20석으로 상정하고 십일조법에 따라 1負에서 3升을 내도록 한 태조의 정책은 기만적인 가식이었다고 보아야 하기 때문이다"고 하는 주장이[75] 그것이다. 그러나 앞에서 설명한 것처럼 직영제보다 전호제에 의해 경영되는 국·공유지의 규모가 더 컸으며, 또 직영제 경영이 점차 전호제 경영으로 바뀌어 가는 추세에 있었다. 그러므로 전호제로 경영되는 국·공유지에서의 수조율 설정은 필요한 것이었다. 그리고 조준 외에 이규보·이제현·백문보 등도 민전에 대한 수취가 1/10이었음을 이야기하고 있고, 고려 초기에도 토지 1결의 생산량을 대략 20석으로 보는 것이 타당하다는 의견이[76] 제기되어 있는 이상 민전에서의 십일조 수취를 가공적·관념적인 것이었다고 돌려버리기는 어렵다. 이처럼 민전(수지조로서의 공전)에서는 1/10의 수조가 행하여졌으므로 1/4의 수취를 규정하고 있는 성종 11년의 판문에 나오는 공전은 민전 이외에 공전으로 불리었던 또 다른 공전, 즉 국·공유지로 볼 수밖에 없다. 이러한 사실은 "州鎭屯田軍 1대에 토지 1결씩을 지급하여 (경작케 하고) 旱田 1결에서는 1석 9두 5승을 거두며 水田에서는 3석을 거두도록 한다"는 숙종 8년의 판문과[77] 비교해 볼 때도 충분히 짐작된다. 즉 이 둔전 기사에 나오는 둔전 수조액이 성종 11년의 공전조액에 매우 근접해 있는 것은 「사분취일」 기록에 보이는 공전이 둔전과 같은 성격의 토지, 즉 국·공유지였기 때문이었다고 여겨진다.[78] 그러면 어떠한 이유에서 국·공유지에서의 수조율(소작료)이 사유지의 그것에 비해 1/2밖에 되지 않았는가. 이것은 국·공유지가 공적인 토지였다는 점과 국가의 재정수입을 늘리기 위해 국·공유지의 개간을 더욱 장려할 필요가 있었다는 사실에서 기인하는 것으로 이해

---

75) 姜晋哲, 앞의 책, 389~423쪽.

76) 金容燮, 〈高麗前期의 田品制〉(《韓沽劤博士停年紀念史學論叢》, 1981).
金載名, 〈高麗時代 什一租에 관한 一考察〉(《淸溪史學》 2, 精神文化硏究院 1985).
魏恩淑, 〈나말려초 농업생산력 발전과 그 주도세력〉(《釜大史學》 9, 1985).

77) 《高麗史》 권 82, 志 36, 兵 2, 屯田.

78) 金載名, 앞의 글 참조.

되고 있다. 사유지 소작료의 1/2밖에 안되는 낮은 수조율을 설정함으로써 국가는 보다 많은 농민들을 국·공유지의 개간에 끌어 들일 수 있었을 것이다.

이상에서 살펴 보았듯이 민전에 대한 수조율(민전조)은 1/10이었고, 전호제로 경영되는 국·공유지의 소작료(공전조)는 1/4이었으며, 전호제로 경작되는 사유지에서의 소작료(사전조)는 1/2이었다. 그러므로 민전주가 자기의 토지를 소작으로 주었다고 가정할 때, 그는 소작 전호로부터 생산량의 1/2을 소작료(私田租)로 받아서 그 1/5(생산량의 1/10)을 수조권자인 국가나 개인에게 바치고 나머지 4/5(생산량의 2/5)만을 차지할 수 있었던 것이다.

〈金載名〉

## 2) 민 전

### (1) 민전의 소유자와 존재 시기 및 지역

고려시대에는 민전이라 불리는 토지가 있었다. 민전은 '民이 소유한 토지', 즉 민의 사유지를 말한다. 그런데 여기서 말하는 민의 범주, 다시 말해 민전을 소유하였던 계층은 매우 광범위하다.

우선 민전 관계 사료에[1] 가장 많이 나타나는 민전 소유자로는 民·州民·平民 등으로 호칭되던 백정 농민층을 들 수 있다. 현종 13년 호부가 올린 奏文에 "民田을 抽減하여 宮庄에 소속시킴으로써 민이 征稅를 감당하지 못하고 있다"고[2] 하였을 때의 민이나, 문종 13년(1059) 尙書戶部가 올린 주문에 "楊州界內 見州 州民의 토지가 여러 차례의 수재를 당하여 비옥도가 같지 않다"고[3] 하였을 때의 주민, "權貴들은 민전을 탈점하고 奸氓(간사한 백성)들은 권세에 아부하여 부역을 면제받음으로써 각종의 徵斂이 행하여질 때 평민들만이 고통을 받았다"고[4] 하였을 때의 평민과 간민의 실체는 모두 민전을 소유하면

1) 旗田巍, 〈高麗の民田について〉(《朝鮮學報》 48, 1968).
有井智德, 〈高麗朝における民田の所有關係について〉(《朝鮮史研究會論文集》 8, 1971).
2) 《高麗史》 권 78, 志 32, 食貨 1, 田制 經理.
3) 위와 같음.
4) 《高麗史》 권 28, 世家 28, 충렬왕 3년·11년 정월 을유.

서 여러 가지 稅役을 부담하는 하층 농민 즉 백정 농민으로 파악되고 있다. 잘 알려져 있듯이 고려의 백정은 특정한 직역 부담은 없으나 조세를 비롯한 잡다한 세역을 부담하던 농민층이었다. 그러므로 민전의 소유는 관직이나 직역과는 무관한 것이었다고 하겠다.

그러나 관직 또는 특정한 직역을 가지고 있던 계층, 예컨대 양반이나 향리도 민전을 소유하고 있었다. 물론 이들은 전시과 규정에 의해 국가로부터 양반전·향리전 등의 토지를 분급받았지만 그것은 어디까지나 수조지일 뿐이고 이것과는 성격이 다른 사유지로서의 민전도 소유하고 있었다. 姜邯贊이 軍戶에게 준 開寧縣 소재의 토지 12결이나,[5] 李承休가 외가로부터 분여받은 토지 2頃,[6] 정중부의 난 때 간신히 화를 면한 林椿이 湍州에서 買得하려던 토지,[7] 李奎報가 아버지로부터 상속받은 四可齋의 別業(별장)[8] 등은 모두 양반의 민전이었다. 그리고 외방의 人吏가 신역을 피하기 위하여 권세가들에게 뇌물로 주었다는 所耕田은[9] 향리가 자유롭게 처분할 수 있었다는 점에서 그의 민전이었을 것으로 여겨진다. 특히 고려시대 田券의 하나로 유명한 高城의 〈三日浦埋香碑〉는 민전을 소유하고 있는 양반과 백정의 존재를 한꺼번에 보여 주고 있어 주목된다.[10] 즉 비의 건립에 즈음하여 자기의 토지(민전)를 시납한 通州副使 金用卿과 襄州副使 朴琠은 양반관료이며, 시납된 토지의 서쪽 四標로 등장하는 起畓(起耕地로서의 민전)의 주인 千達은 백정이었던 것이다.

한편 노비를 비롯한 천민층도 민전을 소유할 수 있었다. 고려 말 전제 개혁을 위해 올린 상서에서 조준은 "公私賤人이 差役될 때도 백정의 경우와 마찬가지로 代田 1결에 대하여 免租의 혜택을 부여한다"는[11] 계획을 세웠었는 바, 이는 공·사천인 즉 노비도 토지(민전)를 소유하고 조세를 납부하고

---

5) 《高麗史》 권 94, 列傳 7, 姜邯贊.
6) 李承休, 《動安居士集》, 雜著, 葆光亭記.
7) 林 椿, 《西河集》 권 4, 寄山人悟生書.
8) 李奎報, 《東國李相國集》 권 23, 記, 四可齋記.
9) 《高麗史》 권 85, 志 39, 刑法 2, 禁令 충렬왕 11년 3월.
10) 黃壽永 編, 《韓國金石遺文》(一志社, 1981), 134~137쪽.
李蘭英 編, 《韓國金石文追補》, 28쪽.
이를 토지제도와 관련시켜 살핀 연구로는 旗田巍, 〈新羅·高麗の田券〉(《史學雜誌》 79-3, 1970)과 金容燮, 〈高麗時期의 量田制〉(《東方學志》 16, 1975)이 주목된다.
11) 《高麗史》 권 78, 志 32, 食貨 1, 田制 祿科田.

있었음을 뜻하는 것이라 하겠다. 또 특별한 예이겠지만 명종 때의 私奴婢 平亮의 경우에서[12] 볼 수 있듯이 노비 중에는 농경에 힘써 거대한 재산을 축적하였던 자도 있었으므로, 이들이 매득을 통해 자기의 민전을 소유할 수 있었을 것은 어렵지 않게 짐작된다.

이처럼 위로는 양반관료에서부터 아래로 노비에 이르기까지 매우 광범위한 계층이 민전을 소유하고 있었으므로 民田所有者(民田主)로서의 민의 범주는 국가의 지배를 받고 있는 전국민이었다고 생각된다. 그러나 민전의 주된 소유 계층은 역시 수적으로 다수를 차지하고 있었던 백정농민층이었을 것이다.

결국 민의 사유지로서의 민전은 고려 전시기에 걸쳐 존재하였다. 민전이 기록에서 처음으로 나타나는 것은 앞에서 인용한 바 있는 현종 13년의 호부의 상주문이지만, 실제로 민전은 그 이전부터 존재하였다. 이미 신라시대에도 烟受有田·畓으로 불리던 농민의 사유지가 있었고, 弓裔의 暴斂으로 1頃에서 6석의 田租를 내다가 태조의 십일조 정책으로 2석만을 내게 된 토지와[13] 陳田의 개간을 장려하는 광종 24년의 판문에[14] 나오는 사전은 민전과 성격이 꼭 같은 실체를 지닌 것이었다. 그리고 민전 기사는 현종 이후 고려말은 물론 조선시대까지 간헐적이지만 계속 출현하고 있다. 사실 민전은 민의 사유지이기 때문에 비록 그 기사가 보이지 않는다고 하더라도 토지사유제가 인정되는 한 지속적으로 존재하였다고 보는 것이 옳을 것이다.

한편 민전은 전국에 걸쳐 광범위하게 분포하였다. 국가 세수의 핵심을 이루던 하삼도는 물론 경기와 동북의 양계 지역에도 존재하였던 것이다. 우선 사료상으로 경상도의 泗州와 中牟縣, 양광도의 見州·樹城郡·南京, 경기의 臨津·臨江縣, 북계의 安北都護府 및 龜州·泰州·靈州·渭州·通海縣 등의 군현에서 민전의 실재를 확인할 수 있다.[15] 그러나 민전이 이들 군현에만 있었던 것은 아니다. 경상·양광·경기·북계의 나머지 군현은 물론이고 全羅·西海·交州道 및 東界 지역에도 민전은 존재하였다. 충목왕 3년 양광·전라·경상·서해·평양·강릉·교주도에 按廉存撫使를 파견하여 민전을 조

12) 《高麗史》 권 20, 世家 20, 명종 18년 5월 계축.
13) 《高麗史》 권 78, 志 32, 食貨 1, 田制 祿科田 신우 14년 趙浚 上書.
14) 《高麗史》 권 78, 志 32. 食貨 1, 田制 租稅.
15) 旗田巍, 앞의 글(1968).

사케 하였다는 사실이[16] 이를 단적으로 말해 주고 있다. 일반 군현만이 아니라 특수 행정구역으로 분류되었던 鄕·部曲·莊·處 등에도 민전은 있었다. 향과 부곡에 민전이 실재하였다는 것은 이 곳 주민들이 농경을 통해 생활을 영위하고 국가에 조세와 역역을 부담하였다는 사실에서 충분히 짐작된다. 즉 국가의 恩免이나 災免 조치가 있을 때 향·부곡 또한 일반 군현과 동등하게 조세와 역역을 감면받고 있는 바,[17] 이는 곧 향·부곡민들의 민전 소유를 반영하는 것이라고 하겠다. 그리고 장·처 토지의 본질이 일반 군현의 민전과 등질적인 장·처민의 사유지였다고 이해되고 있는 이상[18] 장·처에도 민전은 존재하였다고 해야 할 것이다.

### (2) 민전의 사유지적 성격-민전 소유권의 내용-

이미 언급한 바와 같이 민전은 민이 소유한 사유지였다. 민전이 사유지였다는 점은 우선 그것이 매매될 수 있었다는 사실에서 확인할 수 있다. 앞서 소개한 바도 있지만 정중부의 난 때 간신히 살아 남은 임춘이 단주에서 누적된 조세와 사채에 시달리고 있는 농민의 땅 즉 민전을 사려고 했던 이야기이라든지, 우왕 때 閑散軍으로 뽑힌 농민이 馬匹을 구하기 위해 경작 중인 땅까지 팔아야 했던 일[19] 등은 민전 매매의 좋은 사례이다. 물론 이 사례들은 모두 무신란 이 후의 사례이지만 그 이전에도 민전의 매매는 자유스럽게 이루어지고 있었다고 여겨진다. 왜냐하면 원성왕의 능지 조성에 필요한 주변의 대지(민전)를 후한 가격으로 사들였다고 하는 〈崇福寺碑〉의 내용이나,[20] 승려 入雲이 京租 100석으로 烏乎比所里의 公書·俊休 등 2인으로부터 14결의 토지를 사들였다는 내용의 〈開仙寺石燈記〉[21] 등을 통해 볼 때 토지(민전) 매매의 관행은 이미 신라 시대부터 있어 왔던 것으로 보아야 하기 때문이다.

---

16) 《高麗史》 권 37, 世家 37, 충목왕 3년 2월 신묘.
17) 《高麗史》 권 80, 志 34, 食貨 3, 賑恤 恩免之制 숙종 3년·5년과 정종 2년·숙종 7년.
18) 姜晋哲, 《高麗土地制度史研究》(高麗大學校出版部, 1980), 224~235쪽.
19) 《高麗史》 권 81, 志 35, 兵 1, 五軍.
20) 〈慶州崇福寺碑〉(《朝鮮金石總覽》 上, 朝鮮總督府, 1919), 121쪽.
21) 〈開仙寺石燈記〉(위의 책), 87쪽. 이 石燈記의 내용에 대해서는 旗田巍, 앞의 글(1970) 참조.

매매만이 아니라 민전은 전주의 의사에 따라 자유롭게 증여될 수 있었다. 그런데 증여는 개인에게 주는 경우와 기관 또는 집단에 기진하는 경우로 나누어 볼 수 있다. 강감찬이 개령현의 토지 12결을 군호에게 증여한 일과 외방의 人吏가 역을 피하기 위해 권세가에게 그의 경작전을 뇌물로 주었던 사례 등은 전자의 예이며, 靖宗 때 최제안이 天龍寺·地藏寺·道仙寺·西面山寺 등 토지를 시납한 일이나[22] 충렬왕 때 이승휴가 看藏寺에 7~8결의 토지를 寄進한 것은[23] 후자의 사례일 것이다. 이러한 증여 역시 신라시대 이래의 관행이었을 것임은 물론이다. 신라 말의 승려 智證이 자기의 사유지인 田莊 12區 500결을 安樂寺에 기증하였던 것은[24] 널리 알려진 사실이며, 남의 고용살이를 해서 얻은 자그마한 傭田을 法會에 시주한 大城의 사례도 있었다.[25]

민전의 사유지적 성격은 상속이라는 측면에서도 찾아진다.《高麗史》를 비롯한 각종 문헌에는 조업전·세업전·부조전·부모전 등으로 불리는 토지가 보이는데, 이것들은 모두 조상 대대로 세전되어 왔다는 의미에서 쓰인 민전의 다른 이름이었다. 이러한 사실은 "慶尙道按廉使 呂克諲이 타인의 조업전과 農牛를 탈점함으로써 민이 생업을 잃게 되었다"고[26] 하는 데서 쉽게 짐작된다. 즉 여극인이 타인의 조업전을 탈취한 결과 민이 생업을 잃게 되었다고 했으므로 탈점된 조업전의 주인은 바로 생업을 잃게 된 민이었다고 판단되는데, 민생의 바탕이 되는 조업전이란 다름 아닌 민전인 것이다. 이러한 조업전이 자손에게 상속되고 있었다는 사실은 "무릇 父祖田으로 文契가 없는 것은 嫡長子에게 우선 決給한다"고 하는 예종 17년의 판문에서[27] 분명하게 확인된다. 또 충렬왕 때 이승휴가 외가로부터 2경의 토지를 분여 받았던 것도 조업전 상속의 한 예일 것이다. 그리고 부모 사후에 남녀 동생에게 재산을 나누어주지 않아 당시 사람들로부터 비난을 받았다는 李之氐의 사례라든가,[28] 재산 다툼으로 인한 형제 간의 불화를 염려하여 임종에 앞서 문계를 만들고 자녀들에게

22)《三國遺事》권 3, 塔像 4, 天龍寺.
23) 李承休,《動安居士集》, 雜著, 看藏寺記·看藏庵重創記.
24)〈聞慶 鳳巖寺智證大師寂照塔碑〉(《朝鮮金石總覽》, 93쪽).
25)《三國遺事》권 5, 孝善 9, 大城孝二世父母.
26)《高麗史》권 135, 列傳 48, 신우 9년 3월.
27)《高麗史》권 85, 志 39, 刑法 2, 訴訟.
28)《高麗史》권 95, 列傳 8, 李子淵 附 之氐.

가업을 균분시켰다는 尹宣佐의 이야기,[29] 남동생과 누이간에 가산을 다투는 소송에서 아버지가 남긴 문계의 숨은 의미를 찾아내어 그 가산을 절반씩 나누어주었다고 하는 孫抃의 사례[30] 등도 조업전의 상속을 말해 주는 것으로 판단된다. 부모의 재산·가업·가산에 부모가 소유하였던 조업전(민전)이 포함되어 있을 것은 당연하기 때문이다.[31] 한편 위에 든 몇 가지 사례에서 확인할 수 있듯이 이러한 조업전의 상속은 모든 자녀를 대상으로 균분하는 것을 원칙으로 하였던 것으로 이해되고 있다.[32]

이와 같이 민전은 매매·증여·상속이 행하여질 수 있는 개인의 사유지였다. 그렇기 때문에 민전의 소유 규모에 특별한 제한이 가해지지 않았다. 따라서 세력 있는 자는 개간·탈점·매득 등을 통해 대토지소유자가 될 수 있는 반면에, 가난한 농민은 그나마 가지고 있던 소규모의 민전도 권세가에게 팔거나 빼앗기고 그들의 토지를 借耕하는 소작농으로 전락할 수 있었다. 민전의 개간과 점유가 관의 간섭을 받지 않고 이루어질 수 있어서 유력자들은 광대한 토지를 차지할 수 있으나 힘없는 농민은 소작에 종사할 수밖에 없는 것이 고려 전제의 문제라고 하는 정도전의 지적이[33] 이러한 사실을 단적으로 말해주고 있다. 그러므로 시기에 따라 정도의 차이가 있고 또 예외적인 경우도 있겠지만 대개의 경우 귀족층이나 지방의 토호층은 장대한 토지(민전)를 소유하였고, 일반 농민층이나 천민층은 소규모의 토지(민전)를 소유하는데 불과하였을 것이다. 즉 12전장 500결의 토지를 사찰에 희사한 지증의 예에서 보듯이 나말려초 이래 몇몇 대귀족과 대호족 중에는 광대한 토지를 소유하고 이를 전장으로 경영하는 자가 적지 않았으며, 나머지 귀족과 호족들도 중·소규모의 토지소유자로 존재하였다. 반면에 일반 농민층은 중농의 경우라도 충렬왕 때의 伊里干 설치 기사에서[34] 짐작되듯이 4결 정도가 소유의 표준 규모였던 것

---

29) 《高麗史》 권 109, 列傳 23, 尹宣佐.

30) 《高麗史》 권 102, 列傳 15, 孫抃.

31) 有井智德, 앞의 글.
崔在錫, 〈高麗時代 父母田의 子女均分相續再論〉(《韓國史研究》 44, 1984).

32) 이에 대한 자세한 내용은 〈財産의 相續〉(《한국사》 15, 국사편찬위원회, 1994 간행예정) 참조.

33) 鄭道傳, 《三峯集》 권 7, 朝鮮經國典 上, 賦典 經理.

34) 《高麗史》 권 82, 志 36, 兵 2, 站驛 충렬왕 5년 6월.

같으며, 대개의 경우는 數畝에 지나지 않았던 것으로 이해된다.[35] 권세가들과 일반 농민층 사이의 이와 같은 민전 소유 규모의 차이는 고려 중기 이후 농장이 발달하면서 더욱 가속화되었다고 이해되고 있지만, 그 이전부터 있어 왔던 현상이었다고 여겨진다. 광종 24년의 개간 장려 판문과 예종 연간의 일련의 기사에[36] 자주 보이는 사전(私有地 : 民田) 전호의 존재가 이를 잘 말해 준다. 이들 사전 전호의 대부분은 곧 일반 농민층으로서 소유한 민전이 전혀 없거나 있다 하더라도 아주 작은 규모에 불과하였던 사람들이었으며, 반면 이들에게 소작을 준 전주는 대부분 규모가 큰 토지(민전)를 소유한 권세가들이었을 것이다. 물론 민전 소유에 있어서의 이와 같은 양극적 현상이 고려 전기의 일반적인 사정이었는가의 여부는 현재로서는 불명확하지만 나말려초 이래의 상황과 전호의 존재를 고려할 때 어느 정도 진행되고 있었던 것만큼은 사실인 듯싶다. 한편 민전은 사유지였던 만큼 국가 권력에 의해 법적으로 그 소유권을 보호받고 있었다. 민전의 소유권에 대한 국가의 법적인 보호는 量案의 작성을 통해 구현되었다. 신라시대 이래로 국가는 민전을 비롯한 전국의 각종 토지에 대하여 量田을 실시하고 量田帳籍·量田都帳·田籍·都田帳 등으로 불리는 양안을 작성하였는데, 여기에는 토지의 소유주는 물론 田品·量尺數·結數·四標 및 陳起 여부 등이 기재되었다.[37] 이러한 양전 실시와 양안 작성은 조세 수취의 대상이 되는 토지와 인물을 정확히 파악하는데 일차적인 목적이 있었겠지만, 이와 함께 민전주의 소유권도 보호할 수 있었다. 즉 민전에 대한 소유권 분쟁이 발생하였을 때 양안이 사실 여부를 확인하는 중요한 근거가 되었던 것이다. 일례로 고려 후기의 경우이지만 권세가들이 賜牌를 빙자하여 민전을 탈취하는 일이 빈번하게 일어나고 있었는데, 이에 대해 국가는 탈취된 민전의 "주인이 전적에 올라 있다"는 점을 들어 원래의 소유주에게 돌려주도록 조치하고 있었다.[38] 민전의 소유권은 양안에서 뿐 아니라 각종의 금령을 통해서도 국가의 보호를 받았다. 즉 국가는 타인의 토지(민전)를 주인 몰래

35) 金容燮, 앞의 글.
36) 《高麗史》 권 78, 志 32, 食貨 1, 田制 租稅 예종 6년·권 79, 志 33, 食貨 2, 農桑 예종 3년.
37) 量田 및 量案에 대해서는 金容燮, 앞의 글 참조.
38) 《高麗史》 권 78, 志 32, 食貨 1, 田制 經理 충렬왕 11년 3월.

경작하거나 매매하는 것을 금지시키고 이를 위반하는 자는 처벌하였던 것이다.[39] 또 국가의 필요에 의해 민전을 수용해야 할 경우에도 적절하게 보상해 줌으로써 그 소유권을 보호하였다. 비록 신라 때의 예이기는 하지만 元聖王의 능지로 민전을 편입시키면서 국가는 넉넉히 보상하였으며, 현종 때에는 宮庄으로 추감된 민전을 공전(국·공유지)으로 보상하기도 하였다.[40]

이와 같이 고려의 민전은 매매·증여·상속 등의 권리가 자유롭게 행사되고 소유 규모에 있어서도 특별한 제한을 받지 않았으며, 소유권 또한 다양한 형태로 국가의 보호를 받은 토지였지만, 근대적-로마법적인 배타적 소유권이 보장된 토지였다고는 할 수 없다. 왜냐하면 민전에는 국가권력에 의해 설정된 수조권이라는 또 하나의 권리가 작용하고 있었기 때문이다. 수조권은 "넓은 하늘 아래 왕의 토지가 아닌 것이 없다"는 동양적 왕토사상을 토대로 출현한 것으로, 해당 토지(민전)에서 소정의 조세를 거둘 수 있는 국가적인 권리였다. 당시 소유권이 개인에게 있었던 민전을 비롯한 모든 사유지 위에는 이 수조권이 설정되었던 것으로 여겨진다. 따라서 민전의 소유권자인 민전주들은 일단 국가에 소정의 조세를 납부할 의무를 지니게 되었다. 양전의 실시와 양안의 작성도 이 수조권 행사와 밀접한 관련을 가지고 있다. 즉 양안에 민전주의 성명을 기록함으로써 그의 소유권을 인정하고 보호해 주기도 하였지만, 동시에 그를 조세부담자로 지정함으로써 확실하고도 안정적인 조세 수취를 도모하였던 것이다. 그런데 국가는 민전에 설정된 이러한 수조권을 두 가지 방향으로 운용하였다. 국가가 직접 수조권을 행사하여 국가 재정에 필요한 조세를 국고로 거두어들이는 것이 그 하나인데, 이 경우 민전은 이른바 국가수조지가 된다. 대부분의 민전이 여기에 해당되었다. 그리고 이 수조권을 양반관료 및 각종의 직역담당자들에게 양도하는 것이 나머지 하나인데, 이 때의 민전은 소위 개인수조지가 된다. 전시과나 과전법 규정에 따라 분급된 각종 地目의 대부분의 토지, 예컨대 양반과전·군인전·향리전 등으로 불리는 토지의 실체는 바로 이 개인수조지로서의 민전이었던 것이다. 이처럼 국가는 민전에 설정된 수조권을 행사하여 재정을 운영하고 관료 및 직역부담자들의 보수를 지급할 수 있었으므로

39) 《高麗史》 권 85, 志 39, 刑法 2, 禁令.
40) 《高麗史》 권 78, 志 32, 食貨 1, 田制 經理 현종 13년 2월.

수조권은 국가의 입장에서 매우 중시될 수밖에 없었다. 본질이 사유지임에도 불구하고 국가수조지로서의 민전을 공전으로 간주하였던 것도[41] 바로 이 때문이다. 즉 민전에서의 개인 소유권을 인정하고는 있었지만, 국가의 입장에서는 그 곳에서 조세를 거둘 수 있는 수조권이 더 중요하였으므로 수조권을 국가가 가지고 있는 한 그 민전은 국가의 지배하에 있는 공적인 토지라고 생각하였던 것이다. 반면 수조권이 개인에게 주어진 민전은 사적인 토지로 생각하였다. 이러한 이유에서 본래 국·공유지를 지칭하던 「공전」이 국가수조지인 민전을 가리킬 때도 쓰였으며, 사유지를 의미하던 「사전」이 개인수조지인 민전의 뜻으로도 사용되었던 것이다.[42] 결국 민전을 기준으로 본다면 수조권이 국가에 있는 민전(국가수조지)은 공전이며, 개인에게 주어진 민전(개인수조지)은 사전이었던 것이다. 수조권에 대한 이러한 국가의 강한 집념은 마침내, "佃客(民田主)은 그의 所耕田(민전)을 마음대로 매매 또는 양도할 수 없으며, 전객의 死亡·移徙·惰農 등으로 인하여 수조를 실현할 수 없을 경우에는 전주(수조권자)가 임의로 처분할 수 있다"는 내용의 과전법 규정을[43] 만들어 내기에 이르렀다. 물론 이것은 고려 말 이후에나 해당되었던 규정이겠지만, 수조권을 통한 토지(민전) 지배에 국가가 얼마나 깊은 관심을 두었는가를 극명하게 보여 주는 좋은 예이며, 이전의 전시과 체제에서도 이와 유사한 형태의 소유권 제한이 있었을 가능성을 시사하기도 한다.

### (3) 민전의 경영형태와 조세 수취

민전은 민의 사유지일 뿐 아니라 그의 경작지이기도 하였다. 그래서 흔히 민전은 所耕田·耕作田·執耕田·耕田 등으로 불리기도 하였다.[44] 이러한 민전은 크게 두 가지 형태로 경영되었다. 자기경영과 전호제 경영이 그것이다. 자기경영은 파종에서 수확까지의 전 생산과정에 민전주가 직접 참여하는 대

41) 소위 義倉米收租規定으로 불리는 현종 14년의 判文(《高麗史》 권 80, 志 34, 食貨 3, 常平義倉)에 나오는 3과공전의 실체가 國家收租地로서의 민전을 가리킨다는 것은 널리 알려진 사실이다. 이에 대해서는 旗田巍, 〈高麗の公田〉(《史學雜誌》 77-4, 1968) 참조.

42) 이에 대해서는 李成茂, 〈公田·私田·民田의 槪念〉(《韓㳓劤博士停年紀念史學論叢》, 1981) 및 이 책 제1편 2장 1절 〈公田과 私田〉 참조.

43) 《高麗史》 권 78, 志 32, 食貨 1, 田制 祿科田.

44) 有井智德, 앞의 글 및 李成茂, 앞의 글 참조.

신 생산물을 모두 자기가 차지하는 경작형태를 말하는데, 민전주와 그 가족의 노동력만으로 경작하는 순수 자기경영과 소유 노비나 雇工의 노동력을 동원하여 경작하는 직영형 자기경영으로 나누어 볼 수 있다. 반면 전호제 경영은 자기의 토지를 남에게 빌려주어 경작시키고 그 대가로 생산량의 일정한 비율을 수취하는 경영형태를 말하는데, 소작제라고도 한다.

이러한 두 가지 경영형태 중에서 자기경영, 그 가운데서도 순수 자기경영이 민전 경영의 주류를 이루었던 것으로 보인다. 백정 농민이 민전의 주된 소유 계층이었다는 점, 다시 말해서 백정 농민이 소유한 민전이 민전의 절대 다수를 차지하고 있었으리라는 사실이 이를 잘 말해 준다. 비록 예외적인 경우는 있더라도 이들 백정 농민이 소유한 민전은 대부분 소규모에 불과하였을 것이기 때문에 소유자 자신과 그 가족의 노동력만으로도 충분히 경작되었다고 생각된다. 그러나 앞에서 언급한 바 있지만 당시 모든 민전의 소유 규모가 소규모였던 것은 아니다. 민전 중에는 중앙의 양반관료를 비롯하여 富民·豪右·民長 등으로 불리었던 지방 유력자들의 토지도 적지 않게 있었는데, 지방 관아의 재정이 곤궁할 때 부민에게서 도움을 받은 사실을[45] 고려하면 이들의 소유 토지는 비교적 규모가 컸을 것으로 여겨진다. 이와 같이 규모가 큰 유력자들의 민전은 가족노동력만으로 경작될 수 없었으므로 자연히 소유 노비나 고공의 노동력을 동원한 직영형 자기경영을 택하게 되었을 것이다. 특히 관직에 나가는 것을 본분으로 하고 있던 양반 관료의 경우는 더욱 그러하였을 것이다. 金富儀의 家僮이 채마밭을 경작하다가 銅印을 주웠다는 일화나,[46] 이규보의 가노가 정원의 풀베기에 자주 나섰다는 이야기,[47] 李需의 노비가 토란을 재배하였던 일[48] 등은 노비가 주인의 민전을 경작한 적극적인 예는 아니지만 그럴 가능성이 충분히 있었음을 시사하는 좋은 사례이다. 그리고 "집안이 가난하여 스스로는 살아 갈 수 없어 남의 집 고용이 되었다"는 충렬왕 때의 기사에서[49] 알 수 있는 바와 같이 고공을 통해 민전을 경작하는 경우도 있었다.

---

45) 《高麗圖經》 권 3, 城邑.
46) 《高麗史》 권 97, 列傳 10, 金富佾 附 富儀.
47) 《東國李相國集》 권 23, 記, 草堂理小園記.
48) 李奎報, 《東國李相國集》 後集 권 7, 古律詩, 次韻李侍郎見和五首子以七首答之.
49) 《高麗史》 권 31, 世家 31, 충렬왕 20년 7월 을해.

물론 이 기록이 고려 후기의 실정을 말해 주는 것이기는 하지만 이러한 민전의 「傭作」은 그 이전에도 있었던 것으로 추측된다. 왜냐하면 부잣집의 고용살이를 해서 자그마한 토지를 마련했다는 大城의 사례에서 보듯이 고공의 존재는 이미 신라 때부터 확인되기 때문이다.

이와 같이 소규모로 존재할 대부분의 민전은 순수자기경영의 형태로 경작되었으며, 가족노동력의 한계를 넘어서는 규모의 일부 민전은 노비나 고공의 노동력에 의지하여 경작되었지만, 가족 및 소유 노비와 고공의 노동력만으로는 도저히 경작할 수 없는 대규모의 민전도 적지 않았다. 중앙 귀족층과 지방 토호층의 민전이 이에 해당할 것이다. 즉 이들은 이미 신라 말부터 대규모의 토지를 소유하여 왔고, 소유 규모에 어떠한 제한도 받지 않았으므로 개간이나 매득 등을 통해 자신의 민전을 더욱 확대시킬 수 있었다. 특히 중기 이후로는 국가 통치력의 균열에 편승, 불법적인 탈점까지 자행하여 소위 대규모의 농장을 형성하기도 하였던 것이다. 반면에 생계 유지가 곤란할 정도의 소규모의 토지를 소유·경작함으로써 오히려 가족노동력이 남아도는 백정 농민도 적지 않았고, 토지가 없는 농민도 상당수 있었을 것이다. 특히 토지를 자유롭게 매매할 수 있었기 때문에 경제적으로 약한 많은 백정농민들은 그나마 소유하던 소규모의 민전조차 처분함으로써 점차 토지가 없는 농민으로 전락하였을 것으로 생각된다. 각종의 재해와 부채가 이를 더욱 촉진시켰을 것이다. 단주에서 임춘이 사려던 토지도 조세에 시달리던 농민의 민전이었으며, 마필을 구입하기 위해 팔았던 閑散軍의 토지 또한 이들 농민의 민전이었다. 이 같은 상황에서 여분의 토지를 가진 대토지소유자(귀족 및 토호층)가 여유 노동력을 가진 백정 농민에게 소작을 주는 전호제 경영이 자연스럽게 전개될 수 있었다. 이처럼 전호제 경영은 대토지소유와 밀접한 관계를 지니고 있었다. 그러므로 귀족 및 토호층에 의한 대토지사유가 급속히 진전된 신라 하대부터 전호제 경영 또한 널리 보급되었던 것으로 여겨진다. 소위 田莊이라 불리는 대토지는 주로 知莊의 관리하에 소작제로 경영되었다고 이해되고 있다.[50] 고려 전기에 와서도 민전의 전호제 경영은 계속되었으며, 국가의 공인을 받기까지 하였다. 사전

50) 姜晋哲, 앞의 책, 15~16쪽.
李炳熙, 〈高麗前期 寺院田의 分給과 經營〉(《韓國史論》 18, 1988).

(민전) 개간지에서의 분반수취를 규정하고 있는 광종 24년과 예종 6년의 판문이[51] 이를 잘 말해 준다. 뿐만 아니라 이 시기에는 국·공유지에도 전호제 경영이 도입되기 시작한 것으로 보인다. 외거노비에게 내장전을 경작시키고 납세케 했다는 태조의 조치가[52] 그 실례이다. 따라서 전호제 경영은 신라 말 이래 계속 확대되는 추세에 있었다고 생각된다. 특히 대규모의 농장이 발달하였던 중기 이후에 민전의 전호제 경영은 더욱 일반화되었다.[53] 고려 후기의 이러한 실정을 정도전은 "힘이 센 자들은 광대하게 토지를 소유하였고 약한 자들은 그들에게 빌붙어 토지를 차경하고 소출의 반을 나누었다"고[54] 설명하고 있다. 한편 전호제로 경영되는 민전의 전호는 대부분 일반 백정농민이었겠지만, 외거노비인 경우도 적지 않았을 것으로 생각된다. 金永寬의 가노로서 농경에 힘써 치부하였다는 平亮은[55] 주인인 김영관이나 타인의 민전을 경작하던 전호였을 것이며,[56] 이규보의 別業인 四可齋에 거주하던 노비들도[57] 주인의 별업을 佃作하던 외거노비로 판단된다. 이 밖에도 당시에는 개경 근처에 별업을 가지고 있던 양반관료들이 많았는데, 이들의 별업 또한 이규보의 경우와 같이 자신의 외거노비를 전호로 하여 운영되었을 것으로 여겨진다.[58] 그리고 고려 전기에 이들 전호 중에는 자신의 민전이 전혀 없는 농민도 더러 있었겠으나, 적으나마 자기 소유의 민전을 가지고 부족한 자작지를 보충하기 위해 타인의 민전을 소작하는 영세한 자소작 농민이 보다 많았을 것으로 이해되고 있다.[59] 물론 농장의 발달로 대토지소유가 확대되던 고려 후기에는 많은 자소작 농민들이 자신의 민전을 잃고 토지가 없는 농민으로 전락하면서 순수 소작농이 증가하였을 것이다.

---

51) 《高麗史》 권 78, 志 32, 食貨 1, 田制 租稅.
52) 《高麗史》 권 93, 列傳 6, 崔承老.
53) 이에 대해서는 〈農莊의 發達과 그 構造〉(《한국사》 19, 국사편찬위원회, 1994 간행예정) 참조.
54) 鄭道傳, 《三峯集》 권 7, 朝鮮經國典 上, 賦典 經理.
55) 《高麗史》 권 20, 世家 20, 명종 18년 5월 계축.
56) 姜音哲, 앞의 책, 219~220쪽.
洪承基, 《高麗貴族社會와 奴婢》(一潮閣, 1983), 103~106쪽.
57) 李奎報, 《東國李相國集》 권 23, 記, 四可齋記.
58) 洪承基, 앞의 책, 96~102쪽.
59) 浜中昇, 〈高麗前期の小作制とその條件〉(《歷史學硏究》 507, 1982).

이렇게 전호제로 경영되는 민전의 경우 전호는 당연히 민전주에게 소정의 소작료를 내야 했다. 私田租라 부르고 있는 것이 그것이다.[60] 그리고 그 소작료는 "陳田을 개간한 자는 사전인 경우 첫 해에는 수확의 전부를 차지하고 2년 째부터 비로소 田主와 分半한다"고 규정한 광종 24년의 판문에서 알 수 있듯이 「분반」 즉 생산량의 1/2이었다. 여기서의 사전이 주로 사유지로서의 민전을 가리키고 있음은 물론이다. 따라서 개간된 민전은 일단 개간자를 전호로 하는 전호제에 의해 경작되었고 그 소작료는 1/2이었다고 이해되는데, 개간지만이 아니라 起耕地도 그러했을 것이다. 이와 같이 전호제에 의해 경작되는 민전에서의 수조율(소작료)은 고려 초기부터 1/2이었다. 그러나 「사전조 1/2」이라는 원칙이 이 때에 이르러 비로소 마련된 것이라고는 생각되지 않는다. 앞에서도 설명하였듯이 이미 신라 하대부터 귀족 및 호족들에 의한 대토지소유가 발달하였고 이와 함께 전호제 경영 또한 시행되고 있었으므로 생산량의 1/2을 소작료로 내는 관행 역시 존재하였을 것이다. 따라서 광종 24년의 판문은 그 이전부터 있어 온 「분반수취」의 관행을 국가가 공식적으로 재확인한 것에 불과한 것이었다고 하겠다. 광종 이후에도 이러한 관행은 계속되었다. 역시 사전(민전) 개간 때의 수조 문제를 다루고 있는 것이지만 "3년 이상된 陳田을 개간할 경우 2년 동안은 수확의 전부를 개간자에게 주고 3년 째부터는 田主와 分半한다"고 규정한 예종 6년의 판문에서도 민전에서의 분반수취 원칙은 지켜지고 있는 것이다. 그리고 앞서 소개한 정도전의 설명이나, "前朝(고려)의 폐단이 조선 초까지 남아 있어 품관·향리들이 광대하게 토지를 차지하고 유망민을 불러 모아 병작반수하고 있다"고 개탄한 河崙의 啓文[61] 등을 고려할 때 고려 말까지도 「사전조 1/2」의 원칙이 유지되었음을 알 수 있다. 따라서 전호제로 경영되는 민전에서의 분반수취, 즉 사전조 1/2의 원칙은 신라 말 이래 고려 전시기에 걸쳐 존속하였던 것으로 판단된다. 이러한 소작료(사전조)는 토지이용자인 소작인이 빌린 토지의 기능(土地用益)의 대가로서 토지소유자인

60) 民田(私有地)에서의 小作料을 「租」라 칭한 예는 "處干은 타인의 토지를 경작하여 租는 그 주인에게 내고 庸과 調는 官에 바치니 즉 佃戶이다"고 하는 기사에서 찾아볼 수 있다(《高麗史》 권 28, 世家 28, 충렬왕 4년 7월 을유).

61) 《太宗實錄》 권 12, 태종 6년 11월 기묘.

민전주에게 지불하는 이른바「地代」에 해당하는 것이었다.[62)]

한편 이미 언급한 바와 같이 국가 권력은 동양적 왕토사상을 토대로 모든 민전 위에 수조권을 설정하고 소정의 조세를 수취하였다. 국가가 거두는 이 조세는 경영형태와는 전혀 무관한 것으로 민전의 소유자인 민전주가 부담하였는데, 그 수조율은 고려 초기부터 1/10이었다. 이른바「什一租法」이라 하는 것이 그것이다. 이러한 사실은 고려 말에 사전 개혁의 당위성을 주장하였던 조준의 상서에 분명하게 밝혀져 있다. 조준에 의하면, 태조는 즉위 직후 궁예의 수취가 너무 가혹하였음을 개탄하고 십일조법에 따라 토지(민전) 1負當 3升의 租를 거두도록 하였다는 것이다.[63)] 뿐만 아니라 고려의 取民之制는 孟子가 말하는 십일조법에 부합하는 것으로 이를 시행한 지가 이미 400년이나 넘었다고 한 이제현의 지적도[64)] 민전에서의 1/10 수취가 이미 고려 초부터 시행되었음을 말해 준다. 태조가 천명한 십일조법은 중기를 거쳐 말기에 이르기까지 하나의 대원칙으로 줄곧 유지되었다. "백성에 대한 수취를 가볍게 하여 비록 공전에서 1/10을 거두어도 국가 재정이 넉넉하였다"고 기술하고 있는 고종 12년의 이규보의 〈大倉泥庫上樑文〉과,[65)] "우리 나라의 전제는 한나라의 限田制를 받아 들여 10분의 1만을 과세하였을 뿐이다"고 밝히고 있는 공민왕 11년의 백문보의 箚子[66)] 등에서도 십일조법이 실제로 시행되었음을 확인할 수 있는 것이다. 그리고 널리 알려진 바와 같이 과전법의 전조 수취규정 또한 십일조법에 입각하고 있었다. 따라서 민전에 대한 국가의 수조율은 태조 이래 말기까지 줄곧 1/10이었다고 이해된다. 국가수조지에서 뿐 아니라 양반전·군인전·향리전 등으로 불리는 개인수조지인 민전에서의 수조율도 1/10이었다. 개인수조지란 본래 국가수조지였던 것이 전시과 규정에 따라 개인에게 분급된 것에 불과하므로 양자 사이에 수조율의 차이가 생길 리 없기 때문이다. 이 십일조는「地稅」의 개념에 해당하는 것이었다.

---

62) 旗田巍, 앞의 글(1968b).
姜晋哲, 〈高麗前期의 '地代'에 대하여〉(《韓國中世土地所有研究》, 一潮閣, 1989).

63)《高麗史》권 78, 志 32, 食貨 1, 田制 祿科田.

64) 李齊賢,《益齋集》권 9 下, 策問.

65) 李奎報,《東國李相國集》권 19, 雜著, 乙酉年大倉泥庫上樑文.

66)《高麗史》권 78, 志 32, 食貨 1, 田制 租稅.

그런데 이러한 이해와는 전혀 달리 민전에 대한 국가의 수조율이 1/4이었다고 하는 견해가[67] 일찍이 제기되어 있어 주목을 끈다. 이러한 주장이 근거로 삼고 있는 유일한 사료는 "公田에서의 조세는 1/4을 거두는데 水田은 상등전 1결에 조 2석 11두 2승 5합 5작, 중등전 1결에 조 2석 11두 2승 5합, 하등전 1결에 조 1석 11두 2승 5합으로 한다"고 한 성종 11년의 판문으로,[68] 그 논지는 대략 다음과 같이 정리된다. 즉 첫째, 위 판문에 나오는 공전의 실체는 국·공유지가 아니라 민전이다. 왜냐하면 당시 대부분의 국·공유지는 직영제로 경영되었으므로 특별히 수조율을 설정할 필요가 없으며, 전호제로 경작되었던 일부 국·공유지에서는 사유지에서와 같이 1/2의 수취가 이루어졌으므로 1/4의 수조율이 적용될 수 있는 것은 3과공전으로 분류되는 민전 밖에 없기 때문이다. 둘째, 따라서 고려 초기 민전의 수조율을 1/10로 기술하고 있는 조준 상서문의 내용은 믿기 어렵다. 당시 전국 토지의 대부분을 차지하였던 하등전의 생산량은 위 판문에 의거할 때 수전을 기준으로 약 7석에 불과한데, 1결의 생산량을 20석으로 상정하고 십일조법에 따라 1負에서 3升을 내도록 한 태조의 정책은 기만적인 가식으로 보지 않을 수 없기 때문이다. 다시 말해 고려 초기의 토지 1결당 생산량은 도저히 20석일 수 없으므로 태조가 표방했다는 십일조법은 가공적·관념적인 것에 불과하며, 오히려 결당 생산량을 7석으로 설정하고「四分取一法」을 적용하여 결당 약 2석을 수취토록 한 성종의 정책이 현실적인 것이었다. 셋째, 그러다가 원 간섭기를 전후하여 1/4에서 1/10로 낮아졌는데, 이는 국가의 재정 수입을 안정적으로 확보하기 위해 취해진 불가피한 조처였다. 즉 농장이 급속히 발달하면서 많은 농민이 농장에 투탁하였으므로 이를 막기 위해서는 세율을 낮출 필요가 있었으며, 점차 증대해 온 토지의 생산력이 이러한 조치를 가능하게 하였다는 것이다. 그러나 이러한 견해는 다음과 같은 몇 가지 점에서 재고되어야 할 필요가 있다고 생각된다. 우선 첫째, 고려시대의 국·공유지는 직영제로 경영되기도 하고 전호제로 경영되기도 하였는데, 전호제로 경영된 것의 규모가 더 크며, 직영제 경영이 점차

67) 姜晋哲, 〈高麗前期의 公田·私田과 그 差率收租에 대하여〉(《歷史學報》 29, 1965).
———, 앞의 책, 389~423쪽.

68) 《高麗史》 권 78, 志 32, 食貨 1, 田制 租稅.

전호제 경영으로 바뀌어 가는 추세에 있었다.[69] 뿐만 아니라 광종 24년의 개간 장려 판문에 전호제로 경작되는 사전(민전)의 소작료는 「분반」으로 명기하고 있으면서도 공전(국·공유지)의 소작료는 "법에 따라 수조한다"고만[70] 기술하고 있는 바, 이것은 국·공유지에서의 소작료(수조율)가 분반이 아니었음을 반증하는 것이다. 그러므로 전호제로 경영되는 국·공유지에서의 수조율 설정은 필요한 것이었다. 다음으로 둘째, 이미 소개한 바와 같이 조준 외에 이제현과 이규보도 고려 초·중기에 십일조법이 시행되었다고 이야기하고 있고, 고려 초기에도 토지 1결의 생산량을 대략 20석으로 보는 것이 타당하다는 의견이 제기되어[71] 있는 이상, 민전에 대한 1/10 수취는 고려 초부터 실재하였으며 또 현실적인 것이었다고 해야 할 것이다. 그리고 셋째, 원 간섭기를 전후하여 1/4에서 1/10로의 세율 변동이 있었음을 시사하는 기록을 찾을 수 없을 뿐 아니라, 당시의 상황에서 그러한 수조율 인하가 과연 가능하였겠는가 하는 의문이 든다. 잘 알려져 있듯이 이 시기는 권세가들의 토지 겸병과 조세 포탈로 인해 창고가 비고 관리의 녹봉조차 제대로 지급되지 못하는 등 만성적인 재정 궁핍에 시달리고 있었는데, 이러한 실정에서 국가수입의 주 원천인 조세를 인하할 수 있었겠는가 하는 것이다. 이렇게 볼 때 민전에서의 수조율은 고려 초기부터 말기까지 줄곧 1/10이었다고 생각되며, 소위 성종 11년 관문에 나오는 '公田租 四分取一'은 민전 외에 공전으로 불릴 수 있는 또 다른 토지, 즉 국·공유지에서의 수조율을 가리키는 것이었다고 이해된다.[72]

### (4) 민전의 국가경제적 기능과 그 규모

앞에서 설명한 바와 같이 민전은 민의 사유지인 동시에 국가 또는 개인의 수조지였으므로 민전의 경제적 기능 또한 이 두 가지 측면으로 나누어 볼 수 있다. 이와 관련하여 "使人을 뽑아 보내어 민전을 점검케 하고 租賦를 고

---

69) 이 책 제1편 2장 1절 〈공전과 사전〉 참조.
70) 《高麗史》 권 78, 志 32, 食貨 1, 田制 租稅.
71) 金容燮, 〈高麗前期의 田品制〉(《韓沽劤博士停年紀念史學論叢》, 1981).
金載名, 〈高麗時代 什一租에 관한 一考察〉(《淸溪史學》 2, 1985).
魏恩淑, 〈나말려초 농업생산력 발전과 그 주도세력〉(《釜大史學》 9, 1985).
72) 이에 대한 보다 자세한 내용은 이 책 제Ⅱ편 1장 〈조세〉 참조.

르게 정하여 예전의 방식을 따르려고 하니, 이것은 대개 첫째 國用을 두루 갖추게 하려는 것이요, 둘째 祿俸을 넉넉히 주고자 함이요, 셋째 民産을 풍족하게 하려는 것이다"고 하는 충선왕의 하교가[73] 주목된다. 여기에서 민산을 풍족히 하는 것과 국용·녹봉의 마련이 민전의 중요한 두 기능이었음을 알 수 있는데, 전자는 민전이 민의 사유지였다는 점과 관련이 있고 후자는 민전이 국가의 수조지였다는 사실과 관계된다.

위의 충선왕의 하교에서도 알 수 있듯이 우선 민전은 소유자인 민의 생활 기반, 다시 말해서 민산의 근본이었다. 민전의 비옥하고 척박함이 균등하지 못한 몇몇 군현에 量田使를 보내 양전을 실시하여 食役을 균평하게 해야 하겠다는 靖宗 7년(1041)의 戶部 奏文과,[74] 남의 祖業田(民田)을 탈점하여 민이 業을 잃게 되었다고 하는 呂克諲의 사례도 이러한 사실을 시사한다. 이렇게 몇 가지 관계 기사가 찾아지기도 하지만, 사실 백성의 대다수를 차지하고 있던 백정 농민이 민전을 소유한 주된 계층이며, 그들의 대부분이 자기 또는 타인의 민전 경작에 참여하고 있었다는 점을 고려할 때 민전이 민산의 근본이었다는 것은 지극히 당연한 이야기라고 하겠다.

다음으로 민전은 국가 재정의 중요한 원천이었다. 즉 민전에서 거두는 조세를 재원으로 각종의 재정 지출이 이루어졌던 것이다. 먼저 민전의 조세는 왕실 운영에 필요한 供上의 재원이 되었다. 왕실의 수조지였던 이른바 莊·處의 토지, 즉 장·처민의 민전이 이 供上의 재원이었을 것으로 이해된다.[75] 그 규모를 정확히 알 수는 없으나 최소한 3만 결 이상은 되었던 것으로 생각되는데,[76] 당시 왕실에는 360개의 장·처가 소속되어 있었다.[77] 물론 이 밖에 왕실 소유의 내장전에서 얻어지는 수입 또한 공상의 재원이 되었을 것이다.

---

73) 《高麗史》 권 33, 世家 33, 충선왕 후 즉위년 11월 신미.

74) 《高麗史》 권 78, 志 32, 食貨 1, 田制 經理.

75) "三百六十庄處之田 所以奉供上也"(《高麗史》 권 78, 志 32, 食貨 1, 田制 祿科田 趙仁沃 上疏).

76) "供上不可不豊也 故以十萬而屬右倉 以三萬而屬四庫"(《高麗史》 권 78, 志 32, 食貨 1, 田制 祿科田 趙浚 三次上疏). 이에 의하면 供上用 土地가 약 13만 결이었던 것으로 생각되나, 右倉 所屬의 10만 결은 國用의 살몫이었을 것으로 보는 견해도 있다(姜晋哲, 앞의 책, 222쪽).

77) 주 75) 참조.

그리고 위에서 소개한 충선왕의 하교에서 확인할 수 있는 바와 같이 민전의 조세는 녹봉의 재원이 되기도 하였다. 이는 事審官들이 널리 점유하고 있는 공전(민전)에서 祿轉(녹봉으로 사용되는 곡물)을 거둔 향리들이 사심관으로부터 심한 보복을 받았다고 하는 충숙왕 5년의 기사에서도[78] 확인된다. 이렇게 녹봉의 재원이 되는 민전의 조세는 주로 左倉(廣興倉)에서 수납·관리하였는데, 문종 때를 기준으로 해서 총 녹봉액이 16만 석을 훨씬 넘어서는 수준이었으므로 약 10만 결 내외의 민전이 녹봉용으로 설정되었던 것으로 이해되고 있다.[79] 한편 祭祀·賓客接待·飢民賑濟 및 국가적 역사와 영선의 비용으로 쓰이는 국용의 재원도 민전의 조세였다. 민전을 점검하는 목적의 하나가 국용을 두루 갖추는 데 있었다고 설명하고 있는 충선왕의 하교가 이러한 사실을 잘 말해 준다. 국용으로 사용될 민전의 조세는 주로 右倉(豊儲倉)에서 관장하였는데, 좌창과 비슷한 대략 10만 결 내외의 토지가 여기에 배당되어 있었다고 생각된다. 공상·녹봉·국용 이외에 민전에서의 조세는 군수에도 사용되었다. 양계 지역의 민전이 그 대표적인 예라 하겠다. 이미 설명한 대로 양계 지역에도 민전이 광범위하게 분포해 있었는데, 이 지역은 군사상의 요충지였으므로 민전에서 수취한 조세를 중앙으로 이송하지 않고 군수에 충당시켰던 것이다. "북계에는 본래 사전이 없었고 관에서 수조하여 군량에 충당하였다"고[80] 하는 우왕 때의 기사와, "西北面의 토지(민전)는 일찍이 수조하지 않고 防戍에 맡겼는데 그 유래가 오래되었다"고[81] 하는 공민왕 5년(1356)의 下旨가 그 좋은 예일 것이다 우왕 때의 기사에 나오는 사전의 실체가 사유지로서의 민전이 아니라 개인수조지로서의 사전이라는 것은 널리 알려진 사실이고, 공민왕 5년 기사에서 "수조하지 않았다"고 한 것은 '민전에서 조세를 거두지 않았다'는 내용이라기 보다는「수취한 조세를 중앙으로 이송하지 않았다」는 뜻으로 이해된다. 양계 지역 뿐 아니라 남도 지역의 민전에서 수취된 조세도 군수에 충당되었던 것으로 보인다. 군량의 보관을 주된 기능으로 하였던 龍門倉의 존

78) 《高麗史》 권 84, 志 38, 刑法 1, 職制.
79) 《高麗史》 권 78, 志 32, 食貨 1, 田制 祿科田 趙浚 上疏(3차).
이에 대한 보다 자세한 것은 姜晋哲, 앞의 책, 223쪽 참조.
80) 《高麗史》 권 82, 志 36, 兵 2, 屯田.
81) 《高麗史》 권 78, 志 32, 食貨 1, 田制 租稅.

재가 이를 말해 준다.[82] 이러한 군수용 민전의 규모가 어느 정도였는지는 잘 알 수 없으나, 녹봉용이나 국용용에 못지 않았을 것으로 생각된다.

그런데 고려의 재정 운영은 민전의 조세를 국고에서 일괄적으로 수취하여 필요한 곳에 배분하는 방식이 아니라, 사용처에 따라 필요한 租稅源을 미리 배분하여 두고 사용처의 주무 관사로 하여금 각자 수취케 하는 방법을 택하고 있었다. 그러므로 전국의 민전은 각각 그 용도가 정해져 있었다. 예컨대 녹봉용이나 국용용의 민전이 따로 있었던 것이다. 晋陽 지역의 민전이 녹봉용이었음을 전하는 고종 30년의 사례라든지,[83] 원래 녹봉용으로 설정된 鷄林·福州·京山 등의 민전이 왕실의 식읍으로 바뀌면서 녹봉이 부족하게 되었다고 하는 李齊賢의 지적,[84] 결손된 密城 稅米를 해당 수령에게서 징수토록 광흥창관에게 지시한 우왕의 조처[85] 등이 이러한 사실을 시사하고 있다. 그리고 장·처의 민전이 공상용으로 설정되어 있었다거나, 양계 지역의 민전이 모두 군수용으로 지정되었던 사실, 경상도 동해안 지역의 조세가 주로 해변 방위나 동북계의 군수에 충당되었던 것도[86] 같은 차원에서 이해될 수 있을 것이다.

한편 민전의 조세는 관리를 비롯한 각종 직역담당자들의 생활기반이 되기도 하였다. 개인수조지로 설정된 민전이 이러한 기능을 수행하였을 것이다. 전시과 체제 아래에서도 물론 그러하였지만, 전시과가 무너지고 녹과전제가 마련된 고려 후기에 개인수조지로서의 민전은 수조권자의 생활에 있어서 더욱 큰 비중을 차지하였을 것이다. 왜냐하면 당시에는 국가 재정의 궁핍으로 녹봉이 제대로 지급되지 못하였기 때문이다.[87] 이러한 기능을 지녔던 개인수조지가 전기에는 양계를 제외한 전국에 분포해 있었는데, 그 규모는 10만 결을 훨씬 초과하는 수준이었을 것으로 이해되고 있다. 문종 때의 갱정전시과 규정을 기준으로 볼 때 양반전만도 약 10만 결이었으며, 그 밖의 역부담자들

82) 이에 대한 보다 자세한 내용은 이 책 제Ⅱ편 1장 〈조세〉 참조.
83) 《高麗史》 권 129, 列傳 42, 叛逆 3, 崔忠獻 附 怡.
84) 《高麗史》 권 110, 列傳 23, 李齊賢.
85) 《高麗史》 권 135, 列傳 48, 우왕 11년 8월.
86) 安秉佑, 〈高麗의 屯田에 관한 一考察〉(《韓國史論》 10, 1984).
87) 祿俸의 부족과 祿科田의 설치에 대해서는 〈녹과전의 설치〉(《한국사》 19, 국사편찬위원회, 1994 간행예정) 참조.
88) 《高麗史》 권 78, 志 32, 食貨 1, 田制 祿科田 趙浚 上疏(3次).

이 받아야 할 수조지가 따로 있었기 때문이다. 고려 말에 趙浚이 전국 토지를 용도별로 나누면서 朝臣 우대용으로 10만 결을 설정하고 6道의 군사와 향리의 토지가 별도로 필요하다고 주장한 것도[88] 이와 맥락을 같이 한다.

〈金載名〉

## 3. 공전의 여러 유형

### 1) 장·처와 내장전

#### (1) 장과 처

고려시대에는「莊」·「處」라는 일종의 장원이 있었는데, 이것은 주로 왕실 재정의 기초를 이루는 것이었다. 태조가 즉위 전부터 가지고 있었거나 아니면 궁예로부터 물려 받은 內莊을 가지고 있었던 것으로[1] 보아 장은 이미 고려 초기부터 존재하였다고 생각된다. 그리고 360개의 장·처가 料物庫에 소속되어 있었다고 이야기하고 있는 창왕의 즉위 교서라든지 趙仁沃의 상소로부터[2] 장이 고려 말까지 존속하였음을 알 수 있다. 반면 처는 그 기원이 분명하지 않다. 몽고와의 전란 이후 왕실의 재정이 궁핍하여지자 그 타개책의 일환으로 충렬왕 때에 나타났다고 하는 견해가 있는가 하면,[3] 장과 같이 고려 초기부터 존재하였을 것으로 보는 입장도 있다.[4] 한편《世宗實錄地理志》와《新增東國輿地勝覽》에 수록된 장·처 기록을 분석해 볼 때[5] 장·처는 양계 지역을 제외한 전국에 분포되어 있었음을 알 수 있다. 그 중에서도 특히 경기와 충청·황

---

1) 《高麗史》 권 1, 世家 1, 태조 원년 6월 을축 詔書.
2) 《高麗史》 권 78, 志 32, 食貨 1, 田制 祿科田 신우 14년 6월 辛昌 敎·7월 趙仁沃 上疏.
3) 李相瑄, 〈高麗時代의 莊·處에 대한 再考〉(《震檀學報》 64, 1987).
論旨는 다르지만 이를 고려 중기 이후로 보는 견해도 있다(旗田巍, 〈高麗時代の王室の莊園－莊·處－〉, 《歷史學硏究》 246, 1960).
4) 姜晋哲, 《高麗土地制度史硏究》(高麗大出版部, 1980), 224쪽.
朴宗基, 《高麗時代部曲制硏究》(서울大出版部, 1990), 163쪽.
5) 이에 대해서는 旗田巍, 앞의 글 및 李相瑄, 앞의 글 참조.

해도 지역에 집중적으로 설치되어 있었던 것으로 추측된다. 이것은 이들 지역이 개경에서 멀지 않아 관리하기에 편리하였기 때문이었을 것이다.

이러한 장·처 특히 장은 신라의 녹읍과 계통을 같이하는 것으로, 나말려초의 군소 호족을 통제하는 과정에서 호족의 지배 아래에 있던 촌의 일부가 장으로 편입되면서 형성되었다고 이해되고 있다. 그러므로 장·처는 단순한 면적 단위의 장원이 아니라 촌락이라는 지역적 행정구역을 단위로 하는 토지 지배의 객체였으며, 당시의 행정조직인 군현제도의 일환으로 편성된 것이었다. 장·처가 군현제도의 일환으로 존재하였다는 것은 그것이 鄕·部曲·所 등과 같이 州郡이 될 수 없는 곳에 설치되었다고 말하는 것이라든지,[6] 장·처의 향리에게도 유수·주·부·군·현의 향리와 마찬가지로 외역전을 지급해야 할 것을 계획한 고려 말 조준의 전제개혁론[7] 등에서 우선 확인되고 있다. 즉 장·처의 위치가 일반 군현과 같은 차원에서 논의되고 있는 것이다. 또 조선시대에 들어와 향·소·부곡 등의 경우와 마찬가지로 폐지되거나 군현에 흡수되었다는 사실도[8] 같은 맥락에서 이해된다. 특히 장·처가 현으로 승격하는 경우가 있었다는 것은 이를 더욱 극명하게 반영한다고 하겠다. 충렬왕 10년(1284)에 龍山處가 富原縣으로 승격하였다든지,[9] 공민왕 5년에 迷原莊이 迷原縣으로 승격되었던 것[10] 등이 그 좋은 예이다. 한편 장·처의 본질이 촌락이었다는 것은 고려 때의 장·처가 조선시대에 村·直村·里 등으로 변천해 갔다거나, 今勿村處·古等村處 등과 같이 처의 명칭에 「村」이 들어 있는 경우가 적지 않다는 점에서[11] 충분히 짐작된다. 이 같은 두 가지 사실은 본래 촌락이던 한 지역이 고려 때 장 또는 처로 되었다가, 조선시대의 군현제 재정비 과정에서 군현이나 촌·리 등으로 재편되어 갔던 그 간의 사정을 반영하는 것으로 이해된다. 이처럼 장·처는 단수 또는 복수의 촌락으로 형성된 하나의 지역을 의미하였다.

---

6)《新增東國輿地勝覽》권 7, 驪州牧 古跡 登神莊.
7)《高麗史》권 78, 志 32, 食貨 1, 田制 祿科田 우왕 14년 7월 趙浚 1次 上書.
8) 旗田巍, 앞의 글 참조.
9)《世宗實錄地理志》京畿 高陽縣.
10)《新增東國輿地勝覽》권 8, 京畿 楊根郡.
11) 이에 대해서는 旗田巍, 앞의 글 참조.

한편 이 장·처에도 일반 군현과 마찬가지로 姓을 같이하는 하나 또는 여러 개의 氏姓集團이 있었다. 《世宗實錄地理志》《新增東國輿地勝覽》에 보이는 장·처의 土姓·續姓·來姓·亡姓의 존재가 바로 그것이다. 공민왕 때에 현으로 승격된 迷元(原)莊에 普虛의 친척들이 모여 살았다는 사실도[12] 이를 시사하는 것이다. 따라서 장·처의 주민은 강한 혈족적 유대, 즉 공동체적 관계를 유지하고 있었다. 그리고 국가나 왕실은 이러한 혈족적 유대를 이용하여 장·처를 통치하고 관리하였다. 이 곳의 제반 업무를 실제로 담당한 「吏」 또한 본래는 이 같은 혈족집단의 수장이거나 간부였을 것이다. 이와 같은 장·처에 거주하는 주민은 대부분 농경에 종사하였는데, 장의 거주자는 莊戶 또는 莊丁으로 불리었다. 따라서 이들은 일반 군현의 백정농민에 비견되는 존재로서 신분적으로는 양인이었다고 판단된다. 즉 이들은 백정과 마찬가지로 성씨를 가진 경우가 많았고, 조세와 요역을 부담하였으며, 장정은 明經業·書業·算業·律業의 監試에도 응시할 수 있었다. 그러나 실생활에 있어서는 일반 군현민에 비해 차별 대우를 받았던 것으로 짐작된다. 위의 과거시험에서 장정이 백정의 경우보다 불리한 조건에 놓여 있었다는 것이 하나의 예라 하겠다. 명경업 감시의 경우를 예로 든다면 백정에게는 《周易》, 《尙書》, 《毛詩》, 《禮記》, 《春秋》에서 9机로 고시하였음에 반하여 장정은 12机로 고시하였던 것이다.[13] 향·소·부곡 등의 吏와 함께 장·처의 吏가 일반 군현의 吏와 구별되어 취급된 것도[14] 장과 처, 결국 장·처의 주민이 군현민에 비하여 차별적인 대우를 받았다는 것을 상징한다.

앞에서도 잠시 언급하였지만 이와 같은 장·처는 기본적으로 왕실에 소속되어 왕실재정의 근간을 이루었다. "料物庫 소속의 360개의 장·처 중 선대에 사원으로 施納한 것은 모두 환원시키라"는 창왕의 교서나, "360개의 장과 처의 토지는 공상을 받들기 위한 것이다"고 하는 조인옥의 상소,[15] "고려 때에는 장과 처로 불리는 것이 있었는데, 여러 궁전과 사원 및 내장택에 분속

12) 《高麗史》 권 38, 世家 38, 공민왕 원년 5월 기축.
13) 《高麗史》 권 73, 志 27, 選擧 1, 科目 1 인종 14년 11일 判.
14) 이에 대한 자세한 내용은 朴宗基, 앞의 책, 32~42쪽 참조.
15) 《高麗史》 권 78, 志 32, 食貨 1, 田制 祿科田.

되어 조세를 부담하였다"고 기술하고 있는 《新增東國輿地勝覽》의 기록[16] 등이 이를 잘 말해 준다. 내장택과 요물고는 각각 고려 전기와 후기에 왕실 재정을 주관한 관청의 하나였던 것이다. 그러나 《新增東國輿地勝覽》의 기록에서 알 수 있는 바와 같이 왕실 외에 궁원과 사원에도 이러한 장·처가 있었다. 이 외에도 궁원 소속의 장호들이 과중한 요역에 시달리고 있음을 걱정한 현종 20년(1029)의 교지에서[17] 궁원에 장이 있었음을 확인할 수 있으며, 상당수의 왕실 장·처가 사원에 시납되었음을 전하는 앞에서 언급한 창왕의 교서를 통해 사원에 소속된 장·처의 존재를 짐작할 수 있다. 이러한 궁원·사원의 장·처는 대체로 사급이나 시납에 의해 왕실의 장·처가 이관된 것들이었다고 추측된다.

이렇게 장·처가 비록 왕실을 비롯한 궁원·사원에 소속되어 있기는 하였지만, 그 토지(莊·處田)의 소유권이 왕실이나 궁원·사원에 있지는 않았던 것으로 추측되고 있다. 다시 말해서 장·처전의 본질은 왕실의 소유지가 아니라 수조지였다고 판단된다. 이와 관련하여 비록 고려 말의 자료이기는 하지만 전제개혁을 위한 하나의 시도로서 제기된 조인옥의 상소가[18] 주목된다. 그에 의하면 조종의 토지분급제는 대체로 천지·종묘의 제사용으로 쓰일 籍田, 공상용의 장·처전, 사대부용의 전시·구분전, 일반 국역자(주로 향리)용의 외역전, 그리고 4만 2천의 병사를 위한 군전 등의 다섯 가지로 나누어진다는 것이다. 여기서 장·처전은 국가적인 토지분급 체계 내에서 국가의 재정운용 원칙과 관련하여 운영되었음을 확인할 수 있는데, 이 때의 토지분급(分田)이 수조지의 분급이었음은 물론이다. 그리고 선대에 사원으로 시납된 장·처전을 요물고로 환수시킨 창왕 교서의 장·처전 역시 수조지를 의미한다고 생각된다. 만일 그것이 소유지였다면 국가가 마음대로 그 이전을 강제하기 어려웠을 것이기 때문이다. 이렇게 왕실의 장·처전이 수조지였으므로 궁원과 사원의 장·처전 역시 수조지였다고 이해된다. 문종 때 왕의 명으로 興王寺에 이전된 景昌院의 田柴,[19] 호부의 조치로 萬齡殿으로 분급된 홍왕사 토지의[20] 실체는 모두 수조

16) 《新增東國輿地勝覽》 권 7, 驪州牧 古跡 登神莊.
17) 《高麗史》 권 5, 世家 5, 현종 20년 9월 을해.
18) 《高麗史》 권 78, 志 32, 食貨 1, 田制 祿科田.
19) 《高麗史》 권 8, 世家 8, 문종 12년 7월 기묘.
20) 《高麗史》 권 9, 世家 9, 문종 34년 3월 임신.

지로서의 장·처전이었다고 생각된다. 왕의 명이나 호부의 조치로 귀속처가 바뀌는 토지였다면 궁원이나 사원의 사유지일 까닭이 없고, 사유지가 아닌 토지로 중원과 사원에 소속되어 있었다면 장·처전일 수밖에 없기 때문이다.[21] 따라서 결국 장·처전의 소유자는 주로 장·처의 주민이었다고 여겨진다. 바꿔 말해서 장·처전은 장·처민의 민전이었던 것이다. 그러므로 장·처전이 넓은 의미의 내장에 포함되기는 하겠지만, 왕실소유지로서의 내장전(순수내장전)과는 일단 구분해서 이해해야 할 것으로 생각된다.

이처럼 장·처전의 본질적인 성격이 수조지로서의 민전이었으므로 이것을 소유한 장·처의 주민은 생산량의 1/10을 田租로 소속처에 부담하였다. 《新增東國輿地勝覽》에서 "莊과 處가 여러 궁전·사원 및 내장택에 분속되어 세를 바쳤다"고 하였을 때의 「稅」의 실체는 다름 아닌 전조였을 것이다. 이들은 전조 뿐 아니라 요역도 왕실과 궁·사원에 부담하였다. 과중한 요역에 시달리는 궁원 소속의 장호를 구휼하는 문제에 殿中省이 나서고 있는 것은 이러한 사실을 보여 준다. 즉 장호의 요역 문제에 호부를 제쳐 두고 왕족 관계의 일을 관장하던 전중성(宗簿寺)이 관여한 것은 장호의 요역이 궁원과 관계된 사안, 즉 궁원에 귀속되었기 때문이라고 생각된다.[22] 이는 궁원에 소속된 장·처의 경우이지만 왕실과 사원 소속의 장·처도 마찬가지였을 것으로 볼 수 있다. 왜냐하면 소속처에 관계없이 수조지로서의 민전이라는 莊과 處의 본질은 같았기 때문이다.

이와 같이 장·처전은 그 본질에 있어서는 일반 군현의 민전과 다를 것이 없었으나, 전조와 요역을 수취할 권리가 국가나 개인에게 있었던 것이 아니라 왕실이나 궁원·사원에게 주어진 토지였다는 점에서 차이를 보일 뿐이었다. 즉 조세와 요역의 귀속처만이 달랐던 것이다. 따라서 장·처전을 1과공전으로 보기보다는 3과공전으로 파악하는 것이 옳을 것이다.[23] 국가수조지인

---

21) 이에 대해서는 姜晋哲, 앞의 책, 229~232쪽.

22) 旗田巍, 앞의 글 참조.

23) 旗田巍는 이를 王室御料地 안에 포함시켜 1科公田으로 보았으며(〈高麗の公田〉, 《史學雜誌》 77-4, 1968), 姜晋哲은 3科公田으로 파악하였다(앞의 책, 224~235쪽). 이 밖에 이를 2科公田으로 분석한 주장도 있으며(朴鍾進, 〈高麗初 公田·私田의 性格에 대한 재검토〉, 《韓國學報》 37, 1984), 莊과 處가 형성된 시기와 성격은 전혀 다르다고 보고 莊은 1科公田이며 處는 3科公田이었다고 하는 견

일반 군현의 민전이 3과공전인 이상, 이와 등질적인 성격의 장·처전을 1과공전으로 보는 것은 자연스럽지 않기 때문이다.

### (2) 내장전

고려의 왕실은 전국에 걸쳐 광대한 御料地를 지배하고 있었는데, 이 어료지 중에서 가장 큰 비중을 차지하는 것은 이미 설명한 바와 같이 촌락을 단위로 한 수조지로서의 장·처였다. 그러나 왕실어료지에는 장·처와는 본질적으로 성격을 달리하는 토지, 즉 왕실이 소유권을 가지고 주체적으로 경영하는 면적 단위의 소유지도 있었다. 이러한 면적단위의 왕실소유지와 장·처를 모두 장 또는 내장으로 표현한 듯하여(넓은 의미의 내장전) 어료지의 실체 파악에 적지 않은 혼란을 초래하기도 하지만, 양자는 그 성격이 전혀 다른 만큼 구별해 보아야 할 것이다. 그래서 흔히 내장전은 면적을 단위로 하는 왕실소유지에 한정시켜 쓰고 있다(좁은 의미의 내장전 : 순수내장전).[24]

이러한 內莊(庄)田은 고려 초부터 있었다. "일부 노비를 제외한 대다수의 궁중 노비를 궁 밖으로 내보내 토지를 경작하여 조세를 내게 하였다"는 태조의 조치가[25] 이를 잘 말해 준다. 앞으로 설명하겠지만 여기서 궁중 노비로 하여금 경작케 한 토지의 실체는 내장전이었다고 이해된다. 한편 희종이 당시의 권신 崔忠獻에게 내장전 100결을 하사하였다는 사실로[26] 미루어 보아 적어도 고려 중기까지 내장전이 존속하였음을 알 수 있다. 여기서의 「내장전」이 수조지로서의 장·처전이 아닌 순수 내장전이라는 것은 그 규모를 100결이라는 면적으로 표시하고 있다는 점에서 충분히 짐작된다. 그런데 이후로는 내장전 관계 기록이 거의 보이지 않으므로 언제까지 존속하였는지를 정확히 알 수는 없다. 그러나 국초부터 내장전과 함께 내장택에 소속되어 왕실의 재정을 지탱하였던 장·처전이 고려 말까지 요물고 소속으로 존속하였던 것으로 보아 내장전 역시 고려 말까지 남아 있었다고 추측된다. 물론 대몽 항쟁 직후 전기의 내장전은 소멸되고 이를 대신하여 내장전과 같은 성격을 지닌 處가 등장

---

해도 있다(李相瑄, 앞의 글).

24) 姜晋哲, 앞의 책, 192·250~251쪽.

25) 《高麗史》 권 93, 列傳 6, 崔承老.

26) 《高麗史》 권 129, 列傳 42, 叛逆 3, 崔忠獻.

하였다고 보는 견해가[27] 있기는 하지만, 처의 형성 시기와 그 성격에 대한 이해에 적지 않은 이론이 있으므로 선뜻 동의하기 어렵다.

이와 같이 내장전은 왕실의 소유지였으므로 장·처전과는 달리 왕실이 주체적으로 경영을 담당하였는데, 당시 내장전을 비롯한 국·공유지를 경영하는 방식에는 佃戶制와 直營制의 두 가지가 있었다. 전호제란 소유 주체가 소유지를 타인에게 소작시키고 소정의 租(소작료)를 수취하는 것이며, 직영제는 소속 노비나 주변 농민의 요역을 동원하여 소유지를 경작하여 그 수확을 모두 확보하는 경영형태이다. 내장전의 경우 이 두 가지 경영형태가 모두 채택되었던 것으로 보이나 전호제가 보다 우세한 경영형태였던 것으로 짐작된다. 우선 내장전의 전호제 경영은 다음의 두 기록에서 확인된다.

A. 태조께서는 內屬奴婢로 宮에 남아서 供役할 일부를 제외한 나머지는 궁 밖으로 나가 살게 하고 토지를 경작하여 세를 바치게 하셨다(《高麗史》 권 93, 列傳 6, 崔承老).
B. 근래 주현의 관원들이 宮院·朝家田만을 사람들로 하여금 경작케 하고(令人耕種) 군인전은 비록 비옥한 땅이라도 경작하기를 힘써 권장하지 않으며 또 養戶로 하여금 식량을 수송케 하지 않음으로써 이로 인해 군인이 추위에 굶주려 흩어져 버리니 지금부터는 군인전에 우선적으로 佃戶를 정해주도록 하라(《高麗史》 권 79, 志 33, 食貨 2, 農桑 예종 3년 2월 制).

A에서 태조의 조치로 갑자기 궁 밖으로 나온 노비(外居奴婢)가 자기 소유의 토지를 가졌을 리 없기 때문에 그들이 경작한 토지는 태조의 내장전일 수밖에 없다. 그러므로 노비들이 내장전을 경작하고 바친 「稅」의 실체는 소작료(地代)였다고 판단된다. 결국 사료 A는 태조의 내장전이 왕궁의 외거노비를 전호로 하는 전호제로 경영되었음을 입증한다고 하겠다. 한편 B는 궁원전과 조가전이 전호제로 경영되었음을 알려 주는 것으로 이해되는데,[28] 朝家는 왕실·조정·관가 등의 뜻을 지닌 용어이므로 왕실소유지인 내장전도 조가전의 범주

27) 李相瑄, 앞의 글.
28) 이를 宮院·朝家田에서의 직영제 경영을 말해 주는 것이라고 이해한 견해도 있지만(李佑成, 〈高麗의 永業田〉, 《歷史學報》 28, 1965 및 姜晋哲, 앞의 책, 237~238쪽) 이는 오해이며, 이 기록은 오히려 그 곳에서의 佃戶制 경영을 입증하는 것이라고 생각된다(浜中昇, 〈高麗田柴科の一考察〉, 《東洋學報》 63-1·2, 1981).

에 포함되었을 것으로 여겨진다.[29] 따라서 사료 B 역시 내장전에서의 전호제 경영을 시사하는 하나의 예라 하겠다. 반면 내장전에서의 직영제 경영을 직접적으로 말해 주는 기록은 찾아지지 않는다. 다만 A에 나오는 내장전이 태조의 조치 이전에 직영제로 경영되었으리라는 것은 추측하기 어렵지 않다. 아울러 태조의 조치로 모든 내장전의 경영이 직영제에서 전호제로 바뀌었다고 할 수는 없으므로, 이후에도 내장전의 일부가 여전히 직영제로 경영되었을 가능성은 충분히 있다. 그러나 사료 A와 B를 통해 확인할 수 있듯이 직영제에서 전호제로의 전환이 내장전 경영의 대체적인 추세였던 것으로 생각된다.

내장전이 직영제로 경영될 때에는 수확량을 모두 왕실이 차지하므로 조세 수취가 문제되지 않는다. 그러나 전호제로 경영되는 내장전에서는 수확량의 얼마를 조(소작료)로 징수할 것인가가 문제되는데, 그 수조율은 1/4이었던 것으로 생각된다. 이 1/4은 전호제로 경영되는 국·공유지에서의 수조율(소작료)이었다고 이해되는데,[30] 내장전 역시 왕실에 소유권이 있는 1과공전으로[31] 국·공유지의 하나였기 때문이다.

〈金載名〉

### 2) 공해전

#### (1) 공해전 분급의 내용

공해전은 국가 공공기관의 운영경비를 조달하기 위해 지급된 토지로서 전지와 함께 시지도 지급되었으므로 公廨田柴라고도 불리었다. 여기서 말하는 국가 공공기관은 《高麗史》 食貨志 田制條 序文에 의하면 대체로 庄宅·宮院·百司·州·縣·館·驛을 그 범주로 하고 있었던 것으로 보인다. 장택은 왕실 재정을 관장한 내장택이고, 궁원은 왕족이 거처하는 여러 궁전이며, 백사는 각종의 중앙 관청을 말한다. 그리고 주·현과 관·역은 모두 지방의 관아를 가리

29) 姜晋哲, 앞의 책, 238·253쪽.
30) 이에 대한 자세한 내용은 이 책 제2편 1장 〈조세〉 참조.
31) 旗田巍, 앞의 글(1968).

킨다. 그러므로 공해전은 분급 대상에 따라 크게 중앙 관청과 지방 관아 및 장택·궁원의 공해전으로 구분된다고 하겠다.

앞서 소개한 대로 공해전의 분급대상에 백사가 포함되어 있는 이상 중앙의 각 관청에 공해전이 분급되었을 것은 분명하다 하겠다. 뿐만 아니라 東宮의 사무를 관장하던 詹事府에 공해전 15결과 供紙 1戶를 분급토록 결정한 현종 14년(1023) 式目都監의 논의와,[1] 명종 때 中書省의 公廨田租를 탈취하였다가 여러 臺諫으로부터 탄핵을 받았던 曺元正의 사례[2] 등에서도 중앙 공해전의 존재는 확인된다. 그러나 이 밖에 중앙 공해전의 실상에 대한 기록은 거의 보이지 않으므로 그 구체적인 내용은 알 수 없다. 다만 개경에 준하는 행정체계를 갖추었던 서경의 각 관사에 지급된 공해전의 내용을 통해서 그 윤곽만을 짐작할 수 있을 뿐이다. 명종 8년(1178)에 새로 개정된 西京公廨田 지급규정에 따르면 留守官에는 공해전 50결과 紙位田 272결 37부 7속을, 6曹에는 공해전 20결과 지위전 15결을, 法曹司에는 공해전 15결을, 諸學院에는 공해전 15결과 書籍位田 50결을, 文宣王의 油香田으로 15결을, 先聖의 유향전으로 50결을, 藥店에는 공해전 7결을, 僧錄司에는 공해전 15결과 지위전 15결을 각각 분급하도록 되어 있었다.[3] 여기서 서경의 공해전은 모든 관사에 공통적으로 분급된 공해전(일반공해전)과 특별한 용도를 가진 관사에 별도로 지급된 지위전·서적위전·유향전 등으로 이루어졌음을 알 수 있다. 일반 공해전은 관청의 일반적인 운영경비와 관리들의 午料(중식비) 및 皂隷 등 천역자들에 대한 보수를 마련하기 위해 설정된 토지였으며, 지위전은 공공의 용지를, 서적위전은 서적의 필사와 간행에 필요한 경비를, 유향전은 제사의 비용을 조달하기 위해 마련된 토지였다고 생각된다. 여기서 지위전이 일반공해전 못지 않은 비중을 지니고 있었던 점이 주목된다. 여하튼 서경공해전의 경우를 미루어 볼 때 일단 중앙의 모든 관청에도 그 비중에 따라 일반 공해전이 차등 지급되었을 것으로 판단된다. 이와 함께 대관청에는 지위전이, 國子監이나 翰林院·寶文閣 등의 교육 및 학술 관청에는 서적위전이 별도로 분급되었을 것이다.

---

1) 《高麗史》 권 78, 志 32, 食貨 1, 田制 公廨田柴.
2) 《高麗史》 권 128, 列傳 41, 叛逆 2, 曺元正.
3) 《高麗史》 권 78, 志 32, 食貨 1, 田制 公廨田柴.

한편 지방공해전은 주·부·군·현의 일반 군현은 물론이고, 향·부곡 등의 특수한 행정구역과 관·역과 같은 교통로의 요지에 설치된 기관 등에 골고루 지급되었다. 이 지방공해전의 지급규정이 마련된 것은 성종 2년의 일인데,《高麗史》食貨志의 公廨田柴條가 전하는 구체적인 내용을 정리하면 다음의 표 1·2·3 과 같다.

아래 표에 나타나 있듯이 지방공해전의 분급대상인 주·현 및 향·부곡 등은 그 곳의 「丁」의 수에 따라 공해전의 액수가 달라지고 있다. 이 때의 丁은

〈표 1〉 州·縣 公廨田

| 等級 | 公須田(結) | 紙田(結) | 長田(結) |
|---|---|---|---|
| 1,000 丁 이상 | 300 | | |
| 500 丁 이상 | 150 | 15 | 5 |
| 200 丁 이상 | 缺 | 缺 | 缺 |
| 100 丁 이상 | 70 | 10 | |
| 100 丁 이하 | 60 | | 4 |
| 60 丁 이상 | 40 | | |
| 30 丁 이상 | 20 | | |
| 20 丁 이하 | 10 | 7 | 3 |

〈표 2〉 鄕·部曲 公廨田

| 等級 | 公須田(結) | 紙田(結) | 長田(結) |
|---|---|---|---|
| 1,000 丁 이상 | 20 | | |
| 100 丁 이상 | 15 | | |
| 50 丁 이하 | 10 | 3 | 2 |

〈표 3〉 官·驛 公廨田

| 等級 | 公須田(結) | 紙田(結) | 長田(結) |
|---|---|---|---|
| 大路驛 | 60 | 5 | 2 |
| 中路驛 | 40 | 2 | 2 |
| 小路驛 | 20 | 2 | |
| 大路館 | 5 | | |
| 中路館 | 4 | | |
| 小路館 | 3 | | |

대체로 「人丁」으로 이해되는데,[4] 이들의 숫자가 많은 고을은 사무가 번잡했을 뿐 아니라 일을 보는 관리들도 많았을 것이므로 자연히 많은 액수의 공해전이 할당되고, 그 반대의 경우는 적은 액수가 할당되었다고 생각된다. 그리고 관·역의 대·중·소 등급 역시 각각 담당하는 일의 다과에 따라 구분된 것으로 이해된다.

이러한 지방관아의 공해전은 위 표에서 알 수 있는 바와 같이 公須田·紙田·長田의 세 가지로 구성되어 있었다. 이 가운데 공수전은 조선 초기의 사정에 비추어 볼 때 관아 운영에 필요한 일반적인 경비, 예컨대 빈객의 접대 및 기타 잡다한 용도 등을 위해 설정된 토지인 것으로 여겨진다. 그런데 특기할 만한 것은 조선의 경우 외관의 녹봉 지급을 위하여 공수전과는 별도로 衙祿田이 설치되어 있었으나, 고려에서는 이 공수전의 수입으로 外官祿까지 지급하였다는 사실이다. "외읍 관리의 녹봉은 공수조로 지급한다"는 숙종 6년의 판문이[5] 이를 잘 말해 준다. 그런데 "外官祿의 반은 左倉에서 지급하고 나머지 반은 외읍에서 지급하였다"는 기사를[6] 고려할 때, 외관록의 전액이 아니라 그 절반에만 공수전의 수입 즉 公須田租가 쓰였음을 알 수 있다. 그리고 紙田은 중앙공해전 및 서경공해전에 보이는 紙位田과 같은 것으로서 관아에서 필요한 사무용 종이를 조달하기 위한 재원으로 마련된 토지였다고 이해된다.

그러나 長田의 실체는 매우 모호하다. 우선 일반 주·부·군·현과 함께 수령이 파견되지 않았던 향·부곡·역에도 비슷한 규모의 장전이 있었던 것으로 보아 여기서 말하는 장전이 수령과 무관하다는 사실은 분명하다. 이와 관련하여 서로 견해를 달리하는 두 가지 주장이 제기되어 있어 주목을 끈다. 먼저 이를 향리의 수장인 戶長의 職田으로 보는 견해가 있다. 즉 위 공해전시 규정이 마련된 성종 때에는 향·부곡·역의 경우는 물론 일반 군현의 호장들도 단순히 「長」으로만 호칭되었으므로, 여기서의 長은 곧 戶長이며, 장전 역시 호장에게 지급된 직전으로 보아야 한다는 것이다. 뿐만 아니라 5결에서 3결에 이르는 장전의 규모가 조선 초기의 향리들에게 분급한 人吏位田 5결과

4) 姜晋哲, 《高麗土地制度史硏究》(高麗大出版部, 1980), 196쪽.
5) 《高麗史》 권 80, 志 34, 食貨 3, 祿俸 外官祿.
6) 《高麗史》 권 80, 志 34, 食貨 3, 祿俸 序.

비슷한 수준이었다는 점도 같은 사실을 반영한다는 것이다.[7] 반면 長田의 「長」이 호장이라는 데는 의견을 같이하면서도 장전의 실체에 대해서는 다음과 같은 세 가지 이유를 들어 의견을 달리하는 주장도 있다. 즉 고려의 호장은 조선의 향리와는 달리 그 사회적 지위가 매우 높았으므로, 5결에서 3결에 이르는 전을 호장의 직전으로 보기에는 액수가 지나치게 적다는 의문이 생긴다는 것이다. 다시 말해 갱정전시과 규정에 의하면 중앙 이속의 말단인 잡류도 17결을 받았으며 서리와 군인도 20결 이상을 받았는데, 호장의 직전이 이의 1/3에도 못 미친다는 것은 이해하기 어렵다는 것이다. 또 장전이 호장의 직전이었다면 군인전이나 잡류전과 마찬가지로 역역(혹은 관직)에 대한 보수로서의 토지 지급을 규정한 일반 전시과의 계열에 포함되어야 할 일인데도, 이와는 계통을 달리하는 공해전시조에 규정되어 있다는 것도 이상하다는 것이다. 그리고 조선 초의 예에 비추어 볼 때 고려에서도 당연히 하급 향리에게 직전을 지급하였다고 여겨지는데, 왜 호장의 직전만이 공해전에 포함되어 지급되도록 규정되었는가 하는 문제가 생긴다는 것이다. 그러므로 위 공해전시조의 장전을 호장의 직전으로 보기보다는 외관의 녹봉과 같은 호장의 직무수당의 재원이 되는 토지로 해석하는 것이 옳다는 주장이다.[8] 따라서 현재로서는 장전의 실체를 정확히 규정하기는 어렵다고 하겠는데, 후자의 견해에 상당한 설득력이 있기는 하다.

지방의 관아에는 전지 외에 공수 시지라는 이름으로 땔감을 채취하는 시지도 지급되었다. 그 규정이 마련된 것은 성종 12년(993)의 일인데, 역시 《高麗史》 食貨志의 공해전시조에 기술된 내용을 정리하면 다음 표 4·5와 같다.

〈표 4〉 州·縣의 公須柴地

| 等級 | 結 |
|---|---|
| 1,000 丁 이상 | 80 |
| 500 丁 이상 | 60 |
| 500 丁 이하 | 40 |
| 100 丁 이하 | 20 |

〈표 5〉 驛의 公須柴地

| 區分 | 東西道 | 兩界 | 東西南北 |
|---|---|---|---|
| 大路驛 | 50결 | 40결 | - |
| 中路驛 | 30결 | 20결 | - |
| 小路驛 | - | - | 15결 |

7) 武田幸男, 〈高麗·李朝時代の邑吏田〉(《朝鮮學報》 39·40, 1966).
8) 姜晋哲, 앞의 책, 105~108쪽.

위 표에서 알 수 있듯이 시지 또한 전지의 경우와 같이 인정의 다과에 따라 분급되었는데, 표의 내용과는 별도로 12목의 경우는 丁의 다과에 관계 없이 100결을 지급하였으며, 知州事는 100丁 이하라도 60결을 지급하도록 규정하였다. 그리고 〈표 5〉에 보이는 東西道는 양계를 제외한 일체의 驛路를 가리키는 것이고, 동서남북의 小路驛은 동서도와 양계의 소로역을 모두 합쳐 가리키는 것인 듯하다. 한 가지 특기할 만한 것은 전지의 경우는 소액이나마 館에까지 지급하였으나 시지는 그렇지 않았다는 점이다.

그런데 이러한 지방공해전 규정의 제정은 지방통제의 강화와 시기를 같이 한다는 점에서 주목된다. 앞에서도 이야기하였지만 이의 지급규정이 마련된 것은 성종 2년의 일인데, 이 때는 고려의 지방 통치기구가 막 정비되기 시작한 시기였다. 외관의 파견을 건의한 崔承老의 주장에 따라 12목을 설치하고 지방관을 파견한 것도, 개국 이래로 堂大等·大等을 자칭하면서 兵部·倉部 등 중앙정부에 비견할만한 독자적인 행정조직을 갖추고 있었던 호족들을 새로운 향리직제에 편입시킴으로써 그 세력을 약화시킨 때와 같은 해의 일이다. 그리고 널리 알려진 대로 이후 지방 통치제도는 더욱 정비되어 갔던 것이다. 따라서 지방공해전 규정의 제정은 그 이후 본격적으로 전개된 지방 통치기구의 정비를 위한 선결 작업의 하나였다는 의미를 지닌다고 생각된다.

이러한 지방공해전과는 달리 庄宅·宮院의 공해전에 대한 기사는 매우 희소하다. 장택공해전에 대해서는 앞서 소개한 바 있는 食貨志 田制條의 序文 기사가 전부이며, 궁원공해전의 경우는 "여러 궁원들이 관리하는 공해전 중에서 아직 科式대로 稅를 거두지 못한 것이 있으면 경술년을 기한으로 모두 면제해 주라"고 하는 고종 40년(1253)의 宣旨[9] 하나가 더 보일 뿐이다. 그러나 이것도 궁원공해전의 존재를 재확인시켜 줄 뿐 그 구체적인 실상을 알려주는 것은 아니다. 따라서 현재로서는 장택 및 궁원공해전의 구체적인 내용은 알 수 없다고 하겠다.

### (2) 공해전의 성격과 그 경영

공해전의 성격은 크게 두 가지로 나누어진다고 이해되고 있다. 즉 중앙과

9)《高麗史》권 80, 志 34, 食貨 3, 賑恤 恩免之制.

지방관청의 공해전이 국·공유지였음에 비하여 장택과 궁원의 공해전은 내장택 및 궁원 소속의 장·처, 즉 민전 위에 설정된 수조지였다는 것이다.10) 그런데 관청공해전이 국·공유지였다는 것을 명확히 말해 주는 자료는 보이지 않는다. 다만 徐兢의 《高麗圖經》에 나오는 다음과 같은 기록을 통해 이러한 관청공해전의 성격을 어느 정도 짐작할 수 있다.

A. 또 3京·4府·8牧이 있고, 防禦郡이 118, 縣과 鎭은 390, 섬이 3,700인데, 모두 守令과 監官을 두어 백성을 다스린다. …官에 있는 자가 공전만으로 경비에 부족하면 또한 富民에게서 도움을 받는다고 한다(《高麗圖經》 권 3, 城邑, 郡邑).

이에 의하면 지방관청에는 공전이 배정되어 있었는데, 이 공전의 수입이 관청의 경비에 사용되었음을 시사하고 있으므로 여기서의 공전은 곧 공해전을 가리키는 것이었다고 판단된다. 그리고 서긍은 이 공전을 宋의 공전과 같은 개념으로 썼던 것으로 생각되는데,11) 송의 공전은 관전의 한 종목으로서 민전과는 아주 구별되는 국가 직속의 토지였다. 따라서 사료 A에 나오는 공전(공해전)의 실체는 송의 관전과 같은 토지, 즉 국·공유지였다고 이해된다. 이러한 관청공해전은 「신라장적」에 나오는 官謨田·畓과 麻田의 계통을 잇는 것으로 생각된다. 즉 국가 또는 왕실에 소속되었던 관모전·답과 마전이,12) 나말려초를 거치면서 고려의 국·공유지로 편성되었고, 그 위에 각 관청의 공해전이 설정되었던 것으로 이해되고 있다.13) 따라서 관청공해전은 국가 또는 각 관청의 소유지였으며, 공전을 세 유형으로 나눌 때 2과공전에 해당한다고 하겠다.14) 바로 이러한 관청공해전이 공해전의 본질적인 성격, 즉 공해전의 전형(협의의 공해전)이었던 것이다.

반면 장택 및 궁원의 공해전은 이와는 성격이 자못 달랐던 것으로 생각된다. 장택의 경우는 사정이 다르지만 사실 궁원에 공해전이 지급되었다는 것 자

10) 姜晋哲, 앞의 책, 236~243쪽.
11) 《高麗圖經》에서 쓰인 공전과 사전이 宋人의 통념에 입각한 宋代 공·사전의 개념과 같은 것이라는 점에 대해서는 姜晋哲, 앞의 책, 237쪽 참조.
12) 旗田巍, 〈新羅の村落－正倉院にある新羅村落文書の研究－〉(《歷史學研究》 226·227, 1958·1959).
13) 姜晋哲, 앞의 책, 238쪽.
14) 旗田巍, 〈高麗の公田〉(《史學雜誌》 77-4, 1968).

체가 좀 이해하기 어려운 일이다. 그러나 앞서 설명하였듯이 궁원에 공해전이 분급되었던 것은 사실이었다. 이는 아마도 장택은 물론 궁원도 일종의 국가 기관으로 인식되었기 때문이라고 여겨진다. 그런데 지금까지의 연구에 의하면 궁원에 소속된 토지는 크게 사유지로서의 궁원전과 수조지인 장·처전이 있었다고 한다.[15] 그러므로 궁원공해전은 궁원전과 장·처전 중의 하나일 수밖에 없는데, 궁원전은 2과공전에 대비되는 사유지로서의 사전이었으므로 결국 장·처전을 궁원공해전에 해당하는 토지로 간주하는 것이 타당할 듯싶다. 공해전이란 명목이 붙어 있는 이상 궁원공해전의 실체는 공전의 범주 안에 있었다고 보는 것이 보다 타당한데, 장·처전은 바로 3과공전으로 분류되는 민전과 등질의 토지였다고 이해되기 때문이다. 동일한 이유에서 장택공해전도 내장택에 소속된 장·처전이었다고 해석된다.[16] 그러나 이러한 장택 및 궁원의 공해전은 공해전 본래의 모습에서 벗어난 변질된 것이었다. 다시 말해 공해전의 의미를 넓게 해석할 때에나 공해전에 포함될 수 있다고 하겠다(광의의 공해전).

이렇게 장택 및 궁원공해전은 장·처전 위에 설정된 수조지였으므로 대부분 그 소유주인 莊·處民에 의해 경작되었을 것이다. 그러므로 어떠한 방법으로 이를 경영하였는지는 특별히 문제될 것이 없으며, 전조로서 생산량의 1/10만을 수취하였으리라고 판단된다.[17] 그러나 관청공해전의 경우는 사정이 다르다. 즉 그 본질이 국·공유지였기 때문에 어떠한 형태로든 관이 주체가 되어 경영할 수밖에 없었는데, 당시 관청공해전을 포함한 국·공유지를 경영하는 방식으로는 佃戶制와 直營制의 두 가지가 있었다. 전호제는 소유 주체가 소유지를 타인(일반 농민이나 외거노비)에게 소작시키고 소정의 租(소작료)를 수취하는 방식이며, 직영제는 소속 노비나 주변의 농민을 동원하여 소유지를 경영하고 그 수확을 모두 확보하는 경영형태이다. 이와 같은 관청공해전의 경영과 관련하여 지금까지 제시된 견해는 대체로 두 가지로 정리된다. 하나는 전기에 직영제에 의존하던 관청공해전의 경영이 예종 때를 기점으로 점차 전호제 형

15) 이에 대한 자세한 내용은 이 책 제I편 3장 1절 〈장·처와 내장전〉 및 4장 7절 〈궁원전〉 참조.

16) 姜晋哲, 앞의 책, 242~243쪽.

17) 莊·處田을 포함한 民田의 田租가 1/10이었다는 점에 대해서는 이 책 제II편 1장 〈조세〉 참조.

태로 전환되어 갔다는 것이고,[18] 다른 하나는 후기는 물론 전기에도 관청공해전은 주로 전호제로 경영되었다는 주장이다.[19] 양자 사이의 이러한 견해 차이와 관련하여 다음과 같은 예종 3년의 기사가 주목된다.

> B. 근래에 주현의 관원들이 宮院·朝家田만을 '사람들로 하여금 경작하게 하고(令人耕種)', 軍人田은 비록 비옥한 땅이라도 경작하기를 힘써 권장하지 않고 또 養戶로 하여금 식량을 수송케 하지 않음으로써 군인이 추위에 굶주려 흩어져 버리니, 지금부터는 군인전에 '우선적으로' 佃戶를 정해 주도록 하라(《高麗史》 권 79, 志 33, 食貨 2, 農桑 예종 3년 2월 制).

여기에 나오는 朝家田의 범주에 관청공해전도 포함되는 것으로 이해되는데,[20] 지금까지 사료 B는 고려 전기의 궁원전·조가전이 농민의 요역 동원에 의한 직영제로 경영되었음을 입증하는 유일한 자료로 활용되었다.[21] 이러한 해석은 대체로 '令人耕種'의 구절을 '농민의 요역 동원을 통한 직영제 경작'의 의미로 이해한 데서 연유한다. 그러나 B의 내용을 전체적으로 분석해 볼 때 이 구절의 의미는 오히려 전호제 경작을 말해 준다고 생각된다. B에서 군인전이 제대로 경작되지 못한 것은 궁원·조가전에 경작자를 빼앗겼기 때문인데, 이의 해결책으로 제시된 것이 '군인전에 우선적으로 佃戶를 정해 주는' 조치였다. 그러므로 이 예종 3년의 조치가 있기 전까지 군인전이 제대로 경작되지 못한 이유는 지방관들이 궁원·조가전에 우선적으로 전호를 정해 줌으로써 군인전 경작에 투입될 전호가 부족하였기 때문이라는 것을 알 수 있다. 결국 '사람들로 하여금 경작케 한다(令人耕種)'는 구절의 「사람(人)」의 실체는 문장의 뒷부분에 나오는 「佃戶」를 가리키는 것으로 이해된다고 하겠다. 따라서 사료 B는 궁원전·조가전과 군인전이 예종대 이전부터 전호제로 경영되었던 사실을 시사한다고 생각된다.[22]

뿐만 아니라 직영제 경영에서는 생각할 수 없는 公須田의 수조 기록이 예

18) 姜晋哲, 앞의 책, 237~241쪽.
19) 安秉佑, 〈高麗의 屯田에 관한 一考察〉(《韓國史論》 10, 서울大 國史學科, 1984).
20) 姜晋哲, 앞의 책, 238쪽.
21) 李佑成, 〈高麗의 永業田〉(《歷史學報》 28, 1965).
姜晋哲, 위의 책, 237~238쪽.
22) 浜中昇, 〈高麗田柴科の一考察〉(《東洋學報》 63-1·2, 1981).

종대 이전에 벌써 보이고 있다. 각 도 관·역의 공수전조 중 廩給(운영경비)에 필요한 양을 제외한 나머지를 州倉으로 수송케 한 문종 2년의 판문,[23] 지방 관리의 녹봉을 公須租로 지급토록 한 숙종 6년의 조치[24] 등이 바로 그것이다. 국·공유지로 편성된 관청공해전에서의 수조는 그 곳에서의 전호제 경영을 전제로 해야만 이해할 수 있는 것이다. 그리고 관청공해전과 마찬가지로 국·공유지라는 성격을 지닌 內庄田이 이미 태조 때부터 전호제로 경영되기 시작하였다는 사실이나,[25] 공전(국·공유지)에서의 수조 사실을 전하는 광종 24년(973) 및 성종 11년의 판문[26] 등을 고려할 때, 국·공유지의 하나였던 관청공해전 또한 그 설치 초기부터 전호제로 경영되었을 가능성이 매우 높다고 생각된다.

이와는 달리 관청공해전에서의 직영제 경영을 전해 주는 기록은 현재까지 거의 찾아지지 않는다. 다만 신라의 관모전·답과 마전이 촌락 농민들의 요역동원을 통해 경작되었다고 추측되고 있는 만큼[27] 이와 계통을 같이하는 관청공해전의 일부에서 직영제 경영이 남아 있었을 가능성은 있다. 따라서 공해전이 설치된 직후의 한동안은 직영제가 전호제와 함께 존재하였을 것으로 생각되기도 하지만, 그나마도 곧 전호제로 바뀌었고, 늦어도 문종대 이전에는 거의 모든 관청공해전이 전호제 경영을 택하였을 것이다. 앞에서 소개한 바 있지만 각 도의 관·역에 공수전조로 불리는 수입이 있었음을 이야기하는 문종 2년의 판문을 통해 모든 관·역의 공해전이 전호제로 경영되었음을 확인할 수 있기 때문이다. 한편 관청공해전에서의 이러한 전호제 경영은 고려 중기 이후에도 변함없이 지속되었다고 판단된다. 명종 17년(1187)에 曺元正이 중서성의 공해전조를 탈취하였다가 대간의 탄핵을 받은 사실이나,[28] 공민왕 때 行省의 宣使 嚴淑이 永州와 河陽에 와서 공해전세를 수취한 일,[29] 각 아문에 공해전의 조

23) 《高麗史》 권 78, 志 32, 食貨 1, 田制 租稅.
24) 《高麗史》 권 80, 志 34, 食貨 3, 祿俸 外官祿.
25) 이에 대해서는 이 책 제I편 3장 1절 〈장·처와 내장전〉 참조.
26) 《高麗史》 권 78, 志 32, 食貨 1, 田制 租稅. 이에 대한 보다 자세한 설명은 이 책 제I편 2장 1절 〈공전과 사전〉 및 제II편 1장 〈조세〉 참조.
27) 旗田巍, 앞의 글(1958·1959).
武田幸男, 〈新羅の村落支配〉(《朝鮮學報》 81, 1976).
28) 《高麗史》 권 128, 列傳 41, 叛逆 2, 曺元正.
29) 《高麗史》 권 131, 列傳 44, 叛逆 5, 金鏞.

세를 거두는 수취인이 있었음을 전하는 충목왕 원년(1345)의 整理都監 狀文[30] 등에 보이는 공해전에서의 수조 사실, 즉 공해전의 전호제 경영을 엿볼 수 있기 때문이다.

이렇게 전호제로 경영되는 관청공해전의 전호는 주로 공해전 주변에 거주하는 백정농민이었을 것으로 생각되는데, 이들 전호는 소정의 조세(소작료)를 해당 관청에 바쳐야 했다. 그런데 그 수조율이 얼마였는지를 알려 주는 기록은 보이지 않는다. 그러나 관청공해전 또한 국·공유지에 설정되었으므로 내장전의 경우와 같이 국·공유지에서의 수조율로 이해되고 있는 1/4을[31] 그 수조율로 하였을 것으로 판단된다.

〈金載名〉

### 3) 둔전과 학전·적전

#### (1) 둔 전

가. 둔전의 설치와 운영

둔전은 변경지대나 군사상의 요충지에 설치하여 그 곳에서 나오는 수입으로 군수에 충당하는 것과 지방의 군현에 설치하여 그 수확으로써 주로 지방관아의 운영경비에 보충하는 것의 두 종류가 있었다. 그러나 고려시대의 문헌기록에서 양자를 구별하는 용어는 발견되지 않는다. 다만 전자는 내용상 조선시대의 國屯田에 해당하며 현재 흔히 軍屯田이라 부르고 후자는 조선시대에 官屯田(州縣屯田)이라 하였으므로 이를 원용하여 관둔전으로 칭하고 있다.

고려는 국방상의 요지인 양계 지역의 군수를 마련하기 위하여 그 곳의 민전에서 수취되는 전조를 모두 군수에 충당시키는 방안을 마련하였다.[1] 뿐만 아니라 경우에 따라서는 남도의 민전에서 거두어들이는 전조의 일부를 양계로 운송하여 필요한 군수를 보충하기도 하였다. 龍門倉에 수납된 전조가 이러한 기능을 수행하였던 것으로 이해되고 있다. 그리고 경상도 동해안 지역의 전조가

30) 《高麗史》 권 85, 志 39, 刑法 2, 禁令.
31) 이에 대한 자세한 내용은 이 책 제Ⅱ편 1장 〈조세〉 참조.

동계에 이송된 것도 같은 맥락에서 이해된다.[2] 그러나 이 방법은 조운의 과정을 거쳐야 한다는 불편함이 있었다. 군수를 조운하는 이러한 불편함을 덜고 필요한 군수를 현지에서 조달할 수 있는 방법으로 시행된 방안이 바로 둔전(군둔전)의 운영이었던 것이다. 둔전 운영의 목적이 조운 비용의 절감에만 있었던 것은 아니다. 둔전의 경작에 필요한 노동력으로 군인을 활용할 수 있었다는 점도 둔전 운영의 중요한 배경이 되었다. "둔전의 법은 防戍 軍卒과 閑民을 동원하여 閑曠地를 둔전으로 경작함으로써 조운의 비용을 더는 것이다"고 하는 우왕 원년(1375)의 下旨나,[3] "유사시에는 병기를 잡고 일이 없을 때에는 둔전하게 하면 군량을 수송하는 비용이 절감되고 군량은 넉넉해질 것이다"고 하는 공민왕 5년(1356)의 廉悌臣의 상소,[4] "屯田法은 전투도 하고 농경도 함으로써(且戰且耕) 조운의 비용을 덜고 군량을 풍족하게 하는 방법이다"고 하는 鄭道傳의 설명[5] 등은 모두 이러한 사실을 말한다. 요컨대 둔전을 설치한 목적은 방수를 맡은 군인으로 하여금 평상시에는 둔전을 경작하여 군수를 비축하게 하고 유사시에는 전투에 참여하도록 함으로써 군량수송의 비용을 절감하고자 한 것이었다.

고려에서 이러한 군둔전이 처음으로 설치된 것은 대체로 성종대를 전후한 시기였다고 이해되고 있다.[6] 그러나 신라의 삼국통일 과정에서 당군이 南原에 설치하였다는 둔전이 우리 나라 최초의 군둔전으로 이해되고 있는 만큼,[7] 고려에서도 개국 초기부터 둔전이 설치되었을 가능성이 적지 않다. 즉 당군이 남원에서 둔전을 운영한 이후 통일신라 때에도 둔전은 적지 않게 확대되었을 것으로 여겨지며,[8] 후삼국의 쟁패 과정에서도 군수 조달을 위한 방법으로 적극 활용되었을 것으로 추측되기 때문이다. 浿江鎭 개척을 위해 통일신라 후기

1) 《高麗史》 권 78, 志 32, 食貨 1, 田制, 租稅 공민왕 5년 6월.
《高麗史》 권 82, 志 36, 兵 2, 屯田 신우 원년 10월.
2) 安秉佑, 〈高麗의 屯田에 관한 一考察〉(《韓國史論》 10, 1984).
3) 《高麗史》 권 82, 志 36, 兵 2, 屯田.
4) 위와 같음.
5) 鄭道傳, 《三峯集》 권 8, 朝鮮經國典 下, 政典 屯田.
6) 和田一郎, 《朝鮮土地地稅制度調査報告書》(朝鮮總督府, 1920), 36~37쪽.
白南雲, 《朝鮮封建社會經濟史》 上(改造社, 1937), 91쪽.
7) 《舊唐書》 권 84, 列傳 34, 劉仁軌.
《新增東國輿地勝覽》 권 39, 南原都護府.
8) 白南雲, 앞의 책, 5쪽.

에 설치되었다가 고려에 계승되어 현종 때까지 계속되었던 것으로 이해되고 있는 安西道의 둔전이 그 일례라 하겠다.[9]

그러므로 고려의 둔전에는 우선 통일신라시대 또는 후삼국의 쟁패 과정에서 설치되어 고려에 계승된 것도 있었다고 할 수 있다. 그러나 이 밖에도 고려가 개국된 이래 새로 설치된 둔전 또한 적지 않았던 것으로 보인다. 특히 국방상의 요지였던 동북 양계의 많은 둔전은 태조 이래 한동안 계속된 북방 개척의 과정에서 새로 점령한 지역에 설치되었던 것으로 판단된다. 즉 고려는 태조 때부터 築城·設鎭·徙民을 통해 북방을 개척하고 방수군을 주둔시켰는데, 이들의 군량을 확보하는 방편으로 개척지에 둔전을 설치·운영하였을 것으로 생각된다. 청천강 북단의 嘉州에 있었다는 둔전이나,[10] 의종 17년(1163)에 金光中이 麟州·靜州 관내의 섬에 설치하였다는 둔전[11] 등은 모두 점령 지역에서 둔전을 운영한 실례라 하겠다. 가주 둔전의 경우 그 설치시기를 정확히 알 수는 없으나, 그 곳에 축성이 이루어진 광종 연간에 성립되었을 것으로 짐작되고 있다.[12] 이 밖에 양계의 다른 지역에도 둔전이 설치되었을 것은 물론이다. 둔전의 관리기구로 여겨지는 東路屯田司가 靖宗代에 설치되어 있었던 것이나,[13] 서북면의 여러 성·주·진의 官馬 중에서 노쇠한 것과 없어진 것을 보충하는 데 공수전과 둔전의 수입이 쓰이고 있던 일[14] 등은 바로 이러한 사실을 반영한다고 하겠다. 동계 지역에 상당수의 둔전이 존재하지 않고서는 동로둔전사라는 관리기구가 두어졌을 리 없고, 서북면(북계)에 둔전의 설치가 보편화되지 않았다면 주·진 관마의 보충 재원으로 둔전의 수입을 사용하는 조치가 취해지기 어렵기 때문이다. 둔전의 설치가 양계 지역에서 매우 활발하게 전개되었으리라는 것은 장성 밖에까지 둔전을 설치하였던 문종 27년(1073)의 사례에서도[15] 충분히 짐작된다.

군둔전은 양계 외에 해안, 특히 동해의 연변 지역에도 설치되었다. 즉 동

---

9) 이에 대해서는 安秉佑, 앞의 글 참조.
10) 《高麗史節要》 권 3, 현종 15년 정월.
11) 《高麗史節要》 권 11, 의종 19년 3월.
12) 安秉佑, 앞의 글.
13) 《高麗史》 권 6, 世家 6, 정종 8년 4월 임인.
14) 《高麗史》 권 82, 志 36, 兵 2, 馬政 인종 23년 判.
15) 《高麗史》 권 82, 志 36, 兵 2, 屯田 문종 27년 4월.

해안 지역은 동여진의 침략을 대비해 태조 때부터 축성과 함께 수비군의 주둔이 시작되었는데, 이들의 군수를 조달하기 위하여 연안 지역에 둔전을 설치·운영하였던 것이다. 문종이 병부 낭중 金瓊을 파견하여 동해에서 남해에 이르는 연변 지역에 성보와 농장을 개척한 일이나[16] 선종 때 興海郡의 毋山津農場에 침입한 동여진을 戍卒들이 격퇴한 사례[17] 등에 보이는 농장의 실체는 다름 아닌 군둔전이었다.[18] 그리고 "前朝에서는 陰竹屯田을 두고 또 연해 주군에 모두 둔전이 있어 군량의 재원이 되었다"고 하는 정도전의 지적에서도[19] 각 처의 해안 지역에 군둔전이 존재하였음을 확인할 수 있다. 물론 이러한 정도전의 설명은 주로 고려 후기의 실정을 이야기한 것으로 이해되지만, 모든 연해 주군의 둔전이 후기에 비로소 설치되었다고만 할 수는 없으며, 그 중 일부는 적어도 고려 전기부터 있어 온 것으로 생각된다. 앞서 설명한 동해 연변지역의 농장이 바로 그러한 둔전이었을 것이다. 한편 후기의 경우에 비추어 볼 때 전기에도 양계와 연해 주군 외의 내륙 지역에까지 군둔전이 설치되었을 가능성이 없지 않으나 이를 시사해 주는 기록은 찾아지지 않는다.

이처럼 군둔전은 주로 변경 지역의 개척, 즉 축성 및 설진의 과정에서 설치되어 갔으므로 개간되지 않은 황무지가 둔전 운영의 주된 대상이 되었다. 이는 앞에서도 소개한 바 있는 우왕 원년의 하지, 즉 "둔전의 법은 防戍 軍卒과 閑民을 동원하여 閑曠地를 둔전으로 경영함으로써 조운의 비용을 더는 것이다"고 하는 설명에서 단적으로 확인된다. 뿐만 아니라 "동서 양계의 用兵이 매우 급하니 마땅히 한광지를 택하여 둔전을 설치하여야 한다"고 하는 우왕 5년의 문하부 낭사의 상소와,[20] "漢나라가 흉노를 막아낸 고사를 원용하여 亡邑의 황무지에 둔전을 설치해야 한다"고 건의한 우왕 14년의 사헌부 상소[21] 등에서도 같은 사실을 확인할 수 있다. 물론 이들 기록은 모두 우왕 때의 것이므로 고려 후기에만 해당되는 내용이라고 생각할 수도 있다. 그러나 '한광지에 둔전을 설치하는 것'이 '屯田之法', 즉 둔전 운영의 기본 원칙이

16) 《高麗史》 권 82, 志 36, 兵 2, 城堡 문종 즉위년.
17) 《高麗史》 권 10, 世家 10, 선종 원년 6월 임오.
18) 白賢珠, 〈高麗時代 屯田의 硏究〉(延世大 碩士學位論文, 1973).
19) 鄭道傳, 《三峯集》 권 8, 朝鮮經國典 下, 政典 屯田.
20) 《高麗史》 권 82, 志 36, 兵 2, 屯田.
21) 위와 같음.

었다고 하는 우왕 원년의 하지에 주목해 볼 때 전기의 실정도 마찬가지였을 것으로 짐작된다. 사실 고려 때만이 아니라 조선에서도 둔전은 주로 황무지의 개간을 통해 확대되어 갔다.[22] 따라서 둔전의 설치와 확대는 황무지 개간의 일환으로 전개되었다는 측면을 지니고 있다 하겠다. 이처럼 많은 둔전이 황무지 위에 설치되었으므로 설치된 지 얼마 되지 않은 둔전의 생산성은 그 밖의 토지, 예컨대 민전에 비해 매우 낮은 수준이었을 것으로 여겨진다. 그러나 오랫 동안 운영되어 가면서 그 생산성은 점차 향상되어 갔을 것이다.

한편 군둔전으로 설정된 토지는 국·공유지였다. 둔전이 주로 설치되었던 곳으로 생각되는 변경의 점령지나 개간되지 않은 황무지는 대부분 국·공유지였을 것이기 때문이다. 그리고 현종이 玄化寺에 시납한 안서도 둔전의 사례에서 보듯이 둔전이 국왕의 마음대로 처분되는 토지였다면 그것은 사유지일 수 없고, 사유지가 아닌 토지는 곧 국·공유지일 수밖에 없기 때문이다. 그러므로 군둔전은 공전의 세 유형 중에서 2과공전에 해당한다고 하겠다. 이러한 군둔전이 주둔군의 군졸을 동원하여 경작하는 직영제 형태로 경영되었을 것은 물론이다. 앞에서도 소개한 바 있지만 둔전 설치의 근본 동기와 목적이 '전투와 토지(둔전) 경작을 겸하게 하는 것(且戰且耕)'에 있었던 만큼 둔전의 경작에 군졸의 노동력을 활용하는 것은 당연한 일이기 때문이다. 실제로 상당수의 둔전은 군인의 사역을 통하여 경작되고 있었다. 부곡민의 사민이 있기 전까지의 가주 둔전이나,[23] 의종 때 김광중에 의해 인주와 정주 관내의 섬에 설치되었다는 둔전은 모두 그 곳에 주둔해 있던 방수군에 의해 경작되었을 것이다. 또 연해 둔전의 하나인 모산진 농장에서도 동여진을 격퇴시킨 수졸 이외에 특별한 둔전경작자를 찾기 어렵다. 이 직영제 경영에서는 경작에 필요한 종자와 농우·농기를 관에서 제공하였던 것으로 보인다.[24] 동계 지역 둔전의 관리기구인 동로둔전사에 다수의 耕牛가 있었던 것은[25] 바로 이 때문일 것이다.

이와 같이 군둔전은 군인에 의해 경작되는 것이 원칙이었다. 그러나 둔전

22) 李載龒, 〈朝鮮初期 屯田考〉(《歷史學報》 29, 1965).
李景植, 〈朝鮮初期 屯田의 設置와 經營〉(《韓國史硏究》 21·22, 1978).
23) 《高麗史節要》 권 3, 현종 15년 정월.
24) 《高麗史》 권 82, 志 36, 兵 2, 屯田.
25) 《高麗史》 권 6, 世家 6, 정종 8년 4월 임인.

의 면적이 매우 넓어 경작할 군인의 수가 부족하거나 주둔지의 이동 등으로 인해 군인에 의한 직접 경작이 어려운 경우 새로운 경영형태를 활용할 수밖에 없었을 것이다. 이 때 채택된 것이 바로 전호제 경영이었다고 생각된다. "西京畿 내의 河陰 部曲民 100여 호를 嘉州 南屯田所로 이주시켜 佃作케 하자"고 한 현종 15년(1024)의 도병마사 奏文에[26] 보이는 가주 둔전이 그 대표적인 예이다. 물론 여기에 나오는 佃作을 단순한「토지 경작」의 의미로 해석하고, 위 기록은 둔전 경작에 부곡민을 강제로 동원시킨 직영제 경영의 한 증거였다고 이해한 견해도 있기는 하다.[27] 그러나 이 전작은 전호제 경작의 뜻으로 이해하는 것이 옳을 듯싶다. 왜냐하면 비록 강제로 사민되기는 하였지만 가주로 이주한 부곡민들이 이전보다 열악한 사회·경제적 상태, 즉 직영제로 경영되는 둔전에 사역되는 존재로 전락하였다고 보기는 어렵기 때문이다. 다시 말해 이들은 사민 이전에 자작 또는 소작의 어떠한 형태로든 농경에 종사하였을 것인데, 그보다 여건이 열악한 직영형 둔전의 경작자가 되었다고 하는 것은 자연스럽지 못한 이해라고 하겠다.

따라서「佃作」은 전호제 경작의 뜻으로 해석되며, 가주 둔전도 부족민의 사민이 있은 후로는 그들을 전호로 하는 전호제 경영을 택하게 되었다고 판단된다.[28] 또 "주진의 둔전군 1대에 토지 1결씩을 지급하고 旱田 1결에서는 1석 9두 5승, 水田 1결에서는 3석을 거두되 10결에서 20석 이상을 내는 色員은 포상하고 군졸이나 백성에게서 징렴하여 숫자를 채우는 자는 죄를 준다"고 한 숙종 8년의 판문에서도[29] 군둔전의 전호제 경영을 엿볼 수 있다.

즉 여기서의 둔전군은 대체로 둔전 경작을 위해 모집된 자소작농이었을 것이며, 한전·수전에서 '거둔다'는 1석 9두 5승과 3석은 각각 그 곳에서의 수조액이었다고 여겨지는데,[30] 이러한 둔전에서의 수조는 그것의 전호제 경영을 전제하지 않고는 이해될 수 없다. 물론 1석 9두 5승과 3석을 한전·수전의 생산량으로 간주하고, 이 둔전은 둔전군의 사역을 통한 직영제로 경영

26)《高麗史節要》권 3, 현종 15년 정월.
27) 姜晋哲, 앞의 책, 244쪽.
28) 安秉佑, 앞의 글.
29)《高麗史》권 82, 志 36, 兵 2, 屯田.
30) 安秉佑, 앞의 글.
金載名, 〈高麗時代 什一租에 관한 一考察〉(《淸溪史學》2, 1985).

되었다고 하는 이해도 가능하다.[31] 그러나 이러한 해석은 1결의 생산량이 당시의 일반적인 토지생산량에 비해 너무 적다는 의문과, 직영제로 경영하면서 굳이 隊를 나누어 토지를 분급하는 복잡한 절차를 취할 필요가 있었겠는가 하는 문제를 안고 있어 수긍하기 어렵다. 이처럼 전호제 경영을 택한 둔전도 적지 않았는데, 주로 자기의 민전을 경작하며 둔전 근처에 거주하던 민을 전호로 삼았을 것이다. 그리고 필요한 경우에는 사민을 통해 확보하기도 하였다.[32] 특히 양계의 신개척지에 설치된 둔전의 경우는 더욱 그러하였다고 생각된다. 앞서 소개한 바 있지만 하음 부곡민을 가주의 둔전에 이주시킨 것도 사민을 통해 전호를 확보한 하나의 실례일 것이다. 이렇게 전호제로 경영된 둔전의 소작료가 군수로 쓰였을 것은 물론인데, 둔전은 국·공유지였으므로 그 수조율(소작료율)은 수확의 1/4이었던 것으로 이해되고 있다. 이는 숙종 8년(1103)의 판문에 나타난 둔전의 수조액이 1/4수조를 규정한 성종 11년(992) 판문의 그것과 비슷한 수준을 보이고 있다는 데에서도 충분히 짐작된다.[33]

그런데 둔전이 어떠한 관리체계로 운영되었는지는 정확히 알 수 없다. 그러나 동계 지역 군둔전의 관리기구로 보이는 동로둔전사의 존재가 확인되므로 북계 지역에도 이와 비슷한 기구가 설치되었다고 생각할 수 있다. 따라서 국초 이래 둔전 개발이 활발히 전개되었다고 여겨지는 양계에는 군둔전의 경영을 주관하는 별도의 기구가 설치되었다고 판단된다. 그렇지만 이 둔전사가 행정체계상 어떠한 위치에 있었는지는 잘 알 수 없으며, 아울러 해당 지역의 지방관이 직접 혹은 간접적으로 둔전의 운영에 관여했을 가능성도 있다. 남도에 설치된 군둔전의 경우는 더욱 그러하였을 것으로 생각된다. 이와 관련하여 후기의 기록이기는 하지만 "전라도 臨陂屯田이 근래에 권세가들의 賜給을 빙자한 奪占으로 거의 없어졌으니, 都評議使司로 하여금 특별히 屯田官을 설치하고 여러 세력가들이 탈점한 것을 모두 복구토록 하라"는 공민왕 5년의 교지가[34] 주목된다. 즉 임피 둔전을 복구하기 위해 둔전관을 '특별히 설치하였다'고 했으므로 그 이전에는 둔전관을 비롯한 별도의 관리기구나 관원은

31) 姜晋哲, 앞의 책, 246~247쪽.
32) 이에 대해서는 安秉佑, 앞의 글 참조.
33) 이에 대한 보다 자세한 내용은 이 책 제Ⅱ편 1장 〈조세〉 참조.
34) 《高麗史》 권 82, 志 36, 兵 2, 屯田.

없었다고 하겠으며, 따라서 당시까지 둔전을 관리해 왔던 실체는 그 곳의 지방관이었을 것이다.

한편 고려시대에는 이러한 군둔전과는 전혀 성격을 달리하는 또 다른 둔전이 있었다. 지방 관아의 운영경비를 보충해 주던 官屯田이 그것이다. 이 관둔전이 처음으로 설치된 것은 숙종 4년의 일인데, 각 주·부·군·현이 5결씩을 운영할 수 있었다.[35] 초기에는 없었던 관둔전이 이 때에 이르러 비로소 설치된 배경으로는 대체로 다음과 같은 점들이 지적되고 있다. 먼저 지방의 관아가 확보해 둔 소유지가 있었기 때문에 관둔전 운영을 인정할 수 있었다는 것이다. 즉 고려는 국초 이래 국가적인 차원에서 토지 개간을 적극 권장하여 왔으므로 그 동안 관이 주체가 되어 개간한 뒤 비공식적으로 운영해 온 토지 또한 적지 않았을 것이다. 따라서 관둔전의 설치를 허락한 숙종 4년의 조치는 이러한 토지의 운영을 공식적으로 인정한 절차라 하겠는데, 다만 백성을 사역하고 민전을 침탈하는 등의 폐단이 있을 것을 염려하여 그 규모를 5결로 제한하였다는 이해이다. 다음으로 지방 관아의 재원을 증가시켜 주고 지방에 대한 중앙정부의 지원을 줄임으로써 국가재정을 보다 충실히 확보할 필요가 있었기 때문이라는 것이다. 특히 당시는 여진의 세력이 강해지기 시작한 시기였으므로 충분한 군수의 확보가 필요했다고 한다.[36] 사실 숙종은 관둔전의 설치를 허락한 직후 그 동안 左倉에서 지급하던 外官祿을 公須租로 대체시키는 조치를[37] 취하였는데, 이는 관둔전의 수입이 외관록으로 빠져 나가는 공수조를 충분히 보충할 수 있기 때문에 가능한 것이었다고 생각된다.

이러한 배경에서 설치된 관둔전이 국·공유지였을 것은 의심의 여지가 없으나, 어떠한 방식으로 운영되었는지를 분명하게 알려 주는 기록은 찾아지지 않는다. 그러나 南原府使가 되어 향리들의 농간을 제거하고 직접 둔전의 운영을 관장함으로써 상당량의 쌀과 콩을 얻었다는 공민왕 때의 李寶林의 사례라든지[38] 조선 초기의 예로[39] 미루어 볼 때 노동력을 동원하여 관이 직접 경작

35) 《高麗史》 권 79, 志 33, 食貨 2, 農桑.
36) 安秉佑, 앞의 글.
37) 《高麗史》 권 80, 志 34, 食貨 3, 祿俸 外官祿 숙종 6년 2월.
38) 李　穡, 《牧隱文藁》 권 1, 記, 南原府新置濟用財記.
39) "大典屯田條 留守府牧官大都護府 各二十結…令人吏官奴婢耕種 以補公須衙祿" (《世祖實錄》 권 37, 세조 11년 11월 신해).

하는 직영제로 경영되었다고 여겨진다. 이 때 주된 노동력원은 관노비였는데, 일반 백성을 사역시키는 경우도 적지 않았던 것으로 보인다. 조선 초기의 일이지만 평민을 관둔전 경작에 동원하였다가 지방관이 付處된 사례라든지,[40] 관둔전 경작에 있어 촌민의 사역을 금지시키는 규정이 《經國大典》에까지 올라 있는 것을 보면[41] 백성의 사역을 통한 관둔전의 경영은 고려 이래 오랫 동안 지속되어 온 폐단이 아니었을까 한다. 설치할 때부터 관둔전의 규모를 5결로 제한시킨 것도 이와 관련이 있다고 생각된다. 즉 관둔전의 규모를 제한하지 않으면 지방관들은 서로 앞을 다투어 이의 확대에 나섰을 것이고, 그렇게 되면 개발은 물론 경작 과정에서도 민의 사역이 불가피했을 것이기 때문이다.

이와 같은 관둔전이 지방 관아의 운영경비를 보충하는 하나의 재원이었으며, 다같이 국·공유지로서 2과공전이었다는 점에서는[42] 지방관청의 공해전과 별다른 차이가 없다. 그러나 양자는 그 형성과정과 경영방식에서 차이를 보이고 있다. 즉 지방관청의 공해전이 주로 통일신라 말 이래의 국·공유지 위에 설정되어 전호제 형태로 경영되었다고 이해되는 데[43] 비하여, 관둔전은 앞서 설명한 것과 같이 지방 관아가 주체적으로 개간한 토지로서 관노비의 사역을 통한 직영제로 경작되었던 것이다. 바로 이것이 관둔전을 굳이 공해전과 구분하여 「둔전」으로 칭한 이유였을 것이다. 다시 말해 그 형성과정과 경영방식이 공해전보다는 군둔전과 유사했으므로 둔전에 포함시켰다고 생각된다.[44]

### 나. 둔전 운영의 변모

여섯 차례에 걸친 몽고와의 전쟁으로 고려의 많은 토지는 황폐해졌다. 둔전도 예외는 아니었을 것이다. 이와 함께 둔전은 당시 농장 확대에 앞을 다투던 권세가들에게 탈점되는 지경에까지 이르렀다. 일례로 앞에서도 소개한 바와 같이 전라도 임피둔전은 공민왕 때에 이르러 권세가들에 의해 거의 탈점되고 말았다. 그런데 권세가들의 둔전 탈점이 비단 이 임피둔전에만 한정된 것은 아니었다. 전국의 무수한 둔전이 그 대상이 되었던 것으로 보인다. 임피둔전

40) 《太宗實錄》 권 18, 태종 9년 7월 갑오.
41) 《經國大典》 권 2, 戶典, 務農.
42) 旗田巍, 〈高麗の公田〉(《史學雜誌》 77-4, 1968).
43) 이에 대해서는 이 책 제I편 3장 2절 〈공해전〉 참조.
44) 安秉佑, 앞의 글.

의 복구와 함께 "各道의 모든 古屯田處도 臨陂屯田의 예를 따라 처리하라"는 조치를 덧붙이고 있는 공민왕 5년의 교지가[45] 이를 잘 말해 준다. 예전에는 둔전이었으나 권세가들의 탈점으로 당시에는 둔전으로 활용되지 않던 곳을 '古屯田處'라 표현했던 것이다. 양계 둔전의 경우도 마찬가지였을 것으로 판단된다. 공민왕과 우왕 때에 이르러서는 많은 서북면의 토지가 권세가에게 겸병되어 있었다고 하는데,[46] 둔전이라고 해서 겸병되지 않았다고는 생각되지 않는다. 임피둔전의 예에서 보듯이 남도의 둔전은 이미 권세가들의 탈점 대상이었기 때문이다.

둔전의 기능 상실은 곧 軍需의 부족으로 이어질 수밖에 없었다. 그렇다고 부족한 군수를 보충해 줄 수 있을 정도로 당시의 국가재정이 넉넉했던 것은 아니었다. 오히려 만성적인 재정궁핍에 시달리고 있었다. 따라서 필요한 군수를 제대로 확보하기 위해서는 당연히 황폐화되고 탈점된 둔전을 복구시키거나 새로운 둔전을 개발하여야 했을 것이다. 그러나 공민왕 이전까지는 이러한 노력을 기울인 흔적을 찾아 볼 수 없다. 다만 對蒙抗爭이 계속되고 있던 고종 43년(1256)에 방축 공사를 통해 둔전을 개발한 사례만이 보일 뿐이다.[47] 오히려 충선왕 때에는 家戶屯田이라는 둔전의 변형이 등장하였다.[48] 이 가호둔전은 戶給屯田으로도 불리었는데, 봄에 농민들에게 종자만을 지급하고 가을에 그 몇 배를 징수하는 것이었다. 그러면서도 둔전으로 경작할 토지의 지급은 이루어지지 않았던 것으로 보인다. 호급둔전의 복설을 논의한 조선 초기에도 계획은 세웠으나 결국 토지의 분급을 실현시키지 못하였다는 사실이 참고된다.[49] 뿐만 아니라 농사의 풍흉을 불문하고 수취를 자행하는 등 그 약탈성이 극심하였으므로 농민이 매우 괴로워했다. 이에 따라 우왕 원년에 이르러 이를 전면적으로 금지시키는 조치를 취하기도 하였다.[50] 그러나 가호둔전은 이미 지방관아의

45) 《高麗史》 권 82, 志 36, 兵 2, 屯田.
46) 《高麗史》 권 82, 志 36, 兵 2, 屯田 신우 원년 10월 · 권 78, 志 33, 食貨 1, 田制 租稅 공민왕 5년 6월 下旨.
47) 《高麗史》 권 79, 志 33, 食貨 2, 農桑.
48) "屯田煙戶米法 前朝忠宣王所設 及僞朝之季 不行"(《太宗實錄》 권 14, 태종 7년 7월 계축). 여기서의 屯田이 戶給屯田이었을 것이라는 점에 대해서는 李載龒, 앞의 글 참조.
49) 이에 대해서는 李景植, 앞의 글 참조.
50) 《高麗史》 권 82, 志 36, 兵 2, 屯田.

중요한 수입원으로 변해 있었으므로 단시일에 금지될 수는 없었다. 우왕 5년에 이의 금지를 다시 건의하고 있는 문하부 낭사의 상소가[51] 그러한 사정을 잘 말해 준다.

이러한 가호둔전은 각처의 일반 농민을 대상으로 시행된 것이었으므로 자연히 지방관이 그 운영을 담당하였다. 따라서 그 수입이 지방관아로 유입될 가능성도 지니고 있었다고 하겠는데, 우왕 5년의 문하부 낭사의 상소에서 알 수 있듯이 실제로 지방관들은 빈객의 접대 비용을 비롯한 관아 운영의 경비로 이를 사용하고 있었다. 따라서 軍需를 비롯한 국가재정을 충실히 하는데 그리 큰 보탬이 되지는 못하였다고 여겨진다. 바로 이것이 가호둔전을 폐지코자 한 또 다른 이유였을 것이다. 이처럼 가호둔전도 제대로 효과를 거두지 못하였으므로 공민왕 때에는 원래의 둔전을 재건하는 데도 노력을 기울이게 되었다. 특히 당시는 왜구가 자주 출몰하던 때였으므로 이에 대비한 군수의 확보는 시급한 과제였다. 둔전 재건의 노력은 대체로 두 가지 방향으로 전개되었다. 예전의 둔전을 복구시키고 새로운 둔전을 개발하는 것이 바로 그것이다. 임피둔전을 비롯한 '古屯田處'를 복구시키고, 연해 지역 중에서 쓸만한 땅을 골라 왜구를 막는 군졸로 하여금 경작케 하며, 권세가의 賜給田 중 비옥하여 둔전을 설치할 만한 곳에 被罪人들을 투입하여 경작하도록 한 공민왕의 조치는[52] 이러한 둔전 재건의 의지를 극명하게 드러낸 것이라 하겠다. 이러한 노력은 우왕 때에도 계속되었다. 우왕 연간은 왜구의 창궐이 최고조에 달한 시기였고, 북방에 대한 경계도 강화해야 했던 때였으므로 군수의 조달에 더욱 진력하지 않을 수 없었다. 그리하여 모든 관원과 민을 대상으로 군량을 추렴하기도 하였으며, 공·사전의 전조를 일시적으로 군수에 전용하기도 하였다. 이와 함께 둔전 개발에도 박차를 가하였던 것으로 보인다. 주군의 대소에 따라 의무적으로 경영해야 할 둔전의 액수를 정해주고 守令에게 그 운영의 책임을 지우며, 양계에는 한광지를 택해 둔전을 설치하고 청렴한 자를 파견하여 그 경영을 독려케 하는 등의 계획을 세우기도 하였다.[53] 이러한 계획이 그대로 시행되었는지의 여부는 알 수 없으나, 당시는 군수의 확보가 무엇보다도 시급한

51) 《高麗史》 권 82, 志 36, 兵 2, 屯田 신우 5년 정월.
52) 《高麗史》 권 82, 志 36, 兵 2, 屯田 공민왕 5년 6월 敎.
53) 《高麗史》 권 82. 志 36, 兵 2, 屯田 신우 5년 정월 門下府郎舍 上疏.

때였으므로 어느 정도는 실현되었을 것으로 믿어진다. 이렇게 볼 때 고려 후기에는 양계 지역은 물론 남도의 연해 지역 및 내륙의 군현에까지 군둔전이 설치되었다고 판단된다. 실제로 臨陂(沃溝)를 비롯하여 平州·白州·江陰·禮山·陰竹(安城) 등지에 국둔전이 설치되었음을 말해 주는 기사도 보인다. 즉 조선이 개국되면서 陰竹屯田을 제외한 모든 연해 지역의 둔전이 혁파되었다고 하는데[54] 태종 때에 이르러 이들 지역의 둔전 복설이 재론되었던 것이다.[55]

이렇게 공민왕 및 우왕 때의 노력으로 적지 않은 둔전이 복구되거나 새로 개발되었지만 그 운영은 원만하지 못하였다. 둔전의 경작을 위해 평민을 사역하기도 하고, 수확량이 부족하면 경작을 맡은 戍卒들에게 전가시킴으로써 고통을 견디지 못하고 도망하는 경작자들이 많이 발생하였다. 또 책임을 맡은 관리가 종자를 갈취하기도 하고, 경작을 독려하지 않음으로써 둔전을 황폐시키는 경우도 있었다. 결국 둔전의 운영은 별다른 실속도 없이 민폐만을 야기할 뿐이었다.[56] 이 때문에 조선의 개국과 함께 음죽둔전을 제외한 나머지 국둔전(군둔전)은 일단 모두 혁파되었다.[57]

### (2) 학전과 적전

정치적 이념으로서 유교를 숭상한 고려는 중앙과 지방에 학교를 설립하여 주로 양반자제들에게 유학을 교육하고 과거를 통해 그들을 관료로 선발하였다. 중앙의 國子監과 지방의 鄕校가 그것인데, 이들 관립학교의 운영경비를 조달하기 위한 재원으로 설정된 토지를 흔히 學田이라고 부른다. 태조가 서경에 학교를 설치하고 양곡 100석을 내려 學寶를 만들게 한 것이[58] 학교에 대한 재정 지원의 시작이기는 하였지만, 그 곳에 토지를 지급한 것은 성종대의 일이다. 즉 성종 8년(989)에 "스승과 학생을 널리 모으고 학교에 田庄을 주어 학업을 익히게 하겠다"는 뜻을 피력하고,[59] 동 11년에는 교지를 내려 유사로 하여금 마땅한 곳을 골라 널리 書齋와 學舍를 운영하고 전장을 지급하도록 하

---

54) 鄭道傳, 《三峯集》 권 8, 朝鮮經國典 下, 政典 屯田.
55) 《太宗實錄》 권 18, 태종 9년 12월 경술.
56) 鄭道傳, 《三峯集》 권 8, 朝鮮經國典 下, 政典 屯田.
57) 《太祖實錄》 권 1, 태조 원년 7월 정미.
58) 《高麗史》 권 74, 志 28, 選擧 2, 學校 태조 13년.
59) 《高麗史》 권 3, 世家 3, 성종 8년 4월 임술.

였던 것이다.[60] 여기서 말하는 서재와 학사는 대체로 지방에 설치된 향교를 가리키는 것으로 이해되는데, 지방 향교에 토지를 지급하였던 만큼 중앙의 국자감에도 당연히 소정의 토지를 분급하였을 것이다. 이후 중앙과 지방의 학전은 대체로 고려 말까지 유지되었던 것 같다. 成均館·東西學堂 및 鄕校에 소속된 전토와 인구 중에서 豪强에게 겸병된 것을 가려내도록 조치한 공민왕 12년(1363)의 교지에서[61] 학전의 존재를 확인할 수 있기 때문이다. 그러나 이러한 학전의 규모가 어느 정도였는지는 잘 알 수 없다. 다만 우왕 때 養賢庫의 토지로서 延安府에 있던 것이 100여 결이었다는 사실만이 알려지고 있을 뿐이다.[62] 한편 권세가들의 농장 확대가 극에 달했던 고려 후기에는 학전도 그들의 탈점 대상이 되었다. 앞서 소개한 공민왕 12년의 교지와, 연안부에 있던 양현고전을 탈점한 睦仁吉·李得芬의 사례가[63] 그 실례라 하겠다.

이와 같이 중앙과 지방의 학교에는 고려 전시기에 걸쳐 적지 않은 규모의 학전이 지급되었으나, 그것이 어떠한 성격의 토지였으며, 어떻게 운영되었는지를 알려 주는 기록은 찾아보기 어렵다. 다만 학교도 하나의 국가기관으로 인식될 수 있는 만큼 학전 또한 일종의 공해전이었다고 하겠으며, 따라서 그 실체는 국·공유지로서 2과공전에 해당하는 것으로 추측되고 있다.[64] 그리고 이의 경영형태와 관련해서는 "국학의 운영비가 너무 많이 들어 민폐가 심하다는 숙종 7년(1102)의 邵台輔 上奏文을[65] 예로 들어 직영제로 경작되었을 것으로 추측하고 있다. 즉 국학의 운영비가 민폐의 원인이 된 것은 국자감 학전의 확대로 인해 관노비만으로는 이를 모두 경작할 수 없어서 주변의 농민들을 강제로 징발·동원하였기 때문이라는 것이다.[66] 관계 기록이 매우 적은 현재로서는 일단 이러한 해석도 주목할 만하다 하겠다. 그런데 《高麗史》 百官志 養賢庫條에 나오는 다음의 기록은 국자감 학전이 전호제로 경영되는 국·공유지였음을 시사하고 있다.

---

60) 《高麗史》 권 74, 志 28, 選擧 2, 學校.
61) 위와 같음.
62) 《高麗史》 권 122, 列傳 35, 宦者 李得芬.
63) 위와 같음.
64) 姜晋哲, 앞의 책, 208쪽.
65) 《高麗史》 권 74, 志 28, 選擧 2, 學校.
66) 姜晋哲, 앞의 책, 250쪽.

> 養賢庫 : 예종 14년에 判官 1명을 두고 丙科 權務로 보임하였다. 고종 30년에 4명을 증원하였는데, 2명은 庫 소속의 토지가 있는 곳에 파견하여 권농과 조세 수송을 맡게 하였고 2명은 庫에 남아 수납을 관리하게 하였다(《高麗史》 권 77, 志 31, 百官 2, 諸司都監各色 養賢庫).

여기서 말하는 庫 소속의 토지란 곧 국자감의 학전을 가리킨다고 하겠는데, 이 학전 소재지에 파견된 양현고 관원이 조세 수송(輸稅)의 직무를 수행하였다면, 이는 곧 국자감 학전의 전호제 경영을 말해 주는 것이라고 할 수밖에 없다. 왜냐하면 학전이 민전 위에 설정된 수조지가 아닌 이상 관의 조세 수송, 결국 조세 수취가 행해지는 경우는 전호제로 경영되는 국·공유지 뿐이기 때문이다. 학전에서의 이러한 조세 수취, 즉 학전의 전호제 경영이 언제부터 시작되었는가는 현재로서는 잘 알 수 없다. 다만 내장전이나 공해전의 경우에[67] 비추어 볼 때, 학전도 성립 초기의 한동안은 직영제형과 전호제형이 함께 있었다가 곧 전호제 형태로 일원화되어 갔을 것으로 짐작될 뿐이다.

籍田은 왕이 親耕을 실행함으로써 권농의 모범을 보이고, 그 곳에서 얻어지는 산물로 神農·后稷의 제사를 모셨다는 토지이다. 고려에서는 성종 2년에 처음으로 설치되었는데,[68] 그 규모는 잘 알 수 없다. 다만 조선시대의 경우 東西籍田을 합하여 약 400결이었다는 사실이 참고될 뿐이다.[69] 그런데 이 적전에서의 왕의 친경은 의례적인 것이고, 실제로 적전은 농민이나 노비 등에 의해 경작되었을 것으로 생각되지만, 어떠한 형태로 경영되었는지를 알려주는 기록은 보이지 않는다. 그러나 조선의 경우 적전은 그 곳에 배속된 공노비나 인근에 거주하는 농민의 요역을 동원하여 경작하는 직영제 형태로 경영되었으므로[70] 고려 때에도 그러하였을 것으로 이해되고 있다.

〈金載名〉

---

67) 이에 대해서는 이 책 제I편 3장 1절 〈장·처와 내장전〉 및 2절 〈공해전〉 참조.

68) 《高麗史》 권 62, 志 16, 禮 4, 성종 2년 정월 을해.

69) 《太宗實錄》 권 27, 태종 14년 4월 계축.

70) 有井智德, 《朝鮮初期における公的土地所有としての公田》 (《朝鮮學報》 74, 1975).

# 4. 사전의 여러 유형

## 1) 양반과전

### (1) 양반과전의 실체

양반과전은 흔히 兩班田으로 불리었는데, 전시과 규정에 따라 문무관료에게 지급된 토지를 말한다. 즉 양반관료가 관직을 통해 국가에 충성·봉사하는 것에 대한 반대급부의 하나로 지급된 것이었다. 이러한 양반전의 분급이 토지 그 자체가 아닌 단순한 수조권의 분급이라는 점에 대해서는 현재 연구자들의 견해가 대체로 일치하고 있다. 그러나 이의 구체적인 실체, 즉 양반전이 설정되는 토지의 실체가 무엇인가라는 점에 대해서는 견해를 달리하는 여러 주장들이 제기되어 있다. ①양반전은 나말려초의 변동기에 여러 호족으로부터 몰수한 전장, 결국 국유지 위에 설정된 수조지였다는 견해가 있는가 하면,[1] ②수급자 자신의 민전 위에 설치된 免租地로서, 그 지급액은 면조권의 상한을 의미한다는 주장도 있으며,[2] ③자타의 민전을 막론하고 일반 민전 위에 설정된 수조지였다고 하는 견해도 있다.[3] 그러나 ① ②의 주장에는 적지 않은 문제점이 내재되어 있는 바,[4] 그러한 견해가 양반전의 실체를 올바로 설명했다고 하기는 어렵다. 따라서 양반전은 ③의 주장과 같이 '일반 민전 위에 설정된 수조지'로 이해해야 할 것으로 생각된다.

그러나 사실 양반전이 설정된 토지의 실체를 정확히 알려 주는 기록은 찾

---

1) 姜晋哲《高麗土地制度史研究》(高麗大出版部, 1980), 68~83·109~134·414~415쪽.

2) 金琪燮, 〈高麗前期 農民의 土地所有와 田柴科의 性格〉(《韓國史論》17, 서울大 國史學科, 1987).
朴國相, 〈高麗時代의 土地分給과 田品〉(《韓國史論》18, 서울大 國史學科, 1988).

3) 金容燮, 〈高麗時期의 量田制〉(《東方學志》16, 1975).
李成茂, 《朝鮮初期兩班研究》(一潮閣, 1980), 290~294쪽.
李景植, 《朝鮮前期土地制度研究》(一潮閣, 1986), 97~168쪽.

4) 상세한 내용은 이 책 제I편 1장 6절 〈전시과의 운영과 그 성격〉 참조.

아지지 않는다. 앞서 소개한 바와 같이 이에 대해 전혀 다른 견해들이 제기된 것도 기본적으로는 이 때문이었다. 그런데 양반전과 함께 전시과 토지의 대종을 이루던 군인전이 일반 민전 위에 설정된 토지였음을 알려 주는 기록이 있어 주목된다. "군인이 증액됨으로써 부족해진 백관의 녹봉을 보충하기 위해 경군의 영업전을 빼앗아 무관들의 불평을 샀다"는 皇甫兪義의 사례가[5]그 좋은 실례이다. 군액이 늘어남으로써 녹봉이 부족해졌고, 부족해진 녹봉을 보충하기 위해 京軍의 영업전을 빼앗았다는 것은 곧 경군 영업전(군인전)이 녹봉의 재원인 국가수조지로서의 민전으로 편성되었음을 말한다. 그리고 그 민전은 영업전(군인전)의 수급자인 경군 자신의 소유지가 아니라 타인의 민전이었다고 생각된다. 왜냐하면 만일 여기서의 경군영업전이 수급자의 민전에 설치된 것, 즉 ②의 주장과 같이 군인의 민전에 대해 면조권을 인정한 것이라면 지급된 군인전을 빼앗아 녹봉에 충당시키려는 시도 자체가 용이한 일이 아니기 때문이다. 법제적으로 면조의 권리를 갖고 있는 民田主로서의 군인이 군인전의 회수, 즉 면조권의 철회가 부당한데도 자기의 민전에 대한 전조의 수취에 쉽게 응하리라고는 생각하기 어렵다. 따라서 군인전은 타인의 민전 위에 설정되는 경우가 보통이었을 것으로 생각된다. 그러나 모든 군인전이 그러했다고는 생각되지 않는다. 군인 자신의 민전은 제쳐 두고 타인의 민전에만 군인전을 설정하는 것은 확실히 행정적으로도 합리적이지 않기 때문이다.[6] 따라서 군인전의 분급은 우선 군인 자신의 민전을 그의 수조지로 인정함으로써 결국 민전주로서의 군인이 내야 할 田租를 면제시켜 주고(免租), 그의 민전이 군인전이 액수에 미달할 때에는 타인의 민전에 대한 수조권을 추가로 지급하는 절차를 취했을 것으로 생각된다. 물론 자신의 민전이 받아야 할 군인전의 액수를 초과하는 경우에는 지급액 만큼만 면조되고 나머지는 국가수조지 또는 타인의 과전으로 편성되었을 것이다. 이와 같이 일면 면조권의 지급이라는 의미를 띠고 있기는 하지만 반드시 그러한 것은 아니었으므로 군인전의 분급은 '자타의 민전을 막론하고 일반 민전 위에 설정된 수조지의 지급'으로 이해해야 할 것이다. 군인전의 실체가 이러했던 이상 양반전 또한 이와 다르지 않았을 것으로

5) 《高麗史》 권 94, 列傳 7, 皇甫兪義.
6) 姜晋哲, 앞의 책, 114~115쪽.

믿어진다. 군인전과 양반전은 똑같이 전시과 규정에 따라 분급된 토지였는데, 양자가 본질적으로 다른 토지였다고 하는 것은 확실히 부자연스러운 일이다. 사실 두 토지는 지급대상이 달라 서로 다른 이름(地目)으로 불려졌을 뿐, 그 본질이 다른 것은 아니었다.

이와 관련하여 아버지의 경군영업전(군인전)을 승계하기 위해 서리가 되려다가 마침내는 과거에 급제하여 품관으로 진출한 李永의 사례가[7] 주목된다. 이영이 서리가 되었다면 받았을 과전, 즉 서리전은 다름 아닌 아버지의 군인전이므로 서리전과 군인전은 성격상 차이가 없다 하겠고, 또 서리는 품관으로 진출할 수 있는 존재였으므로 서리전과 품관의 양반전 또한 그 성격이 구별된다고 할 수 없다. 그리고 실제로 이영은 과거를 통해 품관이 되었으므로 그가 품관으로서 받았을 양반전에는 당연히 아버지의 군인전이 포함되었을 것이다. 이처럼 군인전이 서리전 또는 양반전으로 될 수 있었다는 것은 곧 군인전과 양반전의 본질이 다르지 않았음을 말해 주는 것이라 하겠다. 그러므로 양반전 또한 '자타의 민전을 막론하고 일반 민전 위에 설정된 수조지'였다고 하겠다.

물론 양반전의 실체를 이렇게 보면 이른바「義倉米收租規定」으로 불리는 현종 14년(1023)의 판문에[8] 양반전이 국가수조지로서의 민전(3과공전)이 아닌 2과공전에 대비되는 사전으로 분류된 사실을 이해하기 어렵다는 의문이 제기될 수도 있다. 즉 위 규정에 따르면 양반전은 궁·사원전 등의 여타 사전과 함께 1결에 租 2斗의 의창미를 부담토록 되어 있는 반면, 3과공전(민전)이나 이에 비견되는 軍人·其人田 등의 사전은 조 1두를 내도록 되어 있는데, 만일 양반전이 일반 민전 위에 설정된, 그래서 결국 민전과 등질적인 토지였다고 하면 이러한 부담액의 차이는 논리적으로 이해되지 않는다는 것이다.[9] 이러한 의문은 의창미 부담액의 차이를 토지의 성격 차에 기인하는 것으로 이해하였기 때문에 생겨난 것인데, 위 판문이 수조율 규정이 아닌 한 꼭 그렇게 생각할 필요는 없다. 오히려 그러한 차이는 수급자의 신분이나 경제적인 우열을 고려한 결과였다고 생각된다. 다시 말해서 양반·궁원·사원전 등은 경제적으로 우월

---

7)《高麗史》권 97, 列傳 10, 李永.

8)《高麗史》권 80, 志 34, 食貨 3, 常平義倉.

9) 姜晋哲, 앞의 책, 414~416쪽.

한 양반이나 궁원·사원이 지급 받은 수조지였으므로 국가수조지로서의 3과 공전 또는 경제적으로 열악한 군인·기인의 군인전·기인전보다 많은 의창미를 부담하였다고 생각된다.[10] 이와 유사한 사례로 "문무양반전과 여러 궁원전을 30결 이상 받으면 예에 따라 1결당 5승의 세를 거둔다"고 하는 현종 4년의 판문을[11] 들 수 있는데, 여기서도 30결 미만의 수조지를 받는, 그래서 양반이나 궁원보다 경제적으로 열악한 군인과 기인은 세를 부담하지 않도록 되어 있었던 것이다. 따라서 양반전을 일반 민전에 설정된 수조지로 보더라도 위 의창미수조규정을 논리적으로 이해하기 어려운 것은 아니라고 하겠다.

### (2) 양반과전의 운영과 지배의 내용

이와 같은 전시과의 양반전은 "토지를 수급한 자가 또한 1만 4천여 명인데 그 토지는 모두 外州에 있다"든지,[12] "모든 주현에는 각각 경외 양반과 군인의 家田·永業田이 있다"고[13] 하는 설명에서 알 수 있듯이 주로 외방의 여러 주현에 설치되었다. 양반의 영업전이란 곧 양반전을 말하는 것이다. 그런데 양계에는 수조지로서의 사전을 두지 않는 것을 원칙으로 하였으므로,[14] 여기서 말하는 외방 주현의 범주에 양계는 포함되지 않는다고 하겠다.

그러나 모든 양반전이 외방에 설치되었던 것은 아니다. 그 일부는 경기에 있었다. 충목왕 원년(1345)의 都評議使司 上言에 의하면 祿科田이 실시된 원종 12년(1271) 이전에도 경기의 8현에는 '양반·군인·한인의 구분전'을 비롯한 여타의 토지들이 있었다고 하는데,[15] 이 「양반구분전」이 바로 양반전의 일부인 것이다. 이 같은 사실은 "前朝(고려)의 田制에서 사대부의 구분전을 제외한 경기의 토지는 모두 공전이며, 사전은 모두 하도에 있었다"든지,[16] "고려의 사전은 모두 하도에 있었으며, 경기에는 비록 고위 관원(達官)이라도 단지 구분전

10) 義倉米를 부담하는 주체가 누구였는가는 아직 不明이라 하겠는데, 해당토지의 소유자가 아닌 수조권자로 보면 양반전의 부담이 군인전이나 기인전보다 많은 사실은 이해하기 어려운 것이 아니다.
11) 《高麗史》 권 78, 志 32, 食貨 1, 田制 租稅.
12) 《高麗圖經》 권 16, 官府 倉廩.
13) 《高麗史》 권 78, 志 32, 食貨 1, 田制 田柴科 명종 18년 3월 下制.
14) 《高麗史》 권 78, 志 32, 食貨 1, 田制 祿科田 신우 14년 6월 창왕 敎.
15) 《高麗史》 권 78, 志 32, 食貨 1, 田制 祿科田 충목왕 원년 8월.
16) 《太宗實錄》 권 5, 태종 3년 6월 임자 司諫院進時務數條.

10여 결이 있었을 뿐이나, 이것만으로도 그 생활을 영위할 수 있었다"고[17] 하는 司諫院의 설명에서도 다시 확인된다. 경기에 있었다고 하는 '사대부나 달관의 구분전'은 곧 앞서 말한 양반구분전과 같은 것이다. 물론 이들 기록이 모두 고려 후기 이후의 것이라는 한계가 있는 것은 사실이다. 그러나 조선 초의 관료들이 말하는「前朝의 田制」란 고려 전기 이래의 전시과 제도를 가리키는 것으로 판단된다. 왜냐하면 위 사간원의 설명은 고려의 전제를 예로 들어 과전의 하삼도 移給을 주장하는 과정에서 제기된 것인데, 그러한 주장의 근거를 제도가 매우 문란해진 고려 후기의 전제에서 찾으려 했다고는 생각되지 않기 때문이다. 사실 조선의 관료들은 전제 운영에 관한 한 고려 후기를 혹평하는 입장에 서 있었다.

이와 같이 양반전의 대부분은 외방의 주현에 있었지만, 그 일부는 구분전이란 이름으로 경기에 설치되었다. 즉 한 개인이 지급 받는 양반전은 경기의 구분전(양반구분전)과 외방에 설치된 것의 두 부문으로 구성되어 있었던 것이다. 고려가 양반전을 분급함에 있어 이러한 방식을 취하였던 것은 다음과 같은 이유에서였다. 첫째, 가능한 한 경기에 국가수조지로서의 공전을 많이 확보하고 양반전을 비롯한 그 밖의 과전을 외방에 설치하면 국가로서는 조운을 통한 전조 수납의 어려움을 덜 수 있고, 사전의 전주도 나름대로 필요한 잡물로 전조를 징수할 수 있으며, 이에 따라 佃客(농민) 또한 전조 수송의 노고를 피할 수 있기 때문이었다.[18] 둘째, 그러나 한편으로 양반 관원의 대부분은 개경에 거주하였는데, 그들은 생활의 안정을 위해 신속히 식량을 조달할 수 있는 근거리의 과전을 필요로 하였고, 따라서 국가는 양반전의 일부를 畿內에 설치하지 않을 수 없었던 것이다. 그것이 바로 양반구분전이었다. 이처럼 양반구분전은 과전(양반전)의 外方折給이라는 대원칙 아래에서 운영된 것이므로 그 규모는 작을 수밖에 없었다. 달관의 경우도 10여 결에 불과하였으며, 대체로 과전액의 1/8에서 1/7에 이르는 수준이었다고 이해되고 있다.[19] 한편 전시과 규정에 따라 분급된 양반전의 전체 규모는 갱정전시과를 기준으로 대략 9만 4

17) 《太宗實錄》 권 5, 태종 3년 6월 을해 司諫院上疏.
18) 《太宗實錄》 권 5, 태종 3년 6월 임자 司諫院進時務數條.
19) 양반전의 구성에 대한 이러한 내용에 대해서는 李景植, 〈高麗時期의 兩班口分田의 柴地〉(《歷史敎育》 44, 1988) 참조.

천 여 결 정도였다. 문반에게 1만 8천여 결이 분급되었으며, 무반에게는 7만 6천여 결이 지급되었던 것이다.[20] 이렇게 무반의 양반전이 문반의 그것보다 압도적으로 많은 것은 물론 무관의 수가 문관보다 훨씬 많았기 때문이다.

앞서 언급한 바와 같이 양반전은 일반 민전 위에 설정된 분급수조지였다. 따라서 이를 수급한 전주의 가장 큰 권리는 전조의 수취였다. 그리고 그 수조율은 널리 알려진 바와 같이 생산량의 1/10이었다. 그러나 전주의 권리가 전조의 수취에만 한정된 것은 아니었다. "前朝에서는 藁草를 징수한 것이 산과 들을 두를 만하다"고 한 申商의 지적에서[21] 짐작되듯이 전주는 양반전의 전객으로부터 고초도 거둘 수 있었다. 이 같은 전주의 권리를 보장하기 위해 양반전을 분급할 때 국가는 문권을 작성해 주었다. 문권은 契券이나 文契로도 불리었는데, 양안 상의 토지가 누구에게 주어졌는가를 명시한 것이었다. 고려말 사전개혁론자들의 상소에 거론된 祖父文券·高曾文券·高曾之券 등이[22] 바로 그러한 문권이었다. 한편 이견이 없는 것은 아니지만,[23] 양반전의 전조는 전주의 책임 아래 직접 수취되었던 것으로 이해되고 있다.[24] 즉 양반전의 전조는 납조자인 전객이 전주인 양반에게 직납하도록 되어 있었다. 이와 관련하여 "州縣官들이 養戶로 하여금 군인전의 전조를 수송하게 하지 않아 군인들이 굶주리고 추위에 떨어 도산하고 있다"고 걱정한 예종 3년(1108)의 制文이[25] 주목된다. 물론 이를 근거로 군인전을 비롯한 각종 과전의 전조가 官收官給되었다고 하는 견해도 있지만,[26] 지방관이 군인전의 전조를 수취하였던 것은 아니다. 지방관의 임무는 전조의 수송을 독려하는 것이었을 뿐이며, 전조는 어디까지나 전객의 대표격인 양호에 의해 군인에게 직접 납부되었다고 해야 할 것이

20) 姜晋哲, 앞의 책, 79~81쪽.
21) 《世宗實錄》 권 58, 세종 14년 12월 무자.
22) 《高麗史》 권 78, 志 32, 食貨 1, 田制 祿科田 趙浚·李行·黃順常 上疏.
23) 兩班田의 田租를 국가가 수취하여 田主에게 분급해 주었다고 하는 소위 官收官給制를 주장하는 연구로는 다음과 같은 논문이 있다.
周藤吉之, 〈高麗朝より朝鮮初期に至る田制の改革〉(《東亞學》 3, 1940).
李佑成, 〈高麗의 永業田〉(《歷史學報》 28, 1965).
金泰永, 〈高麗兩班科田論〉(《朴性鳳敎授回甲紀念論叢》, 1987).
24) 金容燮, 앞의 글.
李景植, 앞의 책, 119~124쪽.
25) 《高麗史》 권 79, 志 33, 食貨 2, 農桑 예종 3년 2월 制.
26) 주 23)과 같음.

다. 군인전이 이러했던 이상, 이와 성격이 같았던 양반전의 경우 또한 마찬가지였을 것으로 판단된다. 이러한 직접 수취의 원칙에 따라 전주는 노복 등을 수조인으로 파견하여[27] 수조의 실액을 사정하고 전조의 수취를 집행·감독케 하였다. 그러나 수조인이 전조를 직접 받아 간 것은 아니며, 전주의 집이나 조창까지 전조를 수송하는 것은 납조자인 전객의 몫이었다 그런데 양반전의 대부분이 외방 주현에 있었던 관계로 그 전조의 수취와 수송에는 관의 도움이 필요하였으며, 국가는 지방관이나 조운제를 통해 이에 협력하였다. 앞서 소개한 예종 3년의 제문과, 사전의 전조가 조운되고 있음을 시사하는 기록이[28] 그 좋은 예라 하겠다.

양반전은 양반관료가 관직에 복무하여 국왕에게 충성한 것에 대한 대가로 지급되었으므로 사망 등으로 인해 수급자의 奉供이 끝나게 되면 원칙적으로 국가에 반납하여야 했다. 그러나 실제로는 '回收(返納)와 再分給'이라는 절차를 거쳐 유족인 처와 자손에게 전수되었다. 물론 양반전, 특히 문관 양반전의 連立을 명기한 규정은 보이지 않는다. 하지만 무관의 양반전이 이른바 田丁連立의 원칙에 따라 자손에게 전수되었음을[29] 고려할 때, 문관의 양반전 또한 자손에게 연립되었을 것은 생각하기 어렵지 않다. 그리고 이러한 사실은 "연립할 자손이 없는 6품 이하 7품 이상 관원의 처에게 구분전 8결을 지급한다"고 하는 문종 원년의 판문에서도[30] 어느 정도는 짐작된다. 여기서 말하는 연립의 구체적인 대상은 관원인 父祖의 양반전일 수밖에 없다 하겠고, 따라서 위 판문의 내용은 양반전의 자손에의 전수가 일반적이었음을 전제하지 않고서는 제대로 이해되지 않는 것이다. 이처럼 자손에의 전수가 가능하였으므로 양반전이 無期永代的 수조지로서의 영업전이었을 것임은 물론이다.[31] 그러나 원칙적으로 양반전을 사사로이 전수할 수는 없었다. 관에 신고하여 허락을 얻은 후에야 전수할 수 있었다.[32] 다시 말해 「회수와 재분급」이라는 의제적

27) 《高麗史》 권 129, 列傳 42, 叛逆 3, 崔忠獻.
28) 《高麗史》 권 79, 志 33, 食貨 2, 漕運 문종 33년 정월.
29) 《高麗史》 권 78, 志 32, 食貨 1, 田制 田柴科 현종 19년 5월 判.
30) 《高麗史》 권 78, 志 32, 食貨 1, 田制 田柴科 문종 원년 2월 判.
31) 武田幸男, 〈高麗時代の口分田と永業田〉(《社會經濟史學》 33-5, 1967).
32) 《高麗史》 권 78, 志 32, 食貨 1, 田制 祿科田 신우 14년 7월 諫官 李行 上疏.

인 절차를 거쳐야만 했던 것이다. 한편 전수되는 액수가 어느 정도였는가는 잘 알 수 없으나, 과전법의 예로 미루어 보아 처와 자손이 모두 있으면 처가 사망할 때까지 전액이, 자손만이 있으면 일부만이 전수되었을 것인데, 후자의 경우는 연령이나 出仕에 따른 별도의 기준이 마련되었을 것으로 추측된다.[33]

한편 연립할 자손이 없는 6품 이하 관원의 처에게는 8결, 부모가 모두 죽고 남자 형제도 없이 출가하지 않은 5품 이상 관원의 자녀에게는 5결의 구분전이 지급되었다. 그런데 이들이 받은 구분전은 다름이 아니라 남편 또는 아버지에게 지급되었던 양반전의 일부였다. 즉 구분전을 분급한다고 해서 새로운 수조지를 지급하는 것은 아니다. 이미 지급되었던 양반전의 일부를 구분전이라는 이름으로 계속 용익할 수 있도록 인정한 것에 불과하였다. 비록 군인전의 규정이기는 하지만 "자손이 없는 군인이 70세가 되면 구분전을 주고 나머지 토지는 회수한다"고 한《高麗史》食貨志 田制條의 서문에서 그러한 사실을 엿볼 수 있다. 70세가 된 군인에게 지급된 구분전의 실체는 곧 자신이 과거에 받았던 군인전의 일부였던 것이다. 양반관료의 유족에게 주어진 구분전의 실체도 이와 다르지 않았을 것이다. 그러므로 양반전과 구분전은 전혀 별개의 토지가 아니라 같은 토지의 양면이었다고 하겠다. 그런데 이러한 구분전의 규모는 대략 최소한의 생계 유지를 위해 필요한 수입을 제공하는 정도, 즉 半丁 내외였다. 따라서 구분전은 휼양적 기능을 갖고 있었다 하겠다. 여기서 휼양적 기능을 지닌 이 구분전과 앞서 언급한 바 있는 양반구분전 사이에 어떤 관계가 있었을 가능성이 충분히 상정된다. 양반구분전 또한 관원의 서울 생활에 필요한 양곡의 조달이라는 기능을 갖고 있었으며, 정확히 같은 것은 아니지만 6품 관원의 경우 그 규모 역시 대략 반정 수준이었던 것이다.[34] 이렇게 볼 때 유족의 휼양을 위해 구분전으로 지급된 양반전의 일부란 곧 경기에 설치되었던 양반구분전이거나 또는 그 일부가 아니었을까 한다.

이처럼 일단 분급된 양반전은 비록 회수와 재분급이라는 외세직인 질차는 거쳤지만, 그 전액 혹은 일부가 자손에게 연립되거나 구분전의 이름으로 처

33) 李景植, 앞의 책, 154쪽.

34) 更定田柴科에서 6품 관원이 받은 田地額은 45~50결 수준이었는데, 대략 科田額의 1/7 내지 1/8이 양반구분전이었다고 이해되므로 6품관의 양반구분전은 6~7결이었을 것으로 추산된다.

자에게 전수되었다. 즉 양반전은 강한 世傳性을 지닌 분급수조지였다. 그러나 수급자가 죄를 범하면 세전이 인정되지 않았음은 물론 곧바로 국가에 회수되었다. "모든 범죄자는 영업전을 받을 수 없다"라든지,[35] "臨監하던 관리가 스스로 도적질하거나 뇌물을 받고 법과 다르게 처리한 자는 職田을 회수하고 歸鄕시킨다"고 하는 법규[36] 등이 그러한 사실을 잘 말해 준다. 반면 몰수된 양반전이 본인이나 그의 처자에게 환급될 수도 있었다. 국왕의 사면으로 면죄되었을 경우이다. 그리고 이 때에는 몰수되기 이전의 양반전이 그대로 지급되었던 것으로 보인다.[37]

잘 알려진 바와 같이 양반관료에게는 田地와 함께 柴地가 분급되었다. 그래서 양반전은「兩班田柴」라고도 불리었다. 이 시지가 樵菜地, 즉 섶(薪)과 숯(炭) 등의 땔감을 조달하는 물적 기반으로서의 기능을 수행하였음은 물론이다. 그러한 의미에서 시지는 서울 생활자들의 식량 조달을 위한 물적 기반으로서의 양반구분전과 유사한 성격을 지녔다고 하겠다. 이에 따라 시지는 수급자가 거주하는 개경 근처의 경기에 주로 설치되었다. 운송상의 편리를 고려해야만 했던 것이다. 시지로 설정된 지역이 2日程을 넘지 않은 것도 그러한 이유에서였다고 하겠다. 이와 같이 국가가 분급한 것인 만큼 분급시지가 사유지일 수 없음은 물론이다. 그것은 수조지로서의 과전과 같은 성격을 지닌 존재였다. 따라서 타인의 이용을 금하는 독점 행위는 허용되지 않았을 것이다. 대개 이러한 분급시지는 민과의 공동이용을 전제로 한 無主空山, 즉 국유지에 설정되었을 것으로 생각된다. 오히려 양반관료는 그러한 공동이용을 매개로 섶과 숯의 수취라는 분급시지에서의 권리를 실현할 수 있었다고 하겠다. 즉 양반전주는 분급시지의 주변에 거주하는 농민에게 그것을 이용하게 하고 그 대가로 소정의 섶과 숯을 수취할 수 있었을 것이다.[38]

〈金載名〉

35)《高麗史》권 78, 志 32, 食貨 1, 田制 田柴科 정종 7년 정월.
36)《高麗史》권 84, 志 38, 刑法 1, 職制.
37)《高麗史》권 5, 世家 5, 현종 16년 12월 및 권 102, 列傳 15, 權守平.
38) 李景植, 앞의 글 참조.

### 2) 공음전

공음전시에 관해서는, 고려사회의 성격규정과 관련하여 많은 논란이 있었다. 공음전시를 이해하는 방식에 따라 고려사회의 성격으로서 혹자는 귀족제를, 혹자는 관료제를 주장하였으며, 반대로 귀족제를 주장하거나 관료제를 주장함에 따라 공음전시를 달리 파악하였다. 즉 공음전시의 지급대상자를 5품 이상으로 보는 논자는 귀족제를, 또 전체 관료로 보는 논자는 관료제를 주장하는 것으로 귀착하는 것이 보통이었다.

해방 후 50년대 연구에서 공음전시는 모든 관리를 대상으로 지급한다는 견해가 있었으나, 60년대 초반에 이 제도는 5품 이상을 지급대상으로 하며 음서와 경제적 지주가 된다는 주장이 제시됨으로써 이후 그 견해를 따르는 논자가 많이 나왔다.[1] 이 견해에 따르면 공음전시는 唐의 官人永業田과 마찬가지로 5품 이상의 관료에게 지급되었고 자손에게 대대로 상속이 허용되었으며 죄가 있어도 상속권이 인정된 영업전이었다는 것이다. 또 이 제도는 관인 신분의 계승과 거기에 따른 경제적 조건을 보강해 주는 것이라 하였다.[2]

논란이 되는 공음전시에 관한 기사는 《高麗史》 권 78, 食貨志에 아래와 같이 보인다.

> 문종 3년 5월에 兩班功蔭田柴法을 정하였다. 1품은 門下侍郎平章事로 전 25결 시지 15결이며, 2품은 參政 이상으로 전 22결 시지 12결이고, 3품은 전 20결 시지 10결이며, 4품은 전 17결 시지 8결이고, 5품은 전 15결 시지 5결이다. 자손에게 전하고 산관은 5결을 감한다. 樂工 賤口로서 放良된 員吏는 모두 받을 수 없다(《高麗史》 권 78, 志 32, 食貨 1, 田制 功蔭田柴).

이 사료는 연구자에 따라 여러가지로 이해하고 있다. 먼저 1품~5품으로 표현되는 品이 무엇을 의미하는 것인가 하는 점이 주목된다. 그런데 품을 관

1) 李炳熙, 〈高麗時期 經濟制度 硏究의 動向과 「국사」 敎科書의 敍述〉(《歷史敎育》 44, 1988), 165~168쪽.

2) 李佑成, 〈閑人·白丁의 新解釋〉(《歷史學報》 19, 1962).
——, 〈高麗의 永業田〉(《歷史學報》 28, 1965).

품으로 보아 5품 이상의 고위 관리를 공음전시의 지급대상으로 보아 온 견해에는 몇 가지 문제가 있다.

우선 동일한 토지분급 규정에 개정전시과나 갱정전시과 모두에서, 동일한 규모의 토지를 분급받도록 된 동일과에는 서로 상이한 관품이 존재하고 있다. 예컨대 개정전시과의 9과에는 정·종4품, 정·종5품, 종7품이 섞여 있다. 관품이 동일하더라도 동일한 규모의 전시를 분급받는 것이 아니므로 공음전시에서도 동일한 관품이 동일한 규모의 전시를 지급 받을 수 없는 것이다. 곧 3품·4품·5품을 정·종3품, 정·종4품, 정·종5품과 동일시하는 것은 곤란하다.

또한 兩班功蔭田柴法을 글자 그대로 해석하더라도 품을 관품과 동일시하는 것은 곤란하다. 공음전시법은 양반으로서 공음이 있는 자에게 전시를 지급한다는 의미이니, 문무양반의 관리 중 특별유공자에 대한 賞與法이라 할 수 있다. 5품 이상의 모든 관료를 특별유공자로 간주할 수 없기 때문에, 품은 관품과 동일시하기 어렵다.

그리고 본법으로 5품 이상의 전 관료에게 전시가 급여되었다고 보면, 500여 명에 이르는 5품 이상의 관료에게 관품을 기준으로 하더라도 지급되는 전시의 총 규모는 田이 1만 500결, 柴가 4천 결에 이르는데, 관료가 늘고 대체되어 감에 따라 면적이 훨씬 넓어질 것이다. 따라서 5품 이상의 전관료에게 전시가 급여된 특별우대법이라고 해석하는 것은 부적절하다. 결국 본법상 품은 단계로 해석되어야 옳으며 결코 관품의 뜻으로 해석되어서는 안될 것이다.[3] 특별공훈자에게 특별상여가 주어짐은 일반적이고, 앞뒤 사료의 문맥상에서나, 모든 관리가 일반전시과와는 별도로 이 사전적 성격의 전시를 급여받게 되는 객관적 사유가 없다는 점에서도, 품과 관품을 동일시하여 5품 이상의 관리가 지급대상이었다는 주장은 인정하기 어렵다.

공음전시 규정의 '散官減五結'이라는 규정을 통해서 검토하더라도 공음전시법의 품은 단계로 파악해야 한다는 사실이 인정된다.[4] 종래 공음전시법의

---

3) 朴菖熙, 〈高麗의 「兩班功蔭田柴法」의 해석에 대한 재검토〉(《韓國文化硏究院論叢》 22, 1973).

4) 金東洙, 〈高麗의 兩班功蔭田柴法의 解釋에 대한 검토〉(《全南大論文集》 26, 1981).

산관은 職事가 없는 관이라고 막연히 이해되어 왔다. 그런데 산관의 용례를 살펴보면 여러 가지 유형이 있다. 우선 산관이 입사하지 아니한 대기중의 관료를 지칭하는 용례가 있으며, 또한 관직생활을 거친 후 퇴임이나 휴직, 좌천의 경우로 實職任이 없이 직사가 없는 처지에 놓여 있게 된 경우를 지칭하는 용례가 있고, 散階(문·무산계)나 散秩의 의미로 쓰인 용례도 있다. 따라서 고려시대의 산관은, 단순히 직사가 없는 관이라는 식으로 일률적으로 처리할 수 없는 다양한 용례를 지니고 있다고 하겠다. 그런데 '散官減五結'이라는 규정은 산관의 경우 현직관에 비하여 5결을 감한다는 내용인데, 앞의 세 경우를 모두 상정해 보아도 공음전시의 수급대상자가 5품 이상의 관리라는 주장에는 선뜻 수긍할 수 없게 된다. 그리고 목종 원년(998) 전시과의 실직관과 산관의 科差異, 封贈之制, 出米有差 대비표 등 여러 규정에서 산관은 실직관보다 1품 내지 2품 아래로 처우되고 있다. 따라서 문종 3년의 공음전시 규정에서 실직 5품 이상의 관원이 수급대상자라면, 산관은 2~3품 내지 4품까지가 수급대상자로 규정되었어야 마땅할 것이다. 산관도 5품까지 수급대상이 된다면 실직 6품보다 훨씬 우대 받는 셈이 되는데, 위의 예로서는 그러한 경우를 상정하기 어렵다. 따라서 공음전시법의 품은 산관에 대한 규정에만 국한하여 이야기하더라도 단계로 파악함이 훨씬 합리적이라고 생각된다.

공음전시와 긴밀한 관련이 있는 것으로 보이는 陰敍를 검토해 볼 때에도 이상의 사실은 보다 명확히 확인된다.[5] 고려의 음서에는 두 가지가 있는데, 門蔭과 功蔭이 그것이다 문음은 5품 이상 관리의 자손에게 시행된 음서이고, 공음은 특별한 공훈을 세웠거나 특별한 계기를 맞아 시행된 음서이다 이 가운데 부정기적인 음서 즉 공음이 시행되는 계기는 국왕의 즉위나 복위를 맞아 왕태후·왕태자의 冊封 및 封侯의 경우, 太廟·王陵에 친향한 후, 旱災·叛亂 등 국가에 어려운 일이 생겼을 때, 西京·南京을 순행하고 귀경하였을 때, 기타 고관의 치사·사망이나 특정공신의 추념이 행해질 때 등이다. 국가적 경사와 같은 계기를 맞아 은전이 베풀어질 때 그 은전의 하나로 시행된 음서를 공음이라고 부르는 것처럼, 이 때 문무양반에게 지급된 토지를 공음전시라고 부

---

5) 金龍善, 〈高麗 功蔭田柴의 지급대상과 그 시기〉(《震檀學報》 59, 1985 ; 《高麗蔭敍制度研究》, 一潮閣, 1991).

른 것으로 보인다. 공음전시는 국왕의 즉위나, 태자의 책봉과 같은 국가적 경사를 맞아 내려진 은전의 하나로서 지급해 준 토지였다. 공음전시 지급의 품이 적어도 1품에서 2품까지는 관직과 관련이 있을지 모르지만 전체적으로는 관품과 관련이 없는 것은 분명하다.

품을 관품이 아니라 단계로서 이해한다고 할지라도 모든 관료가 5단계로 구분되어 공음전시가 지급된 것은 아니라고 본다. 곧 모든 관리가 아니라 특별유공자를 급여대상으로 하였으리라 판단되는데, 앞서 언급한 글자의 의미나 본법이 급여대상자에게 특혜를 주는 것이라는 사실에서 이를 짐작할 수 있으며, 만일「全官吏說」을 인정하는 경우 田 37만결, 柴 18만 6천결에 이르는 지급액이란 역사현실과 전혀 부합하지 않기 때문이다. 또한「전관리설」을 인정할 때 전시세습에 있어서 上薄下厚의 모순된 현상이 나오기 때문에 공음전시를 지급받는 주된 대상은 특별유공자라고 할 수 있다.[6] 결국 공음전시법은 특별한 공훈이 있는 관료를 5단계로 나누어 전시를 지급하는 규정이라고 보아야 할 것이다.[7]

공음전시법을 이렇게 이해한다면, 공음전시는 공이 있는 자에게 지급되는 공신전과 유사한 성격이 된다. 사실《高麗史》食貨志 편찬자들이 '功蔭田柴' 조에 수록한 내용은 대체로 공신전에 관한 것으로 볼 수 있다. 모두 8개 조항인데, 공음전시에 직접 관련된 자료는 3개 뿐이며, 나머지는 공음전시로 표현되지 않고 勳田이나 功臣田·功臣賜田으로 표기되고 있다. 공음전시를 공신전으로 이해한다면, 훈전을 제외하고는 모두 공신전에 관련된 내용이다. 그런데 훈전도 사실은 공신에게 지급한 것으로 볼 수 있다.

> (경종 2년 3월) 開國功臣 및 向義歸順城主 등에게 勳田을 50결에서 20결까지 차등있게 사여하였다(《高麗史》권 78, 志 32, 食貨 1, 田制 功蔭田柴).

훈전이 지급된 대상은 개국공신과 향의귀순성주였다. 개국공신은 물론이고 향의귀순성주도 고려의 건국과정에서 중요한 역할을 한 準功臣이라고 볼 수 있다. 그러므로 훈전을 지급 받은 대상도 결국은 공신이며, 따라서 훈전은 공신전

---

6) 朴菖熙, 앞의 글.

7) 이러한 이해와 상이한 견해가 근래에 제기된 바 있다.
최연식, 〈高麗前期의 職田과 그 支給形態〉(《韓國史研究》70, 1990).

과 동일하게 취급할 수 있다. 《高麗史》 식화지 공음전시조에 기록된 8개 기사는 잘못 분류된 것이 아니라 올바르게 수록된 것이라 하겠다.8)

이 공음전시는 자손에게 世傳하는 것이 허용되었다. 세전과 관련해서는 《高麗史》 전제, 공음전시조에 다음과 같은 몇 가지 기록이 보인다.

> (현종 12년 10월) 判에, '功蔭田은 直子가 죄를 범하면 그 손에게 移給한다'고 하였다.
>
> (문종 3년 5월) 양반공음전시법을 정하였다. … 공음전을 받은 자의 자손이 사직을 위태롭게 하는 것을 도모하거나, 모반 대역에 연좌되는 일 및 공사의 이러저러한 죄를 범하여 제명된 자 이외에는 그 아들이 죄가 있고 손이 죄가 없다면 공음전 1/3을 (손에게) 지급한다.
>
> (문종 27년 정월) 判에, '자식이 없는 사람의 공음전은 女壻·親姪·養子·義子에게 傳給한다'고 하였다.

자손에의 세습이 원칙이고, 잘못이 있더라도 그 원칙은 지켜지도록 규정되어 있다. 현종 12년(1021)에는 공음전을 받은 자의 아들(直子)이 죄를 범할 경우에는 손자에게 이급토록 규정하였다. 아마 공음전을 자손에게 전수하는 것은 이미 원칙으로 확립되어 있었는데, 이 시점에 와서는 아들이 죄를 범한 경우조차도 세전할 수 있도록 보장하고 있는 것이다. 문종 3년(1049) 5월에는 공음전 시법을 재조정하였는데, 세전과 관련해서도 내용이 보완되고 있다. 즉 공음전을 받은 자의 자손은, 사직을 위태롭게 하는 것을 도모하거나 모반 대역에 연좌되는 일 및 공사의 죄를 범하여 제명된 경우 외에는, 아들이 경미한 죄가 있다고 하더라도 손자가 죄가 없으면 공음전시 가운데 1/3을 손자에게 지급토록 하였다. 현종대보다 죄에 대한 규정이 세분화되어 모든 죄를 지어도 자손에게 세전할 수 있는 것이 아니라 중대한 죄를 지은 경우에는 세습할 수 없도록 하였고, 아들이 죄가 있어 손자에게 전할 경우 종전에는 공음전 전부가 이급되었던 것으로 보이나, 문종 3년에 와서는 1/3로 지급액이 크게 축소되었다. 요컨대 현종대 규정의 미비한 점을 보충하면서 세전에 대해 일정한 제한을 가하고 있는 것이다. 다시 문종 27년에는 아들이 없는 자의 공음전에 대

8) 金東洙, 앞의 글.
朴天植, 〈高麗史 食貨志 '功蔭田柴'의 檢討〉(《全北史學》 7, 1983).

해서는 女壻·親姪·養子·義子의 순으로 세습하는 것을 허용하였다. 양자나 의자보다 사위 조카가 전수 받는 데 있어서 우선권을 가지고 있는 점이 주목된다. 당시의 친족 체계와 관련하여 세전할 수 있는 대상을 자손에서 조카·양자·의자로 크게 확대하고 있는 것이다. 공음전시가 이처럼 세전될 수 있는 것은, 지급 대상자의 성격과 밀접한 관련을 가지고 있다. 지급 대상자는 국가에 커다란 어려움이 있을 때 국가나 국왕을 위해 큰공을 세운 자로서 고려 국가 체제가 유지될 수 있도록 한 자이기 때문에, 그들에 대해서는 고려 국가 내지 국왕을 저버리는 특별한 범죄가 아니라면 세습하는 것을 허용한 것이다.

그런데 그것의 상속은 다음의 기사와 같이 자손이 여럿일 경우 분할 상속하고 있었던 것으로 보인다.

> (충렬왕 24년 정월 충선왕 즉위) 교서를 내리기를, '공신전으로 자손이 미열하여 孫外人이 점취한 것은 연한에 구애받지 말고 孫에게 환급하라. 만약 1호가 合執하고 있으면 足丁·半丁을 변별하여 均給하라'고 하였다(《高麗史》 권 78, 志 32, 食貨 1, 田制 功蔭田柴)

공신전은 공음전시와 동일한 것으로 이해되는데, 동종 가운데에서 1호가 합집한 경우 足丁·半丁을 분별하여 균등하게 지급하도록 정했다. 1호가 합집한 경우 즉 단독으로 차지하고 있는 경우는 부당하다고 보면서 동종 중의 사람에게 공신전을 균등히 지급토록 한 것이다. 이 경우 토지를 일정한 단위로 묶어서 파악한 족정·반정을 파괴하지 않으면서 세습되도록 조정하고 있는 점은, 고려시기 일반적인 토지분급의 원칙과도 관련하여 주목되는 사실이다. 결국 1호가 합집한 것, 즉 1호가 단독으로 차지하는 것은 잘못된 것으로 규정하고 있는 바, 균분 상속되었을 것으로 보인다.

공음전시의 성격은 국가에서 분급하는 것이므로 수조지였을 것이다. 세습이 허용되었지만, 세습이 행해질 때에는 관에 고하는 절차가 있었다고 보아야 할 것이다. 세전하는 자의 유무, 범죄의 유무를 관에서 조사하고 또한 아들이 경미한 죄가 있는 경우 손자에게 1/3만을 지급하도록 규정한 사실도 역시 관에서 그 토지를 관리하고 있음을 말해 준다. 결국 세전은 가능하지만 관에서 개인에게 사유지로서 소유권을 완전히 지급한 것이 아니라 일정하게 관리하고 있음을 의미한다.

고려 중기 이후 공음전시에 대한 국가의 관리는 약화·소멸되어 갔다. 국가에 고해 자격여부를 인정받은 후 세전되던 것이, 그 절차 없이 受得한 자가 자유로이 세전하는 것으로 바뀌어 갔다. 그것은 전체 토지제도의 변화 추세와도 짝하는 현상이라 할 것이다. 타인에게 탈점되는 수도 있었는데, 위의 충렬왕 24년(1298) 정월 충선왕의 즉위 교서에서 그러한 사실을 살필 수 있다. 즉 공신전을 받았으나 자손이 미열해서 孫外人, 곧 자격이 없는 자가 점취한 경우가 있다는 것인데, 이는 곧 그들에 의한 탈점이 성행하였음을 말하는 것이라 하겠다.

그리고 종전에는 수조지를 지급하던 방식이었으나, 賜牌田을 지급하는 것으로 바뀌어 갔다. 몽고와의 전쟁으로 많은 농토가 황폐화되었는데 이것의 개간과 관련하여 국가는 사패전을 지급하였다.[9] 개간을 하면 소유권을 취득하게 되므로 결국 수조권과 소유권이 중첩된 토지였다. 그런데 사패전의 형식으로 받은 공신전은, 국가가 지급할 때에는 규모를 정하는 것이었으나, 실력을 배경으로 확대시켜 지급액을 초과하여 점유하는 경우도 있었다. 충숙왕 5년(1318) 5월 국왕의 하교 중 공신사전에 관한 내용이 그것이다.

> 功臣賜田은 산천을 표지로 하여 받은 것이 날마다 넓어지고 있으나 세를 납부하지 않아 貢賦를 부담하는 전토는 날마다 감축되고 있다. 수를 초과하여 지나치게 점유한 것을 자세히 조사하여 본래대로 되돌려라(《高麗史》 권 78, 志 32, 食貨 1, 田制 功蔭田柴).

공신의 賜田이 권세를 배경으로 산천을 표지로 삼으면서 지급 받은 것을 넓혀 가면서 세를 바치지 않으므로 貢賦를 부담해야 하는 토지가 날로 줄어들고 있다는 것이다. 그러므로 지급액을 초과해서 점유하고 있는 자는 본래대로 되돌리라는 것이다. 공신전을 지급 받는 자는 대개의 경우 세력자였기 때문에 사패전을 지급 받아, 그 지급액의 규모를 상회하는 것을 차지하는 경우가 허다했던 것이다. 그리하여 마침내 충숙왕 12년 12월에는 공신의 사전이 100결을 초과하지 못하도록 조치하였다.[10] 100결을 상회하는 것은 式目都監에서 조

---

9) 李景植, 〈高麗末期의 私田問題〉(《東方學志》 49, 1983).
朴京安, 〈高麗後期의 陳田開墾과 賜田〉(《學林》 7, 1985)

10) 《高麗史》 권 78, 志 32, 食貨 1, 田制 功蔭田柴.

사해서 회수하도록 조치한 것이다. 그러나 이런 조치가 시행된 후에도 여전히 지급액을 초과해서 지배하는 경우가 있었다. 우왕 6년 9월 諫官 李崇仁 등이 상소한 내용에 잘 나타나 있다. 국가가 전토의 사패를 지급함은 본래 공이 있는 자를 대우하기 위함인데 "사패를 冒受하여 전토를 매우 많이 점유한 자가 있다"[11]라는 것이다. 이는 곧 사패를 함부로 받아 전토를 지나치게 많이 차지한 자가 있다는 것이다. 물론 여기서 이숭인은 공민왕대 공신들의 토지 과다 점유를 주로 문제삼은 것이지만 역시 이전 시기에 받은 자도 문제가 없을 수는 없겠다. 그리하여 趙浚은 창왕 즉위 직후에, "이로부터 閑人·功蔭·投化·入鎭·加給·補給·登科·別賜라는 명칭의 토지가 대대로 증가했다"[12]라고 글을 올렸다.

공음전시는 국가의 관리가 무너져 가면서 점유자가 자유로이 세전하게 되었으며, 몽고와의 전란 후에는 사패 형태로 전토를 지급 받았는데 권력을 배경으로 지급액을 초과 점유하여 문제가 되고 있었다. 이렇게 이해해 보면, 공음전시 공신전은 때때로 국가에 경사가 있을 때 특별유공자에게 지급하는 것으로서, 세습이 명백히 보장된 토지였다. 그 지급총액은 당시 전체 토지에서 상당한 양에 이르는 것은 아니었다. 그러나 수득한 자가 공신이므로 본인이 살아 있을 경우 지위를 활용하여 그 토지를 확대시켜 가고 있었다. 따라서 고려 전제 상의 문제를 언급할 때 양반과전과 아울러 공음전시도 언급되는 것이다. 고려 왕조가 끝나갈 무렵 과전법에서 이 토지는 일정하게 정리되었을 것으로 보인다.

〈李炳熙〉

### 3) 한인전

공음전시와 더불어 그 지급대상을 둘러싸고 논란이 된 토지로 閑人田이 있다. 한인전과 한인전을 지급 받은 한인에 관해서는 견해가 분분한 실정이

11) 《高麗史》 권 78, 志 32, 食貨 1, 田制 功蔭田柴.
12) 《高麗史》 권 78, 志 32, 食貨 1, 田制 우왕 14년 7월.

다. 우선 한인이란 평시에는 편제상으로만 존재하는 주현군의 하급 간부이지만 일반 농민과는 다른 직업적인 무인으로서 유사시에는 정규군에 징발·충보되는 존재라는 견해(①),[1] 6품 이하 관리의 未仕未嫁의 자녀로 규정하는 견해(②),[2] 특수한 직역 또는 유자격의 미취직자일 가능성을 주장하는 견해(③),[3] 실직이 없이 同正職을 제수 받아 처음부터 산직 체계 속에 대기(閑)해 있는 官人(有官守散職)을 범칭하는 것으로 규정하는 견해(④)[4] 등 매우 다양하다.

한인을 다양하게 규정하는 만큼 한인전의 지급대상, 한인전의 성격에 대해서도 견해 차이가 매우 크다. 국가로부터 한인전을 지급 받는 것은 인정하면서도 그가 수행하는 일이 무엇인가, 그 설정의 의의에 대해서는 견해가 매우 다양하다. ①은 중앙 집권기구에의 참여로 말미암아 지급 받는다는 견해이며, ②는 음직과 공음전시법의 혜택을 받지 못하는 대신에 지급 받는 것이라는 견해이고, ④는 그들에 대한 최소한의 경제적 보장으로서의 한인전이 지급되었으며 동정직에 대한 반대급부로서 지급된 직역전이라는 것이다.

②의 견해는 앞의 공음전시법에서 언급하였듯이 성립하기 어렵다. 결국 ①③④에 따르면 한인은 중앙정치에 참여하는 한 부류이고, 그들의 그러한 역에 대한 대가로 지급하는 것이 한인전이 되는 것이다.

한인전은 전시과 규정에 따라 한인에게 지급된 것은 분명하다. 덕종 3년(1034) 한인에 대해 전시를 지급한 사실은, "덕종 3년에 양반 및 군인·한인의 전시과를 개정하였다"[5]는 데서 명확히 확인할 수 있다. 양반과 군인·한인의 전시과를 개정하였다는 것이니, 곧 한인에게도 양반이나 군인과 마찬가지로 전시를 지급하였다는 것이다. 한인은 전시과 규정에서는 덕종전시과에서 처음 등장하지만 목종전시과의 '不及此限者' 가운데는 한인이라고 부르는 요소도 포함되어 있었을 것으로 보아야 할 것이다. 따라서 한인전은 덕종 3년에 비로소 정립되나, 그 원형은 이미 목종 원년 전시과의 '불급차한자'에서 찾을 수 있겠다.

---

1) 千寬宇, 〈閑人考〉(《社會科學》 2, 1958 ; 《近世朝鮮史硏究》, 一潮閣, 1979).
2) 李佑成, 〈閑人·白丁의 新解釋〉(《歷史學報》 19, 1962).
3) 朴菖熙, 〈「閑人田」論에 대한 再檢討〉(《韓國文化硏究院論叢》 27, 1976).
4) 文喆永, 〈高麗時代의 閑人과 閑人田〉(《韓國史論》 18, 서울大 國史學科, 1988).
5) 《高麗史》 권 78, 志 32, 食貨 1, 田制 田柴科.

문종대에 전시과가 갱정되면서 한인에 대한 토지의 분급은 명시되어 있다. 즉 제18과에 한인이 설정되어 있고, 지급되는 토지는 田 17결이었다.[6] 이렇게 전시과에 의해 한인에게는 토지가 분급되고 있었던 것이다. 그러한 사실은《高麗史》食貨志 田制의 서문에 잘 나타난다.

> 고려 田制에서…文武百官으로부터 府兵·閑人에 이르기까지 (토지를) 과에 따라 받았다(《高麗史》권 78, 志 32, 食貨 1, 田制).

문무백관에서 부병·한인에게는 과에 따라 전시가 지급되었다는 것이다. 전시과의 규정에 따라 한인전이 지급되었기 때문에 한인전의 성격도 기본적으로는 전시과에 의해 분급되는 다른 토지와 동일한 것이었다. 문무 양반에게 지급되는 토지, 즉 수조지였다는 점은 한인전에도 통하는 것이라 하겠다.

그리고 한인전은 양반전이나 군인전이 그러하듯이 세전되는 것이 원칙이었다.

> (원종 14년 12월) 경신에 제문 내리기를, '지금 兵糧에 속한 전토는 원래 諸宮·寺院 소속과 兩班·軍·閑人의 세전이나 권신에게 탈취 당한 바이다. 기사년에 辨正都監이 조사를 제대로 하지 않아 혹 주인이 아닌 자에게 지급된 일이 있다. 이로 말미암아 원망하는 자가 자못 많으니, 兵糧都監은 兩造文案을 자세히 살펴서 공정하게 결정하라'고 하였다(《高麗史》권 27, 世家 27, 원종 14년 12월 경신).

지금 군량에 속한 전토는 원래 양반·군인·한인이 세전하는 것인데, 권신에게 탈취당하였다는 것이다. 탈취 당한 것이 문제로 지적되고, 탈취 당한 것을 원래의 주인에게 되돌리라고 표현되는 데서 알 수 있듯이, 세전은 불법적인 것이 아니라 전시과의 규정에 따른 합법적인 것이었다. 구체적으로 한인전이 세전되는 것은, 未仕未嫁의 자손이 있는 경우 連立土田할 수 있었다는 데서 확인된다. 그리고 그 자손이 已仕已嫁할 경우에는 已仕者는 자신이 사환한 과에 따라 그리고 已嫁者는 남편의 과에 따라 새로운 토지를 받으며, 대신 그 한인전은 납공되어 타인에게 遞授되는 것이었다.[7]

전시과에 의한 토지의 지급은 국가를 위해 특정한 역을 수행한 대가를 지불

---

6)《高麗史》권 78, 志 32, 食貨 1, 田制 田柴科.

7) 文喆永, 앞의 글.

하기 위해서였다. 문무 양반은 관직에 나아가 국가에 충성을 다해야 하는 직역을 지고 있었으며, 군인은 군역을 담당하고 있었다. 마찬가지로 한인도 특정한 역을 지고 있었다고 생각된다. 한인이 지는 특정한 역은 동정직을 받아 국가에 대해 역을 지는 것으로 보인다. 즉 한인은 실직이 없이 동정직을 제수받아 처음부터 산직체계 속에 대기(閑)해 있는 관인(有官守散職)을 지칭하는 것이다.[8]

고려 초기 지방세력의 흡수 및 집권적 관료체제의 정비과정에서 형성된 한 무리의 관인층이 곧 한인이었는데, 이들은 과거나 음서 등을 통해 동정직에 초보되어 관인층의 자격을 취득하였다. 그리고 실직에 임명되기까지의 기간 동안 구체적인 職事가 없는 관인, 즉 한인으로 규정되어 최소한의 경제적 보장으로서의 한인전 17결을 분급 받았던 것이다.[9]

직역을 매개로 토지가 분급되는 전시과 체제 속에 한인이 위치하는 한, 한인이 직역과 무관할 수는 없었다. 이 점은 한인이 국가 유사시의 유력한 充軍 대상일 수밖에 없는 이유였다. 한인에 오르고서도 30여 년 동안 실직에 임명되지 못하는 사례도 중기 이후 속출하였다. 그에 비례하여 누적된 한인 중에서 선발하여 군에 충보해야 할 필요성은 그만큼 커지는 것이었다. 이 때 한인전 17결은 한인의 군역에 대한 반대급부가 아님에도 불구하고 군역과 연계되어 나타나게 되었다.[10]

한인전과 구별되어야 하는 토지로서 한인구분전이 있다. 종래는 한인구분전을 한인전이라고 이해하는 경향이 있었는데 이 점은 수정되어야 할 것이다. 한인구분전의 존재에 관해서는 아래의 사료에서 명확히 확인할 수 있다.

> 충목왕 원년 8월에 都評議使司가 말하기를, '…바라건대 선왕이 제정한 京畿縣의 전토에 의거해 다시 경리하여, 御分田과 宮司田, 鄕吏·津尺·驛子의 雜口分位田은 元籍을 살펴서 지급하고, 兩班과 軍·閑人의 口分田은 원종 12년 이상의 공문을 살펴서 折給한다. 나머지 諸賜給田은 모두 수탈하여 職田으로 균급하고 나머지 전토는 조세를 공수하여 국용에 충당하라'고 하였다(《高麗史》 권 78, 志 32, 食貨 1, 田制 祿科田).

양반구분전, 군인구분전과 함께 한인구분전이 언급되어 있다. 양반구분전

8) 文喆永, 위의 글.
9) 위와 같음.
10) 위와 같음.

이 양반전과 구별되고 군인구분전이 군인전과 구별되듯이, 한인구분전은 한인전과 구별되는 것이다.

> 이로부터 閑人·功蔭·投化·入鎭·加給·補給·登科·別賜라는 명칭의 전토가 대대로 증가하였다. …이미 관직에 나아가고 이미 출가한 자가 오히려 閑人田을 먹고, 行伍에 참여하지 않은 자가 軍田을 함부로 받고… 이미 役分田을 먹고 또 閑人田을 먹으며, 또 軍田을 먹는다. 授受의 일을 맡은 관리는 이미 관직에 나아가 마땅히 역분전을 먹어야 하는 자인지, 未仕未嫁하여 마땅히 한인전을 먹어야 하는 자인지, 그 몸이 과연 府兵인지 묻지를 않는다(《高麗史》 권 78, 志 32, 食貨 1, 田制 신창 즉위년 7월 趙浚等 上書).

구체적으로 '미사미가'한 자가 지급 받는 한인전이란, 사실은 한인의 자제로서 관직에 나아가지 아니하고 결혼하지 않은 자를 의미하는 것으로 보아야 할 것이다. 따라서 여기의 한인전은 전시과 규정에 따른 한인전이 아니라, 한인구분전으로 보는 것이 타당할 것이다.

한인전은 이상에서 보았듯이 동정직을 갖는 관료에게 지급한 토지로서, 한인구분전과는 구별되며, 한인구분전은 한인의 자제로서 관직에 나아가지 아니하고 결혼하지 않은 자에게 지급되는 토지인 것이다.

〈李炳熙〉

### 4) 구분전

고려시기 그 성격을 둘러싸고 논란되고 있는 토지종목 가운데 口分田이 있다. 구분전이란 원래 생계유지, 휼양 등을 위해 지급된 토지였다. 신라시기에도 그러한 성격의 구분전이 존재하였으나,[1] 고려시기의 구분전과는 그 성격이 동일하지가 않았다. 구분전에는 세 계통이 있다. 恤養口分田, 兩班口分田, 雜口分田이 그것인데,[2] 모두 구분전이라는 원래의 의미에는 충실하면서

---

1) "向德 熊川州板積鄕人也…天寶十四年(755) 乙未 年荒民饑 加之以疫癘 父母飢且病 母又發 癰…向德…乃刲髀肉以食之 又吮母癰…王下敎 賜租三百斛 宅一區 口分田 若干"(《三國史記》 권 48, 列傳 8, 向德).

2) 구분전을 이와 같이 3계통으로 정리한 연구로는 李景植, 〈高麗時期 兩班口分田과 柴地〉(《歷史敎育》 44, 1988)가 참조된다.

도 그 계통, 설정의 의미는 각각 상이하였다.

휼양구분전은 전시과제도의 운영과 긴밀한 관련을 갖는 토지였다. 휼양구분전과 관련한 자료는 아래와 같다.

> (현종 15년 5월) 判에, '자식이 없으면서 *身歿*한 군인의 처에게는 구분전을 지급한다'고 하였다(《高麗史》 권 78, 志 32, 食貨 1, 田制 田柴科).
>
> (문종 원년 2월) 判에, '6品 이하 7品 이상으로 연립할 자손이 없는 자의 처에게는 구분전 8결을 지급한다. 8품 이하와 전쟁에서 사망한 군인의 (처에게는) 구분전 5결을 지급한다. 5품 이상 戶로 부부가 모두 사망하고 아들이 없이 출가하지 않은 여식에게는 구분전 8결을 지급하고 여식이 출가하면 관에서 회수한다'고 하였다(《高麗史》 권 78, 志 32, 食貨 1, 田制 田柴科).
>
> (문종 23년) 判에, '군인으로 年老하거나 *身病*이 있는 자는 자손이나 친족이 대신하는 것을 허용하고, 자손이나 친족이 없으면 나이가 70이 될 때까지는 監門衛에 소속시키고 70후에는 다만 구분전 5결을 지급하고, 나머지는 회수한다. 또한 海軍도 이러한 예에 의거한다'고 하였다(《高麗史》 권 78, 志 32, 食貨 1, 田制 田柴科).

휼양구분전을 지급 받는 계층에는 과전을 상속할 수 없게 된 양반의 처나 딸, 군인 등이 있었다. 전시과에 의해 설정된 토지는 양반계층에게 그 신분적 지위를 세습할 수 있도록 일정하게 보장하기 위해 설정한 것인데, 사정이 생겨 그 토지를 세전할 수 없게 되었을 때 지급한 것이 휼양구분전이었다.

자손이 없으면서 사망한 군인의 경우, 자손이 없으므로 토지를 세전하는 것은 불가능하게 된다. 따라서 국가에서는 그 토지를 회수하게 되었다. 이 때 그 군인의 처의 경우 국가에서 배려하지 않으면 생계가 어려워지게 되므로, 그 처를 위해 설정한 토지가 바로 구분전인 것이다. 그러므로 구분전은 군역의 세습, 군인전 세전에 문제가 발생했을 때 미망인에게 잠시 동안 지급하도록 설정한 토지였다. 물론 그 군인의 처가 사망했을 경우에 그 토지는 국가에서 회수하였다. 지급하는 토지의 규모는 현종대에는 명시되지 않고 있다가 문종원년(1047)에는 5결로 한정하고 있다. 현종대에도 일정한 지급 규정액이 있었겠지만 문종대에 와서는 그 지급액이 축소되어 5결로 되었다고 생각된다.

그리고 군역을 수행할 수 없게 된 군인에게도 구분전이 지급되었다. 군인의 경우 자손이나 친족이 있다면, 군인이 연로하거나 병이 있을 때 그 군인의 신분을 세습하면서 그 역을 대신할 수 있었지만, 자손이나 친족이 없을 경우에는 군인의 신분을 계승하는 것은 불가능해진다. 이 때 그 군인은 이미 군인으로서의 역을 수행할 수 없기 때문에 그가 지급 받았던 토지를 국가가 속공하는 조치를 취할 수 있었다. 이런 경우 그 군인이 생존해 있는 동안 그를 위해 그가 지급 받았던 토지의 일부를 떼어서 지급하였다. 이것 또한 휼양구분전이었다. 문종 23년의 규정에는 70이 넘으면 구분전으로서 5결의 토지를 지급하도록 규정되었다.

군인의 직역을 세습할 수 없게 된 경우 그 군인의 처에게 지급한 것, 또 본인이 연로한 경우에 본인에게 지급하는 것이 구분전이었는데, 양반의 경우에도 신분을 세습할 수 없게 되면 구분전이라는 토지를 지급하도록 되어 있었다. 양반으로서 연립할 자손이 없게 된 경우, 그 토지는 양반의 직역이 세전되지 못하게 되므로 국가에서 회수하는 것이 원칙이었다. 그렇다고 하여 양반이 사망한 경우 즉시 그 토지를 회수하면 그 양반의 처는 생활하기 어렵게 된다. 이를 위해 설정한 토지가 구분전이었다. 문종 원년의 규정에 따르면, 6품 이하 7품 이상의 양반이 연립할 자손이 없이 사망하였을 경우, 그 처에게 구분전 8결을 지급하도록 하였다. 또한 8품 이하의 양반에게 동일한 경우가 발생하였을 경우에도 그 처에게 구분전을 지급하도록 규정하였는데, 그 지급액은 5결이었다. 5품 이상의 양반의 경우에도 동일한 사태가 발생하였다면, 역시 구분전을 그 처에게 지급하도록 규정되었다고 보아야 할 것이다.

이와는 달리 양반이 사망하고 양반의 처 또한 사망한 경우 그 자손을 위해서도 토지를 지급하도록 규정하였다. 남자 자손이 있다면 그에게 양반이 받았던 토지를 지급하도록 하면 되겠지만, 남자 자손이 없을 경우에는 문제가 발생할 수 있었다. 즉 양반의 父와 母가 역시 사망하고, 남자 형제마저 없으면 부가 받았던 토지는 국가가 회수하도록 되었다. 이 때 그 딸 자식을 위해 설정한 토지가 또한 구분전이었다. 문종 원년의 규정에 따르면, 5품 이상의 양반이 사망하고 그 처도 사망하였을 때 아들자식이 없는 경우 출가하지 않은 딸에게 구분전 8결을 지급하도록 규정하고, 그 딸이 출가하면 국가에서 회수하였다. 아마 5품 이하의 양반가에도 동일한 경우가 발생하였다면 규모가 작았겠지만, 그 딸에게 구분전이 지급되었다고 보아야 할 것이다.

이처럼 휼양구분전은, 전시과에 의해 토지를 지급 받았던 家에 그 토지를 세전할 수 없게 된 사정이 발생하였을 때 임시적으로 마련된 토지였다. 즉 職役傳受, 家系繼承이 단절된 경우에 지급되는 토지였다. 군인 본인이 그 군역을 세전할 자손이나 친족이 없는 경우, 군인이 자손이 없이 사망한 경우의 처, 양반으로서 사망하였으나 자손이 없는 처, 또 양반 자신과 그 처가 사망하고 남자 자손이 없게 된 경우의 출가하지 않은 딸자식 등이 구분전을 지급 받는 대상으로 명시되어 있다. 지급 받는 대상은 여러 경우였지만, 모두 전시과의 운영과 관련하여 지급되고 있는 점에서 공통이었다.

전시과의 운영과 관련하여 설정되고 지급되었던 휼양구분전은 전시과제도의 운영과 깊은 관련을 가지면서 운영상의 변화를 보인다. 12세기 이후 전시과제도의 운영이 제대로 시행되지 못하고 붕괴되어 가는 것과 짝하여 휼양구분전제도 제대로 운영되지 못하였다. 국가의 私田 관리 전체가 무너지면서 이러한 휼양구분전은 제대로 지급되지 못하였다. 이 휼양구분전은 과전법에서는 그 설정의 의미가 살려져서 守信田·恤養田의 명목으로 재정리되었다.

양반구분전도 역시 전시과 제도의 운영과 긴밀히 관련한 토지종목으로서, 전시과 제도의 운영을 보완하는 성격을 갖고 있었다. 즉, "전시와 구분전은 사대부를 우대하고 염치를 권장하는 것이다"[3]라고 하였듯이, 전시과에 의해 지급된 토지와 구분전은 모두 사대부를 우대하고 염치를 지키게 하기 위해 설정된 것이다. 구분전을 지급 받는 주체는 사대부인 것이다. 양반에게 지급된 양반구분전은 녹과전과 함께 경기 지역에 설정되고 있었다.[4] 또 양반구분전이 경기에 설정되었음은 조선 초의 자료이지만, "前朝의 田制에 畿內의 토지는 사대부의 구분전 외에는 모두 공전이었다. 사전은 모두 下道에 있었다"[5]라고 한 데서 확인된다. 그런데 그 규모는 다음 기사에서 살필 수 있듯이 10여 결에 이르고 있었다.

> 前朝에 私田은 모두 下道에 있었고, 京畿에는 비록 達官이라 하더라도 다만 口分田이 十數結 있었을 뿐이며 또한 이에 의거하여 생계를 유지하였다(《太宗實錄》 권 5, 태종 3년 6월 을해).

---

3) 《高麗史》 권 78, 志 32, 食貨 1, 田制 祿科田 신창 즉위년 7월 趙仁沃上書.
4) 《高麗史》 권 33, 世家 33, 충렬왕 34년(충선왕 복위년) 11월 신미.
5) 《太宗實錄》 권 5, 태종 3년 6월 임자.

달관인 경우 10여 결이 되었으나 그렇지 않은 지위가 낮은 관인의 경우에는 그에 이르지 못하였을 것으로 보인다.[6] 경기에 설정된 구분전은 또한 관인의 생활에 매우 긴요한 것임을 알 수 있다. 이 양반구분전의 일부가, 가계에서 계승되는 직역의 전수가 단절되었을 때 휼양구분전으로 지급되는 것으로 보인다.

양반구분전이 경기에 설정되는 것은 전시과의 운영과 긴밀한 관련을 갖고 있었다. 즉 전시과의 과전이 대부분 외방에 설정되고 있기 때문이었다. 과전이 외방에 설정된 것은 그만한 사정이 있었다. 공전의 租는 반드시 인력을 써서 수송하는데 경기는 쉽고 하도는 어렵기 때문이었으며, 또한 사전이 비록 하도에 있어도 그 전주가 각자 임의로 잡물로 징수하여 전객도 輸轉하는 폐해가 없고 전주 역시 무역하는 번잡함을 꺼리지 않는 형편이었기 때문이었다.[7]

양반구분전은 서울에 거주하는 관료에게 있어서 매우 중요하였다. 고려 후기 녹과전이 설치될 때에도 양반구분전은 손상시키지 않고 유지시켰다.

> 경기의 전토로 조업의 구분전을 제외하고 나머지는 모두 절급하여 녹과전을 삼는다(《高麗史》 권 110, 列傳 23, 李齊賢).

경기의 전토를 녹과전으로 절급하고 있는데, 祖業口分田은 녹과전으로 삼지 않겠다는 것이다. 여기서의 조업구분전이란 조업전이 된 구분전으로 보아야 한다.

> 先王이…경기의 兩班祖業田을 제외한 半丁을 혁파하여 녹과전을 설치하고 科에 따라 절급하였다(《高麗史》 권 78, 志 32, 食貨 1, 田制 祿科田 충목왕 원년 8월).

양반조업전은 곧 양반의 조업구분전을 가리키는 것이며, 그것을 녹과전으로 삼지 않았다는 것이다.

정부는 녹과전과 함께 양반구분전만은 계속 보호하여 유지하려고 애썼다. 사패전의 분급에 제한을 가하고, 또 사패 冒受로 탈점된 구분전·녹과전을 다시 회수하여 원래 전주에게 환급하고 때로는 사패전 자체를 몰수한 적까지 있

---

6) 李景植은 전체 사전 지급액의 1/8~1/7정도로 보고 있다(李景植, 앞의 글).
7) 李景植, 위의 글.

었다. 고려 후기에 양반구분전은 사전 문제가 격화되는 속에서도 국가의 이와 같은 노력과 조치 아래서 그런 대로 유지되어 갔다.[8] 공양왕 3년(1391) 과전법이 제정되면서 양반구분전은 토지분급제의 체계에서 탈락하여 소멸되었다.

잡구분전은 휼양구분전이나 양반구분전과는 토지제도 상에서 차지하는 성격이나 지급되는 대상면에서 성격이 다른 토지였다.

> 경기 8현의 전토는 다시 경리하여, 御分田과 宮司田, 鄕吏·津尺·驛子의 雜口分位田은 元籍을 살펴서 지급하고, 양반·군·한인의 구분전은 원종 12년 이상의 공문을 살펴서 折給한다. 나머지 諸賜給田은 모두 수탈하여 직전으로 균급한다(《高麗史》 권 78, 志 32, 食貨 1, 田制 祿科田).

양반이나 군인·한인에게 지급되는 구분전과는 달리 잡구분전이 있었다.[9] 지급되는 대상은 鄕吏나 津尺·驛子 등으로서, 그들이 특정한 신역을 수행하는 대가로 국가로부터 지급받는 토지가 잡구분전이었다. 잡구분전은 고려의 끝 무렵, 조준이 그의 전제개혁안에서 이를 外役田과 驛田의 항목으로 분류하여 처리하고 있다.

이상과 같이 구분전에는 세 가지 계통이 있었다. 휼양구분전이나 양반구분전은 모두 전시과의 운영과 관련한 토지였으며, 이에 반해 잡구분전은 특정한 역의 수행과 관련된 토지였다.

〈李炳熙〉

### 5) 향리전

고려의 전시과는 문무양반에게 전시가 지급되었던 것과 마찬가지로 중앙의 서리 뿐만 아니라 지방의 향리들에게도 전토를 지급했다. 이 가운데 향리에게 지급된 토지를 鄕吏田 혹은 鄕吏外役田이라 한다. 주지하듯이 향리는 신라 말 고려 초기의 호족세력에서 그 기원을 찾는다. 고려 초기의 혼란기에 반독자적 세력을 펴고 있던 호족들은 중앙집권화가 이루어지면서 점차 향리

8) 李景植, 위의 글.
9) 위 자료에 보이는 한인구분전도 양반구분전과 동일한 성격의 것으로 추정된다.

로 재편되어 갔다. 그런 과정에서 이들의 지위는 많이 격하되었지만 지방행정을 담당하는 실권자로서의 직역을 가지고 있었다. 이들의 役은 주로 조세·공부를 수취하고 역역을 징발하는 등 지방통치 상 중요한 몫을 담당하는 것이었다. 따라서 국가는 그 직역에 대한 대가로서 일정한 직전을 지급했던 것으로 보인다.[1] 전시과 체제 안에서 향리에 대한 구체적인 직전 지급의 사실을 뒷받침할 만한 적극적인 기록을 찾아 볼 수는 없으나,《高麗史》食貨志의 다음 기사에서 향리에게도 직전이 지급되었음을 확인할 수 있다.

> 목종 원년 3월에, '여러 주현의 安逸戶長에게는 職田의 반을 주라'(《高麗史》권 78, 志 32, 食貨 1, 田制 田柴科).

위의 기사에서의 安逸戶長이란 나이가 70이 되어 퇴역한 호장을 의미하는 것으로서 이들 퇴역한 호장에게 직전의 반을 주게 하였다는 것이다. 이것은 현직 호장에게 일정한 양의 직전이 지급되었으리라는 추측을 자아내게 하기에 충분하다. 이를 더욱 뒷받침해 주는 것으로는 다음의 판문이 주목된다.

> 현종 16년 2월에, '여러 주현의 長吏로서 100일간의 疾苦가 있는 자는 京官의 예에 따라 파직하고 직전을 거두어 들이라'(《高麗史》권 75, 志 29, 選擧 3, 銓注 鄕職).

즉 고려 왕조에서는 관리가 병이 들어 100일이 넘도록 出仕치 못하는 경우에는 職을 파하고 전토를 회수하였는데, 향리도 또한 이에 준하여 그들에게 주어진 직전을 회수당하였다는 것이다. 이를 통해서 향리에 대한 직전의 지급규정이 성립되어 실제 운용되고 있었음을 확인할 수 있다.[2] 그것이 바로 향리외역전으로서, 이 제도가 처음 만들어진 것은 아마도 향리직제가 마련된 성종 초로 생각된다.[3]

이와 같이 고려시대의 향리에 대해서 직전 즉 외역전이 지급된 사실은 충분히 확인되지만 이 향리외역전에 대한 지급규정은《高麗史》혹은 기타의

---

1) 深谷敏鐵, 〈高麗初期の鄕吏について－一つの思いつき－〉(《鈴木俊還曆記念 東洋史論叢》, 1964), 517쪽.

2) 武田幸男, 〈高麗·李朝の邑吏田〉(《朝鮮學報》39·40, 1966), 25~28쪽.

3) 金鍾國, 〈高麗時代の鄕吏について〉(《朝鮮學報》25, 1962), 108~112쪽에서는 田柴科의 지급대상에서 鄕吏를 포함시키지 않고 있다고 하였으나, 일부나마 鄕職에 따라 田柴가 지급되고 있었으므로 이러한 단정은 좀 무리가 있다고 생각된다.

기록에 전혀 보이지 않으므로 그 구체적인 내용은 알 수가 없다. 다만《高麗史》권 78, 식화지 1, 전제 공해전시의 성종 2년 6월의 기사 가운데 보이는 주·부·군·현의「長田」을 戶長職田, 즉 외역전이라고 파악하는 견해가 있는데[4] 이와 같이 보기에는 그 규모가 너무 적기 때문에 의문이 있다. 즉 公廨田柴의 기록에 의하면 長田은 公須田·紙田 등과 더불어 지방 공해전의 일환으로 지급되고 있었는데 당시 주·부 군·현에 分定된 長田의 규모는 주·현의「丁」에 따라 3~5결로 제정되어 있었다. 이 당시 주·현에는 각각 2~8명 정도의 호장이 임명되어 있었으므로[5] 이를 감안한다면 결국 당시 호장 1인에게 주어지는 전토의 규모는 대략 1결에도 못 미치게 된다. 따라서 이를 향리 외역전(戶長職田)으로 볼 때 호장의 사회적 지위에 비하여 그 지급액이 너무나도 적어 쉽게 납득되지 않는다. 잘 아는 바와 같이 고려는 초기에 향리들에 대하여 특별한 관심을 가지고 있었는데 이것은 결코 우연한 일이 아니었다. 신라 말 이후 고려 건국 직후에 이르기까지 중앙정부는 전국의 각 지방을 집

---

4) 武田幸男, 앞의 글, 25~27쪽.

5)《高麗史》권 75, 志 29, 選擧 3, 銓注 鄕職 현종 9년조의 개정된 州府郡縣의 향직 및 정원을 도표화하면 다음과 같다.

| 州縣 / 鄕吏職號 | 州·府·郡·縣 | | | | 兩界州鎭 | | |
|---|---|---|---|---|---|---|---|
| | 1000丁 이 상 | 500丁 이 상 | 300丁 이 상 | 100丁 이 하 | 1000丁 이 상 | 100丁 이 상 | 100丁 이 하 |
| 戶長 | 8 | 7 | 5 | 4 | 6 | 4 | 2 |
| 副戶長 | 4 | 2 | 2 | 1 | 2 | 2 | 1 |
| 兵正 | 2 | 2 | 2 | 1 | 2 | 2 | 1 |
| 副兵正 | 2 | 2 | 2 | 1 | 2 | 2 | 1 |
| 倉正 | 2 | 2 | 2 | 1 | 2 | 2 | 1 |
| 副倉正 | 2 | 2 | 2 | 1 | 2 | 2 | 1 |
| 史 | 20 | 14 | 10 | 6 | 10 | 10 | 6 |
| 兵史 | 10 | 8 | 6 | 4 | 6 | 6 | 4 |
| 倉史 | 10 | 8 | 6 | 4 | 6 | 6 | 4 |
| 公須史 | 6 | 4 | 4 | 3 | 4 | 4 | 2 |
| 食祿史 | 6 | 4 | 4 | 3 | 4 | 4 | 0 |
| 客舍史 | 4 | 2 | 2 | 1 | 2 | 2 | 2 |
| 藥店史 | 4 | 2 | 2 | 1 | 2 | 2 | 2 |
| 司獄史 | 4 | 2 | 2 | 0 | 2 | 2 | 2 |
| 合計 | 84 | 61 | 51 | 31 | 52 | 50 | 29 |

권적으로 파악할 능력이 없었고, 지방 각처에서는 호족세력이 대두 성장하여 중앙정부로부터 독립된 소왕국을 형성한 것 같은 느낌을 주었다. 이들은 고려 왕조가 성립하는 과정에서 정치적·군사적으로 커다란 역할을 담당하였으며 이들이 바로 고려 향리의 전신이었다. 그리고 호장은 그들의 우두머리였는데 그런 입장에 있는 호장에게 주어진 給田額이 위와 같다면 더욱 의혹이 짙어질 뿐이다. 특히 일반 전시과에서 京外雜職(서리)이 20결 정도의 토지를 받고 있음에 비교하면 더욱 그렇다. 때문에 혹자는 이를 호장의 직전이 아니라 그의 직무수당을 마련하기 위해 할당된 토지가 아닐까 하는 견해를 비치기도 하지만 확실하지 않다.[6] 오히려 호장들에 대한 給田과 관련하여 검토되어야 할 것은 호장들에게 제수되던 향직, 또는 무산계에 따른 급전과의 관계라고 생각된다. 호장에게 제수되던 향직은[7] 고려 초에 來投한 지방세력자에게 수여하여 신왕조에 附化시키기 위한 품직으로 고려의 독자적인 질서체제를 나타내는 것이었다. 이에 고려시대의 호장들은 大相(4품)·左尹(6품)·正朝(7품)·中尹·軍尹(각 9품) 등의 향직을 받고 있었다.[8] 이러한 향직에 대하여 문종 30년(1076)에 제정된 갱정전시과에서 제시하고 있는 급전 규정을 도표화하면 다음과 같다.

| 科 | 品　　階 | 田　柴　額 |
|---|---|---|
| 제12과 | 大相(4품) 佐丞(3품) | 田 40결, 柴 10결 |
| 제13과 | 元甫(4품) 正甫(5품) | 田 35결, 柴 8결 |
| 제14과 | 元尹(6품) | 田 30결, 柴 5결 |

이것은 문종 갱정전시과 가운데서 향직에 대한 급전 규정만을 골라서 도표화한 것이다. 이에 의하면 당시 향직자에 대한 급전은 12과에서 14과까지

6) 姜晋哲, 〈私田支配의 諸類型〉(《高麗土地制度史硏究》, 高麗大出版部, 1980), 106~107쪽.

7) 이에 대해 姜晋哲, 〈전시과 체제 하의 토지제도〉(《한국사》 5, 국사편찬위원회, 1975), 151~152쪽에서는 鄕職에 대한 田柴의 지급은 향리에 대한 職田으로 이해할 수 없다 하고, 향직이 고려의 공적 조직이기는 하지만 實職이 아니며 爵과 같이 국가적 신분 질서체계를 의미하는 것으로서 여기에서의 鄕은 중국풍에 대한 고려풍을 의미하는 것이라고 하였다. 그리고 향리가 향직을 보유하는 계층에 중요한 몫을 차지하나 이것은 향리들만이 가지는 직계도 아니라고 하여 武田幸男, 〈高麗時代の鄕職〉(《東洋學報》 47-2, 1964)의 견해에 이의를 제기하였다.

8) 《掾曹龜鑑》 권 1, 吏職名目解.

의 세 종류로 규정되어 있었으며 그 대상은 향직 3품에서 6품이었다. 이 기록만으로는 3품 佐丞 이상 6품 元尹 이하에 대해서는 확실한 것을 알 수는 없으나 그들 향직자에게도 어떠한 형태로든 급전이 이루어지지 않았을까 생각된다.[9] 이와 같이 향직에 대한 토지지급은 향리가 큰 비중을 차지하고 있었음을 나타낸다고 보아 좋다.

한편 고려시대 호장들에게는 향직 뿐만 아니라 무산계가 수여되는 경우도 있어 경제적 혜택을 누리기도 하였다. 즉 주현군 가운데 1품군의 지휘자로서의 직임을 맡을 수 있었던 호장 등 상층부의 향리들에게 무산계가 주어질 기회가 있었으며[10] 무산계의 수혜는 곧 토지의 지급을 연상케 한다. 다시《高麗史》百官志에 나타난 무산계 가운데 향리와 관계된 품계를 살펴 보면 17등급인 振威副尉, 25등급인 禦侮副尉, 28등급인 陪戎校尉가 이에 해당된다.[11] 이들은 문종 30년의 갱정전시과에서 각기 그 등급에 따라 다음과 같이 토지지급이 이루어지고 있음을 알 수 있다. 이에 따른 향리의 토지 지급은 17등급인 진위부위가 22결, 25등급인 어모부위와 28등급인 배융교위가 각각 20결씩을 받고 있는 것으로 나타났다. 이를 알기 쉽게 도표화하면 다음과 같다.

| 등 급 | 지급된 토지 | 武 散 階 |
|---|---|---|
| 1 | 田 30결, 柴 8결 | 冠軍大將軍, 雲麾將軍 |
| 2 | 田 30결 | 掌武將軍, 宣威將軍, 明威將軍 |
| 3 | 田 25결 | 寧遠將軍, 定遠將軍, 遊騎將軍, 遊擊將軍 |
| 4 | 田 22결 | 耀武校尉·副尉, 振威校尉·副尉, 致果校尉·副尉, 翊麾校尉·副尉 |
| 5 | 田 20결 | 宣折校尉·副尉, 禦侮校尉·副尉, 仁勇校尉·副尉, 陪戎校尉·副尉 |
| 6 | 田 17결 | 大匠, 副匠, 雜匠人, 御前部樂件樂人, 地理業僧人 |

이렇게 보면 고려시대의 향리는 호장을 중심으로 해서 職田 및 鄕職, 武散

9) 이것과 관련하여《高麗史》권 78, 志 32, 食貨 1, 田制 田柴科의 "鄕職 大丞 이상 正職 別將 이상의 官階를 가진 인물이 죽었을 때 田丁이 체립된다"는 기록을 참고하면 그들 향직자들에게도 給田이 이루어졌음을 추측할 수 있다고 믿는다.
10) 旗田巍, 〈高麗の武散階〉(《朝鮮中世社會史の硏究》, 法政大出版局, 1972), 392~393쪽.
11) 고려의 武散階는 29등급으로 구분된다(《高麗史》권 77, 志 31, 百官 2, 武散階).

階의 수여에 따른 급전이 이루어지고 있음을 알 수 있다. 이것들은 대체로 호장 중심의 급전이어서, 副戶長 이하 다른 향리들에게 주어진 토지지급의 실태는 잘 알 수 없지만 그들에게도 어떠한 형태로든 급전이 이루어지지 않았을까 생각된다.[12)]

한편 향리들에게는 勳田이 지급되었음을 다음 기사에서 확인할 수 있다.

> 경종 2년에 開國功臣 및 向義歸順城主들에게 勳田을 주었는데 그 액수는 50결에서 20결에 이른다(《高麗史》 권 78, 志 32, 食貨 1, 田制 功蔭田柴).

이것은 향리의 전신이 호족이었다는 사회적 배경과 관련하여 설명할 때 설득력을 갖는다. 본래 향리는 지방의 호족으로서 많은 재산을 축적하여 광대한 토지를 소유하고 있었으며, 상당 기간 동안 본래의 호족적 특성과 경제적 기반을 보유하고 있었다.[13)] 이 토지는 고려 국가체제의 정비과정에서 상당부분이 훈전으로 賜給되는 형식을 밟아 종전의 지배권을 인정한 것이라 생각할 수 있다. 다시 말하면 이것은 고려 토지제도의 일반적 성격에 따라 이들 향리들에게 어떠한 새로운 토지를 지급한 것이 아니고 신라 말부터 지방세력의 경제적 기반이 되어 왔던 기존의 토지소유에 대한 국가적 차원에서의 추인 정도에 불과하다는 것을 의미한다. 지방에 있어서의 전통적 세력으로서의 향리는 기존의 토지소유에 대한 우선적 소유권을 획득하여 그것을 토대로 자손들에게 세습한 것으로 보인다. 이른바 향리의 영업전은 이렇게 해서 이루어진 것이다. 실제로 향리가 이와 같은 토지를 소유한 사례로서 다음의 李永의 경우를 들 수 있다.

> 李永은 安城郡 사람으로 戶長이었던 父의 영업전을 계승하기 위해 胥吏가 되었다(《高麗史》 권 97, 列傳 10, 李永).

---

12) "州郡津驛의 吏가 각각 그 田土의 所出을 먹고"(《高麗史》 권 78, 志 32, 食貨 1, 田制 祿科田 趙浚上疏文)와 "州府郡縣鄕所部曲津驛의 吏에서 모든 國役을 제공하는 자에 이르기까지 受田하지 않음이 없다."(《高麗史》 권 78, 志 32, 食貨 1, 田制 祿科田 趙仁沃上疏文)라는 기록들이 이를 뒷받침한다.

13) "고려 초 鄕吏의 職은 朝官과 통용되었으며…"(《世宗實錄》 권 81, 세종 20년 4월), "金順男의 아들 奉文은 三司左尹이었지만 고향으로 돌아와 吏가 되었는가 하면 安東의 權太師의 孫이었던 權冊은 자원하여 戶長이 됨"(《掾曹龜鑑》 권 1, 吏職名目解) 등과 같은 기록은 호족적 특성을 드러내는 것이라 보아 좋다.

이 때 받은 영업전의 규모가 어떠한지, 그 경영 수취관계가 어떻게 이루어졌는지는 잘 알 수 없지만, 향리의 사회적 배경과 관련하여 보면 그것은 양반의 영업전과 비슷하였을 것으로 보아 무리가 없을 것이다.[14)]

고려 후기의 향리들은 口分田, 位田 형태의 外役田을 받고 있었다.[15)] 특히 고려 후기의 향리외역전은 후에 科田法으로 이어져 더욱 구체적인 실태에 접할 수 있게 된다. 즉 조선 초기 과전법에는 각각 3결의 구분전과 2결의 稅位田으로 구성된 5결씩의 邑吏田이 지급되고 있었다.[16)] 이렇게 보면 결국 고려시대의 향리들은 그 일대를 거쳐 국가로부터 전토를 지급 받고 있었던 셈이다. 다만 이러한 사실을 뒷받침할 만한 구체적인 전시지급의 실태가 확인되지 않고 또 위에서 든 기록들이 고려 말의 기사라는 점에서 향리전의 존재 가능성에 회의를 품는 견해도 있다.[17)]

호장층에는 직전 및 향직, 무산계에 따른 급전이 행해진 것이 확실하지만 鄕役 수행에 큰 비중을 차지하였던 일반 향리들에 대한 급전 사실은 확인되지 않는다. 그러나 其人[18)]으로 선상되는 일부 記官層에게 其人戶丁이라 불리는 토지가 주어진 사실을 확인할 수 있다. 기인호정이란 다음 기록에서 살필 수 있듯이 기인에게 지급된 토지를 말한다.

> 3과공전 및 군인·기인호정은 각기 租 1두로 한다(《高麗史》 권 80, 志 34, 食貨 3, 常平義倉).

이것은 각기 軍人田·其人田을 지칭한 것으로 기인에게 토지가 분급된 사실을 뒷받침한다. 그리고 수조의 양에서 軍人戶丁과 동등하게 1두를 義倉租

14) 李佑成, 〈高麗의 土地所有와 兩班·鄕吏·軍人層〉(《高麗社會 諸階層의 硏究》, 成均館大博士學位論文, 1975), 67쪽.

15) "御分田, 宮司田, 鄕吏, 津尺, 驛子 및 모든 口分田, 位田은 元籍에 따라 考覈하여 量給하도록 한다" 《高麗史》 권 78, 志 32, 食貨 1, 田制 田柴科).
"州·府·郡·縣의 吏 및 津·鄕·所·部曲·庄·處의 吏와 院·館의 直에게는 모두 口分田을 전례에 따라 析給하되 종신토록 한다"(《高麗史》 권 78, 志 32, 食貨 1, 田制 祿科田 趙浚上疏文)는 것은 이를 확인시켜 주는 것이라 생각된다.

16) 武田幸男, 앞의 글(1966), 19~24쪽.

17) 李惠玉, 〈高麗時代의 鄕役〉(《梨花史學硏究》 17·18, 1988), 315쪽.

18) 其人이란 國初에 향리의 자제를 뽑아 서울에서 인질을 삼고, 또 그 鄕事의 顧問에 대비케 한 者를 말하나 당시는 인질적 성격 뿐 아니라 호혜적 성격이 더 짙었던 것으로 본다.

로 내고 있었다. 수조의 양에서 군인호정과 동등하게 취급되었다는 것은 이 두 계층의 급전액이 비슷하였다는 것을 의미하므로 기인역은 본질적으로 군역과 더불어 역 의무를 진 것이 분명하다. 국가는 이에 따른 보상으로서 기인에게 토지를 지급하였다. 즉 《高麗史》에 보이는 다음과 같은 문종대의 其人選上 규정에는 그 대상인 兵正·倉正 이하 副兵正·副倉正 이상의 기관층이 足丁·半丁으로 편제되어 있다.[19]

이와 관련하여 《高麗史》 兵志의 다음 기사가 주목된다.

> 국가에서 田 17결을 1足丁으로 삼아 군인에게 1丁을 지급하는 것은 옛날 田賦制度의 유법이다(《高麗史》 권 81, 志 35, 兵 1, 兵制 공민왕).

위 기사에서 족정·반정이란 대체로 전세 수취의 단위, 직역지 분급의 단위, 직역 差定의 요건 등을 주요 기능으로 가지는 전제상의 한 구성요소로 보아 좋다.[20] 따라서 기인선상의 대상인 병정·창정 이하 부병정·부창정 이상에 해당되는 향리는 족정·반정으로 묘사되는 일정량의 토지를 분급 받았다고 할 수 있다.

기인뿐만 아니라 同正職에 대해서도 토지가 주어졌던 것 같다. 고려시대는 정직에 준하여 산직인 동정직을 설정하고[21] 그들에게 17결에서 25결의 토지를 지급하고 있었다. 따라서 동정직을 가진 향리들, 즉 호장동정·부호장동정 등에게도 그 직에 따라 토지가 주어져 향리의 경제적 기반을 이루었던 것으로 생각된다.[22] 그리고 부병정·부창정 이하의 향리들은 일반 농민과는 구별되는 신분상의 지위나 지방사무를 관장하는 末端吏로서 기존의 토지를 인정받아 그들의 경제적 기반으로 삼았던 것 같다.

전시과체제가 붕괴되는 고려 중엽 이후에는 향리층 자체 내에도 커다란 동요가 일어났다. 즉 무신란에 따른 광범한 사회변동과 오랜 기간 동안의 몽고의 간섭 등으로 고려 전기의 지배체제가 무너지게 되었다. 이에 따라 향리 상층부는 과거 등을 통해 사대부로 중앙에 진출하였고 말단 향리들은 苦役化된 향역을

19) 《高麗史》 권 75, 志 29, 選擧 3, 銓注.
20) 尹漢宅, 〈足丁制의 성격과 성립—신라·고려사회 농가파악방식의 새로운 전개—〉(서울大 碩士學位論文, 1983), 4~7쪽.
21) 金光洙, 〈高麗時代의 同正職〉(《歷史敎育》 11·12, 1969), 118~120쪽.
22) 朴敬子, 《高麗時代 鄕吏硏究》(淑明女大 博士學位論文, 1987), 93쪽.

피해 유리함으로써 향리의 수가 격감하였다.《高麗史》刑法志 충렬왕 22년(1296)의 기사는 이를 확인시켜 준다.[23] 이러한 의미에서 고려 후기 향리외역전의 설정은 당시 격감된 향리의 수를 보충하기 위한 것이었고, 지금까지 급전 대상에서 제외되었던 말단 향리층에게도 급전의 혜택을 주었던 것이라는 견해는 타당성을 갖는다.[24] 그리고 이렇게 시행된 향리외역전은 과전법을 제정할 때에 人吏位田으로 이어졌을 것이다.

어떻든 고려시대에 향리들에게 토지가 지급된 것만은 분명하다. 그러나 그 지급 액수나 지급 대상자의 범위 등을 구체적으로 밝힐 수 없는 상태이다. 다만 호장의 경우 직전이나 향직, 무산계 등으로 토지가 지급된 사실이 확인되지만, 기인층을 제외한 기타 많은 수를 차지하고 있는 향리들에 대한 급전 실태는 명확하지 않다. 그리고 향리의 직역은 세습적인 것이었으므로 향리전 또한 그 직역을 잇는 자손들에게 자연히 세습되었다.

다만 여기에서 이 향리전이 고려 전기 전시과 속에 포함되느냐 하는 문제가 주목된다. 다 아는 바와 같이 경종대 전시과 제정 이후 전시과의 지급 기준이 여러 차례 바뀌고 있으나 향리들에 대한 급전 규정은 문종대의 갱정전시과에 나타난 향직 일부에 불과하다.[25] 향리제의 승진규정이 마련되고 체계적인 운영을 꾀하던 시기에 향리 전반에 대한 급전이 이루어졌다면 어떤 형태로든 그 급여기준이 마련되었음직 하지만, 전시과 속에서 향리전의 규정은 찾을 수 없다.

그리고 이것은 당시 군인들이 전시과 수급 대상에 포함되어 있었던 것과는 좋은 대조를 이룬다. 따라서 향리전은 전시과 내에 설정되었다고 보기는 어렵다.[26] 그렇다면 고려 전기의 향리전은 어떤 것이었을까. 원래 향리는 그 지방의 토착세력을 대표하는 계층이었으므로 그들의 사회·경제적인 비중은 상당히 높았다. 그와 같은 맥락에서 위에 든 특수한 경우를 제외한 향리전은 향리 전반에 대한 국가로부터의 田地支給이라기보다는 본래 소유한 토지에

23) "諸州縣及鄕所部曲人吏 無一戶者多矣 外吏 依勢避役者 悉令歸鄕 丁吏 亦令減數歸還"(《高麗史》권 84, 志 38, 刑法 1, 職制).

24) 李惠玉, 앞의 글, 318쪽.

25)《高麗史》권 78, 志 32, 食貨 1, 田制 田柴科 문종 30년.

26) 金鍾國, 앞의 글, 108~112쪽.
武田幸男, 앞의 글(1966), 37~39쪽.

대한 국가적 추인 내지는 묵인으로 보아 좋을 것이다.

〈朴敬子〉

### 6) 군인전

軍人田은 경군 소속의 군인들에게 군역에 복무하는 대가로서 국가가 지급한 토지를 말한다.[1] 양반들이 관직에 복무하는 대가로 직전을 받았듯이 京軍 소속의 군인들은 군역이라는 직역에 복무하여 군인전을 받았다. 다시 말하면 국가는 군역을 확보하기 위한 경제적 뒷받침으로서 군인에게 일정한 토지를 주었던 것이다.

이러한 군인전에 대한 지급규정이 처음으로 명시된 것은 목종 원년(998)의 이른바 改定田柴科에서이다.[2] 즉 각 과의 전시과에 대한 지급사항을 적고 이어서 군인전 지급에 대한 細則을 밝히면서 제17·18과에 속하는 馬軍과 步軍에게 각각 田 23·20결이라는 구체적인 지급 액수를 명시하고 있다. 그러나 군인전 지급의 시기에 대해서는 많은 연구자들이 이보다 앞섰을 것이라는 견해를 제시하였다. 그 구체적인 내용은 다음의 기록들을 통해 살펴 볼 수 있다.

우선 태조 23년(940)의 役分田 지급 때로부터 군인전 지급이 시작된다는 것이다. 즉 후삼국의 통일 과정에 공이 많은 朝臣과 軍士들에게 토지를 분급한 태조 23년의 역분전제도에서[3] 비롯되었다는 견해이다.[4] 이에 따른다면 여기에 나타나는 군사는 일반군인을 의미하는 것으로서 군인전 지급의 기원은 태조 23년으로 상당히 거슬러 올라갈 수 있겠지만, 이 때는 전체 군인을 대상으로 한다기보다 일부 특수한 전공자에 국한되었을 가능성이 높다.[5]

1) 軍人田에 관해서는 그 지급대상자나 경영방식을 싸고 李基白과 姜晋哲의 견해가 대립되고 있다. 또한 군인전 지급이 京軍에 한정되며 군인전의 설정지역이 部曲이었다는 주장과 함께 1/4 收租率이 적용되었다는 견해도 있다(吳一純, 〈高麗前期 部曲民에 관한 試論〉, 《學林》 7, 1985).

2) 《高麗史》 권 78, 志 32, 食貨 1, 田制 田柴科.

3) 위와 같음.

4) 李基白, 〈高麗京軍考〉(《李丙燾華甲紀念論叢》, 一潮閣, 1956 ; 《高麗兵制史硏究》, 一潮閣, 1968).

5) 姜晋哲, 〈高麗初期의 軍人田〉(《淑大論文集》 3, 1963), 135쪽.

한편으로는 경종 원년(976)에 설정된 始定田柴科에서 그 기원을 찾기도 한다.[6] 이는 職散官에게 각 품에 따라 비로소 전시과를 지급했다는 기록 말미의 "이 해의 科等에 미처 들지 못한 자는 모두 田 15결을 지급한다"는 기록[7]에 주목한 경우이다. 즉 '未及此年科等者' 안에 군인이 포함되며 이들은 일률적으로 15결을 지급 받았을 것이라는 추정이다. 그러나 이 때는 아직 고려의 병제가 정비되기 이전이므로 기록 그대로 당시에 군인전시과가 마련되었다고 보기 어렵다는 견해도 있다.[8]

이처럼 군인전의 지급시기에 관해서는 여러 가지 의견이 있어 학설이 일정치 않지만, 어떻든 군인전의 지급이 기록상 분명하게 나타나기는 앞에서 말했듯이 목종 원년의 개정전시과에서이다. 그리고 이것은 그 뒤 덕종 3년(1034)에 개정된 양반 및 군·한인전시과에 계승되었으나[9] 여기에서는 정확한 지급 액수가 밝혀지지 않았다. 이어서 문종 30년(1076)에 갱정된 양반전시과에서는 무인에 대한 전반적인 대우가 상승된 것과 함께 馬軍은 제15과로서 田 25결을, 役軍과 步軍은 제16과로서 田 22결을, 監門軍은 제17과로서 田 20결을 지급 받는 것으로 규정하고 있다.[10]

그 후 약 300년이 지난 공민왕 5년(1356)의 교서에 의하면 국가에서는 田 17결을 1足丁으로 삼아 군인 1丁에게 지급한 사실이 밝혀져 있다.[11] 이것은 병종에 따라 25결부터 20결까지 차등을 두어 토지를 지급하던 전시과의 규정과는 다른 계통의 사료로서, 고려 초기의 군인전지급에 결부시킬 수 없는 것으로 보인다. 아마도 전시과 제도가 무너진 고려 후기에 들어와 1족정 17결로 병종과 관계없이 일률적으로 지급되었던 것이 아닌가 한다. 따라서 군인전 지급시기는 연구자에 따라 각기 그 견해가 다르지만, 목종 원년의 개정전시과의

---

6) 千寬宇, 〈閑人考-高麗初期 地方統制에 관한 一考察-〉(《社會科學》 2, 1958 ; 《近世朝鮮史硏究》, 一潮閣, 1979, 9·22쪽).
金鍾國, 〈高麗の府兵について〉(《立正史學》 23, 1959), 19쪽.
李基白, 〈高麗軍役考〉(앞의 책), 146쪽.
7) 《高麗史》 권 78, 志 32, 食貨 1, 田制 田柴科.
8) 姜晋哲, 앞의 글, 133~134쪽.
9) 《高麗史》 권 78, 志 32, 食貨 1, 田制 田柴科.
10) 위와 같음.
11) 《高麗史》 권 81, 志 35, 兵 1, 兵制.

명문화로써 군인전 지급 사실이 확인되었음은 부인할 수 없다.

지금까지 설명한 군인전 지급 관계의 국가 규정을 알기 쉽게 표로 작성하면 다음과 같다.

軍人田에 관한 국가의 규정

| 시 기 | 구 분 | 지급대상 및 액수 |
|---|---|---|
| 태조 23년(940) | 役分田 | 軍 士 |
| 경종 원년(976) | 始定田柴科 | 未及此年科等者 15결 |
| 목종 원년(998) | 改定文武兩班及軍人田柴科 | 馬軍 17科 23결<br>步軍 18科 20결 |
| 덕종 3년(1034) | 改定兩班及軍閑人田柴科 | 軍 人 |
| 문종 30년(1076) | 更定兩班田柴科 | 馬軍 15科 25결<br>役軍·步軍 16科 22결<br>監門軍 17科 20결 |
| 공민왕 5년(1356) | 敎 書 | 軍人 1足丁 17결 |

* 李基白, 〈高麗軍役考〉, 148쪽과 千寬宇, 〈閑人考〉, 32쪽 참조.

그러면 실제로 군인들에게 지급된 토지는 얼마나 될까. 위 표에서 보면 군인들은 병종에 따라 20결~25결을 차등있게 지급 받은 것으로 나타난다. 만약 이 규정대로 군인들이 군인전을 지급 받았다면 고려의 군인들은 매우 윤택한 생활을 하였을 것이다. 그것은 어느 경우에서나 적어도 20결 이상이었는데, 이 액수는 중앙의 하급 문무관료들의 전시보다도 훨씬 많은 것이기 때문이다. 그러나 이런 다액의 전지가 군인들에게 모두 지급되었다고는 할 수 없다. 만일 규정된 전결수를 그대로 지급할 경우, 고려의 경군 조직인 2군 6위의 45領을 기준으로, 그 전체 병력은 4만 5천 명이 되므로, 군인에게만 100만 결 정도의 토지가 지급되어야만 한다는 결론이 나온다. 그것은 고려 초기 전국의 총 전결수와 비등한 면적이 된다.[12] 따라서 이렇게 막대한 양의 토지가 군인들에게 지급되었으리라고는 보기 어렵다. 이러한 점은 전시과의 군인전 지급 규정에 의문을 품게 하는 이유이기도 하다. 그러므로 군인전 지급 규정 자체는 인정

12) 고려 초기 전국의 田結數를 100만 결 내외로 추산하기도 한다(姜晋哲, 앞의 글, 165쪽).

하지만 국가가 군인들에게 지급하기로 한 규정상의 액수는 給田額의 상한선을 나타낸 것이거나 혹은 규정은 있으되 실시하지 못한 것에 지나지 않는다고 이해하는 것이 일반적이다.[13] 따라서 대개의 경우 군인들은 규정액에 훨씬 미달되는 전토만을 보유하여 빈궁한 생활을 면치 못하였던 모양이다.

> 諸衛軍人들로 집이 가난하고 名田이 부족한 자가 많은데 이제 변경에 征戍가 쉬지 않아 구휼하지 않을 수 없으니 그 戶部로 하여금 공전을 나누어 加給하게 하라(《高麗史》 권 81, 志 35, 兵 1, 兵制 靖宗 2년 7월).

위의 기록은 군인전이 규정보다 적게 지급되어 부족한 자가 대단히 많았음을 보여준다. 이것은 덕종 3년에 개정된 전시과가 시행된 지 불과 2년 뒤의 일로서, 실제 군인에게 지급된 토지가 부족하여 군인들의 생활이 곤궁하였음을 분명하게 보여 준다. 여기서 주목되는 것은 군인전이 국가로부터 직접 지급되었느냐 하는 것이다. 앞에서 쓰인 지급이란 표현은 아마도 국가가 군인전을 따로 지급해 주었다는 뜻이 아니라, 실은 군인들이 본래부터 소유해 온 민전을 그대로 인정하였다는 의미로 생각된다. 즉 국가는 군인들이 본래 소유했던 민전 위에 군인전을 설정하여 면세를 조건으로 하여 지급이라는 의제적인 형식 절차만을 밟은 것이 아닌가 한다.[14] 본래 소유하고 있는 토지가 부족하고 생활이 곤궁하여 軍戶로서의 역할을 다할 수 없을 때 실제로 국가에서 일정한 면적의 공전을 더 지급하여 주었다는 사실은 이를 뒷받침하는 것이라 보아 좋다.[15]

군인전은 향역과 더불어 지역의 일종으로서 軍役의 부담자에게 지급하는 토지였다. 문무양반 전시가 수조지인 것처럼 군인전도 역시 수조지이므로 군인은 군인전의 경작자가 아니라 그 수조권자였다. 이는《高麗史》 권 78, 食貨志의 다음 예종 연간의 기사에서도 확인된다.

---

13) 姜晋哲, 앞의 글, 165쪽.
李基白, 〈高麗軍役考〉(앞의 책, 1968), 158쪽.

14) 《高麗史》 권 81, 志 35 兵 1, 兵制 靖宗 2년.

15) 鄕吏田의 경우 鄕吏들에게 새로운 토지를 지급했다기보다 기존의 토지소유에 대한 국가적 차원에서의 추인일 것이라는 점과 관련하여 볼 때 그와 같은 견해가 있을 수 있다고 본다.

> 州縣官이 宮院・朝家田의 경작에만 치중하고 군인전은 경시하여, 비록 좋은 땅이라 하더라도 그 경작자인 養戶들을 독려하지 않아, 군인들이 굶주림과 추위에 못이겨 도망하는 자가 많으니, 이 뒤로는 군인전을 우선으로 취급하라(《高麗史》 권 79, 志 33, 食貨 2, 農桑 예종 3년).

이에 의하면 군인전의 경작을 勸督하는 것은 주현관이며, 그것의 경작은 佃戶가 담당하는 것으로 되어 있다. 따라서 군인전은 일정한 전호를 가진 수조지였다 할 수 있다.[16] 즉 이 땅의 조세를 받는 자는 특정의 군인이며, 조세를 바치는 자는 농민경작자 즉 전호였다. 그런데 이 문제와 관련하여 상반된 의견이 주장되어 왔다. 즉 고려의 병제가 軍班制였다는 학설과 府兵制였다는 학설이 그것이다.

고려의 병제가 군반제였다는 입장은, 군인전을 분급 받은 사람은 전문적 직업군인인 軍班氏族으로서[17] 비록 말단이기는 하지만 국가의 관료체계에 위치하고 있다고 보았다. 그러므로 이들은 군인전을 직접 경작하는 경작자가 아니라 수조권을 누리는 수조권자로서 경작농민에게서 수조하는 관료계층이라는 것이다.[18] 이렇게 보면 군인전에 붙어 있는 養戶도 전호로 파악하여 좋을 것이다.[19]

이와는 달리 고려의 병제가 부병제였다는 관점에서 군반씨족을 농민이면서 동시에 군역을 담당하는 계층으로 보는 입장이 있다. 즉 군인전을 지급받은 자를 府兵 곧 농민으로 파악한 것이다. 이 경우 이들은 上番과 非番으로 조직되어 있어서 상번의 경우에는 正丁으로서 번상 시위하였으나 비번일 때

---

16) 군인전이 收租地였을 것이라는 점을 뒷받침하는 사료로서 《高麗史》 권 78, 志 32, 食貨 1, 田制 田柴科 명종 18년의 기록이 보인다. 즉 간사한 州縣官과 농민들이 권세가에게 아첨하기 위하여 군인전 등을 함부로 하고 있으니 처벌하라는 내용이다. 이 역시 군인전은 군인경작지가 아니라 수조지임을 나타내는 것이다.

17) 《高麗史》 권 8, 世家 8, 문종 18년 윤 5월.

18) 李基白, 〈高麗京軍考〉(앞의 책, 1968), 66쪽 및 〈高麗軍人考〉(앞의 책, 1968), 108쪽 등에서 일관된 견해를 피력하고 있다. 또한 深谷敏鐵, 〈高麗時代の民田についての考察〉(《史學雜誌》 69-1, 86쪽)에서도 군인전은 收租權에 입각한 토지라 하였다. 한편 朴時亨, 《朝鮮土地制度史》, 199쪽에서는 군인전을 받은 府兵軍人은 11세기 중엽 훨씬 이전에 군반씨족으로 고착된 특권층이라 하였다.

19) 洪承基, 〈高麗時代 私田에 대한 一考察〉(《斗溪李丙燾博士九旬紀念 韓國史學論叢》, 知識産業社, 1987), 192쪽.
浜中昇, 〈高麗田柴科の一考察〉(《東洋學報》 63, 1981), 48~51쪽.

에는 지방에서 농사에 종사하는 병농일치의 존재였다는 것이다. 이는《高麗史》兵志의 다음 기사를 토대로 한다.

> 州鎭縣에 入戍하는 군인들에게 本貫의 養戶 2인을 例給하게 하였다(《高麗史》권 81, 志 35, 兵 1, 문종 27년 3월).

이에 의하면 정정 군인 1명에 대해 양호는 2명씩으로, 번상 시위의 정정에 在鄕就農의 비번병이 2명씩 붙어 있었다는 것으로 이해된다. 이는 군역교대의 兵務面에 나타난 번상의 정정에 대해 비번의 農兵이 가진 관계로서 병농일치의 사실을 보여주는 것으로 이해된다. 그러므로 농경에 종사하는 2명의 非番兵은 上番 시위의 正丁에 대한 양호가 되어, 그들이 한 군호를 구성하여 군호에 지급된 군인전의 경작을 담당했다고 인정된다. 즉 이 때 입역한 군호의 군인전은 그 가족의 노동력만으로 경작하기에는 벅찼으므로 양호로써 그것을 보충하였다고 이해된다.[20] 이와 같은 군인전의 경영방식은 양호제에서 전호제로 바뀌어 간 듯한 예종 연간의 기록에서 어느 정도 추측할 수 있지만,[21] 그 실효성에 대해서는 확실한 결론을 내릴 수 없다.

고려에서 군인은 군호를 단위로 하여 파악되었고, 군호는 원래 세습되었다.[22] 그리고 군역의 세습과 함께 군인전도 세습되었다. 군인전은 적장자 상속의 원칙에 의하여 세습되며 이를 보통 田丁連立이라고 하는데,[23]《高麗史》兵志의 다음 기록이 참조된다.

---

20) 姜晋哲, 앞의 글, 169~174쪽.
———, 〈私田支配의 諸類型〉(《高麗土地制度史硏究》, 高麗大出版部, 1980), 128~130쪽.

21)《高麗史》권 79, 志 33, 食貨 2, 農桑 예종 3년.

22) 한편 軍戶世襲에 대하여 軍人 파악의 대상을 신분세습적으로 고정시키는 것은 불가능하다는 견해가 있다(姜晋哲, 앞의 글(1963), 149쪽).

23) 旗田巍, 〈高麗時代における土地の嫡長子相續と奴婢の子女均分相續〉(《東洋文化》22, 1957), 5~14쪽 ;《朝鮮中世社會史の硏究》, 法政大出版局, 1972, 326~337쪽). 또한 朴時亨은 앞의 책, 199~200쪽에서 고려가 田丁連立制를 수립한 이유를 첫째 군인의 계층이 점차 고정되어 갔다는 점, 둘째 武는 부자상전으로 계승될 가능성이 많다는 점에서 將이라는 개념도 고정되어간 점, 셋째 충성심과 희생심을 요구하는 군인을 우대하고 그들 대대로를 왕실의 지지자로 하겠다는 생각에서였다는 점을 들었다.

지금 국가가 태평하고 인물이 옛과 같으므로 마땅히 1령으로 하여금 각각 1, 2백 명씩을 보충케 하고 京中의 五部坊里에서 各司의 공무에 종사하는 令史, 主簿, 記官과 5품 이상 품관의 子와, 역을 맡고 있는 賤口를 제외한 그 나머지의 양반 및 내외 百丁의 子로써 15세 이상 50세 이하를 선출하여 보충케 하고 選軍別監으로 하여금 전과 같이 田丁을 連立케 하라(《高麗史》 권 81, 志 35, 兵 1, 兵制 靖宗 11년).

여기에서 군인전이 田丁連立의 원칙에 입각해 있음을 알 수 있다. 그런데 전정연립은 자자손손 세습되었기 때문에[24] 군인전도 이러한 전정연립의 원칙에 의하여 세습되었음이 분명하므로 永業田이었다.[25] 이렇게 군인전이 세습되었다는 것은 곧 군역의 세습을 의미한다. 그런데 군역을 세습할 자손친족이 없거나 혹은 도망하여 그 군액에 결원이 생기면 選軍에 의하여 이를 보충하였다. 이 경우 선군된 군인에게 군인전을 지급하게 되는데 이것을 選軍給田이라 불렀다.[26] 그리고 이러한 군인전의 세습과 지급 등의 실무는 선군 혹은 그 長인 선군별감이 관장하였다.[27]

군역을 확보하기 위한 경제적 뒷받침으로 설정된 군인전은 군인가족의 생계뿐만 아니라 군인 자신이 군역을 담당하는 데 필요한 모든 것, 예컨대 식량·피복·무기 등을 마련하는데 소용되었다.

즉 군인의 식량을 군인전의 所出 중에서 하되 양호가 이를 공급하였으며,[28] 또 군인 각자의 피복을 군인 스스로가 마련하였던 것이다.[29] 단 貧乏者나 추위가 심할 때는 예외로 군인이나 防戍兵에게 국가가 供與한 경우도 있었다.[30] 따라서 무기도 스스로 마련해야 했을 것이니, 이렇게 보면 군인전 없이는 군역을 담당할 군인이 있을 수 없고 또 군인전은 곧 그들의 생계 및 피복·무기 등등의 구입에 소용되었음을 알 수 있다. 이러한 군인전의 수급은《高麗史》食貨志에 다음과 같이 보인다.

---

24)《高麗史》권 84, 志 38, 刑法 1, 戶婚 靖宗 12년.

25) 李佑成, 〈高麗의 永業田〉(《歷史學報》 28, 1965), 7~10쪽.

26) 李基白, 〈高麗軍役考〉(앞의 책, 1968), 154~155쪽.

27)《高麗史》권 81, 志 35, 兵 1, 兵制 靖宗 11년의 "令選軍別監 依前田丁連立"이나《高麗史》권 78, 志 32, 食貨 1, 田制 田柴科 문종 34년의 "選軍別監奏定凡臨戰陷敵逃還人職田 勿奪仍給" 등이 이를 확인케 한다.

28)《高麗史》권 79, 志 33, 食貨 2, 農桑 예종 3년.

29)《高麗史》권 22, 世家 22, 고종 4년.

30)《高麗史》권 81, 志 35, 兵 1, 兵制 문종 18년·30년.

> 20세에 달한 자에게 비로소 주어지며 60세가 된 군인은 군인전을 국가에 반납시키는 것을 원칙으로 한다. 그의 자손 친척이 있는 경우에는 田丁遞立하고 없는 경우에는 監門衛에 소속시키며 70세가 되거든 口分田 약간만을 지급하고 나머지는 국가에 귀속시킨다. 그리고 자손이 없이 죽은 군인의 처나 전사자의 처에게는 모두 구분전 약간씩을 지급한다[31](《高麗史》 권 78, 志 32, 食貨 1, 田制 序).

이에 의하면 고려의 군인은 20세부터 60세까지는 군역의 의무를 지니며 그 이후는 자손이 없는 경우 監門軍에 소속되게 하였다. 감문군은 궁성 내외의 제문 수위군으로서 비교적 안일한 군무에 속했다고 할 수 있다. 자손이 있는 경우는 물론 군역 세습에 의해 토지도 세습되어 영업전으로 이어졌다.

군인전시과에 포함되지는 않지만 외군인 주현군은 어떤 형태로든 중앙의 군사적인 직접 지휘 아래 놓여 있었던 것 같다. 精勇·保勝이라는[32] 명칭으로 불리우는 주현군은 전투에 동원된다든지 동·서 양계의 방수에 동원된다든지 혹은 군사적인 工役에 동원되기도 하였는데 모두 중앙의 명에 의해 이루어지고 있는 것이다. 이러한 주현군에 대한 국가의 대우는 경군에 준하는 것이 아니었는지 모르겠다.

> 무릇 州縣에는 각각 京外의 양반 군인의 家田과 永業田이 있는데 이에 姦詰한 吏民이 있어 權要에 의탁코자 하여 망녕되이 閑地라 칭하고 權要家의 이름으로 등기하여 둔다(《高麗史》 권 78, 志 32, 食貨 1, 田制 田柴科 명종 18년).

여기의 '京外兩班軍人家田永業田'을 경외양반과 경외군인의 가전과 영업전으로 해석하면 外軍人 즉 주현군은 京軍人과 같이 가전과 세습이 허용된 영업전을 가지고 있었다고 보아 좋을 것이다.[33] 이 때 주현군의 영업전이라고 하는 것은 실제로 국가가 지급한 것이라기보다는 그들이 원래 가지고 있던 자영지를 명목상 국가가 인정하는 것이 아니었을까 생각된다. 따라서 이들 주현군에

---

31) 여기에서 永業田은 사사손손 세습되는 토지이며, 口分田은 자기 당대 혹은 그 처의 당대에 한해 지급된 토지를 말한다(朴時亨, 앞의 책, 201쪽).

32) 精勇·保勝의 명칭은 州縣軍 뿐만 아니라 中央軍인 京軍에도 함께 나타난다. 그러나 精勇·保勝이 동시에 동원될 경우 京軍의 精勇·保勝이 주력부대로 州縣軍의 그것이 보조 혹은 勞役부대의 역할을 한다.

33) 李基白, 〈高麗州縣軍考〉(앞의 책, 1968), 220쪽.
이밖에 주현군에 대해 給田이 이루어졌을 것이라는 점은 李佑成, 앞의 글, 9쪽과 千寬宇, 앞의 글, 45~46쪽 및 姜晋哲, 앞의 글(1963), 155쪽 등에 언급되어 있다.

게 지급된 토지는 自耕이었을 것이다. 원래 자영지였을 뿐만 아니라 따로 그들에게 양호가 설정되지 않았으므로 이들은 자영농민으로서 병농일치의 군인이었다.

일품군은 노동부대로서 역에 동원되고 있었으며 호장이 향리직과 더불어 장교직을 겸임하는 것으로 나타난다. 이들 또한 중앙의 통제를 받고 있었을 것이므로 처우에 있어서는 보승·정용군과 큰 차이가 없었을 것이다.

건국 초기부터 국방을 위한 군대주둔지에 설치되었던 주현군 역시 중앙의 지휘를 받았던 것 같다.[34] 이들 주현군은 대략 중앙군의 양계 주진에 대한 방수군 주진에 토착해 사는 주민들, 혹은 州鎭 입거군인들로 구성되어 있다. 이 가운데 토착 주진군은 국경의 확장에 따른 국가의 사민정책에 의하여 이주한 농민들이다.[35] 그리고 주진 입거군인은 완전히 토착화한 군인이라기보다는 본관 즉 原住地에 가족을 남겨 두고 주진에 입거한 군인이었다.[36] 이러한 주진군을 이루는 주요 구성원은 농민들이었다.

〈朴敬子〉

### 7) 궁원전

궁원은 주로 왕태후를 비롯하여 왕후·夫人·궁주 등 왕의 妃嬪이나 왕족들이 거주하는 곳을 의미하며 宮은 원보다 더 격이 높은 것으로 되어 있다. 이 궁원에는 그것을 관리하는 직원이 배치되어 있고 또 田庄·魚梁·舟楫·鹽盆·奴婢 등의 재산이 부속되어 있었다. 이와 같이 궁·원에 소속된 토지를 宮院田이라 하였으며[1], 이것은 비빈을 비롯한 왕족들이 지배하는 토지였다. 이 궁원전에 대하여는 각기 서로 다른 두 견해가 있다.

하나는 궁원전을 宮院公廨田이라 하여 공전으로 파악하는 견해이다.[2] 이에 의하면 고려 전시과의 규정에 양반의 경우와 달리 왕족들에게 田柴를 지급한

34) 李基白, 〈高麗兩界의 州鎭軍〉(앞의 책, 1968), 260~267쪽.
35) 《高麗史》 권 1, 世家 1, 태조 5년 및 권 14, 世家 14, 현종 즉위년.
36) 《高麗史》 권 78, 志 32, 食貨 1, 田制 우왕 14년.

세칙이 보이지 않고 다만《高麗史》食貨志 田制 서문에서 궁원공해전을 지급한 사실만을 지적하고 있다.[3] 다 아는 바와 같이 공해전은 2과공전으로[4] 중앙 및 지방의 公廨, 즉 각급 관청에 소요되는 경비를 조달하기 위하여 지급된 토지를 말한다. 따라서 공해전은 국가의 공유지로 편성되어 있었으며 이 범주에 궁원전도 포함되므로 궁원공해전이라 하였던 모양이다. 장택과 궁원을 일종의 공적인 국가기관으로 생각하여 여기에 지급된 토지도 공해전으로 인정한다는 견해이다. 공해전이 공전이냐 사전이냐의 문제는 아직 완전히 해결을 보지 못하고 있으나, 지금까지의 연구성과에 의하면 공해전을 공전 즉 2과공전이라고 보는 입장에서는 궁원전을 공전으로 분류할 수밖에 없다.

다른 하나는, 대부분의 연구자가 이에 속한다. 궁원전이란 궁원이 본래부터 소유하여 온 사유지로서 私田이라고 보는 견해인데,[5] 사전이란 지급된 토지로부터의 수조권이나 수세권이 개인이나 사사로운 기관에 주어진 것을 의미한다. 이것을 뒷받침하는 것으로《高麗史》食貨志에 여러 주현의 常平義倉의 법을 설명하는 과정에 서술된 다음의 기록이 참고된다.

> 모든 田丁의 數에 준하여 수렴하되 1과는 公田 1결에 租 3두를, 2과와 궁원·사원·양반전은 조 2두로 한다(《高麗史》 권 80, 志 34, 食貨 3, 常平義倉 현종 14년).

이는 궁원전이 사원전이나 양반전과 같이 2과공전에 준하는 사전임을 확인시켜 준다. 그러므로 보통 궁원전이라고 하면 이 사유지로서의 궁원전을 의미

1) 旗田巍, 〈高麗の公田〉(《朝鮮中世社會史の硏究》, 法政大出版局, 1972).
——, 〈高麗時代の王室の莊園〉(위의 책).
周藤吉之, 〈高麗朝より李朝に至る王室財政〉(《東方學報》 10-1, 1939).
姜晋哲, 〈田柴科體制下의 土地制度〉(《한국사》 5, 국사편찬위원회, 1975).
朴龍雲, 《高麗時代史》 下(一志社, 1985).

2) 白南雲, 《朝鮮封建社會經濟史》 上(改造社, 1937), 74~76쪽.
旗田巍, 위의 글(1972a).

3) 《高麗史》 권 78, 志 32, 食貨 1, 田制 序文.

4) 旗田巍, 앞의 글(1972a), 218쪽.

5) 李基白, 〈高麗軍役考〉(《高麗兵制史硏究》, 一潮閣, 1968), 149쪽.
姜晋哲, 〈私田支配의 諸類型〉(《高麗土地制度史硏究》, 고려대학교출판부, 1980), 136~137쪽. 한편 洪承基, 〈高麗時代 私田에 대한 一考察〉(《斗溪李丙燾博士九旬紀念 韓國史學論叢》, 知識産業社, 1987), 191~194쪽에서는 宮院田은 私田이되 收租權이 국가에 있는 국유지였다고 하였다.

하는 말로 이해되어 왔던 것이다.[6)]

실제로《高麗史》后妃傳에는 大·小西院夫人 金氏에게 토지와 노비를 배치한 사실을 보여 주고 있어 궁원전시의 지급 사실을 확인할 수 있는데,[7)] 기타 다른 비빈들에게도 궁원전이 지급되었음직 하다. 또 현종 7년 궁인 김씨가 왕자를 낳았을 때 왕은 김씨에게 전장·노비·염분·어량 및 기타 패물을 주었으며,[8)] 문종 때에는 景昌院에 소속된 전시·노비 등을 興王寺에 이관한 사실이 있다.[9)] 이처럼 궁원에서 전시를 佛寺에 시납한 것은 흔히 있었던 일로서 이것은 왕족들이 소유한 사유지였으므로 가능하였다.[10)]

그리고 궁원에는 많은 토지와 노비 등의 재산이 부속되고 있음은 위의 사료들에 나타난 바와 같다. 이처럼 국왕 혹은 국가가 궁·원에 대하여 토지 및 노비 등의 재산을 사급한 것은 왕족들에 대한 예우에서였다. 이러한 의미에서 궁원전은 양반들에게 내린 賜田 및 兩班功蔭田과 그 성격이 비슷하다 할 수 있으며 이것이 왕족들의 중요한 재정적 기반이 되었다. 이것은 궁원전을 왕족들의 토지로 간주하고 왕실 소속의 御料地와는 구별해서 생각하는 경우이다.[11)] 이에 대해 궁원은 왕을 비롯한 왕족의 궁전이며 여기에 부속된 토지, 즉 궁원전 안에는 왕령도 포함되어 있을 것이므로 궁원전은 일종 왕의 私領地이며 왕의 公領地인 왕실 어료지와는 별개의 것이라는 견해도 있다.[12)]

궁원전을 비롯한 사전은 다음《高麗史》식화지의 기록에서처럼 주현관이 직접적으로 간여하여 경영한 것 같다.

> 근래 州縣官이 삼가 宮院田·朝家田을 사람들로 하여금 耕種하게 하고 軍人田·其人田이 비록 기름진 땅이라 하더라도 마음을 써서 추수를 권하지 않고 또한 養戶로 하여금 양곡을 운반하게 하지 않으니 군인은 주리고 추위에 못이겨 도망하여 흩어졌다(《高麗史》권 79, 志 33, 食貨 2, 農桑 예종 3년).

---

6) 姜晋哲, 〈高麗前期 '地代'에 대하여〉(《韓國中世土地所有研究》, 一潮閣, 1989), 86쪽에서 宮院田은 私有地 뿐만 아니라 收租地도 있는데, 수조지 중 대표적인 것으로서 內庄宅·寺院과 더불어 宮院에 분급된 莊·處·田을 들고 있다.
7) 《高麗史》권 88, 列傳 1, 后妃 1, 太祖 大西院夫人 金氏·小西院夫人 金氏.
8) 《高麗史》권 4, 世家 4, 현종 7년.
9) 《高麗史》권 8, 世家 8, 문종 12년.
10) 姜晋哲, 〈私田 支配의 諸類型〉(앞의 책, 1980), 136~137쪽.
11) 姜晋哲, 〈田柴科 體制下의 土地制度〉(앞의 책, 1983), 157쪽.
12) 旗田巍, 앞의 글(1972a), 211쪽.

위 기록에서 주현관이 마음을 써서 추수를 독려한 궁원전과 조가전의 경작에는 각기 佃戶가 정해져 있어서 군인전과는 달리 별 문제가 없었음을 짐작할 수 있다.[13] 이처럼 궁원전의 경작은 주현관의 간여 하에 노비를 사역하던가 혹은 특권적인 지위를 이용하여 부근의 농민을 동원하여 이루어지고 있었다. 그 외에 토지를 농민에게 대여하여 경작시키고 경작농민으로부터 토지 用益의 대가를 수취하는 방식도[14] 있었을 터인데 이 경우 그들은 수확의 일부로 생계를 꾸리고 다른 일부를 궁원에 바쳤을 것이다. 어떻든 궁원은 많은 施地·노비·염분·어량 등에 이르기까지 각종 생산수단을 가지고 있는 독립된 단위였던 만큼 독자적 경영도 가능했다고 볼 수 있다.

궁원전의 확대는 주로 왕의 시지에 의해 이루어지지만 더러는 민전을 탈취하여 궁원에 소속시킴으로써 원성을 자아내는 경우도 있었다. 현종 연간에 경상도 泗川에서 민전을 탈취하여 궁원과 장택에 소속시켰기 때문에, 농민의 경작지는 줄고 세 부담이 막대하므로 농민이 征稅를 견디지 못했다는[15] 기록이 이를 뒷받침한다.

그러나 궁원전의 지급액수는 전시과의 규정에 나타나지 않으므로 그 구체적인 내용을 파악하기 어렵다. 다만《高麗史》食貨志 상평의창조에서 2과공전 및 사원·양반전과 같이 2두의 租率이 적용된 것으로 보아 3과공전에 준하는 군인전보다는 많은 액수가 지급된 것이 아닌가 추측된다. 군인전이 그 병종에 따라 23결에서 20결에 이르는 토지를 지급 받았으므로 궁원전은 그보다 많은 액수를 지급 받았음이 확실하다. 그리고 이것은 일파성 지급에 그치지 않고 가끔 왕의 시지가 행해졌던 것 같다. 앞에서 말한 바와 같이 현종 7년에 延慶院主 김씨가 왕자를 낳았을 때 전장·노비 등을 준 사실이 이를 뒷받침한다. 때문에 궁원전은 처음 지급액이 얼마인지 구체적으로 알 수는 없으나 시지, 탈취의 방법으로 확대되어 상당히 많은 전토를 경영했던 것으로 보아 좋을 것이다.

---

13) 浜中昇,〈高麗田柴科の一考察〉(《東洋學報》63-1·2, 1981), 48~51쪽.
洪承基,〈高麗時代 私田에 대한 一考察〉(《斗溪李丙燾博士九旬紀念 韓國史學論叢》, 知識産業社, 1987), 192~193쪽.

14)《高麗史》권 78, 志 32, 食貨 1, 田制 현종 13년.

15)《高麗史》권 4, 世家 4, 현종 7년 및 권 88, 列傳 1, 后妃 1.

이러한 궁원전은 다른 사전과 마찬가지로 세습이 허용되었다.[16] 그러므로 궁원전시는 그것을 받은 宮主나 院主 등이 죽으면 그 소생 자녀들에게 적당히 분배되고 또 먼 후손들에게까지 전해 내려가 영구히 상속되는 토지였다.

궁원도 사원과 마찬가지로 庄·處를 소유했던 듯한 기록이 《新增東國輿地勝覽》에 보인다.

> 處라고 칭한 것도 있고 莊이라 칭한 것도 있어 각각 宮殿·寺院 및 內庄宅에 분속되어 그 세를 바쳤다(《新增東國輿地勝覽》 권 7, 驪州牧 古跡 登神莊).

이것은 궁전·사원에도 장·처가 분속되어 있음을 나타낸 것이다. 궁전은 왕이나 왕족이 거주하는 곳으로 궁원을 의미한다고 하겠다. 따라서 궁원에 장·처가 존재하였음은 명백하나 그것이 왕실 어료지로서의 장·처의 성격과 같은 것인지 어떤지 현재로선 그 실체를 구명할 수 없다. 이 문제에 대해서는 앞으로 더욱 연구가 진행되어야 할 것이다.

〈朴敬子〉

### 8) 사원전

#### (1) 사원전의 형성과 그 성격

고려시기에 불교는 국가의 유지 존속을 위해 많은 기능을 수행하였다. 태조 왕건 이래 역대 국왕은 정도의 차가 있기는 하지만 불교에 대해 상당한 관심을 기울이고 여러 가지 정책적 배려를 했다. 또한 귀족이나 농민도 불교를 신앙으로 신봉하였다.

이러한 사정을 전제로 해서 사원의 경제는 발달할 수 있었다. 사원은 농지를 경영하기도 하였으며, 상업 활동이나 고리대 행위에도 적극적으로 참여하였다. 그러나 역시 사원의 가장 중요한 경제적 기반은 농지의 경영에 있었다. 사원은 농지경영을 통해 농민을 지배하였으며, 이를 통해 획득한 부를 기초로 상업활동이나 고리대에 종사하는 것이 가능하였다.[1]

---

16) 《高麗史》 권 8, 世家 8, 문종 12년.

사원의 농지는 다양한 계기에 의해 형성되었다. 우선 이전 시기부터 가지고 있던 토지를 그대로 유지하고 있는 경우가 있었다. 불교를 수용한 삼국시기 이후 사찰은 상당한 규모의 농지를 지배하고 있었는데,[2] 그 토지를 고려시기에도 그대로 지배하는 것이 가능하였다. 고려는 이전 시기의 토지소유관계에 대해 전면적인 재조정을 실시하지 않았기 때문에, 이전부터 사찰이 소유하고 있던 농지는 그대로 지배할 수 있었다. 다만 사찰이 지배하고 있던 수조지는 부분적인 개혁이 없지 않았을 것으로 생각된다.

국왕이나 귀족, 일반농민들은 불교를 신봉하고 있었기 때문에 이들이 전지를 사원에 시납하는 일이 흔하였다. 사원에 토지를 시납하는 예는 특히 고려후기에 많이 찾아지는데, 구체적으로는 龍寶院·水嵓寺·看藏寺·神福寺·艷陽禪寺·普光寺·上院寺·報法寺 등이 보인다.[3]

사찰은 또한 개간이나 매득에 의해서도 농지를 확보할 수 있었다. 사찰이 농지를 매득한 구체적인 예로는, 신라 하대의 海印寺와 開仙寺를 들 수 있다.[4] 특히 해인사의 경우 농지 매득 사실을 기록한 문기를 조선 전기까지

---

1) 고려시기 사원경제와 관련한 연구로는 다음과 같은 논문이 있다.
旗田巍, 〈高麗朝における寺院經濟〉(《史學雜誌》 13-5, 1932).
白南雲, 《朝鮮封建社會經濟史》 上(東京 ; 改造社, 1937), 809~859쪽.
劉敎聖, 〈高麗寺院經濟의 性格〉(《白性郁還曆紀念 佛敎學論文集》, 1959).
최길성, 〈1328년 통도사의 농장경영형태〉(《력사과학》 4, 1961).
李載昌, 〈麗代 寺院領 擴大의 硏究〉(《佛敎學報》 2, 1964).
閔丙河, 〈高麗時代 佛敎界의 地位와 그 經濟〉(《成大史林》 1, 1965).
武田幸男, 〈高麗時代における通度寺の寺領支配〉(《東洋史硏究》 25-1, 1966).
安日煥, 〈高麗時代 通度寺의 寺領支配에 대한 一考〉(《釜山大敎養課程部論文集》 4, 1974).
李載昌, 〈寺院經濟의 發達〉(《한국사》 6, 국사편찬위원회, 1975).
———, 《高麗寺院經濟의 硏究》(亞細亞文化社, 1976).
崔森燮, 〈高麗時代 寺院財政의 硏究〉(《白山學報》 23, 1977).
姜晋哲, 〈私田支配의 諸類型〉(《高麗土地制度史硏究》, 高麗大出版部, 1980).
金潤坤, 〈麗代의 寺院田과 그 耕作農民-雲門寺와 通度寺를 중심으로-〉(《民族文化論叢》 2·3, 嶺南大, 1982).
李相瑄, 〈高麗寺院經濟에 대한 考察〉(《崇實史學》 1, 1983).
李炳熙, 〈高麗前期 寺院田의 分給과 經營〉(《韓國史論》 18, 서울대, 1988).
2) 安啓賢, 〈韓國佛敎史〉 上(《韓國文化史大系》 6, 高麗大民族文化硏究所, 1970).
李炳熙, 〈三國 및 統一新羅期 寺院의 田土와 그 經營〉《國史館論叢》 35, 1992).
3) 李炳熙, 《高麗後期寺院經濟의 硏究》(서울大 博士學位論文, 1992), 23~25쪽.
4) 旗田巍, 〈新羅·高麗の田券〉(《史學雜誌》 79-3, 1970 ; 《朝鮮中世社會史の硏究》, 法政大學出版局, 1972), 176~184쪽.

보관하고 있었다. 개간에 의해 농지를 확대한 예는 특히 고려 후기에 많이 찾을 수 있는데, 水嵒寺·看藏寺·乾洞禪寺·重興寺 등을 들 수 있다.[5)]

그리고 국가 내지 국왕에 의한 토지의 사급을 통해서도 사찰은 농지를 마련하고 확대하는 것이 가능하였다. 특히 고려 태조는 사찰에 많은 농지를 사급하였다. 전쟁하는 과정에서 승려의 도움을 받았을 때 그 승려가 속한 사원에 토지를 사급해 주는가 하면, 태조가 직접 사원을 중건하거나 폐허화된 사원을 복구하고서 토지를 지급하기도 하였다.[6)] 태조대 이후에도 토지를 사급한 예로는 성종대의 長安寺,[7)] 현종대의 玄化寺,[8)] 문종대의 興王寺와 大雲寺가 찾아진다.[9)]

사원은 이상과 같은 여러 계기에 의해 토지를 마련하였다. 계기가 다양하듯 이 토지의 성격도 한 가지일 수가 없었다. 그 토지는 성격상 소유지와 수조지로 나눌 수 있겠다. 고려시기는 사적인 토지소유가 전개된 사회이기 때문에 사원도 토지를 소유하는 하나의 주체일 수 있었다. 사원이 하나의 토지소유 주체로서 양안에 기재되는 경우는 흔한 일이었다. 개간이나 매득, 신자의 시납에 의해 토지를 마련한 경우는 대개 사찰의 소유지로 되었다.

또한 사원은 수조지를 가지고 있었다. 수조지를 사원이 지배하고 있는 사실은 여러 자료에서 확인할 수 있다. 문종 12년(1058) 7월에 궁원의 하나였던 景昌院에 소속하고 있던 토지가 홍왕사에 이속되었다가[10)] 그 22년 뒤인 문종 34년 3월에 호부 마음대로 萬齡殿에 지급하였다.

---

5) 李炳熙, 앞의 책, 27~29쪽.

6) 廣學大德·大緣三重 형제 2인이 931년 태조를 따라 상경하여 隨駕焚修했는데, 이에 태조는 그들이 속한 堗白寺에 田畓 약간결을 지급하였으며(《三國遺事》 권 5, 神呪 6, 明朗神印), 또한 태조는 東征할 때 寶壤이 적을 제압하는 술책을 가르쳐 주었다고 하여 그가 거처하고 있던 雲門寺에 전 500결을 지급하였다(《三國遺事》 권 4, 義解 5, 寶壤梨木). 能如禪師가 속한 直指寺에도(〈直指寺事蹟〉, 《直指寺誌》, 亞細亞文化社, 271~273쪽), 希朗이 속한 海印寺에도 전지를 사급하였고(〈海印寺古籍〉, 《朝鮮寺刹史料》 上, 495~496쪽), 尙州의 龍巖寺에도 전지를 지급하였다(《新增東國輿地勝覽》 권 28, 慶尙道 尙州牧 佛宇).

7) 《新增東國輿地勝覽》 권 47, 江原道 淮湯都護府 佛宇.

8) 《高麗史》 권 4, 世家 4, 현종 11년 8월 병술.
〈玄化寺碑〉(《海東金石苑》 上, 亞細亞文化社, 1976), 1021쪽.

9) 《高麗史》 권 8, 世家 8, 문종 12년 7월 기묘·18년 4월 경오.

10) 《高麗史》 권 5, 世家 8, 문종 12년 7월 기묘.

刑部가 아뢰기를, '戶部가 마음대로 興王寺의 전토를 萬齡殿에 지급하였으니, 죄 주기를 청합니다'라 하였다. (이에) 制에, '호부 관리의 직을 삭탈하고 전리에 放還하라'고 하였다(《高麗史》 권 9, 世家 9, 문종 34년 3월 임신).

호부가 흥왕사의 허가도 없이 마음대로 그 토지의 귀속을 바꿀 수 있었던 것은, 그것이 흥왕사의 소유지가 아니라 수조지였기 때문이다. 흥왕사의 소유지였다면 호부가 자의적으로 처리할 수는 없었을 것이다.

또한 우왕 원년(1375) 3월에도 여러 사원의 田租를 취해서 군비에 충당하였던 사실이 찾아진다.[11] 만약 사원이 순수하게 사적인 방법으로 획득한 토지, 즉 사원의 소유지였다고 하면 국가는「取」대신에「科斂」의 형태를 취할 수밖에 없었을 것이다. 수조지였기 때문에 국가는 특별한 경우에 수조권자인 사원의 수조권 행사를 일시 중단시키고 대신 전조를 취할 수 있었던 것이다.

다음의 사료는 사원이 수조지를 지배하고 있음을 보다 분명히 보여준다.

辛裔가 元의 명을 받아 楡岾都監을 주관하고 있었다. 그 때 姜居正과 尹衡이 有備倉官이 되어 왕명으로 사원전을 거두었는데 楡岾寺의 田도 또한 公收를 당하였다. 유점도감이 유비창에 牒을 보내 전을 되돌려 주도록 하니, 이에 (강)거정 등이 이르기를, '사원전은 이미 왕명으로 本倉에 소속시켰으니 함부로 되돌려 줄 수 없다'고 하였다. (그러자) 유점도감이 신예에게 호소하였다(《高麗史》 권 125, 列傳 38, 姦臣 1, 辛裔).

辛裔가 원나라의 명을 받아 楡岾都監을 주관하고 있었는데 有備倉官이 왕명으로 사원전의 조를 수취한 결과 楡岾寺의 전조도 역시 관에서 수취하였다는 것이다. 유점사의 토지가 국가의 권력을 매개로 하지 않는 순수한 사적인 소유지라면 도저히 불가능한 일이다. 국가가 그 토지에 대한 일정한 지배권, 다시 말하면 그 토지에서의 수조권을 지급하였기 때문에 그 토지를 왕명에 의해 환수할 수 있었던 것이다.

그런데 수조지는 국가와의 관련하에서 획득하고 지배하는 것이 가능한 토지였다. 국가와 긴밀한 관련을 갖는 사원으로는, 우선 국왕의 眞影을 모시는 眞殿이 설치된 사원을 생각할 수 있겠다. 흥왕사의 경우는 眞殿寺院으로서 수조지를 지배하고 있는 것이 확인되므로, 다른 진전사원도 국가로부터 수조

11) 《高麗史》 권 82, 志 36, 兵 2, 屯田 신우 원년 9월.

지를 지급 받았다고 보아야 할 것이다.[12] 그리고 국가에 의해 특별히 賜額된 사원의 경우에도 사액의 성격상 수조지 지급이 수반되었을 것이다. 사액사원으로는 安化寺,[13] 慈濟寺,[14] 孝信寺,[15] 旻天寺[16] 등이 찾아진다. 그리고 국왕이나 신료들이 늘 중시하는 사원인, 태조대에 건립된 사원도 토지를 분급받았으리라 생각한다. 이 사원은 裨補寺院이라고 칭해졌다.[17]

소유지나 수조지와는 성격이 다른 것으로 莊·處田이 있었다. 장·처전이 사원에 소속되어 있음은 고려 말에, "料物庫에 속한 360개의 장·처전 가운데 사원에 시납된 것은 요물고에 되돌리라"한 데서[18] 알 수 있다. 장·처전에서는 사원은 田租만이 아니라 庸調에 상응하는 것도 징수하였다.

長生標가 설치된 사원에서는 장·처전과 유사한 지배를 수행할 수 있었다. 예컨대 장생표가 설치된 통도사의 영내에 있던 직간은 곧 처간으로 상정된다.[19] 따라서 장생표가 설치된 사원이 영내의 민을 지배하는 형태는 사찰이 장·처를 지배하는 것과 동일하다고 생각할 수 있겠다.

### (2) 사원의 농지경영과 경작농민

사원의 농지는 공간적인 분포 면에서 여러 양상을 보이고 있었다. 여러 지역에 분산되어 있는 경우도 있었고, 일정한 지역 특히 사원 주위에 집중되어

---

12) 《高麗史》 권 83, 志 37, 兵 3, 圍宿軍에 따르면, 眞殿이 설치된 사원은 安化寺·弘圓寺·興王寺·天壽寺·大雲寺·重光寺·弘護寺·玄化寺·國淸寺·崇教寺·乾元寺·奉恩寺 등 12개이다. 이 밖에 許興植은 佛日寺·嵩善寺·眞觀寺·靈通寺·宣孝寺·龍興寺·賢聖寺·妙蓮寺·神孝寺·普濟寺를 추가로 지적하고 있다(〈佛敎와 融合된 高麗王室의 祖上崇拜〉, 《東方學志》 45, 1983 ; 《高麗佛敎史硏究》, 1986, 87쪽). 대개의 경우 진전사원은 개경 주위에 분포하고 있었다.

13) 《高麗史節要》 권 8, 예종 13년 4월.

14) 《高麗史》 권 6, 世家 6, 靖宗 11년 2월.

15) 《高麗史》 권 21, 世家 21, 희종 2년 9일 갑오.

16) 《高麗史》 권 33, 世家 33, 충선왕 원년 9월 갑진.

17) 국가로부터 수조지를 받은 眞殿寺院, 賜額寺院, 태조대에 건립된 비보사원을 하나의 체계로 이해할 수 있는 기준을 모색해 볼 필요가 있다. 모두 국가와 관련하여 수조지를 받고 있기 때문에 하나의 체계로 정리하는 것도 가능하지 않을까 한다. 아마도 주지를 국가에서 파견하는 사원, 혹은 國設寺院, 혹은 후기에 자주 언급되는 이른바 비보사원을 하나의 체계로 생각해 볼 수 있겠다. 이 글에서는 일단 이를 「裨補寺院」으로 이해하고자 한다.

18) 《高麗史》 권 78, 志 32, 食貨 1, 田制.

19) 최길성, 앞의 글.

있을 수도 있었다. 금강산에 위치하고 있던 장안사의 경우, 성종대에 1,050결의 토지가 지급되었는데, 전라도 지방의 咸悅縣·仁義縣·扶寧, 양광도 지방의 幸州·安山縣, 서해도 지방의 白州·平州에 분포하고 있었다.[20] 고려 중기 龍壽寺의 토지는 古寺田柴 10결, 부근의 閑田 40결, 그리고 사원과 꽤 거리가 먼 新寧郡의 嚮福寺田 40결로 이루어졌는 바,[21] 이들 토지는 그 형성과정이나 토지의 성격으로 미루어 보아 한 지역에 집중되어 있지는 않았을 것으로 판단된다. 나말려초 泰安寺의 전토는 전남과 경상도 남부에 여기 저기 흩어져 있었고,[22] 고종대 修禪社의 농지도 전남의 여러 군현에 소규모로 분산되어 있었다.[23] 대개의 경우 사원의 농지는 분산되어 있었으나, 장생표가 설치된 경우는 예외적이라 할 수 있을 것이다.

사원의 농지를 관리하는 자로서 知莊이 존재하고 있었다. 지장은 사원과 멀

---

20) 《新增東國輿地勝覽》 권 47, 江原道 淮陽都護府 佛宇.

21) 許興植, 앞의 책, 654쪽.

22) 태안사의 전토는 아래의 표와 같이 여러 지역에 분산되어 있었다(《泰安寺誌》, 亞細亞文化社, 143~144쪽).

| 소 재 지 역 | 전답의 규모 |
|---|---|
| 晋州任內 永先縣 | 94결 13부 7속 |
| 同 宣寧 | 110결 29부 3속 |
| 靈光任內 森溪縣 | 18결 70부 2속 |
| 同 年平縣 | 29결 85부 |
| 翼州任內 餘梘縣 | 97결 18부 |
| 寶城任內 五果縣 | 61결 55부 |
| 昇州任內 富有縣 | 22결 08부 8속 |
| 陝川任內 加祚縣 | 60결 30부 2속 |
| 계 | 495결 2속 |

23) 〈修禪社 寺院現況記〉에 보이는 修禪社 농지의 분포는 다음과 같다.

| 人 名 | 施 納 名 目 | 施納對象 及 結數 | | |
|---|---|---|---|---|
| 崔 怡 | 祝聖油香寶 | 昇平郡 葦長伊村 鐵谷村 新谷村 | | 합 10결 50복 |
| | 國大夫人宋氏 | 昇平郡任內 | 加音部曲 | 40결 30복 |
| | 忌日寶 | | 進禮部曲 | 1결 |
| | | | 赤良部曲 | 2결 |
| | | 富有縣地 田畓 | | 합 2결 49복 |
| | 同生妹氏忌日寶 | 昇平郡地 田畓 | | 합 80결 30복 |

리 떨어진 사원의 토지에 파견되었다. 고려 이전에 世達寺의 전토에는 莊舍가 있었고 이를 관리하기 위해 지장이 파견되었다.24) 고려시기에도 사원전을 관리하기 위해 지장이 파견되었을 것이다. 장안사와 같이 사원의 토지가 사원과 멀리 떨어져 있는 경우에는 반드시 지장이 파견되어 농민지배와 수취를 실현해 나갔을 것이다.

사원전이 이처럼 멀리 떨어져 있는 경우에는 그러했겠지만 사원전이 사원의 주위에 있을 때에는 지장을 따로 파견할 필요가 없었다. 이 경우에는 사원의 경제적 살림을 맡은 直歲僧이 그 수취에 대한 모든 책임을 지고 있었다.25) 지장이나 직세승은 사원전을 직접 踏驗하여 풍흉의 정도를 책정하였고 직접 경작농민들로부터 지대나 전조를 수취하였을 것이다.

또한 사원은 농기구를 소유하고 있으면서 경작농민에게 그것을 대여하기도 했다. 사원에는 이미 신라시대부터 소(牛)가 있었던 것이 보이며26) 고려시기에도 현화사, 왕륜사, 석방사는 소를 소유하고 있었다.27) 사원의 소는 사원

---

| 盧仁綏 | 祝聖 | 光州 田畓<br>綾城郡 田畓<br>和順縣 田畓<br>鐵冶縣 田 | 합 15결<br>합 28결 50복<br>합 7결 10복<br>1결 30복 |
|---|---|---|---|
| 金中龜 | 父母忌日寶 | 富有縣 田畓 | 합 17결 |
| 徐敦敬 | 父母忌日寶 | 宋緖의 토지와 교환하여 시납<br>長興府 任內 拂音部曲 田畓<br>荳原縣 田畓<br>(利川郡 田畓 | <br>합 5결<br>합 30결 63복<br>합 25결) |
| 計 | | | 241결 12복 |

* 備考 : ① 李基白, 《韓國上代古文書資料集成》(一志社, 1987), 64~65쪽을 근거로 위의 표를 작성함.
② 徐敦敬은 利川郡의 전답을 시납하였는데 長興府와 荳原縣에 소재한 宋緖의 전답으로 교환하여 시납하였으므로 통계는 이천군의 전답 대신에 장흥부와 두원현의 전답으로 계산하였음.

24) 《三國遺事》 권 3, 塔像 4, 洛山二大聖 觀音 正趣 調信.
25) 蔡尙植, 〈淨土寺址 法鏡大師碑 陰記의 分析〉(《韓國史硏究》 36, 1982).
26) 《三國遺事》 권 5, 感通 7, 郁面婢念佛西昇.
27) 〈玄化寺碑〉(《朝鮮金石總覽》 上, 朝鮮總督府, 1919), 241~247쪽.
《高麗史》 권 55, 志 9, 五行 3, 고종 1년 11월 · 신우 10년 4월.

전을 경작하기 위해 사역되었다고 볼 수 있다. 또한 종자대여를 통해서도 농민의 영농과정에 영향력을 행사할 수 있었다.

사원이 농지경영을 통해 수취하는 양은 토지의 성격에 따라 차이가 있었다. 수조지에서는 수확량 가운데 1/10을 전조로 수취하였다. 당시 국가가 전조를 수취하는 경우 수확량의 1/10을 농민으로부터 징수했기 때문에 사원의 수조지를 경작하는 농민도 수확량 중 1/10을 전조로 국가가 아닌 사원에 납부해야 했다. 사원의 소유지에서는 농민으로부터 소출의 1/2을 수취하였다. 1/2의 수취는 사원의 토지소유의 실현형태로서 지대였다. 이 토지에서는 소작제가 실시되었는데, 고려 후기의 경우이기는 하지만 崔瀣가 만년에 獅子岬寺의 전토를 借耕하고 있는 것은[28] 그 좋은 예이다. 차경에 대한 대가로 전호 농민이 지주에게 바치는 지대량은 소출의 1/2이 원칙이었다.

소유지 경영의 구체적인 예는 修禪社에서 볼 수 있다. 수선사에는 1220년대 당시 집권무인들이 寶의 명목으로 240여 결에 달하는 토지를 시납하였다. 이 토지는 수선사의 소유지이므로 지주전호제로 경영하였다.[29] 사원의 농지경영의 또 다른 형태를 通度寺에서 찾을 수 있다.[30] 통도사의 농지경영은 수선사의 그것보다 한층 철저하고 완벽한 것이었다. 통도사는 장생표 안의 민을 배타적으로 지배하였다.

사원전은 경작농민에게서 지대나 전조만을 수취하였던 것은 아니었다. 사원은 전주, 지주로서 지배자적 입장에 있었고, 이와 같은 사회경제적 관계에서, 고리대나 강제교역을 통해서도 농민의 잉여를 흡수하는 것이 가능하였다. 사원전의 계통이 상이하듯이 사원전을 경작하는 농민도 여러 부류로 구성되어 있었다. 사원전의 경작농민은 크게 양인농민, 노비, 하급승려 등으로 구분된다.

양인농민은 수조지를 경작하는 중심 계층으로서 소유지를 경작하는 농민을 점하였다. 노비가 사원전을 경작했을 것은 쉽게 추측할 수 있지만, 그러

28) 《高麗史》 권 109, 列傳 22, 崔瀣.
29) 李炳熙, 앞의 책, 52~56쪽.
30) 최길성, 앞의 글.
武田幸男, 앞의 글.
安日煥, 앞의 글.
金潤坤, 앞의 글.
李炳熙, 앞의 글(1988).

나 사찰의 토지를 경작하는 것이 노비들의 주된 임무는 아니었다. 수조지를 지급 받은 사원의 경우, 그 토지는 소유자가 곧 경작자였기 때문에 사원의 노비가 경작할 수 있는 것이 아님은 물론이다.

사원의 소유지 경작에서도 노비가 중심적인 역할을 하지는 않았다. 艶陽禪寺와[31] 上院寺에는 토지와 함께 노비가 지급되었는데[32] 경작과 무관한 것으로 보이지는 않는다. 그런데 普光寺는 100경의 토지와 함께 노비 100口가 지급되어[33] 이들 노비들이 해당 토지를 경작하였던 것으로 생각된다. 이처럼 사원의 소유지를 사원노비가 경작했을 가능성도 생각할 수 있지만, 그렇지 않은 경우도 많이 보인다. 乾洞禪寺에는 토지와 함께 노비가 지급되었지만 경작과는 관계없는 使命에 충당되고 있다.[34] 神福寺에는 토지만의 시납이 있었고,[35] 看藏寺에는 토지만 언급되어 있을 뿐 노비가 언급되고 있지 않아[36] 노비가 주된 경작인이었다고는 생각할 수 없겠다. 물론 사원의 사유지에서 사원노비가 경작에 참여했을 가능성이 전혀 없는 것은 아니지만, 전적으로 그들에 의해 경작되었다고는 볼 수 없을 것이다.

사원노비의 주요 역할은 사령이었다. 그들이 담당하는 중요한 일 가운데는 薪饌이 있었던 것으로 보인다. 사원에 필요한 잡역에도 동원되었을 것이다. 그리고 사원이 필요로 하는 수공업품을 만드는 노비들도 적지 않았을 것이다. 全英甫는 帝釋院의 奴로서 金薄기술을 가지고 있었고,[37] 충렬왕대에 어떤 비구니는 훌륭한 직조기술을 가진 婢를 두고 있었다.[38] 허드렛일을 하는 사원 노비는 많았으리라 생각된다.

사원전은 또한 승려에 의해 경작되기도 했다. 승려가 사원전을 경작하고 있는 모습은 문종 10년(1056) 7월 왕의 制에서, "役을 피하려고 沙門이 된 자

31) 李 穀, 〈高麗國江陵府艶陽禪寺重興記〉(《稼亭文集》 권 2 ; 《高麗名賢集》 3, 21~22쪽).
32) 李 穡, 〈五臺上院寺僧堂記〉(《牧隱文藁》 권 6 ; 《高麗名賢集》 3, 838~839쪽).
33) 〈普光寺重創碑〉(《朝鮮金石總覽》 上), 495~498쪽.
34) 李齊賢, 〈重修乾洞禪寺記〉(《益齋亂藁》 권 6 ; 《高麗名賢集》 3, 27~28쪽).
35) 李 穀, 〈大元高麗國廣州神福禪寺重興記〉(《稼亭文集》 권 3 ; 《高麗名賢集》 3, 27~28쪽).
36) 李承休, 〈看藏寺記〉(《動安居士集》 雜著 1部 ; 《高麗名賢集》 1, 583~585쪽).
37) 《高麗史》 권 124, 列傳 37, 嬖幸 2, 全英甫.
38) 《高麗史》 권 89, 列傳 2, 后妃 2, 충렬왕 齊國大長公主.

가 耕畜을 업으로 하고 있다고"[39] 지적한 데서 알 수 있다.

고려 초 이래 역을 피하여 승려가 된 자는 적지 않았다. 승려가 되면 역 부담을 면제받았기 때문에 역을 부담하는 여러 계층은 무거운 부담을 피하고자 승려의 지위를 이용하려 했을 것은 틀림없다. 이들은 하류로 분류되는 승려로서 道衆·山僧·庸僧·無職雜僧으로 불리고 있었다.[40] 이들 하급승려들은 佛弟子인 승려로서 요구되는 바와는 거리가 먼 활동을 수행하였다. 고려 전기에 隨院僧徒·在家和尙이라 불리는 자들도 이러한 하급승려의 한 부류였다.[41]

이들은 대체로 몰락한 농민출신일 것으로 보이며, 이들이 경작하는 토지는 사원의 소유지였을 것이다. 그들은 사원에 대한 수확물의 1/2에 상당하는 것을 지대로 납부해야 했다.

### (3) 고려 후기 사원의 전토확대와 문제

사원은 고려 후기에 토지를 크게 확대하였다. 국가가 토지제도의 운영을 제대로 하지 못하는 상황에서, 사원은 토지를 확대하는 중요한 세력의 하나였다. 또한 토지의 규모만을 확대하는 것이 아니라 토지를 매개로 하는 농민에 대한 지배도 한층 강화시켜 갔다. 사원이 확대하였던 토지의 계통은 단일하지 않았으며, 또한 확대하는 방법에도 여러 형태가 있었다.

후기에도 국가 내지 국왕이 주도해서 사찰을 건립할 경우 수조지가 지급되는 것이 관례였다. 최씨 무신정권 하에서 禪源社를 강화도에 건립할 때나 충렬왕대에 妙蓮寺를 개경에 창건할 때에도 토지를 지급하였다고 생각된다. 그리고 충선왕 원년(1309) 壽寧宮을 희사하여 旻天寺로 사액하였는데,[42] 이 경우에는 수녕궁 소속의 토지를 민천사에 그대로 이속하였으리라 추측할 수 있겠다. 공민왕대 雲巖寺의 경우에는 2,240결이라는 엄청난 규모의 토지를 지급 받고 있음을 확인할 수 있다.[43]

사원은 사적인 노력에 의해서도 토지를 확대해 갈 수 있었는데, 후기의 대

39) 《高麗史》 권 7, 世家 7, 문종 10년 9월.
40) 李炳熙, 앞의 책, 135~137쪽.
41) 李相瑄, 〈高麗時代의 隨院僧徒에 대한 考察〉(《崇實史學》 2, 1984).
李炳熙, 위의 책, 137~138쪽.
42) 《高麗史》 권 33, 世家 33, 충선왕 원년 9월.
43) 《高麗史》 권 89, 列傳 2, 后妃 2, 공민왕 魯國大長公主.

표적인 방법이 施納과 開墾이었다. 개간하거나 시납을 받은 경우에 지배하게 되는 토지는 소유지였다. 시납은 개인의 신앙행위의 하나로서 행해지는 것인데, 어느 시기에나 있을 수 있다. 그러나 이 시기에는 토지 분쟁이 심각하였고 또한 사회가 혼란하였기 때문에 토지의 사납이 성행하였다. 고려 후기 특히 원 간섭기에는 사원에 토지를 시납하는 것은 유행이 되다시피 하였다.[44]

이제현은 당시 민인과 국가에 해독을 끼치는 것 가운데 하나로서 사찰에 시납된 토지를 들고 있다.[45] 조선 초기에는 고려시기의 그러한 사정을 "民田을 시납하는 것이 대대로 증가했다"거나,[46] "田民이 모두 寺社에 들어갔다"고[47] 표현하였다. 때문에 과전법에서는 토지를 사원에 시납하는 것을 금지하는 규정을 두었던 것이다.[48]

사원은 시납에 의해 토지를 확대하는 데 그치지 않고 개간을 통해서도 토지를 확대하였다. 사원도 개간에 적극적일 수 있는 조건을 가지고 있었다. 예컨대 玄化寺,[49] 王輪寺,[50] 石方寺는[51] 소를 소유하고 있음이 확인된다. 사원이 이처럼 소를 소유하는 것이 흔한 일이었기 때문에, 일반 소농민보다는 개간에 있어서 유리하였다.[52]

정부의 적극적인 개간장려와 관련하여 사원이 토지를 개간하는 일도 있었는데, 사패를 받아서 개간하는 것이 그것이었다. 몽고와의 전란 후에는 전국의 전야가 황폐하였는데 황무지의 개간과 관련하여 사원도 최고 지배층과 함께 賜牌田을 분급 받았다.[53]

사원이 토지를 확대하는 것은 이와는 달리 당시 성행하고 있는 토지의 奪占兼倂을 통해서도 가능하였다. 특히 사패를 매개로 해서 탈점하였다.[54]

44) 李炳熙, 앞의 책, 23~25쪽.
45) 李齊賢, 〈策問〉(《益齋亂藁》 권 9下 ; 《高麗名賢集》 2, 331~332쪽).
46) 《太宗實錄》 권 3, 태종 2년 4월 갑술.
47) 《世宗實錄》 권 55, 세종 14년 3월 갑자.
48) 《高麗史》 권 78, 志 32, 食貨 1, 田制 공양왕 3년 5월.
49) 〈玄化寺碑〉《朝鮮金石總覽》 上, 241~247쪽.
50) 《高麗史》 권 55, 志 9, 五行 3 고종 18년 11월.
51) 《高麗史》 권 55, 志 9, 五行 3 신우 10년 4월.
52) 李炳熙, 앞의 책, 27~29쪽.
53) 《高麗史》 권 78, 志 32, 食貨 1, 田制 經理 충렬왕 11년 3월.
54) 《高麗史》 권 78, 志 32, 食貨 1, 田制 經理 충렬왕 11년 3월 및 권 84, 志 38, 刑法 1, 職制 충렬왕 24년·충선왕 즉위년 정월.

고려 후기에 사찰이 이처럼 여러 가지 수단을 동원하여 농지를 확대하였는데 그 규모는 10만결 이상으로 전 농토의 1/8 정도에 이르렀다.[55]

사원이 소유한 토지는 국가에 대해 전조를 부담하는 것이 원칙이었으나 후기에는 면세지가 될 가능성을 수반하고 있었기 때문에 국가로서는 심각한 문제였다. 사원이 비보사원으로 새로이 지정되는 것과 관련하여서 사원의 면세토지는 확대되었다.[56]

사패전과 관련해서도 사원의 면세지는 증대하였다. 사원은 국가의 개간 장려책과 관련하여 閑田을 사패전으로 받았는데, 사패전은 사원이 개간하였기 때문에 사원의 소유지였으며, 또한 국가로부터 사패 형식으로 받은 것이었기 때문에 사원의 수조지였으므로, 결국 사원이 소유권과 수조권을 중첩하여 가지고 있는 토지였다. 이러한 이유로 田民이 모두 寺社에 들어가서 군국의 경비에 지출하기가 어렵다는[57] 지적이 나오게 되었다.

사원의 전토확대와 면세지화로 인해 국가의 재정수입은 줄어들었고, 이 때문에 사원과 국가 사이에 갈등이 생겼으며, 특히 지방관과 충돌하는 일이 적지 않았다. 사원은 국가와만 갈등하고 있는 것이 아니었다. 분쟁은 사원과 귀족 사이에서도 심각하였으며[58] 또한 사원 상호간에도 치열하였는데,[59] 이러한 분쟁은 곧 지배층 상호간의 갈등으로서 계급적 동반자라는 관계가 동요하고 있음을 의미한다.

또한 이 시기에는 사원의 노비도 격증하였다. 조선 초기에 사원의 노비로서 革去된 수만도 8만을 상회하였는데[60] 이는 고려시기에 노비가 상당한 수에 이르렀음을 보여 주는 것이라고 하겠다. 《慵齋叢話》에는 "사찰은 모두 노비를 가지고 있는데 많은 경우에는 천 명에 이른다"고[61] 하였다. 사원의 노

55) 姜晋哲, 앞의 책, 142쪽.

56) 《太宗實錄》 권 3, 태종 2년 4월 갑술.

57) 《世宗實錄》 권 55, 세종 14년 3월 갑자.

58) 《高麗史》 권 78, 志 32, 食貨 1, 田制 經理 충렬왕 11년 3월 및 권 84, 志 33, 刑法 1, 職制 충렬왕 24년·충선왕 즉위년 정월 및 권 132, 列傳 45, 叛逆 6, 辛旽.

59) 대표적인 사원으로는 瑩原寺·萬義寺·雲巖寺가 있다(李炳熙, 앞의 책, 41~43쪽).

60) 《太宗實錄》 권 30, 태종 15년 8월 계사.

61) 成 俔, 《慵齋叢話》 권 8.

비는 국가의 공노비를 지급 받는 경우도 없지 않았지만, 개인의 시납에 의해 충당되는 경우가 많았다.

이러한 합법적인 방법에 의해서만 사원이 노비를 소유하는 것은 아니었다. 사원이 국가의 양민을 冒占하는 수도 있었다. 貞和宮主의 형인 어떤 승려는 桐華寺에 있으면서 양인을 모점하여 노비로 삼았는데 그 노비가 번성하여 천 수 백호에 이르렀다고 한다.[62]

후기에 가면서 토지제도가 문란해지고 농민이 동요함으로써 출가하는 자도 더욱 늘어갔다. 그리하여 승려가 10만을 상회한다거나[63] 민의 3/10에 이른다는[64] 지적이 있었던 것이다.

농지경영, 경작민에 대한 수취를 바탕으로 사원은 상당한 부를 축적하고 있었기 때문에[65] 도적이나 외적의 약탈 대상이 되는 수가 많았다.

### (4) 사원경제 확대에 대한 대책

고려 후기에 사원이 농지를 확대하고 농민에 대한 지배를 강화시켜 가면서, 국가와 지배층, 그리고 농민과의 충돌이 심각해져 갔다. 그러한 갈등은 정치문제로 부각되어 이를 해소하기 위한 많은 논의가 있었으며 대책들이 모색되었다. 정부는 정부대로, 신료층은 그들대로 각 계층이 처한 사회적 위치에 따라 각각 다양한 대책을 마련하고 있었다. 사원 자체의 팽창을 막기 위한 방책을 제시하기도 하였고, 사원의 여러 경제행위에 대한 제한 조치를 취하기도 하였다. 국가나 신료층이 취하는 수습안의 하나가 사원 신설의 억제와 출가에 대한 제한이었다.

공민왕 원년(1352)에는 사원의 건립을 금하였으며,[66] 성리학자인 李穡은 중세 이래로 불교도가 더욱 번성하여 "五敎兩宗이 이익을 추구하는 소굴이 되었으며, 川傍과 山曲에 사찰이 없는 곳이 없다"고 당시의 실정을 지적한

62) 《高麗史》 권 91, 列傳 4, 宗室 2, 丹陽府院大君 珛.

63) 鄭道傳, 《朝鮮經國典》 上, 賦典 軍資.

64) 《太祖實錄》 권 7, 태조 4년 2월 계미.

65) 원종 13년 12월에 世子 諶이 元에 가는데 여비로서 興王寺는 白金 150斤을, 安和寺는 100斤을, 普濟寺는 70斤을 부담하고 있다(《高麗史》 권 79, 志 33, 食貨 2, 科斂 원종 13년 12월).

66) 《高麗史》 권 38, 世家 38, 공민왕 원년 2월.

뒤 새로이 창건하는 사찰을 모두 철거하라고 건의하였다.[67]

승려의 증가, 특히 하급승려의 증가는 곧 국역부담자의 감소를 의미하는 것이었으며, 국가의 부세제 운영을 전반적으로 동요시키는 것이었다. 국가가 승려, 특히 하급승려의 증가에 대해 취할 수 있는 대책은 부분적으로 역사에 동원하거나 군에 차출하는 방법이었다. 즉 免役이라는 특권의 박탈이었다. 그러나 이것만으로는 양인농민의 감소나 승려의 증가를 막을 수 없었다. 양인농민의 감소에 대해 국가가 적극적으로 처할 수 있는 방법으로는 度牒制의 운영을 강화시키는 것이 있었다.

충숙왕 12년(1325) 2월에는 州縣의 吏는 세 명의 자녀가 있어도 함부로 승려가 될 수 없도록 규정하였고, 또한 자녀가 많더라도 반드시 관에 고해 도첩을 받은 후 자녀 한 명의 머리를 깎을 수 있도록 하였으며, 어기는 경우 자녀와 부모 모두를 처벌하도록 하였다.[68]

공민왕 원년(1352)에 이색은 이미 승려가 된 자는 도첩을 주고, 도첩이 없는 자는 군오에 충당하라고 건의하였다.[69] 같은 해 2월에는 도첩이 있어야 승려가 될 수 있도록 조치하였다.[70] 같은 왕 8년 12월에는 함부로 승려가 되는 것을 다시 금하였다.[71] 또한 20년 12일에는 도첩을 받지 않고서는 출가할 수 없도록 규정하였음에도 담당관이 제대로 지키지 않는다고 하면서, "이후로 승려가 되고자 하는 자는 丁錢 50필의 布를 납부한 후에 祝髮하는 것을 허용하고, 위반하는 자는 師長·父母를 처벌하며 향리로부터 津·驛의 公私의 역을 지고 있는 사람은 (출가하는 것을) 모두 금한다"[72]는 초강경 조치를 취하였다.

이처럼 공민왕대부터는 국가나 신료들이 세속인의 출가를 엄격히 제한하자고 주장하였으며, 실제로 제한조치를 취하였지만, 출가 자체를 금하지는 않았다. 그러나 공양왕 때가 되면 불교비판론자들은 도첩이 문제가 아니라 현재

67) 《高麗史》 권 115, 列傳 28, 李穡.
68) 《高麗史》 권 85, 志 39, 刑法 2, 禁令 충숙왕 12년 2월.
69) 《高麗史》 권 115, 列傳 28, 李穡.
70) 《高麗史》 권 38, 世家 38, 공민왕 원년 2월.
71) 《高麗史》 권 85, 志 39, 刑法 2, 禁令 공민왕 8년 12월.
72) 《高麗史》 권 84, 志 38, 刑法 1, 職制 1 공민왕 20년 12월.

의 모든 승려를 환속시키고, 불교를 철저히 없애자는 주장을 피력하였다.[73]

사원의 경제활동이 사회적으로 많은 문제를 야기시키고 있었고, 이것에 대해 중앙 정계에서 논란이 거듭되면서 폐해를 없애기 위한 여러 가지 대책이 제기되고 있었다. 이에 사원의 경제 활동 자체에 대해서도 일정한 제한 조치를 취하였는데, 사원의 농장경영, 농민에 대한 전조 濫徵, 양인 농민의 招匿 행위에 대한 구폐책이 그것이다.

정부가 취한 대책은 田民에 대한 辨整으로 요약할 수 있다. 사원의 농지를 둘러싼 분규가 있을 때는 법적으로 처리하였다. 사원이 사패를 빙자하여 주인이 있는 토지를 탈취하는 일이 없도록 조치하였으며, 양인을 노비로 삼은 경우에도 推刷하였다. 공민왕대에 신돈의 요청으로 田民辨整都監을 설치한 후 중외에 榜諭한 내용도, 사원전 등 토지를 탈점한 것을 원래 주인에게 되돌리고 '認民爲隷'한 자는 모두 양인으로 환원하라는 것이었다.[74]

정부는 또한 사원이 제 기능을 하지 못할 때, 즉 亡寺가 되어 사찰이 국가를 위해 제 기능을 수행하지 못하면, 국가는 그 토지를 몰수하였다. 때때로 그 토지를 다른 사찰에 再折給해 주는 일도 있었지만[75] 원 간섭기부터는 국가에서 수취하여 국가수요에 충당하였다.[76]

그리고 나아가 때때로 사원의 수조권 행사를 제한하기도 하였다. 항상적으로 시행되는 것은 아니었고, 국가의 재정적 어려움을 타개하고자 하여 취한 조치였지만, 사원의 수조권 행사에 위협을 줄 수 있는 것이었다. 이 사원의 田租를 公收하는 조치도 원 간섭기부터 취해지고 있었다.[77]

농민과 사원의 갈등에 대해서는 불법적인 전조의 濫收를 제한하려고 노력

---

73) 《高麗史節要》 권 35, 공양왕 3년 5월.
《高麗史》 권 120, 列傳 33, 金子粹.

74) 《高麗史》 권 132, 列傳 45, 叛逆 6, 辛旽.

75) 명종대에 醴泉의 龍門寺에는 近州縣의 亡寺田 30頃이 지급되었으며, 禮安의 龍壽寺에는 古寺田柴 10결이 지급되었다(李炳熙, 〈高麗中期 寺院의 助成과 經濟運營〉, 《李元淳敎授停年紀念 歷史學論叢》, 1991, 129~130쪽).

76) 《高麗史》 권 78, 志 32, 食貨 1, 田制 公廨田柴.
《高麗史》 권 82, 志 36, 兵 2, 屯田.

77) 《高麗史》 권 78, 志 32, 食貨 1, 田制 租稅 충선왕 후 원년 3월 및 권 82, 志 36, 兵 2, 屯田.
《高麗史節要》 권 30, 신우 2년 윤 9월.

하였다. 아직 사원이 전주·지주로서 농민을 지배하는 구조 자체를 부정하지는 않았다. 그러나 威化島 회군 후 이성계 일파가 정권을 잡게 되면서 신료들이 제기한 사원의 경제운영을 둘러싼 주장은 판이한 것이었다.

창왕의 즉위 교서에서 "料物庫에 속한 360의 莊處田으로 선대에 사원에 시납된 것은 모두 요물고로 환원하라"[78]는 조치가 있었다. 이후 사전개혁에 대한 본격적인 논의가 나타나는데 그러한 과정에서 사원전에 대한 의견도 제기되었다. 趙浚은 田制改革에 관해 3차에 걸쳐 상소하였는데 그 가운데 제1차 상소에서 사원전에 대한 개혁안을 제시하였다.

> 祖聖 이래의 5大寺 10大寺 등의 國家裨補所로서, 京城에 소재한 것에는 廩給하고, 외방에 소재한 것에는 柴地를 지급하라. 《道詵密記》 이외의 신라·백제·고구려 시대에 창건한 寺社와 새로이 조성한 寺社에는 지급하지 말라(《高麗史》 권 78, 志 32, 食貨 1, 田制).

즉 사원전은 국초 이래의 5대사·10대사 등[79] 國家裨補所로서 경성에 있는 사찰에게만 지급하고 비보소 가운데 외방에 있는 사찰에는 전지는 지급하지 말고 시지만을 지급하라는 것이다. 그리고 《道詵密記》에 기재되어 있지 아니한 신라·백제·고구려의 사찰과 고려시기에 새로이 건립한 사찰에는 전지와 시지를 모두 지급하지 말라고 주장하였다. 그 동안 사찰이 지급받고 있었던 전지를 극히 일부의 사찰에게만 인정하고 나머지의 사찰에게는 전혀 토지를 지급하지 말라는 것이었다. 불교 사원경제 그 자체를 완전히 부정하는 것은 아니었지만 종래의 사원의 경제기반을 현저히 약화시키려는 조치였으며, 처음으로 제시된 사원경제에 대한 적극적인 개혁안이었던 것이다. 토지지급의 대상이 되는 사원은 《道詵密記》에 기재되어 있는 裨補寺院이었다.

이후의 주장들은 조준의 주장보다 훨씬 적극적인 형태로 나타나기도 하였다. 그 해 12월에 典法判書인 趙仁沃 등은 사원 전조의 官收官給을 주장하였다.[80]

전제개혁 논의는 일단 공양왕 3년 5월 과전법에 의해 마무리되었다. 과전

78) 《高麗史》 권 78, 志 32, 食貨 1, 田制.

79) 10대사는 法王寺·慈雲寺·王輪寺·內帝釋院·舍那寺·普濟寺·新興寺·文殊寺·圓通寺·地藏寺를 가리키는 듯하다(《三國遺事》 권 1, 王曆 1).

80) 《高麗史節要》 권 33, 신창 즉위년 12월.

법에는 사원경제와 관련한 조문이 3개 찾아진다. 양반 과전을 중심으로 한 개혁이었기에 사원전에 대해서는 미봉적인 개혁이 이루어졌다.

> 종전의 公私 田籍을 거두어 모두 檢覆하여 眞僞를 조사하고 舊에 따라 손익하여 陵寢·倉庫·宮司·軍資寺田 및 寺院·外官職田, 廩給田, 鄕·津·驛吏田과 軍·匠·雜色의 田을 정한다(《高麗史》 권 78, 志 32, 食貨 1, 田制).

종전의 전적을 거두어 모두 진위를 조사하고 옛 것에 따라 損益하여 정한다는 것이다. 기준이 되고 있는 '舊', 즉 옛 것이란 조준의 1차 상소에서 기준이 되고 있는《道詵密記》일 것이다. 이에 기재되어 있는 사찰, 즉 비보사원의 여부가 토지지급의 기준이었을 것이다. 裨補之籍에 탈법적으로 등재된 사원의 경우에는 수조지를 몰수당하였을 것이다. 비보사원이 아니면서 수조지를 점유하고 있는 경우에도 수조지를 몰수당하였다고 보인다. 결국 비보사원 여부를 고려한 수조지 재분급이었다고 이해할 수 있다. 소유지는 아직 과전법에서 정리되지 않았다. 사원전에 대한 전면적인 개혁은 아니었지만 과전법에서는 이처럼 일정하게 사원전이 정리되었던 것이다.

그리고 사원에 토지를 시납하는 것을 금하였으며,[81] 또한 僧尼 자신이나 자손이 토지를 받지 못하도록 규정하고 있다.[82]

공양왕 3년(1391)과 4년에는 사원의 노비와 관련한 논의도 있었고, 그와 관련한 조치도 취해졌다. 즉 3년에는 郎舍가 상소하여 사찰에 노비를 시납하여 복을 구하는 현실을 지적하고 노비를 사원에 시납하지 못하도록 건의하여 이를 시행한 바 있다.[83] 노비를 사원에 시납하는 예는 흔히 찾아볼 수 있는 일로서 시납노비는 사원의 중요한 인적 기반이 되는 것이었다. 4년에는 재차 人物推辨都監에서 奴婢決訟法을 마련하면서 사원에 노비를 시납하는 것을 엄히 금하였다.[84]

사원의 토지나 노비에 대한 철저한 개혁은 고려 말기까지도 실시되지 못하였다. 조선이 창업되고 나서야 비로소 본격적인 개혁에 착수할 수 있었다.

〈李炳熙〉

---

81) 《高麗史》 권 78, 志 32, 食貨 1, 田制.
82) 위와 같음.
83) 《高麗史》 권 85, 志 39, 刑法 2, 奴婢.
84) 위와 같음.

## 9) 식읍 및 기타의 사전

### (1) 식 읍

고려시기 食邑은 귀족의 경제기반의 하나였다.[1] 식읍을 수여하는 것은 왕실의 本支를 돈독히 하고 왕가의 蕃屛으로서 공고한 위치를 갖게 한다는 데 의미가 있었다.[2] 식읍은 왕자·왕손 등 종친이 주된 수여대상이었고, 왕실의 척신이나 공로가 큰 고위관료들에게도 지급되었다. 식읍을 받는 대상은 다음 표와 같이 작위에 따라 지급액이 규정되어 있었다.[3]

식읍 지급 규정표

| 작 위 | 식 읍 | 품 계 |
|---|---|---|
| 國 公 | 3,000호 | 정2품 |
| 郡 公 | 2,000호 | 종2품 |
| 縣 侯 | 1,000호 | 정5품 |
| 縣 伯 | 700호 | 정5품 |
| 開國子 | 500호 | 정5품 |
| 縣 男 | 300호 | 종5품 |

그런데 이 규정은 제대로 지켜지지 않았다. 예컨대 문종대 文正은 長淵縣開國伯에 봉해지면서 식읍 1,000호 食實封 200호를 받았고,[4] 또 예종대 尹瓘은 鈴平縣 開國伯에 봉해지면서 식읍 2,500호 식실봉 300호를 받았다.[5] 이것은 위 표의 백에 대한 식읍 지급규정과 다르다. 또한 같은 개국백이면서 사람에 따라, 또는 시대에 따라 지급되는 식읍 수는 차이가 매우 심하였다.[6]

---

1) 고려시기 식읍제에 관해서는 아래의 논문이 참조된다.
河炫綱, 〈高麗食邑考〉(《歷史學報》 26, 1965 ; 《韓國中世史研究》, 一潮閣, 1988).
姜晋哲, 《高麗土地制度史研究院》(高麗大出版部, 1980), 164~172쪽.
李景植, 〈古代·中世의 食邑制의 構造와 展開〉(《孫寶基博士停年紀念 韓國史學論叢》, 1988).

2) 李景植, 위의 글, 134쪽.

3) 《高麗史》 권 77, 志 31, 百官 3, 爵.

4) 《高麗史》 권 95, 列傳 8, 文正.

5) 《高麗史》 권 96, 列傳 9, 尹瓘.

식읍을 받았다 하더라도 실제로는 명목에 그치는 경우가 허다하였다. 예컨대 광종대 王輅이 송에 갔을 때 宋帝에게서 '食實封 300戶'를 받은 경우,7) 또 서희가 송에 갔을 때 宋帝가 국왕에게 식읍을 더해 준 경우는8) 명목상의 것으로서 실제로는 지급되지 않은 虛封이었다. 그 밖에 숙종의 왕자인 帶方公 俌가 '推忠廣義功臣 開府儀同三司 檢校太保 守司徒兼尙書令 帶方公'에 책봉되면서 식읍 3,000호 식실봉 300호를 받았고, 죽은 뒤에 식읍 5,000호, 식실봉 500호를 받았는데,9) 이는 현실적 의미가 없는 영예에 불과한 것이었다.

국초로부터 무신집권기에 이르는 약 2세기 반 동안 실제로 식읍을 수여한 예로는《高麗史》열전에 수록되어 있는 것만도 경종 때에 崔知夢을 東萊侯로 봉하여 식읍 1,000호를 지급한 것을 비롯해서 대략 15건 정도이다. 이들 사례의 대부분은 식실봉이 없는 300호 내지 1,000호에 이르는 식읍을 받았던 것으로 나타난다. 그 가운데 식실봉을 받은 것으로는 문종대의 文正(식읍 1,000호, 식실봉 200호), 예종대의 尹瓘(식읍 2,500호, 식실봉 300호), 예종대의 金景庸(식읍 3,000호, 식실봉 700호), 의종대의 金富軾(식읍 1,000호, 식실봉 400호) 등이었다.10) 식읍은 허봉인 경우가 많았고, 식실봉의 경우에도 규정액만큼 수여되지 않는 경우가 허다하였다.

식읍제도는 통일신라는 물론 삼국 초에도 있었으며, 기록상으로는 기원전 9년 이전으로 소급된다.11) 이미 고려 이전 시기부터 식읍을 지급한 경우는

6) 國伯 食邑 食實封表(河炫綱, 앞의 글, 356쪽).

| 年 代 | 食貨 食實封例 | 出 典 |
|---|---|---|
| 현 종 | (淸河縣 開國) 伯 식읍 700호 | 고려사 권 94 崔士威 |
| 숙 종 | 樂浪郡 開國伯 식읍 1,000호 식실봉 200호 | 고려사 권 97 金景鏞 |
| 문 종 | 長淵縣 開國伯 식읍 1,000호 식실봉 200호 | 고려사 권 95 文 正 |
| 예 종 | 鈴平縣 開國伯 식읍 2,500호 식실봉 300호 | 고려사 권 96 尹 瓘 |
| 예 종 | 邵城郡 開國伯 식읍 2,300호 식실봉 300호 | 고려사 권 127 李資謙 |
| 원 종 | 翼陽郡 開國伯 식읍 1,000호 식실봉 100호 | 고려사 권 130 金 俊 |
| 원 종 | 慶源郡 開國伯 식읍 1,000호 식실봉 100호 | 고려사 권 102 李藏用 |

7)《高麗史》권 2, 世家 2, 광종 16년.
8)《高麗史》권 2, 世家 2, 광종 23년.
9)《高麗史》권 90, 列傳 3, 宗室 1, 帶方公 俌.
10) 姜晋哲, 앞의 책, 169쪽.
11)《三國史記》권 13, 高句麗本紀 1, 瑠璃明王 11년 4월.

상당히 많았다. 고려시기에는 목종에서 의종 초에 이르는 약 1세기 반 동안(대체로 11세기에서 12세기 중엽)에 가장 활발하게 식읍이 수여되었다. 무신이 정권을 장악한 이후에는 종실·척신 등에 대한 식읍의 수여가 단절되었고, 이들 대신 무신실권자(최씨·김씨)에게 식읍이 수여되었다. 충렬왕대부터는 식읍의 대부분이 왕실에 점유되었다.

그런데 조선 초에 이르러 식읍은 자취를 감추기 시작하였다. "公·侯·伯의 이름을 혁파하니 감히 중국과 비길 수 없기 때문이다"라고[12] 하여, 봉작제가 완전히 혁파된 것을 전후해서 소멸되어 갔다. 端宗 원년(1453) 10월에 首陽大君이 癸酉靖難의 元勳이란 명목으로 공신호와 함께 식읍 1,000호 식실봉 500호를 받았으나,[13] 나중에 자신이 왕위에 오르자 "전에 식실봉이었던 民戶는 내년부터 각각 本役으로 돌아가게 하라"는[14] 傳旨를 호조에 내렸는데, 그 이후로는 식읍 지급 기사를 찾아볼 수가 없다.

식읍은 전토나 노비와 구별되는 것이었다. 이성계가 공양왕 원년 12월에 공신호를 받고 '開國忠義伯'의 작위를 받으면서 식읍 1,000호·식실봉 300호·전 200결·노비 20구를 받은 사실과,[15] 태조 원년(1392) 9월에 裵克廉·趙浚이 식읍 1,000호·식실봉 300호·전 220결·노비 30구를 받은 사실에서[16] 역시 토지나 노비와 구별되어 식읍이 지급되었음을 알 수 있다.

식읍을 구성하는 단위는 戶였다. 토지면적이 급여 단위가 아니었다. 식읍 몇 호, 식실봉 몇 호 등의 형식으로 수여되었다. 일정 고을 내의 민호 가운데 일부를 떼어 봉호로 지급하는 것이었다. 물론 식읍 기사 가운데는 고을 자체가 수여된 것으로 되어 있는 것도 있다. 甄萱에게 楊州를 식읍으로 준 것이나,[17] 金傅에게 慶州를 식읍으로 준 것,[18] 고종대에 崔怡의 식읍이 晋州였다고 하는 것[19] 등이 그러하다. 그러나 이 경우도 실제 내용은 호수로써

12) 《太宗實錄》 권 1, 태종 원년 2월 기유.
13) 《端宗實錄》 권 9, 단종 원년 11월 계해.
14) 《世祖實錄》 권 2, 세조 원년 9월 무술.
15) 《高麗史》 권 45, 世家 45, 공양왕 원년 12월.
16) 《太祖實錄》 권 2, 태조 원년 9월 갑오.
17) 《高麗史》 권 2, 世家 2, 태조 18년.
18) 위와 같음.
19) 《高麗史》 권 129, 列傳 42, 叛逆 3, 崔怡.

헤아려 지급한 것이었다. 예컨대 김부가 식읍으로 경주를 받았다고 하지만, 경주고을 전역을 그가 완전히 지배하고 수취하였던 것은 아니었다. 김부는 실제로는 경주의 호 가운데 8,000호를 받았다.[20] 8,000호의 봉호는 경주에 있던 호 전체가 아니었다. 따라서 최이나 견훤도 김부와 마찬가지로 지급된 고을의 일부 호를 식읍으로 받았을 것이다.

식읍을 구성하고 그 형태를 이루는 봉호는 자연호가 아니었다. 수양대군의 경우 단종 원년 10월 식읍 1,000호 식실봉 500호를 받았는데, 이 가운데 실제로 수여받은 봉호는 실봉으로서의 식실봉 500호였다. 이 500호는 "擇富實戶 每 一戶 一名充定" 즉 부실호로서 500호를 택하고 그 가운데서 매 호마다 1명씩을 봉호로 충당하여 정하는 형태를 취하였다.[21] 조선 초는 식읍제가 완전히 소멸된 시기이기 때문에 이전 시기에도 동일하다고 단정할 수는 없겠지만, 원칙은 같았을 것이다.

식읍은 국가의 행정체계 내에서 존재하였고, 행정단위인 군현 등 고을과 직접적인 관련없이 여기저기 산재되어 있었다. 한 사람의 식읍은 규모의 대소에 따라 수 개 고을 내에 여기저기 산재하는 유형도 있었고, 단지 한 개 고을 내의 일부에 그치는 형태도 있었다.

식읍을 받은 자는 식읍주로서 봉호로 책정된 식읍민을 경제적으로 지배하고 수취하였다. 수취의 내용은 租·庸·調 등으로서,[22] 국가가 민인에게 부과하던 賦稅目 전부였다. 최이의 식읍에서 '晋州祿轉·稅布·徭貢'이 징수됨은[23] 그 예였다. 녹전은 租에, 세포와 요공은 각기 調와 庸에 해당하는 세였다. 충선왕이 雞林·福州·京山府를 자신의 식읍으로 삼고 郎將 仇煥을 파견하여 수세를 독려한 사실을 '督其賦稅'라 하여[24] 부세로 표현함도 세의 내역이 이러하였기 때문이었다.

봉호의 선정은 가호의 토지·인력·기타 재산 등의 소유상태를 고려하여

20) 《高麗史節要》 권 1, 태조 18년 12월.
21) 《端宗實錄》 권 9, 단종 원년 11월 계해.
22) 河炫綱, 앞의 글, 372~373쪽.
姜晋哲, 앞의 책, 170쪽.
李景植, 앞의 글, 139~140쪽.
23) 《高麗史節要》 권 16, 고종 37년 정월.
24) 《高麗史》 권 34, 世家 34, 충선왕 3년 8월 경오.

국가가 집행하였다. 빈한한 가호는 물론이고, 토호나 양반관료 등 지배층의 가호는 대상에서 제외되었을 것이다. 결국 평민호 가운데 조·조·용을 감당할 수 있는 비교적 안정된 호가 중심이었을 것이다.[25]

식읍은 봉호로서 지급되었지만, 봉호가 소유한 토지도 대상이 되었다. 장·처나 궁원 소속의 전지, 각급 행정 군사기관의 전지, 그리고 양반관료나 각종 국역 부담자의 전지 등에는 설정할 수 없었다. 충혜왕 후 5년(1344) 5월, 이제현이 都堂에 상서하여 3식읍이 설치된 후 백관 녹봉을 갖추지 못하게 되었으니 이를 혁파하여 광흥창(좌창)에 환속시켜 군신의 봉록에 충당하도록 하여야 한다"고 했던 것도[26] 식읍이 토지와 관련된 사정에서 나온 주장이었다.

봉호에게서 부세를 수취하는 방식은 중앙기관을 거치지 않고 식읍주가 직접 징수하는, 곧 식읍에서 식읍주에게 직접 납부하는 형식을 처하였다. 고종 37년(1250) 정월에 국왕이 최이의 식읍인 진주의 녹전·세포·요공을 崔沆家에 직접 납부하라고 하였지만 항이 사양하고 받지 않았다고 한 기사에서[27] 이 원칙을 알 수 있다. 왕이 계림·복주·경산부를 식읍으로 삼고 낭장 구환을 보내 부세를 독촉한 사실에서도[28] 확인할 수 있다.

물론 식읍의 조세를 식읍주가 직접 수취하였지만, 행정상 해당 지방관청에서 식읍주의 조세 수취에 협조함과 아울러 그 물량을 감독하면서 수납과정에서도 직접·간접으로 독려하고 협력하였을 것이다.

식읍은 봉호수로 구성되고 설치에 따른 이해 상반도 커서, 그 소지에는 여러 제한이 따랐다. 우선 수취는 수여된 봉호의 수에 대해서만 허용되었다. 그러므로 시간이 지남에 따라 해당 호에서 새로 증가하는 인구에 대해서는 수취가 허락되지 않았다. 식읍 소지에 따른 또 하나의 중요한 제약은 그 기한이 수봉자 본인 당대에 한하고 자손의 전수는 불가하다는 점이었다.[29]

식읍에서 들어오는 수입은 대단하였다. 조·조·용을 징수하는 것이므로 일반 수조지에서 들어 오는 수입보다 물량면에서 많았다. 식읍주는 봉호의

25) 李景植, 앞의 글, 143쪽.
26) 《高麗史》 권 110, 列傳 23, 李齊賢.
27) 《高麗史節要》 권 16, 고종 37년 정월.
28) 《高麗史》 권 34, 世家 34, 충선왕 3년 8월 경오.
29) 李景植, 앞의 글, 144쪽.

인력과 징수한 수입을 바탕으로 하여 식읍 내에서 자신의 사적인 경제기반을 닦을 수 있었다. 새 전지를 개척 개발하는 한편 전지를 매득함으로써 소유지의 규모를 확대할 수 있었고, 노비의 다량 확보도 가능하였다.30)

그러나 이러한 대부분의 식읍들은 地主佃戶制, 田主佃客制가 기본적인 토지제도로 기능하던 고려시대에는 그 경제적 의미를 상실하고 있었다. 지배층은 이미 식읍을 주된 경제기반으로 여기지 않았으며 오히려 토지에 대한 경제적 욕구가 높았다. 식읍의 수취대상 구성단위가 호였던 것은 당초 식읍이 등장할 때의 부세 징수 단위가 人·戶였기 때문이었다. 이러한 부세제는「地多人少」한 조건 곧 노동인력이 중시되고 있던 훨씬 이전 사회단계에서 시행될 수 있는 제도였으며, 인구 압박과 토지 겸병이 사회·경제·정치적 중요 현안으로 떠오른 고려시대에는 적합하지 못한 것이었다.

### (2) 투화전

投化田은 외국인이 고려에 내투 귀화하였을 때 그들에게 지급한 토지를 의미한다. 고려 때에는 흔히 외국인이 귀화하는 일이 있었는데, 국가에서는 이들의「來投王化」를 극력 환영하여 투화전을 지급하고 그 지위를 참작해서 신료의 예우를 베풀었다. 당시 인구의 증가는 생산력의 지표이며 어떤 의미에서는 국가의 동력이기도 하였기 때문에 그러한 우대조치를 취하였던 것이다.

고려에 외국인이 대량으로 투화한 예로서는 태조 때에 발해의 유민들이 무리를 지어 넘어 온 사실을 들 수 있으며, 이 밖에 여진·거란·일본인들이 많이 투화해 왔다. 투화전이 지급된 구체적인 예로는 태조 때 고려에 온 발해의 세자 大光顯 이하의 귀족·군사에 대해서 토지를 지급한 사실을 들 수 있다.31) 그리고 현종 4년(1013)에 宋人 戴翼이 투화했을 때 田莊을 지급한 일이 있고,32) 靖宗 6년(1040) 4월에 거란인 20여 명이 내투해 왔을 때 田宅을 지급한 일도 있었다.33)

그런데 우왕 14년(1388) 7월에 대사헌 조준이 상소한 내용 중에 "閑人·功

30) 李景植, 위의 글, 145~146쪽.
31)《高麗史》권 2, 世家 2, 태조 17년.
32)《高麗史》권 4, 世家 4, 현종 4년 정월 경술.
33)《高麗史》권 6, 世家 6, 정종 6년 4월 병술.

蔭·投化·入鎭·加給·補給 등과 別賜田이 대대로 증가하였다"는[34] 지적이 있다. 여기서 투화전의 증가가 한인·공음전 등과 더불어 문제가 되어 개혁의 대상으로 논의되었음을 알 수 있으며, 나아가 이 토지에서는 국가에 대해 전조를 부담하지 않았던 것으로 여겨진다.

### (3) 등과전

관리가 될 수 있는 인물을 선발하는 국가시험으로서 과거가 있었다. 과거에 합격한 자에게는 토지가 지급되었는데 그것이 登科田이었으며, 문종 30년에 그 지급규정이 마련되었다.[35]

① 모든 군현에서 30년 혹은 40~50년에 이르러 비로소 제술·명경과에 합격한 자에게는 17결의 전토를 지급하며, 100년 후에 합격하는 자에게는 20결의 전도와 노비 2구를 지급한다.
② 제술업·명경업·명법업·명산업·명서업 등의 출신자는 급제된 당년에 전토가 지급되는데 갑과는 20결, 기타는 17결이다.
③ 어떤 업의 출신자라도 義理에 通曉한 자에게는 그 다음해에 이르러 17결을 지급한다.
④ 의업·지리업 등의 출신자는 명법 혹은 명산업의 예에 의해 그 해에 17결을 지급한다.
⑤ 기타 잡업의 출신자는 4년 후에 이르러 비로소 17결을 지급한다.

등과전으로 지급되는 토지의 성격은 분명히 알 수 없지만, 양반 과전과 마찬가지로 수조지일 가능성이 크다고 생각된다.

그 밖에 국왕이 임의로 신하들에게 토지를 하사하는 賜田도 있었으며,[36] 入鎭·加給·補給田[37] 등도 私田으로 생각할 수 있지만 자세한 지급내용과 토지의 성격은 파악하기 어려운 실정이다.

〈李炳熙〉

34) 《高麗史》 권 78, 食貨 1, 田制.
35) 《高麗史》 권 74, 志 28, 選擧 2, 科目 2, 문종 30년 12월.
36) 姜晋哲, 앞의 책, 163~164쪽.
37) 《高麗史》 권 78, 志 32, 食貨 1, 田制.

# 5. 전시과 체제 하의 토지지배관계에 수반된 몇 가지 문제

## 1) 토지국유제설의 문제

### (1) 토지국유제설의 대두

한국의 토지제도를 다룸에 있어 가장 많은 논의가 되어 온 문제 중의 하나는 토지 국유의 원칙에 관한 것이었다. 종래 우리나라의 토지제도에 대해서는 동양의 여러 나라가 대개 그러했던 것처럼 전국의 토지가 「公田制」 위에 성립되어 모든 토지는 국가의 공유에 귀속하였다고 주장하는 견해가 오랫동안 유력시되어 왔던 것이다.

이와 같이 모든 토지가 국가의 공유에 귀속하였다는 토지국유제론은, 고찰해 보건대 다음과 같은 세 가지 방향에서 유래되었던 것 같다. 그 하나가 《詩經》의 小雅 北山에 나오는 바 "넓은 하늘 아래에 王土 아닌 것이 없고, 그 땅 내의 (사람들은) 王臣 아님이 없다[溥天之下 莫非王土 率土之浜 莫非王臣]"고 한 동양의 전통적 王土思想과 관련하여서였다. 뒤에 더 설명하듯이 이 왕토사상은 신라나 고려·조선사회의 현실과는 좀 차원이 다른 것이었는데, 그러나 당시의 政論家들은 그에 근거하여 토지의 공유를 주장하는 일이 많았고, 그것이 오늘날의 학자들에게도 간접적으로 영향을 미쳐 토지국유제 이론이 나오기에 이른 것이다.[1)]

다른 하나는 한국의 토지제도에 관해 처음으로 체계적인 저술을 낸 和田一郎의 「公田制=土地國有制」 주장이었다. 그는 잘 알려진 대로, 일제가 한국에 대한 식민지지배를 위해 조선총독부를 앞세워 단행한 이른바 토지조사사업의 실무책임자 가운데 한 사람으로서, 업무상의 필요에 따라 한국의 토지제도를

1) 李佑成, 〈新羅時代의 王土思想과 公田〉(《趙明基華甲紀念 佛敎史學論叢》, 1965, 218쪽 ; 《韓國中世社會硏究》, 一潮閣, 1991, 3~4쪽).

조사하여 《朝鮮土地·地稅制度調査報告書》를 낸 일이 있었다. 이 때가 1920년인데, 그는 여기에서, 삼국이 성립하기 이전 한국의 토지제도는 원시적인 部族共産制의 형태였으며, 이는 삼국시대에도 마찬가지였다고 말하고 있다. 그 후 신라가 삼국을 통일하면서 재래의 부족적 공산제가 공전제도로 발전하였는데, 이 공전제도는 원시 이래의 토지공유제를 국가적 규모로 확대한 것으로서 그 제도 아래서의 모든 토지는 공유·국유였으며 사유는 인정되지 않았다는 주장을 펴고 있는 것이다. 여기서도 물론 각종 명목으로 토지가 지급되었지만 그것은 단순한 收租權-관료의 경우-, 혹은 耕作權-농민의 경우-의 지급일 뿐 소유권은 어디까지나 국가에 귀속된 것이었다고 한다. 그리하여 이 같은 통일신라기의 공전제도가 비록 얼마간의 성격상 차이는 보인다 하더라도 기본틀은 변함이 없이 고려와 조선시대까지 계승되었다고 그는 말하고 있다.

공전제도 안에서도 私田이라는 명목의 토지는 존재하였다. 하지만 그것은 역시 公田의 범주 내에서 수조권이 위임된 토지에 불과하였다. 그럼에도 불구하고 고려 말에 이르러 이 사전의 범위가 확대되고 그 성격도 사유지적 의미를 많이 지니게 되어 공전제도는 한 때 붕괴될 위기에 처하였으나, 결국은 개혁파에 의해 사전 혁파가 이루어져 그 위기는 일단 극복되었다. 따라서 그 결과로 새로이 제정되는 과전법을 그는 공전제도로의 복귀로 이해하고 있다. 당시에는 사유지로서의 민전도 나타난다. 그러나 이 민전 역시 공전제도의 테두리 안에서 존재하는 사전을 불법적으로 사유지화한 것으로서, 이로써 공전제가 부정되는 것은 아니라고 말하고도 있다.[2)]

이러한 토지국유제론은 그 뒤 이 방면에 관심을 가진 사람들에게 큰 영향을 미쳐 같은 논리 위에서 각 연구가 진행되었다.[3)] 어떤 연구사는 토지소유

---

2) 和田一郎, 《朝鮮土地·地稅制度調査報告書》, 1920.
이 보고서의 내용에 대해서는 아래와 같은 논문에 잘 소개되어 있다.
旗田巍, 〈朝鮮土地制度史의 研究文獻-朝鮮總督府(和田一郎擔當), 「朝鮮의 土地制度及地稅制度調査報告書」를 中心으로〉(《아시아·아프리카 文獻調査報告》 55-中國·東아시아-, 1964 ; 《朝鮮中世社會史의 研究》, 法政大學出版局, 1972, 289~304쪽).
姜晋哲, 〈「土地國有制說」의 問題〉(《高麗土地制度史研究》, 高麗大出版部, 1980), 330~331쪽.

3) 그 논저들을 들면 아래와 같다.
旗田巍, 〈高麗朝에 있어서의 寺院經濟〉(《史學雜誌》 43-5, 1932).
周藤吉之, 〈麗末·鮮初에 있어서의 農莊에 대하여〉(《靑丘學叢》 17, 1934).

의 구체적 내용을 관리처분권과 수조권·경작권으로 나누어 고찰함으로써 한 걸음 진전된 모습을 보여 주기도 하였다.[4] 하지만 그 경우에도 국가에 귀속하는 관리 처분권이 私人에게 소속된 後二者보다 훨씬 우월한 위치에 있었으며, 이 우월적 권능을 매개로 하여 토지의 공유, 즉 국유제가 성립되었다고 주장한 점에 있어서는 큰 차이가 없었다.

한편 토지국유제론은, 유물사관이 말하는 "아시아사회에 있어서 사적 토지소유는 결여되어 있고 조세와 지대는 일치하며, 따라서 국가는 최고의 지주"라고 한 명제에서 기인한 바도 있는 것 같다.[5] 이와 같은 입장에서 삼국시대 이래 우리 나라의 토지제도는 국유제로서 고려왕조에서도「集權的 公田制」가 시행되었으며, 그리하여 전시과체제 또한 그 같은 집권적 토지국유의 기반 위에 존립하였다고 보았다. 사전이 존재하였지만 그것은 역시 수조권을 인정한 데 지나지 않았고 소유권은 오직 국가에 귀속하여 국가만이 최고의 지주라 이해하였던 것이다.[6]

이렇게 여러 학자들에 의해 다양하게 전개된 토지국유제론은 위에서 언급했듯이 상당히 오랜 기간 동안 학계를 풍미하여 별다른 의심 없이 사실로서 받아 들여져 왔었다. 그러나 지금 생각하여 보면 그것은 옳지 않은 견해였던 것 같다. 토지국유제론에 대한 비판은 대략 1960년대 후반부터 시작되어 오늘날에는 거의 극복된 단계에 와 있는 듯싶거니와, 그러면 이제부터 그 내용에 대해 좀더 자세하게 살펴 보기로 하자.

---

今掘誠二, 〈高麗賦役考覈〉(《社會經濟史學》 9-3·4·5, 1939).
麻生武龜, 《朝鮮田制考》(朝鮮總督府 中樞院, 1940).
周藤吉之, 〈高麗朝부터 朝鮮初期에 이르는 田制의 改革-特히 私田의 變革過程과 그의 封建制와의 關聯에 대하여-〉(《東亞學》 3, 1940).
有井智德, 〈高麗朝初期에 있어서의 公田制-特히 均田制를 中心으로-〉(《朝鮮學報》 13, 1958).

4) 深谷敏鐵, 〈鮮初의 土地制度 一斑-이른바 私田法을 中心으로-〉(《史學雜誌》 50-5·6, 1939.
———, 〈私田法으로부터 職田法으로-鮮初의 土地制度一斑-〉(《史學雜誌》 51-9·10, 1940).
———, 〈朝鮮의 土地慣行「並作半收」試論〉(《社會經濟史學》 11-9, 1941).
———, 〈朝鮮에 있어서의 近世的 土地所有의 成立過程-高麗朝의 私田으로부터 李朝의 民田으로-〉(《私學雜誌》 55-2·3, 1944).
———, 〈高麗時代의 民田에 대한 考察〉(《史學雜誌》 69-1, 1960).

5) 姜晋哲, 앞의 글, 341~342쪽.

6) 白南雲, 《朝鮮封建社會經濟史》 上(改造社, 1937), 47~50쪽.

### (2) 화전일랑 등의 토지국유제설에 대한 비판

和田一郎의 「土地國有制論」은 아직 근대적 토지사유의 제도가 미숙한 당시의 우리 나라 사회실정에 편승해서 농민들에게 갑자기 근대적 토지소유법 이론을 적용시킴으로써 그들로부터 토지를 빼앗아 방대한 국유지를 설정하려고 했던 조선총독부의 이른바 토지조사사업의 목적·이유와 밀접한 관련을 가지고 수립된 것으로, 당시 토지소유관계의 실태를 순수하게 학문적으로 객관적인 입장에서 분석한 결과 얻은 결론은 물론 아니었다. 더구나 그것은 공전제도가 통일신라기 이래로 조선 말기에 이르기까지 별다른 발전의 계기를 보이지 않은 채 거의 그대로 존속했다고 생각한 비역사적 관찰이었으며, 또 公田·私田·民田에 대한 그의 이해도 사실과는 맞지 않는 잘못된 것이었다.[7]

그럼에도 불구하고 그 영향은 의외로 컸었던 것이지만, 1960년대 후반에 접어들면서부터 여러 학자에 의해 다각도로 그의 이론에 관한 비판이 가해지기 시작하였다. 그와 같은 비판은 우선 고려의 전시과체제 내에도 자손에게 상속이 허용된 양반영업전으로서의 공음전시와 직역의 세습을 통해 이루어지는 향리·군인의 영업전과 같은 사유지적 성격의 토지가 존재하였다는 실증으로,[8] 한 큰 계기가 마련되었다. 이어서 사전은 田租의 귀속 문제와 함께 토지 그 자체가 사유지적 성격이 농후하다는 의미도 지닌다는 견해가 제시되었고,[9] 공전 또한 국가의 직영지일 뿐 아니라 단순한 국가수조지도 포함하는 등 다양한 내용을 가지고 있었다는 사실이 밝혀짐으로써[10] 종래의 이해 방식은 수정을 면치 못하게 되었던 것이다.

그러나 토지국유제론에 대한 비판은 무엇보다도 일반백성들의 소유지인 민전의 실체가 드러남에 따라 더욱 본격화하게 되었다. 고려 때는 신라의 帳

---

7) 旗田巍, 앞의 글(1964 ; 앞의 책, 304~305쪽).
姜晋哲, 앞의 글, 331쪽.

8) 李佑成, 〈高麗의 永業田〉(《歷史學報》 28, 1965, 4~10쪽 ; 《韓國中世社會硏究》, 一潮閣, 1991).

9) 姜晋哲, 〈高麗前期의 公田·私田과 그의 差率收租에 대하여—高麗 稅役制度의 一側面—〉(《歷史學報》 29, 1965), 26~27쪽.

10) 旗田巍, 〈李朝初期의 公田〉(《朝鮮史硏究會論文集》 3, 1967 ; 앞의 책).
———, 〈高麗의 公田〉(《史學雜誌》 77-4, 1968 ; 위의 책).

籍文書에 보이는 烟受有田畓과 계통을 같이하는 광대한 토지가 존재하였는데, 그것이 곧 민전으로서 이는 백성들이 조상 대대로 전래하여 오는, 글자 그대로 人「民」의 「田」이었다. 이와 같은 민전의 존재가 확인되기 시작한 것은 역시 1965년 경부터였거니와,11) 그것의 주된 경작자는 보통 白丁으로 알려진 농민층이었다는 점도 곧 밝혀졌다.12) 즉 고려시대에는 白丁農民들이 자기네의 소유지인 민전을 경작하여 국가에 일정한 양의 조세를 납부하고 그 나머지로 생계를 꾸려가고 있었다는 사실이 알려지게 된 것이다.

지금 말했듯이 민전의 소유자는 주로 백정농민층이었다. 그러나 한편 그렇다고 하여 이 민전의 소유자층에서 양반이나 향리들을 빼놓을 필요는 없다. 이들도 分給收租地 이외에 家産으로 전해오는 토지를 가지고 있었고 거기에서 얻은 수확의 일부를 국가에 조세로 납부하지 않으면 안되었을 것인데, 그렇다면 그 토지도 곧 민전이라고 볼 수밖에 없기 때문이다. 실제로 姜邯贊이 軍戶에 寄進한 田 12결과13) 李承休가 외가로부터 전해 받은 田 2결14) 및 李奎報의 소유토지15) 등은 양반의 민전이었다고 생각되며, 또 외방의 人吏들이 권세가에게 뇌물로 주었다는 所耕田16) 역시 향리의 민전이었던 것으로 이해된다. 이와 같이 민전은 양민 뿐 아니라 양반과 향리, 심지어는 노비층까지도 소유하고 있었는데,17) 이들의 토지를 한결같이 민전으로 파악한 것은 국가의 견지에서 보아 그 소유층 모두가 「民」으로 인식되었던 데 기인하는 것으로 짐작된다.

---

11) 姜晋哲, 앞의 글(1965), 16쪽 및 〈高麗時代의 土地制度〉(《韓國文化史大系 Ⅱ-政治·經濟史-》, 高大民族文化硏究所, 1965), 1303쪽. 이에 앞서 深谷敏鐵도 관심을 보였지만(〈高麗時代의 民田에 대한 考察〉, 《史學雜誌》 69-1, 1960) 그의 연구는 民田의 실체를 해명하는 일보다 오히려 均田制의 존재를 실증하려는 데 중점이 두어진 것이었다.

12) 旗田巍, 〈高麗의 民田에 대하여〉(《朝鮮學報》 48, 1968 ; 앞의 책, 168~171쪽).

13) 《高麗史》 권 94, 列傳 7, 姜邯贊.

14) 李承休, 《動安居士集》 雜著, 葆光亭記.

15) 洪承基, 〈奴婢의 土地耕作과 그 社會經濟的 地位 및 役割〉(《韓國學報》 14, 1979 ; 《高麗貴族社會와 奴婢》, 一潮閣, 1983, 90~92·96~101쪽).

16) 《高麗史》 권 85, 志 39, 刑法 2, 禁令 충렬왕 11년 3월 下旨.

17) 有井智德, 〈高麗朝에 있어서 民田의 所有關係에 대하여〉(《朝鮮史硏究會論文集》 8, 1971), 41~46쪽.
金容燮, 〈高麗時期의 量田制〉(《東方學志》 16, 1975), 89쪽.

민전은 사적 소유권이 보장되어 있는 토지였다. 이 점은 물론 수취와 관련이 깊은 것이겠지만 民田主가 그 토지의 주인으로서 토지대장인 양안에 명시되고[18] 그리하여 각자의 소유권이 국가에 의해 보호를 받고 있는 사실에서 잘 엿볼 수 있다. 민전은 이와 같이 사적 소유지였으므로 그에 대한 매매나 증여·상속 등 관리 처분권도 소유주의 자유의사에 맡겨져 있었다. 토지를 매매한 실례로는 고려 말에 閑散軍으로 뽑힌 농민이 마필을 구하기 위해 땅을 판 이야기와,[19] 鄭仲夫의 반란 때에 화를 면한 林椿이 湍州에서 땅을 사게 되는 이야기[20] 등 다수가 찾아진다. 그런데 이러한 토지 매매는 이미 신라 때부터 관행되어 온 것 같다. 당시의 예로는 뒤에 설명하는 바 원성왕의 능역을 조성하기 위하여 땅을 사들인 이야기와, 전남 담양 소재의 開仙寺址 石燈記에 보이는 買田券을 들 수 있다.[21]

다음 증여의 사례로서, 신라 때의 것으로는 귀족승려 智證이 자기 소유의 田莊 12區 500結을 사찰에 기진한 사실이 알려져 있고,[22] 고려시기의 것으로는 金剛山麓의 호수인 三日浦의 埋香碑에 전하는 寄進田券을 통해 살필 수 있다.[23] 그리고 위에 든 강감찬이나 외방 인리의 경우도 유사한 예라 하겠다.

상속에 관한 사료는 더욱 많이 전해지고 있다. 현재 그들 자료의 해석과 관련하여 상속의 형태에 대해서는 논자간에 얼마간의 이견이 노정되어 있기는 하지만,[24] 하여튼 민전이 자자손손에게 상속되는 토지였던 것만은 확실하다. 그러므로 이는 달리 祖業田·世業田·父祖田 등으로도 불리었던 것이다. 역시 이러한 명칭으로 불리운 토지 중에는 功蔭田 등도 포함되어 있었겠지

---

18) 金容燮, 위의 글, 87~91쪽.

19) 《高麗史》 권 81, 志 35, 兵 1, 兵制 신우 3년 6월.

20) 林 椿, 《西河集》 권 4, 寄山人悟生書. 이 실례는 일찍이 李佑成, 앞의 글(1965b), 19쪽 ; 앞의 책, 30쪽에서 지적된 바 있다.

21) 旗田巍, 〈新羅·高麗의 田券〉(《史學雜誌》 79-3, 1970 ; 앞의 책, 177~184쪽).

22) 李佑成, 앞의 글(1965a), 222~223쪽 ; 앞의 책, 9쪽.

23) 旗田巍, 앞의 책, 190~196쪽.

24) 武田幸男, 〈高麗 田丁의 再檢討〉(《朝鮮史硏究會論文集》 8, 1971).
崔在錫, 〈高麗朝에 있어서의 土地의 子女均分相續〉(《韓國史硏究》 35, 1981 ; 《韓國家族制度史硏究》, 一志社, 1983).
李羲權, 〈高麗의 財産相續形態에 관한 一考察〉(《韓國史硏究》 41, 1983).
申虎澈, 〈高麗時代의 土地相續에 대한 再檢討〉(《歷史學報》 98, 1983).

만 대개의 경우 그것은 민전을 지칭하는 말이었다고 생각된다.

민전은 더 말할 필요도 없이 民産의 근본이었지만 국가 재정의 측면에서도 매우 중요한 위치에 있는 토지였다. 국용과 녹봉의 재원이 이 곳에서 거두어들이는 조세로서 충당되었기 때문이다. 그것을 위해서 대략 20만 결 정도의 민전이 배당되어 있었지마는,[25] 이들 이외에 순수하게 군수에만 충당되던 양계지방의 민전과, 지목은 다르나 그와 성격을 같이하는 토지까지를 합하면 전체 면적 중에서 민전이 차지하는 비중은 압도적 다수였으리라고 생각된다.

이처럼 고려 때는 전국의 토지 가운데에서 민의 소유지가 압도적인 비중을 차지하고 있었다. 그것은 수조권의 이론에 의할 때 공전이 되었지만, 소유권의 측면에서 보면 사전이었는데, 매매나 증여·상속 등 관리 처분권은 위에서 설명했듯이 민전주가 자유롭게 행사할 수 있었다. 이러한 성격의 민전이 광범하게 존재한 이상 和田一郎과 그의 추종자들이 주장했던 바 일체의 토지는 국유·공유였다는 토지국유제설이 성립할 수 없다는 것은 저절로 명백해진다. 앞머리에서 밝힌 것처럼 公田制度=土地國有制理論은 잘못된 것이었다.

### (3) 유물사관 학자들의 토지국유제설에 대한 비판

유물사관 학자의 대표격인 白南雲은 일제하라는 어려운 여건 속에서도 우리 나라의 역사가 세계 여러 나라와 유사한 사회발전단계를 거쳤다는 논리를 폄으로써 일제 관학자들이 내세운 정체성론을 정면으로 부정하였을 뿐 아니라 한국사의 체계적 인식에도 커다란 도움을 주었다는 평가를 받고 있다. 그러나 그의 논리가 구체적인 역사적 사실에 기반을 두고 세워진 것이 아니라는 점에서 많은 비판 역시 받고 있다. 그의 이론은 구체적인 역사 사실들을 검토한 기초 위에서 얻은 결과가 아니라 史的 唯物論에서 말하는 사회발전단계설을 먼저 받아들인 후 우리의 역사를 거기에 뜯어 맞춘 매우 도식적인 것이라는 비판을 면치 못하고 있는 것이다. 아마 그가 거론하고 있는 토지국유제설에 대해서도 동일한 비판이 가능할 것 같다. 백남운이 토지국유제설을 펴게 된 것은 앞서 설명했듯이 마르크스의 동양사회론 즉 "아시아사회에 있어서의 토

25) 姜晋哲, 〈高麗時代의 農業經營形態－田柴科體制下의 公田의 경우－〉(《韓國史研究》 12, 1976 ; 앞의 책, 221~223쪽).

지사유의 결여, 국가가 최고의 지주이며 조세와 지대는 일치한다"는 명제를 그대로 수용한 데서 비롯하였을 뿐, 그것을 뒷받침할 사실의 검증 부분은 매우 소홀하게 다루었기 때문이다.

이런 점에서 벌써 백남운의 토지국유제설은 취약성을 지니지마는, 그렇다면 그가 전제로 한 바 국가가 최고의 지주이며, 조세와 지대는 일치한다는 명제의 타당성 여부는 어떠한가. 과연 고려 내지는 그를 전후한 사회에서 국가가 전국적인 규모에 걸쳐 최고의 지주로 군림한 시기와 또 조세와 지대가 일치한 시기가 현실적으로 있었을까. 이 점에 있어서도 결론은 역시 부정적이다.

앞 대목에서 지적한 대로 고려시대의 토지 지목 가운데에서 가장 큰 비중을 차지하는 것은 일반 민의 소유지인 민전이었다. 거기에 지목은 다르지만 민전과 동질적인 토지 위에 설정되었다고 생각되는 군인전이나 왕실·궁원·사원의 莊·處田을[26] 아울러 염두에 두고 보면 그 비중은 한층 커지게 된다. 이러한 토지들은 규정된 액수의 租만 납부하면 소유자인 민전주가 그것을 경영·관리 또는 처분하는 데 있어서 국가로부터 어떤 중대한 통제를 받지는 않았다고 생각된다. 이와 같은 토지에 대해 국가가 지주적 위치에 있었다고 말할 수 없다는 것은 쉽게 납득이 갈 줄로 안다.

물론 고려 때에도 국가적 토지소유의 범주에 속하는 토지는 존재하였다. 公廨田과 屯田·學田·籍田 등 국가의 직속지=공유지에 설정된 토지가 그에 해당하는 것들이었다. 하지만 이러한 지목에 속하는 국가공유지는 전체의 토지 면적에서 차지하는 비중이 별로 큰 게 아니었다. 전시과에 의해 분급되던 양반 과전에 대하여는 현재 국유지=공유지 위에 설정되었다는 학설과 민전 위에 설정되었다는 학설로 나뉘어 대립하고 있지마는, 비록 전자의 입장을 취한다 하더라도 그 역시 전체의 토지 가운데에서 그렇게 큰 비중을 차지하는 것은 못되었다. 통일신라나 조선시대에도 대개 그러하였지만 고려 때에는 국가공유지의 비율이 이처럼 비교적 미약한 편이있다. 국가가 지주의 행세를 할 수 있었던 것은 이 같이 비교적 적은 면적의 공유지에 한하였을 뿐 전국적인 규모에 걸친 토지에 대하여 그러한 위치에 군림했던 것은 아니었다.

다음 조세와 지대가 일치했느냐의 문제도 비슷한 사정이었던 것 같다. 먼

26) 姜晋哲, 위의 글.

저 민전의 경우 고려 때는 대체적으로 소농민들이 자가경영의 형태를 취하여 경작을 하고 있었으며, 그리하여 거기에서 얻은 수확물 가운데 규정된 액수의 조세를 국가에 납부하였다. 그러나 그것은 지대가 아니라 지세에 해당하는 것이었다.[27] 당시의 민전은 이와 같이 국가에 대하여 단순히 지세를 내는 토지였거니와, 이들이 전체 면적 중에서 압도적 비중을 차지하고 있었다 함은 위에서 지적한 바와 같다. 물론 민전주 중에는 자기가 경작할 수 있는 양을 초과하여 소유했거나 또는 어떤 개인사정으로 인해 남에게 소작을 주어 경영하는 경우도 있었을 것이다. 이렇게 하여 소작제경영이 이루어졌을 때 양자 사이에는 1/2조를 수취하는 지대가 성립한다. 그러나 이것은 어디까지나 民田主와 借耕者 사이의 관계인 것이며, 이 때에도 국가는 다만 민전주가 지대로 받은 전조의 일부를 지세로써 수취했을 뿐이었다. 국가가 민전에서 거두어들이는 조세는 지대와 일치하지 않는 것이었다.

궁원전과 사원전 같은 사전을 소작시켰을 경우에도 지대의 수취가 이루어졌으나, 이 역시 그의 소유주인 궁원·사원과 경작농민 사이에 성립하는 것이었다. 더구나 궁원전과 사원전은 국가에 내야 할 조세를 면제받는 토지였으므로 거기에는 국가의 징세권이 개입될 여지조차 없었다.

그러나 아마 양반과전이 국유지=공유지 위에 설정되었다는 학설을 따를 경우에 거기에서 징수하는 조세는 지대와 일치한다고 볼 수 있는 여지가 없지 않을 듯하다. 양반과전의 조는 본래 국가에 귀속되어야 할 것을 과전의 수급자인 양반들이 국가로부터 권한을 위임받아 대신에 수조하는 형식을 취하고 있는 것이었기 때문이다. 그러나 위에서 설명한 일이 있듯이 이 양반과전은 전체의 경작지 가운데에서 차지하는 비중이 그다지 큰 게 아니었다.

국가의 직속지=공유지 위에 설정되었던 공해전 등의 경우 가령 소작제로 경영되고 있었다고 한다면 양반과전과 유사한 논리로써 거기서 거두는 조세는 역시 지대와 일치했다고 할 수 있다. 하지만 이들도 또한 차지하는 면적의 비중이 크지 않았을 뿐더러, 그 경영방식도 소작제가 아니라 농민의 요역노동에

---

27) 地代 및 地稅에 대해서는 姜晋哲, 〈高麗前期의 地代에 내하여－田柴科體制下에서의 '地代'의 意義와 그 比重－〉(《史學》 52-3·4, 1983 ;《韓國中世土地所有研究》, 一潮閣, 1989) 참조.

의한 직접 경영이 중심이었던 것 같다.[28] 그렇다면 그 수확물은 전부가 국가 기관에 수취되었겠는데, 이것은 이른바 노동지대와 비슷한 일면도 없지 않으나 역시 그렇게 간주하기에는 어려움이 있다. 경작자에게 국가 소유의 토지를 지급하고 그 지급한 토지에 대한 면세와 같은 대가의 교환이 없이 무상의 요역노동에 의하여 경작된 국가 공유지의 수확을 지대의 개념으로 파악하는 데는 무리가 따르는 것이다.

고려시대 토지제도의 역사적 사실은 마르크스가 말한, "국가가 최고의 지주이며 조세와 지대는 일치한다"는 명제와 서로 맞지 않는 것이었다. 따라서 이 명제에서 출발한 백남운의 土地國有說도 옳았다고 할 수 없다는 것을 확인하게 된다.[29]

그런데 해방 이후 북한에서 활동하고 있는 金錫亨은 토지에 대한 국가의 부분적 소유권 이론을 펴고 있어[30] 주목된다. 즉, 그는 양반이나 양인농민의 토지사유는 인정을 하되, 그 사유는 국가의 강력한 지배와 제약을 받는 불완전한 사유이며, 이 불완전한 사유의 제한된 부분에 대한 국가의 소유권을 주장하고 있는 것이다. 그는 봉건적 토지소유관계를 대별하여「봉건국가↔양인농민」의 대립으로 도식화되는 범주와「양반지주↔노비·소작농민」의 대립으로 도식화되는 범주로 구분하였다. 이 중 제1범주에 속하는 양인농민은 자기 토지를 자기가 경작하는 소유주이며, 제2범주에 속하는 노비·소작농민은 양반지주의 토지를 借耕하는 사람들로, 그 토지의 소유주는 물론 양반지주였다. 따라서 국가는 기본적으로 토지의 소유지에서 배제되는 셈인데, 그러나 국가는 양인농민 뿐 아니라 양반지주의 토지소유에 대하여 커다란 통제·제약을 가할 수 있었다. 양인농민 및 양반지주의 토지소유에 대한 봉건국가의 이러한 통제·제약의 권한을 그는 제한된 부분의 국가 소유권으로 해석하고 있는 것이다. 그리하여 여기서의 토지소유권은「봉건국가+양인농민」또는「봉건국가+양반지주」라는 형태로 통일되어 2중으로 계열화된 구조를 나타낸다고 보았다. 그는 이러한 국가의 제한된 토지소유권을 인정하고, 그 같은 견지에서 국가

28) 姜晋哲, 앞의 글(1976).

29) 이상의 설명은 주로 姜晋哲, 앞의 책, 339~348쪽에 의거한 것이다.

30) 金錫亨, 〈조선 중세의 봉건적 토지소유에 대하여〉(《조선 봉건시대 농민의 계급구성》 부록, 1957 ; 日譯本, 1960).

의 지주적 존재를 용인하는 한편, 조세와 지대는 일치하는 것으로 파악해도 좋다는 시각을 제시하고 있는 것이다.

하지만 이 주장에도 역시 많은 불안이 따른다. 토지에 대한 국가의 통제·제약의 권한을 소유의 개념으로 바꾸어 놓는다는 것 자체가 무리한 논리일 뿐더러, 토지에 대한 국가의 제한된 부분의 소유를 인정한다고 해서 조세와 지대는 일치한다는 명제가 그대로 성립한다고 볼 수도 없기 때문이다. 그리고 이른바 국가의 부분적 소유권이라는 것도 그 실질의 내용이 어떤 것이냐를 따져보면 매우 모호하다. 어떤 객체에 대한 소유권이라고 하면 그것을 임의로 사용·수익·처분할 수 있는 권리를 전제로 하는 것인데, 우리 나라의 土地所有史上 아무런 불법이나 하자가 없는 민간의 토지에 대하여 국가가 자의로 그 같은 권리를 행사했다는 기록은 잘은 몰라도 찾아지지 않기 때문이다. 김석형의 주장 역시 마르크스의 명제에 충실하려는 학문의 소치로서 우리 나라의 중세 토지소유관계에 대한 정확한 이해와는 거리가 있는 것이었다.[31)]

한편 근자에는 종래와 해석을 달리한 다음과 같은 새로운 이론도 제기되어 또한 주목된다. 그것은 日人 학자인 中村哲에 의하여 제기된 것으로, 아시아적 예속농민이나 토지점유노예·농노 등은 모두 토지와 본원적 결합관계에 있어서, 그것을 매개로 하여 토지소유의 體現者로 존재하였다. 이들은 「自己勞動에 입각하는 토지소유」의 체현자들이었다. 그런데 이렇게 자기노동에 입각하는 토지소유의 체현자들은 생산수단과 본원적인 결합관계에 있었으므로 다시 다른 개인이나 공동체 혹은 국가에 의하여 생산수단의 일부로서 소유되어 있었다 한다. 이것이 「타인의 노동의 착취에 입각하는 소유」였다. 이와 같이 전근대사회에서는 「자기노동에 입각하는 소유」와 「타인의 노동의 착취에 입각하는 소유」가 불가분하게 결부되어 하나의 통일된 소유를 형성하는 것이 토지소유의 일반적인 형태였다고 그는 말하고 있다. 따라서 마르크스가 《資本論》 제3권 지대론에서 내세운 바, 아시아사회에서는 토지의 사적 소유가 결여되어

---

31) 이상의 논지는 아래의 논문을 참조하여 서술한 것이다.
姜晋哲, 앞의 글(1980), 348~350쪽.
——, 〈'高麗·李朝社會論의 問題點' 再檢討－前近代國家의 民衆支配에 내하여－〉(《李丙燾九旬紀念 韓國史學論叢》, 1987 ; 《韓國中世土地所有研究》, 一潮閣, 1989, 384~390쪽).

있고 조세와 지대는 일치한다는 명제에 관한 종래의 해석은 잘못된 것이었다고 한다. 여기서 토지사유의 결여를 주장한 것은 영주적 대토지, 즉「타인의 노동의 착취에 입각하는 소유」의 부재를 지적한 것이지, 농민의 소유 다시 말해서「자기노동에 입각하는 소유」의 부재를 含意하는 것은 아니었다고 그는 주장하고 있는 것이다.[32] 이와 같은 토지의 중층적 소유론은 김석형이 말하는 이중구조론과도 논리를 달리하는 것으로, 종래 토지의 국유론과 사유론을 양자택일적으로 한정해서 이해하여 온 우리에게 새로운 문제점을 제기하여 주는 것이다.

### (4) 왕토사상의 실상

앞서 밝혔듯이 토지국유제설은 "넓은 하늘 아래에 왕토 아닌 것이 없다"는 왕토사상에서 유래한 면도 있었다. 하지만 그 같은 왕토사상에도 불구하고 광범한 민전의 존재에서 단적으로 드러나는 것처럼 역사적 사실은 그와 같은 것이 아니었다. 그렇다면 과연 왕토사상의 실상은 어떤 것이었으며, 또 그것은 어떤 의미를 지니고 있었을까.

왕토라는 말이 보이는 기록 가운데 현재 우리가 대할 수 있는 가장 오래된 자료는 신라 말기의 것들이다. 즉, 崔致遠이 撰한 〈雙谿寺 眞鑑禪師碑〉의 것이 그 하나인데, 거기에 "國王으로부터 傳命이 있어 멀리 法力을 祈祝하여 올 때마다 眞鑑禪師는 무릇 王土에 居하는 佛子로서(凡居王土而戴佛日者) 누가 護念하는 마음을 기울여 왕을 위해 貯福하지 않을 자가 있겠습니까"라고[33] 했다는 구절이 보이는 것이다. 여기서 우리는 이 땅의 모든 것을 지배하는 王者의 권위를 느낄 수는 있다. 그러나 왕토에 살고 있는 불자이기 때문에 왕에게 護念하는 마음을 기울인다고 했을 때의 그 왕토는 단순히 왕의 영역을 뜻했다고 이해된다. 왕토라는 말은 이처럼 소유의 문제와는 직접적인 관련이 없이

32) 中村哲,《奴隷制・農奴制의 理論》(東京大學出版會, 1977).
宮嶋博史,〈朝鮮史硏究와 所有論-時代區分에 대한 一提言-〉(《人文學報》167, 1984), 26~31쪽.
이들에 관한 소개는 姜晋哲,〈社會經濟史學의 도입과 전개〉(《國史館論叢》2, 1989 ;《韓國社會의 歷史像》, 一志社, 1992, 113~115쪽) 참조.

33) 〈雙谿寺眞鑑禪師大空塔碑〉(《朝鮮金石總覽》上, 朝鮮總督府, 1919), 66쪽.

단순하게 왕의 영역이라는 정도의 의미로 쓰이기도 했던 것을 알 수 있다.[34)]

다음의 기록도 유사한 예일 것 같다. 역시 최치원이 찬한 〈鳳巖寺 智證大師碑〉에는 그가 헌강왕 5년(879)에 莊 12區의 田 500結을 사원에 희사한 사실이 전하지마는, 그 경위에 대해 "비록 나의 田地이기는 하나 또한 王土에 있는 것이므로(雖曰我田 且居王土) 여러 당로자를 거쳐 왕의 동의를 얻어 시행하였는데, 왕은 그곳의 僧統으로 하여금 희사된 땅을 標識하여 사원 소유의 경계를 확실하게 했다"는 것이다.[35)] 얼핏보면 이 경우의 왕토는 실질적인 의의가 있었던 것 같기도 하다. 그러나 내용인즉 왕토에 있기 때문에 왕의 동의가 필요했던 게 아니라 실은 신라정부가 이전부터 백성들이 사원에 토지를 기진하는 행위를 금하고 있었으므로 그런 절차가 필요했던 것이었다. 그것은 智證의 말처럼 '나의 田地' 즉 그의 사유지였으므로 토지의 기진에 대한 금령이 없었던들 왕의 허가라는 절차상의 문제가 발생함이 없이 아마 소유주의 자유 의사에 의해 처분되었으리라 예상된다. 이런 점에서 볼 때 왕토라는 말은 역시 관념적인 표상에 지나지 않았던 게 아닐까 생각되는 면이 많은 것이다.[36)]

그 같은 측면은 다음의 자료에서 더욱 선명하게 드러난다. 역시 최치원이 찬한 경주 소재의 〈崇福寺碑〉에, "九原(陵)을 이룩한 곳이 비록 왕토라고는 하나 실상 공전이 아니므로(雖云王土 且非公田) 이에 부근 일대를 일괄하여 후한 대가를 주고 구하였다. (그리하여) 사 보탠 것이 丘壟 200여 결이요 그 가격은 稻穀 2,000苫이었다"는 기록이[37)] 보이는 것이다. 이것은 신라 원성왕이 세상을 떠난 뒤 그의 능역을 조성하는 일과 관련된 기사로, 그곳이 비록 왕토이기는 하였지만 공전이 아니기 때문에 많은 값을 치루고 구입하지 않으면 안되었다는 것이다. 여기서 공전은 국유지 혹은 왕실소유지라는 뜻으로 쓴 듯 이해되거니와, 그렇지 못한 개인의 사유지는 비록 왕토로 인식되고 있었음에도 불구하고 국가에서 자유로이 처분할 수 없었음을 분명하게 알 수가 있다. 동양의 전통적인 왕토사상은 관념적인 산물에 지나지 않았다는 사실을 확인할 수 있

34) 해석에 대해서는 李佑成, 앞의 글(1965a, 219쪽 ; 앞의 책, 5쪽) 참조.
35) 〈鳳巖寺智證大師寂照塔碑〉(《朝鮮金石總覽》 上), 88쪽.
36) 李佑成, 앞의 글(1965a, 222~234쪽 ; 앞의 책, 9~11쪽).
37) 〈崇福寺碑〉(《朝鮮金石總覽》 上), 120쪽. 그에 대한 해석은 李佑成, 앞의 글(1965a, 219~222쪽 ; 앞의 책, 5~8쪽) 참조.

는 것이다. 그것은 어디까지나 토지국유제의 하나의 관념적인 擬制였을 뿐 현실적인 토지소유관계를 말한 것은 아니었다.

왕토사상과 그로 말미암은 토지국유의 원칙은 거듭 말하지만 역사적 사실과는 맞지 않는 것이었다. 그럼에도 당시의 지배층들이 가끔 사료에 보이는 바와 같이 그것을 표방하고 또 강조한 이유는 무엇 때문이었을까. 이는 아마 토지를 매개로 하여 국가의 재정을 확보하려는 수취체계와 관련이 깊었던 듯하다. 즉 실제에 있어서는 농민의 사유에 속하는 토지를 국가의 것으로 관념하여 그것을 농민에게 給付해 주는 형식을 취하고, 이 급부에 대한 반대급부로서 조세·공부·역역 등 각종 수취를 수행하려 했던 것이다.[38] 왕토사상과 그에 입각한 토지국유제 원칙의 실상은 이와 같이 재정적 의제로서의 기능을 그 내용으로 하는 것이었다고 생각된다.

〈朴龍雲〉

## 2) 균전제의 시행여부에 관한 문제

### (1) 균전제설의 대두

고려시대의 토지제도를 연구한 초기의 학자들은 토지국유제설과 함께 균전제론도 주장하여 이 역시 오랫동안 유력시되어 왔었다. 지금 재삼 검토하여 보면 그 같은 종래의 주장은 잘못된 것이었다는 생각이 많이 들지만, 그에 대해서는 《高麗史》 권 78, 食貨志 1, 田制 서문에서조차, "고려의 전제는 대략 唐 제도를 모방한 것이다"라고 해서 고려의 토지제도가 당의 分地制인 균전제를 모범으로 한 듯이 설명하고 있다. 잘 알려져 있듯이 당의 균전제는 모든 농민에게 100畝(口分田 80畝, 永業田 20畝)의 땅을 균등하게 분급하고 이에 대한 반대급부로서 租·庸·調의 부담을 지우거나 府兵으로 군역에 복무시키는 제도였다. 이와 비슷한 전제가 고려에서도 시행되었다고 언급하고 있는 셈이다. 사실 고려기를 다룬 사서에는 《高麗史》 식화지 전제 서문 이외에도 균전제가 시행된 것처럼 명시 내지 암시한 구절이 꽤 여럿 눈에 띄고 있

38) 姜晋哲, 앞의 글(1980), 351쪽.
———, 앞의 글(1965b), 1304~1305쪽.

다. 그렇기 때문에 균전제설도 대두하게 된 것이지마는, 아래에 먼저 그 사료들을 열거하면 다음과 같다.

A-① 靖宗 7년(1041) 정월에 戶部가 아뢰기를, '尙州 관내의 中牟縣과 洪州 관내의 槥城郡, 長湍縣 관내의 臨津縣·臨江縣 등은 民田의 多寡와 膏瘠이 균등하지 않으니 청컨대 사자를 보내어 量田하여 그 食役을 고르게 하소서(民田多寡膏瘠不均 請遣使量之 均其食役)'하니 그에 좇았다(《高麗史》 권 78, 志 32, 食貨 1, 田制 經理).

② 문종 13년(1059) 2월에 尙書戶部가 아뢰기를, '楊州 界內의 見州는 邑을 설치한 지가 이미 105년이어서 州民의 田畝가 여러 번 水旱을 겪어 膏瘠이 같지 않으니 청컨대 사자를 보내어 均定하소서(州民田畝 累經水旱 膏瘠不同 請遣使均定)'하니 制하여 可하다 하였다(《高麗史》 권 78, 志 32, 食貨 1, 田制 經理).

③ 문종 13년 3월에 西北面兵馬使가 아뢰기를, '安北都護 및 龜州·泰州·靈州·渭州 등과 通海縣은 민전을 量給한 지가 이미 오래되어서 肥瘠이 같지 않으니 청컨대 사자를 보내어 均定하소서(民田量給已久 肥瘠不同 請遣使均定)'하니 그에 좇았다(《高麗史》 권 78, 志 32, 食貨 1, 田制 經理).

B-① 충렬왕 24년(1298) 정월에 충선왕이 즉위하여 敎를 내리기를, '先王이 內外의 田丁을 제정하여 각각 職役에 따라 평균 분급해 민생에 資케 하고 또 國用을 지탱케 하였다(先王制定內外田丁 各隨職役 平均分給 以資民生 又支國用)'(《高麗史》 권 78, 志 32, 食貨 1, 田制 經理).

② 공민왕 원년(1352) 2월에 旨를 내리기를, '祿을 무겁게 하여 士를 勸勵하는 것은 국초에는 成法이 있었으나, 중세 이후로 井地가 고르지 못함으로써(中世以降 井地不均), 公府가 점차 소모되어 관리가 염치를 기르기에 부족하니 그 절개 닦기를 바라고자 하나 어렵다. 有司는 급하지 않은 관원을 없애고 겸병하는 家를 금하여 창름을 충실하게 해 봉록을 증가시키도록 하라' 하였다(《高麗史》 권 80, 志 3, 食貨 3, 祿俸).

③ 신우 14년(창왕 즉위년, 1388) 9월에 右常侍 許應 등이 상소하여 말하기를, '臣 등이 근자에 司憲府·版圖·典法과 함께 글을 번갈아 申聞하여 先王의 均田制를 復舊할 것을 청하였사온데(請復先王均田之制), 전하께서도 윤허하시니 사방에서 들은 자가 기뻐하지 않음이 없었습니다. 오직 巨家 世族의 겸병자들만이 홀로 불편하게 생각하고 여러 말로 불평하여 衆聽을 어지럽히고 있습니다마는…엎드려 생각하건대 전하께서는 衆口의 번거롭고 시끄러움을 견디시고 均田의 舊制를 회복하여(復均田之舊制) 軍國의 需用이 모두 남음이 있게 하시고 사대부로 하여금 전토를 받지 않음이 없게 하시면 국가가 심히 다행이겠습니다' 하였다(《高麗史》 권 78, 志 32, 食貨 1, 田制 祿科田).

C-① 그 國俗이 감히 私田을 가질 수 없었고, 대략 丘井의 제도와 같은 것이었는데(略如丘井之制), 官·吏·民·兵은 등급의 高下에 따라 授田하였다(隨官吏民兵秩序高下而授之). 國母·王妃·世子·王女 이하가 모두 湯沐田을 소유

하였으며, 每 150보가 1결이었다. 民이 나이 8세에 投狀射田하는데 結의 수에 차이가 있었다. 國官 이하 兵·吏·驅使·進士·工技는 일이 없으면 田에서 服勞하고 변방에서 수자리하면 給米하였다(《高麗圖經》 권 23, 雜俗 種藝).

② 백관은 米로써 俸祿을 받고 (또) 모두 田을 지급 받는데, 祿을 반납하면(致仕하면) 절반을 받고 죽으면 회수하였다. 나라에는 사전이 없고 民은 口를 계산해 授業하는데(民計口授業) 16세 이상이면 군에 충당되었다. 6軍 3衛는 항상 관부에 머물렀는데 3년마다 선발하여 (바꾸었고), 서북계의 수자리하는 (군사는) 반년마다 更代하였는데 경고가 있으면 무기를 잡고, 일이 생기면 勞役에 복무하였으며, 일이 끝나면 農畝에 복귀하였다(《宋史》 권 487, 高麗傳).

A사료는 고려 전기인 靖宗과 문종 때의 기록으로, 민전의 多寡나 膏堉 또는 肥堉이 불균한 게 문제가 되자 조정에서 사자를 보내 量田하여 '均其食役' 하거나 '均定'케 했다는 것인데, 균전제를 긍정하는 논자들은 이를 민전의 양적·질적인 균등화로 이해하여 자신들 주장의 한 중요 논거로 삼았었다. 그리고 B사료는 여말 또는 그보다 조금 이른 시기의 것들로, 이전에는 균전제가 시행되었다거나 또는 그러했던 것처럼 이해하기 쉽게 주장된 기록들이다. 즉, B-③은 아예 균전제를 시행한 듯이 언급되고 있으며, ②에서는 균전제와 비슷한 井田法이, 그리고 ①에서는 田丁을 직역에 따라 평균하게 분급해 민생에 資케 하였다고 보인다. C사료는 宋側의 기록들인데, 官·吏·兵과 함께 民이 등급의 고하에 따라 援田하였다거나, 또는 "民은 口를 계산해 授田하였다"고 시술되고 있다. 균전제론자들은 이것들도 균전 사료로 생각하여 자기들의 논리를 전개했던 것이다.

이러한 자료를 바탕으로 하여 고려에서 균전제가 시행되었다는 견해가 먼저 제기되었다.[1] 이어서 전반적인 균전 사료의 검토와 함께 역시 고려에서는 전국적인 규모에 걸쳐 균전제가 시행되었으나 지역에 따라 授田額이 달랐다는 이른바 「地域的 均田制」라 주장되기도 하였다.[2] 그런가 하면 아예 당나라의 흡사한 방식의 균전제를 말하기도 하지만,[3] 그러나 점차 연구가 깊어지면서 이들의 주장은 잘못이었다는 쪽으로 의견이 좁혀지게 되었다. 그

1) 今掘誠二, 〈高麗賦役考覈〉(《社會經濟史學》 9-3·4·5, 1939), 235~238쪽.
2) 有井智德, 〈高麗朝初期에 있어서의 公田制-특히 均田制를 中心으로-〉(《朝鮮學報》 13, 1958), 131~134·142~145쪽.
3) 深谷敏鐵, 〈高麗時代의 民田에 대한 考察〉(《史學雜誌》 69-1, 1960), 77·88~89쪽.

러면 지금부터 그와 같은 균전제 부정의 논리는 어떠한 것이었는가에 대해 알아보기로 하자.

## (2) 균전제설에 대한 비판

종래의 균전제설에 대한 의문은 우선 고려에는 국가로부터 토지를 지급 받지 못하는 백정농민층이 광범하게 존재하였다는 연구가 진행되면서 제기되었다. 경작자인 농민 전체를 상대로 토지를 균등하게 분급해 준다는 균전제 아래에서 그것을 지급받지 못하는 백정이라는 농민층이 존재할 수는 없는 일이기 때문이다. 이 점이 지적되자,[4] 곧 이어 과거의 균전제론자들이 근거로 들었던 자료(A사료)는 토지를 다시 측량하여 면적의 다과와 토질의 膏塉에 따라 課役을 새로이 책정함으로써 농민의 부담을 고르게 하자는 의미였다고 해석하고, 고려시대에 있어서 토지의 급여는 國役을 담당하는 계층에 한정되었다는 점을 들어[5] 역시 균전제론이 부인되었다. 그리고 비슷한 시기에 전형적인 균전제 국가인 당의 수취체계는 조·용·조가 농민 한 사람 당 얼마씩이라는 일정한 양으로 균등 고정화되어 있었는데, 고려의 경우에 있어서는 이러한 수취량이 균등·고정화된 흔적은 보이지 않고 전조의 수취는 매 결당 얼마씩이라는 일종의 누진세법의 형태를 취하고 있었다는 점과, 고려 군인의 원천이 당과 같은 균전농민이었다면 응당 당제와 같이 조·용·조의 면제를 조건으로 병액을 확보하는 것이었을텐데 그렇지 않고 군인전을 따로 설정하고 있었다는 점 등 몇 가지 이유를 들어[6] 균전제론에 반대하는 입장이 표명되기도 하였다.

그리하여 균전제설은 점차로 부정되어 가게 되었지마는, 그러나 아직 종래의 균전제론자들이 그 논거로 들어 왔던 자료를 구체적이면서도 종합적으로 재검토하는 단계까지 이루어진 것은 아니었다. 하지만 균전제의 시행을 부정하는 이상 그것은 불가피한 작업이었다. 그러므로 균전제 부정론자들은 이어

4) 旗田巍, 〈高麗時代의 白丁－身分·職役·土地－〉(《朝鮮學報》 14, 1959 ; 《朝鮮中世社會史의 硏究》, 法政大學出版局, 1972, 375쪽).

5) 李佑成, 〈高麗의 永業田〉(《歷史學報》 28, 1965, 7쪽 ; 《韓國中世社會硏究》, 一潮閣, 1991, 19쪽).

6) 姜晋哲, 〈高麗時代의 土地制度〉(《韓國文化史大系 Ⅱ－政治·經濟史－》 高大民族文化硏究所, 1965), 1305~1310쪽.

서 종래 균전 사료라고 여겨져 왔던 기록들을 면밀하게 분석·검토하여 역시 재래의 해석은 잘못되었다는 결론에 도달하고 있다.

먼저 A사료부터 보도록 하자. 그 중 ①사료는 상주 관내의 中牟縣과 홍주 관내의 槥城郡, 장단현 관내의 臨津縣·臨江縣 등 몇몇 군현에 있는 민전의 多寡와 膏堉이 균등하지 않아 문제가 발생한 경우인데, 우선《高麗史》지리지에 의하면 당시 상주 관내에는 모두 24개의 속군현이 있었는데 중모현은 그 가운데 하나이며, 槥城郡은 홍주 관내의 14개 속군현 가운데 하나였고, 임진현·임강현은 장단현 관내의 7개 속현 가운데 일부였다는 사실에 유의할 필요가 있다. 그렇게 많은 속군현 가운데 유독 위에 열거한 몇몇 군현만이 문제가 된 것은 당해 군현이 어떤 사유로 인해 이상사태에 처하게 되었음을 나타내주는 것이라 생각되기 때문이다. 그 어떤 사유란 ②사료에 보이는 見州의 예처럼 설치한 지가 오래되어 그 간에 여러 차례 홍수와 가뭄 등을 겪은 경우 등을 들 수 있을 것 같다. 그리하여 전토의 多寡와 膏堉 등이 불균·부동하게 되어 백성들의 식생활이나 조세 부담 등에 곤란을 겪는 이상사태를 상정해 볼 수 있는 것이다. 이 때 조세 부담 등은 특히 문제가 되었을 것이다. 홍수나 가뭄 등으로 인해 소유 토지의 다과와 고척에 큰 변동이 발생했음에도 불구하고 이미 오래 전에 작성된 量案 또는 課稅臺帳에 의거하여 조세를 거둔다면 그것은 백성들의 커다란 불만의 대상이 되었을 것이기 때문이다. 앞서도 잠시 지적한 일이 있듯이 "사자를 보내어 量田하여 그 食役을 고르게 하라"거나 "均定하라"는 상소는 이러한 측면에서 해석하는 것이 역시 옳을 듯하다. 그렇다면 A-①·②사료가 균전제를 뒷받침하는 근거가 되지 못한다는 것은 더 말할 필요가 없게 된다.

생각하기에 따라서는 A-①·②사료를 종래의 해석처럼 민전의 균등화를 도모한 기록이라고 볼 수 있는 여지가 아주 없는 것은 아니다. 하지만 설령 그와 같이 해석한다 하더라도 균전화 정책이 시도된 지역은 일부 군현에 한정된 것이었다. ②사료의 見州는 楊州 界內의 많은 속읍 가운데 하나였거니와, ①사료의 중모현 등도 여러 속군현 가운데 하나였다 함은 위에서 설명한 바와 같다. 따라서 이 경우에도 저들을 근거로 전국에 걸쳐 토지를 균등하게 분급한다는 균전제를 말하기는 어렵다.

A-③ 사료는 서북면의 安北都護府와 그 관할 하의 몇몇 주진이 역시 '量給한 지가 오래되어서' 문제가 발생한 사실을 보여 주고 있는데, 다 아는 대로 이 지역은 고려가 건국된 이후의 영토확장정책에 따라 새로 개척·편입된 곳이다. 그리하여 이들 지역에는 사민정책이 실시되었지만, 새로운 개척지역에 들어간 그들에게 토지의 분급이 있었으리라는 예상은 충분히 할 수 있다. 이는 "오래 전에 田土를 量給했다"고 한 기록과도 합치되는 사항인데, 따라서 이 곳에서는 토지의 均給이 이루어졌을 가능성이 높다. 그러나 이 경우도 북방개척이라는 특수한 상황을 배경으로 한 것인데다가 또 일부 지역에 한해서 시행된 것이므로 그것을 논거로 균전제를 주장하는 데는 여전히 많은 무리가 따른다. 이처럼 A사료를 통해 볼 때 비록 고려의 극히 제한된 일부 지역에서 임시적 방편으로 균전제 비슷한 제도가 존재하였을 가능성이 있기는 하지만 그것이 항구적으로 전국에 걸쳐 실시된 일은 없었다고 판단되는 것이다.7)

그런데 한편으로 B-③에는 선왕 때의 제도인 균전제를 다시 실시하자고 한 주장도 보여 또 다른 주목의 대상이 되고 있다. 이것은 여말에 사전을 혁파할 것인가 아니할 것인가가 가장 큰 정치적 쟁점으로 부각되었을 때 그를 혁파하자는 쪽의 주장 속에 나오는 것으로, 선왕 때 즉 고려 전기에는 균전제가 실시되었었으므로 지금 그 제도로 돌아가자는 의견인데, 하지만 이는 단순히 전제 개혁을 역설하는 과정에서 언급된 것이어서 그 같은 제도의 실재 여부는 사실 애매모호하다. 그러므로 선왕 때의 균전제 云云은 사전의 개혁을 강행하려는 논자들이 자기네 주장을 관철시키기 위해 표방한 것일 뿐 그것이 실제로 고려 전기에 균전제가 실현되었다는 명확한 증거가 되는 것은 아니라는 의견도 적지 않은 것이다.8)

다음 B-②에는 고려의 '중세' 이후로 균전제와 비슷한 井田法이 실시된 듯한 언급이 보이는데, 이 역시도 의문의 여지가 많다. 다 아는 바와 같이 정전법은 周에서 일정한 면적의 정방형 토지를 井字形으로 등분하여 중앙의 공전은

7) 旗田巍, 〈高麗時代에 있어서 均田制의 有無〉(《朝鮮學報》 49, 1968 ; 앞의 책, 158~160쪽).
姜晉哲, 〈均田制 施行與否에 관한 問題〉(《高麗土地制度史硏究》, 高麗大出版部, 1980), 355~358쪽.

8) 旗田巍, 위의 글, 152쪽.
姜晉哲, 위의 글, 358~359쪽.

8家가 공동으로 경작하여 그 수확은 전부 국가에 바치고 주변의 사전은 각자가 경작하여 수익을 얻는다는 일종의 전설적인 田法이다. 이는 중국에서조차 실재 여부가 의문시되어 있거니와, 공전·사전의 수조율이 확정되어 있던 고려시대에 그 같은 정전법이 전반적인 分地制로서 채택되어 있었다고는 도저히 생각할 수가 없는 것이다. 그러므로 연구자들은 공민왕의 下旨에 나오는 B-②의 '井地 不均'은, "무릇 仁政은 반드시 經界로부터 시작되므로 經界가 不正하고 井地가 不均하면 穀祿도 不平하게 된다"는[9] 《孟子》의 어구를 그대로 차용하여 문장을 수식한 것에 지나지 않는다고 보고 있다. 공민왕 당시는 토지제도의 문란에 따라 겸병이 극심했던 때이므로 그에 대한 반작용으로 왕토사상이 강렬하게 대두되고 있었거니와, 정전법에 관한 언급도 그 한 표현으로 이해하고 있는 것이다. C-①에는 '丘井之制'가 시행된 듯한 언급도 보인다. 丘井制는 정전법을 기반으로 그 위에 성립하는 軍賦徵集의 조직을 말하지마는, 그러나 이 자료가 작성된 인종 당시에는 이미 잘 밝혀져 있는 바와 같이 軍賦의 부담은 군인전의 설정 위에 형성되어 있었으므로 그 역시도 그대로 수긍하기는 어렵다. 아마 군부의 부담과 토지의 분급이 긴밀하게 연결되어 있던 상황을 그 같이 표현한 것이 아닐까 하는 정도로 이해하여 두는 게 좋을 듯 싶다.[10]

B-① 사료의 내용, 즉 "先王이 내외의 田丁을 제정하여 각각 직역에 따라 평균, 분급해 민생에 資케 했다"는 기사도 종래 균전제설을 뒷받침하는 유력한 논거로 들이었던 것인데, 그러나 그것은 분명히 사료에 대한 오해에서 비롯된 것이었다. 직역은 좁게는 군인·서리·공장 등이 국가에 대하여 부담하는 신역을 말하며, 넓게는 양반들이 담당하는 관직과 군인 등의 신역을 아울러 지칭하였거니와, 위 사료는 이렇게 직·역을 부담하는 인원들에게 그 대가로 전정, 즉 토지를 분급하여 주었다는 기사이다. 그리고 '평균 분급'했다는 것도 양적인 균등화를 의미한 게 아니라 직·역 담당자의 계급에 따라 공평하게 분급해 주었다는 뜻으로 해석된다. 이 기사는 국가에 대하여 지는 일정

9) 《孟子》 권 5, 藤文公章句 上(49).
10) 旗田巍, 앞의 글(1968), 152~154쪽.
姜晋哲, 앞의 글(1980), 359~360·362~363쪽.

한 직역이 없고, 따라서 국가로부터 토지도 분급 받지 못하는 백정농민과는 아무런 관련이 없는 것이며, 동시에 균전제와도 연관시킬 수 있는 자료가 아니었다.[11] 과거의 해석은 잘못된 것이었다고 보는 게 온당할 듯싶은 것이다.

宋側 기사인 C사료에서는, "官·吏·民·兵은 등급의 고하에 따라 授田하였다"고 한 것과, "民이 나이 8세에 投狀射田하는데 結의 수에 차이가 있었다" 고 한 것, 그리고 "나라에 사전이 없고 민은 口를 계산해 授業하였다"고 한 대목 등이 문제가 되는 부분인데, 이 중 "민이 나이 8세에 投狀射田하였다"는 대목은 '投狀射田'이 무슨 뜻인지 잘 이해가 가지 않아 앞으로의 과제로 남겨 두어야 할 것 같다. 그 나머지 가운데 관·리·병과 함께 등급의 고하에 따라 수전한 민의 존재는 균전제와 관계가 깊은 듯 짐작되기도 하나, 그 아래에 이어지는 (國)官·兵·吏·驅使·進士·工技 등과 연결시켜 고찰해 볼 때 그 민은 진사·공기를 뜻했던 것 같다. 같은《高麗圖經》의 권 19에 민서조가 있지만 거기에 보면 진사·공기는 農商·民長·舟人과 더불어 民庶로 파악되고 있기 때문이다. C-① 사료의 受田 대상에 속한 민은 일반백성을 말한 게 아니었다고 생각되는 것이다. 고려 때의 진사와 공기가 그들의 지위나 服勞에 따라 전토를 지급 받은 사실은 이미 잘 알려져 있는 이야기이다. 아울러 "計口 授業하였다"는 C-② 사료의 민도 그 아래의 기사와 연관시켜 볼 때 역시 일반 민이 아니라 군인들을 뜻한 것으로 이해된다.[12] C사료도 고려에서 균전제가 시행되었음을 입증하여 주는 자료는 아니었다고 판단되는 것이다.

요컨대 종래 균전제의 시행을 말해주는 자료라고 들어져 온 사료들을 재검토한 결과 실내용은 그렇지 않았다는 것을 확인할 수 있었다. 거듭 말하거니와 고려 때는 극히 제한된 일부 지역에서 임시적 방편으로 균전제 비슷한 제도가 존재했을 가능성이 인정되기는 하지만 그것이 전국에 걸쳐 항구적으로 실시된 일은 없었던 것 같다. 토지국유제론과 표리관계를 이루면서 대두되었던 균전제설은 잘못된 이해였다고 생각되는 것이다.

〈朴龍雲〉

---

11) 旗田巍, 위의 글, 156~157쪽.
武田幸男,〈高麗 田丁의 再檢討〉(《朝鮮史研究會論文集》8, 1971), 11~12쪽.
姜晋哲, 위의 글, 360쪽.

12) 旗田巍, 위의 글, 154~155쪽.
姜晋哲, 위의 글, 361~362쪽.

### 3) 전결제

우리나라에 있어서 전통적인 양전 방법은 結負制가 그 중심이었다고 할 수 있다. 따라서 사회경제사의 여러 문제, 예컨대 조세 제도라든지 농업 기술이나 생산력의 발전 등의 문제를 규명하기 위해서는 먼저 결부제에 대한 정확한 이해가 필요하다. 지금까지의 결부제에 대한 연구 성과는 상당한 것이라 할 수 있고,[1] 그 결과 여러 가지 문제점들이 해결되었으나 아직 의견의 일치를 보지 못하고 있는 점도 없지 않다. 그 중의 하나가 1결의 실제 면적이 얼마인가 하는 점이다. 조선 초기 즉 세종 26년(1444) 이후의 1결의 실제 면적에 관하여는 그 내용을 전하고 있는 사료가 명확하므로 당시 1결의 실제 면적을 산출하는 것은 별로 어려운 일이 아니다. 그러나 이와는 달리 고려시대나 그 이전의 결부제의 내용에 관하여는 특히 그 실제 면적을 둘러싸고 다양한 견해가 제기되고 있는데, 그 이유는 무엇보다도 이 시기의 결부제에 관한 사료가 극히 빈약하며 또 부정확하다는 데에 있을 것이다.

어떤 시기의 결부제의 내용 즉 1결의 실제 면적을 알기 위하여서는 두 가지의 조건이 갖추어져야 한다. 하나는 당시에 1결의 면적을 어떻게 산출하였

---

1) 지금까지의 結負制에 대한 중요한 논고로는 다음과 같은 것을 들 수 있다.
白南雲,《朝鮮封建社會經濟史》上(改造社, 1937).
朴時亨,〈李朝田稅制度의 成立過程〉(《震檀學報》14, 1941)
朴克采,〈朝鮮封建社會의 停滯的本質－田結制硏究－〉(《李朝社會經濟史》, 1946).
金載珍,〈田結制硏究 田結制本質論－〉(《慶北大論文集》2, 1957).
朴時亨,〈결부제도의 발생과 발전〉(《과학원 창립 5주년 기념논문집》, 1957).
朴興秀,〈新羅 및 高麗의 量田法에 관하여〉(《學術院論文集》11, 1972).
———,〈한국 고대의 量田法과 量田尺에 관한 연구〉(《한불연구》1, 1974).
金容燮,〈高麗時期의 量田制〉(《東方學志》16, 1975).
姜晋哲,〈田結制의 問題〉(《高麗土地制度史硏究》, 高麗大出版部, 1980).
浜中昇,〈高麗前期の量田制について〉(《朝鮮學報》109, 1983).
———,〈高麗後期の量田と土地臺帳〉(《朝鮮學報》112, 1984).
呂恩暎,〈高麗時代의 量田制〉(《嶠南史學》2, 1986).
———,〈高麗時代의 量制〉(《慶尙史學》3, 1987).
朴國相,〈高麗時代의 土地 分給과 田品〉(《韓國史論》18, 서울大 國史學科, 1988).
李宇泰,〈韓國 古代의 尺度〉(《泰東古典硏究》1, 1984).
———,〈新羅時代의 結負制〉(《泰東古典硏究》5, 1989).

는가 하는 산출 방식이고, 다른 하나는 이 때에 사용된 基準尺의 길이는 얼마인가 하는 점이다. 세종 26년에 제정된 6등급의 隨等異尺制에 있어서의 1결의 면적은 그 기준척이 周尺이고 계산 방법은 1把의 면적을 기준으로 이를 확대한 것이다. 그러나 그 이전의 1결의 실적에 대하여는 우선 산출 방법에 대해서도 여러가지 사료가 있을 뿐 아니라 기준척도 명확하지 않으므로, 어떤 계산 방법과 기준척을 선택하는가에 따라 여러 가지 다양한 견해가 나올 수밖에 없다. 여기에서는 먼저 신라 이래로 고려 후기에 이르기까지의 결부제의 변천 과정을 살펴보고 1결의 실적에 관한 문제는 뒤에 언급하도록 하겠다.

### (1) 신라의 결부제

우리 나라의 전통적인 地積의 단위로는 파종량을 기준으로 하는 斗落只·石落只 등의 斗落制와, 하루에 농우 1마리가 갈 수 있는 면적을 기준으로 하는 日耕이 있고 땅의 절대 면적을 나타내는 頃畝制, 그리고 結·負·束·把를 단위로 하는 結負制가 있었다. 파종량을 기준으로 하는 두락제는 지금도 관행상 널리 쓰이고 있는 지적의 단위이며, 이미 신라에서도 이와 관련된 기록이 있음으로 보아 이미 삼국시대부터 이러한 관습적인 제도가 있었음을 알 수 있다. 그리고 일경에 관한 기록은 고려시대의 土地賜與文書 등에 보이는데,[2] 이러한 지적 단위가 법적인 효력을 갖는 공식 문서에 쓰이고 있음으로 보아 이미 고려시대에 널리 사용되었음을 알 수 있다. 아마도 일경에 의해 토지 면적을 나타내는 것은 소가 농경에 쓰인 이래 관습화된 것이라 생각되는데, 소를 농경에 이용한 것은 신라 지증왕대의 일이므로[3] 이 또한 삼국시대에 비롯한 제도였다고 할 수 있을 것이다.

그러나 두락제나 일경에 의한 지적의 표시는 어디까지나 관행적인 것이었고 국가에서 공식적으로 채택한 법제적인 제도는 결부제였다. 다만 고구려의 경우 量田에 관한 유일한 기록이 유리왕대에 보이고 여기에서 頃畝를 단위로 하였으므로[4] 경무제가 사용되었을 가능성이 없는 것은 아니나, 이 기록

---

2) 旗田巍, 〈新羅·高麗の田券〉(《朝鮮中世社會史の硏究》, 法政大學出版局, 1972), 197~198쪽.

3) 《三國史記》 권 4, 新羅本紀 4, 지증마립간 3년.

4) "賜祭須金十斤 田十頃"(《三國史記》 권 13, 高句麗本紀 1, 유리명왕 37년).

을 근거로 고구려에서 전국적인 규모의 양전이 행해졌다거나 또는 경무제가 일반적으로 사용되었다고 볼 수는 없다. 왜냐하면 고구려의 세제는 인신을 매개로 한 인두세적 성격이 강한 것이었기 때문에 국가의 입장에서 양전을 행할 필요성을 느끼지 못하였을 것으로 생각된다.[5] 아마도 유리왕대의 기록이 사실이라면 이는 중국 군현의 영향을 받은 고구려에서 경무를 단위로 하는 지적의 제도가 일부 사용되었다고 보아도 좋을 것이다.

그리고 신라에서도 경무를 단위로 토지의 면적을 나타낸 기록이 몇 개 보이나, 이는 이미 지적된 것처럼 결·부라는 용어에 대신하여 경·무라는 글자를 사용한 것에 불과한 것이지 경무제가 시행된 것은 아니었다.[6] 이에 대하여 간단히 그 근거를 밝히자면 다음과 같다. 뒤에서 살펴보는 바와 같이《三國遺事》의 駕洛國記에서는 경과 결을 혼용하고 있는데 이는 바로 경과 결이 동일한 것임을 알려주는 가장 확실한 증거이다. 그리고 경무에 관한 기록은 모두 8군데에서 찾아진다.[7] 이 중《三國史記》의 것은 위의 고구려 유리왕대의 기록과 고려 태조가 후백제를 멸한 후 공을 세운 英規에게 1,000경의 토지를 하사하였다는 기록뿐인데, 이는 각각 고구려와 고려의 일이고 신라에 있어 경무에 관한 기록은 오직《三國遺事》에만 보인다. 즉 금석문이나《三國史記》에는 신라에서 경무제가 사용되었다는 증거를 찾을 수 없는데, 이는 신라의 법제적인 양전의 단위가 결부임을 확인해 준다. 따라서 이러한 기록들은 신라에서 경무라는 표현을 사용했음을 보여 주는 것이지만, 이를 근거로 경무제가 실시되었다고 볼 수 있는 적극적인 증거는 되지 못하리라 생각된다. 경무라는 중국식 명칭이 결부에 대신하여 쓰이기도 한 것은 아마도「경」과「결」,「무」와「부」의 발음이 비슷하고 또 양자가 모두 1：100의 비례 관계에 있다는 이유

5) 金基興,《삼국 및 통일신라 세제의 연구》(역사비평사, 1991), 59~69쪽.
6) 朴時亨, 앞의 글(1957).
7) 고려 이전의 경무제에 관한 기록은 다음과 같다.
① "賜祭須金十斤 田十頃"(《三國史記》 권 13, 유리명왕 37년).
② "近廟上上田三十頃 爲供營之資 號稱王位田"(《三國遺事》 권 2, 駕洛國記).
③ "山下有田三十畝 下種三石"(《三國遺事》 권 2, 文虎王 法敏).
④ "田一萬頃 納於寺"(《三國遺事》 권 3, 栢栗寺).
⑤ "今浦縣稻田五頃中 皆米顆成穗"(《三國遺事》 권 2, 惠恭王).
⑥ "仍許職左丞 賜田一千頃"(《三國史記》 권 50, 列傳 10, 甄萱).
⑦ "許職左丞 賜田一千頃"(《三國遺事》 권 2, 後百濟 甄萱).
⑧ "坐父母陰取金剛寺水田一畝"(《三國遺事》 권 5, 善律還生).

에서일 것이다. 즉 신라에서는 결·부에 대신하여 경·무라는 글자가 쓰였으나, 경무제의 내용이 도입된 것은 아니었다고 할 수 있다.

결·부·속·파의 단위로 토지의 면적을 나타내는 결부제는 우리 고유의 것으로 다른 어느 나라에서도 찾아 볼 수 없는 독특한 제도이다. 이러한 결부제가 언제부터 우리 나라에서 사용되었는가는 확실하지 않으나 문헌 기록상으로 최초의 것은 가야에서 결을 단위로 토지를 측량한 것이 확인된다. 즉 《三國遺事》의 〈駕洛國記〉에 의하면 가락국의 제8대 왕인 金銍王이 元嘉 29년(452, 신라 눌지왕 36년)에 王后寺를 창설하고 여기에 平田 10결을 기증하였다고 하였다. 이는 결부에 관한 가장 오래된 기록인데, 이 기록만으로 가야에서 이미 결부제가 시행되었다고 단언하기는 어렵다. 그 이유는 〈가락국기〉가 고려 문종 대에 쓰여진 것이므로 가락국에서 쓰던 어떤 딴 제도를 고려시대의 토지 단위인 결부로 표현했을 가능성이 있기 때문이라는 점과, 위의 기록에서 보는 바와 같이 평전 10결의 땅을 왕후사라는 절에 기증한 것으로 되어 있는데 과연 이 시기에 가야에 불교가 들어왔다고 볼 수 있을까 하는 점 때문이다. 따라서 위의 기록을 근거로 결부제가 가야에서 시작되었다고 보기는 어려우리라 생각된다. 아래에서 살펴보는 바와 같이 결부제에 관한 자료는 거의 모두 신라에 집중되어 있으므로 결부제는 신라에서 발생하여 발전된 것으로 생각되고 또 가야에서는 신라의 제도를 모방한 것이 많으므로,[8) ] 결·부 등의 단위도 신라의 제도를 받아 들여 사용한 것이라 봄이 타당할 것이다.

문제는 신라의 결부제가 어느 시기에 발생한 것인가 하는 점인데 이를 밝혀 줄 수 있는 자료는 아직까지 발견되지 않고 있다. 위의 〈가락국기〉의 기록이 사실을 반영하는 것이고 또 이미 추측한 바와 같이 가야에서 신라의 결부제를 모방하여 사용한 것이라면, 5세기 중엽에는 이미 신라에서도 결이 지적의 단위로 사용되었다고 할 수 있을 것이다. 그러나 결부제에 관한 기록은 통일을 전후한 시기부터 본격적으로 보이기 시작한다. 신라의 결부제에 관한 기록을 연대순으로 추려 보면 다음과 같다.

① (진평왕 3년, 613) 이 때에 시주 여승이 있어 占察寶에 밭을 바쳤는데 지

8) 〈駕洛國記〉에는 신라의 관등명인 大阿干·沙干·角干 등이 보이는데 이는 신라의 제도를 모방한 것이리라 생각된다.

금 東平郡의 밭 100결이 이것으로 옛 토지문서가 아직도 보존되어 있다(《三國遺事》 권 4, 圓光西學).

② (문무왕 3년, 663) 金庾信에게 밭 500결을 하사하였다(《三國史記》 권 42, 列傳 2, 金庾信).

③ (성덕왕 4년, 705) 眞如院의 서쪽으로 6천 보 떨어진 牟尼岾과 古伊峴 밖에 이르는 곳에 땔나무 산판(柴地) 15결과 밤나무 숲 6결과 집 지을 터(坐位) 2결을 주어 농장 집을 세우도록 하였다(《三國遺事》 권 3, 臺山五萬眞身).

④ (성덕왕 15년, 716) 成貞王后를 궁에서 내보내는데 비단 500필, 밭 200결, 租 1만 석과 저택 한 구역을 하사하였다(《三國史記》 권 8, 新羅本紀 8).

⑤ (경덕왕 14년, 755?) 논은 모두 102結 2負 4束인데 이 중 烟受有畓이 94결 2부 4속이고, 밭은 모두 62결 10부 5속이다(〈新羅村落文書〉, 沙害漸村).

⑥ (혜공왕 15년, 779) 혜공대왕이 이 사실을 듣고 크게 두려워하여 대신을 보내 제사를 지내 사과하고 또 鷲仙寺에 밭 30결을 주어 金庾信의 명복을 비는 비용에 충당하게 하였다(《三國史記》 권 43, 列傳 3, 金庾信).

⑦ (혜공왕 15년, 779) 公을 위하여 功德寶田 30결을 鷲仙寺에 내주었다(《三國遺事》 권 1, 味鄒王竹葉軍).

⑧ (경문왕 12년, 872) 田畓柴 田畓은 합하여 494結 39負, 坐地가 3結, 下院代가 4結 72負, 柴는 143結, 豆原地 鹽分이 43結(〈寂忍禪師照輪淸淨塔碑〉, 《朝鮮金石總覽》 上, 120쪽).

⑨ 乾符 6년(헌강왕 5년, 879)에 莊 12구역과 밭 500結을 희사하였다(〈鳳巖寺智證大師寂照塔碑〉, 《朝鮮金石總覽》 上, 93쪽).

⑩ 龍紀 3년(진성여왕 5년, 891)…

常買其分石保坪大業渚畓四結 畦△△/△△△

土南池宅土西川/東令行土北同 奥畓十結 畦田南池宅土/△東令行土西北同(〈開仙寺石燈記〉,[9] 《朝鮮金石總覽》 上, 87쪽).

⑪ (진성여왕대, 887~896) 비록 왕의 땅(王土)이기는 하나 公田이 아닌 까닭에 부근의 땅을 모두 좋은 값에 사들여 언덕진 땅(丘壟) 200結을 더 보태었다(〈崇福寺碑〉, 《朝鮮金石總覽》 上, 121쪽).

⑫ 長興 2년(931) 두 사람의 부모 제사 비용에 충당하도록 堗白寺에 田畓 몇 結을 주었다(《三國遺事》 권 5, 明朗神印).

위는 신라의 결부제에 관한 모든 기록인데, 이 중 ①은 진평왕대의 일을 기록한 것이기는 하나 본문에서 "지금 東平郡의 밭 100결이 이것이다"라고 하였으므로 여기의 100결이 진평왕대에 측량된 것인지 아니면 《三國遺事》가

9) 《朝鮮金石總覽》에는 이 두 행의 순서가 바뀌어 있으나 이는 잘못된 것이다(旗田巍, 앞의 글).

만들어진 고려 시기에 측량한 결과인지 확실히 알 수 없다. 따라서 이를 제외한다면 결부에 관한 신라 최초의 확실한 기록은 ②의 문무왕대의 것이라 할 수 있다. 문무왕대의 사정으로 보아 전국적인 양전사업이 있었으리라고는 생각되지 않으나, 국가에서 신하에게 하사하는 토지의 면적을 결로 표시하였다는 것은 결부제가 이미 공식적인 양전의 단위로 공인되었다고 보아도 좋으리라 생각된다. 비록 결부제에 대한 직접적인 기록은 아니나 신문왕 7년(687)에는 "文武官僚田을 지급하되 차등을 두었다"[10]는 기사가 있는데, 관료전의 지급을 위해서는 해당 지역에 대한 양전사업이 불가피하였을 것이고 이 때에 사용된 양전의 단위는 結負였던 것으로 생각된다. 그리고 ⑤의 村落文書는 전국적인 규모의 양전사업이 이미 실시되었음을 보여주는 확실한 증거라 할 수 있을 것이다. 촌락문서의 작성 연대에 대하여는 755년설과 815년설이 대립하고 있어 어느 쪽이 옳은지 단정하기 어려우나 이를 815년에 작성된 것으로 본다 할지라도 해당 촌의 전답의 면적은 그 이전에 이미 작성되어 있던 자료를 토대로 기록했다고 할 수 있으므로, 촌락문서가 작성되기 이전에 전국적인 규모의 양전이 있었고 또 이를 기록한 토지대장이 있었을 것으로 생각된다. 신라의 양전사업을 구체적으로 전해 주는 기록은 없으나 성덕왕 21년(722)에 "처음으로 백정에게 丁田을 지급하였다"[11]는 기록은 양전사업이 있었음을 간접적으로 시사하는 것이라 생각된다. 즉 성덕왕대의 정전의 지급이란 것이 비록 농민이 보유하고 있었던 토지의 소유를 국가가 형식적으로 인정해주는 것에 지나지 않았다 하더라도, 이를 위해서는 전국적인 규모의 양전사업이 있었을 것임에 틀림없다. 그리고 이 때의 양전은 촌락문서에서 보는 바와 같이 결부 뿐만 아니라 束까지도 기록된 것이었으리라 생각된다.

이상에서 살펴 본 바와 같이 신라의 결부제는 아마도 삼국시대 초기에 발생하여 관행적으로 사용되기 시작하였고, 대략 문무왕대를 전후한 시기에 법제화되어 신문왕대에는 관료전의 지급을 위한 양전사업이 있었으며, 늦어도 정전이 지급된 성덕왕대인 8세기 전반에는 전국적인 양전사업이 일단 완료되었음을 알 수 있다.

---

10) 《三國史記》 권 8, 新羅本紀 8, 신문왕 7년.
11) 《三國史記》 권 8, 新羅本紀 8, 성덕왕 21년.

이러한 신라 결부제의 특징으로 다음과 같은 두 가지를 지적할 수 있다. 첫째, 신라의 결부제는 조선의 결부제와 같이 田品에 따라 그 면적이 달라지는 것이 아니라 전품에 관계없이 면적이 동일한 단일 면적의 것이었다는 점이다. 둘째, 결부가 단지 전답의 면적을 나타내는 데에만 쓰인 것이 아니라 일반적으로 모든 종류의 토지 면적을 나타내는 데에 두루 사용되었다는 점이다.

먼저 신라의 결부제가 전품에 따른 면적의 차이가 없었다는 점은 일반적으로 인정되는데, 이는 신라의 결부에 대한 기록 중에서 전품을 표시하고 있는 경우가 없을 뿐 아니라, 고려에 있어서도 초기의 전품 규정은 不易, 一易, 再易의 이용빈도에 따라 上·中·下의 세 등급으로 나누었던 것을 보아도 알 수 있다. 다만 《三國遺事》〈駕洛國記〉에 "上上田 三十頃"이란 표현이 있으나,[12] 이를 근거로 신라나 가야에 上上에서 下下에 이르는 9등급의 전품제가 있었다거나 또는 田品에 따라 1결의 면적에 차이가 있는 隨等異尺制가 시행되었다고 볼 수는 없을 것이다. 《三國史記》 新羅本紀에도 「良田」이란 구절이 있으므로[13] 전품에 대한 인식이 있었던 것은 사실이지만 이는 어디까지나 관념적인 표현에 지나지 않는다. 아마 상상전이라는 표현 또한 다분히 관념적인 것이고 경도 결로 고쳐 보아야 옳지 않을까 한다. 왜냐하면 문무왕대 이후에 만들어진 〈新羅村落文書〉나 〈開仙寺石燈記〉 등의 금석문에 전품에 대한 언급이 전혀 없는 것으로 보아 문무왕대에 전품의 구분이 있었다고 보기는 어렵기 때문이다. 따라서 상상전이란 가장 비옥한 토지라는 의미로 사용한 말인 듯 하며, '三十頃'의 경도 결을 중국식의 문자로 표현한 것에 지나지 않는 것이다.

그리고 위의 사료 ③과 ⑧에서 보는 것처럼 성덕왕대인 8세기 초엽부터 결부는 이미 柴地, 栗地, 坐位, 坐地, 下院代는 물론이고 鹽盆 등 다양한 종류의 토지의 면적을 나타내는 데 쓰이고 있다. 여기에서 시지는 산림을, 율지는 밤나무 숲을, 그리고 좌위·좌지와 하원대는 건물이 들어선 곳 즉 垈地를 말하는 것이고, 염분은 곧 염전을 가리키는 것으로 생각된다. 이렇게 다양한 토지의 면적을 결부로 나타내었던 것은 당시의 결부가 고정된 면적을

12) 《三國遺事》 권 2, 駕洛國記.

13) 《三國史記》 권 4, 新羅本紀 4, 진흥왕 23년.

나타내는 토지의 단위였기 때문일 것이다. 결부제의 이러한 특성으로 말미암아 결부는 단지 전답의 면적만을 나타내는 단위가 아니라 광범위하게 여러 종류의 토지의 면적을 나타내는 수단으로 사용되었던 것이며, 바로 이러한 점이 신라 결부제의 특성인 동시에 후대까지도 많은 영향을 끼친 점이라 생각된다. 고려 전시과에 있어서 전지의 면적뿐만이 아니라 시지의 면적도 결부로 나타낸 것은 바로 신라 이래의 전통이라 할 수 있을 것이다.

### (2) 고려 전기의 결부제

위에서 신라 결부제의 발생 및 법제화의 시기 그리고 그 특징 등을 살펴보았으나, 그 구체적인 내용을 밝혀 줄 수 있는 자료는 찾아볼 수 없었다. 결부제의 구체적인 내용에 관하여는 고려 전기의 자료에서 찾아볼 수 있는데, 신라의 결부제와 고려 전기의 그것은 동일한 내용의 것이었다고 생각된다. 먼저 〈駕洛國記〉를 살펴보면 같은 토지의 면적에 대하여 각각 시대를 달리하는 세 기록이 보이고 있다.[14]

먼저 龍朔 원년 즉 신라 문무왕 1년(661) 3월에 문무왕이 즉위한 다음 그의 어머니 文明皇后의 시조인 首露王을 위하여 陵廟에 王位田 30경을 바친다는 내용이 있다. 그런데 《三國史記》에 의하면 문무왕이 즉위한 것은 그 해 6월로 되어있어 이 부분에는 약간의 착오가 있음이 분명하나 그렇다고 해서 이 기록 전체를 불신할 필요는 없으리라 생각된다. 《三國遺事》에 실린 〈가락국기〉는 고려 문종대(1047~1083)에 金官知州事인 文人이 기록한 것이므로 날짜나 용어상의 착오가 있을 수도 있는 것이다. 따라서 문무왕대에 수로왕릉의 능묘에 30경의 토지를 기증한 것은 사실로 보아도 좋을 것이다. 다음 淳化 2년 즉 고려 성종 10년(991)에 이 지역을 측량한 量田使가 수로왕릉에 소속된 토지가 너무 많으므로 그 반인 15결만 그대로 능묘에 소속시키고 나머지는 金海府의 役丁들에게 분급해 줄 것을 청하여 허락을 얻었다는 것이다. 그리고 끝으로 정확한 연대는 알 수 없으나 성종~문종 사이의 어느 시기에 수로왕릉에 속한 토지의 면적을 측량한 결과 실제 면적은 11결 12부 9속으로[15] 이는 15결에서

14) 《三國遺事》 권 2, 駕洛國記.

15) 인문에는 "才一結十二負九束"이라 되어 있으나 이는 "十一結十二負九束"의 誤記임이 확실하다.

3결 87부 1속이 부족한 것이었음을 확인하였다는 것이다. 여기에서 우리는 신라 문무왕대의 30경의 토지와 고려 성종대의 30결이 동일한 면적이었음을 알 수 있다. 따라서 이 기록의 30경은 30결로 고쳐 보아야 하며, 나아가 신라의 결부제와 고려 초기의 결부제는 그 내용상 동일한 것이었다고 할 수 있다.

두 시기의 결부제의 내용이 동일하였다는 것은 1결의 면적을 산출하는 방식 즉 量田式과 기준 尺度의 길이가 같았다는 것을 의미한다. 그러면 우선 고려 초기의 양전식에 대해 살펴보고자 한다. 널리 알려진 바와 같이 고려 전기의 양전식은《高麗史》食貨志에 전하는 바와 같이 사방 33步가 1결이었다. 그 기록을 살펴보면 다음과 같다.

> (문종) 23년에 量田의 步數를 정하였다. 田 1결은 사방 33보이다[6寸이 1分이 되고 10분이 1尺이 되며 6척이 1步가 된다]. 2결은 사방 47보, 3결은 사방 57보 3분, 4결은 사방 66보, 5결은 사방 73보 8분, 6결은 사방 80보 8분, 7결은 사방 87보 4분, 8결은 사방 90보 7분, 9결은 사방 99보, 10결은 사방 104보 3분이다(《高麗史》권 78, 志 32, 食貨 1, 田制 經理 문종 23년).

여기서 문제가 되는 것은 "田 1結은 사방 33步이다"라고 한 아래에 "6寸이 1分이 되고 10분이 1尺이 되며 6척이 1步가 된다"라는 細註 부분이다. 이를 문자 그대로 해석하면 6寸=1分, 10分=1尺, 6尺=1步로 곧 1步=6尺=60分=360寸이 된다. 즉 1척=60촌이라는 상식적으로 납득하기 어려운 결론에 이르게 되는데, 이 때의 기준척을 여러 척도 중 가장 짧은 周尺으로 보아도 1결의 면적이 17,000평 이상이 되므로 이는 받아들일 수 없다. 그렇다면 여기에는 어떤 착오가 있다고 볼 수밖에 없는데 이는 가운데 구절의 '分', '一', '尺' 중의 한 글자가 잘못되었다고 볼 수밖에 없다.[16] 좀더 자세히 말하자면 가운데 구절은 '十分爲六尺' 또는 '十分爲一步', 아니면 '十寸爲一尺'이 되어야 한다는 것이다.

그 이유는 우선 위 식화지의 기록에서 1결에서 10결에 이르는 면적을 모두 '方-步-分'의 형식으로 기록하고 있어 보 아래의 척의 단위가 보이지 않는다는 점을 들 수 있다. 만약 1보가 6척이고 1척을 10분으로 한 量田尺을

16) 朴時亨, 앞의 글(1957).

사용하였다면 결의 면적은 당연히 '方-步-尺-分'의 형식으로 나타나야 할 것이다. 혹시 계산상의 결과 우연히 척의 단위가 빠진 것이 아닌가 할 수도 있겠으나, 아래 〈표 1〉에서 보는 바와 같이 10분을 1척으로 본다면 실제 면적과의 차이도 10분을 1보로 한 것보다도 훨씬 크게 나타난다.

그러므로 위에 든 식화지의 세주 부분은 착오가 있음을 확실히 알 수 있다고 믿는다. 그리고 이 부분을 어떻게 수정하든지 간에 그 결과는 母尺 6척이 1보가 된다는 점에서는 마찬가지인데, 그렇다면 왜 세주에서 단순히 6척을 1보로 한다고 하지 않고 6척을 10등분한 분이라는 단위를 설정했는가 하는 문제가 해결되어야 할 것이다. 이는 분명히 계산상의 편의를 위하여 그렇게 설정했을 것인데, 이와 유사한 예를 일본의 양전척에서 찾을 수 있다. 1837년(일본 天保 8년)에 나온 《算法地方大成》에는 "間竿(量田用 자)은 6寸을 1分으로 하고, 10分을 1間으로 한다. 둘레 4寸 정도의 대나무를 2間 길이로 잘라 마디를 없애고 양쪽 끝을 구리로 싸고, 가운데에 1間을 새겨 넣고 또 1分의 눈금을 새긴다"고 하였는데, 이는 앞서 살펴본 식화지 문종 23년조의 세주를 수정한 것과 완전히 일치하는 것이다.

즉 1보를 10분으로 나눈 것은 단순히 보와 척만을 사용할 때 야기되는 분수 계산의 불편함을 덜고 보다 정확한 면적을 계산하기 위한 것임을 알 수 있

〈표 1〉 《高麗史》 食貨志 문종 23년조의 양전척에 대한 검토

| | 1변의 길이 | 1결의 면적 | | 指數(1결=100) | |
|---|---|---|---|---|---|
| | | 60分=1步의 경우 | 10分=1步의 경우 | 60分=1步 | 10分=1步 |
| 1결 | 33步 | 1,089.00 平方步 | 1,089.00 平方步 | 100 | 100 |
| 2결 | 47步 | 2,209.00 平方步 | 2,209.00 平方步 | 202.8 | 202.8 |
| 3결 | 57步 3分 | 3,254.70 平方步 | 3,283.29 平方步 | 298.9 | 301.5 |
| 4결 | 66步 | 4,356.00 平方步 | 4,356.00 平方步 | 400 | 400 |
| 5결 | 73步 8分 | 5,348.48 平方步 | 5,446.44 平方步 | 491.1 | 500.1 |
| 6결 | 80步 8分 | 6,421.35 平方步 | 6,528.64 平方步 | 589.7 | 599.5 |
| 7결 | 87步 4分 | 7,580.60 平方步 | 7,638.76 平方步 | 696.1 | 701.4 |
| 8결 | *90步 7分 | 8,121.01 平方步 | 8,226.49 平方步 | 745.7 | 755.4 |
| 9결 | 99步 | 9,801.00 平方步 | 9,801.00 平方步 | 900 | 900 |
| 10결 | 104步 3分 | 10,826.40 平方步 | 10,878.49 平方步 | 994.2 | 998.9 |

※ *는 93步 3分으로 고쳐야 계산이 맞는다.

는 것이다. 실제 보 이하에 척만을 사용한 경우에 야기되는 계산상의 어려움이 상당한 착오를 유발한 예를 살펴보면 이러한 이해가 올바른 것임을 알 수 있을 것이다.

《世宗實錄》 세종 10년(1428) 10월 신사조의 기록에 의하면[17] 세종 10년 이전의 기사년 즉 공양왕 원년(1389)의 양전에서는 1부를 사방 3步 3尺의 면적으로 측량하고 1결은 사방 33보의 면적으로 측정하였다는 것인데, 이는 측량 방법상에 잘못이 있다. 즉 1결의 1/100의 면적인 1부는 한 변이 33보의 1/10인 정사각형이 되는데, 33보의 1/10인 3.3보는 3보 3척이 아니라 3보 1척 8촌이 된다. 그럼에도 불구하고 3보 3척, 즉 3.5보 사방으로 1부를 측정한 것은 1보=6척이라는 단위가 가져오는 계산상의 어려움 때문에 이를 착각했을 것이라고 생각된다. 그러나 이러한 착오가 발견되어 그 다음 을유년(태종 5년, 1405)에는 이를 바르게 정정하여 3.3보 즉 3보 1척 8촌 사방으로 하였는데, 그 결과 1결의 면적이 전기의 기사년에 비해 12부 4속이나 감소한 것이 되어 결과적으로 농민의 세 부담이 그 만큼 더 늘어나게 되었던 것이다. 따라서 세종 10년에는 농민들의 이러한 불만을 해소하고 減稅의 은전을 베푼다는 의미에서 3보 3척 사방을 1부로 하고 또 이에 정확히 부합하도록 1결을 35보 사방으로 변경하였던 것이다. 그 결과 1결의 면적은 1,089平方步에서 1,225평방보로 약 12.4% 증가하였으며 따라서 농민의 세 부담은 그 만큼 줄었던 것이다.

여기에서 우리는 보와 척을 단위로 토지를 측량한다는 것이 계산상 매우 번거로운 것임을 알 수 있다. 33보의 10분의 1인 3.3보는 3보 1척 8분이 되어 이를 제곱한다는 것은 매우 번거로운 일이고 또 착각이 따르기 쉬운 수치이다. 1부를 3보 3척 사방으로 잘못 계산하게 된 발단은 바로 3.3보의 소수점 아래 자리인 0.3보를 3척으로 착각한 데서 비롯된 것이라 생각되는데, 한 번 이렇게 잘못된 것은 그것이 잘못인 줄 알면서도 농민들에게는 유리한 것이었으므로 관행상 그대로 시행되기 마련이고 마침내 법제화되기에 이른 것이다. 이는 結로써 負를 측정하는 과정에서 생긴 오류이며 결부제가 결을 단위로 시작되어 점차 부·속·파의 단위로 세분되어 갔음을 나타내는 증거라 생각된다.

그런데 이러한 사방 33보를 1결로 하는 양전식은 고려 문종대에 처음 생

17) 《世宗實錄》 권 42, 세종 10년 10월 신사.

긴 것은 아니었다. 이보다 훨씬 전인 광종대에 이미 이러한 양전식으로 양전을 한 자료를 찾아볼 수 있다. 고려 현종 22년(1031)에 작성된[18] 〈淨兜寺五層石塔造成形止記〉가 바로 그것이다. 그 첫 부분에 "司倉에 보관한 導行을 살펴보건대 지금부터 76년 전인 병진년(광종 7년, 956)에 量田使 前守倉部卿 藝言·下典奉休·算士 千達 등이 을묘년(955) 2월 15일에 宋良卿이 結審한 導行에 의거하여 현덕 3년 병진(956) 3월에 練立하여 작성한 안에"라고 되어 있어, 이 아래에 계속되는 代下田과 寺位同土에 대한 측량은 이미 이 문서가 작성되기 76년 전인 광종대에 이루어졌음을 알 수 있다. 그런데 이 때에 적용된 양전식이 바로 문종대의 '方三十三步爲一結'과 동일한 것이었음을 아래의 대하전과 사위동토의 면적에 대한 기록에서 확인할 수 있다. 대하전의 길이는 27보, 변은 20보로서 承孔이 540이며 결로는 49부 4속이 된다고 하였는데, 승공 540이란 대하전의 가로와 세로를 곱한 수치이다. 이는 곧 평방보와 같은 것이며 540보가 49부 4속이 된다면 1결은 1,093평방보가 되는데 이는 方 33보의 1,089보와 불과 4평방보의 차이에 지나지 않는다. 사위동토의 경우에도 승공은 104 즉 104평방보이고 결부로는 9부 5속이 된다고 하였는데 이를 앞서와 마찬가지로 계산해 보면 1결은 약 1,095평방보가 되어 거의 비슷한 수치를 얻을 수 있다.[19] 그렇다면 이는 '方三十三步爲一結'의 양전식이 이미 고려 초기부터 사용되었음을 말해 주는 것이라 할 수 있다.

그리고 〈정도사오층석탑조성형지기〉 에서 또 한 가지 주목되는 것은 토지의 위치를 四周로 표시하고 있다는 점인데, 이러한 형식은 앞서 제시한 〈開仙寺石燈記〉 의 '大業渚畓'이나 '奧畓'에 대한 4주의 기재양식과 동일하다는 점이다. 이러한 4주로 토지의 위치를 나타내는 것은 조선시대의 토지 관련

---

18) 旗田巍, 〈新羅·高麗の土地臺帳〉(《東洋學術會議論文集》, 成均館大學校, 1975). 武田幸男, 〈淨兜寺五層石塔造成形止記の硏究(I)－高麗顯宗朝における若木郡の構造－〉(《朝鮮學報》 25, 1962).

19) 다만 寺位同土의 경우 길이가 19步 동쪽이 3步인데 承孔이 104가 된다고 하였지만, 여기서 승공 104가 어떠한 방법으로 계산된 것인지 알 수 없다. 아마도 '犯南田'이란 표현은 땅의 모양을 나타낸 것이라 여겨지는데, 사위동토의 땅모양이 남쪽으로 튀어나온 것이 아닌가 짐작된다. 즉 사위동토는 장방형이 아니라 부등변 사각형이나 또는 다른 모양의 땅이었던 까닭에 19×3=57의 수치로 계산될 수 없었던 것이라 생각된다.

문서에서 일반화된 것이지만, 그 기원은 이미 신라에서 비롯하였음을 확인할 수 있다. 그리고 9세기 말의 〈개선사석등기〉와 10세기 중엽에 작성된 토지대장에서 동일한 書式으로 토지의 위치를 표시했다는 것은, 이 두 시기의 양전식이 동일한 것이었음을 간접적으로 증명하는 것이라 할 수 있을 것이다.

그렇다면 문종 23년의 양전 步數에 대한 규정이 갖는 의미는 무엇일까. 왜 이전부터 사방 33보를 1결로 하는 제도가 사용되고 있었음에도 불구하고 문종 23년에 이러한 양전식이 다시 제정되는 것인가에 대해 살펴보아야 할 것이다. 그 이유는 앞서 언급한 바와 같이 문종 23년의 양전식 제정의 의미는 '방 33보위 1결'의 규정에 있는 것이 아니라, 그 아래의 세주 부분에 명기된 "10分을 1步로 한다"에 있는 것이다. 즉 양전의 단위로 「步」 아래에 「分」이라는 단위를 설정한 것이 중요한 변화인 것이고, 따라서 이를 명문화하여 공포하였던 것이라 생각된다. 위에 인용한 〈정도사오층석탑조성형지기〉에서 토지의 면적을 산출하는 근거가 된 토지의 각변의 길이는 대하전이 「長 27步」와 「方 20步」, 사위동토가 「長 29步」와 「東 3步」로 모두 보의 단위로만 되어 있고 보 아래의 척이나 분은 보이지 않는다. 이로 보아 아마도 실지 측량에 있어 보 이하의 단위는 絶削하였던 것으로 추측된다. 이는 실제 측량에 있어 토지 소유자에게 매우 유리한 반면, 국가적으로는 커다란 손실이었음에 틀림없다. 따라서 이러한 폐단을 없애고 국가의 조세 수입을 늘리기 위하여 步 아래에 보의 십분의 일인 分이라는 단위를 설정한 것으로 보지 않으면 안된다. 즉 문종 23년의 양전식 규정은 이 때 '방 33보위 1결'의 제도를 처음 채택하였다거나, 단지 1결~10결에 이르는 결 단위의 면적을 측량하기 위해 만들어진 것이 아니라 보다 엄밀한 양전을 시행하여 국가의 조세 수입을 늘리기 위한 것이었음을 알 수 있다.

### (3) 고려 후기의 결부제

이상에서 고려 전기의 量田式이 '方三十三步爲一結'이었으며 1보는 6척이었고, 실제 측량에는 1보를 10등분한 분이란 단위를 사용했음을 밝혔다. 그리고 통일신라시대 결부제의 내용이 고려 전기와 동일한 것이었으므로 고려 전기의 양전식은 신라의 그것을 계승한 것임을 알 수 있었다. 그러나 고려 후기 또는 말에 이르러서는 이전과는 다른 새로운 양전방식이 도입되었다. 바로 田品에 따른 隨等異尺制의 도입이 그것이다.

《龍飛御天歌》와 《世宗實錄》의 기록에 의하면[20] 고려 후기 또는 말에 이르러서는 전품의 구분이 생겨 상·중·하의 3등급으로 구분되었으며, 각각의 전품에 따른 양전척의 길이가 동일하지 않았음을 알 수 있다. 즉 3등급의 수등이척제가 실시되었음을 알 수 있는데, 언제부터 이러한 제도가 채택되었는지 그리고 그 원인이 무엇인지에 대해서는 확실한 자료를 찾아볼 수 없다. 다만 20指·25指 30指를 기준으로 하는 指尺의 길이에 대하여는 이를 周尺과 대비한 자료가 있으므로, 각 등급의 지척의 길이를 각각 上等田=38.71㎝, 中等田=48.49㎝, 下等田=58.27㎝로 보고 각 等級田의 1결의 실제 면적이 상등전=1998.9평, 중등전=3136.5평, 하등전=4529.2평으로 본 견해는 대략 사실에 부합하는 것이라 생각된다.[21]

그러나 전품이 구분되고 각 등급전에 따른 양전척의 길이가 세 종류로 나뉘어졌음에도 불구하고 이 시기의 기본적인 양전식이 전 시대와 달라진 것은 아니었다. 이는 《世宗實錄》에서 보는 바와 같이 실 면적 44척 1촌 즉 44.1평방척을 1속으로 하고 이의 10배를 1부 그리고 1부의 100배를 1결로 하였다는 것에서 알 수 있다. 실면적 44척 1촌 즉 44.1평방척이란 1결을 '方三十五步'로 하였을 때 이를 척으로 환산하면 210척(35×6)이 되고, 이를 제곱한44,100평방척(210×210)의 정확하게 1,000분의 1이 되기 때문이다. 즉 이 시기의 1부의 면적은 곧 '사방 3보 3척'으로 441평방척이었으며 이는 바로 '방 33보위 1결'에서 나온 것임은 위에서 살펴본 바와 같다. 즉 고려 후기 및 세종 26년 이전의 조선 초의 양전식은 '방 33보위 1결'의 전통을 계승한 것이나, 다만 양전척의 길이가 분화되어 바뀌어진 것에 지나지 않는다고 할 수 있겠다.

이렇게 단일 면적의 결부제가 전품에 따라 면적을 달리하는 수등이척제로 바뀐 시기에 대해서는 고려 문종 23년(1069),[22] 고종 19~46년(1232~59),[23] 충

20) 《龍飛御天歌》 73, 章注.
《世宗實錄》 권 49, 세종 12년 8월.
21) 朴興秀, 앞의 글(1972).
22) 위와 같음.
23) 金容燮, 앞의 글.

숙왕 원년(1314)[24] 등 다양한 견해가 있다. 이들 견해 중 어떤 것이 사실에 가까운 것인지 단정하기는 어려우나, 대략 고려 후기의 어느 시기에 전품의 차이에 대한 인식이 확대되면서, 그 이전의 단일 척도에 의한 결부제는 점차적으로 수등이척에 의한 3등급의 결부제로 대체되어 갔다고 할 수 있을 것이다.

그리고 이 때에 지척을 양전의 기준이 되는 양전척으로 채용하게 된 이유는 당시 度量衡制의 문란과 관련이 있다고 생각된다. 주지하는 바와 같이 고려 후기는 元의 간섭을 받은 시기로 원나라의 여러 제도가 도입되어 우리 나라의 제도에 많은 변화를 초래하게 하였고, 정치적으로도 중앙의 통제력이 크게 약화된 시기였다. 도량형제에 있어서도 量制의 급격한 변화가 이 시기에 있었으므로[25] 양제와 밀접한 관련이 있는 양전제에도 어떠한 종류의 변화가 있었음에 틀림없을 것이다. 그리고 그 변화의 방향은 양제의 대량화에 따라 결부의 면적도 점차 확대되어 나갔을 것임은 당연한 일이다. 이는 조세 부담자인 농민의 저항을 무마하기 위해서도 필요했을 것이며, 대토지 소유자인 권문세족들도 자신의 소유지를 장부상으로 줄임으로 인해 실질적으로 더 많은 토지를 소유할 수 있었을 것이기 때문이다. 그리고 국가에 의한 통제력의 약화는 당연히 관습적이고 실용적인 척도를 量田尺으로 채택하게 만들었을 것으로 짐작된다. 사실 지척이란 매우 모호한 것이기는 하나 동시에 매우 실용적이고 누구나 납득할 수 있는 기준이었기 때문에 점차 일반화된 것이라 생각된다.

그러나 여러 학자들이 지적하고 있는 것처럼 수등이척제가 도입되었다고 해서, 단일 척도에 의한 이전 시기의 결부제가 완전히 소멸된 것은 아니었다. 이는 앞서 신라 결부제의 특성을 이야기할 때 언급한 바와 같이 결부가 단지 전지의 면적을 나타내는 단위로만 쓰인 것이 아니라 산림·대지·염전 등 거의 모든 토지의 면적을 나타내는 수단으로 쓰였기 때문인데, 위에 언급한 지척에 의한 3등급의 결부제가 적용된 것은 단지 전답에 한한 것이고 이외의 토지에 대해서는 그 이전의 단일 척도에 의한 결부제가 그대로 적용되었다고 믿어지기 때문이다. 이러한 단일 척도에 의한, 전지 이외의 토지를 측량하는 데 사용된 결부제의 내용을 살펴 볼 수 있는 자료로 세종 7년(1425)

---

24) 浜中昇, 앞의 글(1975).

25) 呂恩暎, 앞의 글(1987).

에 편찬된《慶尙道地理志》가 있다.《경상도지리지》에는《世宗實錄地理志》에는 보이지 않는 특이한 내용이 기재되어 있는데, 바로 산성·읍성조에 성의 둘레인 周廻를 步·尺으로 표시하고, 이어 그 내부 면적을 결부로 나타내고 있다. 예를 들면 "夫山城은…둘레는 2,765보 3척이고 내부 면적은 688결 33부이다"와 같은데 여기에서 둘레(周廻)와 내부 면적(內廣)의 기록은 당시의 결부제의 내용을 살펴보는 데 중요한 자료라 하지 않을 수 없다. 즉《경상도지리지》의 산성·읍성조에 기재된 내부 면적의 결부는 절대 면적을 나타내는 것이라는 점에서 신라의 결부제를 계승한 것이라 할 수 있는데, 아마 고려시대에도 전시과의 柴地의 면적을 나타내는 데 쓰인 결부와도 그 내용이 같을 것이다. 그러므로 신라에서 만들어진 절대 면적을 나타내는 결부제는 고려의 어느 시기에 수등이척제가 도입된 이후에도 계속 명맥을 유지해《경상도지리지》의 산성·읍성조에 보이는 것처럼 경지 이외의 면적을 측정하는 단위로서 기능하지 않았나 추측된다. 그리고 어느 시대에나 1결은 '方 33步'가 된다는 원칙에는 변동이 없었던 것이라 할 수 있다.

이상의 고찰을 요약하면 고려 후기에는 전품의 차이에 대한 인식이 확대되면서 전품에 따른 3등급의 수등이척제가 사용되었으나, 이는 기준 척도의 변화일 뿐 '방 33보위 1결'의 원칙이 바뀐 것은 아니었다. 다만 고려 후기의 어느 시기부터는「方 33步」가 아니라「方 35步」가 1결이 되었는데 이는 결에 대한 양전식이 바뀐 것이 아니라 1결의 1/100인 1부의 면적을 측정하는 과정에서 생긴 오류가 고착화된 것에 지나지 않는다. 그리고 고려 후기에 들어와 경지면적에 대한 측량이 보다 엄밀해졌다는 것을 의미하는 동시에, 문종 23년에 개정된 步의 아래에 分이라는 단위를 두는 양전식이 별로 적용되지 못하였음을 말해 주는 것이라 생각된다. 한편 경작지의 측량에 쓰인 양전척은 점차 커지는 경향을 띠어 지척을 기준으로 하는 3등급의 양전제가 관행화되었고, 당시의 대부분의 전지가 하등전이었다는 사실을 감안한다면[26] 이는 그 이전 시기에 비해 거의 4배 정도로 확대된 것이다.[27] 그러나 경지 이외의 지역의 경우에는 여전히 단일 척도에 의한 '방 33보위 1결'의 제도가

26)《世宗實錄》권 49, 세종 12년 8월 무인.

27) 고려 후기와 조선 초의 下等田 1結의 면적은 약 4,529.2坪이므로 이는 1,200평의 약 3.8배가 된다.

지켜지고 있었으며 기준척도의 길이도 지척이 아니라 通用尺이었음을《경상도지리지》를 통해 확인할 수 있었다.

### (4) 1결의 실적

신라나 고려 전기에 1결의 실제 면적이 어느 정도였는가에 대해서는 다양한 견해가 있는데[28] 이를 정리해 보면 다음과 같다.

첫째, 1결을 17,000여 평으로 보는 견해가 있다. 그 근거가 되는 것은《高麗史》권 78, 食貨志, 田制 문종 23년의 細註 부분이다. 즉 사방 33보가 1결인데 1보의 길이는 6척이고 1척은 10분, 1분은 6촌이라 하였으므로 '六寸爲一分'의 6촌은 곧 母尺(=기준척)으로서의 6촌인데 이 모척은 곧 周尺일 것이므로, 이 기록에서 양전척 1척은 주척 6척이 되며 1보는 주척 36척이 된다. 주척의 길이를 약 20㎝로 잡고 1결의 면적을 계산하면 약 17,080평이 된다. 이는 徐兢의《高麗圖經》'每一百五十步爲一結'의 기록에서 1보를 宋의 布帛尺 5척, 1척을 약 31㎝로 계산했을 때 얻어지는 16,355평의 면적과 비슷하며, 송대의 1頃의 면적인 24,000步積(즉 方 155步의 면적)인 17,446평과도 비슷한 것이라[29] 하고 있다.

둘째, 1결을 14,400여 평으로 보는 견해가 있다. 즉 앞서《高麗史》食貨志 문종 23년의 기사에서 얻어지는 1결의 면적 18,000여 평은 문종 23년에 정한 1결의 면적이며, 신라의 1결에 대하여는 李德懋의《靑莊館全書》권 8, 百弓爲結條의 "周 100弓이 1結이 되는데, 4肘가 1弓이며 1肘는 1尺 8寸이니 4肘는 곧 7尺 2寸이다. 대개 結로써 전답의 면적을 헤아리는 것은 신라 때부터 이미 있었으니, 옛날에는 100步가 1畝이고 100畝가 1결에 해당하였다"라 한 기록에서 사용한 자를 周尺으로 보아 계산하였지만, 문제가 있는 것으로 지

---

28) 1결을 17,000여 평으로 보는 견해로는 金容燮의 앞의 글과 白南雲의 앞의 책 및 李丙燾,《韓國史》中世篇(震檀學會, 1961) 등이 있고, 14,400여 평으로 보는 견해는 신라의 경우에 한정되지만 李丙燾의 위의 책이 있으며, 6,800여 평으로 보는 견해(姜晋哲, 앞의 글), 4,673.3평으로 보는 견해(朴興秀, 앞의 글, 1974), 2,000평으로 보는 견해(朴克采, 앞의 글), 그리고 1,530~1,600평으로 보는 견해(呂恩暎, 앞의 글, 1987)가 있다.

29) 金容燮, 위의 글.

적되고 있다.

셋째, 1결을 6,800여 평으로 보는 견해가 있다. 1결을 17,000여 평이라 한 것은 너무 과다하다 하고, 《高麗圖經》의 "每一百五十步爲一結"에서 1보를 周尺 5척으로 볼 경우 1결의 면적은 약 6,806평으로 감소되며 이는 송대의 1경의 면적인 7,260평과 비슷한 면적이 된다고 하였다. 또 앞서 살펴 본 《靑莊館全書》의 자를 周尺으로 볼 경우 1결의 면적은 약 6,273평으로 6,906평과 비교적 가까운 수치가 된다고 논지를 보강하고 있다. 그러나 주척 5척을 1보로 정한 제도는 역사상 그와 유사한 예를 찾아볼 수 없다는 점이 결정적인 취약점이라 하겠다.

넷째, 1결을 4,674.3평으로 보는 견해가 있다. 즉 신라 및 고려의 1결의 면적이 4,674.3평으로서 우선 신라 및 고려에 있어 量田의 기준척으로 사용된 것은 指尺으로서 19.423㎝이며, 고려 문종 23년 이전의 양전제는 이 지척을 기준으로 하여 1보는 6척 4촌(124.307㎝)이며, 1부는 사방 10보, 1결은 사방 100보이므로 1결의 면적은 4,674.3평이 된다는 것이다.

다섯째, 1결을 약 2,000평으로 보는 견해가 있다. 즉 우리나라 結負法은 중국의 頃畝法과는 상관없는 독자적인 것이라 보고, 그 실 면적은 漢·唐代 1頃의 약 1/4인 2,000평이 되어야 한다는 것이다. 그 근거는 주로 董越의 《朝鮮賦》에 "田賦는 頃畝 대신에 結負를 쓰는데 (1結은) 소가 4일동안 밭갈이하는 면적으로 여기에서 4斗의 租를 낸다"라고 한 기록에 근거하여 4두의 조를 바치는 면적이 1결이라 한 것과, 조선 초기의 수조율이 1/20이었다는 지배층의 말을 동월이 취했으리라는 가정 아래 1결의 수확고를 80두로 잡고 계산한 것이다. 또 이 수치는 《田制上程遵守書》에 기록된 上田 1결의 면적 152,568 평방周尺과 일치한다고 보고 있으나, 이미 부당한 견해라는 지적이 있다.

여섯째, 1결을 약 1,530~1,600평으로 보는 견해가 있다. 그 근거는 고려 전기 또는 그 이전의 1결의 면적은 古頃(사방 100보)의 30畝에 해당하는 것으로 이는 성인 남자 한 사람의 한 해 食料를 충족시킬 수 있는 면적이다. 1결의 면적을 이와 같이 정한 것은 고대 한국에서 고대 중국의 琬制(30畝를 1琬이라 한다)를 모방한 토지제도를 시행하려고 하였기 때문으로 추정하고, 그 증거로 《三國遺事》 권 2, 文虎王 法敏條에 보이는 "武珍州 燒木田 三十畝"를 들고 있다. 그러나 이 견해는 그 방법상 수치에 지나치게 집착하고 있으며, 우리 나라의 결부제가 중국의 경무제 또는 완제의 영향으로 실시되었다는 점에서도 수긍할 수 없다. 왜냐하면 앞서도 말한 바와 같이 결부와 경무는 서로 혼용하여 쓰였으며 이는 당시의 신라인들이 경무제의 내용은 받아들이지 않고 단지 그 용어만을 받아 들였을 뿐이며, 경과 결, 부와 무가 그 발음이 비슷한 것도 하나의 요인이 될 수 있다고 본 만큼 경무제의 내용이나 완제 등이 받아들여졌을 가능성은 희박하기 때문이다.

이와 같이 신라나 고려 전기의 1결의 실 면적에 대하여는 다양한 견해가 제기 되었는데, 이들 연구에서 공통적으로 지적할 수 있는 점은 모두 이론적인 수치의 계산에 집착하고 있으며 일부의 사료만을 이용하고 있다는 점이다. 따라서 여기에서는 사료에 근거하여 1결의 면적을 계산상으로 제시하기에 앞서 먼저 결의 실적을 유추할 수 있는 간접적인 사료들에 대해 검토해 보고자 한다. 결의 실적을 알려 주는 것은 아니나 결부제 운용의 모습을 가장 잘 보여 주는 것으로 〈新羅村落文書〉가 있다. 우선 이 문서에서 주목되는 점은 촌의 규모를 「周~步」의 형태로 나타내고 있는 점인데 이들 둘레(周)의 길이를 기준으로 촌

〈표 2〉 新羅村落文書에서 산출되는 1結의 上限

| 村 名 | 村域(村의 둘레) | 村域이 가질 수 있는 최대 면적 | 총경지 면적 | 1결의 상한 |
|---|---|---|---|---|
| 沙害漸村 | 5,725보＝10,305m | 2,556,812평 | 165.214결 | 15,476평 |
| 薩下知村 | 12,830보＝23,094m | 7,285,819평 | 182.707결 | 39,877평 |
| 西原京失名村 | 4,800보＝ 8,640m | 1,797,340평 | 107.46결 | 16,726평 |

〈표 3〉 新羅村落文書의 戶當 平均 耕地面積

| 村 名 | 總耕地面積 | 戶 數 | 戶當平均耕地面積 |
|---|---|---|---|
| 沙害漸村 | 165.214결 | 11 | 15.019결 |
| 薩下知村 | 182.707결 | 15 | 12.18 결 |
| 失 名 村 | 130.741결 | 8 | 16.343결 |
| 西原京失名村 | 107.46결 | 10 | 10.746결 |

락문서에서 산출되는 1결의 상한과 호당 평균 경지면적 등을 표로 만들어 정리해 보면 위의 〈표 2〉, 〈표 3〉과 같다.

위의 〈표 3〉에서 보는 바와 같이 1호당 평균 경작면적은 10~17결에 이르고 있으며, 결의 실적을 1만 평 이상으로 볼 경우 당시에 어느 정도의 휴경이 행해지고 있었다고 보더라도 1호가 경작하기에는 지나치게 큰 면적이 된다. 또 이론적으로 「周~步」로 표시된 村域이 완전한 圓이고 이 안에는 전답만이 포함되었다고 가정하였을 경우 1결이 가질 수 있는 최대의 면적이 〈표 2〉에서 보는 바와 같이 15,000여 평 정도이므로 실제 1결의 면적은 이보다는 훨씬 좁은 것이었음을 알 수 있다.

신라나 고려 전기의 결부제의 내용은 1結=사방 33步, 1步=6尺으로 계산된 것이고 여기에 사용된 자는 당시의 통용척이었다고 생각된다. 당시의 상황으로 보아 일반적으로 사용하는 척도와 양전에 사용하는 척도가 별개의 것이었다고는 생각되지 않기 때문이다.

그렇다면 이제 당시에 사용된 척도의 길이를 기준으로 1결의 실적을 구해 보기로 하겠다. 신라에서 쓰인 1척의 길이는 현존 유물을 통해 볼 때 약 29.7㎝라는 것이 통설이고 고려 초기의 척도는 31.5~35㎝이므로[30] 이를 대입하여 1결의 면적을 계산해 보면 약 1,117~1,453평이 된다. 즉 시기나 지역에 따라 약간의 차이는 있겠으나 고려 초기의 1결의 실적은 대략 1,400~1,500평일 것이고 신라의 경우에는 1,200평 정도가 아닌가 생각된다.

〈李宇泰〉

### 4) 농업생산력의 발전문제

한 사회의 생산력은 생산관계 및 사회구성의 성격을 규정하고 사회의 변동은 생산력과 생산관계의 모순에서 일어난다. 고려시대의 연구에 있어 당시 사회의 성격이나 정치, 사회 변동 및 농민항쟁의 동력 등을 구명하기 위해서

30) 李宇泰, 앞의 글(1984).

는 고려의 사회적 생산력 수준을 밝히는 것이 선결과제라 할 수 있다.

전근대사회였던 고려의 생산력의 토대는 농업생산력이었다. 그러므로 농업생산력의 성격을 해명하기 위해서는 파종 방식이나 시비기술·관개기술·품종개량 등의 농업기술과 농기구의 실태, 당시의 생산력의 수준을 일정하게 반영하는 지표로서의 결부제도의 변천 등이 구명되어야 할 것이다.

고려시대는 조선시대와 달리 절대적인 사료의 부족, 특히 농서의 부재 등으로 인해 농업생산력에 관한 연구는 대체로 경지이용 방식을 둘러 싼 제논의[1]와 결부제도에 대한 몇 편의 논고[2]만이 있을 뿐, 그 밖의 연구는 많지

1) 첫째, 고려 전기에는 山田은 歲易農法 단계, 平田은 連作 단계로 보는 설.
白南雲, 《朝鮮封建社會經濟史》 上(東京 ; 改造社, 1937), 145~148쪽.
金容燮, 〈高麗時期의 量田制〉(《東方學志》 16, 1975).
魏恩淑, 〈나말여초 농업생산력 발전과 그 주도세력〉(《釜大史學》 9, 1985).
李景植, 〈高麗前期의 平田과 山田〉(《李元淳華甲記念史學論叢》, 1986).
둘째, 고려전기에는 休閑농법이 일반적이며 고려 후기 내지 선초에 가서 常耕化가 보편화된다고 보는 설.
李泰鎭, 〈畦田考〉(《韓國學報》 10, 1978 ; 《韓國社會史硏究》, 지식산업사, 1986).
———, 〈14·5세기 農業技術의 발달과 新興士族〉(《東洋學》 9, 1979 ; 위의 책).
宮嶋博史, 〈朝鮮農業史上における十五世紀〉(《朝鮮史叢》 3, 1980).
———, 〈朝鮮史硏究と所有論〉(《東京都立大學 人文學報》 167, 1984).
李鎬澈, 《朝鮮前期農業經濟史》(한길사, 1986).
姜晋哲, 〈高麗時代의 地代에 대하여〉(《震檀學報》 53·54, 1982).
金琪燮, 〈高麗前期 農民의 土地所有와 田柴科의 性格〉(《韓國史論》 17, 1987).
셋째, 고려 전시기에 걸쳐 연작법이 일반적이었지만 전기에는 토지생산성이 낮고 심히 불안정하여 진전화되기 쉬운 단계로 보는 설.
浜中昇, 〈高麗前期の小作制とその條件〉(《歷史學硏究》 507, 1982).

2) 白南雲, 위의 책.
朴克采, 〈朝鮮封建社會의 停滯性本質〉(《李朝社會經濟史》, 1946).
朴時亨, 〈李朝田稅制度의 成立過程〉(《震檀學報》 14, 1941).
金載珍, 〈田結制硏究〉(《慶北大論文集》 2, 1957).
朴興秀, 〈新羅 및 高麗의 量田法에 관하여〉(《學術院論文集》 11, 1972).
金容燮, 위의 글.
姜晋哲, 〈田結制의 문제〉(《高麗土地制度史硏究》, 高麗大出版部, 1980).
宮嶋博史, 위의 글(1980).
金泰永, 〈科田法體制下의 土地生産力과 量田〉(《韓國史硏究》 35, 1981).
浜中昇, 〈高麗前期の量田制について〉(《朝鮮學報》 109, 1983).
———, 〈高麗後期の量田と土地臺帳〉(《朝鮮學報》 112, 1984).
金載名, 〈高麗時代 什一租에 관한 一考察〉(《淸溪史學》 2, 1985).
李鎬澈, 〈토지파악방식과 田結〉(위의 책).
呂恩暎, 〈高麗時代의 量田制〉(《嶠南史學》 2, 1986).
———, 〈高麗時代의 量制〉(《慶尙史學》 3, 1987).

않은 실정이다.[3] 그러나 경지이용 방식에 대한 논의만 하더라도 논자에 따라 휴한단계로 보느냐 상경단계로 보느냐에 따라서 토지소유 내지 농민의 존재 양태를 파악하는 방식이 다르고 더 나아가 이것이 시대구분과도 직결되어 나타남을 알 수 있다.[4] 그러므로 경지이용 방식 뿐 아니라 농업기술이나 농기구, 결부제도 등에 대한 제반 연구가 뒤따라야만 고려시대상이 더욱 분명해질 것이다. 여기에서는 주로 농업기술을 중심으로 살펴보겠다.

고려시대의 농법단계를 이해하는 데 가장 논란이 되어 왔던 부분은 다음의 사료이다.

> ① 무릇 전품은 不易之地를 上으로, 一易之地를 中으로, 再易之地를 下로 한다. 그 不易山田 1결은 平田 1결에 준하게 하고 一易田 2결은 평전 1결에 준하게 하고 再易田 3결은 평전 1결에 준하게 한다(《高麗史》 권 78, 志 32, 食貨 1, 田制經理 문종 8년 3월).

즉 사료 ①에 의거하여 고려시대의 모든 전품규정은 歲易의 빈도에 따라 구분되므로 고려시대에는 휴한법이 일반적이었다는 견해와 사료 ①은 山田 규정에 해당되므로 平田은 상경단계이었다는 견해가 대립되어 왔었다.[5] 그러나 경지이용 방식만을 가지고 당시의 농법을 이해하는 데는 한계가 있으므로 구체적으로 水·旱田 등에 있어 어떠한 작법이 시행되었느냐를 밝히는 것이 중요할 것이다.

水田의 경우 歲易法을 휴한법으로 파악하는 중요한 논거는 중국 고대 기록인 《周禮》 地官 稻人條와 그것에 대한 後漢代의 鄭玄의 註, 그리고 《齊民要術》, 《四時纂要》 등의 농서에 수록된 도작법이 기본적으로 1년휴한법이라는데 착안하여 중국과 비교해서 고려시대도 역시 휴한법 단계라는 것이었다.[6] 그러나 중국고대의 수도작법에 대하여 학계에서는 이미 오래 전부터 많은 논의가

---

3) 고려후기의 수리시설·시비법·품종 등에 대해 전반적으로 다룬 논문으로는 魏恩淑, 〈12세기 농업기술의 발전〉(《釜大史學》 12, 1988)이 있고, 水·旱田에서의 구체적인 파종 방식을 다룬 것으로 李平來, 〈高麗前期의 耕地利用에 관한 再檢討〉(《史學志》 22, 檀國大, 1989)가 있다.

4) 대체로 휴한농법 단계로 파악할 경우 토지 소유권이 발달하지 못하였고 농민에 대한 공동체의 규제가 강하였다고 보는 반면, 상경화 단계에 있었다고 할 경우에는 사적 토지소유권이 발달하고 농민은 공동체에서 분리되었다고 보고 있다.

5) 주 1) 참조.

6) 李泰鎭, 앞의 글(1978 ; 앞의 책, 64~67쪽).

이루어져 크게 휴한법설과[7] 작물교대설로 대립되어 있다.[8]

그런데 중국 고대 稻作法을 이해하는 데 있어 특히 논란이 되어 왔던 부분은 6세기 《제민요술》의 다음 기록이다.

> ② 稻는 所緣이 없고 다만 歲易하는 것이 좋다. 토지를 선택할 때는 상류에 가까운 곳이 좋다 토지의 비척과는 관계가 없다. 물이 맑으면 稻의 질이 좋다.(《濟民要術》 권 2, 水稻).

휴한법설에서는 사료 ②에서의 緣을 토지의 비옥도로 보고 稻는 토지의 良薄에 관계없이 세역하는 것이 좋다로 해석하여 1년휴한을 의미하는 것으로 파악하고 있다.[9] 반면 작물교대설에서는 緣을 底로 해석하여 도는 어떠한 작물의 底라도 좋은데 단지 연작을 피하는 것이 좋다로 보고 세역이 작물교대를 의미하는 것으로 보고 있다.[10] 그렇다면 중국 고대농법에 견주어 고려시대를 휴한단계라고 주장하는 논자의 입장은 위의 두 견해 가운데 전자의 견해를 무비판적으로 수용한 것에 불과하다 하겠다.

그러나 《農桑輯要》를 발췌, 번역하여 조선에서 1517년에 간행된 《農書輯要》 중의 다음 기록은 휴한법설을 재고하게 한다.

> ③ 《齊民要術》에 의하면 稻는 所緣이 없고 단지 歲易하는 것이 좋다. 땅을 선택할 때에는 상류에 가까운 곳이 좋다. 3월에 파종하는 것이 上時이고 4월 상순이 中時, 중순이 下時이다. …둑에 가까운 田地는 혹은 田 혹은 畓으로 서로 바꾸어 경작한다. 地品을 헤아려 한결같은 전지는 매년 回換하여 水稻를 경작하되 3월 내 耕種하지 않으면 4월 상중순을 어기지 않고 耕種한다(《農書輯要》 水稻).

즉 《농서집요》의 찬자는 《제민요술》의 세역농법을 裸地休閑法이 아니라 전과 답을 해마다 바꾸는 輪畓法으로 이해하고 있음을 알 수 있다. 그렇다면 세역농법은 휴한법설보다는 작물교대설 쪽이 더 실체에 가깝다 하겠다.[11]

이러한 작법이 실제로 일제시대에 함경북도 길주군에서 행해졌던 예가 있

---

7) 西嶋定生, 〈火耕水耨について〉(《中國經濟史硏究》, 1966).

8) 米田賢次郎, 〈應召 '火耕水耨' 注り見たる後漢江淮の水稻作技術について〉(《史林》 38-5, 1955).
――――, 〈漢六朝間の稻作技術について〉(《鷹陵史學》 7, 1981).

9) 西嶋定生, 앞의 글, 195~200쪽.

10) 米田賢次郎, 앞의 글(1981), 15~22쪽.

11) 여기에 대해서는 魏恩淑, 앞의 글(1988), 113~121쪽 참조.

는 것을[12] 보면 그 이전의 시대에는 지역에 따라 상당히 광범위하게 행해졌을 가능성이 있지 않은가 한다.

그러므로 최소한 고려시대의 수도작법을 휴한법으로 상정하여 일반적 농지이용 방식이 휴한단계였다고 하는 견해는 논거가 빈약하다고 할 수밖에 없다.

한편 한국 전근대농업사에서 旱田 농업이 가지는 비중이 水田농업에 비해 월등했다는 것은 이미 지적되고 있다.[13] 그렇다면 마땅히 고려시대의 경지이용 방식을 해명하기 위해서는 한전농법이 어떠했나 하는 것이 밝혀져야 할 것이다. 그러나 위에서 본 바와 같이 고려시대의 수전농법에 대해서도 고려시대의 사료보다는 중국 농서나 조선시대 농서를 통해 유추할 수밖에 없듯이 한전농법에 관해서도 고려시대의 사료만으로는 명백히 밝히기가 곤란한 실정이다. 그러므로 현재로서는 중국의 농법과 조선 초의 농법을 통해 비교 유추할 수밖에 없는 한계가 있다.

중국농업사에서는 華北 旱地 농법에서 언제 윤작체계가 성립되었는가 하는 문제를 가지고 많은 논란이 있어 왔다.[14] 이들 논자들은 대체로 《제민요술》 단계는 1년 1작을 원칙으로 하는 것으로 보고 있다. 그러나 2년 3작의 윤작체계는 小麥粉食과 碾磑 경영의 유행을 근거로 하여 당나라 중기 무렵에 시작된 것으로 보는 견해와,[15] 《제민요술》 단계는 粟種의 다양화에 힘입어 2년 3모작의 조건이 갖추어지고 늦어도 수·당대에는 2년 3작이 실현되었을 것으로 보는 견해가 있다.[16]

여기에 반해 이미 전국시대 말엽에 2년 3모작이 성립되었다는 견해가 있고,[17] 전한대까지는 1년 1작이 일반적이나 후한대에는 禾－麥 윤작체계가 성립되며 《제민요술》 단계는 벼－보리 윤작 혹은 벼－보리－콩의 2년 3작이

---

12) 池泳鱗, 〈咸鏡北道吉州地方の輪畓に關する調査－附 畑作灌水に關する調査－〉(《朝鮮農會報》 9, 1935).

13) 《世宗實錄地理志》에 의거할 경우 세종대에는 水田이 전체 경지면적의 약 21% 旱田이 약 72% 정도이다(宮嶋博史, 앞의 글, 1980, 46쪽 참조).

14) 西嶋定生, 〈碾磑の彼方〉(앞의 책).
西山武一, 〈齊民要術の農學〉(《アジア的農法と農業社會》, 1969).
天野元之助, 〈魏晋南北朝における農業生産力の展開〉(《史學雜誌》 66-10, 1957).

15) 西嶋定生, 위의 글.

16) 天野元之助, 앞의 글.

17) 米田賢次郎, 〈齊民要術と二年三毛作〉(《東洋史硏究》 17-4, 1959).

실현되었을 것으로 보기도 한다.[18]

여러 가지 견해를 종합해 살펴보면 결국 최소한 당나라 때에는 2년 3모작의 윤작체계가 성립되었다고 할 수 있겠다.[19]

한편 조선의 경우를 살펴보면 15세기 《農事直說》에는 이미 한전에서 보리를 중심으로 하는 1년 2모의 윤작체계가 확립되었음을 알 수 있다.[20] 윤작방법으로서는 根耕法과 間種法을 들고 있으나 간종법(전후작물을 일정기간 동안 동일 포장에서 동시 재배하는 법)은 「田少者」들에게 권하는 특수농법이었던 것 같고, 주로 근경법(동일 포장에 전후작물을 연작하는 방법)이 사용되었던 것 같다. 《농사직설》에서 볼 수 있는 그루갈이(根耕法)에 의한 윤작체계를 정리하면 다음과 같다.

麥 → 靑粱[種黍粟條 : 조에는 또 늦게 심어 일찍 익는 청량조와 같은 것이 있다. 깊고 오래 묵은 땅을 택하여 파종한다. 나무숲을 베어 낸 곳이 으뜸이고, 오래 묵은 밭이 다음이며, 보리그루는 그 다음이다].

麥 → 大小豆[種大豆小豆條 : 콩과 팥은 모두 早種과 晩種이 있다. 早種은 鄕名으로 봄갈이, 晩種은 鄕名으로 그루갈이라고 한다. 그루갈이는 보리와 밀을 베어내고 그 뿌리를 가는 것이다].

麥 → 羌稷[種稷條 : 피에도 늦게 심고 일찍 익는 것이 있다(鄕名으로 강피). 보리와 밀을 베어 내고 그루갈이한 후 6월 상순에 파종한다].

麥 → 胡麻[種胡麻條 : 만약 熟田이면 4월 상순, 보리그루면 보리를 베어낸 후 바로 糞灰와 섞어 드물게 파종한다].

黍, 豆, 粟, 木麥 → 麥[種大小麥條 : 기장, 콩, 조, 메밀그루밭은 미리 곡식을 거두기 전에 자루가 긴 낫으로 풀이 아직 누렇게 되지 않아서 베어 밭두둑에 쌓아 두었다가 곡식을 거둔 후 그 풀을 밭 위에 두텁게 펴서 불태우고 擲種한다. 재가 흩어지기 전에 간다].

이러한 농서 상에 나타나는 윤작농법이 현실적으로 시행되었음은 태종 연간에 보리밭에 대한 收稅를 1년에 두 번 할 것을 거론하고 있음에서 알 수 있다.[21]

---

18) 閔成基, 〈漢代麥作考〉(《東洋史學硏究》 5, 1971).

19) 다른 논자와는 달리 西山武一은 2년 3작의 윤작체제 성립을 최근의 백년 정도의 일에 불과하다고 하고 있다(〈近世華北旱地農法考〉, 앞의 책).

20) 특히 宮嶋博史의 경우는 《農事直說》 단계에 이미 旱田에서는 2년 3모작이 확립된 것으로 보고 있다(앞의 글, 1930, 47~61쪽).

21) 《太宗實錄》 권 30, 태종 15년 9월 경신.

이렇게 볼 때 중국과 조선을 비교하여 유추하면 적어도 고려시대에는 주곡을 중심으로 1년 1작은 확립되었다고 보아도 좋을 것이다.

성종 11년의 공전에 대한 수·한전의 수조규정은 비척도에 따라 地品을 상·중·하로 나누어 실시하고 있는데[22] 이 규정으로 본다면 수·한전 모두에서 1년 1작을 원칙으로 한 수조규정이라고 볼 수밖에 없다. 만약 한전에서 윤작체계가 일반적으로 확립되었다면[23] 수조규정에서 반드시 거론되어야 할 것이나 고려시대의 어떠한 기록에도 그러한 사료는 찾아 볼 수 없다.

그런데 수·한전 모두에서 1년 1작을 원칙으로 하는 연작법이 행해졌다고 한다면 아울러 그것을 뒷받침할 농기구나 시비 기술 등의 발전 정도는 어떠했나 하는 것이 병행되어 검토되어야 하겠다.

우리 나라 농업이 牛犂耕 단계에 들어가 있는 것은 역사가 대단히 오래되었다.[24] 고려시대에도 籍田 경작에 쟁기가 동원되고 있는 것을 보면[25] 우려경은 이미 일반화된 관행으로 상당 정도의 발전을 예상케 한다.

그러나 고려시대의 실물쟁기는 물론 쟁기의 구조를 설명한 어떤 기록도 남겨지지 않은 상태에서 고려시대 쟁기의 성격을 밝혀 내기란 여간 어려운 일이 아니며 앞으로도 계속 논란의 여지가 있을 것이다.

조선시대의 경우는 쟁기에 대해 어느 정도 연구가 이루어져 있다.[26] 이에 따르면 《농사직설》 단계에서는 중국과는 달리 아직까지 秋耕(深耕)이 널리 보급되지 않은 상태이고 犁耕法이 쟁기의 왕복경으로 이랑을 만드는 畦立耕을 특징으로 하는 이 당시에는 淺耕에 의한 平畦耕단계이므로 쟁기는 無鐴犁였다 한다.

---

22) 《高麗史》 권 78, 志 32, 食貨 1, 租稅 성종 11년 判.

23) 고려시대의 旱田에서 2년 3모작이 시행되었을 것이라는 견해는 다음과 같다.
李春寧, 《李朝農業技術史》(1964), 36쪽.
李平來, 앞의 글.
李春寧의 경우 별다른 논증 없이 견해를 제시했고, 李平來는 華北 旱地農法과의 비교를 통해 늦어도 8~9세기에는 2년 3모작이 확립되었을 것이라고 하였다.

24) 《三國遺事》 권 1, 第三弩禮王.
《三國史記》 권 4, 新羅本紀 4, 지증왕 3년조.

25) "王耒耜一具 王太子三公諸尙書卿各一具 共十具…又設庶人耕位 於從耕官位之南 小東十步外 庶人四十人並靑衣 耕牛八十 每兩牛隨牛人一人 耒耜四十具 畚二十具 鍤十具 以木爲刃"(《高麗史》 권 62, 志 16, 禮 4, 籍田). 耒耜라고 하였으나 여기서는 쟁기를 의미하는 것으로 보이고 牛 80 : 耒耜 40이라는 비율을 보면 당시의 쟁기가 兩牛犁였음을 추측케 한다.

26) 閔成基, 〈李朝犁에 대한 一考察〉 上·下(《歷史學報》 87·88, 1980).

그러나 조선 후기에 들어와 有鏵犁로 이행하여 심경에 의한 高畦耕法이 나타난다고 한다. 그런데 무볏려(볏이 없는 쟁기)에서 유볏려(볏이 있는 쟁기)로의 이행은 볏밥의 반전을 보다 용이하게 하고 거듭 反耕함으로써 精耕細作을 가능케 하여 토지 지배력을 증대시켜 2년 4작, 2년 3작이라는 윤작을 가능하게 하였으며 나아가서는 花·南草 등 경제작물의 재배, 廣作 경영으로까지 연결되었다는 것이다. 그 후 16세기 말의 농업현실을 담고 있다고 보이는 《農家月令》에 유볏려가 나타나는 것으로 이해하여 16세기까지 유볏려의 존재를 올려 보고 있다.[27]

여기에 반해 이미 《농사직설》에 수전 뿐 아니라 한전 작물 중 기장·조·콩 등에는 추경이 행해지고 있었으므로 이 시대에 유볏려가 존재했다는 견해가 있으며,[28] 이에 대해 자료에 볏받침이 없다 해서 반드시 볏을 쓰지 않았다고 단정하는 것은 잘못이라는 반론이 있었다.[29]

중국 농업사에서는 쟁기에 있어 鏵과 床의 유무는 바로 휴한농법에서 경지 전면경을 통한 연작농법으로의 이행이 달려 있는 문제였다. 화북농업에서는 前漢 말 《氾勝之書》 단계에 有鏵有床의 長床犁가 나와 그 문제를 해결해 주고 있다.[30]

화북보다 기후 조건상 건조하지 않고 또 토양 저항력에 있어서는 훨씬 강한 한국의 농업현실에 바로 중국 농법수준을 대입할 수는 없으나 어차피 화북농업의 영향권 안에 들어가 있었던 한국의 입장으로 볼 때 염두에 둘 필요는 있을 것이다.

일본의 경우[31] 8세기경의 것인 실물쟁기(실제로 사용된 것이 아닌 의례용)로 正倉院에 '子日手辛鋤'라는 無鏵無床犁가 전해지고 있다. 그리고 동시대의 문헌자료상에는 유볏려도 존재했던 것으로 나와 무볏·유볏 두 계통의 쟁기가 모두 쓰이고 있었음을 알 수 있다. 그런데 일본에서는 이 두 계통의 쟁기가 모두 한국에서 건너 온 것으로 추정하고 있다. 그 뒤 10세기 이후에는 有鏵有床犁가

---

27) 閔成基, 〈農家月令과 16세기의 農法〉(《釜大史學》 9, 1985).
28) 李鎬澈, 앞의 책, 306~330쪽.
29) 金光彦, 《韓國農器具考》(1986).
30) 西山武一, 앞의 글(1969), 74~80쪽.
31) 飯沼二郎·堀尾尚志, 《農具》(1976) 참조.

이미 나타난다고 한다. 그런데 일본 농기구사에서는 심경과 관련하여 쟁기의 구조상에 있어서 볏의 유무보다는 상의 유무에 더 의미를 두고 있는 것 같다. 이것은 한국과 다른 일본의 토양조건 때문일 것이다.

각 지역의 기후나 토양조건 그리고 耕法의 발전, 전개에 따라 쟁기는 각자 다른 특성을 보이며 발전해 나갔겠지만, 동시대의 중국이나 일본에서 다 같이 보이고 있는 유볏유상려가 한국에만 없었다고 보기는 어렵지 않을까 한다. 물론 상의 경우 중국의 화북지방에서처럼 건조가 심하지 않고 따라서 保水문제가 화북에 비해 덜 심각했던 한국에서는 상이 발달하지 않았을 수도 있겠지만 볏은 존재했을 것이라 생각된다. 서긍은 《高麗圖經》에서 고려의 농기구가 송대와 비슷하다고 하고 있다.[32] 그의 농기구에 대한 인식 정도를 어느 만큼 신뢰할 수 있을지 모르겠지만 쟁기와 같이 눈에 드러나는 농기구가 달랐다면 분명히 어떤 지적이 있었을 것으로 생각된다. 그렇다면 고려시대에는 作條犁인 무볏려도 있었겠지만 경지의 全面 反轉을 가능하게 했던 유볏려도 존재했던 것으로 보아야 하겠다.

④ 바라보니 들은 하늘을 연한 듯하고,
마을의 밭갈이는 땅 깊숙이 파헤쳤네.
땅이 낮으니 윤기가 흐르고,
산이 가까우니 찬 기운이 침입하네.
오래된 볏에는 흙비가 묻어 있고,
말라죽은 楠木 속은 좀 슬었네.
내 시에 예언이 있어,
관직에서 파면되어 과연 다시 찾는구나.
(《東國李相國集》 권 17, 古得詩, 15일에 皇恩을 입고 고향 黃驪縣에 量移되었다. 21일에 竹州에 이르러 萬善寺에 묵으면서 板上諸公의 시에 차운함)

⑤ 해 떨어진 낮은 고개에,
외로운 구름이 遠村을 가리웠네.
새는 샘물을 찾아 마시고,
소는 땅을 밟으며 지표를 뒤집네.
(《東國李相國集》 권 17, 古律詩, 住老賢上人이 過客諸公의 시를 걸어 놓고 나에게 차운을 청함)

---

32) "牛工農具 大同小異 略而不載"(《高麗圖經》 권 23, 雜俗 2, 種藝).

사료 ④는 李奎報가 猬島로 유배되었다가 고종 18년(1231) 정월에 고향인 黃驪縣으로 돌아온 후에 쓴 시이다.[33] "마을의 밭갈이는 땅 깊숙히 파헤쳤네"라는 구절은 심경되어 있는 전지의 모습을 인상적으로 보고 묘사한 것으로 생각된다. 사료 ⑤에서는 소가 논밭을 飜耕하고 있는 모습을 묘사하고 있다. 번경은 즉 전면 반전경을 의미한다고 할 수 있다. 이와 같이 고려 후기의 사료이기는 하지만 심경이나 번경의 모습이 보이는 것은 유벽려의 존재를 입증하는 것이 아닐까 한다. 이러한 유벽려에 의한 耕地法은 고려시대의 연작법 달성을 가능케 해 준 요인이었다.

다음으로는 제초기구인 鋤(호미)에 대해 살펴보기로 하겠다. 세계의 농경지대를 건조도와 강우량을 중심으로 고찰한 연구성과에 의하면,[34] 한국의 경우는 中耕(사이갈이) 除草를 하지 않으면 잡초 때문에 수확이 전혀 없을 수도 있는 지역에 속한다고 한다. 그렇기 때문에 이 지역에 속한 농경지대에서는 제초기구가 대단히 발달할 수밖에 없는데 우리나라의 제초용구로서 특징적인 것이 바로 호미이다.[35]

이 호미에 대하여《林園十六志》,《課農小抄》,《北學議》등 조선 후기의 호미에 대한 기록에 근거하여 이를 王禎의《農書》와 비교하여,《農事直說》단계에는 春鋤法은 短柄鋤에 의존하고 있다고 하면서 조선 전기에도 단병서가 널리 이용되고 있음을 밝힌 견해가 있다.[36] 또《농사직설》농업의 노동집약적인 특성을 호미를 사용하는 제초작업에서 찾으면서, 당시의 호미는 長柄鋤가 아닌 조선 독자의 단병서라고 한 견해도 있다.[37] 이에 반해 고려시대는 물론이요 조선 전기까지도 장병서가 일반적이어서 농업경영에서는 단병서 이용에 의한 집약 경영이 아닌 粗放的 경영이 영위되었다는 주장이 있다.[38]

당시의 실물 호미가 발견되지 않는 한 문헌자료에 의거한 논란은 계속될 수밖에 없을 것이다. 그런데 고려시대 호미는 아니지만 8세기경의 것으로 추

---

33) 《高麗史》권 102, 列傳 15, 李奎報.
34) 飯沼二郎,《世界農業文化史》(1983), 12~16쪽.
35) 한국의 호미는 중국·일본에서는 잘 발견되지 않는 독자의 除草 용구이다(宮嶋博史, 앞의 글, 1980, 65쪽 및 林和男, 〈朝鮮農業技術の展開〉,《朝鮮史叢》4, 1980, 7쪽).
36) 閔成基, 〈東아시아 古農法上의 耬犁考〉(《朝鮮農業史研究》, 1988), 22쪽.
37) 宮嶋博史, 앞의 글(1980), 68쪽.
38) 李鎬澈, 앞의 책, 171~184쪽.

정되는 호미가 유일하게 雁鴨池에서 출토되었다.[39] 이 호미는 전체 길이 16.7㎝, 날 최대너비 4.5㎝로 지금 흔히 시중에서 볼 수 있는 삼각형 호미와는 다른 낫형의 소형 호미이다.[40] 앞으로 농기구 발굴 결과에 따라 다른 해석들이 나올 수 있겠지만 앞에서도 밝힌 바와 같이 우리나라 농업의 특색이 중경제초에 있다고 한다면, 한국의 특징적인 제초용구로 지적되는 호미가 언제 기원하고 언제부터 광범히 이용되었나 하는 것은 대단히 중요한 문제라 하겠다.

가장 많은 농기구 출토 사례 중의 하나가 5세기 신라왕족의 묘로 알려진 경주 황남동 98호 남분이다.[41] 여기에는 쇠도끼 380개, 쇠보습날 14개, 쇠스랑 20개 등이 부장되어 출토되었다. 쇠도끼는 논자에 따라 쇠괭이로 파악하기도 하는데,[42] 이렇게 많은 농기구가 부장되었으면서도 호미가 보이지 않는 것은 아마 이 당시에는 아직도 제초용구로서 낫이나, 장병서의 대용인 쇠괭이 등을 사용하는 정도에 머물렀기 때문이 아니었을까 한다.

이미 지적되고 있는 바와 같이 신라·백제에서는 5·6세기 무렵에 수리사업에 관한 기록이 집중되며,[43] 또 신라에서는 智證王 3년(502)에 牛耕을 처음 시작했다는 기록[44]이 나오고 있는 것으로 보아, 고대사에서 5·6세기 무렵은 농업생산력 발전에 있어 획기를 이루는 시기였다 하겠다. 그와 더불어 잡곡농사 중심의 전통적인 음력 5월·10월의 농경축제 이외에 5~7세기 경 신라에서는 정월 대보름과 8월 한가위가 새로운 명절로 떠오르게 되는데,[45] 이것은 점차 벼농사가 중요한 비중을 차지하게 되었기 때문일 것이다. 아울러 농작기술에 있어서도 상당한 발전이 예상되는데 한국의 독자적인 소형 호미는 이 과정에서 나온 것이 아닐까 한다.

안압지 출토 호미는 낫형으로 경상남도·제주도·전라남도 도서지방 및

39) 김광언, 〈신라시대의 농기구〉(《민족과 문화》 Ⅰ, 1988), 71~72쪽.
1921년부터 1986년 전반기 사이에 간행된 발굴보고서 및 이와 유사한 57종의 문헌을 통계 낸 결과 현재로서는 유일한 출토의 예라고 한다.

40) 문화공보부 문화재 관리국, 《雁鴨池-발굴조사보고서-》(1978).

41) 文化財管理局, 《慶州 皇南洞 第98號古墳(南墳) 發掘略報告》(1976).

42) 李賢惠, 〈韓國古代社會의 國家와 農民〉(《韓國史 市民講座》 6, 1990), 26쪽.

43) 李基白, 〈永川菁堤碑 貞元修治記의 考察〉(《新羅政治社會史硏究》, 1974), 285쪽.

44) 주 24) 참조.

45) 張籌根, 〈韓國의 農耕과 歲時風俗〉(《韓國의 農耕文化》, 1983), 39~40쪽.

산간부락 등의 자갈이 많은 지대에서 쓰이고 있는 낫형 호미와 유사하며,[46] 북한의 대동강 이북·청천강 이남 등에서 사용되는 베루개나 날호미와도 모양이 유사하다.[47] 베루개와 날호미 등은 散播(노가리) 혹은 點播(점뿌림)한 논의 제초에 사용되는데, 관개가 전반적으로 확립되지 못한 논의 경우 급수가 원활하지 못하여 땅이 굳으므로 날이 선 호미가 아니고서는 제초가 불가능하다고 한다. 그리고 남한에서는 주로 자갈이 많은 곳에서 낫형의 호미가 이용되고 있는 것을 보면[48] 대체로 낫형 호미는 토양 저항이 강한 경우에 사용되는 것으로 생각된다.

그렇다면 5·6세기 이후 관개 수리사업이 활발했다고는 하지만 아직까지 완벽하게 수리가 확립되지 못하고, 또한 토양의 熟治작업이 그다지 발달하지 못한 상태에서의 원시형 호미가, 바로 안압지 출토 호미가 아닌가 한다. 이것은 9세기 무렵의 〈開仙寺石燈記〉에, 황해도·평안도 등지의 乾畓法에 널리 이용되던 京租라는 稻種이 보이고 있는 점과 맥락을 같이 한다고 하겠다.[49]

어쨌든 중경제초용으로 소형 호미가 신라통일기부터 존재했다는 것만은 분명한 사실이며 장병서 이용을 강조하여 조선 이전의 농법을 조방적이라 단정짓는 견해는 문제가 있다고 생각된다.

고려시대에도 오히려 鋤地작업이 단병서에 의존하고 있음은 다음의 사료에서 알 수 있다.

⑥ 비 맞으며 논에 엎드려 김매니,
흙투성이 험한 꼴이 어찌 사람 모습이랴만,
왕손 공자는 멸시하지 말라.
부귀 사치가 다 농부로부터 나오나니.
(《東國李相國集》 권 1, 古律詩, 농부를 대신하여 읊다)

사료 ⑥에서는 비를 맞으며 논바닥에 엎드려 김매는 광경을 묘사하고 있

46) 김광언, 《한국의 농기구》(1969), 109-115쪽.

47) 정시경, 〈호미의 유형과 그 분포〉(《북한의 민속학》, 1989), 207~209쪽.

48) 제주의 호미(골갱이)는 슴베와 날이 거의 직각을 이루면서 전체적으로 그 날의 너비(보통 2㎝)가 거의 일정한데 이것은 자갈 함량이 높은 경작토들의 악조건 하에서 김을 뽑아낼 때 보다 쉽도록 하기 위하여 날이 좁고 또 협소하게 만들어졌다 한다(高光敏, 〈제주도 쟁기의 형태와 밭갈이 방법〉, 《韓國의 農耕文化》 2, 1988, 106쪽).

49) 魏恩淑, 앞의 글(1988), 99~101쪽.

다. 장병서로 서서하는 작업이었다면 「伏」을 쓰지는 않았을 것이다.

이와 같이 제초작업에 단병서가 이용되었다면 고려의 농업경영은 조방경영이 성립되기가 어렵다고 하겠다. 또한 고려시대에는 제초문제가 해결되지 않았기 때문에 地力 유지를 위해 시비를 해 보았자 잡초만을 생장시켜 주는 결과를 초래해서 시비할 수 없어 농지를 휴한할 수밖에 없었다는 논리도[50] 타당하지 않다고 여겨진다.

다음으로 연작이 가능하기 위해서는 지력 회복을 위한 시비기술의 발전이 뒤따라야 한다. 그러나 고려시대의 시비기술을 밝혀 줄 만한 사료 역시 극히 희박한 실정이다. 그렇지만 다음 고려 중엽의 사료를 통해 전기부터 糞田法이 상당히 일반화되었음을 짐작할 수 있다.

> ⑦ 直翰林院 李元牧이 祈雨疏를 만들어 올렸는데 時政의 잘못을 많이 말하였다. 왕이 元牧을 불러 말하기를 '속담에 봄 가뭄은 밭에 거름주는 것과 같다고 한다. 어쩌다가 비를 내리는 은택이 있음은 天心의 仁愛로서 대개 알 수가 없는 것이다. 근래에 태사가 기우를 청하므로 내가 거절하기가 어려워 허락하였는데, 네가 어찌 나의 허물을 끌어넣어 말을 수식하느냐'하고 즉시 다시 짓기를 명하였다(《高麗史節要》 권 12, 명종 11년 4월).

사료 ⑦에서는 直翰林院 李元牧이 祈雨疏를 올리면서 명종의 실정을 많이 말하니 명종이 이에 대해 속담을 인용하여 꾸짖고 있는 내용을 전하고 있다. 그런데 속담에까지 糞田이 등장한다는 것에서 이미 분전법이 어느 정도 발전하였음을 짐작할 수 있지 않나 한다.

중국의 경우[51] 제일 먼저 草糞(풀이 무성할 때 베어서 땅 속에 묻어서 비료로 하는 것)은 西周시대에 이미 가장 일반적인 시비 수단의 하나로서 사용되었을 것이라고 하면 先秦시대에는 대체로 火糞·草糞·人獸糞 등의 초보적인 분전법이 시행되었다고 한다. 그 뒤 한대의 《범승지서》에는 蠶矢와 乾糞이 사용되고 糞種法으로서 종자를 骨汁, 糞汁에 담궜다가 파종하는 漬種法이 나오고 있다. 6세기의 《제민요술》에는 綠肥法이 등장하는데, 이것은 잠시와 熟糞 등이 소유 면적의 극히 일부분만에 시비할 수 없음에 비해, 시비면적이

50) 李泰鎭, 앞의 글(1978 ; 앞의 책, 72~73쪽).
51) 米田賢次郎, 〈中國古代の肥料について〉(《滋賀大學學藝學部紀要》 13, 1963) 참조.

대단히 넓고 또한 비료제조의 노력이 거의 들지 않는다는 장점을 가지고 있다. 녹비법은 한정된 지역만을 시비하고, 또한 분종에 치중하던 단계에서 분전이 확대되면서 나온 것임을 알 수 있다. 그리고 《제민요술》에는 唐代의 기록으로 보이는 《雜說》에 踏糞法이라는 廐肥法이 소개되고 있다. 그러나 이때의 답분은, 소 한 마리가 월동하여 만들 수 있는 양이 겨우 6畝 정도만을 시비할 수 있는 정도였기 때문에 보편적이었다 할 수는 없겠다. 그 뒤 원나라 王禎의 《農書》에는 시비 가운데 답분이 가장 보편적으로 이용되는 변화상을 보이고 있으며 또한 중국 강남의 벼농사지대가 중국 농업의 주축이 되고 있는 반영으로서 *泥糞*(강남 델타지역의 진흙을 비료로 사용)과 *石灰*(산성토양의 중화제) 등이 새로운 비료로 소개되고 있다.

당시 중국과의 광범위한 서적교류를 생각할 때[52] 중국 고대의 대표적인 농서인 《제민요술》이나 《범승지서》의 고려에의 도입과 유통 등은 충분히 예상할 수 있지 않나 한다.[53] 그렇다면 최소한 고려 전기에는 초분, 화분, 인수분 등의 초보적인 시비법뿐 아니라 잠시나 숙분, 지종법, 녹비법, 답분법 등도 일반적으로 행해졌다고 생각되며, 이러한 시비법으로 고려 전기의 농법은 연작법이 가능했다고 보여진다.

지금까지 고려 전기의 수·한전농법, 농기구, 시비기술 등에 대해 살펴보았다. 이렇게 볼 때 사료 ①의 문종 8년의 전품 규정은, 최소한 平田은 연작법 단계였다고 보이며, 歲易의 빈도에 따른 전품규정은 평전에 준한 山田 규정이었다고 하겠다.

고려는 그 초기부터 권농에 깊은 관심을 가지고 있었다. 태조는 즉위 초부터 나말 혼란기의 민심수습을 위해 문란해진 토지제도와 수취체제에 관심을 기울이는 한편 민생안정을 위해 農桑을 장려하였다.[54] 또한 광종 연간에는 評農書

---

52) 金庠基, 〈宋代에 있어서 高麗本의 流通에 대하여〉(《東方史論叢》, 1986) 참조.

53) 《氾勝之書》는 宣宗 8年(1091)에 宋으로부터 高麗에 求書가 요청되고 있는 것으로 보아 분명히 고려에 전해졌음을 알 수 있다(《高麗史》 권 10, 世家 10, 선종 8년 6월).

54) "高麗太祖卽位 首正田制 取民有度 惓惓於農桑 可謂知所本矣"(《高麗史》 권 78, 志 32, 食貨 1).
"太祖卽位之初 首詔境內 放三年 田租 勸課農桑 與民休息"(《高麗史》 권 79, 志 33, 食貨 2, 農桑).

史[55]라든지 司農卿[56] 등의 관직명이 나오는 것을 보면 중앙 정부에 권농을 담당하는 기구가 만들어졌지 않았나 한다. 그리고 지방제도가 대체로 정비되는 성종 연간에는 국가의 권농정책은 지방에 파견한 수령을 통해 수행되고 있음을 볼 수 있다.[57]

권농의 목적은 고려정부가 표방하고 있듯이 민생의 안정에 있다고는 하나 무엇보다도 농민의 경영안정을 도모하여 조세수입을 늘려 재정을 확보하는 데 있었다고 할 것이다. 이것을 위해서 농민의 경영 안정을 위한 불필요한 요역금지, 종자지급, 농기구의 賜給, 官牛의 대여 등이 이루어졌고, 또한 농업생산력 발전을 위해 선진 농업기술의 전수나 그것을 위한 농서의 연구와 보급 등이 행해졌을 것이다.[58] 이외에도 농경지를 확대시켜 나가는 것 역시 중요한 정책 중의 하나였다.

농경지의 확대에는 크게 新田 개발과 정치 사회적 변동이나 자연재해 등으로 야기된 陳田 개간으로 나눌 수 있다.[59] 그 중에서 陳田 개간에 대한 정부측의 관심은 광종 연간의 다음 기록을 통해 고려 초부터 있어 왔다는 것을 알 수 있다.

> ⑧ 광종 24년 12월 判하기를 '진전을 개간하여 경작하는 사람에게는 사전일 경우 첫 해에는 수확한 것을 전부 지급하고 2년째 비로소 田主와 반을 나누고, 공전은 3년에 한하여서는 전부 지급하고 4년째 비로소 법에 따라 收租한다'라고 하였다(《高麗史》 권 78, 志 32, 食貨 1. 租稅).

진전 개간에 대한 규정이 마련되었다는 것은 公·私田을 막론하고 광범위한 진전 개간이 이루어지고 있다는 증거가 되며 또한 진전 개간 정도를 국가

---

55) 《高麗史》 권 2, 世家 2, 광종 11년 3월.
評農書史의 기능에 대해서는 金琪燮, 앞의 글, 137~139쪽 참조.
56) 《高麗史》 권 2, 世家 2, 광종 23년 8월.
57) 《高麗史》 권 79, 志 33, 食貨 2, 農桑 성종 5년 5월.
58) 金琪燮, 앞의 글, 136~140쪽.
59) 고려시대의 新田 개발과 진전 개간에 대해서는 다음 논문을 참조할 수 있다.
洪淳權, 〈高麗時代의 柴地에 관한 고찰〉(《震檀學報》 64, 1987).
李平來, 〈高麗前期의 農耕地開墾과 그 意味〉(《龍巖車文燮博士華甲紀念論叢》, 1989).
박경안, 〈高麗後期의 陳田開墾과 賜田〉(《學林》 7, 1985).
李宗峯, 〈高麗後期의 勸農政策과 土地開墾〉(《釜大史學》 15·16, 1992).

가 파악함으로써 세수를 증대시키기 위한 것이었다. 그런데 진전은 황무지가 아니라 한 때 경작하다가 내버려두게 된 토지이다. 사료 ⑧에서 진전의 개간 이후 해마다 생산물 수확이 가능하다는 전제 아래 규정이 마련되고 있는 것을 보면, 원래의 경작지에서는 常耕이 일반적이었다는 것을 알 수 있다.

진전 개간과 아울러 아직까지도 광범위하게 남아있던 구릉지 등에의 산전 개발도 활발했던 것으로 보인다. 고려정부는 경종전시과 단계에서부터 관료들에게 柴地를 田地와 함께 지급하고 있었다. 그런데 시지는 단순한 초채지가 아니라 개발 가능한 황무지였다.[60] 경종전시과에서 목종전시과를 거치면서 전지 지급에는 큰 변동이 없으나 시지 지급은 급격히 줄어들고 있고 과전법 단계에는 아예 시지 지급이 없는 것을 보면, 이 시지가 시대를 내려오면서 토지로 개발되어 감을 나타내 준다 하겠다. 그러한 산전 개발에는 시지를 지급받는 귀족층뿐만 아니라 영세농민들도 자신들의 생계 터전을 마련하고자 적극 참여했으리라 생각된다.[61]

고려 전기에 산전 개발이 활발했던 사실은 인종 원년(1123)에 고려를 다녀간 徐兢의 기록에서 단적으로 보인다.

> ⑨ 나라의 강토가 동해에 닿아 있고 큰산과 깊은 계곡이 많아 험준하고 평지가 적기 때문에 산간에 밭을 많이 만드는데 그 지형의 높고 낮음에 따랐으므로 경작하기가 매우 힘이 들고 멀리서 바라보면 사다리나 층계와도 같다(《高麗圖經》 권 23, 雜俗 2, 種藝).

즉 외국인인 서긍에게는 산간에 治田하고 있는 모습이 대단히 인상적으로 보였던 모양인데, 이것은 산이 많고 평지가 적은 고려의 지형적 특성에서 연유하지만 당시의 고려에 많은 산전이 개발되고 있음을 입증해 주는 것이라 하겠다. 산전 개간에 대한 직접적 자료는 극히 드문 실정이나 고려 전기에 해당되는 몇 사례는 그것을 반영하고 있지 않나 한다.

하나는 永興鎭의 둔전 개간 사례로[62] 영흥진장 尙舍의 直長 丁作鹽의 권농에 의해 '沙石不耕之地'를 개간하여 곡식을 거두고 있는데, 東界 지역에 있었던 영흥진의 위치로 보아 산전 개발에 해당되는 것으로 보인다. 또 鄭穆이 永淸縣의

60) 여기에 대해서는 洪淳權, 앞의 글 및 李平來, 앞의 글(1989) 참조.
61) 李景植, 앞의 글, 43쪽.
62) 《高麗史》 권 79, 志 33, 食貨 2, 문종 13년 2월.

수령으로 나가 縣의 서쪽에 있었던 德池原을 화전으로 개간하고 있는 사례가 보이는데,[63] 여기에 심었던 것이 麥(보리)·禾(조)인 것을 보면 이 사례도 산전 개간일 가능성이 크다 하겠다. 몇 안되는 고려 전기의 개간 사례는 주로 산전에 치중되어 있어서 고려 후기의 농경지 개발과는 대단히 다름을 알 수 있다.

그런데 이렇게 개간된 산전은 대체로 地品이 평전에 비하여 떨어졌던 것 같다. 이승휴는 삼척에 외가로부터 물려받은 柴地가 있었는데 이것을 토지로 개간하고 있다.[64] 그런데 토지가 척박하다고 하고 있는 것을 보면 산전은 보통평전과는 다른 규정이 적용될 수밖에 없었지 않았나 한다.[65] 그것은 13세기 초엽의 것으로 추정되는 송광사의 고려 문서에서도[66] 볼 수 있다. 이 문서에는 崔怡(瑀) 이하 여러 명이 祝聖油香寶·忌日寶·忌晨寶 등의 명목으로 송광사에 시납한 토지의 명세가 기록되어 있다. 여기에서 특히 주목되는 것은 參知政事 최이가 축성유향보로 시납한 寶城郡 任內 南陽縣의 염전과 산전이다. 산전은 염전과 엄연히 성격이 다름에도 불구하고 동일하게 취급되고 있는 것을 볼 수 있다. 이것이야말로 산전이 일반 평전의 전답과는 다르게 인식되고 있는 증거라 할 것이다.

그러므로 사료 ①의 문종 연간의 규정은 고려 초부터 광범위한 개간으로 확보된 산전을 수세대상으로 삼기 위해 마련된 규정으로 보인다. 그러나 아직까지 고려 전기의 농업기술로는 산전은 평전에 비해 척박하였기 때문에 평전처럼 연작하지 못하고 휴한하는 것이 많았지 않았나 한다. 그렇지만 문종 연간에는 전기 이래의 지속적인 농업기술의 발전에 따라 이미 산전에도 不易田이 등장하고 있음을 알 수 있다.

〈魏恩淑〉

---

63) 〈鄭穆墓誌銘〉(《東萊鄭氏 文景公派世譜》).

64) 李承休, 《動安居士集》, 雜著, 葆光亭記.

65) 조선시대에도 산전에 대한 田品 규정은 평전과는 달리 1甲·2甲·3甲·4甲 등 甲品制에 의해 田品이 매겨졌다(《世宗實錄》 권 113, 세종 28년 7월 무진).

66) 《曹溪山松廣寺史庫》, 國師當時大衆及維持費. 이 문서의 작성시기에 대해 任昌淳은 1221년부터 4~5년 이내에 이루어진 것으로 보며(〈松廣寺의 高麗文書〉, 《白山學報》 11, 1971), 朴宗基는 1221~1223년 사이로 보고 있다(〈13세기 초엽의 촌락과 部曲〉, 《韓國史硏究》 33, 1981).

# Ⅱ. 세역제도와 조운

1. 조 세
2. 공 부
3. 요 역
4. 잡 세
5. 조운과 조창

# Ⅱ. 세역제도와 조운

## 1. 조 세

### 1) 조세의 개념

토지의 사유가 인정되었던 고려시대에는 광대한 규모의 사유지가 있었다. 이른바 民田이라 불리는 것이 그 대표적인 존재이다. 이 밖에 궁인이나 사원도 사유지를 가지고 있었다. 그리고 그 소유자는 매매·증여·상속 등의 권리를 자유롭게 행사할 수 있었으며, 국가는 여러 가지 방법으로 그 소유권을 보호해 주었다. 그러나 한편으로 국가는 "모든 토지는 왕의 것이다"고 하는 「동양적 왕토사상」을 이념적 바탕으로 하여 이들 사유지, 특히 민전에서 생산되는 수확의 일부를 수취할 수 있는 권리를 행사하였다. 수조권이라 불리는 것이 그것이다.[1] 바로 이 수조권에 입각하여 국가가 사유지, 특히 민전 소유자로부터 거두어 가는 생산량의 일부가 「租稅」(田租 : 民田租)이다.

그러나 「조세」의 개념이 그렇게 간단한 것만은 아니다. 본래 조세는 서로 다른 개념을 지닌 「租」와 「稅」의 합성어였다. 즉 사유지의 소유자가 국가나 국가가 지정하는 개인(개인수조권자)에게 내는 田租를 「조」라 하고, 개인수조권자가 자신이 받은 전조의 일부를 다시 국가에 내는 부담을 「세」라 하였다. "모든 공전과 사전의 조를 水田 1결은 糙米 30두로 하고 旱田 1결은 잡곡 30두로 하며, 陵寢·倉庫·宮司·公廨·功臣田 외의 토지를 가지고 있는 사람은 모두 수전 1결에 白米 2두를 세로 내고 한전 1결에 黃豆 2두를 세로 낸다"고 한 과전법 규정이[2] 이러한 사실을 잘 말해 준다. 공·사전(收租地)을

1) 이러한 내용에 대해서는 이 책 제I편 2장 2절 〈민전〉 참조.
2) 《高麗史》 권 78, 志 32, 食貨 1, 田制 祿科田.

막론하고 1결에서 내야 할 조미 및 잡곡 30두를 「조」라고 표기하고 있는데, 이것은 당시 결당 생산량을 300두(20석)로 상정하고 「什一租法」을 적용하여 거둔 전조였다. 그리고 '능침·창고·궁사·공해·공신전 외의 모든 토지'라고 하였을 때의 '모든 토지'는 사유지가 아니라 개인수조지인데, 이 개인수조지의 보유자가 국가에 내는 결당 2두의 백미와 황두가 바로 「세」였던 것이다.

그런데 「조」와 「세」의 개념이 이렇게 구분되어 쓰여진 것은 과전법 규정이 처음은 아니다. 이미 고려 전기부터 있어 왔던 일이다. 각종 재해로 인해 4分 이상의 손실이 생겼을 때 租를 면제해 준다고 한 성종 7년의(988) 判文과,[3] "東京 행차 시 통과하였던 주현의 금년 田租를 감해 주었다."고 한 성종 16년의 기사에[4] 보이는 조 등은 모두 전조를 의미한다. 이 외에도 조가 전조의 의미로 사용된 예는 무수히 많다. 그리고 "문무 양반과 여러 궁원의 토지를 30결 이상 받으면 1결에 으레 5升을 세로 거둔다"고 규정한 현종 4년(1015)의 판문이나,[5] 10負에 米 7합 5작을 내게 하여 결국 20결에 米 1석의 전세를 내도록 규정하였다고 하는 문종 23년(1069)의 기사에[6] 나오는 稅[7](田稅)는 모두 개인 수조권자가 자신이 받은 전조의 일부를 국가에 바치는 부담을 뜻하고 있다. 이렇게 조와 세는 기본적으로 개념이 다른 용어였지만 엄격하게 구분되어 사용된 것만은 아니어서 세가 조의 의미로 쓰인 경우도 적지 않았다. "지난해 密城 관내의 군현이 홍수로 인해 농사에 손실을 입었으므로 금년의 夏稅를 감해 주어야 한다"고 하였을 때의 稅(夏稅)의 실체는 앞서 언급한 성종 7년의 판문(災免規定)에 비추어 볼 때 전조임에 틀림없다. 또 "우리나라의 田制는 漢의 限田制를 본받아 10분의 1만을 稅로 하였을 뿐이었다"고 기술한 白文寶 箚子의[8] 세도 십일조로서의 전조를 가리키고 있음이 분명하다. 뿐만 아니라 세는 賦稅 일반의 뜻으로 쓰이기도 하였다. 이른바 租·庸·調를 「三稅」로 표현

3) 《高麗史》 권 80, 志 34, 食貨 3, 賑恤 災免之制.
4) 《高麗史》 권 80, 志 34, 食貨 3, 賑恤 恩免之制.
5) 《高麗史》 권 78, 志 34, 食貨 1, 田制 租稅.
6) 위와 같음.
7) 《高麗史》 권 80, 志 34, 食貨 3, 賑恤 災免之制 문종 15년 2월.
8) 《高麗史》 권 78, 志 32, 食貨 1, 田制 租稅 공민왕 11년.

하고 있는 것이[9] 그 단적인 실례이다. 또 「貢稅」,[10] 「雜稅」[11]의 세도 부세 일반의 뜻이며, 여러 군현의 미납된 稅 및 常徭·雜貢을 면제시켜 주는 조치의[12] 세도 같은 의미이다.

한편 租도 전조의 의미로만 사용된 것은 아니다. 佃戶制로 경영되는 토지의 소작료도 租라 하였다. "處干은 남의 토지를 경작하여 租를 그 주인에게 내고 庸과 調는 官에 바치니 곧 佃戶이다"고 하는 충렬왕 4년(1278) 기사의[13] 조는 사유지(주로 민전)의 전호가 주인에게 바치는 소작료임이 분명하다. 사유지 뿐 아니라 개간 장려 기사로 유명한 광종 24년(973)의 판문에서 알 수 있듯이 국·공유지에서의 소작료도 조라고 불렀다. 즉 "陳田을 개간한 사람에게 사전이면 첫 해에는 수확의 전부를 주고 2년째부터 田主와 分半하며, 공전이면 3년 동안은 수확의 전부를 주고 4년째부터 비로소 법에 따라 租를 거둔다"[14]고 하였을 때의 조의 실체는 국·공유지에서의 소작료라고 판단된다. 수확량을 전주와 분반하는 사전이란 다름 아닌 사유지이고, 이러한 사전과 함께 쓰인 공전은 사유지의 상대 개념인 국·공유지로 이해되므로 결국 이 국·공유지에서 거두는 租는 소작료일 수밖에 없는 것이다.[15] 이 밖의 "공전의 조는 4분의 1을 취한다"고 규정한 성종 11년의 판문도[16] 국·공유지에서의 소작료를 조로 칭한 하나의 예가 될 것이다.[17] 또 「公廨田租」니 「公須田租」니 하는 것들도[18] 국·공유지의 하나인 공해전에서

---

9) 《高麗史》 권 28, 世家 28, 충렬왕 4년 7월 을유 및 권 80, 志 34, 食貨 3, 賑恤 水旱疫癘賑貸之制 고종 13년 3월.

10) 《高麗史》 권 80, 志 34, 食貨 3, 賑恤 恩免之制 의종 23년 4월·고종 40년 6월.

11) 《高麗史》 권 80, 志 34, 食貨 3, 賑恤 災免之制 고종 42년 3월.

12) 《高麗史》 권 80, 志 34, 食貨 3, 賑恤 恩免之制 충렬왕 24년 정월 충선왕 즉위 下敎.

13) 《高麗史》 권 28, 世家 28, 충렬왕 4년 7월 을유.

14) 《高麗史》 권 78, 志 32, 食貨 1, 田制 租稅.

15) 公田·私田의 개념과 그 구분에 대해서는 이 책 제I편 2장 1절 〈공전과 사전〉 참조.

16) 《高麗史》 권 78, 志 32, 食貨 1, 田制 租稅.

17) 여기에 나오는 公田의 실체가 국·공유지일 수밖에 없다는 사실에 대해서는 다음 절에 자세히 언급될 것이다.

18) "元正 又奪中書省公廨田租"(《高麗史》 권 128, 列傳 41, 曺元正).
"諸道館驛公須田租…儲峙以支廩給 餘租各輸州倉"《高麗史》 권 78, 志 32, 食貨 1, 田制 租稅 문종 2년).

의 소작료를 말하는 것이다. 현재 이러한 사유지에서의 소작료를 흔히 私田租, 국·공유지에서의 소작료를 公田租라 부르고 있다.

이와 같이 조는 전조와 소작료의 개념으로, 세는 수조권자가 전조의 일부를 국가에 내는 부담이라는 의미와 전조 및 부세 일반의 개념으로 사용되었으므로 각종의 기록에 나오는 조와 세의 실체를 파악할 때는 세심한 주의가 필요하다. 따라서 고려시대의 조와 세의 내용은 사유지의 소유자(주로 민전주)가 수조권을 가진 국가나 개인에게 내는 전조(민전조), 사유지에서의 소작료인 사전조, 국·공유지에서의 소작료인 공전조,[19] 그리고 수조지를 보유한 개인이 자신이 받은 전조의 일부를 다시 국가에 바치는 전제 등 네 가지로 이루어졌다고 할 수 있다. 그러나 이미 언급하였듯이 「조세」라는 용어 자체는 대부분의 경우 「민전조」의 뜻으로 사용되었다.

## 2) 수조율과 조세의 감면

### (1) 사전조

고려시대 사유지의 대표적 존재인 민전의 주된 소유 계층은 백정농민이었으며, 이들이 소유한 민전은 대부분 자신과 그 가족의 노동력만으로 경작되었던 것으로 알려져 있다. 그렇지만 민전 중에는 중앙과 지방의 권세가들이 소유한 것도 적지 않았는데, 이들의 민전은 주로 가족노동력의 한계를 넘어서는 대규모의 토지였다. 그리고 국가의 적극적인 보호를 받고 있던 사원이나 궁원도 사원전·궁원전으로 불리는 대규모의 사유지를 소유하고 있었다. 이렇게 규모가 큰 민전과 사원전·궁원전의 일부는 奴婢나 雇工의 노동력에 의지하여 경작되기도 하였으나, 대부분은 백정농민이나 외거노비 등을 전호로 하는 佃戶制(소작료)에 의해 경영되었다고 이해되고 있다.[20] 바로 이러한 경작관계에서 소작료로서의 私田租가 발생하였다. 즉 전호는 사유지의 주인에게 빌린 토

19) 사료상으로 '公田租·私田租'라는 용어는 收租權의 귀속에 따라 공전·사전이 구분되었던 것과 마찬가지로 국가수조지와 개인수조지에서의 民田租를 의미하는 경우가 보다 많다. 그러나 이러한 공·사전조의 실체는 민전에 대한 조세이기 때문에 민전조에 포함시키고, 용어의 혼란을 피하기 위해 여기서는 공전조·사전조를 각각 국·공유지와 사유지에서의 소작료라는 개념으로 한정시켜 쓴다.

20) 民田의 所有와 經營形態에 대해서는 이 책 제Ⅰ편 2장 2절 〈민전〉 참조.

지의 기능의 대가로서 일정한 지대를 지불하였는데, 그것이 바로 사전조(소작료)였던 것이다.

이와 같은 사전조는 수확량의 1/2이었다. 앞서 인용한 바 있는 광종 24년의 판문이 이러한 사실을 말해 주는 최초의 기록인데, 사료에서는 흔히 「分半」으로 표기하고 있다. 따라서 일단 고려 초부터 사전조는 1/2이었다고 할 수 있겠는데, 사실 이것은 그 이전인 신라시대 이래의 관행이었다고 생각된다. 이미 신라 하대에도 귀족 및 호족들에 의한 대토지소유와 함께 이의 전호제 경작이 널리 전개되어 있었으므로[21] 생산량의 반을 소작료로 내는 원칙 또한 있었을 것이다. 그러므로 위 광종 24년의 판문은 한편으로는 이전부터 있어 온 관행을 국가적으로 확인해 주고, 다른 한편으로는 旣耕地에서와 마찬가지로 開墾地에도 같은 원칙을 적용한다는 사실을 밝힌 공식적인 절차의 의미를 지녔다고 이해된다. 盜耕을 단속한 조치도 이와 맥락을 같이하는 것으로 생각된다. 즉《高麗史》刑法志 禁令條에 의하면, 旣耕田이나 荒田을 막론하고 도경하는 자와 강제로 남의 토지를 빼앗아 경작하는 자는 모두 소정의 벌을 받게 되어 있는데,[22] 이는 곧 국가가 정당한 소작과 함께 「分半收取」를 보장하는 것이었다고 해석된다. 이러한 관행은 광종 이후에도 계속되었다. "3년 이상된 陳田을 개간하여 경작하면 2년 동안은 수확의 전부를 佃戶에게 주고 3년째부터 田主와 分半한다"고 하는 예종 6년(1111)의 판문에서[23] 「私田租 分半」의 원칙은 다시 확인된다. 이 외에도 예종 때에는 전호의 존재를 전하는 또 다른 기록이 보이고 있어[24] 사유지에서의 전호제 경영과 그에 따른 「분반수취」가 성행하고 있었음을 짐작케 한다. 「農莊」으로 불리는 대토지소유가 더욱 발달하였던 무신 집권기와 고려 후기에도 이러한 원칙은 변함없이 유지되었다. "힘이 센 자들은 광대하게 토지를 소유하였고 약한 자들은 그들에게 빌붙어 토지를 빌려 경작하고 소출의 반을 나누었다"고 하는 鄭道傳의 설명이나,[25] "前朝(고려) 말의 폐단

---

21) 金容燮, 〈高麗時期의 量田制〉(《東方學志》 16, 1975).
姜晋哲, 《高麗土地制度史硏究》(高麗大學校出版部, 1980), 15~16쪽.

22) "盜耕公私田 一畝 笞三十…五十畝 一年半 荒田 減一等 强加一等"(《高麗史》 권 85, 志 39, 刑法 2, 禁令).

23) 《高麗史》 권 78, 志 32, 食貨 1, 田制 租稅.

24) 《高麗史》 권 79, 志 33, 食貨 2, 農桑 예종 3년 2월.

25) 鄭道傳, 《三峯集》 권 7, 朝鮮經國典 上, 賦典 經理.

이 아직까지 남아 품관과 향리들이 광대하게 토지를 차지하고 유망민을 불러 들여 병작반수하고 있다"고 개탄한 河崙의 啓文[26] 등이 이를 잘 말해 준다. 특히 이 시기에는 權貴들이 양인 농민을 處干으로 삼아 자기의 농장을 경작케 하는 전호제 경영이 활발하게 전개되었는데, 국가 통치력의 약화를 틈타 당시까지 관행으로 되어 있던 「분반」을 상회하는 수탈을 자행하기도 하였다. 무신집권기 말기의 권신이었던 金俊의 농장에서 그의 家臣들이 1/2을 훨씬 넘는 양을 수취함으로써 여러 권귀들이 본받았다고 하여 지탄을 받은 사실은[27] 이의 좋은 실례일 것이다. 그러므로 전호제로 경영되었던 사유지, 즉 규모가 큰 권세가들의 민전과 궁원·사원이 소유권을 갖고 있던 토지에서의 수조율(소작료)은 신라 말 이래 고려 전시기에 걸쳐 1/2을 원칙으로 하였다고 결론지을 수 있다. 사실 이러한 관행은 고려 뿐 아니라 조선시대에도 그대로 유지되었다.[28]

### (2) 민전조와 공전조

민전에서의 수조율과 국·공유지에서의 소작료가 얼마였는가 하는 문제에 대해서는 현재 전혀 입장을 달리하는 주장들이 있다. 그러므로 우선 관계 사료의 분석을 통해 이들 견해의 타당성을 검토해 볼 필요가 있다. 이 문제와 관련하여 현재 다음과 같은 두 계통의 사료가 있다.

> A-1. 태조가 일어나 즉위한 지 34일만에 여러 신하들을 맞이한 자리에서 비탄해하며 탄식하여 말하기를, '近世에 가혹한 수취를 행하여 1頃의 租가 6석에 이르러 백성들이 살아갈 수 없으니 매우 불쌍하다. 지금부터는 마땅히 什一租法을 적용하여 토지 1負에 租 3升씩을 내게 하라'고 하였다(《高麗史》 권 78, 志 32, 食貨 1, 田制 祿科田 신우 14년 趙浚 上書).
>
> 2. 묻노라 孟子가 말하기를, '夏后氏는 50畝에서 貢稅를 받고 殷人은 70畝에서 助稅를 받았으며, 周人은 100畝에서 徹稅를 받았으니, 그 실상은 모두 10분의 1이다'고 하였다. …그러므로 經界·井田과 什一의 세법은 천하와 국가를 다스리는 데 있어 마땅히 먼저 힘써야 할 것이다. …우리의 祖宗들께서 나라를

26) 《太宗實錄》 권 12, 태종 6년 11월 기묘.
27) 《高麗史》 권 130, 列傳 43, 叛逆 4, 金俊.
姜晋哲, 〈高麗後期의 地代에 대하여〉(《韓國中世土地所有硏究》, 一潮閣, 1989).
金載名, 〈高麗時代 什一租에 관한 一考察〉(《淸溪史學》 2, 1985) 참조.
28) 周藤吉之, 〈麗末鮮初における農莊に就いて〉(《靑丘學叢》 17, 1934).
李成茂, 《朝鮮初期兩班硏究》(一潮閣, 1980), 337~365쪽.

일으키고 지켜온 지가 지금까지 400년이라. 나라를 다스리는 법도와 백성에게 세를 거두는 제도(取民之制)는 대략 옛 제도에 부합되고 후세에 전할 만하다. …법제를 시행한 것이 이미 400년이나 넘어 오래 되었으니 폐단이 되는 바가 없을 수 없다(《益齋集》 권 9 下, 策問).

3. 우리나라는 만세를 누릴 수 있는 곳에 도읍을 정하고 사방의 貢稅를 받는다. 하루의 식량이 귀중하다는 것을 알고 1,000칸 되는 창고를 지어 저장하니, 水運을 위해 해안에 정박한 배들이 꼬리를 물었고 陸運을 위해 길에 늘어선 수레들이 서로 잇달았다. 백성에게서 수취를 박하게 하여 비록 公田에서 10분의 1을 稅로 거두어도 賦稅의 총액은 오히려 1년에 수천을 헤아릴 정도이다(《東國李相國集》 권 19, 雜著, 乙酉年大倉泥庫上樑文).

4. 密直堤學 白文寶가 箚子를 올리기를, '우리나라의 토지제는 漢의 限田制를 본받아 10분의 1만을 稅로 할 뿐입니다'고 하였다(《高麗史》 권 78, 志 32, 食貨 1, 田制 租稅 공민왕 11년).

B. 성종 11년에 判하기를, '公田의 租는 4분의 1을 취하는데 水田 上等 1결에 租 2석 11두 2승 5합 5작, 中等 1결에는 租 2석 11두 2승 5합, 下等 1결에는 租 1석 11두 2승 5합으로 하며, 旱田은 上等 1결에 租 1석 12두 1승 2합 5작, 中等 1결에는 租 1석 10두 6승 2합 5작으로 한다'고 하였으며 下等 1結은 漏落되었다[또 水田은 上等 1결에 租 4석 7두 5승, 中等 1결에는 3석 7두 5승, 下等 1결에는 2석 7두 5승으로 하고, 旱田은 上等 1결에 租 2석 3두 7승 5합, 中等 1결에는 1석 11두 2승 5합, 下等 1결에는 1석 3두 7승 5합으로 한다(《高麗史》 권 78, 志 32, 食貨 1, 田制 賦稅 성종 11년).

위 A에 나오는 4개의 사료는 모두 국가가 불특정 다수의 일반 백성에게서 거두는 조세, 즉 민전에서의 전조가 1/10이었음을 말하는「십일조」관계 기사이다. 먼저 A-1과 A-2가 비록 고려 후기의 기록이지만, 그 내용은 고려 초기 특히 태조 때의 실정을 전하고 있어 주목된다. 그리고 A-3과 A-4는 각각 고종 12년(1225)과 공민왕 11년(1362)의 기록으로서 고려 중기와 후기에 민전에서 십일조법이 실제로 시행되었음을 보여 준다.[29] 따라서 A에 소개된 4개의 사료를 근거로 할 때 민전의 수조율은 고려 초부터 말기까지 줄곧 1/10이었다고 이해된다.[30]

그러면 위 사료 B에 나오는 '公田租 1/4'은 어떻게 이해해야 할 것인가.

29) A-3에 나오는 '公田'이 國·公有地가 아니라 공전으로 불릴 수 있는 또 다른 토지, 즉 國家收租地로서의 民田이라는 것은 그 곳에서 거둔 조세가 국가재정의 근간이 되고 있다는 점에서 틀림없는 사실이라 하겠다.

30) 고려 말에 새로 마련된 과전법에서도 민전의 수조율은 1/10이었다.

일찍이 사료 A-1의 '什一租' 규정과 B의 '四分取一' 규정이 적용되는 토지를 같은 것(대다수의 民이 경작하던 토지)으로 보고 양자를 연계시켜, 태조 때에 1/10이었던 것이 성종 때 이르러 1/4로 인상되었다고 본 견해가[31] 제시된 바 있다. 그러나 이러한 견해는 위 사료 A-3·4의 기록, 즉 고려 중기와 후기에도 엄연히 십일조법이 시행되고 있었다는 사실을 감안할 때 잘못된 이해였음이 판명된다. 사실 이 문제의 핵심은「公田」의 실체를 규명하는 것에 있다 하겠는데, 이와 관련하여 현재 두 가지의 상반된 주장이 있다. 즉 하나는 이 공전의 실체를 민전으로 보는 견해이고,[32] 다른 하나는 이를 국·공유지로 간주하는 견해이다.[33]

앞의 견해에서 사료 B의 공전을 민전으로 보는 논거는 대략 다음과 같이 정리된다. ①고려시대에 공전으로 불리었던 토지로는 1·2과공전인 국·공유지와 3과공전인 민전이 있었는데, 대부분의 국·공유지는 직영제로 경영되었으므로 특별히 수조율을 설정할 필요가 없었으며, 전호제로 경작되었던 일부 국·공유지에서는 사유지에서와 마찬가지로 1/2의 수취가 이루어졌기 때문에 1/4의 수취를 규정하고 있는 사료 B의 공전은 민전이었다고 해야 한다. ②그러므로 태조 이래 고려 전기의 민전 수조율을 1/10로 기술하고 있는 사료 A-1의 내용은 믿기 어렵다. 왜냐하면 당시 토지의 1결당 평균 생산량이 도저히 20석이 될 수 없기 때문이다. 즉 A-1에서 '1負의 收租額 3升'이 1/10이었다고 하였으므로 1결의 수조액은 30두(2석)이고 그 생산량은 20석이라는 이야기인데, 당시 전국 토지의 대부분이 하등전이었다는 사실을 전제로 하고 사료 B에 의거하면 수전 1결의 생산량은 7석에 불과하다. 따라서 태조가 십일조법을 표방하고 1부에서 3승을 내게 한 것은 1결에서 2석을 수취하기 위

---

31) 白南雲,《朝鮮封建社會經濟史》上(改造社, 1937), 404쪽.

32) 姜晋哲,〈高麗前期의 公田·私田과 그의 差率收租에 대하여-高麗 稅役制度의 一側面-〉(《歷史學報》29, 1965).
姜晋哲, 앞의 책, 389~423쪽.
旗田巍,〈高麗の公田〉(《史學雜誌》77-4, 1968).
浜中昇,〈高麗民田の租率について〉(《朝鮮古代の經濟と社會》, 法政大學出版局, 1986).

33) 李成茂,〈高麗·朝鮮初期의 土地所有權에 대한 諸說의 檢討〉(《省谷論叢》9, 1978).
金容燮,〈高麗前期의 田品制〉(《韓沽劤博士停年紀念史學論叢》, 1981).
金泰永,〈科田法上의 踏驗損實과 收租〉(《經濟史學》5, 1981).

하여 1결의 생산량을 과도하게 책정한 기만적인 정책이었다. 결국 태조가 표방한 십일조법은 가공적이고 관념적인 것에 불과하다. 이에 반하여 1결의 생산량을 7석으로 설정하고 1/4을 수취한다고 천명한 성종 11년(992)의 조치가 보다 현실적인 것이었다고 보아야 한다. 따라서 1/4이 고려 전기 민전에서의 수조율이었다고 간주해야 한다는 논리이다. 이러한 주장과 함께 이 견해는 고려 후기, 대체로 원 간섭기에 1/4에서 1/10로 수조율이 인하되었으리라는 점도 피력하고 있다. 즉 ③후기의 민전에서 1/10 수취가 시행되고 있었음을 전하는 사료 A-4가 그간의 이러한 변화를 반영하는 것인데, 초기 이래 점진적으로 증대해 온 토지의 생산력과 중기 이후의 농장 확대에 편승한 양인 농민의 投託 현상이 수조율 인하의 주된 원인이 되었다는 것이다. 다시 말해 농장이 형성되면서 농민의 농장에의 투탁 현상이 현저하였으므로 국가는 이러한 公民의 私民化를 방지하고 재정수입의 원천을 확보하기 위해 1/4이라는 고율의 세액을 낮출 필요가 있었으며, 전기에 비해 크게 증대되었을 토지 생산력이 국가의 이러한 조치를 용이하게 하였다는 설명이다.

사실 사료 B는 수조액 부분을 제외하면 '公田租 四分取一'이라는 매우 짧은 기록에 불과하므로 그 자체만으로는 「공전」의 실체를 밝히기 어렵다. 그러므로 위와 같은 추론을 통해 이를 민전으로 이해하는 것이 잘못된 방법이었다고는 할 수 없다. 그러나 이러한 추론은 다음과 같은 몇 가지 점에서 재고할 필요가 있다.

첫째, 고려시대 국·공유지의 대부분이 직영제에 의해 경영되었던 것은 아니다. 일부 직영제로 경작된 국·공유지가 없었던 것은 아니나 전호제로 경영된 것의 규모가 오히려 컸으며, 직영제 경영에 의존하였던 토지도 점차 전호제로 바뀌어 가는 추세에 있었다고 이해되고 있다.[34] 그리고 앞서 인용한 바 있는 광종 24년의 개간 장려 기사를 분석해 볼 때, 전호제로 경영되는 국·공유지의 수조율이 사유시의 경우와 같이 1/2이었다고는 할 수 없다. 즉 사전(사유지)의 경우는 개간하여 일정한 기간이 지나면 개간자인 전호와 전주가 수확량을 「분반」하도록 명기되어 있는 반면 공전(국·공유지)의 경우는 '法에 따라 收租한다'고만 되어 있는데, 이것은 국·공유지에서의 수조율이

34) 이에 대해서는 이 책 제I편 2장 1절 〈공전과 사전〉 참조.

1/2이 아니었음을 반증하는 것이며, 동시에 그에 대한 별도의 수조율이 마련되어 있었음을 시사한다고 판단된다. 이렇게 볼 때 국가는 전호제로 경작되는 국·공유지에서의 조세(소작료)를 수취하기 위해 별도의 수조율을 규정할 필요가 있었다고 하겠다. 따라서 국·공유지에 대한 수조율 설정이 필요치 않다는 이유를 들어 사료 B의 수조율 규정을 민전에 대한 것으로 보는 추론이 꼭 옳다고는 할 수 없다. 그것을 국·공유지에 대한 규정으로 볼 수 있는 소지는 여전히 남아 있는 것이다.

둘째, 사료 A-1만이 아니라 A-2 및 A-3에서 원 간섭기 이전에도 민전에서의 십일조법이 시행되고 있었음을 확인할 수 있는 이상, A-1의 내용이나 사료적 가치를 의심하기는 어렵다고 여겨진다. A-2와 A-3의 기록을 남긴 李齊賢과 李奎報는 당대의 大文人이자 經世家이며 역사편찬자(이제현)였으므로 이들이 당시의 제도를 오해하였거나 사실을 조작하였다고는 생각하기 어렵다. 특히 A-2는 십일조법을 400년이 넘도록 시행되어 온 제도로 기술하고 있어, 태조 때의 십일조법 실시를 이야기하는 A-1의 내용이 사실이었음을 뒷받침해 주고 있다. 그리고 원 간섭기를 전후로 1/4에서 1/10로의 세율 변동이 있었음을 시사하는 기사를 찾을 수 없고, 당시의 경제적 상황에서 그러한 수조율 인하가 과연 가능하였겠는가 하는 의문도 든다. 널리 알려진 바와 같이 이 시기는 여섯 차례의 전란으로 국토가 황폐해졌을 뿐 아니라, 권세가들의 토지겸병과 조세 포탈로 각종의 창고가 비고 관리의 녹봉조차 제대로 지급되지 못하는 등 만성적인 재정 궁핍에 시달리고 있었는데, 이러한 실정에서 국가 수입의 주된 원천인 민전에서의 조세를 인하할 수 있었겠는가 하는 것이다. 그러므로 사료 A-4도 전기에 1/4이었던 수조율이 1/10로 인하되었던 사실을 반영하는 것이라기보다는 전기 이래 지속되어 온 십일조법의 실시 사실을 재확인하는 것이었다고 평가된다.

셋째로 검토해 보아야 할 것은, 사료 B가 함축하고 있는 水田 下等田 1결의 수확량 7석이 고려 초기 민전에서의 일반적인 생산량이었다는 사료적인 근거는 물론 논리적 근거도 매우 빈약하다는 점이다. 그러므로 B의 생산량을 토대로 A-1이 의미하는 1결당 생산량 20석을 부정하는 것은 무리가 아닌가 한다. 오히려 結은 시대에 관계 없이 米 20석의 所出을 내는 농지로 인식되었다는 견해라든지,[35] 고종 때 1頃(結)의 소출은 대략 34석에서 40석에 이르는 수준이었을 것이라는 견해[36] 등을 빌어 볼 때 고려 초기의 1結(頃)당 생산량을 20석으로 보는 것이 보다 타당할 것이다.

이렇게 사료 A-1의 내용이 사료 B 못지 않게 신뢰할 수 있는 것이므로, A의 네 기록이 말해 주듯이 민전에서의 수조율은 고려 초부터 말까지 1/10이었다고 일단 정리할 수 있겠다. 그렇다면 수조율을 1/4로 규정하고 있는 사료 B의 공전의 실체는 민전이 아니라 공전으로 불릴 수 있는 다른 공전, 즉 국·공유지로 볼 수밖에 없지 않을까 한다. 이와 관련하여 B에 나타난 수전과 한전의 수조액이 주목된다. 즉 이 규정을 통해 알 수 있는 각 등품의 수확량이 공전의 실체 규정에 어떤 단서를 제공하고 있는 것이다. B의 본문에는 약간의 착오나 오기가 있었던 것으로 짐작되는데 이를 바로 잡고,[37] 수조율과 수조액을 토대로 생산량을 산출하면 다음 〈표 1〉과 같다. 아울러 細註의 경우를 정리하면 〈표 2〉와 같다.

현재 이러한 본문과 세주의 내용이 어떠한 관계에 있는가 하는 문제에 대하

〈표 1〉

| 토지종목 | 등 품 | 수 조 액 | 생 산 량 |
|---|---|---|---|
| 水 田 | 上 等 | 3石 11斗 2升 5合<br>(2石 11斗 2升 5合 5勺) | 15石<br>(11石 2合) |
| | 中 等 | 2石 11斗 2升 5合 | 11石 |
| | 下 等 | 1石 11斗 2升 5合 | 7石 |
| 旱 田 | 上 等 | 1石 13斗 1升 2合 5勺<br>(1石 12斗 1升 2合 5勺) | 7.5石<br>(7石 3斗 5升) |
| | 中 等 | 1石 5斗 6升 2合 5勺<br>(1石 10斗 6升 2合 5勺) | 5.5石<br>(6石 12斗 5升) |
| | 下 等 | 13斗 1升 2合 5勺<br>(缺) | 3.5石<br>(缺) |

35) 金容燮, 앞의 글.
36) 金載名, 앞의 글.
37) 이에 대해서는 姜晋哲, 앞의 글 및 앞의 책, 391~395쪽 참조.

| 토지종목 | 등 품 | 수 조 액 | 생 산 량 |
|---|---|---|---|
| 水 田 | 上 等 | 4石 7斗 5升 | 18石 |
| | 中 等 | 3石 7斗 5升 | 14石 |
| | 下 等 | 2石 7斗 5升 | 10石 |
| 旱 田 | 上 等 | 2石 3斗 7升 5合 | 9石 |
| | 中 等 | 1石 11斗 2升 5合 | 7石 |
| | 下 等 | 1石 3斗 7升 5合 | 5石 |

여 매우 다양한 견해들이 제기되어 있는 바, 본문의 내용을 더 중시하는 의견이 있는가 하면,[38] 기록이 간명한 세주에 신빙성을 두는 주장도 있다.[39] 또 본문은 공전의 수조액이고 세주는 사전의 수조액이라는 견해도 있으며,[40] 양자를 종합하여 각기 수조액의 상한과 하한으로 보는 입장도 있다.[41] 뿐만 아니라 당시 전국의 토지를 비옥도에 따라 세 지역으로 구분하고 본문과 세주를 각각 하등지역과 중등지역에 적용된 수조액이라고 하는 설명도 있으며,[42] 양자를 각각 평년과 풍년의 수조액으로 간주하는 해석도 있어서[43] 그 실상이 무엇인지 잘 알 수 없다. 그러나 본문으로 기재된 이상 적어도 본문의 내용이 공전의 조세 수취에 있어서 지표가 되었을 것만은 어렵지 않게 추측된다. 그런데 사료 B의 수조액과 거의 비슷한 수준의 조세가 屯田에서 수취되고 있었음을 이야기하는 숙종 8년의 판문이 주목된다.

C. 州鎭의 屯田軍 1隊에 토지 1결을 지급하고 한전 1결에서는 1石 9斗 5升, 수전 1결에서는 3석을 거둔다. (그리하여) 10결에서 20석 이상을 내는 色員은 포상하되, 군졸이나 백성에게 徵斂하여 숫자를 채우는 자는 죄를 준다(《高麗史》 권 82, 志 36, 兵 2, 屯田).

---

38) 深谷敏鐵, 〈高麗の私田租率に關する疑問〉(《社會經濟史學》 11-11 · 12, 1942). 姜晋哲, 앞의 책, 391~392쪽.
39) 今堀誠二, 〈高麗賦役考覈〉(《社會經濟史學》 9-3 · 4 · 5, 1939).
40) 麻生武龜, 《朝鮮田制考》(朝鮮總督府 中樞院, 1940).
41) 朴興秀, 〈新羅 및 高麗의 量田法에 關하여〉(《學術院論文集》 11, 1972).
42) 金容燮, 〈高麗前期의 田品制〉(《韓沽劤博士停年紀念史學議叢》, 1981).
43) 呂恩暎, 〈高麗時代의 量制〉(《慶尙史學》 3, 1987).

여기에 나오는 둔전군은 대체로 둔전의 경작을 위해 모집된 自小作農이었을 것이며,[44] 한전 및 수전에서 '거둔다'는 1석 9두 5승과 3석은 각각 그곳에서의 수조액이라고 생각된다.[45] 물론 이를 수확량으로 볼 수도 있다.[46] 그러나 이 경우에는 1결의 생산량이 너무 적다는 의문이 생긴다. 즉 B로부터 무려 111년이나 지난 시기임에도 불구하고 그 생산량이 B에 나오는 하등전의 절반에도 미치지 못한다는 것은 이해하기 어려운 일이다. 그런데 이러한 액수는 B의 본문을 기준으로 하면 중등전과 상등전 사이이고, 세주를 기준으로하면 하등전과 중등전의 중간쯤에 해당하고 있어서, 두 자료 사이에 어떤 밀접한 관계가 있었을 가능성을 시사한다. 이와 관련하여 생각해 볼 만한 추론이 바로 B의「공전」과 C의「둔전」이 본질적으로 같거나 유사한 성격을 지니고 있다는 사실일 것이다. 다시 말해서 B와 C의 수조액이 거의 비슷한 것은 양자가 수취 대상으로 하고 있는 토지의 성격이 같다는 점을 반영하기 때문이라고 생각된다. 그런데 이 둔전의 기본적 성격은 전호제로 경영되는 국·공유지라는 데 있다. 따라서 B의 공전도 전호제로 경영되는 국·공유지라는 성격을 지닌 것으로 판단된다.[47] 이렇게 볼 때 결국 사료 B에 나오는「공전」의 실체는 국·공유지이며, 1/4 또한 국·공유지에서의 수조율(소작료)이었다고 정리할 수 있을 것이다.

한편 양반관료 향리·군인 등 전시과 규정에 따라 수조지를 분급 받은 개인은 자신이 받은 조의 일부를 국가에 田稅로 내야 했다. 고려에서 이 규정이 처음으로 마련된 것은 현종 4년의 일인데, 30결 이상을 분급 받은 문무양반과 여러 궁원에 대해 1결당 5승의 세를 수취하였다.[48] 그러나 문종 23년에는 그 수세액에 1결당 7승 5합으로 올랐으며, 수세 대상도 10負 이상의 수급

---

44) 安秉佑, 〈高麗의 屯田에 관한 一考察〉(《韓國史論》 10, 서울大 國史學科, 1984).

45) 金載名, 앞의 글.
安秉佑, 위의 글.

46) 姜晋哲, 앞의 책, 246~247쪽.

47) 결국 이 屯田에서의 收租率은 1/4이었다고 이해된다. 물론 그것이 1/10이거나 1/2이었다고 생각할 수도 있다. 그러나 둔전의 본질은 국·공유지였으므로 여기에 地稅로서의 什一租가 적용되었다고 보기는 어렵다. 또 1/2이었다고 할 경우에는 역시 111년의 時差에도 불구하고 그 생산량이 사료 B의 하등전 수준에도 미치지 못한다는 의문이 생긴다(安秉佑, 앞의 글 참조).

48) 《高麗史》 권 78, 志 32, 食貨 1, 田制 租稅 현종 4년 11월 判.

자에게까지 확대되었다.[49] 그러던 것이 잘 알려진 대로 과전법에서는 1결당 2두로 대폭 증액되었다. 이렇게 수세액이 점점 늘어나고 대상 또한 확대되어 간 과정은 국가의 집권체제 확립에 따른 公田意識(왕토사상)의 강화와 흐름을 같이 하는 것이었다고 여겨진다.

### (3) 조세(민전조)의 감면

고려시대에는 수조 규정과 함께 恩免·災免으로 불리는 조세의 감면 규정도 있었다. 《高麗史》 식화지 진휼조에 있는 '恩免之制'와 '災免之制'가 바로 그것이다. 이에 의하면 은면은 주로 왕의 즉위, 왕과 사행의 행차, 그리고 전란으로 州郡이 피폐해졌을 경우에 은전을 베푼다는 의미로 시행되었다. 이때 조세와 함께 調(布)·役과 常徭·雜貢 등이 면제되기도 하였으나 역시 주된 면제의 대상은 조세였으며, 그 범위는 반년 분에서 수년 분에 이르는 등 매우 다양하였다. 이러한 은면 조치는 태조 이래 말기까지 줄곧 계속되었으나, 뚜렷한 감면의 원칙이 마련되어 있지는 않았던 것 같다. 즉 그때 그때의 필요에 따라 감면의 내용이 결정되었던 것으로 보인다.

이에 반해 재면의 경우는 감면의 기본 원칙이 세워져 있었다. "홍수나 가뭄·병충해·서리해 등의 재해로 수확의 4할 이상이 감소되면 租를, 6할 이상이면 租와 布를, 7할 이상이면 租·布·役을 모두 면제시켜 준다"는 성종 7년(988)의 판문이[50] 그것이다. 그러므로 각종의 재해로 4할 이상의 수확이 감소되면 일단 조세는 완전히 면제되었던 것으로 판단된다. 그리고 문종 4년(1050)과 숙종 7년(1102)에 같은 원칙이 다시 확인되고 있으며,[51] 이 밖에 다른 내용의 새로운 재면 규정이 공양왕 3년(1391)에 가서야 나타나는 것으로 보아[52] 이러한 재면 규정은 고려 전시기에 걸쳐 적용되었다고 생각된다. 그러나 재면이 꼭 이 원칙대로만 이루어진 것은 아니었다. 재해 외에 전란으로 백성의 생활이 피폐해졌을 때에도 재면 조치가 있었으며, 큰 재해나 대기근

49) 《高麗史》 권 78, 志 32, 食貨 1, 田制 租稅 문종 23년.
50) 《高麗史》 권 80, 志 34, 食貨 3, 賑恤 災免之制.
51) 《高麗史》 권 78, 志 32, 食貨 1, 田制 踏驗損實 및 권 80, 志 34, 食貨 3, 賑恤 災免之制.
52) 《高麗史》 권 78, 志 32, 食貨 1, 田制 踏驗損實.

이 들었을 경우에는 수년간의 조세를 면제시켜 주기도 하였다. 그런데 재면은 곧 국가 조세 수입의 감소를 의미하므로 매우 신중하게 처리되었다. 그리하여 문종 4년에는 수령과 안찰사의 踏驗을 통해서만 재면을 인정해 주는 규정을 마련하였는데, 그 절차는 다음과 같다. 즉 ①각종의 재해로 수확이 감소하였을 때 村典이 이를 수령에게 알리면, ②수령은 몸소 답험하여 그 사실 여부를 확인한 후 호부에 보고한다. ③수령의 보고를 받은 호부가 관계 문서를 三司로 이첩하면, ④삼사는 문서 내용의 虛實을 심사한 뒤, ⑤관할 안찰사로 하여금 別員을 선발하여 재차 답험케 하고, 그 결과 실제로 재해가 들었다고 인정되어야만 소정의 조세를 감면시켜 주었던 것이다.[53]

### 3) 수조물품과 국가 재정

#### (1) 수조물품

토지를 경작하여 생산된 수확물의 일부를 수조권자인 국가나 개인에게 내는 것이 전조(민전조)였으므로 전조로 수취되는 물품이 곡물이었을 것은 당연한 일이다. 그리고 수전과 한전의 산물이 달랐던 만큼 전조로 내는 곡물에도 차이가 있었을 것은 분명하다. 우선 한전에는 콩·팥을 비롯한 콩류와 보리·밀 등의 맥류, 그리고 기장·조 등 여러 가지 품종이 재배될 수 있었으므로 전조로 수취하는 곡물 또한 매우 다양하였을 것이다. 과전법 규정에서 한전의 수조 물품을「잡곡」으로 기술하고 있는 것도 바로 이러한 사실을 반영한다고 생각된다. 그러나 같은 과전법에서 私田主(수조권자)가 국가에「세」라는 명목으로 내야 할 물품을 한전의 경우「黃豆」로 규정하고 있는 사실로 미루어 보아, 잡곡 중에서도 황두가 그 기준이 되었다고 여겨진다.[54]

한전과는 달리 수전에서는 주로 벼가 재배되었으므로 미곡류가 주된 수조물품이었을 것은 틀림없는 사실이라 하겠는데, 문제는 그것이 일차 도정을 한 米穀(쌀)이었는가 아니면 도정을 하지 않은 皮穀(稻)이었는가 하는 점이다. 이와 관련하여 미곡으로 수취하면 보관에 어려움이 있었을 것이므로 피

53)《高麗史》권 78, 志 32, 食貨 1, 田制 踏驗損實.

54)《高麗史》권 78, 志 32, 食貨 1, 田制 祿科田 科田法 規定.

곡이었다고 하는 주장이 있기는 하지만[55] 역시 미곡이 주를 이루었던 것으로 보인다.[56] 이러한 사실은, 우선 주현의 조세를 조운할 때 기한 안에 배를 띄우면 배의 파손으로 적재된 미곡을 잃더라도 책임을 묻지 않는다거나,[57] "예전에는 稅米 1석에 耗米 1승을 거두었으나 이제부터는 稅米 1斛에 7升을 거두어야겠다"고[58] 하는 조운 관계 기사에서 확인되고 있다. 그리고 "좌창으로 수납되는 米·粟·麥 13만 9천여 석을 녹봉으로 지급하였다"든지,[59] "좌·우창이 稅穀을 수납하면서 계량을 불법으로 행하여 납입하는 미 1석에 2두 이상을 더 받았다"고[60] 하는 녹봉 및 국용 관련 기록도 같은 사실을 보여 준다. 뿐만 아니라 창고의 곡물 보관과 관련하여 徐兢이 "고려의 창고는 積苫法으로 미곡을 저장하여 통풍이 잘 되기 때문에 비록 여러 해가 지나더라도 그 미(쌀)는 새 것과 같다"[61]고 한 설명에서도 수조 곡물이 주로 미곡이었음을 알 수 있다. 전조만이 아니라 개인수조지의 전주(수조권자)가 국가에 내는 전세도 수전에서는 미곡으로 수취되었다. 앞에서 소개한 바 있지만 "1결당 7승 5합의 미를 내게 한다"고 하는 문종 23년의 전세 규정과, 수전 1결에서 백미 2두를 납세케 한 과전법 규정이 이를 잘 말해 준다. 전조를 미곡으로 받은 이상 전세를 미곡으로 내는 것은 지극히 당연한 일일 것이다.[62]

이처럼 전조·전세의 주된 수취 곡물은 미곡과 황두를 비롯한 잡곡이었지만, 경우에 따라서는 布나 銀으로 이를 대신할 수도 있었다. 조운이 불편한 경상도의 산간 지역에 대해서는 명주·솜 등의 포로 조세를 대납할 수 있도록 허용되었다고 이해되고 있다.[63] 그리고 황무지에서 은이나 포를 전조로 징수하여 貢賦의 액수를 채우는 수령들이 적지 않다고 염려한 충렬왕 5년

55) 今堀誠二, 앞의 글.
논거는 다르지만 呂恩暎도 같은 주장을 피력하고 있다(앞의 글, 1987).

56) 金容燮, 〈高麗前期의 田品制〉(《韓沽劤博士停年紀念史學論叢》, 1981).

57) 《高麗史》 권 79, 志 33, 食貨 2, 漕運 序.

58) 《高麗史》 권 78, 志 32, 食貨 1, 田制 租稅 문종 7년.

59) 《高麗史》 권 80, 志 34, 食貨 3, 祿俸 序.

60) 《高麗史》 권 78, 志 32, 食貨 1, 田制 租稅 명종 6년.

61) 《高麗圖經》 권 16, 官府 倉廩.

62) 명확한 기록은 없지만 사유지와 국·공유지에서의 소작료인 私田租·公田租 역시 田租·田稅의 경우와 같았을 것으로 생각된다.

63) 姜晋哲, 앞의 책, 261~263쪽.

(1279)의 下敎에서는[64] 布類뿐 아니라 銀도 전조로 수취되었음을 볼 수 있다. 사실 은과 포는 곡물과 함께 화폐의 기능을 가지고 있었으므로 곡물의 대납물품이 되는 데 별 어려움이 없었을 것이다.

### (2) 조세와 국가재정

고려 말의 전제개혁을 선도하였던 趙浚은 그의 상소에서 供上을 풍족하게 하기 위해서는 右倉 및 四庫에 각각 10만 결과 3만 결의 토지가 있어야 하고, 녹봉을 넉넉하게 지급하기 위해서는 左倉 소속으로 10만 결이 필요하며, 이 밖에도 군수용의 토지가 따로 마련되어야 한다고 주장하였다. 아울러 그는 당시야말로 사전을 경기에 한정시켜 국용·녹봉 및 군수를 풍족히 할 수 있는 절호의 기회임을 역설하였다.[65] 이 같은 조준의 설명에 의거할 때, 국가의 세출재정은 크게 왕실재정 부분인 공상과 공공재정 부분인 녹봉·국용·군수의 4개 분야로 나누어 볼 수 있다. 그런데 우창·좌창·사고 등에 필요하다는 토지 10만 결·3만 결의 실체는 국가수조지로서의 민전이다. 그러므로 결국 민전의 田租가 이러한 국가재정의 근간이 되었다고 하겠다. 이 밖에 公田租도 국가재정의 일익을 담당하였다. 田稅 또한 그 재원의 일부를 이루었을 것이나, 어떠한 용도로 쓰였는지는 잘 알 수가 없다. 전조가 왕실 운영에 필요한 공상의 재원이었다는 것은 이른바 「莊·處」의 존재에서 찾을 수 있다. 고려 때에는 공상을 위해 마련된 360개의 장·처가 있어[66] 왕실에 조세를 부담하고 있었다. 그런데 장·처의 토지는 왕실소유지가 아닌 수조지, 즉 장·처민의 민전이었다고 이해되므로[67] 왕실에 부담하던 조세의 실체는 다름 아닌 전조였던 것이다. 그러나 장·처의 전조만이 공상의 재원이었던 것은 아니다. 수조지인 장·처와는 성질이 다른 토지, 즉 전호제로 경영되던 왕실소유지의 소작료(공전조) 또한 공상의 한 재원이 되었을 것이다. 태

---

64) 《高麗史》 권 78, 志 32, 食貨 1, 田制 租稅.

65) 《高麗史》 권 78, 志 32, 食貨 1, 田制 祿科田 공양왕 원년 趙浚 3次上疏. 이어지는 내용으로 보아 右倉 소속의 10만 결은 供上과 함께 國用으로도 사용되었던 것으로 여겨진다.

66) 《高麗史》 권 78, 志 32, 食貨 1, 田制 祿科田 신창 원년 7월 趙仁沃 上疏.

67) 姜晋哲, 앞의 책, 224~235쪽 참조.

조의 명에 의해 궁 밖으로 나와 內庄田을 경작하였던 노비(외거노비)가 왕실에 낸 「稅」[68]가 바로 이러한 공전조에 해당한다. 이러한 공상용의 전조 및 공전조는 주로 內庄宅에서 관리하여 대부분 왕실의 이용에 충당되었으나, 궁원 또는 궁인에게 하사되기도 하고 사원에 시납되기도 하였으며, 飢民의 진휼에도 사용되었다.[69]

한편 민전의 전조가 녹봉과 국용의 재원이었다는 사실은, "使人을 파견하여 민전을 점검하고 租賦를 고르게 정하는 목적이, 국용을 두루 갖추게 하고 녹봉을 넉넉히 주고자 하는 데 있다"고 하는 충선왕의 하교에서[70] 분명히 밝혀지고 있다. 그리고 향리들이 事審官들의 민전에서 祿轉(녹봉용의 조세)을 징수하였다가 그들로부터 사사로이 매를 맞는 경우가 많았음을 전하는 충숙왕 5년(1318)의 기사에서도[71] 민전의 전조가 녹봉의 재원이었음을 확인할 수 있다. 이렇게 녹봉으로 쓰이는 전조는 주로 左倉(廣興倉)에서 수납과 지출을 관리하였는데, 그 규모는 문종 때를 기준으로 대략 16만 석을 초과하는 수준이었다.[72] 한편 국용용의 전조는 주로 右倉(豊儲倉)에서 관장하였는데, 제사·빈객접대·기민진제 및 국가적인 대역사와 영선의 비용 등에 사용되었다.[73] 그러나 이러한 녹봉·국용용의 전조가 꼭 그 본래의 용도로만 사용된 것은 아니었다. 필요에 따라 녹봉용의 전조가 국용용으로 전용되기도 하였으며, 양자 모두 국왕에 의해 사사로이 사용되는 경우도 적지 않았다.[74]

전조는 군수의 중요한 재원이기도 하였다. 특히 양계 지역은 군사상의 요충지였으므로 이 곳의 민전에서 수취하는 전조는 중앙으로 이송하지 않고 전액 군수에 충당되었다. 이 때문에 이 지역에는 개인수조지인 사전이 설정

---

68) 《高麗史》 권 93, 列傳 6, 崔承老.
69) 周藤吉之, 〈高麗朝より朝鮮初期に至る王室財政－特に私藏庫の硏究－〉(《東方學報》 10, 1939) 참조.
70) 《高麗史》 권 33, 世家 33, 충선왕 후즉위년 11월 신미.
71) 《高麗史》 권 84, 志 38, 刑法 1, 職制.
72) 祿俸을 관장하는 左倉과 西京大倉의 歲入이 도합 15만 7천여 석이었으며, 여기에 지방의 창고에 비축토록 되어 있던 지방관 녹봉의 절반을 합치면 녹봉용의 田租는 최소한 16만석을 넘어 서는 수준이었을 것이다(《高麗史》 권 80, 志 34, 食貨 3, 祿俸).
73) 鄭道傳, 《三峯集》 권 7, 朝鮮經國典 上, 賦典 國用.
74) 金載名, 〈高麗時代의 京倉〉(《淸溪史學》 4, 1987) 참조.

되어 있지 않았다. "북계에는 본래 사전이 없었고 관에서 租를 거두어 군량에 충당하였다"고 하는 기사가[75] 이러한 사실을 잘 말해 준다. 또 "서북면의 토지(민전)는 일찍이 수조하지 않고 防戍에 맡겼는데 그 유래가 오래되었다"고 하는 공민왕의 하지도[76] 같은 맥락에서 이해된다. 여기서 "수조하지 않았다"고 하는 표현은 앞의 기사에 의거할 때 정말로 '전조를 수취하지 않았다'는 의미가 아니라 '수취한 전조를 중앙으로 이송하지 않았다'는 뜻으로 해석된다. 양계 지역 뿐 아니라 남도 지역의 민전에서 거둔 전조의 일부도 군수에 사용되었다. 이것은 龍門倉과 富用倉의 존재에서 확인할 수 있다. 즉 "용문창의 병량을 꺼내어 領府에 지급하였다"던가,[77] 용문창의 미곡을 서북면으로 조운하여 군량에 충당시킨 사례를 전하는 기사,[78] 그리고 "戰亂·水旱에 대비한 곡물을 저장하고 있기 때문에 부용창·우창은 보통 때 열지 않는다"고 하는 설명[79] 등에서 용문창과 부용창이 군수용의 미곡을 보관하던 창고임을 알 수 있다. 그런데 용문창은 開京에, 부용창은 洪州에 있었으므로[80] 이 곳에 보관된 미곡은 주로 남도지역에서 전조로 수취된 것이었다고 생각된다. 그러나 두 창고에 보관된 군수용의 전조 역시 군량으로만 쓰인 것은 아니다. 용문창의 곡물로 경기의 飢民을 구휼했다거나,[81] 鹽州와 白州의 농민들에게 龍門倉粟 8천 석을 나누어주었던 사례[82] 등에서 짐작되는 바와 같이 기민의 진휼에도 활용되었던 것이다. 사실 전란이 해마다 있는 것은 아니므로 평시에는 오히려 진휼곡으로 주로 이용되었을 것으로 여겨진다. 민전의 전조 뿐만 아니라 공전조도 군수로 쓰였다. 이른바 전호제로 경영되는 둔전에서의 1/4소작료가 그것이다.[83]

〈金載名〉

---

75) 《高麗史》 권 82, 志 36, 兵 2, 屯田 신우 원년 10월.
76) 《高麗史》 권 78, 志 32, 食貨 1, 田制 租稅 공민왕 5년 6월.
77) 《高麗史》 권 29, 世家 29, 충렬왕 7년 10월 기미.
78) 《高麗史節要》 권 5, 문종 18년 2월.
79) 《高麗圖經》 권 16, 官府 倉廩.
80) 위와 같음.
81) 《高麗史》 권 40, 世家 40, 공민왕 11년 4월 경인.
82) 《高麗史》 권 80, 志 34, 食貨 3, 賑恤 水旱疫癘 賑貸之制 문종 6년 4월.
83) 이에 대해서는 이 책 제I편 3장 3절 〈둔전과 학전·적전〉 참조.

## 2. 공 부

### 1) 공부의 개념

고려시대의 貢賦는 용례가 다양하여 내용을 알기가 매우 어렵게 되어 있다. 토산의 공물이라는 뜻으로 사용되어 稅租, 徭役과 더불어 구체적인 稅 항목을 나타내는가 하면, 田租와 같은 의미로 쓰이기도 하고, 때로는 넓은 의미의 부세 즉 수취 일반을 의미하는 용어로 쓰여지기도 한다.[1] 그래서 공부를 수취 일반으로 보기도 하고[2] 또는 특정 稅 항목으로 이해하는 경우도 있다.

그러나 《高麗史》에 나타나는 구체적인 용례 가운데 "광종이 주현의 공부를 정하였다"[3]라든지 "先王이 주현을 설치하고 공부를 정하였다"[4]고 한 사례를 보면, 공부는 일단 사료의 표현대로 일정한 기준에 의하여 각 군현에 부과되던 특정 세 항목으로 보는 것이 옳을 줄 안다.

그런데 군현 공부를 특정세 항목으로 본다 하더라도 그 내용에 있어서는 다시 연구자들 간의 견해가 다르다. 즉 군현 공부를 일반민이 부담하였던 租, 庸, 調 삼세를 기반으로 충당되던 현물세로 보는 견해와[5] 조·용·조 체계와는 별도로 고려 중기 이후에 보이는 常徭, 雜貢을 뜻한다고 보는 견해들이[6]

---

1) 貢賦의 용어에 대한 검토에는 다음과 같은 글들이 참조된다.
姜晋哲, 《高麗土地制度史硏究》(高麗大出版部, 1980), 265~267쪽.
李惠玉, 〈高麗時代 貢賦制의 一硏究〉(《韓國史硏究》 31, 1980), 62~64쪽.
朴鍾進, 〈高麗時期 稅目의 用例檢討〉(《國史館論叢》 21, 국사편찬위원회, 1991).
金載名, 〈高麗時代의 雜貢과 常徭-賦稅의 基本 分類와 관련하여-〉(《淸溪史學》 8, 1991).

2) 今堀誠二, 〈高麗賦役考覈〉(《社會經濟史學》 9-3·4·5, 1939).
田川孝三, 〈貢賦〉(《李朝貢納制の硏究》, 東京 ; 東洋文庫, 1964) 참조.

3) 《高麗史》 권 78, 志 32, 食貨 1, 序.

4) 《高麗史》 권 78, 志 32, 食貨 1, 田制 貢賦 충숙왕 원년 정월.

5) 李惠玉·朴鍾進·金載名의 앞의 글과 같은 연구들이 대체로 이와 같은 범주에 포함될 수 있는 것이라 생각된다.

6) 李貞熙, 〈高麗後期 徭役收取의 實態와 變化〉(《釜大史學》 9, 1985).

그것이다. 그러나 공부가 상요, 잡공을 의미한다고 보는 견해는 충숙왕 원년(1314) 공부를 재조정할 때 공부와 더불어 잡공을 별도로 상정하였기 때문에 수긍하기 어렵다.7) 그러므로 일단 군현 공부는 군현 내 농민들의 조, 용, 조 삼세를 기본으로 충당되는 현물세공이었다고 정리할 수 있다.

그런데 실제 《高麗史》를 보면 공부라는 용어가 반드시 이와 같은 고정된 의미로만 쓰이고 있지는 않다. 앞에서 언급한 바와 같이 전조와 공물을 포함한 군현 단위의 현물세공을 의미하기도 하고 때로는 군현의 공물만을 지칭하기도 하였다. 또 더러는 군현 내의 민이 부담하던 공물을 의미하는 경우도 있었다.8) 뿐만 아니라 군현을 매개로 수취하던 고려시대 수취체계의 특성상 군현 공부와 군현 내의 민의 조, 용, 조 삼세가 제도상으로는 서로 구분되는 것이었다 하더라도 내용면에서 양자가 대체로 같은 것이었기 때문에 간혹 용어가 혼용되는 경우도 있었던 것이다. 따라서 고려시대의 공부는 용어에 집착하기보다는 각각의 용례에 따라 의미하는 내용이 무엇인가에 보다 유의해야 하리라 생각된다. 이 글에서는 편의상「공부」를 군현의 공물수취에 한정하여 쓰기로 한다.

### 2) 품목과 수취방식

고려 전기의 수취제는 토지제, 역제, 군현제와 밀접한 고리를 형성하고 있다. 속 군현은 일반 군현제 지역과 부곡제 지역으로 구분되며 군현민에게 조, 포, 역(租, 調, 庸) 삼세를 부과하였던 데 반해, 부곡민에게는 삼세 이외에도 특수한 역이 부과되었다.9) 또한 군현민은 다시 丁戶, 白丁으로 구분되어 정호계층에는 과전분급을 매개로 직역을 부과한 데 반해 백정호에 대해서는 국가적 토지분급이 없는 한편 요역을 지게 하였다. 그리고 국가는 이를 모두 군현 단위의 정액제로 수취하였다. 그러므로 군현의 공부(현물세공)는 주로 현물세의

7)《高麗史》권 78, 志 32, 食貨 1, 田制 貢賦 충수왕 원년 정월.
8) 朴鍾進, 앞의 글, 1991 참조.
9) 朴宗基, 〈高麗時代의 收取體制와 部曲制〉(《高麗時代部曲制研究》, 서울大出版部, 1990).

부담을 지고 있었던 일반 군현민과 부곡지역민의 납공물로 충당될 수밖에 없었다.

가령 靖宗 7년 정월에 외관들이 소관하는 州府의 세공액을 정한 사료에 의하면, 각 군현의 한해 납공물은 米 300碩·租 400斛·黃金 11兩·白銀 2斤·布 50匹·白赤銅 50斤·鐵 300斤·鹽 300碩·絲綿 40斤·油蜜 1碩으로 되어 있다.[10] 이 품목들을 살펴보면 황금·백은·백적동·철·염 등은 모두 전국 각 군현 내의 所에서 전업적으로 생산되던 물품이었으며, 일반 군현 내

10) 《高麗史》 권 78, 志 32, 食貨 1, 田制 租稅. 그런데 이 사료에서 外官員僚 所管州府의 稅貢이라는 것이 어떤 내용의 부세이며 그 세공액이 군현의 규모와 관계없이 일정한 액수로 규정된 까닭은 무엇인가 하는 점 등은 분명히 알 수 없다. 이에 대해 姜晋哲은 세공을 稅와 貢으로 구별하여 米·租는 稅에, 기타 품목은 貢에 해당하는 것이라 보았으며 이 때 공은 원칙적으로 관원이 비축하여 중앙에 상납하는 것으로 민들이 부담하던 공물과는 다른 것이었다고 하였다(앞의 책, 1980). 조선시대의 경우 공물은 官에서 자력으로 조달하는 官備貢物과 민호로부터 조달하는 民備貢物이 구별되어 있었다. 고려의 경우도 충분한 기록이 남아 있지는 않으나 "諸官司貢賦"(《高麗史》 권 80, 志 34, 食貨 3, 賑恤 恩免)라든가 "各司貢物" (《高麗史》 권 84, 志 38, 兵 3, 工役軍) 등의 기록으로 미루어 조선에서와 같이 관사가 스스로 마련하여 납공하는 공물부담이 있었던 것으로 생각된다. 즉 국가에서는 관비공물을 제정하여 민이 스스로 마련하기 어려운 특정 항목의 공물을 관에서 마련하여 바치게 하였던 것이다. 그러나 고려시대 관비공물의 사례는 모두 후기의 것으로서, 국가의 용도에 필요한 각종 물품들을 각 所의 생산품으로 수취할 수 있었던 고려 전기의 경우 역시 별도로 관비공물을 규정하고 있었는지는 확실치 않다. 오히려 위의 세공액의 내용을 보면 미·포의 경우는 군현 내의 일반민들이 부담하던 품목이며, 나머지는 대부분 당시 所에서 전업적으로 생산되던 품목들이다. 따라서 군현민들이 부담하기 어려운 특종 산물을 관사에서 마련하여 바치던 관비공물과는 차이가 있어 보인다. 필자의 견해로는 위의 세공물은 관비공물이었다기보다는 일반 군현에 분정된 군현농민과 所民들의 납공품이라고 보는 것이 옳지 않을까 생각된다. 그러나 여전히 의문으로 남는 것은 주·부의 세공액이 군현 규모에 관계없이 일률적으로 규정된 현상을 어떻게 이해해야 할 것인가 하는 점이다. 《高麗史》의 기록 가운데 "貢賦已有定額"(《高麗史》 권 78, 志 32, 食貨 1, 貢賦 충렬왕 22년 6월)이라든가 "巡訪計定使 蔡洪哲等所定貢賦 視州郡殘盛 均定其額(《高麗史》 권 78, 志 32, 食貨 1, 貢賦 충숙왕 원년 윤 3월) 등의 기사들을 볼 때 이는 도저히 납득이 가지 않는 부분이다. 물론 현재로서 그 이유를 정확히 말할 수는 없지만 아마도 諸道外官員僚 所管州府의 稅貢이란 고려 전기 군현제의 특성상 개별 군현의 세공액이 아니라 외관이 관할하던 主縣(領郡) 또는 그 관할 하 수개 군현의 세액을 규정한 것이 아닌가 생각된다. 이럴 경우 100여 개의 군현에 파견된 외관들이 각각 관할하던 소관 군현의 규모는 수취상 거의 무시해도 좋을 만큼 큰 차이가 없는 것이었으며, 위의 세공액은 외관들의 任內의 군현에서 수취하여 납공해야 할 최저액에 대한 규정이 아닌가 생각되기는 하나 단정하기는 어렵다.

의 농민들이 부담할 수 있었던 품목은 미곡과 포류 정도이다. 그런데 그 가운데에서도 미곡은 주로 조의 수취품목이었을 것이므로 일반민의 공물은 포류가 중심이었음을 알 수 있다. 이는 민의 삼세인 租·調·庸이 흔히 租·布·役으로 지칭되어 布가 調를 대치해 쓰이며[11] 調布[12], 貢布[13]라는 명칭이 보이는 것을 통해서도 알 수 있다. 따라서 고려 전기 군현 공부의 대부분을 차지하고 있었던 품목은 군현 내 농민들이 납공하고 있었던 포류와 소의 거주민들이 납공하였던 각종 전업적 생산품들이 중심을 이루고 있었음을 알 수 있다.

그런데 고려시대에는 이와 같이 一歲一貢하게 되어 있었던 常貢과 아울러 別貢이라는 명목의 수취가 별도로 이루어지고 있었다.[14] 이 가운데 상공은 일정한 기준에 의해 품목과 액수가 정해져 있었으나, 별공은 임시세의 성격을 띠고 있었던 만큼 수시로 징수되었던 것으로 보이며, 품목도 토산공물 등 다양한 물색이 수취되었을 것으로 생각된다.[15]

요컨대 고려 전기 군현의 공물은 군현민의 포류와 소의 산물을 1세 1공하게 되어 있었던 상공과 그 밖에 필요에 따라 불시에 각종 물품이 부과되던 별공으로 이루어져 있었다고 생각된다. 그런데 고려 후기에 오면 이와 같은 공부제에 적지 않은 변화가 일어나게 된다. 12세기 이래 고려사회는 지배체제의 동요, 전시과의 붕괴, 군현제의 변화 등 사회 전반에 걸친 변동기를 맞게 된다. 더욱이 13세기에 들어와서는 몽고와의 장기간에 걸친 전란을 겪게 되고 이어 원의 지배를 받게 되는 등 특수한 역사적 상황에 놓이게 된다. 이와 같은 상황은 수취제에도 적지 않은 변화로 나타난다.

다음 〈표 1〉의 高麗稅目對照表를 살펴보면 고려 전기 일반민에 대한 기본 수취항목이었던 조, 포, 역 삼세가 고종 이후로는 三稅·常徭·雜貢으로 나타난다. 따라서 고려 후기 수취제의 변화를 알아 보기 위해서는 우선 이러한 삼

11) 〈표 1〉 高麗稅目對照表 참조.
12) 《高麗史》 권 80, 志 34, 食貨 3, 賑恤 恩免 현종 21년 6월.
13) 《高麗史》 권 78, 志 32, 食貨 1, 田制 租稅 정종 7년 4월.
14) 일례로 예종 3년 2월 判을 보면 군현과 所에는 각각 나름대로의 상공과 별공의 부담이 있었음을 알 수 있다(《高麗史》 권 78, 志 32, 食貨 1, 田制 貢賦).
15) 姜晋哲, 앞의 글, 278~279쪽.
金載名, 앞의 글, 90~92쪽.

〈표 1〉 高麗稅目對照表

<table>
<tr><th>年 次</th><th>租</th><th>調</th><th>庸</th><th>常 徭</th><th>雜 貢</th><th>其 他</th><th>史料《高麗史》</th></tr>
<tr><td>태조 1년</td><td>租</td><td></td><td>役</td><td></td><td></td><td></td><td>권 80 恩免</td></tr>
<tr><td>성종 7년</td><td>租</td><td>布</td><td>役</td><td></td><td></td><td></td><td>권 80 災免</td></tr>
<tr><td>〃 16년</td><td>租</td><td></td><td>役</td><td></td><td></td><td></td><td>권 80 恩免</td></tr>
<tr><td>현종 7년</td><td>租</td><td>調</td><td></td><td></td><td></td><td></td><td>권 80 恩免</td></tr>
<tr><td>문종 4년</td><td>租</td><td>布</td><td>役</td><td></td><td></td><td></td><td>권 78 踏驗損實</td></tr>
<tr><td>숙종 7년</td><td>租</td><td>調</td><td>課役</td><td></td><td></td><td></td><td>권 80 災免</td></tr>
<tr><td>〃 16년</td><td>租</td><td></td><td>役</td><td></td><td></td><td></td><td>권 84 職制</td></tr>
<tr><td>예종 16년</td><td>租</td><td>調</td><td>役</td><td></td><td></td><td></td><td>권 14 睿宗世家</td></tr>
<tr><td>고종 13년</td><td colspan="3">三 稅</td><td>常 徭</td><td>雜 貢</td><td></td><td>권 80 水旱疫癘賑貸之制</td></tr>
<tr><td>고종 42년</td><td colspan="3">三 稅</td><td></td><td>雜 貢</td><td>雜 稅</td><td>권 80 恩免</td></tr>
<tr><td>충선왕 즉위</td><td colspan="3"></td><td>常 徭</td><td>雜 貢</td><td></td><td>권 33 忠宣王世家</td></tr>
<tr><td>충렬왕 24년</td><td colspan="3"></td><td>常 徭</td><td>雜 貢</td><td></td><td>권 80 恩免</td></tr>
<tr><td>〃 〃</td><td colspan="3"></td><td>常 徭</td><td>雜 貢</td><td>柴炭貢</td><td>권 80 恩免</td></tr>
<tr><td>〃 〃</td><td colspan="3">稅</td><td>常 徭</td><td>雜 貢</td><td></td><td>권 80 恩免</td></tr>
<tr><td>〃 〃</td><td colspan="3">三 大 貢</td><td>常 徭</td><td>雜 貢</td><td></td><td>권 80 恩免</td></tr>
<tr><td>〃 34년</td><td colspan="3">轉 稅</td><td>常 徭</td><td>雜 貢</td><td></td><td>권 80 恩免</td></tr>
<tr><td>공양왕 12년</td><td colspan="3">三 稅</td><td></td><td>雜 貢</td><td></td><td>권 80 恩免</td></tr>
<tr><td>〃 14년</td><td colspan="3"></td><td>常 徭</td><td>雜 貢</td><td></td><td>권 80 恩免</td></tr>
<tr><td>조선 태조</td><td colspan="3">租</td><td>常徭＝庸</td><td>雜貢＝調</td><td></td><td>《三峯集》</td></tr>
</table>

세·상요·잡공제로의 개편내용과 그것이 지니는 의미에 대한 검토가 필요하리라 생각된다.

기존의 연구에는 삼세를 일반적 부세로서의 조·용·조 삼세로 보는 경우와[16] 단순히 田租로 보는 견해가[17] 있다. 또한 최근에는 '三稅之田'[18]에 주목하여 이를 국가 수조지로서 3대 재정원이 되는 국용전·녹봉전·군수전을 의미하는 것으로 보고, 삼세는 여기서 수취되는 전조를 뜻하는 것이라고 보는 견해도 있다.[19]

16) 李惠玉, 앞의 글, 1980.
朴鍾進, 〈忠宣王代의 財政改革策과 그 性格〉(《韓國史論》 9, 서울대, 1983).

17) 今堀誠二, 앞의 글(1939), 35쪽.

18) 《高麗史》 권 78, 志 32, 食貨 1, 田制 租稅 신우 원년 2월.

19) 朴京安, 〈14世紀 甲寅柱案의 運營에 대하여〉(《李載龒博士還曆記念 韓國史學

그러나 세제상에 있어 흔히 삼세라 하면 조·용·조를 지칭하는 것이 상례이기 때문에, 하필 조세의 한 항목을 삼세로 개정했다는 것은 납득이 가지 않는다. 더욱이 충렬왕대의 삼세는 조·용·조를 의미하는 뜻으로 쓰이고 있다.[20] 아울러 재정 용도로 쓰이던 국용·녹봉·군수전의 전조를 수치상의 세목인 삼세와 연결시켜 이해하는 것도 선뜻 납득이 가지 않는 견해이다.

또한 상요·잡공에 대해서도 이를 고려 전 시기를 통해 공부를 구성하고 있었던 현물세로 보는 견해와[21] 고려 후기 어느 때 삼세 외에 부가된 현물세로 보는 견해들이 있다.[22] 그러나 전자는 충숙왕 원년에 공부가 재조정될 때 공부 이외에 잡공이 상정되고 있기 때문에 수긍하기 어렵다.[23] 따라서 고려 후기의 삼세는 결국 조·용·조를 지칭하는 것이 되며 상요·잡공은 그 이외의 부가세였다고 볼 수밖에 없겠다.

그러므로 문제가 되는 것은 고려 전기의 조·용·조가 삼세로 통합되고 상요, 잡공이 부가세로서 함께 부과된 배경과 이와 같은 세제 변화가 담고 있는 내용이 어떠한 것이었는가 하는 점이다.

이와 관련하여 주목되는 현상의 하나가 고려 후기의 사료에 나타나는 「三稅之田」의 존재이다.[24] 여기서 「三稅之田」의 실체를 확실히 알 수는 없지만, 표현상 삼세가 수취되는 토지였다고 보는 데에는 별 무리가 없으리라고 생각된다. 그리고 고려 후기의 삼세가 일반적으로 조, 용, 조 삼세를 지칭하였던 만큼, 「三稅之田」이란 표현은 당시 삼세가 토지를 매개로 수취되었음을 강력하게 시사해 준다. 이는 고려 후기의 공부가 토지를 매개로 수취되고 있었다는 사실로도 뒷받침된다. 예컨대 충렬왕·충숙왕대의 기록에 의하면 荒田[25] 또는 賜給田을[26] 매개로 공부(공물)를 수취한 사실이 보이며 貢賦田[27]의 존재도 공부가

---

論叢》 한울, 1991), 230~233쪽.

20) 《高麗史》 권 28, 世家 28, 충렬왕 4년 7월 을유.

21) 姜晋哲, 〈농민의 부담〉(앞의 책)을 비롯하여, 李貞熙와 金載名의 앞의 글이 그러하다. 그러나 김재명은 잡공을 貢賦 속에 포함시키고 상요를 요역의 일부로 파악하여 강진철·이정희와 부분적으로 다른 견해를 보인다.

22) 李惠玉, 앞의 글(1980) 및 朴鍾進, 앞의 글(1991).

23) 《高麗史》 권 78, 志 32, 食貨 1, 田制 貢賦 충숙왕 원년 정월.

24) 《高麗史》 권 78, 志 32, 食貨 1, 田制 租稅 신우 원년 2월.

25) 《高麗史》 권 78, 志 32, 食貨 1, 田制 租稅 충숙왕 5년 5월 下敎.

26) 《高麗史》 권 78, 志 32, 食貨 1, 田制 貢賦 충렬왕 22년 6월.

토지를 매개로 수취되었음을 알려 준다. 토지를 매개로 공물을 수취하던 현상은 이미 12세기부터 나타난다.[28] 즉 예종 때에는 토지(田丁)를 매개로 布稅를 징수하였던 모습이 보이는데, 이는 고려 전기 군현공부의 상당 부분을 차지하던 調가 민호를 대상으로 하여 포로 수취되던 것과는 차이가 있다.[29]

또한 숙종 때부터 기록에 나타나는 徭貢도[30] 고려 후기 삼세의 변화와 관련하여 상당히 관심을 끄는 稅目이다. 요공은 종래 상요·잡공의 약어로 보는 견해가 있다.[31] 이에 대해서는 다음의 충선왕 교서가 주목된다.

> (충렬왕) 24년 정월 충선왕이 즉위하여 下敎하기를 ① 哈丹이 京內를 침입함에 州郡이 소문만 듣고도 지레 항복하였는데 原州만이 홀로 적의 예봉을 꺾었으니 그 邑의 常徭·雜貢을 마땅히 3년 동안 면제할 것이며 ② 開京은 祖鄕이니 三大貢이 외의 常徭·雜貢을 면제할 것이며 ③ 여러 州·府·郡·縣의 稅 및 常徭·雜貢으로 지난 해에 거두지 못한 것은 금년의 徭貢과 아울러 면제하도록 할 것이며… ④ 入朝하는 길목인 西海道에는 三稅大貢 이외의 常徭·雜貢 및 각 驛의 柴炭貢을 금년에 한하여 전부 면제하라(《高麗史》 권 80, 志 34, 食貨 3, 賑恤 恩免).

위의 기사 가운데 ③의 기록은 요공을 상요·잡공의 약어로 보는 유력한 근거로 이용되고 있는 부분이다. 즉 '금년 요공'의 요공을 상요·잡공의 약어로 보았던 것이다. 그러나 같은 교서 중 ①에서는 원주가 적의 예봉을 꺾었다는 것을 이유로 3년간의 상요·잡공을 면제받고 있고, ②에서는 개경이 祖鄕이라는 이유로, ④에서는 서해도가 입조하는 길목이었다는 것을 이유로 각각 상요·잡공을 면제받고 있다. 따라서 만일 위에서 면제된 주·부·군·현의 금년 요공이 상요·잡공이었다면 원주·개성·서해도의 경우만 또 다시 특별한 이유를 들어서 상요·잡공을 면제할 까닭이 없었을 것이다. 그러므로

---

27) 《高麗史》 권 78, 食貨 1, 田制 功蔭田柴 충숙왕 5년 5월.

28) 《高麗史》 권 80, 志 34, 食貨 3, 賑恤 恩免 예종 3년 2월.

29) 고려 전기의 調가 戶를 대상으로 수취되었던 것은 租稅는 田을 대상으로 수취하고, 征賦는 戶를 대상으로 賦絲를 수취하였다는 태조 원년 7월의 기록 등을 통해 알 수 있으며, 또한 調布, 貢布 등으로 불리웠던 데서 그 내용이 주로 布의 수취였음을 알 수 있다(《高麗史》 권 78, 志 32, 食貨 1, 田制 租稅).

30) 《高麗史》 권 80, 志 34, 食貨 3, 賑恤 恩免 헌종 원년 숙종 즉위 詔 및 권 129, 列傳 42, 叛逆 3, 崔忠獻 附 沆 고종 37년과 권 80, 志 34, 食貨 3, 賑恤 恩免 충렬왕 4년 4월 敎.

31) 姜晋哲, 앞의 책, 李貞熙, 앞의 글 및 金載名, 앞의 글.

이는 오히려 요공이 상요·잡공과 서로 다른 세목이었으리라는 것을 시사해 주는 좋은 근거가 될 수도 있다. 뿐만 아니라 고려시대의 감면 사례 중에 전 군현을 대상으로 한 해의 공물 모두를 면제하는 경우는 거의 찾아볼 수 없다. 몇몇 특정 지역이 아닌 전 군현을 대상으로 감면조치를 내릴 경우에는 田租에 대한 면제가 대부분이었다. 간혹 공물을 면제하는 경우가 있더라도 이는 특별한 몇몇 지역, 또는 포흠된 공물의 면제 정도에 그치는 것이었다.32) 아마도 곡물로 수취되던 조세는 이전의 축적으로도 충당이 가능하나 공물(잡공)은 품목의 특성상 그때 그때 충당되는 현물이 대부분이었기 때문이었으리라 생각된다.33)

또한 다음 사료는 崔怡(瑀)의 식읍인 진주의 祿轉·稅布·徭貢이 崔沆에게 직납되고 있음을 보여 준다.

> 고종 37년에 왕이 下制하기를 '怡의 食邑 晋州의 祿轉·稅布·徭貢을 沆家에 직접 납공토록 하라'고 하였다(《高麗史》 권 129, 列傳 42, 叛逆 3, 崔忠獻 附 沆).

위의 기사에 보이는 녹전·세포·요공이란 바로 이 시기 진주민이 내던 삼세였던 것으로 여겨진다. 원래 녹전은 전조를 지칭하는 것이며,34) 세포는 調에 해당한다고 할 수 있다. 그렇다면 徭貢은 자연히 庸(역)에 해당되는 세목이 되며, 녹전·세포와 더불어 삼세를 구성하게 된다. 그런데 '요공을 녹전·세포와 더불어 沆家에 직납하라'고 한 사실이 주목된다. 이는 곧 요공이 현물로 납공되는 역의 물납화 현상을 의미한다. 이러한 役의 물납현상은 이미 12세기부터 나타나는데, 명종 때 貢役이 役價로 대납되던 사례를 들 수 있다.35) 따라서 숙종대부터 보이던 요공은 상요·잡공의 약어라기보다는 12세기 이래 역(용)의 일부가 현물세화하는 경향을 나타내 주는 것이 아닌가 생각된다. 그러나 고려 후기에 요역 징발이 전혀 없었다는 것은 아니다. 다만 고려 전기에는 민의 삼세를 조·포·역이라 하여 역의 직접 징발이 일반적이었음에 반해, 고려 후기에는 요공이라 하여 요역을 통한 공물 수취나 役價의 대납을

32) 《高麗史》 권 80, 志 34, 食貨 3, 賑恤 恩免·災免.
33) 뒤에 다시 언급되겠지만 잡공은 대체로 수공업제품, 자연채취물 등이 그 내용을 이룬다고 생각된다.
34) 《高麗史》 권 80, 志 34, 食貨 3, 賑恤 水旱疫癘 賑貸之制.
35) 《高麗史》 권 78, 志 32, 食貨 1, 田制 貢賦 명종 18년 3월.

통해 역의 일부분이 물납화하는 추세로 나아갔던 것이라 생각된다.

이와 같이 고려 후기에 역이 요공의 형태로 납공되면서 점차 물납화의 추세를 보였다면, 이 역시 토지를 매개로 수취하게 되었을 가능성이 크다. 즉 고려 전기에 이미 대납제가 보이며, 예종대에 오면 平布折納制가 제도화된다.[36]

이러한 현상은 당시 농업 생산력과 유통경제의 발달에 따라 물품화폐로서의 포가 가치척도로서 보편화되었던 상황과 불가분의 관계를 가지는 것이지만, 아울러 수취상에 있어서도 대납 현상이 상당히 일반화해 갔던 상황을 말해 주는 것이라고 생각된다. 대납현상이 일반화되어 감에 따라 역의 일부가 米, 또는 布로 절납되면서 점차 토지를 매개로 수취되어 갔던 것이 아닐까 생각된다. 아울러 12세기 이래 부곡지역의 광범한 해체현상 역시 요역 징발에 변화를 촉진시킨 또 다른 요인이 되었을 것이라 생각된다. 대체로 고려 전기의 부곡민들은 세입위임지의 일부를 경작하고[37] 국가 재정 용도에 필요한 각종 물품을 생산 또는 운반하는 등의 특정한 역을 지고 있었다. 그러나 12세기 이래 사회 경제적 변동과 더불어 부곡지역이 해체되고 민의 유망이 심화되어 감에 따라 과거 부곡인들이 지던 역의 대부분은 군현단위의 정액 수취 원칙상 일반 군현민들의 부담이 되지 않을 수 없었을 것이다. 이 가운데에서도 고려 전기 所에서 생산되던 수공업제품을 비롯한 각종의 생산물 등은 잡공이라는 새로운 항목이 되었던 반면, 세입위임지의 경작 및 세곡의 운반 등 전세의 역은 요공 속에 포함되어 전을 매개로 수취되었던 것으로 보인다.

이와 같이 포(調)·역의 일부가 토지를 매개로 수취되던 경향은 조선 전기 수취제에도 일정하게 계승되었음을 알 수 있다. 즉 조선시대의 요역은 크게 所耕徭役과 雜役으로 나누어지며, 소경요역은 다시 田稅之役과 貢賦之役으로 구분된다. 그런데 이 가운데 소경요역은 계절이나 日限 등에 특별한 규정이 없이 수시로 징발하던 잡역과 달리 전세로 간주될 수 있는 부분이다.[38] 또한 공물의 경우도 조선 초기에는 田稅貢物과 元定貢物로 구성되어, 전세공물은 지방토산물(토공)로 수취하던 원정공물과 달리 布貨·油蜜 등 전을 매개로 수취되

---

36) 《高麗史》 권 78, 志 32, 食貨 1, 田制 貢賦 예종 9년 10월 判.
37) 朴宗基, 〈高麗의 收取體制와 部曲制〉 (앞의 책).
38) 有井智德, 〈李朝初期の徭役〉 上(《朝鮮學報》 30, 1964), 67~100쪽.

는 것이었다.[39] 이와 같이 조선 전기의 요역과 공물에 전세공물이나 소경요역과 같이 전을 매개로 수취되던 부분이 있었던 것은, 고려 후기 이래 布(調)와 役이 토지를 매개로 수취되던 상황을 계승한 것이 아니었을까 생각된다.

상요와 잡공에 대해서는 유일하게 鄭道傳의《朝鮮經國典》에서 그 내용을 살필 수 있다.

> 나라의 賦稅의 법에 租는 모두 전토에서 나오고 이른바 상요, 잡공은 그 지역의 소출로서 官에 납부하는 것이니 대개 당의 조·용·조를 이은 것이다. 전하(태조)께서는 부세가 무거워 우리 백성들이 곤란을 겪을까 염려하여 攸司에 명하여 田賦를 바르게 고치는데…상요·잡공은 다만 관부에 내는 숫자만 정했을 뿐, 戶에 대해 某物을 내어 調라 하고, 身에 대해 某物을 庸이라 하는가를 분명히 하지 않았다. (이에) 稅吏들이 약점을 이용하여 간계를 써서 함부로 수탈하기 때문에 백성들은 더욱 곤궁해지고 豪富之家는 갖가지 방법으로 規避하니 (국가의) 재용이 도리어 부족해지고 있다. 전하께서 백성을 사랑하여 부세를 정한 뜻을 아래에서 강구하지 않으니 攸司의 책임이다. 다행히 무사하고 한가한 때를 당하여 강구하여 시행하여야 할 것이다(《三峯集》 권 3, 朝鮮經國典 上, 賦典 賦稅).

이에 의하면 상요·잡공은 용·조에 해당하는 세목이며 身과 戶를 매개로 하여 토지의 소출로 납부하는 현물세였음을 알 수 있다.[40] 따라서 고려 후기에는

---

39) 田川孝三,〈貢賦について〉(앞의 책).

40) 이러한 사실은 정도전이 당시의 부세제도를 말한 내용 가운데에 보이는 기록이다. 따라서 이는 선초의 부세제를 설명한 것으로 고려 후기의 세제(주로 상요·잡공부분)와는 일정한 거리가 있는 것이라 하여, 이 사료를 통해 고려 후기의 상요·잡공의 실체를 이해하는 데 의문을 표하는 견해가 있다(朴鍾進, 앞의 글, 212~223쪽). 그러나 필자의 견해로는 위의 기사가 다소나마 고려 후기의 상요·잡공의 내용을 알려 주는 유일한 기사일 뿐만 아니라,《朝鮮經國典》이 편찬된 태조 3년은 아직 조선 나름의 새로운 수취체계가 마련되기 이전이었다. 즉 태조 원년 12월 貢賦詳定都監에서 "命臣等 考前朝貢案歲入多寡 歲支經費 斟酌損益 以袪積弊 以立常法 實生民之福也"(《太祖實錄》 권 2, 태조 원년 10월 경신)라고 건의하여, 당시의 貢賦制는 積弊만을 제거하는 차원에서 대체로 고려시대의 제도를 답습하고 있음을 알 수 있다. 그러므로 정도전의 당시 세제에 대한 이해는 조선조에 확립된 새로운 수취체제상에서 나온 것이라기보다는 고려의 세제에 대한 이해에 보다 가깝다고 생각된다. 따라서 이 기록에서 수취의 근간으로 삼고 있는 조·상요·잡공이 고려 후기 삼세·상요·잡공과 다소 차이가 있다 하더라도 기본적으로는 고려 말의 수취제를 반영한다는 면에서 고려 후기의 상황을 이해하는데 이용되어도 별 무리가 없으리라 생각된다. 조선 초의 세제를 조·용 조에 바탕을 둔 조·상요·잡공으로 설정한 것은 고려 후기의 세제를 기본으로 하되 당시 調·庸이 포·역과 잡공으로 병과되었던 현상을 개정하고자 하였던 것이 아닐까 생각되기도 한다.

용·조에 해당하는 세목이 이중으로 부과되고 있었음을 알 수 있다. 이는 고려 말기에 포뿐만 아니라 잡공이 함께 부과되고 있었던 상황에서도 알 수 있다.[41)]

이와 같은 상황을 이해하는 데는 중국 당·송대 세제 변화도 크게 참조된다. 唐 초기의 세제는 매 丁을 매개로 수취되었던 조·용·조와 잡요가 기본을 이루었다. 그러나 8세기 중반부터는 租에 해당되는 것이 지세, 庸·調에 해당되는 것이 호세로 변하면서 夏·秋 양세로 바뀐다. 그런데 호세에 해당되는 夏稅는 금납화가 권장되다가 다시 미곡으로 절가 대납되면서 지세화됨으로써, 결국 과거의 조·용·조 삼세가 모두 토지를 매개로 수취되게 되었다. 한편 戶에 대해서는 또 다시 호세에 속했던 용이 부활하여 身丁錢이 부과되는 등, 용에 해당되는 세액이 이중으로 부과되는 현상이 나타나게 되었다.[42)] 위와 같은 상황을 볼 때 고려의 수취제도 후기로 오면 송대와 비슷하게 조·용·조 삼세가 모두 토지를 매개로 수취되는 한편 호에 대해서는 다시 상요·잡공이 병과되었던 것이 아닌가 생각된다.

상요·잡공의 내용에 대해서는 지금까지 별로 밝혀진 바가 없다. 최근의 연구에서 잡공이란 주로 조선시대의 土貢과 동일한 실체로 파악되며 그 품목은 대체로 자연채취물이나 수공업제품 등으로 이루어져 있었다고 하는 견해가 있는데[43)] 이는 대체로 옳은 지적이라고 생각한다. 나아가 잡공은, 주로 고려 후기 부곡지역의 해체로 소에서 납공되던 각종 특산품들의 대부분을 군현민에게 부과하였던 것으로 생각된다. 그렇게 추측하는 근거의 하나로 《世宗實錄地理志》나 《慶尙道地理志》에 보이는 토공의[44)] 품목을 살펴보면, 어류·피혁·목기·도기·미역·철·동·은·종이 등 대부분이 고려 전기 소의 납공물들이었던 것이다. 한편 상요의 경우는 그 내용이 주로 '잡공의 생산에 투여되는 노동력 징발'[45)] 또는 '貢役의 물납화 현상'이라는[46)] 두 가지 견해가 있는

41) 고려 후기에 調와 잡공이 병과되고 있었던 것은 "戶布를 신설한 것은 단지 잡공을 감면하기 위한 것으로서 前朝의 말기에 이미 호포를 거두고 있었는데 또 잡공을 징수하여 민폐가 됨이 적지 않으니 금후로부터 호포는 한 가지로 모두 감면하게 하소서"(《太祖實錄》 권 1, 태조 원년 7월)라는 내용에서도 알 수 있다.

42) 河上光一, 《宋代の經濟生活》(吉川弘文館, 1983), 90~120쪽.

43) 金載名, 앞의 글(1991), 84~89쪽.

44) 《世宗實錄地理志》에는 厥貢, 《慶尙道地理志》에는 토산공물 등으로 지칭되고 있다.

45) 金載名, 앞의 글, 104~106쪽.

46) 李貞熙, 앞의 글, 10~13쪽.

데, 아마도 상요의 내용 속에는 양자가 모두 포함된 것이 아닌가 생각된다.

고려 후기에 상요·잡공이 함께 부과되었던 배경은 일반적으로 10, 11세기 이래의 농업 생산력의 발달, 상품 유통 경제의 발달 위에 국가의 재정확보책이 맞물려 나타난 결과로 생각되지만, 아울러 12세기 이후 군현제 변동과 더불어 나타난 전국적인 부곡지역의 해체 현상 또한 주목할 만한 요인의 하나로 들 수 있다. 이미 알려져 있듯이 고려 전기의 군현제는, 군현제 영역과 부곡제 영역으로 편성되어 있었다.[47] 그리고 이러한 군현제의 편성은 수취제 운영 방식과 밀접한 관계를 가지고 있었다. 즉 국가는 일반 군현지역과 부곡지역을 구분하고 수취제 운영방식에도 각기 차별성을 두어 군현민에게는 조·용·조 삼세의 부담을 지웠던 반면, 부곡 지역의 주민들에게는 그 밖에 특수한 역을 부과하였던 것이다. 예컨대 所의 거주민들에게는 금·은·동·철·자기 등 각종 물품을 생산하여 공납토록 하였으며, 장·처민에게는 장·처전을 경작하여 전조를 납부하게 하였고, 驛·津 등에는 傳遞·知路指路의 役·漕運 등의 특수한 역을 지도록 하였던 것이다. 그러나 고려 후기에 오면 부곡지역의 광범한 해체 현상에 따라, 군현 단위의 정액 수취를 원칙으로 하였던 수취제의 특성상 과거에 소로부터 충당하였던 각종 전업적 산물이나 부곡지역이 지던 특수한 역을 일반 군현에 부과시키지 않을 수 없게 되었을 것이다. 다음의 공양왕 원년(1389) 12월 조준 등이 올린 상소는 그러한 한 사례를 보여 준다.

> …근래 역호가 凋弊하여져서 모든 鋪馬·傳遞·知路指路의 役은 주군이 그 고통을 대신 받아 유망하기까지에 이르렀으니, 주군으로 하여금 그 업을 회복시키고자 하면 마땅히 먼저 역호를 존휼해야 합니다…(《高麗史》 권 82, 志 36, 兵 2, 站驛).

그러므로 고려 전기에는 주로 米·布만으로 단일화되었던 일반 군현의 공부에 더하여 각종 토산물이나 전업적 수공업 생산품 등을 포함한 다양한 현물 세공인 잡공을 규정하여 병과하였던 것이라고 생각된다. 고려 후기에 특히 '不產貢物'의 수취가 크게 문제시되었던 것도 이러한 상황과 밀접하게 관련되었을 것으로 생각된다. 예컨대 특수한 지리적 조건 아래에서만 생산되는 인삼을 산지가 아닌 곳의 농민들에게도 부과하여 산지까지 가서 채납케 하거나[48]

---

47) 朴宗基, 앞의 책.

또는 당시의 전업적인 숙련공조차도 짜기 어려운 고급 세마포인 20승 황마포를 일반 촌부에게까지 부과하였던 사례들이[49] 그것이다. 20승 황마포와 같은 것은 과거 絲所에서나 생산되었음직한 품목으로 군현의 일반민들이 쉽게 납공할 수 있는 품목이 아니었다. 그래도 농민들로서는 납공의 의무를 완수하기 위하여 京師에까지 가서 저렴한 농산물로 비싼 값의 해당 물품을 사들이지 않을 수 없었지만 높은 가격으로도 매입하기가 어려운 실정이었다.[50]

그러나 이와 같이 조·용·조 삼세제를 기본으로 하면서 용·조에 대하여 이중으로 과세하는 것은 세제 운영상 번거로울 뿐 아니라 민의 부담을 가중시키는 것이었다. 따라서 정도전이 조선 초의 부세제를 조·상요·잡공으로 표현한 것은 바로 이와 같은 모순을 바로 잡아 전을 매개로 수취하던 삼세를 조로 환원하고 상요·잡공을 각각 용·조에 상응하는 세목으로 하는 삼세제의 운영을 지향코자 했던 때문이 아닌가 생각된다. 가령 앞에서 살폈던 "고려말 호포와 잡공이 병과되는 폐단이 있어 호포를 견면하라"는 기사에서,[51] 조선 초의 調는 호포제를 폐지하고 잡공제를 지향하였음을 알 수 있다.

요컨대 고려 후기의 수취제에는 토지를 매개로 조·용·조를 수취하고 상요·잡공을 함께 거두는 등 적지 않은 변화가 나타나고 있었다. 따라서 군현의 공물수취도 공부와 잡공제로 운영되어 군현민들의 부담이 크게 늘어나게 되었다. 즉 고려 전기에는 일반 군현지역과 부곡지역을 차별 편제하여 공부를 수취하였는데, 군현민들에게는 주로 布를, 부곡 지역에는 전업적 생산품을 부과하였다. 그러나 고려 후기에 이르러서는 잡공이라는 명목으로 과거 所에서 납공하던 물품의 대부분을 일반 군현민에게 함께 부과함에 따라, 공물수취는 공부와 잡공체계로 운영하게 되었던 것이다.

### 3) 수취기준

먼저 군현 수취의 경우 구체적인 기록이 보이지는 않으나, 고려 전기에는 아마도 丁(丁戶)을 매개로 수취되었던 것으로 여겨진다. 고려 전기 국가의 수

48) 《高麗史》 권 123, 列傳 36. 嬖幸 1, 曹允通.
49) 《高麗史》 권 123, 列傳 36, 嬖幸 1, 朱印遠.
50) 《增補文獻備考》 권 150, 田賦考 10, 貢制 1, 충렬왕 27년.
51) 《太祖實錄》 권 1, 태조 원년 7월조 기사(주 41) 참조.

취 기반으로서의 민은 丁과 白丁으로 편제되었으며,[52] 정은 당시 군현을 단위로 한 제반 행정조치 즉 공해전·공수시지의 지급, 향리 정원과 기인 선상 및 역의 등급을 정하는 기준이 되었다. 그리고 이렇게 군현 단위로 시행된 행정 조치를 살펴 보면 수조지 분급이나 직역징발과 관련된 경우가 대부분이었다. 특히 직역 징발은 넓은 의미의 수취 범주 속에 포함된다. 이와 같은 상황으로 보아 군현을 대상으로 한 일반적인 수취 역시 군현의 정수를 기준으로 한 것이었다고 보아 큰 무리는 없을 것으로 생각된다.

정의 개념에 대해서는 人丁說, 田丁說, 전과 역의 결합체인 丁戶說 등이 있는데[53] 이 중에서는 정호설이 가장 설득력이 있어 보인다.[54] 물론 정이 인정 또는 전정의 의미로 쓰이는 경우가 없지 않으나, 적어도 고려 전기 읍의 등차를 구분하는 기준이 되었던 법제적 의미의 정이란 전토와 인정의 결합체인 정호를 의미하는 것이었다고 생각된다. 그러나 고려 후기에 오면 이러한 상황에 변화가 나타난다. 우선 고려 전기 군현수취의 근간이 되었던 정의 개념이 변화하고 있음을 주목할 수 있다. 즉 고려 전기에는 수취를 비롯한 군현 단위의 각종 행정조치의 기준이 되었던 전과 역의 복합체로서의 「丁」이 후기에는 대부분 「田丁」을 의미하는 개념으로 바뀌고 있다.[55] 아울러 足·半丁의 경우

---

52) "顯宗 十九年 正月判 令諸道州縣 每年桑苗 丁戶二十斤 白丁十五斤 田頭種植 以供蠶事"(《高麗史》 권 79, 志 33, 食貨 2, 農桑)라 하여 백정도 정호와 마찬가지로 토지소유자였음을 알 수 있다. 그 당시 백정층의 토지 소유 정도를 예측하기는 매우 곤란하나, 의종 때에 서북면 병마사 曹晉若이 烽燧式을 정하는 상수에서 平田 1결을 지급코자 한 예와 고려 후기 조준의 1차 상소에서 白丁代田 1결의 지급을 건의한 사례들을 보면(《高麗史》 권 78, 志 32, 食貨 1, 田制 祿科田 우왕 14년 7월), 1결이란 토지는 당시 최소한의 재생산의 적정치로서 관념되었던 것 같다. 따라서 1결이란 收稅의 바탕이 되는 백정에게 삼세를 수취하기 위한 최소한의 토지면적이 아니었을까 생각된다.

53) 安秉佑, 〈高麗前期 地方官衙 公廨田 設置와 運營〉(《李載龒博士還曆記念 史學論叢》, 한울, 1991), 177~178쪽 참조.

54) "각 역의 1戶를 나누어 6과로 한다…1과는 75정, 2과는 60정, 3과는 45정, 4과는 35정, 5과는 12정, 6과는 7정이다. 만약 토지가 있는데 丁口가 부족하면 백정의 子枝 중에서 지원하는 자로서 充立한다"(《高麗史》 권 82, 志 36, 兵 2, 站驛)에서, 고려 전기의 정호는 丁과 통용되며 토지와 丁口로 이루어졌음을 알 수 있다.

55) 이러한 사례로서 "…其逆賊之田 計結爲丁 亦給募卒"(《高麗史》 권 81, 志 35, 兵 1, 兵制 공민왕 5년 6월)과 같은 기록을 들 수 있는데, 이와 같은 기사는 고려 후기의 사료에서 흔히 찾아 볼 수 있다.

도 고려 전기에는 직역을 담당하는 정호층을 일컬었지만, 후기에는 조세 수취와 관련하여 쓰이면서 전정의 규모를 지칭하고 있다.56)

또 한가지 중요한 변화로서 군현의 수취기준이 호구와 전결수로 구분된다는 점을 들 수 있다. 고려 후기의 수취제 운영방식은 원종 10년(1273 : 己巳)부터 충숙왕 원년까지의 단계와 충숙왕 원년부터 고려 말까지의 단계로 구분할 수 있다.57) 즉 고려는 원종 10년의 전국적인 호구조사를 통해 공부액을 다시 정하였는데58) 이 戶口計點 방식에 의한 수취제 운영방식은 충렬왕대까지 계속되었다. 그러나 충숙왕 원년 정월에 충선왕이 田民計定使에게 "기사년에 공부를 更定하였는데 그 후로 賦斂이 不均해졌다"라고 한 것을 보면,59) 당시 호구 파악을 기초로 한 세제 운영방식에는 많은 문제점이 있었던 것 같다. 무엇보다도 12세기 이래 사적 토지 소유가 확대되고 토지를 매개로 하는 수취가 증가하는 추세에서 군현 공부의 수취액을 계점호구 방식에 의해 규정했다는 것은 커다란 모순이 아닐 수 없었다.

그럼에도 불구하고 호구를 기준으로 수취제를 운영해 나갔던 것은, 당시의 量案이 오랜 전란 등을 거치는 동안 실제의 상황과는 상당한 차이가 생기게 되어 이를 수취 기준으로 삼기 어려웠기 때문이며, 또한 원의 지배방식과도 일정한 관련이 있는 때문으로 여겨진다.60) 즉 己巳量田이 행해지기 바로 전해인 원종 9년에 '供戶籍'하라는 요구가 있었던 것을 보면 기사년의 호구조사는 이러한 원의 요구를 수용한 것이 아닌가 생각된다.61) 또한 이 당시 군

56) 그와 같은 사례로서 《高麗史》 권 78, 志 32, 食貨 1, 功蔭田柴 충렬왕 24년 정월조 忠宣王 卽位 下敎 및 권 78, 志 32, 食貨 1, 田制 租稅 공민왕 11년 密直提學 白文寶가 올린 箚子 등을 들 수 있다.

57) 《高麗史》 권 79, 志 33, 食貨 2, 戶口 충렬왕 18년 10월 敎와 권 78, 志 32, 食貨 1, 田制 貢賦 충숙왕 원년 정월 忠宣王 諭 및 田制 租稅 신우 원년 2월 宥旨.

58) 《高麗史》 권 79, 志 33, 食貨 2, 戶口 충렬왕 18년 10월 敎 및 권 78, 志 32, 食貨 1, 田制 貢賦 충숙왕 원년 정월 忠宣王 諭.

59) 《高麗史》 권 78, 志 32, 食貨 1, 田制 貢賦 충숙왕 원년 정월.

60) 朴京安, 〈甲寅柱案考〉(《東方學志》 66, 1990), 104~105쪽.

61) 호구파악을 통한 원의 경제적 요구 내지는 간섭은 상당 기간 동안 실제로 이어졌던 것 같다. 즉 몽고의 요구에 의한 호구조사는 충렬왕이 동왕 4년에 직접 원으로 들어가서 忽必烈에게 點戶에 관한 것은 왕 자신의 필요와 사정에 따라서 시행하도록 허락을 받음으로써 없어지게 되었다.

현 수취가 호구를 기준으로 운영되었던 것은 당시 권호층의 이해관계와도 깊은 관련이 있었던 것 같다. 즉 당시의 문무 양반 등 권호층들은 모두 良田 점유자였으며[62] 다소 후대의 사실이긴 하지만 충선왕 2년(1310) 11월의 量田增貢에 관한 논의가 있었으나 토지소유자층인 재추의 이해관계로 인해 무산된 사례가 보인다.[63]

호구 파악 방식에 의한 수취제의 운영은 충렬왕 18년(1292) 충선왕 2년 등 몇 차례에 걸쳐 호구와 더불어 토지를 기준으로 한 세제 개정의 시도가 보이나 끝내 성공하지는 못했다.[64]

호구 파악에 의한 수취제 운영방식은 충숙왕 원년(1314)에 와서야 개정된다. 충숙왕 원년(甲寅)에 전국적인 양전사업이 완결되어 전적이 만들어지고 이에 근거하여 당시의 田口를 기준으로 공부가 갱정되고 잡공이 詳定되었던 것이다.[65] 그리고 갑인양전과 이를 토대로 한 수취제 개정은 물론 호구중심의 수취제 운영에 대한 모순의 근본적 시정과 국가 재정확보에 목적이 있었던 것이었다. 그런데 그 결과는 두 가지 방향으로 나타났던 것 같다. 즉 "新舊의 공부가 크게 고르지 못하여 民이 살기가 어려워졌다"[66]라 한 기록을 보면 민의 입장에서는 수취가 강화되는 방향으로 귀결되었던 것 같다. 그러나 국가의 입장에서 볼 때는 "國用을 넉넉하게 하여 백성을 安集토록 하는데 요긴하였다"[67]라 하여 당시 수취제의 모순을 해결하고 국가재정을 확보하는데 일정하게 기여하였던 것으로 보인다. 따라서 이 갑인년의 양전과 수취개정은 그 후 고려 말 기사년(공양왕 1년) 양전 때까지 대체로 이 시기 수취체제의 기준이 되고 있었다.[68]

요컨대 고려 후기 군현 수취의 변화로 주목되는 것은 고려 전기 田과 役

62) 《高麗史》 권 78, 志 32, 食貨 1, 田制 經理 원종 원년 정월.
63) 《高麗史節要》 권 23, 충선왕 2년 11월.
64) 《高麗史》 권 79, 志 33, 食貨 2, 戶口 충렬왕 18년 10월 敎.
《高麗史節要》 권 23, 충선왕 2년 11월.
65) 《高麗史》 권 78, 志 32, 食貨 1, 田制 貢賦 충숙왕 원년 정월 忠宣王 諭.
朴京安, 앞의 글 참조.
66) 《高麗史》 권 108, 列傳 21, 蔡洪哲.
67) 《高麗史》 권 78, 志 32, 食貨 1, 田制 貢賦 충숙왕 원년 윤 3월.
68) 朴京安, 앞의 글 참조.

의 복합체로서의 丁이 단순히 전정을 의미하는 내용으로 변하고 군현 수취의 기준이 정(정호수)에서부터 호구, 전결의 이중 기준을 채택하게 되었다는 점인데, 이는 곧 고려 전기의 정호체제가 붕괴되어 전과 역이 분리된 결과였다고 할 수 있다. 그러나 호구와 전결의 이중 기준에 의해 운영되는 수취구조는 실제 운영상의 문제점이 적지 않았다. 가령 당시 권호층들이 대농장을 경영하고 지방관들과 결탁하여 수취를 거부하는 현상들을 보면 실제로는 耕田의 많고 적은 것보다는 호구에 입각한 수취가 강요되는 경우도 적지 않았으리라 생각된다.[69] 따라서 고려 말의 전제 개혁론자들은 경전의 다과를 바탕으로 3등호제에 입각한 수취를 주장하였으며, 조선 세종대 이후로는 경전의 다과에 따른 등호제의 실시가 가능해진다.

다음 군현에서 면에 대한 공물 수취의 기준을 살펴 보면, 전조는 토지를 매개로 수취하였던 만큼 전결수가 기준이 되었을 것이다.

그러나 調에 해당하는 포세와 잡공, 庸에 해당하는 역역 징발과 상요에 대해서는 확실한 내용을 알기 어렵다. 다만《朝鮮經國典》賦稅條에는 "戶가 있으면 某物을 내어 調라 하고, 身이 있으면 某物을 내어 庸이라 한다"라고 하여 調(잡공)는 戶, 庸(상요)은 身을 대상으로 수취하였음을 보여 준다. 그러나 어떤 기준을 적용하여 戶와 身을 대상으로 수취하였는지는 전혀 알 수 없다. 戶가 대상이었던 만큼 호등제가 적용되었음직한 데, 전기의 호등제가 人身을 기준으로 한 9등호제였던 데 반해[70] 고려 후기에는 다음의 기사와 같이 3등호제를 실시한 기록이 보인다.

> 1) (충렬왕 9년) 3월 諸王·百官 및 工商·奴隷·僧徒들에게 군량을 차등있게 내도록 하였는데…賈人 大戶는 7석, 中戶는 5석, 小戶는 3석을 내도록 하였다…(《高麗史》권 82, 志 36, 兵 2, 屯田).
>
> 2) 공민왕 31년 9일에 調度가 넉넉하지 못하여 백성들로부터 增斂하였는데 大戶는 米豆 각 1석(?), 中戶는 米豆 10석, 小戶는 米豆 5석으로 하였다. (이를) 無端米

69) 《高麗史》권 78, 志 32, 食貨 1 田制 租稅 신우 3년 8월 및 권 79, 志 33, 食貨 2, 신우 14년 8월.

70) "國制民年十六爲丁 始服國役 六十爲老而免役 州郡每歲 計口籍民 貢于戶部 凡徵兵徭役"(《高麗史》권 79, 志 33, 食貨 2, 戶口).
"編戶 以人丁多寡 分爲九等 定其賦役"(《高麗史》권 84, 志 38, 刑法 1, 戶婚).

라고 하는데 백성들이 심히 괴로워하였다(《高麗史》 권 79, 志 33, 食貨 2, 科斂).

3) 신우 원년 2월에 敎하기를, '백성을 부리는 도리는 관대하기를 힘써야 한다. 금후 外方 각처의 民戶들은 모두 京中의 현재 행하고 있는 법도에 따라 대·중·소 3등으로 구분하여, 中戶는 둘로 하나를 삼고 小戶는 셋으로 하나를 삼아 差發하는 데 힘을 합해 서로 도와서 그르치지 않도록 하라'고 하였다(《高麗史》 권 84, 志 38, 刑法 1, 戶婚).

위의 기사 1), 2)에서는 각각 商賈와 일반민을 대상으로 대·중·소 3등호의 구분에 따라 차등을 두어 과렴하고 있으며, 3)에서는 외방 각 처의 민호를 모두 京中의 예에 따라 대·중·소 3등으로 구분하여 差發하였음을 보여 주는데, 이러한 사실에서 3등호에 의한 등호제가 실시되었음을 알 수 있다. 또한 호등의 구분은 고려 전기에는 인신을 기준으로 하였지만, 후기에는 자산을 대상으로 하였던 것 같다. 가령 위 3)의 기사에 의하면, 외방 각처의 민도 경중의 호등법에 의거하여 3등호로 구분하라고 하였는데, 도성 오부의 호등제는 가옥의 間架를 기준으로 하고 있었다.[71] 일반 민호의 호등 구분의 기준은 분명히 밝힐 수는 없으나, 우왕 14년(1388) 8월 趙浚이 경작의 다과로써 호구를 3등으로 구분하라고 건의한 것으로 미루어 보아, 계전법에 의한 완전한 자산과세를 행했던 것 같지는 않다. 조선 세종대 이전까지 대체로 計田法과 計丁法이 절충되었던 것으로 미루어 보면, 고려 후기에도 민에 대해서는 양자를 절충한 호등법이 채택되었던 것으로 생각된다. 또한 1)의 기사에 보이듯이 상인에 대해서도 3등호로 구분하였는데, 이것 또한 그들이 소유한 자산을 기준으로 하였으리라 생각된다. 이와 같이 군현 수취의 기준을 충숙왕대 이후부터는 군현의 전결과 호구수에 의하였지만, 민에 대한 호등의 기준 속에 전결이 포함됨으로써 점차 전결에 대한 수취가 강화되고 있었던 것으로 생각된다.

### 4) 수취구조

공부는 조세와 더불어 국가 재정의 양대 재원이 되는 중요한 稅 항목이었

71) 이러한 사실은 《高麗史》 권 81, 志 35, 兵 1, 兵制 五軍 신우 원년 8월조에 보이는데, 비록 이 기록이 고려 말의 사료라고 하지만 3등 호등법은 이미 충렬왕대에도 보이므로, 가옥의 間架를 기준으로 한 京中의 호등법은 고려 후기의 일반적인 현상으로 보아도 좋을 듯하다.

다. 조선 전기의 경우 각종 공물의 수취와 지출은 각각 貢案, 橫看이라고 하는 세입, 세출부에 의해 집행되었다.[72] 즉 공물은 공안의 규정에 따라 수취되고 수취된 공물은 횡간에 의해 국가의 재정 용도별로 지출되었다. 또한 정부 각 기관은 그 職掌에 따라서 취급하는 공물의 품목이 결정되어 있었으며, 지방 각 관은 분정된 공물을 수 개의 정부기관에 상납하고 정부의 각 관아는 소요 공물을 조달하기 위하여 수 개의 지방관을 그 관할 하에 두고 있었다.[73] 그런데 이와 같은 조선 초기의 수취구조는 대체로 고려의 제도를 답습한 것이었으므로 고려도 비슷한 방식으로 운영되었으리라 생각된다.

중앙의 각 관사가 각각의 지방 군현을 지배하는 수취방식은 다음의 기록을 통해서도 알 수 있다.

> 신우 원년 2월에 宥旨하기를, '外吏가 상경함에 각 관사가 공물의 납입을 재촉하고 연체된 것을 징수함으로 인하여 私錢을 稱貸하여 그 값을 배로 물게 되니 해가 민에게 돌아가는지라…'라 하였다(《高麗史》 권 79, 志 33, 食貨 2, 借貸).
>
> 공민왕 원년 2월에 宥旨하기를, '여러 관사의 貢賦로 아직 수송되지 않은 것은 郡人 가운데 京師에 거주하는 자에게 먼저 징수하니 住京者는 칭대하고 백성으로부터 배로 거두며…'라 하였다(《高麗史》 권 78, 志 32, 食貨 1, 田制 貢賦).

위의 기사에서 지방 군현이 서로 분리되어 중앙 각 관사에 예속되어 있었던 상황을 볼 수 있다. 또한 충렬왕대의 "안동 경산부 관내 군현 공부로서 대부·영송·소부 등의 庫에 납입하는 것 이외에는 모두 원성전에 운반하라"는 기록에서도,[74] 안동 경산부의 공부는 대부시, 영송도감, 소부시 및 원성전에 각각 분산적으로 예속되어 있었던 것을 알 수 있다.

공부는 지방의 행정조직과 그 곳에 설치된 지방기구를 이용하여 촌락 농민에게 분정되고 수취되었다. 실제적인 수취과정은 군현을 기준으로 중앙에서 군현, 군현에서 촌락의 두 단계로 이루어지는데, 이는 군현이 소관 촌락내의 납공물을 수취하여 중앙으로 상납하는 중간적인 역할을 하였기 때문이다.

수취의 첫 단계인 촌락 내에서의 수취는 촌장에 의해 이루어지며, 이들에

---

72) 田川孝三, 〈貢案と橫看について〉(앞의 책) 참조.

73) 田川孝三, 위의 책, 275쪽.

74) 《高麗史》 권 78, 志 32, 食貨 1, 田制 貢賦 충렬왕 4년 2월 下旨.

의해 수취된 촌락의 납공물이 군현의 창고로 집적되는 과정은 향리의 소임이었다. 향리는 군현 내 촌락의 수취사무를 직접 담당했을 뿐만 아니라, 군현 내에 분정된 세공액을 책임지고 충당해야 하는 존재였다. 그래서 충혜왕대에는 공부의 액을 채우지 못하게 된 향리가 자살한 사례까지 보이고 있다.[75] 뿐만 아니라 수취된 각종의 세공물을 각 군현 창고에 보관하거나 조창까지 운반하는 것도 모두 향리의 임무였다. 이와 같이 촌락으로부터 군현에 이르는 과정의 수취사무는 주로 향촌사회에 뿌리를 둔 훈장과 향리에 의해 수행되었던 것이다. 군현의 수취는 중앙에서 파견된 외관 즉 수령이 향리들을 감독 지휘하면서 수행하였다. 수령은 비단 소관 군현의 공물 수취뿐만 아니라 수취 이전의 양전·답험·경작에 관련된 모든 사항을 책임지고 있었다. 따라서 공물의 수취, 상납 등의 수취사무는 수령 고과의 중요한 기준이 될 정도로 수령의 임무 가운데 큰 비중을 차지하고 있었다.

지방의 각 행정기구를 통해서 수취된 군현의 각종 세공물은 조운에 의해 중앙의 京倉으로 운반된다. 세공물의 운반은 육로를 통한 수송도 생각해 볼 수 있으나, 삼면이 바다로 둘러싸여 있고 육상의 교통로가 정비되어 있지 않던 당시로서 조운은 가장 빠르고 안전하며 비용이 적게 드는 운반수단이었다. 예컨대 원종 12년 3월에 몽고에 보낸 국서 가운데서 “경상·전라도의 공부는 육로로 수송하지 못하고 반드시 水運으로 하는데 지금 역적 삼별초가 진도에 웅거하면서 수로의 咽喉인 이 곳을 왕래하는 배들을 지나가지 못하게 한다”[76]라고 한 기사를 보면 이 시기가 대몽항쟁기이기는 하나 경상도·전라도의 공부 수송을 전적으로 수운에 의존하였음을 알 수 있다.

이와 같이 수로가 세공물 운반에 큰 비중을 차지하고 있었던 고려시대에는 이미 국초로부터 13조창이 설치되어 있었다.[77] 그 가운데 12창은 남도의 연안에 설치되고, 나머지 1창은 서해도 장연현에 설치되어 있었다 원래 주창이란 稅米의 수송을 위하여 해로와 수로의 연변에 설치된 창고이지만, 세곡의 보관 뿐만 아니라 부근의 세곡을 수합하여 이를 경창으로 수송하던 기

75) 《高麗史》 권 78, 志 32, 食貨 1, 田制 貢賦 충혜왕 4년 7월.
76) 《高麗史》 권 27, 世家 27, 원종 12년 3월.
77) 《高麗史》 권 79, 志 33, 食貨 2, 漕運.

관이었다. 즉《高麗史》食貨志 漕運條에는 "州郡의 조세는 諸倉으로 운수한다"라고 하여, 각 조창이 일정한 수세구역을 가지는 한편 추수기에는 세곡을 수납하는 기능을 가졌음을 보여준다. 또한 조운에는 기한이 정해져 있었는데, 다음 해 2월의 조운에는 가까운 지역의 경우 2월에 한하며, 먼 지방은 4월에 한하여 경창으로 수송을 마치도록 되어 있었다.[78]

한편 국방지역으로서 특별한 성격을 띠고 있었던 양계지역의 수취구조는 일반 군현과 차이가 있었다. 즉 일반 남도지역의 세공물은 조창에 수합된 뒤 다시 경창으로 수송되어 중앙정부의 각종 용도에 충당되었으나, 양계지역의 조세는 그대로 현지의 군수에 충당되는 독특한 운영방식을 취하고 있었다.

양계의 토지는 대부분 군수전에 충당되어 조세의 대부분이 防戍에 충당되었으며[79] 貢布도 징수하지 않았던 것으로 보인다. 남도의 세공물을 거두어 보관하고 수송하는 기구였던 조창이 양계지방에 설치되지 않았던 것도 이러한 사정을 반영하는 것이라 하겠다. 그러나 중앙으로 보내지지 않았던 것 뿐이지 양계 내에서도 분명히 조세를 거두어 양계 내의 군수에 충당하거나 비축하였으므로, 중앙정부로서는 이를 직접 관리하거나 감독할 필요는 있었을 것이다. 즉 양계지방에는 병마사 이외에 감창사가 파견되어 조세와 창고의 관리 감독을 맡고 있었다.[80]

이와 같이 양계지방이 남도와 달리 특수한 수취형태를 가지고 있었던 것은 일차적으로 이 지역이 특수 군사지역이었던 때문이었을 것이나, 고려의 국가 재정형태가, 전국의 공물을 정부기관이 일원적으로 수집하여 그것을 다시 각 기관에 분배하지 않고, 왕실·궁원·정부의 각 기관마다 공물을 상납하는 군현을 미리 실정에 맞추어 설정하였던 방식과도 관련이 있는 것이라고 생각한다.

〈李惠玉〉

---

78) 위와 같음.
79)《高麗史》권 78, 志 32, 食貨 1, 田制 租稅 공민왕 5년 6월 下旨.
80) 金南奎, 〈高麗 兩界의 監倉使에 대하여〉(《史叢》17·18, 1973).

# 3. 요 역

요역은 인간의 노동력이 국가권력에 의해 완전히 무상으로 또 의무적으로 징발되어 사역당하는 稅 항목이다. 그런데 고려시대의 요역은 조세·공부와 더불어 민이 부담해야 하는 중요한 기본세목임에도 불구하고, 1980년대 이전까지는 거의 관심의 대상이 되지 못했다.[1] 또 근래에 이르러 다소 연구되었다 하더라도 요역의 구체적인 모습을 파악하는 데는 아직 미흡한 점이 적지 않다. 따라서 만족스럽진 않지만 기존의 연구성과를 바탕으로 요역의 용례

1) 지금까지의 요역에 대한 연구는 다음과 같다.
白南雲, 〈封建的收取樣式의 諸形態〉(《朝鮮封建社會經濟史》 上, 改造社, 1937).
今堀誠二, 〈高麗賦投考覈〉(《社會經濟史學》 9-3·4·5, 1939).
姜晋哲, 〈農民의 負擔〉(《高麗土地制度史硏究》, 高麗大出版部, 1980).
李惠玉, 〈高麗時代 三稅制에 대한 一考察〉(《梨大史苑》 18·19, 1982).
———, 〈高麗時代 庸(役)制硏究〉(《梨花史學硏究》 15, 1984).
———, 〈高麗時代 稅制硏究〉(이화여대 박사학위논문, 1985).
李貞熙, 〈高麗時代 徭役의 運營과 그 實態〉(《釜大史學》 8, 1984).
———, 〈高麗後期 徭役收取의 實態와 변화〉(《釜大史學》 9, 1985).
———, 〈고려후기 수취체제의 변화에 대한 일고찰〉(《釜山史學》 22, 1992).
朴鍾進, 〈高麗前期 賦稅의 收取構造〉(《蔚山史學》 1, 1987).
———, 〈高麗時期 徭役의 徵發構造〉(《蔚山史學》 5, 1992).
———, 《高麗時代 賦稅制度 硏究》(서울대 박사학위논문, 1993).
우선 白南雲은 부역노동의 본질적 조건에 대해서 지적한 다음 요역노동의 종류를 중심으로 서술하고 있다. 그런데 요역의 형태 중 직역으로 보아야 할 其人이나 外吏의 역이 포함되어 있거나, 身役의 담당자인 津·驛丁의 교통노동까지 포함시키는 등 요역과 신분과의 관련성이 전혀 고려되지 않고 있다. 다음 今堀誠二는 요역대상자의 연령문제와 요역이 면제되는 사례를 중심으로 서술하고 있다. 1980년대 이르러 요역에 관해 개괄적이나 최초로 정리를 한 것은 姜晋哲의 논저에서이다. 요역에 대한 사료가 부족한 만큼 唐이나 조선 전기의 사례와 대비하여 요역의 내용 및 수취규정과 면제대상 등을 주로 서술하고 있다. 한편 1984년의 이혜옥과 이정희의 논고는 다소의 견해 차이는 있지만 고려 전기를 중심으로 요역의 징발대상·수취체계·요역의 형태 등에 대해 밝히고 있다. 이상의 논고는 다소 심도가 부족하다는 아쉬움은 있지만, 요역의 기초작업으로서는 긍정적인 의미가 있다. 이런 점에서 본다면 내용상은 이견이 있을 수 있겠지만, 요역의 변화양상이나(李貞熙, 위의 글, 1985), 부세전반을 다루고 있긴 하나 수취구조라는 한 측면에 초점을 맞추어 파악하고 있는 연구방법은(朴鍾進, 위의 글, 1987) 바람직한 시도라 할 수 있겠다.

와, 내용 및 요역 부과의 대상, 그리고 마지막으로 요역을 징발하는 체계에 대한 것을 차례로 살펴보도록 하겠다.

### 1) 요역의 용례

고려시대에서 요역을 뜻하는 말로 사용된 용어로는 「力役」, 「役」, 「賦役」, 「差役」, 「徭」, 「課役」 등이 있었다. 이러한 용어들 중에는 요역의 의미도 있지만, 요역 이외의 직역 또는 수취일반을 뜻하는 경우도 있으므로 우선 그 혼란을 피하기 위해 용어에 대한 문제부터 검토해 보기로 한다.

신분에 관계없이 국가에서 의무적으로 노동력을 징발하는 경우, 가장 일반적으로 사용되는 말은 力役이 아닐까 싶다. 역역이 요역의 뜻으로 사용된 예로는, 성종 원년(982)의 기록에 "제사의 비용이 백성의 고혈과 역역에서 나온다"[2]라든지, 또 공민왕 23년(1374)조에서 "중앙과 지방의 백성이 역역에 시달려 三農의 시기를 놓쳤다"[3] 라고 한 것 등을 들 수 있다. 비록 역역이 요역과 같은 뜻으로 통용될지라도, 법제상으로 요역의 대상이 아닌 사람을 사역시키는 경우에도 흔히 사용되고 있으므로[4] 징발대상의 신분과 관련시켜 세심한 사료상의 검토가 필요하다.

다음으로 「役」이라는 용어가 있는데, 이 역시 매우 광범위하게 사용되는 말로서 양반에서 노비에 이르기까지 신분의 고하를 막론하고 통용되며, 특히 직역의 뜻으로 많이 사용되고 있다.[5] 그러나 역이라는 용어는 성종 7년의 기사에서 "누리의 피해로 수확량의 손실이 4分 이상일 때는 租를, 6分 이상일 때는 租와 布를, 7分 이상일 때는 租·布·役 모두를 면제해 주도록 하라"[6]고 한 것을 보면 요역의 뜻임을 분명히 알 수 있다. 역이 주로 조·포와 함께 지

---

2) 《高麗史節要》 권 2, 성종 원년 6월.

3) 《高麗史》 권 120, 列傳 33, 尹紹宗.

4) 예컨대 《高麗史》 권 81, 志 35, 兵 1, 兵制 정종 11년 5월조에 의하면, "군인이 扈駕나 內外力役을 하지 않는 것이 없다"라 하고 있다.

5) "…又公私處久遠接居之內 人吏之避役者 勿論久近 皆還本役"(《高麗史》 권 85, 志 39, 刑法 2, 禁令 충렬왕 11년 3월).

6) 《高麗史節要》 권 2, 성종 원년 6월.

칭될 때는 요역의 의미가 확실한데 그 외의 경우는 사료의 검토가 문제된다.

한편「賦役」의 용례는 다음의 세 종류가 있다. 첫째는 공양왕 원년(1389)의 "경기 8현은 과렴이 고르지 않고 부역이 한도가 없으므로 민이 안심하고 살 수 없다"[7]는 기사에서 보는 바와 같이 요역을 뜻하는 경우이다. 둘째는 충렬왕 4년(1278)에 "權貴가 민을 모아 處干이라 하여 三稅를 포탈하니 이들을 파하여 부역을 맡기도록 하라"[8]는 사료에서 요역을 포함한 수취 일반의 뜻으로 사용된 용례이다. 셋째는 賦를 동사로 해석하여「부과된 역」이라는 뜻으로도 사용되었는데, 공민왕 5년(1356)의 기사에서 "향리·역리와 공사노예가 부역을 피해 함부로 승려가 되니 호구가 날로 줄어든다"고[9] 한 것이 그 예이다. 이와 같이 부역의 용례가 당나라에서는 세제 전반을 지칭하고[10] 조선 전기의 경우는 요역과 거의 동일하게 사용된 데[11] 비해, 고려시대의 경우는 여러 가지 용례가 있으므로 사료를 다룰 때 주의가 필요하다.

「差役」의 용례는 고려 후기에만 나타나며, 요역의 용례와 역을 부과하는 뜻의 두 가지로 사용되고 있다.[12] 차역이 요역의 뜻으로 사용된 것은 우왕 원년(1331)에 "閑散人이 요역을 피하여 민의 勞逸이 고르지 못하니 차역을 부과하라"[13]고 한 데서 알 수 있다.

7) 《高麗史節要》 권 34, 공양왕 원년 12월.

8) 《高麗史節要》 권 19, 충렬왕 4년 7월.

9) 《高麗史》 권 85, 志 35, 刑法 2, 禁令 공민왕 5년 6월.

10) 唐의 경우 《大唐六典》 권 3에서 "凡賦役之制有四 一曰租 二曰調 三曰役 四曰雜徭"라 한 것처럼 부역은 조·역·조 모두를 지칭한다. 다만 당에서의 役은 고려와 달리 중앙정부의 명령으로 동원되는 役만을 지칭하며, 지방관부의 명령으로 동원되는 것은 잡요라고 하였다. 또 다른 기록에서 "…三曰役 四曰課"라든지 "…三曰役 四曰課"라 한 것을 보면(曾我部靜雄, 《均田法とその税役制》, 1954, 254쪽) 고려에서 사용되는 요역이나 과역의 용례는 三과 四가 결합된, 다시 말하자면 중앙적인 역과 지방적인 역이 포함된 것이라는 점에서 흥미롭다. 이와 같이 고려의 요역은 '力役' '差役'을 제외하고는 모두 唐의 용례 및 명칭과 밀접한 관련이 있다. 그러나 내용상은 다소의 차이가 있는데, '役'이나 '徭'의 경우 고려에서는 중앙 주체의 것인지 지방주체의 것인지 구별되지 않으며, 본문에서 후술하겠지만 '課役'의 경우도 요역과 수취일반으로 혼용하여 사용되었다. 수취일반의 용례는 《高麗史》 권 80, 志 34, 食貨 3, 賑恤 災免之制 숙종 7년 3월조 참조.

11) 有井智德, 〈李朝初期の徭役〉(《朝鮮學報》 30, 1964), 65쪽.

12) '差役'은 중국 唐이나 宋 모두 요역이 아니라 직역을 의미하는 용례이다(《文獻通考》 職役考). 고려에서 차역이 역을 差定하는 의미로 쓰인 것은 《高麗史》 권 84, 志 38, 刑法 1, 職制 공민왕 20년 12월 기사 참조.

13) 《高麗史》 권 85, 志 39, 刑法 2, 禁令 우왕 원년 2월.

「徭役」은 「徭」라고 약칭되기도 했는데, 이는 《高麗史節要》 성종 5년(986)의 기사에서 민을 다스리는 관원은 농상을 장려하고 '輕徭薄賦'하라는 것을 예로 들 수 있다. 이 때의 「徭」는 요역을, 「賦」는 조세를 의미하고 있다.

마지막으로 「課役」의 용례는 唐에서는 요역의 뜻만으로 사용되었으나, 고려에서는 요역만을 지칭하기도 하고 수취 일반을 뜻하기도 했다. 과역이 요역으로 사용된 예는 《高麗史》 형법지 1, 戶婚條에 가장이 호구를 위조하여 과역을 면제받도록 한 것을 들 수 있다. 다음에 언급하겠지만 고려에서 요역의 부과는 丁男의 다과를 기준으로 했기 때문에 여기서의 과역은 곧 요역임을 알 수 있다.[14)]

이상에서 본 바와 같이 고려에서 요역의 뜻으로 사용된 말은 「力役」, 「役」, 「賦役」, 「差役」, 「徭」, 「課役」 등이 있었는데, 차역 외에는 전시기에 걸쳐 쓰이고 있다. 요는 요역과 동일하게 사용되었으나, 역역·역·부역·차역·과역의 용례는 요역만을 뜻할 때도 있지만 요역 외의 역 또는 수취 전반을 의미하는 경우도 있으므로 특별히 사료의 검토가 요구된다.

### 2) 요역의 내용

국가권력이 민을 징발하여 어떤 일에 사역시켰는지 알아보기 위해서는 요역의 내용에 대한 검토가 필요하다. 그런데 요역의 형태는 工役·貢役·輸役, 기타의 역으로 나누어 살펴 볼 수 있다.

工役이란 각종 토목공사의 역을 말하는데, 공역의 존재는 《高麗史》 崔冲傳에서 서북 州鎭의 남자는 요역으로 인해 피곤하니 城池를 수리하는 외에는 공역을 금지하라고 상주한 것을 예로 들 수 있다. 공역의 내용으로는 궁궐·사찰·관아의 營造 및 山陵役, 築城·造船의 역, 하천·제방의 축조 등 많은 종류가 있으며, 대부분 장기간이 소요되고 대규모의 노동력이 필요한 것이므로 요역의 형태 중에서 가장 대표적인 것이라 할 수 있다.

고려시기에 토목공사가 특별히 많이 영조된 배경 중의 하나는 지리도참설

---

14) 과역이 세제 전반을 의미하는 사료는 《高麗史節要》 권 6, 숙종 7년 3월 참조.

과 불교의 융성을 들 수 있다. 지리도참설이란 개경의 지덕이 쇠하면 길지를 택해 離京·離宮을 새로 지어야 국가의 기업이 연장된다는 일종의 延基思想인데, 이에 근거한 영조는 정종 2년(947)부터 나타나고 있다. 즉 정종이 도참설에 따라 서경에 도읍을 옮기기 위해 노역이 그치지 않았으므로 왕이 세상을 떠나자 役夫들이 기뻐 날뛰었다는 것이다.[15] 이러한 도참사상은 문종 이후 두드러지게 나타나서 이경·이궁의 설치가 유행하였으며, 이런 경향은 고려 후기까지 계속되었다.[16]

또한 불교의 융성은 수많은 사찰과 불상 및 탑을 조성케 하였다. 일찍부터 태조는 10훈요에서 사원건립을 경계하고 있으나, 태조의 훈요는 도외시되어 국초부터 사원의 영조가 성행하였다. 예컨대 성종 원년 이전에 이미 세속이 소원에 따라 불사를 영조하니 그 수가 너무 많으며, 중외의 승도가 다투어 영조를 할 때 주군의 長吏가 급하게 사역시켜 민이 괴로워한다는 지적이[17] 나오고 있다. 이후에도 사원의 건립이 성행하였지만 문종 때는 더욱 심해져 12년이나 걸려 興王寺를 완성시킨 것을 비롯하여 수많은 사원을 영조했다. 이러한 현상은 고려 말기까지 계속되었으니, 공양왕 3년(1391) 기사에 의하면 즉위초에 민가 40여 호를 부수어 절과 탑을 修廣하고, 또 불탑의 역사를 일으켜서 「交州一道」는 나무를 자르고 운반하느라 사람과 가축이 모두 병이 들 정도였던 것이다.[18] 또 불교와 관련된 역사는 국가권력에 의한 것만이 아니라, 승도가 무슨 영조를 할 때마다 반드시 권문호가의 세력을 빌려 민에게 폐를 끼친다고 할 정도로[19] 승려의 私役도 결국 민에게 요역으로 부과되었던 것이다.

고려시대는 특히 외환이 많았던 시기이므로 보국의 거점인 축성을 위해 수많은 노동력이 동원되었음은 물론이다. 《高麗史》 兵志, 城堡條에 의하면 크고 작은 城堡의 역사가 170여 회나 이르는데 거대한 축성에는 全道의 역부가 동원되었다. 현종 20년(1029)에 완성된 개경의 나성축조는 丁夫 23만 8

15) 《高麗史》 권 2, 世家 2, 정종 4년 3월.

16) 문종 때 長源亭과 남경의 離宮, 서경의 左·右宮을 창건한 이후, 숙종·예종·인종을 거쳐 후기까지 도참설로 인한 營造가 자주 나타나고 있다(李丙燾, 《韓國史》 中世篇, 震檀學會, 1961, 249쪽).

17) 《高麗史節要》 권 2, 성종 원년 6월.

18) 《高麗史節要》 권 35, 공양왕 3년 5월.

19) 《新增東國輿地勝覽》 권 5, 開城府 下, 開國寺.

천 명, 工匠 8천 4백 명이 동원되어 20년만에 끝난 것이었다. 이에 비하여 몇 십배나 더 큰 공사인 천리장성의 축조는 덕종 2년(1033)에 시작하여 정종 10년(1044)에 완공되었다. 이 공사에 얼마나 많은 노동력이 동원되었는지 기록에 남아 있는 것이 없으나 전국적으로 엄청난 요역이 민중들에게 부과되었을 것임은 틀림없는 사실이라 하겠다.[20]

한편 공역 가운데 조선의 역이 포함된 것은, 충렬왕 원년(1275)의 기사에서 전함을 수조하기 위해 장정은 다 공역에 나가고 노약자가 농사를 짓는다는 데서[21] 알 수 있다. 그런데 고려에서 조세나 공부 등의 운반은 조운에 의해 이루어졌으므로 고려정부에 의한 관선 제작도 많았겠지만, 위의 충렬왕 때의 사례와 마찬가지로 元의 요구로 인해 공장과 인부 30,500명을 동원하여 300척이나 되는 전함을 만든다는 예도[22] 있는 것을 보면, 배를 만드는 역에는 특히 원의 지배 하에 있었다는 특수한 상황에서 보다 많이 징발되었던 것 같다.

이러한 토목공사의 역사를 수행할 때 기술적인 작업을 제외하고는 대체로 민의 요역에 의해 이루어졌다. 그런데 역사가 있을 때 목재나 석재 등의 재료를 마련하고 운반하는 것이 큰 고역인데 이를 위해서 주로 경기·양광·교주민이 징발되었다.[23] 경기는 국왕 이하 문무백관이 거주하며, 종묘·궁궐·관사 등이 존재하므로 많은 노동력이 필요하게 된다. 그래서 공역도 다른 지역에 비해 빈번했을 것인데 그 때마다 먼 곳의 주민을 징발하기보다 자연히 왕도에서 가까운 경기·양광·교주민을 징발하여 사역시켰다. 또 교주도는 재목이 많은 자연조건 때문에 목재를 자르고 운반하는 일에 특히 자주 징발되었으며, 당시의 미숙한 기술수준과 장비, 좋지 않은 작업조건으로 인해 사망자가 많이 생기는 등[24] 부담이 가혹했다. 이처럼 道에 따라 요역부담의 불균형이 나타날 뿐 아니라 같은 道 안에서도 군현간에 지역적인 불균형이 있었을 것이다. 왜냐하면 중앙과 군현 사이에 관찰사가 존재했던 조선 전기의 경우에도 군현 내부의

20) 姜晋哲, 앞의 책, 285쪽.
21) 《高麗史》 권 28, 世家 28, 충렬왕 원년 정월.
22) 《高麗史》 권 19, 世家 19, 원종 15년 2월.
23) 《高麗史》 권 119, 列傳 32, 鄭道傳.
24) 《高麗史》 권 16, 世家 16, 인종 6년 6월.
《高麗史節要》 권 35, 공양왕 3년 5월.

효율적인 요역운영이 어려웠던 점을 감안하면,[25] 고려 전기처럼 중앙에서 직접 600여 개에 이르는 군현에 요역을 부과하는 체제하에서는 지방관의 자의적인 수탈이 개입되는 등으로 인해 효율적인 운영이 더욱 힘들었다고 생각된다.

그런데 고려시기에는 주·부·군·현 등 지방관부를 대상으로 부과하는 공물이라는 稅가 있다. 공물은 민의 각 호를 대상으로 하는 것은 아니지만 결국 민의 부담으로 돌아가는 것이다. 따라서 공물은 수취하는 중앙정부의 입장에서 보면 현물의 형태지만, 민의 입장에서 보면 노동력의 징발 즉 「貢役」의 형태로 나타난다. 《高麗史》 식화지 공부조에 나타나는 공역의 존재로는 예종 3년(1108)의 "경기주현의 상공 외의 요역이 너무 과중하니 공역을 균등하게 하라"든지, 명종 18년(1188)의 "주·부·군·현의 백성은 각기 貢役이 있다"는 등의 사례를 들 수 있다. 공역의 내용으로는 개별적 노동으로 힘든 금·은·동 등의 광산물이나, 御墨 5,000개를 만들기 위해 민을 시켜 소나무 그을음 100斛을 채취하는 데서[26] 보듯이 자연물의 채취 및 제조 등을 들 수 있다.

다음은 조세나 공물을 생산지에서 漕倉까지 운반하는 輸役이 있다. 조세와 공물의 수송과정은 관할구역 내의 조창에 일단 수집되었다가 조창에서 다시 京倉으로 수송되는 두 가지로 나누어 생각할 수 있다. 후자의 경우는 조창주민의 身役에 의해 수송되고, 생산지에서 조창까지는 의종조의 기사에 남경과 광주의 금년 조세의 수역을 면제하라든지, 왕이 지나온 주·부·군·현의 공물의 수역을 면제하라는 데서[27] 보듯이 민의 요역에 의해 수송되었다.

이외에도 사신이 왕래할 때의 접대 및 그들이 가져오는 물자를 수송하기 위해 요역이 징발되었다.[28] 또 연등과 팔관회에 민중이 동원되었다. 연등회

25) 尹用出, 《17·8세기 徭役制의 변동과 募立制》(서울대학교 박사학위논문, 1991), 23~25쪽.

26) 李仁老, 《破閑集》 권 上.

27) 《高麗史》 권 80, 志 34, 食貨 3, 賑恤 恩免之制 의종 21년 9월·23년 4월.

28) 중국과의 사신왕래는 주로 西海道民의 요역징발에 의존하였다. 또 지방에 파견되는 奉命使臣의 왕래에도 요역이 부과되었다. 이들을 맞이하는 데 곤란을 겪었다 하여 조세감면의 혜택을 내리는 예가 많았을 정도이다(《高麗史》 권 80, 志 34, 食貨 3, 恩免之制 성종 16년 8월·목종 4년 11월·7년 11월·10년 10월·현종 20년 9월·문종 11년 4월·36년 9월·원종 10년 12월 등을 비롯하여 이외에도 많이 보인다). 이 밖에 수령의 잦은 교체로 新舊官 迎送의 폐단이 많다는 데서 民戶의 요역이 징발되었음을 알 수 있다(《高麗史》 권 75, 志 29, 選擧 3, 凡選守令).

와 팔관회는 태조 이후 특별히 중시되어 성대하게 베풀어졌으나 이로 인한 민중의 노역징발이 너무 심해서 성종 이후 22년간은 일이 중지되기도 했다. 연등회와 팔관회 뿐 아니라 종묘·사직·산악에 대한 제사와 星宿의 醮祭 등 많은 제사가 있었는데, 이러한 제사의 비용을 마련하기 위해서도 민의 요역이 동원되었다.[29] 마지막으로 군현 농민의 요역은 왕실이나 국가 또는 지방 관부 소속 토지의 경작노동에 동원되었을 것이다.[30]

이상에서 살펴 본 요역의 내용은 현물조달과 운반을 위한 공역과 수역, 토목공사의 역, 기타의 역으로 정리된다. 한편 요역의 징발은 그 주체나 범위에 따라 군현 차원의 것과 국가 차원의 것으로 나눌 수 있다. 그러나 요역의 내용은 국가 차원과 군현 차원의 징발이 상호 관련될 수 있고 또 군현 차원의 요역 동원은 거의 모든 부분에 걸쳐 다양하게 나타날 수도 있으므로 요역의 종류를 군현적인 것과 국가적인 것으로 구분하기는 어렵지만, 공역과 수역은 군현 차원에서 징발하는 요역이었을 것이며, 토목공사의 역은 국가 차원의 요역 동원으로 수행되는 경우가 많았을 것이다.

### 3) 부과의 대상

요역 징발의 주된 대상은 주지하듯이 일반농민층인데, 이들은 군현체제를 통하여 고려정부의 지배를 받고 있었다. 그런데 고려의 군현체제는 일반 행정구역인 5도체제, 군사적 특수지역인 양계체제, 개경 주위의 경기체제로 구성된 3원적인 체제였다. 또한 5도지역은 크게 군현제 영역과 부곡제 영역으로 되어 있었다. 따라서 요역의 징발대상이 일반농민층이라 하더라도 이들은 다양한 군현체제 하에 포섭되어 신분적 혹은 지역적인 특성에 따라 존재양상이 달리 나타나기도 할 것이다. 그러므로 일반농민층이라는 막연한 대상을 보다 더 구체적으로 살펴보기 위해서 군현체제와 관련시켜 좀 더 검토해 보기로 한다.

---

29) 《高麗史節要》 권 2, 성종 원년 6월.
30) 李貞熙, 앞의 글(1984), 67~68쪽.

요역의 징발대상으로 가장 광범한 계층은 역시 군현민이었을 것이다. 그러면 향·소·부곡·처·장·역·진 등에 예속된 민의 요역부담은 어떠했는지가 문제이다. 향·부곡민의 요역에 대한 것은 동경 관내의 주·군·향·부곡의 19곳이 오랜 가뭄이 들었으니 그 손실이 7분 이상일 때는 과역을 면제하도록 三司가 상주한 사례에서 알 수 있다.[31] 이에 비해 소민의 요역부담에 대한 직접적인 사료는 거의 없다. 그런데 소민은 군현제 하의 촌락민으로서 국가기관이 필요로 하는 물품생산을 위한 역에 동원되었던 존재이다. 물품생산을 위한 역은 앞의 요역의 내용에서 살핀 바 있는 貢役이라 할 수 있다. 따라서 소민의 요역은 지리적 특성상 주로 공역의 부담을 졌다고 생각된다. 그러나 소민이 공역에만 종사하고 일체의 다른 역은 짊어지지 않았을까 하는 점은 의문이다. 만일 소민이 공역에만 동원되었다면 조세 공물·요역을 모두 부담하는 일반 촌락민보다 苦役일 리가 없기 때문이다. 따라서 소민은 공역을 부담하지 않는 대부분의 기간에는 생산활동에 참여하면서 稅布를 부담하든지, 대규모의 노동력이 필요한 토목공사의 역에 동원되기도 했을 것이다. 고려 후기의 사례이지만, 충렬왕 4년(1278)에 嘉林縣人이 "현의 촌락 중에서 金所만 남아 있었는데, 지금 迷剌里가 또 金所를 빼앗아 소유하니 우리들이 홀로 賦役을 부담할 수 있느냐"라고[32] 말한 내용이 참고된다. 여기서의 부역은 가림현의 일반인이 부담한 것으로 보아 「부과된 역」이 아닌 요역이나 세제 전반을 의미하고 있다. 所 제도가 변질되어 가는 고려 후기의 사례이긴 하지만 소민은 요역의 대상이었던 것 같다. 다만 공역이 있을 때나 물품생산의 역이 시급할 경우 당연히 면제되었을 것이며, 또 역에 모든 민이 일시에 징발되는 것은 드물고 몇 개 지역을 번갈아 사역하는 형태가 보편적일 것이므로 우선적으로 배려의 대상이 되었으리라 본다.

다음 莊·處民은, 조세는 궁원과 사원에, 요역과 공물은 국가에 납부하는 존재였다.[33] 그러나 장·처민은 국가에만 요역을 납부하는 것이 원칙이지만, 고려 전기부터 궁원 소속의 莊戶가 요역이 무거워 살아가기 어려울 정도로[34]

31) 《高麗史節要》 권 6, 숙종 7년 3월.
32) 《高麗史》 권 89, 列傳 2, 忠烈王 齊國大長公主.
33) 《高麗史》 권 28, 世家 28, 충렬왕 4년 7월.
34) 《高麗史》 권 5, 世家 5, 현종 20년 9월.

궁원과 사원에 조의 납부뿐만 아니라 일체의 요역과 공물까지 침탈 당하였던 것이다.

津·驛人의 경우는 요역과 신역을 이중으로 부담할 수 없으므로, 향리와 마찬가지로 차역의 대상에서 제외되었다. 그러나 요역은 직접 人丁에 대해서가 아니라 호에 부과되는 것이므로 驛丁戶의 소속 인정이 전부 면제된 것은 아니라고 본다. 역민과 마찬가지로 身役의 담당자인 군인의 예를 보면, 州鎭에 입거한 군인에게는 본관의 잡역을 면제시키도록 규정하고 있다.[35] 이 때의 잡역을 면제하는 규정이 군인 본인에 대한 것인지, 가족에 대한 것인지 확실하지 않지만 군인 본인에 대한 혜택이라는 점도 배제할 수는 없을 것 같다. 왜냐하면 고려 후기 別抄의 경우이긴 하지만, 防戍 중인 군인조차 요역을 부담하기 위해 먼 거리를 왕래하느라 피곤하여 도망하므로, 연해 군민에게 요역을 면제하는 대신 방수에 충당시키고 먼 지역의 민으로 하여금 방수에 가지 않는 대신 그들의 요역을 대신 부담토록 교서를 내리고 있기 때문이다.[36] 따라서 군인의 사례에서 본다면 津이나 驛戶의 경우도 신역 담당자 본인만 면제되고, 나머지 소속 人丁에게는 당연히 요역이 부과되었을 것으로 생각된다.

한편 요역의 부과는 군사적 특수지역인 양계의 주민들도 예외는 아니었다. 예컨대 서북 주진의 남자가 요역에 피곤하다든지,[37] 동북면의 文·湧州가 수해를 만났으니 부역을 감소시켜 달라고 한 것[38] 등이 그것이다. 이와 같이 5도와 양계지역이 모두 요역의 대상이 되고 있었는데, 이 외에 경기 8현과 도성 五部坊里의 요역은 특히 무거웠다. 경기지역은 앞의 요역의 내용에서 지적한 바대로 지리적인 특성상 요역징발이 번거로울 수밖에 없으며, 이는 오부방리도 마찬가지여서 제방을 쌓다가 군졸의 힘이 다하자 당연히 방리의 丁夫

35) 《高麗史》 권 81, 志 35, 兵 1, 兵制 인종 22년에 "西京東西州鎭入居軍人 蠲本貫雜役"이라는 기사가 있다. 잡역은 각 신분층의 定役 이외의 모든 잡다한 役을 총칭하는 것으로 볼 수도 있지만(李惠玉, 앞의 글, 1984, 23~24쪽), 조선 전기처럼 잡다한 종목으로 구성된 요역의 특징을 반영하는 용어로도 생각된다. 즉 요역을 '雜泛徭役'이라고도 하듯이 잡역은 요역을 뜻하며(尹用出, 앞의 글, 15~16쪽), 여기서는 본관이라는 말과 결부시켜 보면 지방 주체의 요역으로 볼 수 있겠다.

36) 《高麗史》 권 82, 志 36, 兵 2, 宿衛 공민왕 5년 6월.

37) 《高麗史》 권 95, 列傳 8, 崔冲.

38) 《高麗史》 권 79, 志 33, 食貨 3, 賑恤 災免之制 문종 8년 11월.

를 징발할 정도로[39] 빈번하게 동원되고 있었다.

이상에서 군현제와 관련시켜 요역징발의 대상을 살펴보았는데, 남은 문제는 일반군현민과 특정한 역의 부담자인 부곡민과의 사이에 어떤 차별성은 없었는가 하는 점이다. 부곡민이 천민이라는 종래의 견해는 별로 설득력이 없는 듯하다. 이에 대해서는 다른 부분에서 거론될 성질의 것이므로 언급할 처지가 못되지만, 천인설의 실증적인 근거로 간주되어 왔던 여러 규정이 신분적 규제의 차원에서 제정된 것이 아니라 특정한 역 부담자층인 부곡제 주민의 역을 확보하려는 고려정부의 의지가 반영된 것이라는 점은[40] 인정된다. 그러므로 위에서 살폈듯이 부곡민은 군현민과 같이 요역을 부담하는 公役 부담자층이었다. 그러나 부곡민은 역의 부담정도에 있어서 군현민과 차이가 있었다. 예컨대 장·처민의 경우는 공적인 요역 외에 궁원, 사원에 대한 역의 부담 때문에 요역이 무거워 살아가기 어려울 정도였다. 驛丁戶의 가족은 요역 징발의 대상일 뿐 아니라 일반촌락과 마찬가지로 조세의 부담도 있었고, 특히 연료를 마련하는 공물인 柴炭貢을 내야 했다.[41] 이들은 직접적인 身役 담당자는 아니더라도 驛에 거주하는 자체만으로 일반 군현민과 달리 지역적인 사정상 관리의 숙식제공, 조세나 공물수송, 말의 관리 등에 따른 보조역으로서 노동력 수취를 더 부담했을 것이다.

또 향·부곡인은 일반 군현인과 같이 요역에 충당되는 외에, 군사지역의 성의 수축, 신개간지 경작, 국가직속의 경작에 동원되는 역을 지기도 했다. 각 地理志에 향·부곡·소가 뒤바뀌어 나타나는 데서도 보듯이, 때로는 향·부곡이 所의 주민이 부담한 역을 대신 지기도 했고, 혹은 그 반대로 역을 부담하는 경우도 있었다.[42] 이와 같이 특정한 역을 더 부담한 외에도, 부곡민과 비슷한 처지에 있었던 島民에게 때를 가리지 않고 빈번하게 공역을 징발하여 일반 주군보다 공역이 무겁다는 데서 보듯이[43] 부정기적인 공물부담을 위한 노동력 징발이 군현민보다 많았던 것이다. 부곡민은 군현인과 마찬가지

39) 《高麗史》 권 19, 世家 19, 의종 24년 6월.
40) 朴宗基, 《高麗時代 部曲制硏究》(서울大出版部, 1990).
41) 《高麗史》 권 80, 志 34, 食貨 3, 賑恤 충렬왕 24년 1월.
42) 朴宗基, 앞의 책, 143~150쪽.
43) 《高麗史節要》 권 2, 성종 원년 6월.

로 농업생산에 종사하여 조세와 요역을 부담하는 良人 신분이면서도 특정한 역에 집단적으로 동원되고, 군현인보다 가혹한 역에 시달렸기 때문에 사회경제적으로는 열악한 존재로 나타날 수밖에 없었다.

이제 일반 농민층 외에 양반의 요역부담은 어떠했는지 살펴보겠다. 고려의 양반은 좁은 의미로는 9품 이상의 有職品官과 그 가족을 말하지만, 넓은 의미로는 산관이나 지방의 세력가 등도 양반에 포함되어야 할 것이다.[44] 유직품관은 唐의 규정과 마찬가지로 당연히 요역이 면제되었을 것이다. 다만 농번기라든지 또는 역사의 규모가 매우 커서 많은 노동력이 필요할 때는 品從으로서 대역케 하는 예는 있었다. 품종이란 품의 고하에 따라 부담하는 役夫를 말하는데, 품종의 사례는 고려 전기부터 존재했지만 보편적인 현상은 아니었다.[45] 그러나 무신란 이후 토지겸병으로 인한 유민의 증가 및 권문세족의 대규모 농장경영으로 정부에서 파악할 수 있는 노동력이 부족하게 된 고려 후기에는, 사람을 고용하는 비용을 위해 양반의 호마다 쌀과 조를 거두거나[46] 품종을 내는 사례가 자주 나타난다. 심지어 대역시킬 능력이 없을 때는 직접 역사에 동원되기도 했는데,[47] 이와 같은 사례들은 부족한 노동력을 보충하기 위한 임시적 방편일 뿐 원칙적인 것은 아니라고 본다. 또 유직품관이 아닌 산관의 경우도 檢校職을 받은 사람은 요역의 면제 혜택이 있었다. 검교직은 문관 5·6품, 무관 4·5품 이상의 사람에게 주었는데,[48] 내외 양반이 역을 피하기 위해 검교직을 함부로 받으니 금지하라는 교서에서[49] 검교직은 면역의 대상임을 알 수 있다. 여기서의 내외 양반은 품관의 가족이나 지방의 세력가를 뜻하는데, 이 기사가 충숙왕 12년(1325)의 것임을 고려할 때 고려 후기에는 실직을 가진 양반마저 직접 역사에 동원되었으므로 검교직은 전기부터 면역되었다고 보인다.

44) 姜晋哲, 앞의 책, 297쪽.
45) 《高麗史》 권 83, 志 37, 兵 3, 工役軍 충선왕 원년 3월 및 권 6, 世家 6, 정종 4년 8월.
46) 《高麗史》 권 21, 世家 21, 희종 4년 7월.
47) "…而兩班無僕隷者 致賣祿牌 雇傭赴役 或有躬自執役者"(《高麗史》 권 29, 世家 29, 충렬왕 6년 3월).
48) 金光洙, 〈高麗時代의 同正職〉(《歷史教育》 11·12, 1969).
49) 《高麗史》 권 35, 世家 35, 충숙왕 13년 10월.

그러나 양반의 가족은, 서울에 거주하는 대소 인원의 자제가 요역을 피하고자 본관 친척의 호적에 올린다는 예에서[50] 보듯이 요역의 대상이었다. 또 고려 전기뿐만 아니라 앞의 충숙왕 12년에 내외 양반이 역을 피한다는 사례도 있듯이 양반의 가족은 고려 후기까지 계속 요역이 부과되었음을 알 수 있겠다. 다만 고려에서 5품 이상의 관리에게는 음직과 공음전의 혜택이 있었다든지, 唐의 경우도 6품 이하에 대해서는 본인만 면제되고 5품 이상의 품관에 대해서는 본인은 물론 근친자까지 모두 면제된 것을 감안하면 품의 고하에 관계없이 모든 양반가족이 요역의 대상으로 파악된 것 같지는 않다. 즉 고려와 唐制에서 5품을 기준으로 같은 양반이라도 제도적으로 차등을 둔 것으로 미루어 보아 고려에서 요역의 대상이 된 것도 6품 이하의 양반가족에게만 한정시켰다고 본다. 이처럼 양반가족에게도 요역이 부과된 것은 양반이 많은 노비를 소유하고 있으므로 별로 문제시될 것은 없었다. 왜냐하면 양반의 노비에게 요역이 부과되자, 양반의 노비는 주인의 역이 따로 있기 때문에 옛부터 公役이 없는 것이 원칙이라 하여 금지시킬 정도로[51] 양반의 편익을 위해 조처하고 있었던 것이다. 그런데 이런 특혜는 조선시대에 이르면 사정이 달라진다. 비록 솔거노비는 제외되지만, 諸君·勢家의 외거노비에게 요역을 부과하지 않는 수령은 죄를 줄 정도로 사노비도 요역의 대상으로 파악되고 있다.[52] 고려시기의 경우 요역이 부과되지 않던 외거노비가 조선에 이르러 요역의 대상으로 파악된 것은 노비의 사회경제적 지위의 변화라고 볼 수 있는 측면도 있지만,[53] 상대적으로 양반에 대한 특혜의 감소로 생각된다. 왜냐하면 음서의 예에서도 수지하듯이 그 범위가 고려의 5품에서 조선의 2품으로 축소되었으며, 요역의 대상도 양반 뿐 아니라 왕족과 왕후의 친척이라도 소원한 호는 요역을 면제하는 復戶의 규정에서 제외되었던 것이다.[54] 따라서 조선시대에 요역 대상이 확대된 것은 그 만큼 국가권력이 강화된 때문으로 보아야 할 것이다.

---

50) 《高麗史》 권 79, 志 33, 食貨 2, 戶口 인종 13년 2월.
51) 《高麗史》 권 85, 志 39, 刑法 2, 奴婢 충렬왕 24년 정월.
52) 《世宗實錄》 권 57, 세종 14년 7월 임신.
53) 洪承基, 《高麗貴族社會와 奴婢》(一潮閣, 1983).
54) 《世宗實錄》 권 100, 세종 25년 5월 무진.

마지막으로 면역 규정에 대해 간단히 살펴보면,[55] 원칙적으로 면역자를 제정한 경우와, 군현을 대상으로 임시적 면역조처를 취하는 두 가지 경우가 있었다. 면역자는 丁女, 單丁, 僧侶, 楊水尺, 重病患者·不具者, 孝子, 順孫, 義夫, 節婦, 除役所의 蔭戶 등이 여기에 해당된다. 주현 단위의 면역조처는 주로 홍수나 가뭄으로 인한 피해를 입었을 때 가장 많이 나타나며, 해당 주현에 1년 또는 2년의 역을 면제하거나 감면시켜 주었다.

### 4) 수취체제

다음은 요역대상자를 사역시킬 때 어떤 순서로 했는지, 出丁의 기준은 어떠했는지 戶等制와 관련시켜 검토해 보고, 그 외 사역기간이나 장비문제 등에 대해 살펴보기로 하겠다.

우선 역민의 사역은 중앙→주현→민호의 순으로 이루어졌다. 즉 고려 전기에는 도가 아직 군현의 상급기구로서 중앙과 군현의 중간기구의 기능을 못하고,[56] 중앙에서 직접 주현 수령에게 역이 분정되었다. 따라서 요역의 수취과정은 중앙→군현, 군현→민호라는 두 단계로 파악할 수 있다. 고려의 군현은 주지하듯이 태조 23년(940), 성종 14년(995)의 개편을 거쳐 군현제의 기반을 확립한 현종 9년(1018)에는 520개로 편성되었다. 이들 군현제 영역은 주현과 속현으로 구성되었고, 주현과 속현은 각기 치소, 직할촌, 향·소·부곡·장·처·진·역 등의 부곡제 영역을 포함하고 있었다.[57] 각 군현은 邑格의 고하나 주현·속현에 관계없이 독자적인 통치구역을 가지고, 독립적인 행정단위를 이루었다.[58] 따라서 속현도 주현과 같이 부세나 양전의 수취단위로 운영되었으며, 이것은 부곡제 영역도 마찬가지였다. 따라서 요역을 감면할 때도 속현이나 향·부곡 등은 주현과 같이 독립된 수취단위로 운영되었던 것이다.[59] 그러나 속현이 독자적 수취단위이긴 해도 행정적으로는 역시 주현을

---

55) 李惠玉, 앞의 글(1984), 31~32쪽.

56) 邊太燮, 〈高麗前期의 外官制〉(《高麗政治制度史硏究》, 一潮閣, 1971), 130~133쪽.

57) 朴宗基, 앞의 책, 93~101쪽.

58) 李義權, 〈高麗의 郡縣制度와 地方統治制度〉(《高麗史의 諸問題》, 三英社, 1986), 250~251쪽.

통해 중앙에 연결되는 만큼 요역의 내용상 주현과 일치할 수는 없을 것이다. 예컨대 관개용수를 공급할 때 상류에 있는 속현의 농지는 수몰되고 관개의 이익은 하류에 있는 주현에만 돌아가 속현민의 불만이 상승했던 사례에서 보듯이[60] 요역징발에서도 불공평했을 것이다. 또 속현이 거의 소멸된 조선 전기만 하더라도 속현인은 주현의 요역에 동원되기도 하고, 주현의 관리가 속현민을 마음대로 사역시켜 괴롭히는 예가 많으므로 直村化하자는 상소를 할 정도였다.[61] 이와 같이 군현 내의 요역부담의 불균형은 속현민의 저항을 일으켜 監務를 파견하고[62] 主邑으로 승격시키는 등의 조처를 취하지 않을 수 없었다.

군현 단위로 분정된 요역은 민호에 부과되었다. 고려에서 요역은 16세 이상 60세 이하의 「丁」을 사역하였지만, 직접 정에 부과하지 않고《高麗史》刑法志 戶婚條에 "編戶는 人丁의 많고 적음으로써 9등으로 나누어 부역을 정하였다"라고 한 바와 같이 「戶」를 대상으로 부과하였다. 또 여기서의 호는 자연호가 아니라 인정의 다과에 따라 9등급으로 나눈 편호였다. 그런데 최근 인정기준의 9등호제는 고려 초의 행정체계가 미비된 시점에서 시행된 임시적·과도적 성격을 지닌 것이라는 견해가 제시되었으나[63] 수긍하기 어려운 점이 있다. 따라서 고려의 9등호제는 신라 통일기의 9등호제와 관련시켜 질적 변화라는 측면에서 주목해야 할 것이다. 즉 신라 통일기의 9등호제는 당의 경우와 마찬가지로 토지와 인정을 기준으로 편제되었으며, 이와 같이 편제된 호등에 일정한 기준수를 설정하여 집계한 計烟을 바탕으로 조·용·조가 부과되었다.[64] 그런데 나말려초를 경과하는 동안 상경 농법의 확대로 易田의 상경화가 이루어지고 농업생산량이 증대되면서[65] 상대적으로 토지의 중요성도 더욱

---

59) 朴鍾進, 앞의 글(1987), 8~9쪽.

60) 魏恩淑, 〈12세기 농업기술의 발전〉(《釜大史學》 12, 1988), 93~94쪽.

61) 《世宗實錄》 권 100, 세종 25년 5월 경오.

62) 《高麗史節要》 권 7, 예종 원년 4월.

63) 金基興, 《三國 및 統一新羅期 稅制의 硏究》(서울대 박사학위논문, 1991), 124~126쪽. 이에 대해서는 〈공부와 요역〉(《한국사》 19권, 1994 간행예정)을 참조하기 바란다.

64) 李仁哲, 〈新羅統一期의 村落支配와 計烟〉(《韓國史硏究》 54, 1986), 10~14쪽.

65) 魏恩淑, 〈나말여초 농업생산력의 발전과 그 주도세력〉(《釜大史學》 9, 1985), 125~126쪽.

높아지게 된 것으로 보인다. 따라서 조세의 부과기준은 신라 통일기와 달리 토지만으로 바뀌고 토지의 전품도 정해져서, 조의 세율은 토지의 전품에 따라 차등적으로 정해지게 되었다.[66] 이에 비해 인정의 노동력에 의존할 수밖에 없는 요역은 人丁의 다과로만 기준을 삼는 호등제를 채택하였다. 결국 토지와 丁이 결합된 호등제로 세제를 수취하던 형태에서, 조세와 요역의 부과기준이 분화되는 형태로 바뀌게 된 것이다.

한편 각 호의 出丁 기준에 대해서는 구체적인 기록이 없지만, 조선 초기의 경우에는 10정 이상의 大戶를 기준으로 1명 내지 2명을 내는 등 역사의 규모에 따라 달랐던 것 같다.[67] 아마 고려의 경우도 통일신라의 9등호를 참작하여 6丁=仲上을 기준으로 정했지만[68] 때에 따라서 출정수는 달랐던 것이 아닐까 싶다. 그런데 수령이 주현의 요역을 관장하였지만, 각 호에 인정을 징발하여 역을 수행하는 것은 향리였다. 그렇기 때문에 역의 출정 기준이나 순서 등이 구체적으로 규정되어 있지 않은 상황에서는, 향리가 뇌물을 받아 부강한 호는 면제해주고 빈약한 호에만 부과하여[69] 하층민의 유망을 초래하는 원인이 되었다.

사역기간에 대해서는, 조선시대 세종조의 기록에 의하면 古制에 따라 春節에는 민을 사역시키지 말고 10월에 역사를 시작하며 20일을 기한으로 풍흉에 따라 일을 가감토록 하고 있다.[70] 여기서의 「古制」가 상징적 의미일 수도 있지만, 인력동원에 관한 《三國史記》의 기록이 2월에 집중되었다가 연대가 내려올수록 가을에 많아진다든지,[71] 통일신라의 사역기간이 1개월 정도라는 견해를[72] 감안하면 혹시 古制는 고려를 뜻하는 게 아닐까 싶다. 실제로 사역기간이 지켜졌는 지의 여부는 별문제로 하고 법제적인 면에서는, 삼국시대의 2개

66) 田品에 대해서는 金容燮, 〈高麗前期의 田品制〉(《韓沽劤博士停年紀念史學論叢》, 知識産業社, 1981)가 참고된다.

67) 《太祖實錄》 권 2, 태조 원년 9월 임인 및 권 6, 태조 3년 7월 무오.

68) 計烟 산정의 기준은 仲上烟으로, 計烟 1에 해당되는 것은 丁男數 6人과 토지 18결이었다는 점은 상당히 설득력이 있다(李仁哲, 앞의 글, 18쪽).

69) 《高麗史》 권 79, 志 33, 食貨 2, 戶口 우왕 14년 8월.

70) 《世宗實錄》 권 50, 세종 12년 11월.

71) 李基白, 〈永川 菁堤碑의 丙辰築堤記〉(《新羅政治社會史研究》, 一潮閣, 1977), 307쪽.

72) 金基興, 앞의 책, 109~110쪽.

월에서 신라통일기의 1개월→고려시기의 20일→조선시대《經國大典》의 6일로 점차 축소되는 추세로 이해된다. 그러나 중앙정부 주체의「役民式」에서는 이러한 규정이 있었다 하더라도, 지방 주체의 잡다한 요역 종목에 한정된 군현민을 사역시키기 위해서는 日限의 규정에 따를 수 없었을 것이다. 또 고려후기의 사례이기는 하지만 採金하는데 역부를 70일간 사역시켰다든지,[73] 役徒가 3년이나 역사에 동원되어 하루도 쉴 수가 없을 정도로[74] 사역 기간이 상당히 길었던 때도 있었다. 중앙정부 주관의 역사에서 사역기간이 3년이나 되는 경우는 특수한 예이겠지만, 70일 정도 사역시키는 일은 간혹 있었던 것 같다. 따라서 중앙적인 요역이나 특히 지방적인 요역에서 수령은 필요할 때마다 군현 내의 민호에 요역을 부과하였고, 그렇기 때문에 개별 민호에게 돌아오는 부담은 부정기적이며 不定量的이었을 것이다.

마지막으로 赴役할 때의 경비에 대해 살펴보면, 작업시의 도구는 당연히 백성이 지참하였으며, 공물이나 목석을 운반할 때는 우마를 부담하여 민의 원망이 심했다.[75] 식량부담에 대해서는 징발된 지역의 원근에 따라 달라서 근지에서 징발되는 경우는 자급이었고 먼 곳에서 민을 징발할 때는 국가에서 지급했던 것 같다.[76]

〈李貞熙〉

73) 《高麗史》 권 19, 世家 19, 충렬왕 3년 2월의 기사에는 金을 채취하기 위해 國學直講을 보내어 70일을 사역시켰다고 했는데, 이 때 役夫가 교대로 동원된 경우도 있었겠지만, 계속 사역된 역부의 수도 상당히 포함되었을 것으로 추측된다(姜晋哲, 앞의 책, 295쪽).

74) 《高麗史》 권 29, 충렬왕 6년 4월.

75) 《高麗史》 권 119, 列傳 32, 鄭道傳.

76) 《高麗史》 권 18, 世家 18, 의종 21년 3월조의 기사에 의하면 亭子를 만들 때 한 가난한 役卒이 양식을 自給하지 못하자 그 妻가 머리채를 잘라 팔아서 음식을 마련해 왔다고 한다. 교통이 불편했던 당시에 妻가 음식을 가져올 정도라면 역졸의 집이 정자에서 가까웠다는 것이다. 《高麗史》 권 19, 世家 19, 원종 15년 2월조에서는 "…又竊念 自正月十五日始役 其工匠人夫三萬五十名 計人一日三時糧 比及三朔 合支三萬四千三百一十二碩五斗"라 하여 세끼 식량을 지급하고 있다. 아마도 지방주체의 役事는 近地에서 징발하므로 식량은 자급했겠지만, 장기간이 소요되는 대규모의 역에는 국가에서 지급하는 것이 원칙이었을 것 같다.

## 4. 잡 세

고려시기 세제의 기본형태는 위에서 살펴 본 조세·공부·요역이었지만, 이외에도 잡세라는 세목이 있었다. 그러나 잡세에 대한 사료가 거의 없으므로 학자들마다 잡세의 종류조차 틀리는 등 그 구체적인 내용에 대해서는 잘 알 수가 없는 형편이다.

우선 잡세에 대해서는 1930년대 후반에 그 종류에 대해서 간략하게 다룬 연구가 있은 이후로[1] 진전이 전혀 없다가 1985년에 이를 언급한 논저가 발표되었다.[2] 하지만 이 논저 역시 잡세의 종류로 들고 있는 鹽稅·海稅·船稅·魚梁稅 중에서 염세 외에는 아무런 설명도 없이 그저 이름만 언급하고 있는 실정이다. 이와 같이 잡세에 대한 논의가 거의 없었고, 또 몇몇의 논고가 있었다 하더라도 극히 소략할 수밖에 없는 결정적인 이유는 역시 전무하다시피 한 자료에 기인하는 것이다. 따라서 잡세의 구체적인 내용을 살펴 보는데 많은 애로가 있지만 기존의 연구성과를 바탕으로 우선「잡세」라는 용례에 대해 검토해 보고, 그 다음으로 잡세의 종류에 대해 알아보도록 하겠다.

먼저 잡세라는 용어가 단순히 잡다한 세를 일괄하여 편의적으로 부르는 것인지 아니면 국가에서 어느 정도 세제의 한 분야로 규정된 명칭인지 살펴 볼 필요가 있다.

《高麗史》食貨志의 기록을 살펴보면 공부에 대한 사료 끝에 따로 잡세와

---

1) 白南雲은 〈封建的收取樣式의 諸形態〉(《朝鮮封建社會經濟史》上, 改造社, 1937)에서 임시세와 잡세라는 항목을 두어 설명하고 있는데, 잡세의 종류로는 品米·品布·品銀·無端米·官職稅·船稅·海稅·品馬·商稅·鹽稅·巫匠稅·工匠稅를 들고 있다. 今堀誠二는 〈高麗賦役考覈〉(《社會經濟史學》 9-3·4·5, 1939)에서 고려시기 세제 가운데 租·役·調를 제외한 모든 세제를 편의상 잡세로 명칭하면서, 그 종류를 부담하는 대상에 따라 두 가지로 나누고 있다. 예컨대 하나는 일반 국민이 부담하는 것으로 鹽稅·上供·耗米·義倉米·輸京價를 들고 있다. 또 하나는 특수한 사람을 대상으로 하는 田稅·別供·柴炭供·山稅·魚梁稅·船稅·商稅·職稅·戶稅 등과 제주도민이 내는 세를 들고 있다.

2) 李惠玉,《高麗時代 稅制硏究》(이화여자대학교 박사학위논문, 1985).

관련된 부분이 나오는 것을 알 수 있다. 예를 들면 공부와 관계되는 우왕 14년(1388)의 기사가 나오고 그 다음으로 선종 5년(1088)에 잡세를 정한다는 기록이 나오는 것이다.3) 또 고종 42년(1255)의 기사에서는 삼세 외에 잡세를 면제해 주도록 명령을 내리고 있다.4) 따라서 이와 같은 사례로 미루어 보면, 잡세라는 용례가 그저 막연하게 잡다한 세를 일괄해서 부르는 명칭이 아니라 제도적으로 정해진 세목임을 알 수 있다.

다음으로 잡세의 내용에 대해서 살펴보면, 기존의 연구자들이 파악하고 있는 잡세의 종류에는 다소 문제가 있음을 알 수 있다. 왜냐하면 잡세의 내용 중에서 鹽稅·船稅·海稅·山稅·魚梁稅·商稅 등은 잡세로 이해되지만 이들을 제외한 나머지의 세는 잡세로 볼 수 없는 것이기 때문이다.5) 따라서

---

3) 《高麗史》 권 78, 志 32, 食貨 1, 貢賦.
4) 《高麗史》 권 80, 志 34, 食貨 3, 恩免之制.
5) 기존의 연구자들이 파악한 잡세의 종류를 이해하기 쉽도록 간단히 도식화하면 다음과 같다.

| | 백남운 | 今堀誠二 | 이혜옥 |
|---|---|---|---|
| ① | 염　세 | 염　세 | 염　세 |
| ② | 선　세 | 선　세 | 선　세 |
| ③ | 해　세 | 해　세 | 해　세 |
| ④ | 산　세 | 산　세 | 산　세 |
| ⑤ | | 어량세 | 어량세 |
| ⑥ | 상　세 | 상　세 | |
| ⑦ | 관직세 | 직　세 | |
| ⑧ | 품미·품포·품은·품마·무단미·무장세·공장세 | 상공·모미·의창미·수경가·전세·별공·시탄공·호세·제주도민의 세 | |

위의 도표 가운데 ①에서 ⑦까지는 연구자들 중 적어도 두 사람 이상이 잡세로 이해하고 있는 경우이며, 한 사람의 연구자만 잡세로 인정하는 경우는 편의상 ⑧로 처리하였다. 우선 ①~⑥은 잡세이지만, ⑦의 관직세는 그 대상이 일반군현민이 아닐 뿐더러 임시세의 성격을 지니므로 잡세로 볼 수 없다. 또 ⑧의 내용 중 백남운이 지적한 것은 《高麗史》 식화지 과렴조에 수록되어 있는 임시세이다. 한편 今堀誠二가 지적한 상공과 별공은 공물이며, 제주도민의 세는 지역적 특성상 말을 바치는 것인데 이 역시 공물로 보아야 할 것이다. 그리고 모미나 의창미 및 수경가는 조세와 관련된 것이므로 조세에 첨가하여 징수하였지 특별히 잡세라 하여 부과하지는 않았을 것이다. 마지막으로

일단 잡세의 종류로 의심되는 것은 논외로 하고 잡세의 범주에 드는 세만을 택하여 검토해 보기로 하겠다.

고려사회에 있어서 염세는《高麗史》의 식화지에 따로 鹽法이라는 항목을 설정하여 소금의 이익이 최대라고 밝히고 있을 정도로 국가의 중요한 수입원이었다. 고려 전기의 소금생산은 일찍부터 농업에서 분리되어 거의 전업적으로 생산에 종사하는 鹽戶에 의해 주로 행해졌으며, 이들 가운데 일부는 특수생산집단인「鹽所」로 편성되었다. 그런데 소금 생산에서 그 주류가 염호인지 아니면 염소인지에 대해서는 두 가지 견해가 있다. 하나는 염호가 주된 생산자이며, 염소제는 왕실이나 국가 중앙부에서 필요로 하는 소금을 직접 확보하기 위해 보충적으로 시행한 것으로 보고 있다.[6] 또 다른 견해는 소금생산에 풍부한 자연적 조건을 갖춘 연해 촌락들이 대부분 염소로 지정되어 이들이 소금생산량의 대부분을 생산하였다는 것이다.[7] 그러나 소금 생산의 주류를 달리 보더라도 염세의 성격은 별반 차이가 없다. 왜냐하면 소금 생산의 주류가 염소민이라 하더라도 염소는 생산한 소금을 모두 국가에 바친 것이 아니라 일정액만을 염세로 바치고, 나머지는 자유로이 판매하여 생계비를 조달했던 것이다.

그러므로 고려 전기에 있어서 鹽稅란 소금의 생산자로부터 일정하게 징수하던 세로 정리할 수 있겠다. 하지만 염세에 대한 기사는《高麗史》염법조의 서문에서 고려 초의 제도에 대해서는 전혀 참고할 만한 자료가 없다고 할 정도로 고려 전기와 관련된 기사는 거의 없다. 따라서 충렬왕 5년(1279)의 고려 후기 기사에서 그 편린을 엿볼 수밖에 없다. 사신을 여러 도에 파견하여 염호를 점검하고 세를 징수하도록 명령을 내리고 있는데,[8] 여기서의「세」란 염호가 생산한 소금을 공납하는 것으로서「염세」를 가리킨다. 이와 같이 염세의 명목으로 징수된 소금은 굶주린 민을 진휼하는 데 사용되거나, 국가에 공이 있는 신하에게 하사되거나, 목장에서 낙타의 먹이로 사용되기도 했지만, 대부분은 경성·서경

---

호세에 대하여 인용한 사료는 세의 부과를 토지의 다과로 하지 않고 호의 크기로 해서 불합리하다는 점을 지적한 내용이므로 잡세와는 무관한 내용이다(《高麗史》권 78, 志 32, 食貨 1, 租稅 우왕 9년 8월 참조).

6) 權寧國,〈14세기 榷鹽制의 成立과 運用〉(《韓國史論》13, 서울대, 1985), 6~7쪽.

7) 姜順吉,〈忠宣王의 鹽法改革과 鹽戶〉(《韓國史研究》48, 1985), 85쪽.

8)《高麗史》권 78, 志 32, 食貨 1, 貢賦.

등지에서 판매하여 국가의 재정수입으로 충당되었다.9)

이처럼 염호로부터 염세를 징수하는「징세제」의 형태는 충선왕 때 염법을 개혁한 후「전매제」가 시행되면서, 소금 소비자가 내는 소금값의 형태로 변하였다. 물론 징세제하에서도 소금 소비자가 내는 세가 염세였음은, 충렬왕 7년(1279) 5월의 기사에서 경성의 饑民들에게 9월까지 염세를 감면해 주도록 한 데서10) 알 수 있다. 그러나 그 비중에서 염호가 내는 염세가 주된 것인데 반하여 전매제 하에서는 소비자가 내는 세가 주된 것으로 바뀌게 되었다. 어쨌든 충선왕 때 전매제가 시행되자 그 동안 내고・상평창・도염원・안국사 및 궁원, 내외 사원으로부터 탈점된 염분은 관에 납입토록 하고 있다. 또 소금의 가격은 1근에 64석, 포 1필에 2석으로 하여 이것으로 예를 삼아 소금이 필요한 자는 모두 의염창에 나가 사도록 하고, 군현인은 모두 본관의 관사에 가서 포를 바치고 소금을 받도록 하고 있다.11) 여기서의 포는 염가포12)・염세포・염세 등으로13) 부르기도 하는데, 이것은 소금 소비자가 내는 염세를 뜻한다. 예컨대 징세제 하의 염호는 생산량의 일부인 정액 즉 염세를 부담하는데 반해, 전매제 하에서 염호는 생산량의 전부인 貢鹽을 부담하게 됨으로써14) 염세는 염호가 내던 세납의 형태에서 소금 소비자가 내는 세납으로 그 성격이 변하게 되었다.

그러나 소금 전매제는 염호의 도산으로 인한 생산의 감소 및 유통부문에서의 권세가와 중간관리들의 농간까지 겹쳐 제대로 시행되지 못하였다. 예컨대 서울의 점포에서 판매하는 소금이 모두 권세가에게 돌아가고 미천한 자에게는 미치지 않는다든지,15) 소금을 수집・전매하는 염장관이 염가포만을 먼저 징수하고 염을 지급하지 못하는 사례가 10에 8・9나 될 정도였다.16) 이러한

9) 姜順吉, 앞의 글, 60쪽.
10)《高麗史》권 80, 志 34, 食貨 3, 賑恤 災免之制.
11)《高麗史》권 79, 志 33, 食貨 2, 鹽法 충선왕 원년 2월.
12) 위와 같음.
13)《高麗史》권 80, 志 34, 食貨 3, 賑恤 災免之制 공민왕 5년 6월・9년 4월.
14) 權寧國, 앞의 글, 26쪽.
姜順吉, 앞의 글, 77~78쪽.
15)《高麗史》권 79, 志 33, 食貨 2, 鹽法 충숙왕 8년 3월.
16)《高麗史》권 79, 志 33, 食貨 2, 鹽法 충숙왕 5년 5월.

현상은 시간이 지날수록 심해져 공민왕대가 되면 소금 구매자가 염가만을 납부하고도 10년이 지나도록 소금을 지급 받지 못하는 경우도 있었다.17) 이러한 경향으로 말미암아 공민왕대 이후로는 염가포가 염세의 새로운 항목으로 고정되었다.18) 즉 관에서 소금을 지급하지 않는데 민은 다만 포만 납부하는 것이 관례화 되었고, 이러한 결과 민의 염세포를 1년 동안 3분의 1로 줄이라는 교서까지 나오게 되었던 바, 이는 소금의 지급과 관계없이 염세가 징수되었음을 보여주는 것이라 할 수 있다.19) 따라서 염세는 상요·잡공과 더불어 감면의 대상이 될 수 있었던 것이다.20)

이와 같이 소금 전매제 하에서「納布收鹽」방식은 민에게 소금의 지급과는 무관하게 염세라는 새로운 형태의 과세로 등장하게 되었는데, 이러한 폐단은 조선 초에 이르러 폐기되었다. 조선의 염법은 鹽干으로 하여금 소금을 납공케 하는 고려의 방식을 채택하였지만, 이와 아울러 강력한 전매정책의 소산인 납포 수염 방식을 폐기하고 시가의 고저에 따라 소금값을 치르게 함으로써 민의 편의를 도모하고, 私鹽을 양성화하는 새로운 방식을 함께 채택하였던 것이다.21) 염세와 관련된 기록은 어느 정도 남아 있으므로 비교적 상세하게 살펴 볼 수가 있지만, 이 외의 잡세에 대한 것은 거의 기록이 없다시피 하므로 소략하게 다룰 수밖에 없겠다.

船稅는 배를 소유한 사람으로부터 징수하는 세인데, 이 때의 배는 어선도 있었지만 漕運用의 배도 상당한 비중을 차지했던 것 같다. 조선 초의 사례이긴 하지만, 공·사의 조운선이 동서의 강에 폭주하므로 그 세를 거두어 국용에 보태니 이로움이 많다는 데서, 고려 때의 사정도 이와 비슷하였을 것으로 짐작할 수 있다.22) 본래 선세는 배를 소유한 사람으로부터 징수하는 것이 원칙이지만, 해안지방의 사람들은 배가 없어도 선세를 부담하므로 이 때문에 연해 주군의 민이 도망하여 조운이 정지될 정도였다.23) 그런데 염세가 도를 단

17) 《高麗史》 권 79, 志 33, 食貨 2, 鹽法 공민왕 19년 12월.
18) 權寧國, 앞의 글, 42쪽과 姜順吉, 앞의 글, 67쪽에서도 이와 같이 지적하였다.
19) 《高麗史》 권 80, 志 34, 食貨 3, 賑恤 恩免之制 공민왕 5년 6월.
20) 《高麗史》 권 80, 志 34, 食貨 3, 賑恤 災免之制 신우 원년 윤 9월.
21) 劉承源, 〈朝鮮初期의 鹽干〉(《韓國學報》 17, 1979, 겨울), 34~37쪽.
22) 鄭道傳, 《三峯集》 권 13, 朝鮮經國典 上, 賦典 船稅.

위로 징수된 것과 달리 선세는 국가에서 주군을 단위로 수취한 것 같다. 요컨대 염세의 경우에는, 여러 도의 염가포 수입이 4만 필이라든지, 각 도의 염세를 면제시키라는 데 비해,[24] 선세는 금주·홍주의 어량세와 선세를 면제하라는 데서 보는 바와 같이 주를 수취단위로 하고 있다.[25] 어량세에 대해서는 뒤에 다시 언급하겠지만, 잡세 중에서 어량세와 선세만 주를 단위로 수취하였던 이유는 연해 지방의 주민만 부담한다는 성격 때문으로 생각된다.

한편 海稅라는 것이 있었다.[26] 구체적으로 무엇에 대한 세인지는 알 수 없지만, 선세와 마찬가지로 연해지방의 주민에게 부과된 세였을 것임은 확실하다.

산에 있는 모든 나무는 나무의 크기나 종류에 따라 세율이 다르게 정해져 있을 정도로 중요한 세입 대상이었다. 선종 5년(1089)에 밤나무와 잣나무의 큰 것은 3되, 중간은 2되, 작은 것은 1되로 하고, 옻나무는 1되씩 징수하도록 하고 있다.[27] 이와 같이 나무 한 그루마다 정해진 세율에 따라 징수된 山稅는, 충혜왕 4년(1344) 강릉도에서 산세 솔방울 3천 석을 바쳤다고[28]하는 데서, 각 도에 취합되어 국가에 납부되었던 것을 알 수 있다. 산의 소유는 나무의 과실을 얻을 뿐 아니라 건축재목을 확보하는 데도 이득이 많으므로 권세가들이 산을 점탈하여 민으로부터 직접 산세를 무겁게 징수함으로써 국용이 궁핍하고 민생이 쇠잔해지는 폐단이 생겼다. 이 때문에 공민왕 5년(1356)에는 산림을 繕工監에 소속시켜 철저하게 단속하고 산세를 낮추어 민의 부담을 덜도록 명령을 내리고 있다.[29]

다음은 어업과 관계있는 사람으로부터 징수하는 魚梁稅가 있는데,[30] 앞서도 지적했듯이 선세와 마찬가지로 연해지방의 주민이 수취대상이었을 것이다. 어량 역시 산림과 마찬가지로 권세가가 탈점하여 직접 민에게 중세를 수탈하

23) 《高麗史》 권 79, 志 33, 食貨 2, 科斂 충혜왕 4년 3월.
24) 《高麗史》 권 79, 志 33, 食貨 2, 鹽法 충선왕 원년 2월 및 권 80, 志 34, 食貨 3, 賑恤 災免之制 공민왕 5년 6월·9년 4월.
25) 《高麗史》 권 129, 列傳 42, 叛逆 3, 崔忠獻 附 沆.
26) 《高麗史》 권 124, 列傳 37, 閔渙.
27) 《高麗史》 권 78, 志 32, 食貨 1, 貢賦 선종 5년 10월.
28) 《高麗史》 권 78, 志 32, 食貨 1, 貢賦 충혜왕 후 4년 11월.
29) 《高麗史》 권 78, 志 32, 食貨 1, 貢賦 공민왕 5년 6월 下旨.
30) 《高麗史》 권 129, 列傳 42, 叛逆 3, 崔忠獻 附 沆.

므로 공민왕은 산림에 대한 조치와 더불어 어량을 司宰監에 소속시켜 관유화하였다.[31] 산택에 대한 공민왕대의 시책은 조선왕조에 그대로 계승된 듯하다.[32] 한편 관문과 나루를 통과할 때는 일종의 통과세인 商稅가 일찍부터 징수되었다. 이러한 것은 예종 원년(1106)에 마땅히 관문과 나루의 상세를 폐지해야 한다는 기사에서 확인된다.[33] 그런데 예종이 상세의 폐지를 명령한 이유는 화폐사용을 활성화하기 위해 내린 일시적 조치일 뿐, 교통요지에서의 상세는 그대로 존속했으리라 생각된다.

마지막으로 들 수 있는 잡세의 종류로는 麻田에 대한 세가 있다. 마전에 대한 세율은 선종 5년 잡세를 제정하면서 만들어졌는데, 마전 1결에 대해 生麻 11兩 8刀, 白麻 5兩 2目 4刀를 징수하도록 하고 있다.[34] 직물류 가운데 유독 마전에 대해서만 잡세가 규정된 이유는, 화폐로서의 필요성이 컸을 뿐 아니라 재배면적이 광범위해 세입의 가치도 컸기 때문이었을 것이다.

지금까지 잡세가 제도적으로 규정된 세 항목이라는 점과, 잡세의 내용에 대해 살펴보았다. 잡세의 종류로는 염세·선세·해세·산세·어량세·상세·마전에 대한 세가 있었다. 이 중에서 산세와 마전의 경우를 제외하고는 세율이 어느 정도였는지 알 수가 없다.[35] 그리고 잡세의 종류 중에서 산세, 어량세, 마전에 대한 세는 공물의 내용과 상치될 수 있는 소지가 있다. 또 어량세 같은 것은 「어량소」가 설치되어 있었으므로 고려 후기에 소의 해체와 더불어 잡세로 정착된 것이 아닌가 생각된다. 어쨌든 잡세의 성격이 현물세라는 점에서 공물 특히 별공과의 경계가 분명치 않은 점이 많은 것 같다.

〈李貞熙〉

---

31) 《高麗史》 권 78, 志 32, 食貨 1, 貢賦 공민왕 5년 6월.
32) 鄭道傳, 《三峯集》 권 13, 朝鮮經國典 上, 山場水梁.
33) 《高麗史節要》 권 7, 예종 원년 7월.
34) 《高麗史》 권 78, 志 32, 食貨 1, 貢賦 선종 5년 10월.
35) 어량세의 세율은 조선 초의 예가 참고될 수 있을 것 같다. 《經國大典》 권 2, 戶典 雜稅條에 의하면, 孤島와 草島에서 고기를 잡는 왜인의 선박에 대해 세를 받아 천과 바꾼다. 즉 큰 배이면 물고기 200마리, 보통 배이면 150마리, 작은 배이면 100마리를 받았다.

# 5. 조운과 조창

## 1) 포 중심의 조운

고려시대 국가재정의 토대는 농민들이 국가에 대하여 부담한 세역이었다. 국가에서는 이들 세역을 바탕으로 나라의 재정을 꾸려 갔다. 그 중에서도 토지에서의 생산물에 부과되던 租稅가 가장 중요한 재정 수입원이었다.

대체로 쌀·보리·콩·조 등의 곡물로 거둔 조세는, 연해안 또는 수로 연변의 적당한 장소에 보관되었다가 선박에 의해 개경으로 운송되었다. 이를 漕運이라고 하는데, 그 일을 담당한 기관이 漕倉이었다.

그런데 고려 초기에는 조운이 제도적으로 정비되어 있지 않았다. 제도로서의 조운제는 국가의 지배력을 바탕으로 하기 때문에 사회체제의 기반이 굳건해진 후에야 그 기능을 바로 발휘한다. 일반적으로 국가의 세곡을 운송의 대상으로 하는 조운제는, 국가 운영에서의 역할 때문에 강력한 통제하에 집약적인 형태로 조직 운영된다.

그러나 고려 초기에는

〈지도 1〉 성종조 이전의 포구

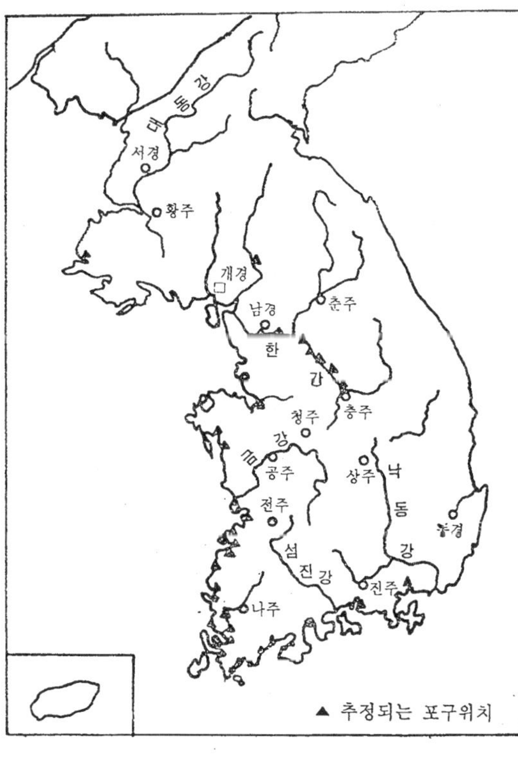

국가의 지배력이 강하지 못하였다. 고려 건국 이후 일단 국내가 통일되고 각지에 널리 산재하고 있던 호족들이 비록 고려에 귀순하기는 하였으나, 중앙의 지배력이 그들에게 미치는 데에는 한계가 있었다. 각 지의 호족들은 제각기 독자적인 무력과 경제적 기반을 보유하고서 마치 분권적 소왕국과 같은 세력을 그대로 행사하여 그들 지방을 자치적으로 다스려 갔다.

그렇다고 하여도 호족들은 명목상 고려에 부속되어 있었고 실제로도 중앙정부와 타협하는 것이 유리하다고 생각하였으므로, 조세와 공납 등 稅貢의 징수에 협조하였다. 말하자면 자치의 반대 급부로서 중앙정부의 세공을 징수하여 상납하였던 것이다. 이 때 중앙정부에서는 세공의 징수를 감독하기 위하여 今有·租藏이라는 임시 세납 징수관을 파견하였는데,[1] 이는 지방행정체계가 정비되지 않은 상황 속에서 불가피하게 취해진 조처였다.

호족들은 세공을 징수하여 인근에 있는 해안이나 강변에 있는 浦로 운반하였다(〈지도 1〉). 거기서 세공은 轉運使의 감독 하에 선박에 의해 수도로 조운

〈표 1〉 浦의 新舊名稱

| | 新名稱 | 舊名稱 | | 新名稱 | 舊名稱 | | 新名稱 | 舊名稱 | | 新名稱 | 舊名稱 |
|---|---|---|---|---|---|---|---|---|---|---|---|
| 1 | 通朝浦 | 末潮浦 | 16 | 黃麗浦 | 黃利浦 | 31 | 息浪浦 | 加涉浦 | 46 | 丈嵓浦 | 仰嵓浦 |
| 2 | 螺浦 | 號骨浦 | 17 | 海葦浦 | 葦浦 | 32 | 白川浦 | 金多川浦 | 47 | 陽原浦 | 荒津浦 |
| 3 | 波平浦 | 夫沙浦 | 18 | 利通浦 | 屈乃浦 | 33 | 潮海浦 | 省草浦 | 48 | 花梯浦 | 花連梯浦 |
| 4 | 潮陽浦 | 沙飛浦 | 19 | 勵涉浦 | 主乙浦 | 34 | 淸水浦 | 加乙斤賓浦 | 49 | 恩波浦 | 仇知津 |
| 5 | 風調浦 | 馬西良浦 | 20 | 芙蓉浦 | 阿無浦 | 35 | 廣通浦 | 律浦 | 50 | 虞山浦 | 山尺浦 |
| 6 | 海安浦 | 麻老浦 | 21 | 速通浦 | 所津浦 | 36 | 楊柳浦 | 楊等浦 | 51 | 神魚浦 | 小神寺浦 |
| 7 | 安城浦 | 冬鳥浦 | 22 | 朝宗浦 | 鎭浦 | 37 | 德陽浦 | 所支浦 | 52 | 尙原浦 | 上津村浦 |
| 8 | 利京浦 | 召丁浦 | 23 | 濟安浦 | 無浦 | 38 | 靈石浦 | 召介浦 | 53 | 和平浦 | 無限浦 |
| 9 | 麗水浦 | 金迂浦 | 24 | 古塚浦 | 大募浦 | 39 | 居安浦 | 居乙浦 | 54 | 鹵水浦 | 未音浦 |
| 10 | 銀蟾浦 | 蟾口前 | 25 | 西河郡浦 | 豊浦 | 40 | 慈石浦 | 甘岩浦 | 55 | 從山浦 | 店知山浦 |
| 11 | 潮東浦 | 薪浦 | 26 | 利涉浦 | 葛城浦 | 41 | 澄波浦 | 登承浦 | 56 | 德原浦 | 置音淵浦 |
| 12 | 南海浦 | 本浦 | 27 | 風海浦 | 松串浦 | 42 | 安石浦 | 犯責伊浦 | 57 | 深原浦 | 果州浦 |
| 13 | 通津浦 | 置乙浦 | 28 | 懷海浦 | 居用彌浦 | 43 | 柳條浦 | 柳頂浦 | 58 | 同德浦 | 同志浦 |
| 14 | 德浦 | 德律浦 | 29 | 便涉浦 | 打伊浦 | 44 | 梨花浦 | 梨浦 | 59 | 深逐浦 | 下置音淵浦 |
| 15 | 崐岡浦 | 白岩浦 | 30 | 媚風浦 | 夫支浦 | 45 | 滌花浦 | 花因守寺浦 | 60 | 丹川浦 | 亦於浦 |

1) 《高麗史》 권 77, 志 31, 百官 2, 外職.

되었다. 浦는 세곡을 운반함에 있어서 하나의 기점이었다. 그런데 고려시대에 있어서 포는 關·驛·江과 아울러 군현의 하부행정기구로서 존재하고 있었다. 즉 촌락을 기본 내용으로 하는 포는 본래 호족의 지배하에 州·府·郡·縣에 예속되어 있었다. 따라서 포를 통한 조운은 호족이 협조해야만 가능했던 것이다.[2)]

그러나 성종 2년(983) 12牧이 설치되고 牧使라 불리는 지방관이 파견되면서 고려의 중앙정부는 이들 12목을 거점으로 하여 지방에서의 지배력을 강화시켜 갔다. 중앙정부는 지방관의 파견과 아울러 종래 지방에서 실질적으로 힘을 행사하고 있던 호족들을 지배기구 안에 흡수하여 지방을 통치하고자 하였다. 그리하여 호족을 鄕吏로 개편하고 지방통치의 실무 담당자로 편성하였다. 포의 명칭 개정도 바로 그러한 일련의 노력과 방향을 같이하는 것이었으니, 성종 11년 중앙정부는 종래의 포에 새로이 정한 명칭을 부여함으로써 호족의 포에서 국가의 포로서의 성격을 바꾸고 각 浦에 대한 중앙정부의 실질적 지배를 꾀하였다[3)](〈표 1〉).

〈표 2〉 浦의 新舊名稱

| 단계 | 諸　浦 | 輸送量 | 船　賃 | 비　율 |
|---|---|---|---|---|
| 1 | 通潮浦 螺浦 | 5석 | 1석 | 20.0% |
| 2 | 波平浦 潮陽浦 風調浦 海安浦 安城浦 利京浦 麗水浦 銀蟾浦 | 6〃 | 〃 | 16.6〃 |
| 3 | 潮東浦 南海浦 通津浦 德浦 崐岡浦 黃麗浦 海葦浦 | 8〃 | 〃 | 12.5〃 |
| 4 | 利通浦 勵涉浦 芙蓉浦 速通浦 朝宗浦 濟安浦 古塚浦 西河郡浦 | 9〃 | 〃 | 11.1〃 |
| 5 | 利涉浦 風海浦 懷海浦 便涉浦 | 13〃 | 〃 | 7.7〃 |
| 6 | 媚風浦 息浪浦 白川浦 | 15〃 | 〃 | 6.6〃 |
| 7 | 潮海浦 淸水浦 廣通浦 楊柳浦 德陽浦 靈石浦 居安浦 慈石浦 | 21〃 | 〃 | 4.8〃 |
| 8 | 澄波浦 安石浦 柳條浦 梨花浦 淨花浦 丈嵓浦 陽原浦 花梯浦 恩波浦 虞山浦 神魚浦 | 10〃 | 〃 | 10.0〃 |
| 9 | 尙原浦 和平浦 鹵水浦 從山浦 | 18〃 | 〃 | 5.5〃 |
| 10 | 德原浦 深原浦 同德浦 深逐浦 丹川浦 | 20〃 | 〃 | 5.0〃 |

2) 北村秀人, 〈高麗初期の漕運についての考察〉(《古代東アジア論集》 上, 1978), 359쪽.
3) 《高麗史》 권 3, 世家 3, 성종 11년 11월 계사.

〈지도 2〉 성종조 이후의 포구

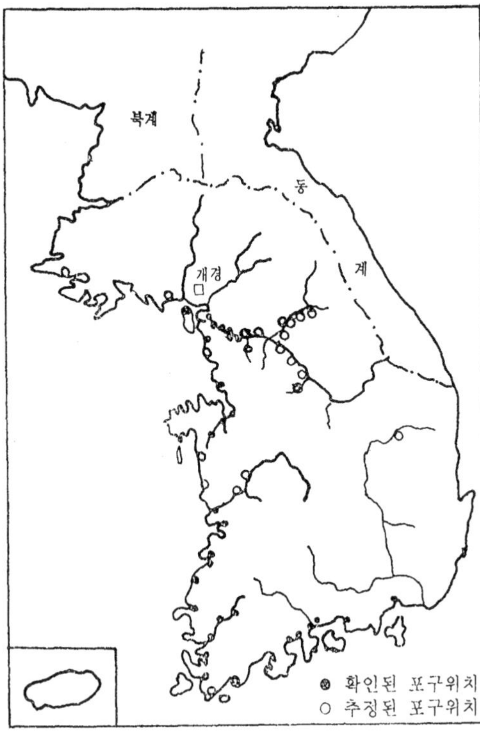


이것은 輸京價의 제정에서 보다 명확하게 드러났다. 수경가는 거둔 세곡을 각 포에서 개경의 京倉까지 수송하는데 동원된 선박의 船賃인데 세곡의 수송을 의뢰하는 부근의 군현에서 각 포의 선박, 즉 조선에 지불하였다. 엄밀히 말하면, 군현의 농민이 수경가를 부담하였다. 각 포의 조선은 수경가, 즉 선임을 받고 세곡을 선운하여 국가에 상납하였던 것이다. 그런데 고려초 각 포의 조선은 그 지방 호족의 손에 장악되어 있었기 때문에, 세력이 강대하였던 호족들은 공부를 빙자하여 자의로 輸京價를 정하였고, 이는 농민뿐만 아니라 국가로서도 이롭지 않은 처사였다. 따라서 호족에 대한 고려왕조의 지배력이 강화되면서, 즉 중앙집권적 군현제가 정비되면서 중앙정부는 호족의 수경가 징수에 통제를 가하였다. 예컨대 성종 11년 중앙정부는 세곡 운송의 비용을 운항거리에 따라 합리적으로 정함으로써 국가의 지배력을 강력히 과시하였고, 동시에 민생을 바로 잡고자 하였던 것이다.[4] 나아가 조운의 기능을 원활하게 하여 국가 재정을 충실하게 하고자 하였다. 당시에 제정된 수경가는 수송거리에 따라 10단계로 구분, 최고 20%에서 최하 4.8%에 이르렀다.[5](〈표 2〉).

조운이 호족의 손에 장악된 상태에서의 漕運路는 분산된 모습이었다. 《高麗

4) 《高麗史》 권 79, 志 33, 食貨 2, 漕運.
5) 崔完基, 〈高麗朝의 稅穀運送〉(《韓國史硏究》 34, 1981), 37쪽.

史》食貨志 漕運條에 열거된 60개 포의 위치를 분석해 보면, 거의 모두가 내륙의 한강 연안과 충청·전라·경상의 3도 연해안에 분포되어 있다(〈지도 2〉). 이로써 보면 당시의 세곡 운송은 한강의 수로를 이용하거나 또는 남해안 및 서해안의 연안 해로를 통하여 이루어지고 있었다. 즉 당시의 조운 항로는 한반도의 서남단을 중심으로 반월형의 모습을 보여 주는데, 이후에도 전형적인 조운항로로서 기능하였다. 이는 수도의 위치와 한반도의 지정학적 여건에서 불가피하였던 것이다.

### 2) 조창의 설치와 운영

#### (1) 조창의 설치

浦 중심으로 운영되던 조운은 그 후 지방에 대한 중앙정부의 지배력이 한층 강화되면서 국가의 제도로 정비되어 갔다. 조운의 국가적 제도화는 포에 대신하여 漕倉이 조운의 기점이 된 데서 구체화된다. 국가가 조창을 설치하고 운영하면서 이제 조운은 중앙정부에 의해 완전히 통제되었다.

조창제는 왕조의 지배력, 보다 구체적으로 군현제의 정비와 더불어 성립하였다. 성종 때부터 본격화한 군현제는 현종 때에 이르러 4도호부·8목·56군·28진·20현으로 정비되고 있는데,[6] 이를 전후하여 지금까지 지방에서 큰 세력을 갖고 거의 자치적으로 군림하던 지방호족들은 향리로 개편되어 중앙정부의 행성 보조자로서의 지위로 전락하였다. 이러한 시대적 상황을 배경으로 하여 호족이 관장하던 조운도 국가의 통제하에 조창제로 성립된 것이다.

고려 때 조운을 맡아 본 조창은 모두 13개였다.《高麗史》식화지에 의하면「國初」에 12개를 설치하고,[7] 그 후 문종 때 西海道에 1개를 추가하였다고 한다(〈표 3〉). 13조창은 포와 마찬가지로 해로나 수로를 이용할 수 있도

6)《高麗史節要》권 3, 현종 9년 2월.

7)《高麗史》권 79, 志 33, 食貨 2, 漕運.
12조창의 설치 시기인「國初」의 구체적인 시기에 대하여는 여러 견해가 있다. 丸龜金作은 成宗朝로, 孫弘烈은 太祖朝로, 그리고 北村秀人은 靖宗朝로 보고 있다. 이에 대하여 姜晋哲·崔完基는 지배체제의 강화와 연결시켜 설명한 北村秀人의 견해를 지지하고 있다.

록 서해 및 남해의 연안과 한강 연변에 설치되었다.

13조창의 분포를 보면, 경상도에 2개, 전라도에 6개, 충청도에 3개, 강원도에 1개, 서해도에 1개이다(〈지도 3〉). 연해안과 강변으로 살펴보면, 연해안에 11개, 강변에 2개 설치되었다. 해창은 남해안에서 서해안에 걸쳐 분포되었고, 강창은 오로지 한강변에만 존재하였다. 요컨대 조창의 분포는 선운이 보다 쉽고 가능한 지역에 한하여 나타나며, 특히 해창의 분포는 포의 분포에서처럼 한반도의 서해와 남해를 잇는 반월형의 모습을 보이고 있다.

각 조창에는 判官이라는 감독관리가 주재하였다.[8] 이들은 외관의 대우를 받아 미곡 20석의 녹봉을 지급 받았다. 그런데 조창은 단순한 창고가 아니라, 기본적으로 군현과 같은 내용의 존재였다. 즉 관할 영역과 주민, 치소와 행정기구를 가진 일종의 행정구획이었다.[9] 이는 조창의 전신이었던 포가 군현제의 일환을 이룬 일종의 행정구획이었다는 데서 비롯한다. 조창은 포가 있던 곳에 설치되었다. 군현의 하부 행정구획이었던 포에서 개편된 조창 역시 군현에 예속된 하부 행정구획이었다. 따라서 그러한 조창은 물론 촌락을 기본구조로 하고 있다.

판관은 그러한 조창의 감독관이었다. 그런데, 고려 때에는 군현제가 실시되었다고 하여도 지방관이 파견된 것은 군·현·진에 한하였고, 그러한 경우에도 모든 군현에 획일적으로 파견된 것이 아니라 지방관이 파견된 경우도 있지만 그렇지 않은 경우도 많았다. 하급 행정구획의 일환을 이루고 있던 조창에는 물론 지방관이 파견되지 않았다. 조창의 판관은 지방 행정관은 아니었다. 판관은 각 조창에 상주하면서 세곡을 수납하고, 그것을 조운토록 하는 직임을 띠고 있었다.

그럼에도 조창의 감독관이 중앙에서 파견되었다는 것은 조운에 대한 중앙정부의 지배력이 강화되었음을 의미하는 것이라고 하겠다. 즉 조창은 행정면에서는 군현에 예속되었지만, 조운면에서는 중앙정부가 직접 관할하고 있었던 것이다.

한편 고려 시대에는 국가 권력의 최말단에서 행정실무를 담당하던 향리가

---

8) 《高麗史》 권 79, 志 33, 食貨 2, 漕運.

9) 北村秀人, 〈高麗時代の漕倉制について〉(《朝鮮歷史論集》 上, 1979), 410쪽.

있었다. 다른 행정구획에서와 마찬가지로 조창에도 色典이라 불리는 향리가 존재하였다.[10] 이들은 본래 호족 출신으로서 포를 관장하였는데, 중앙정부의 지배력이 강화되면서 조창의 향리로 개편된 존재들이라고 여겨진다. 색전은 漕船을 몰고 가는 梢工·水手의 선원들과 더불어 사고가 일어나면 책임을 져야하는 보상의 주체였으므로, 조운 수행에 있어서 실제적 책임자였다. 또 운송한 세곡을 京倉에 입고시키는 것도 색전의 직무였다. 즉 조창 소속의 색전은 판관의 지휘하에 세곡을 조창에 수납하고, 이어서 조선에 승선하여 조운을 감독하며, 그리고 개경에 도착하여 세곡을 경창에 납입시키는 임무까지 지니고 있었던 것이다.

행정구획으로서의 조창에는 판관·향리 외에도 초공·수수 등 조운에 관계된 사람들이 거주하고 있었다. 호족이 세곡을 운송할 때는 賃運의 성격을 띠고 있어서 농민으로서는 수경가를 부담하기만 하면 되었다. 그러나 조운을 국가가 직영하게 되면서 세곡의 운송은 役制를 바탕으로 하여 수행되었다. 조운을 위해 특별히 설정했으리라고 보이는 전담 선인의 신역에 의했던 것이다. 초공·수수는 그러한 조창의 주민으로서, 조창에 속한 조선을 부리며 조운에 종사하였던 것이다. 그러므로 고려시대의 조운제는 기본적으로 조창을 중심으로 운영되었던 것이다.

### (2) 조창의 운영

조창은 하부 행정구획의 하나로서 조운할 때까지 세곡을 수집 보관하던 지역이었을 뿐 아니라, 그러한 업무를 담당하던 하나의 기관 역할도 하였다. 의창·상평창과 같은 국가기관의 하나였던 것이다. 기관으로서의 조창은 세곡의 수납·보관·운송의 세 가지 기능을 지니고 있었다.[11]

조운하는 곡물은 농민에게서 거두어들인 세곡이다. 세곡은 당시 국가가 토지를 소유한 농민에게 부과한 각종 부담의 하나였다. 곡물을 주요 수취대상으로 하는데, 때로는 布貨로써 대납하는 경우도 있었다.

세곡 수납의 기능을 지니고 있는 조창은, 따라서 그 수세 관할구역이 정해

10) 《高麗史》 권 79, 志 33, 食貨 2, 漕運.
11) 丸龜金作, 〈高麗の十二漕倉に就にて〉(《靑丘學叢》 22, 1935), 62쪽.

져 있었다. 정확한 상황은 알 수 없지만, 전국의 13조창은 각지에 산재하여 각기 부근 고을의 세곡을 징수하였다. 조선시대의 경우를 보면, 세곡의 납입은 고을 단위로 이루어졌다. 예컨대 경상도에서는 通陽倉과 石頭倉에서 각기 인근 고을의 세곡을 징수하였다. 이 때 조창까지의 세곡 운반은 생산자이면서 납세자인 농민이 직접 담당하였다. 그 운반은 일종의 요역이었다.

수납한 세곡은 조운 때까지 일정 기간 조창에 보관되었다. 전천후에 대처할 수 있을 만한 선박이 구비되어 있지 않았던 당시에 있어서, 조운은 기후의 변화로 말미암은 시간적 제약을 받아야 했다. 특히 풍랑의 험하고 순조로움은 국가 재정의 생명선인 漕運에 있어서 무엇보다도 주의 깊게 고려되어야 했다. 우리 나라에서는 예나 지금이나 1년 중 6·7·8월은 풍파가 심하여 선박의 운항이 어려웠고, 파도가 일지 않고 행선하기에 가장 적합한 시기는 2월에서 5월 사이였다. 그리하여 조운을 제도화한 위정자들은 이 점에 유의하여 조선의 운항시기를 정해 놓았다. 즉 당해년의 세곡은 일단 조창에 보관하였다가 이듬해 2월부터 수송을 시작하여 가까운 조창에서는 4월까지 3개월 안에, 먼 곳의 조창에서는 5월까지 4개월 안에 조운을 마쳐야 했다.[12]

이로써 볼 때 각 조창은 농민에게서 거두어들인 세곡을 이듬해 2월까지 보관하고 있었는데, 그 동안의 보관과 간수는 역시 조창에 거주하던 사람들의 공동 책임이었다. 판관의 책임 하에 고지기가 상설로 지키고 있었을 것이다.

세곡을 보관하던 조창의 창고로서의 시설을 보면, 고려 때에는 倉舍를 구비하지 못하였고, 다만 흙이나 돌로 축대를 쌓은 위에 세곡을 노적한 채 비와 바람을 가리는 정도의 설비밖에는 갖추지 못하고 있었다. 이러한 상태는 조선시대까지 계속되어, 德興倉의 후신인 충주 可興倉의 경우 중종 때에 이르러 부근의 폐허된 절의 재목으로 창고를 지으면서부터 겨우 노적을 면하고 있다.[13] 조창의 이러한 모습은 비단 가흥창만이 아니라 대부분의 조창 시설이 그러하였을 것이다. 사실 개경에 있던 京倉마저도 제대로 된 창고시설을 가지고 있지 못하였다. 《高麗圖經》에 의하면, 당시 경창의 모습은 흙으로 쌓은 축대 위에 미곡 가마니를 쌓고 그 위를 덮개로 씌워 바람과 비를 가리고 있는 정도라

12) 《高麗史》 권 79, 志 33, 食貨 2, 漕運.
13) 《新增東國輿地勝覽》 권 14, 忠州 倉庫.

고 하였다.[14] 이로써 볼 때 각지의 조창시설은 매우 미비하였다고 보인다.

각 조창에 수납 보관되었던 세곡은 일정한 시기에 경창으로 운반되어야 했다. 세곡은 그 자체가 국가의 재원이었기 때문에, 운송에 특히 유의하였다. 세곡의 운송을 위해 각 조창에는 소정의 조선이 비치되어 있었다. 그 수는 각 조창에서 수납하는 세곡의 양과 수송거리에 따라 차이가 있었고, 선박의 규모도 달랐다. 즉 해로를 이용하던 석두창 등 10개 조창은 1천석을 실을 수 있는 哨馬船을 각기 6척씩 보유하고 있었고, 한강의 수로를 이용하던 덕흥창과 興元倉은 2백 석을 실을 수 있는 平底船을 각각 20척·21척씩 보유하고 있었다[15](〈표 3〉).

〈표 3〉 高麗朝 漕倉의 위치 및 보유 조선수

| 漕倉名 | 위치 | 보유 조선수 |
|---|---|---|
| 興元倉 | 江原道 原城郡 管內 | 平底船 21척 |
| 德興倉 | 忠淸北道 中原郡 管內 | 〃 20〃 |
| 河陽倉 | 忠淸南道 牙山郡 管內 | 哨馬船 6척 |
| 永豊倉 | 〃 | 〃 |
| 安興倉 | 全羅北道 扶安郡 管內 | 〃 |
| 鎭城倉 | 〃 沃溝郡 管內 | 〃 |
| 芙蓉倉 | 全羅南道 靈光郡 管內 | 〃 |
| 海陵倉 | 〃 務安郡 管內 | 〃 |
| 長興倉 | 〃 靈岩郡 管內 | 〃 |
| 海龍倉 | 〃 麗川郡 管內 | 〃 |
| 通陽倉 | 慶尙南道 泗川郡 管內 | 〃 |
| 石頭倉 | 〃 馬山市 管內 | 〃 |
| 安瀾倉 | 黃海道 長淵郡 管內 | 〃 |

이로써 볼 때, 1회 조운된 세곡의 수량은 초마선 60척을 비치한 해창에서는 1천석×60척=6만 석, 평저선 41척을 비치한 강창에서는 200석×41척=8천 2백 석으로서, 도합 6만 8천 2백 석에 安瀾倉 운송분의 세곡이 포함된다. 그런데 녹봉을 지급하던 左倉의 경우 그 세입액은 약 14만석에 이르렀고, 또 왕실 경비를 맡은 右倉, 그 밖에 경창에 납입되는 세곡도 그와 비슷하였다 하

14) 《宣和奉使高麗圖經》 권 16, 官府 倉廩.
15) 《高麗史》 권 79, 志 33, 食貨 2, 漕運.

면, 비치된 조선으로 1년에 4회 조운되어야 국가 재정이 유지되었을 것이다.

세곡을 조창으로 조운함에는 초공·수수·잡인들이 동원되었다. 이들은 색전, 즉 향리의 지휘하에 해로 또는 수로를 잘 살펴 가면서 조선을 난파시키지 않고 세곡을 목적지인 경창까지 조운하였다. 조운의 노역을 담당한 이들은 일반 군현의 농민이 아니라 조창에 거주하는 漕倉民으로서, 조운 자체는 그들의 신역이었다. 요역의 일환으로서 노동력이 징발된 것이다.

조운의 역은 해상활동을 전제로 하는 것인 만큼 항상 생명의 위협을 수반하는 고된 역이었다. 조운의 역은, 역 그 자체가 가혹하였을 뿐 아니라 운송 도중에 세곡에 손실이 생기면 보상을 해야하는 의무까지 부과되어 있었다. 그들은 조선 초기의 예로 미루어 세습적으로 조운의 역에 강제로 예속되어 있는 존재로, 사회적으로도 賤類에 가까운 신분이었다.

이와 같이 조운 활동이 정부의 통제하에 역제를 바탕으로 선인들이 동원되고, 국가가 직접 조선을 건조하여 직영하였기 때문에 조창의 건설비, 조선인들의 생활비, 조선의 건조비, 그 밖의 잡비 등이 모두 국고에서 지출되는 것이 원칙이었다. 따라서 조운제 하에서는 운송비가 별도로 징수되지 않았다. 전세에는 운송비까지 포함되어 있었다. 조창제가 성립되기 이전, 호족이 조운을 관할하고 있었을 때에는 운송비로서 수경가가 있었다. 즉 조선을 장악하고 있던 포의 호족들은 수송거리에 따라서 운송비를 받았다. 그 비용은 호족의 세력이 컸던 초기에는 호족의 임의로 정해졌다. 그리하여 지방 통제가 강화되던 성종 때에는 이를 국가적으로 규제하기도 하였다.

조선을 국가가 조달하고 선인을 국가가 징발하면서는 수경가 대신에 耗米를 농민에게서 징수하고 있다. 이는 각 조창에서 경창까지 세곡을 운송할 때에 중간에서 생기는 손실과 결축을 보충한다는 명분에서였다. 문종 7년(1053) 이전의 모미 징수량은 세곡 1석에 1승이었다.[16]

그런데 문종 7년부터 세곡 1석에 7승으로 대폭 인상하였다. 당시의 1석=15두로 계산하여 보면, 문종 7년 이전에는 150석에 1석이나, 그 이후에는 22석에 1석이었다. 이로써 볼 때 문종 7년 이후의 모미 징수율은 가장 가까운 곳의 수경가 21석에 1석 비율과 비슷하다. 말하자면 처음에는 모미에서 출발

16) 《高麗史》 권 78, 志 32, 食貨 1, 田制 租稅.

하였지만, 점차 모미 역시 운송비나 다를 바 없게 되었다. 국가가 운송비를 농민에게 겹으로 전가시킨 것이다. 모미는 고려 후기에 이르러 漕輓費라 하여 합법적으로 운송비의 명칭을 갖는다. 공민왕 때, 白文寶는 경상도의 조세는 다른 지방과 다를 바 없으나 조만비가 세곡 징수량의 배나 되어 농민의 생계가 곤궁함을 밝히고 이를 시정토록 건의하고 있다.[17)]

한편 각지에 분포된 조창과 개경의 경창 사이에는 세곡을 싣고 오가는 조선의 항로가 설정되어 있었다. 망망한 바다이지만, 선박의 운항에 있어서는 예나 지금이나 일정한 항로가 있다. 각 조창에서 출발한 조선의 목적지는 개경 가까이의 동강과 서강이었다. 동강에 도달한 조선은 그 곳에 있는 좌창, 즉 廣興倉에 세곡을 입고시키고, 서강에 이른 조선의 세곡은 일단 하역하여 거기에서 다시 육운하여 우창, 즉 豊儲倉에 입고시켰다.[18)] 이들 경창이 조선의 종점이었다.

다시 말하면 각지의 조창에서 해로 또는 수로를 경유하여 경창에 이르는 조운로가 설정되어 있었던 것이다. 고려 때의 기항지가 구체적으로 밝혀져 있지 않지만 조선시대와 큰 차이가 없으리라고 본다. 《增補文獻備考》에 의하면, 마산의 석두창 자리에 있던 창원의 馬山倉을 기점으로 하여 통영·한산도 사이-고성 사량도 남방-남해 창선도 북방-남해도 북방-전라좌수영 남방-고흥 나로도 북방-완도 북방-보길도 북방-전라우수영·진도 사이-무안 자라도 동방-무안 지도·임자도 사이-영광 법성진 서방-영장 위도 동방-옥구 계화도 서방-서천 연도 동방-보령 원산도 남방-서산 안흥진 서방-당진 대난지도 서방-인천 월미도·영종도 사이를 지나 강화도에 이르는 조운로가 설정되어 있었다(〈지도 3〉). 이들 조운로는 조운이 국가의 재정에 중요한 위치에 있었기 때문에 국가의 생명선이나 다를 바 없었다.

그러나 당시 미숙한 항해 기술, 그리고 위험한 바닷길 등 여러 가지 요인 때문에 조운로 위에서는 해난사고가 빈번하였다. 그리하여 빠르고 안전한 뱃길을 개척하는 것이 조운의 정상화를 위해 매우 중요한 과제로 등장하게 되었다. 그 대책의 하나로 논의된 것이 漕渠의 개척, 즉 운하의 굴착이었다. 그 대상 지

---

17) 《高麗史》 권 78, 志 32, 食貨 1, 田制 租稅.

18) 崔完基, 앞의 글, 47쪽.

〈지도 3〉 고려의 13조항

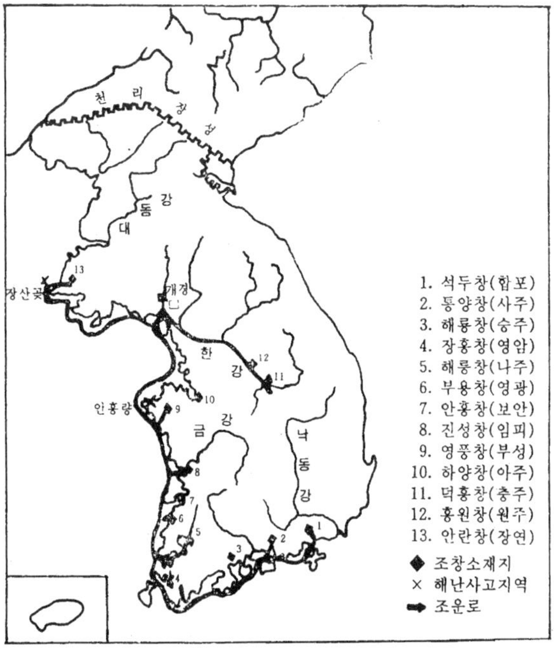


역은 대체로 충남 서산군의 팔봉면과 태안면의 경계가 되는 곳이다. 사고가 빈번한 安興梁 앞바다의 운항을 피하려 한 것이다.

안흥량은 조선시대에도 가장 위험한 해로의 하나였다. 해안선이 복잡할 뿐 아니라 연안 일대에 작은 섬이 무수히 분포되어 있으며, 더구나 아침저녁으로 간만의 차가 크고, 또한 파도가 매우 거친 곳이다. 해로가 험하여 難行梁이라고까지 불린 곳이다.[19] 그리하여 중앙정부에서는 인종 때 조거를 개척하려고 鄭襲明을 보내어 수천 명의 군인을 동원하여 10여 리까지 파 보았으나, 지반이 거의 암반으로 되어 있어서 공사를 계속하지 못하고 중단하였다.[20] 그 후 고려 말에 이르러 다시 조거공사가 시도되었다. 즉 우왕 14년(1388) 위화도 회군으로 실권을 장악한 李成桂는 국가 재정에서 조운이 지니는 중요성을 헤아려 조

19) 《增補文獻備考》 권 157, 財用考 4, 漕運.

20) 《高麗史》 권 16, 世家 16, 인종 12년 7월.

운을 원활하게 하기 위하여 조거의 개통이 절실함을 인식하고, 王康으로 하여금 공사에 착수토록 하였다. 그리하여 왕강은 2개월에 걸쳐 공사를 벌였으나 두번째의 운하 굴착도 성사시키지 못하였다.[21] 그 만큼 지형 조건이 나빴을 뿐 아니라 당시의 기술과 장비로는 용이한 것이 아니었다. 4백리 뱃길의 위험을 제거할 수 있는 방도가 무산된 것이다.

### 3) 조운제의 동요와 세곡의 육운

#### (1) 조운제의 동요

왕조의 지배력이 강화되면서 확립된 조운제는 고려 중기에는 비교적 정상적으로 운영되었다. 각 지에 설치된 조창은 세곡을 수납하고 보관하며 운송함에 있어서 그 기능을 충실히 발휘하였다. 그러나 고려 후기에 이르면서 정치적·사회적·경제적 변동과 관련하여 조운제는 차츰 동요되어 갔다.

먼저 조운의 대상인 세곡의 물량에 변화가 생겼다. 세곡의 수취는 조운의 전제 조건이었다. 그런데 12세기 후반 무신정권이 수립되고, 이어서 몽고의 침입과 내정간섭이 계속되면서 정치가 문란하여 고려 토지제도의 중심을 이룬 田柴科 제도가 무너지기 시작했는데, 이를 전후하여 권문세족들의 농장이 도처에 생겨났다. 권문세족들은 토지를 국가로부터 합법적으로 급여 받거나 개간에 의해 소유지를 확대하기도 하였으나, 대부분 불법적으로 토지를 점유하여 농장을 경영하였다. 이들 귀족의 대토지사유화 현상은 산천을 경계로 하고, 군현을 단위로 할 정도로 광대한 모습이었다. 그런데 이들 농장은 국가의 각종 조세와 역을 기피하고 있었다. 그 결과로 국가에서의 세곡 수취도 자연히 감축되지 않을 수 없었다. 뿐만 아니라 권문세족의 수탈에 견딜 수 없게 된 농민들은 농장에 외탁하거나, 고향을 떠나 유랑하게 되니, 국가의 세원 기반 자체가 위축되어 갔다. 따라서 운송 물량이 감축되고 있는 상황에서 조운의 기능은 당연히 약화되어 갔다.

군현제의 변동 역시 조운제의 운영에 영향을 끼쳤다. 즉 12세기 이후 농

21) 《高麗史》 권 116, 列傳 29, 王康.

토를 잃고 유랑하는 무리가 전국적으로 광범하게 발생하면서, 이를 방지하고 국가의 통제력을 강화하고자 중앙정부는 종래 지방관이 파견되지 않았던 행정구획에 지방관을 파견하고자 하였다. 그리하여 대다수의 속읍에 監務라 불리는 지방관을 파견하고, 그들로 하여금 동요하고 있던 농촌사회를 진정시키도록 하였다.[22] 또 군현의 하부 행정구획을 이루고 있던 향·부곡 등을 현으로 승격시키거나 촌·리로 개편하여 갔다. 이러한 움직임은 곧 전통적인 고려 군현제의 구조와 성격이 변하고 있음을 뜻하는 것이었다. 이는 나아가 군현의 하부 행정구획이었던 조창에도 영향을 끼쳤다. 아산의 河陽倉이 慶陽縣으로 승격된 것이 그 구체적 사례이다.[23]

하양창이 경양현으로 바뀌었다고 하여서 그 지방의 세곡이 조운되지 않은 것은 아니었다. 조운은 계속되었으며, 하양창에서 담당하던 세곡의 운송은 이제 경양현이 맡게 된 것이다. 이는 다른 조창에서도 마찬가지였다고 본다. 즉 조창의 기능이 약화되자 바다나 하천에 인접한 군현은 각자가 독자적으로 선박을 구비하고 세곡을 운반하기에 이른 것이다. 중앙정부의 통제력이 약화되면서 세곡의 운송을 주관하던 조창에 대신하여 군현이 직접 세곡을 경창에 납입하는 형세에 이르렀던 것이다. 다시 말하면 군현 중심의 조운활동이 전개된 것이다. 그에 따라서 세곡 운반에서 중앙정부의 역할이 줄어들고, 종래 조운제가 지니고 있던 집약성·획일성이 점차 약화되어 갔다.

조운의 기능을 약화시킨 또 하나의 중요한 요인은 倭寇의 노략질이었다.[24] 왜구란 대략 13세기에서 16세기에 걸쳐 한반도와 중국 연안에서 노략질을 일삼던 일본의 해적집단을 일컫는다. 왜구는, 당시 일본 중앙정부의 힘이 약해져 지방까지 통치력이 미치지 아니하자, 기근에 허덕이던 변경의 영세어민들이 노략질에 나서면서 문제화되었다. 그들의 근거지는 주로 對馬島와 壹岐島였다. 왜구의 침략목적은 식량의 약탈이었으므로 그들의 주된 표적은 양곡을 보관하고 있던 창고와 세곡을 운반하고 있던 조선이었다(〈지도 4〉).

왜구의 조선 약탈 상황을 살펴보면, 충정왕 때 남원·구례·영광·장흥 등

---

22) 河炫綱, 《高麗地方制度의 硏究》(韓國硏究院, 1977), 94쪽.
23) 《高麗史》 권 56, 志 10, 地理 1, 楊廣道 稷山縣.
24) 孫弘烈, 〈高麗末期의 倭寇〉(《史學志》 9, 1976).
羅鍾宇, 〈高麗末期의 麗·日關係〉(《全北史學》 4, 1980).

〈지도 4〉 고려 말 왜구의 침입과 조운 피해

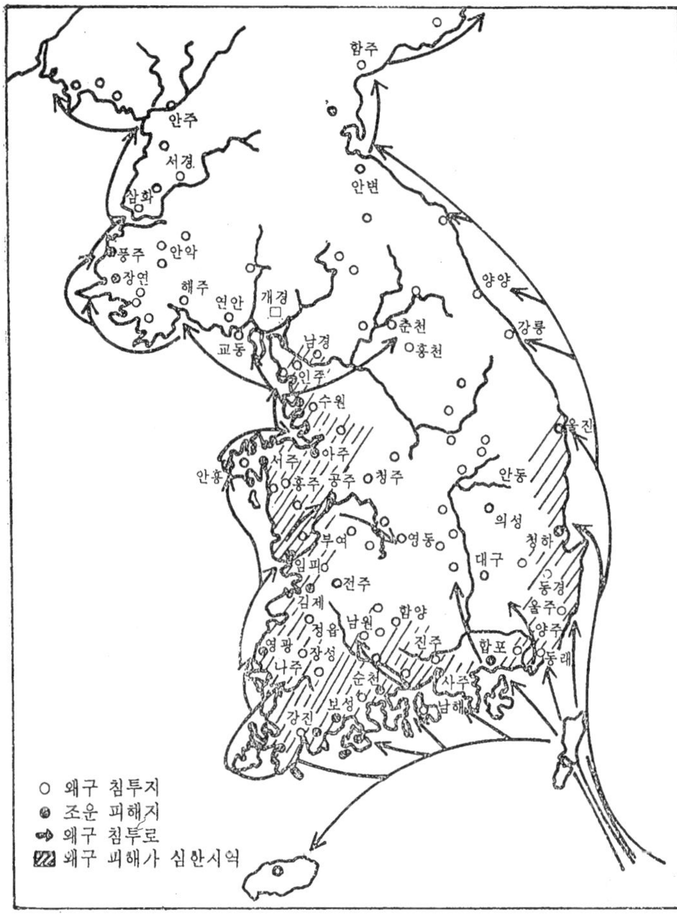


지를 습격하여 조선을 약탈해 갔고, 공민왕 때도 전라도 조선 4백여 척을 탈취해 갔다. 왜구는 조선 뿐 아니라 공민왕 7년(1358)에는 임피의 鎭城倉을 노략질하여서 창고를 내륙으로 옮기는 사태까지 있었다. 동 9년에는 강화도의 창고를 습격하여 미곡 4만여 석을 약탈해 갔고, 우왕 때에는 순천·아주·서주·영광 등지의 조창이 노략질 당했다. 이와 같이 왜구가 창궐하면서 조운제는 정상적으로 운영되지 못하였다. 여러 가지 요인이 조운제의 변질을 촉구하였다.

조운의 기능이 약화되고 있음은 조운제의 기본 구조인 조창·조선의 운영에 잘 나타나고 있다. 국가가 직영하는 官船漕運體制에서 조운의 핵심은 조창·조선·선인의 확보에 있었다. 그런데 고려 후기에 이르러 그것은 용이하지 않았다.

먼저 13개소에 설치되어 각기 인근의 고을에서 거둔 세곡을 운반하던 조창의 정상적 운영이 곤란해지고 있었다. 예컨대 왜구의 노략질로 연해의 조창이 폐허화되거나, 내륙으로 옮겨야만 했다. 전라도 임피의 진성창이 대표적 사례이고, 충청도 아산의 하양창은 아예 폐해지고 대신 아산 고을이 직접 세곡의 운송을 책임지고 있었다. 일부 지역에서는 조창의 근거지를 산성으로 옮겨 漕轉城이란 용어도 생겨났다. 왜구의 발호가 특히 심하였던 14세기 후반에 조창은 거의 제 구실을 하지 못하고 있었다.

한편 漕船의 확보도 용이치 않았다. 본래 조선의 건조도 쉽지 않았는 데다가, 그 관리도 쉬운 것이 아니었다. 각 조창은 소정의 조선을 확보하고 있었는데, 해창의 경우 1천 석을 실을 수 있는 큰 배 6척씩을 보유하고 있었다. 그런데 공민왕 3년 왜구는 전라도 조선 40여 척을 약탈해 갔다.[25] 전라도에는 6개 조창이 있었으므로《高麗史》식화지에 의하면 36척이 있어야 한다. 이로써 볼 때 전라도의 조선은 공민왕 3년에 모두 분실된 것이다. 약탈된 조선이 모두 조창 소속의 선박인지는 분명하지 않지만, 운송기능이 상실되고 있었음을 알 수 있다. 그러나 이후에도 계속적으로 조선의 약탈상이 보여지고 있는 상황에서도 고려 말 중앙정부는 조선을 거의 확보하지 못하고 있었다.

이러한 상황 속에서 조선을 부리는 선인들 역시 온전하지 못하였다. 본래 부역제의 일환으로 강제로 사역되고 있던 梢工·水手 등 선인들은 왜구가 조창과 조선을 습격할 때 잡혀가거나 살해되었다. 그들이 살기 위하여 도망가야 했다. 왜구의 노략질이 아니어도 선인들은 고된 노동과 천한 대우로 견딜 수 없는 형편이었다. 이러한 때 정치질서·사회기강이 문란해지면서 각지에서 농민·천민들이 중앙정부의 압제에 반발하는 움직임이 일어났다. 선인들도 이 기회에 고된 노동에서 벗어나고자 조창을 탈출하였으니, 왜구의 노략질에 앞서서 조운의 운영은 이미 차질을 보이고 있었다. 삼별초의 대몽항쟁 때, 남해안 조창 소속의 조군들이 삼별조에 협소한 것은 조운의 활동이

25)《高麗史》권 38, 世家 38, 공민왕 3년 4월.

이완되고 있음을 보인 것이라 하겠다.

### (2) 세곡의 육운

조창이 폐허화되고, 조선과 선인의 확보가 여의치 않으면서 조운이 불통되자, 세곡에 의존하던 국가 재정은 파탄상태에 이르렀다. 국고가 고갈되면서 관료들의 녹봉을 지급하지 못하거나 또는 삭감하는 경우가 종종 나타났다. 녹봉 지급과정에서 살인 사건도 일어났으며, 개경 시중에는 미곡 가격이 폭등하기도 하였다.[26]

이러한 상황 속에서 탐관오리의 부정과 비리도 조운제를 변질시키는 요인으로 작용하였다. 즉 조창에 속한 아전이나 경창의 창관들은 그 업무와 관련하여 부정을 자행하였는데 운송하는 세곡을 횡령하고 그 책임을 선인에 전가시키는가 하면, 창고에서 수납할 때 여러 가지 구실로 지연시키면서 뇌물을 강요하였다. 또 수납할 때 사용하는 도량형에 농간을 부려 민폐를 끼치기도 하였다. 이에 선인들도 그 피해를 벗어나기 위해서나 또는 횡령하기 위하여 고의로 조선을 침몰시키고 사사로이 나누어 먹는 경우도 있었다.[27] 조운제가 변질되고 실제로 조운이 거의 통하지 않는 가운데 중앙정부는 모종의 조치를 취하지 않으면 안되었다. 세곡의 운송 없이는 국가 재정이 유지되지 않았기 때문에, 조운을 단념하지 않을 수 없는 상황이라면, 그 대책은 육운 뿐이었다.

공민왕 5년(1356) 나라에서는 조운이 여의치 않자 각 요소에 院館을 세워 세곡을 육운하고자 하였다.[28] 그러나 육로가 발달하지 못하였고, 육상 운송 수단이 용이하지 않은 당시로서는 육운 역시 쉬운 일이 아니었다. 따라서 그 후에도 세곡의 운송은 조운에 의존하였다. 그런데 왜구의 침략은 조금도 멈춰지지 않고 더욱 창궐하였다. 조창·조선에 대한 왜구의 노략질이 계속되었다. 그리하여 정부에서는 왜구를 토벌하기 위해 거국적으로 노력을 기울이면서 육운을 자주 시도하였지만, 육운의 실시는 사실상 어려웠다. 공민왕 22년의 예를 보면 일부 지역에서 정부의 강력한 지시로 세곡을 육운하고 있는데,

---

26) 孫弘烈, 〈高麗漕運考〉(《史叢》 21·22, 1977), 200쪽.
27) 《高麗史》 권 79, 志 33, 食貨 2, 漕運.
28) 《高麗史》 권 39, 世家 39, 공민왕 5년 6월.

또 다른 지역에서는 계속 해로를 이용, 조운하고 있었다. 거듭된 중앙정부의 지시에도 육운이 잘 시행되지 않고 있는 것은, 왜구의 침탈만 피할 수 있다면 조운이 육운보다 훨씬 편하였기 때문이었다.

그러나 조운은 더 이상 지속될 수 없을 만큼 여건이 악화되고 있었다. 조선이 모두 약탈된 상황 속에서 세곡을 운반할 수단이 없었다. 조창의 조선은 물론 군현이 주선하던 私船들도 왜구에게 거의 약탈되고 있었다. 공민왕 4년의 기록에 의하면 전라도에서 400여 척의 조선이 왜구에게 약탈되고 있는데,[29] 이들 선박은 사선이었다고 보인다. 군현이 사선으로 하여금 세곡의 운송을 청부시키고자 하여도 상황은 여의치 못하였다.

마침내 우왕 2년(1376) 정부는 조운을 완전히 정지시켰다.[30] 조운에서 육운으로 바뀌면서 국가의 세입은 정상적으로 확보되지 못하였다. 그렇지 않아도 취약해지고 있던 국가 재정은 보다 궁핍화되고, 이는 나아가 고려왕조의 지배력을 약화시켜, 궁극적으로 고려의 멸망을 촉진시키는 하나의 요인으로 작용하였다. 국가재정의 안정을 위해서는 세곡 운송의 원활화가 보장되어야 했는데, 그 과제는 새로운 지배 세력에 기대해야 했다. 우왕 14년(1388) 위화도회군으로 새로운 실력자가 된 李成桂는 새 왕조를 세우고 국가 기반을 굳히기 위해서 군사적 기반과 아울러 경제적 기반을 튼튼히 해야 했는데, 경제적 기반의 강화는 토지제도의 정비와 조운제도의 회복에서 방도가 마련되어야 했다. 따라서 당시 이성계로서는 토지제도의 정비와 더불어 조운기능의 소통이 최우선의 당면 과제였다.

〈崔完基〉

---

29) 《高麗史》 전 38, 世家 38, 공민왕 4년 4월.
30) 《高麗史》 권 133, 列傳 46, 신우 2년 윤 9월.

# Ⅲ. 수공업과 상업

1. 수공업

2. 상　업

# Ⅲ. 수공업과 상업

## 1. 수공업

### 1) 관청 수공업

#### (1) 관청 수공업의 관리체계

고려시대 관청수공업은 중앙 관청수공업과 지방 관청수공업으로 나뉘어 있었다. 중앙 관청수공업은 開京의 중앙관청에서 조직·운영하던 수공업장으로 창·칼·갑옷 등의 군수품 및 국가행사에 필요한 물품, 그리고 왕실이나 귀족들에게 필요한 여러 가지 필수품, 사치품을 생산하였다. 지방 관청수공업은 금기방·잡직방·갑방 등과 같이 중앙관청에 제공할 공물을 위한 것과 지방관청 자체의 수요를 위한 것 등 두 종류의 물품을 생산하였다. 고려시대 관청수공업의 행정적인 관리 운영체계 상에서 최고의 담당기관은 공조였다. 공조의 기능은 산택의 관리와 수공업자인 工匠들을 통제하며 토목건축과 관련된 營繕을 맡아 보는 것이었다.

〈표 1〉의 14개 수공업관청 가운데 장복서·봉거서·공조서·내부시·도교서·잡직서 등은 주로 궁정 수공업품을 담당하였으며 나머지는 정부수요를 위한 일반관청 수공업품을 담당하였다. 각 수공업관청들의 직능은 아래와 같다.

선공시는 일명 장작감이라고도 하며, 정부의 건축 및 토목공사를 담당하였다. 군기시는 일명 군기감이라고도 하며, 주로 무기를 제조하는 기관이며, 내궁전고 역시 무기생산을 담당한 기관인 듯하다. 장복서는 왕족의 의복류를 제조·조달하는 기관으로 상의국이라고도 하였다. 내부시도 각종 직물과 의류를 마련한 관청이다. 공조서는 중상서라고도 하며 귀족들에게 수요되는 각종 장식품을 제조하는 기관이었다. 도교서는 그것이 폐쇄되었을 때 雜作局이 설치

〈표 1〉

| 관청명 | | 繕工寺(將作監) | 軍器寺(軍器監) | 掌服署(尙衣局) | 供造署(中尙署) | 掌冶署 | 都校署 | 都染署 | 雜織署 | 掖庭局 | 奉車署(尙乘局) | 內弓箭庫 | 太樂管絃房 | 太僕寺(司僕寺) |
|---|---|---|---|---|---|---|---|---|---|---|---|---|---|---|
| 관직 및 등급 | 정 3 | | | | | | | | | | | | | 판사 1 |
| | 종 3 | 판사 1 | 판사 1 | | | | | | | | | | | 경 1 |
| | 정 4 | 감 1 | 감 1 | | | | | | | | | | | |
| | 종 4 | 소감 1 | | | | | | | | | | | | 소경 2 |
| | 정 5 | | | | | | | | | | | | | |
| | 종 5 | | 소감 1 | | | | | | | | | | | |
| | 정 6 | | | 봉어 1 | 영 1 | | | | | 내악자 1 | 봉어 1 | | | |
| | 종 6 | 승 2 | | | | | | | | | | | | 승 1 |
| | 정 7 | 주부 2 | | | | 영 2 | | | | | | 판관 2 | 판관 2 | |
| | 종 7 | | 승 2 | 직장 1 | | | | | | 내시백 1 | 직장 2 | | | 주부 2 |
| | 정 8 | | 주부 4 | | 승 2 | 승 2 | | 영 1 | 영 2 | | | | | |
| | 종 8 | | | | | | 영 2 | | | 내말자감 1 | | | | |
| | 정 9 | | | | | | 승 4 | 승 2 | 승 2 | | | | | |
| | 종 9 | | | | | | | | | | | | | |
| 아 전 | | 감작 6<br>기관 3<br>산사 2 | 감사 8<br>기관 2<br>산사 4 | 서령사 4<br>기관 2<br>주의 1 | 사 6<br>기관 2 | 사 4<br>기관 2<br>산사 1 | 감작 4<br>서령사 4<br>기관 2 | 사 4<br>기관 2 | 사 4<br>기관 2 | 감작 1<br>서령사 3<br>기관 3<br>급사 3 | 서령사 4<br>승 지 50 | 기사 2<br>기관 2 | | 서사 4<br>기관 1 |

* 비고 : 《高麗史》 권 77, 百官 2.

되었던 것에서 알 수 있는 것처럼 궁중과 궁부에서 각종 잡세공품을 제조하는 기관이었다. 도염서는 각종 염료를 제조하고 염색작업을 담당하던 기관으로서 어떤 때는 잡직서와 병합하여 織染局이 되기도 했다. 잡직서는 각종 직물의 제조를 담당한 기관이었다. 액정국은 국초에는 액정원으로 불렸고 궁중에서 왕명을 전달하고 왕이 사용하는 문방구와 열쇠 등의 관리를 담당하고 궁중용 견직물 등을 관장했다. 봉거서는 왕실용의 車類를 관장하던 기관으로서 상승국이라고도 했다. 태악관현방은 국가의 음악을 취급하는 관청이었고, 태복시는 국왕이 타는 가마와 말을 관리하는 관청이었다.

〈표 1〉에서 주목할 만한 것은 먼저 수공업관청들의 등급은 단순히 생산의 규모나 중요성에 의해서만 규정되는 것이 아니라, 어느 계층에 수요되는 제품을 생산하는가에 따라서 규정되어졌다는 점이다. 다음으로는 국가가 수공업관청들의 비중에 따라 최고 정3품의 판사로부터 시작하여 최하 정9품의 승을 통해 행정적으로 지휘하고 통제하였다는 점이다. 또한 수공업관청들에 대한 행정 관리체계는 신분적 위계질서가 철저히 내재되어 있었다. 즉 판사·감·경·소감·소경·영·승·주부 등이 배치되어 행정적으로 지휘하는 체계가 세워져 있었으며 실무적인 일은 아전출신의 감작·감사·사·서령사·서사·기관·산사·계사 등으로 하여금 취급하게 하였다.

관청수공업에는 행정 관리체계와 함께 생산 관리체계가 정연하게 세워져 있었다. 관청수공업은 민간수공업에서 해결하기 힘든 수공업제품들을 조달받기 위하여 조직되어 있었기 때문에 업종별로 우수한 수공업자를 선발하여 기술자로 배치하였다. 그러나 선발된 자들 간에도 기술적인 차이가 있었고 국가는 그들을 차등을 두어 관리하였다. 《高麗史》 食貨志 工匠別賜條에 의하면, 우수한 기술을 가진 상층 수공업자에게는 다른 일반 공장들을 기술적으로 지도·통제하는 임무가 부과되어 있었으며, 그들은 그에 대한 대가로 지유·행수·교위 등의 직위를 받았다. 이렇게 상층 수공업자들에게 직위를 준 것은 그들의 생산의욕을 높이고 일반 수공업자들에 대한 그들의 통제와 감독을 강화시키는 데 일정한 역할을 했을 것이다. 그러나 그들에게 주어진 직위는 그 자체가 유명무실하고 일반 수공업자들을 가혹하게 억압하기 위한 하나의 수단에 불과했다.

고려시대 지방 관청수공업으로는 각 도에서 운영하던 금기방·잡직방·갑방 등이 있다. 여기에는 수많은 공장들이 전속되어 있었다. 금기방·잡직방·갑방의 생산조직은 지방관청의 수요를 위한 것이 아니라 중앙관청의 수요를 충족시키기 위하여 설치되었기 때문에 그 관리체계가 중앙의 그것과 비슷하였다.

한편 지방관청 자체의 수요를 위한 수공업장도 있었으나, 그 수나 규모면에서 미미하였다. 이렇게 지방관청 자체의 수요를 위한 수공업장이 중앙에서와 같이 전적으로 조직되지 않은 이유는 첫째, 지방관청들이 그에 필요한 필수품들을 백성들에게 조·용·조를 내게 하거나 강제로 징수하여 해결할 수 있었다는 데 있었다. 둘째, 각 지방에 수공업생산을 전문으로 하는 수공업소들이 도처에 설치되어 있어서 거기에서 생산되는 생산물의 일부를 징수하며 수요에 충당할 수 있었기 때문이다. 셋째, 공해전에는 공수전·지전·장처전 등이 있었는데 그 수입으로서 관청의 사무용품과 관리들의 임시비용, 하급 아전들의 급료로 지불했기 때문이다.

그러나 보다 근본적으로 지방관청 자체의 수요를 위한 수공업장을 조직·운영하지 않은 이유는, 국가의 중앙집권력이 전국의 여러 군현에까지 침투되지 못했기 때문이었다.

### (2) 관청 수공업의 내부 분업

관청수공업장에 포괄되어 있던 각종 업종들은 관청수공업에서의 분업형태를 반영한 것이다. 이 시기 관청수공업의 업종들은 당시 생산된 제품들과 관청수공업장들에 배치되었던 장인들의 업종을 통해서 알 수 있다. 또 관청수공업에서 진행되고 있던 분업 관계는《高麗史》食貨志 祿俸條에 있는 공장별사에 관한 기록을 통해서 알 수 있다. 다음의 〈표 2〉는 각 관청에 속해 있던 공장들을 정리한 것이다.

이 표에서 볼 수 있는 바와 같이 13개 수공업관청에서 조직·운영하던 수공업장은 68개의 작업장에 62개의 업종이 포괄되어 있었다. 그리고 68개 작업장에는 97명의 상층 수공업자들이 소속되어 각기 해당 생산을 기술적으로 지도·통제하고 있었으며, 그들 밑에는 일정한 인원의 일반 수공업자들이 있었다. 군기감은 본래 군수품 생산을 목적으로 하여 조직된 것으로 여기에는 13개 업종에 23명의 상층 수공업자들이 배속되어 있었다. 13개의 업종 가운데서 노통장·전두장·기화업을 제외한 나머지 10개 업종에는 2명씩의 상층 수공업자

〈표 2〉

| 소속명 | 수공업자 |
|---|---|
| 선공시<br>(장작감) | 석공・목공・토공(?) |
| 군기시<br>(군기감) | 피갑장(2)－지유, 행수지유부승지<br>모장(2)－지유, 행수선절교위<br>화장(2)－지유, 행수교위<br>백갑장(2)－행수부위, 행수부장<br>장도장(2)－행수배융부위, 행수부장<br>각궁장(2)－배융교위(2)<br>칠장(2)－좌행수교위, 부행수교위<br>연장(2)－좌행수, 우행수<br>노통장(1)－부장<br>기화업(1)－행수교위<br>전장(2)－좌행수교위, 우행수교위<br>전두장(1)－행수부위<br>피장(2)－지유교위, 행수대장 |
| 장복서<br>(상의국) | 수장(1)－지유<br>복두장(4)－전직동정, 지유승지<br>행수교위, 행수부위<br>화장(靴匠)(1)－행수교위<br>화장(花匠)(1)－교위<br>대장(2)－지유승지, 행수교위<br>비체장(1)－교위<br>홀대장(1) |
| 공조서<br>(중상서) | 화업(1)－지유<br>소목장(2)－지유승지, 행수교위<br>위장(1)－지유승지<br>홍정장(1)－행수교위<br>주홍장(1)－지유부위<br>나전장(1)<br>조각장(2)－지유전전, 행수교위<br>칠장(2)－좌・우행수교위<br>화장(1)－교위<br>지장(1)－행수부위 |
| 소속명 | 수공업자 |
|  | 주렴장(1)－행수<br>죽저장(1)－행수교위<br>어개장(1)－교위<br>황단장(1)－교위<br>소장(1)－행수교위<br>마장(1)－행수교위 |
| 장야서 | 은장(3)－지유전전, 행수교위(2)<br>화장(3)－지유내전전,<br>행수교위(2)<br>백동장(1)－행수부위<br>적동장(1)－부위<br>경장(1)－행수교위<br>피대장(2)－행수교위(2)<br>금박장(2)－행수교위, 행수대장<br>생철장(2)－좌・우행수대장 |
| 도교서 | 목업(2)－지유, 행수교위<br>석업(1)－지유<br>석장(1)－행수<br>조각장(1)－지유전전<br>장복장(1)－행수교위<br>나장(1)－행수 |
| 도염서 | 염료장, 염색장(?) |
| 잡직서 | 세상(3)－시유승시봉성<br>행수교위(2)<br>수장(1)－행수교위 |
| 액정국 | 금장(2)－지유승지, 행수대장<br>라장(1)－행수교위<br>능장(1)－행수부정 |
| 봉거서<br>(상승국) | 대점장(1)－행수교위<br>안비장(1)－지유부위<br>안욕장(1)－행수교위<br>안교장(1)－행수부위<br>마장(1)－행수교위<br>지마장(2)－교위, 부위 |

| 태복시<br>(사복시) | 대첨장(1)－행수교위<br>안욕장(1)－행수교위<br>피장(1)－행수 |  | 전장(1)－행수교위<br>전두장(1)－행수교위<br>궁대장(1)－행수교위 |
|---|---|---|---|
| 내궁전고 | 각궁장(1)－행수교위 | 태악관현방 |  |

＊비고 : 《高麗史》 권 80, 食貨 3, 工匠別賜.

들이 지유·행수·대장·부장이라는 명목으로 속해 있었고, 아마도 그들의 밑에는 몇 명씩의 일반 수공업자들이 속해 있었을 것이다.

그리고 이 부문에는 다른 부문과는 달리 거의 모든 업종에 2명의 상층 수공업자들이 배속된 것으로 보아 가장 많은 공장들이 소속되어 있었다고 생각된다. 이는 무기들을 질적으로 보다 좋게 만들기 위한 것으로서 공장들을 한가지 제품 생산에 전력하게 하려는 의도에서였다.

이런 조건 아래서 각 업종별로 작업장 내부 분업이 이루어졌다. 예를 들면 갑옷 생산에서 피장과 피갑장 및 백갑장은 서로 분업을 행하고 있었다. 피장은 가죽을 이기고 피갑장이나 백갑장들은 그것으로 갑옷을 완성하였다. 또한 장도장과 연장 및 화장들 사이에서도 내부 분업이 이루어졌다. 즉 장도장이 장도를 단조하면 그것을 연장들이 담금질을 하고, 마지막으로 화장들이 잔새김질을 하여 장도자루에 장식함으로써 작업을 완성하였다.

중상서에서도 역시 분업이 존재하였다. 즉 여기에서는 왕정에서 쓰일 여러 가지 일용품과 사치품을 생산하는 업종을 포괄하고 있었다. 《高麗史》 식화지 공장별사조에 의하면, 중상서에는 16개 업종에 지유·지유승지·교위·행수교위·지유부위·지유전전 등 18명이 배속되어 기술적 지도를 담당하였다.

여기에서 특징적인 것은, 군기감에서는 생산기술의 지도와 통제를 맡은 상층 수공업자들이 거의 모든 업종에 2명씩 배치되어 있었던 데 반해 중상서에는 소목장들의 목공예부문과 조각장들의 조각부문 및 칠장들의 칠공예부문을 제외하고는 거의 모든 업종에 1명씩의 상층 수공업자들이 배속되었다는 것이다.

이것은 중상서에서는 각각의 업종의 생산규모가 군기감보다 훨씬 영세하였음을 말해 준다. 그럼에도 불구하고 그것이 포괄하고 있는 업종들은 16개나 되었는데, 이것은 중상서가 관청수공업장들 가운데서 여러 가지 다양한 수요품들을 생산 공급할 임무를 띤 수공업장이었음을 의미한다. 장야서·도교서·잡직서·상승국 등도 수공업장의 생산규모는 영세하였음에도 불구하고 그 내부 작업은 세밀하게 분화되어 있었다. 각각의 업종들의 생산규모가 영세함에도 불구하고 업종들이 세분화되었다는 것은, 관청수공업장들에서 작업장 내부 분업은 비교적 발전하였으나 생산공정별 분업은 발전하지 못하였음을 말해 주는 것이다.[1)]

관청수공업에서 업종별 작업장 내부 분업이 상대적으로 발전하였다고 볼 수 있으나 생산공정 간의 분업은 극히 미약하였다. 민간수공업에서는 물론 관청수공업에서도 한 사람의 수공업자가 혼자서 제품의 첫 공정에서부터 시작하여 제품이 완성되기까지의 전체 공정을 담당하는 과정으로 생산이 진행되었다.

### (3) 관청 수공업자들의 존재형태

고려시대 관청수공업의 인적 구성에서 중요한 자리를 차지한 것은 양인 및 노비 신분의 수공업자들과 所 출신의 수공업자들이었다. 이 시기 관청수공업자들 가운데서, 지방에 존재하였던 양인 출신의 수공업자는 말할 것도 없지만, 소 출신의 수공업자들이 일정한 비중을 차지하게 된 것은, 수공업을 위주로 하는 수공업소들이 적지 않았고 이들이 관청수공업장에 징발되었던 사정과 관련된다.

한편 노비신분의 수공업자들에 대해서 살펴보면, 노비신분 수공업자들 가운데는 원래의 노비들과 함께, 전쟁포로로서 노비가 된 수공업자들이 많았다.[2)] 이러한 형편에서 고려의 통치자들이 신라의 반항세력이나 후백제와의 전쟁과정에서 붙잡은 포로들을 노비로 만들어 관청수공업의 수공업자로 만들었으리라는 것은 충분히 짐작할 수 있다. 더욱이 통합전쟁과정에서 지방세력들이 소유하고 있던 노비신분 수공업자들이 고려의 관청수공업자들의 대열을 보충하게 되었다. 고려는 이 밖에 대외전쟁에서 붙잡은 포로들도 관청수공업의 노동력으로 충당하였다.[3)] 이러한 사정으로 국내외 전쟁에서 획득한 포로들의 적지 않은 부분이 관청수공업장의 구성원이 되었다. 또한 비록

1) 홍희유, 《조선중세수공업사연구》(과학백과사전출판부, 1978 ; 지양사, 1989), 115쪽.

2) 《高麗史》 권 2, 世家 2, 태조 10년 9월.

3) 《高麗圖經》 권 19, 工技.

수는 적지만 외국사람으로서 고려에 귀화한 수공업자들도 있었다.[4]

아무튼 당시에 가장 기술이 뛰어난 工匠은 양인이든 노비 출신이든 所 출신이든 간에 상관없이 대부분 관청수공업장에 동원되었을 것이다. 국가는 수공업자들을 장악하기 위하여 「工匠案」을 만들어 그들을 등록시키고, 또 그들이 양반층에 오르는 것을 막기 위하여 그들이 벼슬자리에 오르는 것을 봉쇄하는 법까지 만들었다. 즉 《高麗史》 선거지 한직조에 의하면 "南班 및 流外 人吏와 장교 등의 아들로 공장안에 付籍하지 않은 자는 조상 중에 흠이 있는 사람의 예에 의하여 入仕케 하였다"고 하였으며, 또한 "工匠과 商人들은 기술을 취급하므로…그 직업에 전념하고 선비와 같이 入仕할 수 없다"고 하였다. 이 기록에서 우리가 알 수 있는 사실은, 고려시대에는 수공업자들의 명부인 공장안 제도가 있었다는 것과 수공업자들이 벼슬하는 것을 엄격히 봉쇄하였다는 것이다.

한편 노비들은 《高麗史》 백관지에, "都官은 노비들의 명부와 노비소송을 판결한다"에서 알 수 있듯이 도관에서 관장한 듯하다. 고려는 수공업자들을 공장안과 도관에 등록한 후 그들 중·상층 수공업자를 각 수공업장에 전속시켜 복무케 하였다. 대부분의 일반 수공업자들의 경우에는 수시로 징발하여 복무케 하였다.

상층 수공업자들과 일부 일반수공업자들의 경우 그들이 관청수공업장에 전속되어 근무하는 대가로 국가로부터 토지수조권을 부여받는 한편 공장별사를 지급 받았다. 문종 21년(1067)에 제정된 전시과에 의하면 대장·부장·잡장인 등에게는 무산계를 받은 경우에 17결의 토지에 대한 수조권이 주어져 있었다. 여기서 대장·부장들은 수공업자들의 상층이었으며 잡장인들은 일반 수공업자들이었다. 이들에게 17결의 수조권을 준 것은 그들이 관청수공업장에 장기적으로 전속된 공장이었기 때문이었을 것이다. 만일 그들이 관청수공업장에서 장기 복무하는 장공인들이 아니었다면, 그리고 그들이 전속된 공장들이 아니고 일정한 기간씩 교대하여 복무하는 존재였다면 부단히 교체되는 그들에게 수조권을 줄 리가 없었을 것이다.

한편 《高麗史》 식화지 공장별사조에 의하면, 관청수공업자들의 상층에게는 그들이 1년에 300일 이상 근무하였을 경우에는 공장별사를 주었다. 별사의

---

4) 《高麗史》 권 83, 志 37, 兵 3, 州縣郡 東界.

액수는 작업의 중요성에 따라 벼는 최고 20섬으로부터 최하 6섬까지, 쌀은 최고 15섬부터 최하 7섬까지였다. 이 공장별사는 관청수공업자들의 생활자료를 보장하여 그들의 재생산을 유지하게 하기 위한 것이었다. 따라서 공장별사는 그들이 농사를 지어 생활자료를 해결하는 몫 대신 지불하는 공장들의 녹봉 또는 料米에 해당하는 것이다. 그렇기 때문에 《高麗史》 식화지 공장별사조에, "고려의 녹봉제는 문종 때에 이르러 정비되었는데 중앙의 妃主·宗室·百官들과 함께 지방의 동경·서경·남경 등과 주·부·군·현의 관원들이 모두 다 녹봉을 받지 않는 자가 없었으며 나아가서는 잡직·서리·공장들에 이르기까지 무릇 직무가 있는 자라면 그들에게도 역시 정상적으로 주는 녹봉이 있어서, 그들이 농사를 지어서 얻을 수 있는 것만큼 보장하여 주었는데 이것을 곧 별사라 하였다"라고 기록되어 있다. 이는 공장들에게도 녹봉으로 별사미를 주어 그들이 농사지어 얻을 수 있는 것만큼의 생활 자료를 보장하였다는 것을 말해 주는 것이다.

《高麗史》에는 공장별사를 지불하는 규정과 그 대상이 밝혀져 있는데 다음의 〈표 3〉은 각 관청의 공장들이 별사를 받은 양이다.

이에 따르면, 공장별사 대상자가 가장 많은 관청은 군기감을 비롯하여 중상서·장야서·상의국·도교서·상승국의 순서로 되어 있다. 그 이유는 이러한 관청들에 직종이 많고 수용하는 공장의 수가 많았기 때문이지만, 그보다도 더 중요한 것은 수공업 자체가 차지하는 중요성을 고려한 데 있었다.

군기감은 국가경비에 중요한 군수품을 생산하는 기관이었기 때문에, 공장별사 대상이 가장 많이 규정되어 있었다. 중상서는 국왕을 비롯한 귀족들의 옷에서부터 그에 따르는 각종 일용사치품들을 생산하는 관청이었다. 이는 국왕 및 귀족들과 직접 연결된 수공업관청이었고 또 그것이 국왕의 권위와 위신을 보장하는 물품의 생산을 담당한 관청이었기 때문에 별사 대상을 많이 설정하였던 것이다. 장야서와 상의국도 그 중요성 때문에 많은 공장별사 대상을 설정하였다.

이와 같이 고려시대 관청수공업장의 상층 수공업자들은 수조권을 받을 수 있었을 뿐만 아니라 공장별사의 명목으로 녹봉에 해당하는 보수도 받았다. 수공업자들에게 국가가 別賜米·稻를 지급했다는 것은 공장들이 신라에서처럼 노

〈표 3〉

| | 구 분 | 쌀 | | | | | | 벼 | | | |
|---|---|---|---|---|---|---|---|---|---|---|---|
| | 별사량 / 관청명 | 20섬 | 15섬 | 10섬 | 8섬 | 7섬 | 6섬 | 15섬 | 12섬 | 10섬 | 7섬 |
| 1 | 군 기 감(군기시) | | | 3 | | 7 | 4 | 4 | 3 | 4 | |
| 2 | 중 상 서(공조서) | | 1 | 2 | 3 | 3 | 2 | | 2 | 6 | |
| 3 | 장 야 서 | | | 2 | | 4 | 5 | | 4 | | |
| 4 | 도 교 서 | 2 | | 1 | | | | 1 | 3 | | |
| 5 | 상 의 국 | | | 2 | 1 | | 3 | | 3 | 1 | 1 |
| 6 | 잡 직 서 | | | | | 3 | 1 | | | | |
| 7 | 액 정 국 | | | | | 1 | 1 | 1 | | 1 | |
| 8 | 상 승 국 | | | | | | | | | 6 | |
| 9 | 태 복 시 | | | | | | | | | 2 | 1 |
| 10 | 내 궁 전 고 | | | | | 1 | | | 3 | | |
| 11 | 태 악 관 현 방 | 米 1料 3, 2料 8섬 9 | | | | | | | | | |

* 비고 : 《高麗史》 권 80, 食貨 3, 工匠別賜.

예적 예속상태에 있었던 것이 아니라 노임 형태의 공장으로 전환되고 있음을 말해주는 것이다.[5] 그러나 수조권과 공장별사를 받는 수공업자들은 상층의 수공업자와 일반 수공업자 중의 일부에 국한되었을 것이다. 앞에서 언급했듯이 수공업자들이 수조권을 받으려면 직위와 직계가 있어야 했고, 공장별사를 받으려면 1년에 300일 이상을 근무해야 했기 때문에, 그 해당자는 많지 않았으리라는 이유에서이다.

이들 외의 일반 수공업자들의 경우 관청수공업장에서 작업하는 대가로 일정 정도의 반대 급부가 주어졌으리라고 짐작되지만, 대부분의 경우 생활자료를 스스로 해결해 가면서 관청수공업장에 근무해야 했다. 즉 대부분의 수공업자들은 일정한 기간은 관청수공업장에서 일하고 또 얼마 동안은 자기 경리를 하여 생계를 유지하지 않으면 안되었다.[6]

5) 劉元東(敎聖), 〈高麗時代의 手工業〉(《韓國文化史大系》 Ⅱ, 고려대 민족문화연구소, 1965), 1027쪽.
6) 洪承基, 〈高麗時代의 工匠〉(《震檀學報》 40, 1975), 66~70쪽.

이런 상황에서 관청수공업장에서의 작업기간이 길면 길수록 도시나 농촌에서의 민간수공업의 발달은 저해되었으며,[7] 점점 고려의 중앙집권력과 관청수공업의 관리 체제가 약화되는 데 따라 일부 수공업자들은 지방에 흩어져서 독립적 수공업자로 전환되어 갔다.[8]

## 2) 소 수공업

### (1) 소 수공업의 형성

고려시대의 所 手工業은 관청수공업 및 민간수공업과 함께 이 시기 수공업에서 중요한 부분을 차지했으며 민간수공업에 비하여 한층 전업적인 것이었고 생산품의 질도 민간수공업품보다 우수했다.

手工業 所들은 신라의 成 수공업에 그 연원을 두고 있는 듯하다. 《三國史記》 지리지에, "方言에 이른바 鄕·部曲 등 雜所는 모두 갖추어 기록하지 않는다"[9]라고 명시되어 있다. 그러한 이유에서인지 《三國史記》에는 장소가 불투명한 곳을 모두 한 곳에 모아 수록해 두었다. 그 중 「成」이란 것이 많이 나타난다. 이들 「성」의 명칭 중에서 麗金成·濯錦成·寶劍成 등은 수공업품과 밀접하게 관련된 듯한 느낌을 강하게 준다. 따라서 「성」을 「소」제도의 직접적인 모태라고 볼 수는 없지만, 태조가 즉위한 후 신라의 제도를 사용하면서 신라의 「성」제도를 고려에 맞게 변용한 것이 아닐까 하는 생각이 든다.[10]

한편 수공업 소들은 신라 말기에 개별적 호족세력들이 가지고 있던 수공업장들이 고려에 흡수되어 편성된 것으로서, 이전에는 없던 고려만의 독특한 제도가 되었다.

삼국시기에는 적지 않은 호족들이 자체의 수공업장을 가지고 있었을 것이며 신라 말기에 군웅할거하는 현상이 보편화되면서 이들의 수공업장들도 증가했을 것이다. 견훤이 신라의 수도에 침공하여 자기의 수공업장을 만들 목적으

---

7) 姜萬吉, 〈手工業〉(《한국사》 5, 국사편찬위원회, 1973), 189쪽.

8) 《高麗史》 권 84, 志 38, 刑法 1, 職制.

9) 《三國史記》 권 34, 地理 1.

10) 金炫榮, 〈고려시기의 所에 대한 재검토〉(《韓國史論》 15, 서울大 國史學科, 1986).

로 많은 수공업자들을 납치해 간 경우에서 그 단적인 예를 볼 수 있다.[11]

고려가 후삼국을 통일하고 중앙집권체제를 확립해 가는 과정은, 후백제와 신라를 통합하는 과정이며, 지방의 호족세력들을 고려에 복속시키는 과정이었다. 따라서 왕건은 반항세력들을 정복한 다음에는 그 지역민들을 반역자로 낙인찍어 모두 賤役을 지게 하였다. 한편 고려에 항거하다가 역명자로 낙인찍힌 사람들 가운데 일부는 자기 고장에 그대로 결박되어 국가에 집단적으로 예속되기도 했다. 충청도 목천지방의 주민들이 왕건에게 항거한 이유로 짐승 이름의 성을 쓰게끔 강요당한 데서 그러한 사례를 볼 수 있다.[12] 이러한 경우에 그 지역민들은 향·부곡민으로 전락되었을 것으로 추측되며, 지방세력들이 소유하고 있던 수공업장은 수공업 소로 되었다고 여겨진다.

고려시대에는 수공업생산을 전업으로 하는 수공업 소들과 그렇지 않은 소들도 많았다. 즉 사료에 나타나는 각종 소에는 장소를 나타내는 단순한 의미로 쓰여진 것도 있다. 예를 들면 포로수용소의 성격이 짙은 歸化所나 於谷所, 바다나 강에 제사지내는 熊津溟所·德津溟所 등이 그러한 것들이다. 사료에 나타나는 모든 소를 일괄적으로 취급하면, 고려사회만의 독특한 산물인 소제도의 규명이 어려워질 것이다. 따라서 단순히 장소를 나타내는 경우와 고려사회만의 제도인 소를 구분해야 되는데,《新增東國輿地勝覽》에서 제시된, "각 所의 물품을 바친다"는 것과 예종 3年(1108)의 기록에서 나타나듯이 일반 주·현과 같이 소만의 "別貢·常貢을 내는 곳"을 소의 기본성격으로 보아야 할 것 같다. 즉 소는 장소를 나타내는 것이 아니라, 특정 수공업품과 원료를 만들어 내는 생산단위인 것이다.[13] 수공업 소들은 고려의 성립시기에 조성되었던 사회적 조건과 수공업생산에 대한 수취정책에 의해서 성립된 것이다.

고려는 이와 같은 사회경제적 조건 속에서 전국 군현에 金所·銀所·銅所·鐵所 등 광산물을 제련 상납하는 곳과 일용품을 생산하는 絲所·紬所·紙所·瓦所·炭所·鹽所·墨所·藿所·瓷器所·魚梁所·薑所 등을 설정해 놓았다. 이 가운데서도 자기소와 염소·어량소·곽소가 비교적 많은 비중을 차지

11) 《高麗史》 권 2, 世家 2, 태조 10년 9월.
12) 《新增東國輿地勝覽》 忠淸道 木川縣 姓氏.
13) 徐明禧, 〈高麗時代「鐵所」에 대한 硏究〉(《韓國史硏究》 69, 1990), 6쪽.

하였으며 그 밖의 수공업 소들은 그리 큰 비중을 차지한 것은 아니었다.

고려시대의 소 중에서 금소·동소·은소·철소는 원료와 연료 때문에 주로 산간지대에 인접한 지역과 하천 유역에 위치하였다. 이들 소 수공업자들은 삽·망치·정·삼태기·쇠스랑·고무래 등의 도구를 마련하여 생산을 도모했다. 특히 금소의 수공업자들은 당시 사금채취가 기본으로 되어 있었기 때문에 모래사장에서 간단한 함지박이나 삽·괭이 등으로 모래를 일어 사금을 채취하는 고된 노동을 했다. 이러한 사실은 충렬왕 3년(1277) 국가에서 충청도의 홍주·직산 등지에서 1만여 명을 동원하여 사금을 채취한 사실로 알 수 있다.[14)]

이 밖에도 사치품인 명주실과 명주를 생산하던 사소·주소 등도 있었으나 이에 대해서는 구체적인 자료가 없다. 다만 그것들이 대체로 수도 개경에 인접한 지역이거나 능라전이 설치되었던 서경을 비롯하여 능라, 명주 등 견직업이 발전하였던 경주·안동·성주 등지에 설치되었으리라 짐작된다.

지소는 고려시대에 종이가 많이 사용되었기 때문에 여러 곳에 설치되었겠지만, 기록에 남아 있는 것은 거의 없다. 그러나 묵소는 이에 비해 언급된 사료가 종종 있다. 즉 지명에 묵장벌, 묵방리, 묵곡소, 묵장산 등이 나타나는데 아마도 이런 곳은 묵소가 설치되었던 곳으로 보인다. 자기소와 와소는 전국 각지에 설치되었다. 강진에는 대곡소, 대구소, 칠량소가 있었는데 이것들은 고려시기 자기소의 대표적인 것들이다. 이 밖에도 전라도의 부안, 황해도의 송화와 옹진, 충청도의 대전 등지에서도 고려 때 가마자리들이 발견되고 고려자기들이 적지 않게 발견되었다. 이것은 이들 지역에 자기소 또는 와소들이 설치되어 자기와 기와를 생산했었다는 증거이다. 그리고 충렬왕 3년 강화도에서 유리기와를 구울 때 廣州의 義安土를 원료로 가져다 썼다고[15)] 기록에 나오는, 의안도 자기소 또는 와소가 있었다고 볼 수 있다.

이상에서 본 바와 같이 고려시기에는 각종의 수공업 소들이 전국 각지에 분포되어 있었으며 그것은 고려시기 수공업에서 중요한 역할을 담당하였다.

---

14) 《高麗史》 권 28, 世家 28, 충렬왕 3년 4월 경신.
15) 《高麗史》 권 28, 世家 28, 충렬왕 3년 5월 임신.

### (2) 수공업 소의 구조

수공업 소들은 대체로 그 규모가 촌락정도의 범위였을 것이다. 이것은 13세기에 충청도 가림현에 있던 금소촌을 비롯한 수많은 촌들이 각 군현과 중앙관청에 소속되어 있던 관계로 주민들이 부역을 담당하기가 어렵다는 것을 국가에 상소한[16] 사실에서 알 수 있다. 여기서의 금소촌은 금을 채취하던 수공업 소였을 것이며, 또한 금소가 촌락적 범위를 가진 규모였음을 알 수 있다.

예종 3년의 "경기 주현은 상공 외에 요역이 과중하여 백성들이 괴로워하여 날로 점차 도망가고 유리걸식하니 主管 所司는 界首官에게 공역의 많고 적음을 물어 작정·시행하라"[17]는 기사를 볼 때, 국가는 일반 군현과는 차별성을 가지고 있는 소를 지역에 맞게 설치하고 군현으로 하여금 관할하게 했음을 알 수 있다. 소는 일반 군현과는 다른 수취구조 하에 놓여있는 특수한 지역이지만 당시 고려의 지방제도가 미숙했기 때문에 군현 아래에 놓여져 있었던 것이다. 또한 소에서 생산한 공물은 상공과 별공으로 국가에 제공하여야 했으며, 관청수공업장에 대해서는 원료를 생산하여 공납했을 것이다.

《新增東國輿地勝覽》 여주목, 등신장 고적조에, "(위의 향·부곡·소·처·장에는) 모두 土姓吏와 민이 있다"라고 되어 있다. 위에서 나타난 「토성리」의 구체적인 명칭은 알 수 없으나 아마도 사료상에 나타나는 所吏層이었을 것이다.

所吏는 所民을 감독하여 공물의 생산노동을 하게 하며 동시에 그곳에서 생산된 공물을 모아 공납하는 의무를 지고 있었다. 토성리의 의무를 되살려 볼 때, 소리는 소 지배를 위해 외부로부터 파견되어 온 사람이 아니라 그 땅에 거주하고 있던 사람이며 본래부터 그 지역의 향리층이었을 것이다. 그리고 所內에서 소리의 지위는 소민과는 명확히 구별되었을 것이다. 즉 소리와 소민 사이에는 지배와 피지배 관계가 성립되었을 것이다. 국가는 소의 일차적인 통치를 소리에게 맡겼으며, 소리는 혈연적 색채를 띤 소 내부의 관계를 파악하고 소에 대한 지배를 관철시켰을 것이다. 소리들은 이러한 역을 수행하는 대가로 국가로부터 외역전을 지급 받았던 것이다.

---

16) 《高麗史》 권 89, 列傳 2, 忠烈王 齊國大長公主.
17) 《高麗史》 권 78, 志 32, 食貨 1, 貢賦 예종 3년 2월.

수공업 소들은 국가에 집단적으로 예속된 상태에서 공물을 수취 당하고 있었다. 국가는 공물수탈을 규정하기 위하여 소의 주민들을 등록하여 호를 구성하게 한 후, 편호제에 의하여 공물을 수취하되 편호에 망라된 수공업자들이 연대적으로 책임을 지게 하는 방법을 취하였다. 이렇게 하는 것이 공물량을 규정하는 것뿐만 아니라 수공업자들을 소에 결박시키는 데도 유리하였을 것이다.

14세기 중엽에 崔瀣는 《拙藁千百》에서 다음과 같이 쓰고 있다.

> 榮州의 梨旨銀所는 옛적에는 縣이었는데 중간에 邑人이 국명을 어겨 폐하여 籍民 시키고 白金을 稅로 내는 은소로 칭해진 지가 오래다. 이제 그 토인 중에 那壽와 也先不花가 중국 궁정에서 사환으로 열심히 공로를 쌓아 그 공으로 본관을 올려 다시 현으로 삼았다. …銘에 이르기를…전하는 말에 옛날에 고을사람들이 자기 몸을 닦지(修) 못하여서 온 고을사람이 전복되었으며 죄를 간직하고 수치심을 당하고 폐지되어 銀戶로 되었다고 한다.

이 기록을 통하여 이지현이 은소로 등록되었다는 것을 알 수 있다. 인용문에서 '적민시켰다'는 것은 호로 편성하기 위한 것이며, 은소를 은호로 부르기로 한 것은 은소가 편호제에 의하여 공물을 납부할 의무를 지고 있던 사정과 관련된다. 그리고 여기서 말하는 호는 개별적 세대들로 구성된 자연호가 아니라 수공업생산에 직접 참가할 수 있는 일정한 장정노동력으로 구성된 법적인 수세단위로서의 편호를 의미한 것이었다.[18]

수공업 소에서 진행되던 금·은·동·철·종이·소금 등 그 밖의 생산물들은 결코 자연호에 기초한 개별적인 세대단위의 호로써는 생산을 진행시키기 어려웠던 조건에서 일정한 장정 노동력으로써 협업노동에 기초하여 생산을 진행하지 않으면 안되었다. 그러므로 수공업 소에서는 일부 특수한 부문을 제외하고서는 대체로 편호제에 의하여 노동력이 편성되고 그에 기초하여 공물수탈이 진행되었다.

### (3) 수공업 소민들의 존재형태

소민들은 조세는 부담하지 않았던 것으로 생각된다. 그러나 일반 군현민들과 같이 소민들도 稅布는 납부해야 했을 것이나. 하지만 실제로 이것은 일반

18) 홍희유, 앞의 책, 133쪽.

적인 정황은 아니었을 것이고 소민들은 대부분 그들 소에 맞는 원료나 수공업품을 납공했을 것이다.[19]

수공업 소의 민들은 일반 군현민들보다 가혹한 공물량을 수취 당하였으며, 일반민들과 신분적 범주가 달라 많은 어려움을 겪었다. 수공업 소에 대한 수취는 정규적인 상공에 의한 것보다 이른바 별공에 의한 것이 더 심했다. 예종 3년에 "동·철·자기·묵 등의 잡소는 별공물색을 징수한 것이 너무 지나쳐서 장인들이 고통스러워 도피한다"[20]라고 한 기록을 유의하면, 이들 소민들은 그들에게 부과된 별공·상공의 부담만으로도 과중해서 가혹한 고통에 시달렸음을 알 수 있다.

또한 그들은 공물수취만이 아니라 병역 의무와 잡역으로 힘든 생활을 했다.

> 예문관 제학 李先齊가 상소하기를, '…이제 高麗 式目形止案을 살펴보면, 雜尺所丁 1,260명, 津江丁 624명, 部曲丁 382명, 驛丁 1,585명'이라고 하였다…(《文宗實錄》 권 4, 문종 즉위년 10월 경신).
>
> 무릇 은을 생산하는 은소는 그 居民들의 역을 면제해 주고 은을 채취하게 하여 관에 납입하게 한다(《高麗史》 권 79, 食貨 2, 貨幣 공민왕 5년 9월).

위의 사료에서 所丁은 구체적으로 싸움에 참가하는 군인들 같지는 않고 다만 서부지역의 성의 수축과 방어를 위하여 특정의 역을 지고 징발된 자들로 생각된다. 여기서 소의 주민은 특정의 물품생산을 위한 역뿐만 아니라 군사적 목적의 특정 역까지도 짊어지고 있었음을 알 수 있다. 또한 소민들이 잡역으로 인해 그들이 생산한 물품을 납공하는 데 어려움이 있었음을 보여 준다.

결국 소 수공업자들은 수공업 소에 묶여 대를 이어가면서 온갖 사회적 멸시 속에서 노동생산물의 거의 전부를 공물로 수취 당하고 있었다. 또한 서북지방의 국방경비를 위한 군대복무에도 수시로 징발되었는데, 고려시기에 서북지방에 배치되어 국경경비에 복무하는 소정들만 하여도 상당했을 것이다.

소의 주민들은 신분적으로는 역을 지고 있기 때문에 양인의 범주에 들어가지만 이들의 역은 천역으로 사회적으로는 거의 準賤人의 대우를 받았다. 소민들의 수공업 생산활동은 노예 노동적인 것은 아니고, 자기 경영에 의하

---

19) 徐明禧, 앞의 글, 17쪽.

20) 《高麗史》 권 78, 志 32, 食貨 1, 貢賦 예종 3년 2월.

여 이루어졌을 것이다. 하지만 그들에게 부과된 공납품을 제조 납부하는 것은 상당한 노동력에 기초해야 하기 때문에 유이민현상이 가중되었던 것이고, 그들의 역은 더욱 천역화되었으며, 앞에서 언급했듯이 우선 그들이 속해 있는 중앙관청, 소속 군현 그리고 所吏에게까지 이중 삼중으로 수탈당하였기 때문에 자기가 살던 곳에서 유리하는 현상이 심해졌고 결국은 명학소민들처럼 집단적으로 국가에 항거하게 되었다.

### 3) 민간 수공업

#### (1) 민간 수공업의 분업과 관청 수공업

고려의 민간사회에서는 대체로 자가수요를 위한 의류나 관청에 납부하기 위한 포물류를 생산했고, 몇몇 수공업분야에서는 전업적 수공업자인 工匠이 존재하였다. 이들 공장들은 종종 지방관청의 수공업생산에 동원되거나 공역군으로 징발되어 기술노동을 제공하기도 했으며, 평상시에는 나름대로의 분업체계를 가지고 농촌사회의 주문생산을 담당하였다.

기록이 부족하여 자세히는 알 수 없지만, 지방의 전업적 수공업자들은 충렬왕 22년에 洪子藩이 건의한 상소문[21]에 나타난 유동장 이외에도 상당히 있었을 것이다. 즉 직물생산부문의 경우 綾·羅 등을 공물로 거두어들이기로 되어 있던 사실에서 금장·능장·나장 등의 존재를 알 수 있다. 금속가공부문의 경우에 거울을 만드는 경장은 민간수공업에서 하나의 독립된 업종으로 존재했다. 즉 고려 말에 우왕은 거울을 주조하는 방법을 배울 목적으로 경장을 궁정에 불러 들였을 정도였다.

금박장도 민간수공업에 이미 형성되어 있던 업종이다. 13세기 말에서 14세기 초에 활동한 全英甫 같은 사람은 노비출신의 금박장으로서 대호군의 벼슬을 하사받기도 하였다.[22] 피혁 생산부문에서는 홍정장들이 민간수공업자들로 존재하였다. 이들 가운데는 12세기에 수도 개경에서 영업하고 있었던 彦光과

21) 《高麗史》 권 84, 志 38, 刑法 1.
22) 《高麗史》 권 124, 列傳 37, 全英甫.

같이 홍정업을 통하여 생활토대를 마련한 자들도 있다.[23] 또한 피장·갑장·화장들도 민간수공업으로 존재하였으며, 무기생산부문에서는 궁장과 시장이 존재하였다. 마구생산부문에서는 12세기 초엽 말달래에 기름칠하는 것을 전업으로 하는 업종이 서경에 있었음을 볼 때,[24] 말달래를 만드는 장인이 존재했음을 알 수 있다. 이 밖에도 목공부문에는 목장, 화업부문에는 화업장, 대공예부문에는 죽장 등이 민간수공업의 한 분야를 담당하고 있었으며, 지장·칠장·마장 등도 또한 존재하였음을 추측할 수 있다.

이상에서 민간수공업에서도 많은 업종이 있었고 또 어느 정도로 발전하였을 것으로 생각되지만, 그것에는 한계가 있었을 것이다. 그 이유는 국가나 귀족층이 필요로 하는 물품은 주로 관청수공업이나 소의 생산품으로 해결하였고, 게다가 이들 수공업자들은 기술노동에 자주 동원되어 기술발전을 꾀할 수가 없었기 때문이다.

### (2) 농촌의 가내 수공업

농촌지역에도 전업적인 공장이 일부 존재하고 있었지만, 민간수공업의 중심은 역시 농민의 가내수공업이었다. 농민들의 가내수공업은 대체로 자가수요를 위한 의료생산과 관부에 납부하기 위한 포물류의 생산이었다.

고려의 직조수공업에서 중요한 자리를 차지한 것은 모시 직조업과 마직업이었다. 베는 고려시대 농민들의 기본적인 옷감으로서 사회적 수요가 많았으므로 민간수공업으로 광범하게 발전하였다. 이와 함께 모시 직조업도 비교적 광범위한 소비대상을 가진 생산부문이었다. 당시에 모시와 베는 그 대부분이 농민들의 가내수공업으로 생산되었는데 그들은 자체의 수요뿐만 아니라 국가에 납부해야 하는 공물로서 충당하기 위한 것이었다.

고려시대에는 농민들의 가내수공업으로 직조수공업이 발전한 것과 함께 참대제품과 자리수공업 및 제지수공업이 또한 민간수공업으로서 발전하였다. 경상도 양산은 일찍부터 참대산지로 알려졌으며 이와 관련하여 양산주민들은 참대제품 수공업을 중요한 생업의 하나로 발전시켜 왔다. 그러므로 양산

23) 《高麗史》 권 128, 列傳 41, 鄭仲夫.
24) 《高麗史》 권 127, 列傳 40, 妙淸.

주민들은 집집마다 남녀노소 할 것 없이 모두가 대로 각종 용구들을 만들어 딴 물건과 교환하였으며 의식, 조세 그리고 공물도 전적으로 참대수공업에 의존하는 형편이었다.[25] 이것은 양산지방이 참대제품 생산의 명산지로 발전하였다는 것을 의미한다. 특히 양산지방민들이 생활자료들을 참대가공품들과 교환하여 해결하고 조세와 공물까지 그에 의존하였다는 사실은 주민들이 수공업을 중요한 생업으로 삼고 있었으며 양산이 참대제품 수공업의 중심지로 되어 있었다는 것을 의미한다.

이와 함께 고려시대에는 민간수공업으로서 왕골을 원료로 하여 돗자리를 엮으며 방석이나 그 밖의 제품들을 생산하는 자리수공업이 발전하였다. 당시에 왕골돗자리와 방석들은 만화석, 만화방석 등의 이름으로 외국에 수출되어 호평을 받았다. 돗자리·방석 등을 만드는 수공업이 발전함에 따라 경상도의 일부 지역들은 자리수공업 중심지로 발전하였다. 그 중에서도 경상도 안동지방은 대표적인 자리수공업산지였다.

제지업도 한층 발전하여 질적으로도 새로운 진전이 있었다. 전주는 종이의 명산지로 알려졌으며, 특히 명표지는 그 질이 우수한 것으로 널리 알려졌다.[26] 고려시기에는 전주의 명표지 뿐만 아니라 백추지·견지·청지·아청지 등 다양한 종이들이 생산되었다. 특히 견지는 마치 누에 고치실로 만든 것같이 희고 질기며 고상한 품위가 있었기 때문에 다른 나라에서까지 호평을 받았다.

이상에서 지적한 바와 같이 민간수공업으로서 베·모시·비단을 짜는 직조수공업과 참대가공업, 자리수공업, 제지업 등이 광범하게 발전하였다. 이러한 생산부문들은 원료·기술·생산조건으로 인해 주로 농민들의 가내수공업으로 발전하였으며, 그것은 民들의 광범한 수요에 기초하고 있었기 때문에 많은 지역들이 해당수공업의 명산지로 발전하였다.

고려시대의 직조품들은 상품으로서 널리 유통되었으며 그 가운데서도 베는 현물화폐로 중요한 의의를 지니고 있었다. 이리하여 직조업과 시장과의 관련이 강화되었고, 그것이 직조수공업의 발전을 자극한 요인이 되었다. 한편 수공업 중심지가 형성되었다는 것은, 폐쇄적인 자연경제가 지배하는 조건

25) 《新增東國輿地勝覽》 慶尚道 梁山郡 風俗.
26) 《高麗史》 권 105, 列傳 18, 鄭可臣.

아래에서도, 수공업 상품생산이 일정한 정도로 발전하였음을 말해 준다.

### (3) 민간 수공업자의 사회·경제적 존재형태

고려시대에 수공업자들은 사회적으로 천대를 받았을 뿐만 아니라 경제적으로도 가혹한 수탈을 당하였다. 관청수공업장에 징발된 수공업자들과 所 수공업자들을 제외한 나머지 수공업자들은 수공업제품들을 지방관원들에게 납부하였다. 따라서 국가는 이들을 대상으로 징수할 각종 수공업제품의 양을 규정하였다. 이런 수취의 양은 그 자체만으로도 과중한 것이었다. 靖宗 7년(1041) 정월에 三司가 왕에게 올린 글에 의하면, "각 도에서 지방관원들이 주관하는 주·부의 세공은 1년에 쌀 300섬, 벼 400곡, 금 10량, 백은 2근, 베 50필, 백·적동 50근, 쇠 200근, 소금 300섬, 명주실과 삼실 40근, 기름과 꿀 1섬씩"[27]이었다. 여기서 쌀·벼·꿀 등을 제외한 금·은·동·철 등의 금속과 베·명주실·삼실 그리고 소금 등은 수공업자에 의해서 만들어진 수공업제품들이다. 명주실과 삼실 같은 것은 농민들의 가내수공업에서 생산된 제품이 납부된 것이었으나 나머지 수공업제품들은 전업적 수공업자들의 몫이었다. 또한 이 중에는 금소·은소·동소·철소·사소·염소 등으로부터 수취한 것들도 부분적으로 있었으나 대부분은 민간수공업자들로부터 수취한 것이었다.

국가는 정종 7년에 함경도에서만도 5만 209필의 베를 공물로 수취하였으며,[28] 선종 3년(1086)에는 왕태후 책봉을 축하한다는 구실로 각 도의 군현들로부터 10여만 필의 베를 수취하였다.[29] 여기에서 국가는 항상 규정된 액수만을 수취하는 것이 아니라 정액 이상의 양을 수취하였음을 알 수 있다.

수공업자들은 자기들의 노동생산물을 공물로 내야 했을 뿐만 아니라 수시로 각종 부역노동에 징발되어 기술노동을 국가에 무상으로 제공해야만 했고 또한 군대에 복무하는 의무도 져야 했다. 수공업자들은 고려 초기 이래 계속 진행된 수도의 성과 궁전 건축에 수시로 징발되었다. 당시에는 수도 개경의 도성건축을 비롯하여 서북·동북지방의 국방경비를 위하여 많은 성들이 축조되었다. 덕종 2년(1033)에는 서쪽 압록강구로부터 함경남도 정평 도련포에

27)《高麗史》권 78, 志 32, 食貨 1, 租稅.

28) 위와 같음.

29)《高麗史》권 88, 列傳 1, 后妃 1, 文宗 仁睿順德太后 李氏.

이르는 1,000여 리 장성이 축조되었는데 이러한 축성사업에는 방대한 인원의 청장년들과 수많은 수공업자들이 징발되었다. 이러한 축성사업에 얼마나 많은 수공업자들과 백성들이 동원되었는가 하는 것은 개경의 나성 축조를 통해서도 잘 알 수 있다. 《高麗史》 권 56, 지리지에 의하면, 수도 개경의 나성은 약 20년 간의 세월을 거쳐 현종 20년(1029)에 완성되었는데 이 공사에는 30여만 명의 장정과 8,458명의 공장들이 동원되었다고 한다.

고려시기에 수공업자들은 귀족층의 불교숭상 때문에 끊임없이 진행되던 사원 축조에도 자주 징발되어 부역노동을 강요당하였다. 이러한 건축공사는 단시일에 끝나는 것이 아니라 오랫동안 진행되었기 때문에, 수공업자들은 육체적 고통은 말할 것도 없고 자신의 생계를 위한 수공업경영마저 지탱할 수 없었다. 선종 1년(1084)에 대운사와 대안사를 건축했을 때는 수많은 청장년들과 공장들이 징발되어 농사를 망치는 형편이었다고 한다.[30] 대운사나 대안사와 같은 비교적 짧은 기간의 토목공사에 징발된 수공업자들의 생활형편이 이러한 상태였다는 것을 고려할 때, 12년간의 긴 세월에 걸쳐 문종 2년(1067)에 완성된 2,800칸에 달하는 흥왕사 건축과 같은 대규모의 토목공사에 이르러서는 수공업자들의 생활이 얼마가 곤궁했을까는 상상하기가 어렵지 않다.

고려시기의 수공업자들은 또한 일품군이란 명목으로 지방군에 포함되어 공역군으로 복무하였다. 고려시기의 주·현에는 지방군이 조직되어 해당 지방의 경비를 담당하였다. 해당 주·현군의 부대편성은 중앙군과 마찬가지로 보승·정용 등이 있었으며 그 밖에 일품군이 있었다. 주·현의 지방공병부대로서의 일품군은 북계·동계를 제외한 중부 이남의 이른바 5도의 주·군·현에 배치되어 있었다. 일품군 외에 또한 2, 3품군이 있었는데 이들은 70세 이상의 부모를 모신 외독자들로서 자기 마을에 그대로 있으면서 향토보위도 하고 부모봉양도 하게끔 편성된 공역군이었다. 그러나 부모가 죽으면 일반 일품군과 마찬가지로 주현의 공역군으로 복무하여야 했다.[31] 고종 23년(1236)에 강화도에 수도를 옮긴 무신정권은 각 주·군의 일품군들을 징발하여 강화도 연안의 제방을 증축하려 한 일이 있었다. 또한 〈淨兜寺石塔記〉에도 일품군들이 돌탑

30) 《高麗史》 권 6, 世家 6, 문종 2년 3월 경자.
31) 《高麗史》 권 81, 志 35, 兵 1, 工役軍.

건립에 참가한 사실들을 전하고 있다. 이와 같이 일품군은 군대라고는 하지만 실제에 있어서는 축성, 건축 등을 담당한 노역부대인 공역군들이었다. 그러므로 일품군에는 생산에 종사하고 있던 지방 수공업자들이 주요한 구성원을 이루고 있었다.

지방의 일품군에 대하여 보면, 고려에서는 44개의 주·군·현에 무려 19,882명의 수공업자들이 일품군에 망라되어 공역군으로 복무하고 있었으며,[32] 동계에서는 14개 주·현·진에 14경의 공장 혹은 전장들이 공역군으로 징발되어 복무하였다.[33] 안변부의 예에 따라 1경을 33명으로 계산하더라도 약 500명의 수공업자들이 공역군으로 복무한 것이다. 여기에 북계의 所丁 및 雜尺 1,268명을 합하면 고려시기에 약 2만여 명의 수공업자들이 공역군에 망라되어 토목·건축·축성 등의 노동을 강요당하고 있었다. 물론 일품군의 모두가 다 수공업자였다고 볼 수는 없으나 일품군 가운데는 수공업자가 적지 않은 비중을 차지하였다고 보인다. 또한 공역군에 있어서도 공역군 전부가 수공업자는 아니었으나 많은 부분이 수공업자였다고 인정된다.

이상에서 본 바와 같이 민간수공업자들은 그들이 생산한 노동생산물을 공물이란 명목으로 현물 그대로 수탈당하였을 뿐만 아니라 일품군, 공장, 전장이란 명목으로 군대에 끌려나가 공역군으로서 고된 기술노동을 강요당하였다. 특히 각 주의 일품군은 2교대로 나뉘어 가을에 맞교대를 하게 되어 있었기 때문에 일품군에 징발되면 공농일치의 원칙에 기초하여 생활하던 수공업자들은 농사철을 잃기 마련이었다. 이렇게 최소한의 생활도 영위할 수 없었던 수공업자들의 생활형편은 매우 비참했다. 그러나 직접 생산자인 민간수공업자들은 이러한 어려움 속에서도 자기들의 생산활동을 계속하였고 그 과정을 통해서 적지 않은 기술을 개발시켰다.

### 4) 사원 수공업

고려시대에는 불교가 발달하고 사원경제가 향상되었으므로 사원의 수와

32) 《高麗史》 권 83, 志 37, 兵 3, 州縣軍 京畿.
33) 《高麗史》 권 83, 志 37, 兵 3, 州縣軍 東界.

승려의 수가 증가하였고, 따라서 사원의 수공업품 수요가 증대되어 스스로 이를 자급하기에 이르러 사원수공업이 발달하였다. 사원수공업은 대개 직포업과 제와업, 그리고 제염업 등에서 발달하였는데 처음에는 자체의 수요를 충족하기 위하여 운영된 것이었으나 차차 생산이 증대하여 민간의 수요들을 조달하기에 이르렀다.

《高麗史》 열전 제국대장공주전의 기사에 의하면, 충렬왕비인 제국대장공주에게 한 여승이 그의 婢가 짠 白苧布를 헌상하였는데 가늘기가 매미 날개와 같고 화문이 섞여 있어 그 아름다움과 섬세함이 빼어났다고 한다. 그리고 이 백저포를 市商에게 보였더니 시상들이 전에 보지 못한 우수한 직물이라고 하였다고 한다. 또한 《朝鮮佛敎通史》에 의하면, "彌陀寺의 여승들이 모두 細綿布를 직접 직조하는 것을 업으로 삼고 있었다"고 한다.

위의 두 기사에서 직물을 짜낸 사람이 하나는 여승의 婢라는 점에서 노비도 사원 내에서 직물생산의 일익을 담당하고 있었음을 알 수 있으며, 여승들이 거처하는 사원에서도 직조업이 행해지고 있었음을 알 수 있다.

사원에서는 직물류를 짜는 이외에도 기와를 굽는 승려도 있었다. 즉 충렬왕이 승려 六然을 강화도에 보내 琉璃瓦를 굽게 하였으며 육연은 광주의 義安土를 가져다가 黃丹을 많이 사용해서 유리와를 구웠는데 품질과 색상이 아주 뛰어나 市商들이 파는 것보다 우수하였다고 한다.[34] 그리고 琉璃瓦 같은 것은 승려들이 직접 생산했다기보다는 사원노비들이 주된 생산자였다고 여겨진다.[35]

사원의 이러한 수공업품들은 자가수요에 충당되기도 하였지만, 그 제품의 질이 일반 민간수공업품보다 우수하여 상품으로서도 중요한 구실을 하여 상업의 발달에도 중요한 역할을 담당하였다. 사원의 상행위는 사원경제에 큰 보탬이 되기도 하였지만 반면에 많은 폐단을 야기시켰다.

〈徐明禧〉

34) 《高麗史》 권 28, 世家 28, 충렬왕 3년 5월 임신.
35) 李相瑄, 〈高麗寺院經濟에 대한 考察〉(《崇實史學》 1, 1983), 71~73쪽.

## 2. 상업과 화폐

### 1) 국내상업

#### (1) 도시상업

고려시기의 상업은 크게 국내상업과 대외무역으로 나뉘어지며, 국내상업은 다시 도시상업과 지방상업으로 나눌 수 있다.[1] 도시의 성격은 역사의 변천에 따라 달라질 수 있으므로 한마디로 규정하기는 어려우나, 비농업적인 인구의 대취락이란 공통적 특징을 가지고 있다. 국내 최대의 도시는 수도이므로 개경은 군사상·행정상의 중심지인 관아도시인 동시에 상공업 중심지인 경제도시였다.[2] 고려시기의 도시는 수도인 개경을 비롯하여 서경, 동경, 남경 및 牧의 소재지 등 행정 거점지역을 중심으로 형성되었다.[3] 개경 이외 다른 지역의 도시상업 실태는 자료의 제약으로 파악하기가 어려운 실정이다. 따라서 개경의 시전상업을 중심으로 도시상업 실태를 살펴보고자 한다.

수도 개경은 태조 2년(919)에 건설된 계획도시였다. 수도를 개경에 정하고 궁궐과 관아를 지으면서, 수도를 5부(중·동·서·남·북부)로 나누고 그 밑에 坊과 里의 행정구역을 두었다. 5부 방리제는 태조 2년 처음 실시된 후 성종 6년(987)에 개편되었다가, 현종 15년(1024)에 5부 35방 344리 방리제로 체계가 정비되었다. 이 때 제정된 방리의 수와 방명을 보면 〈표 1〉과 같다.[4]

고려시기 도시상업의 가장 대표적인 형태는 개경의 관설시장인 시전상업이었다. 市廛은 주현의 場市와 구별되는 상설시장이며, 어용시장인 점에서 대표적인 시장조직이었다. 시전은 도시민의 생활품을 판매하기도 하지만, 관수품

---

1) 劉敎聖, 〈韓國商工業史〉(《韓國文化史大系》 Ⅱ, 고려대 민족문화연구소, 1965).
姜萬吉, 〈商業과 對外貿易〉(《한국사》 5, 국사편찬위원회, 1975).

2) 河炫綱, 〈古代-高麗時代 都邑의 形成과 그 性格-〉(《都市問題》 2-8, 1967).
趙璣濬, 〈經濟發展과 韓國都市成長에 관한 硏究〉(《東洋學》 7, 1977).

3) 白南雲, 《朝鮮封建社會經濟史》 上(東京 ; 改造社, 1937), 727쪽.

4) 《高麗史》 권 56, 志 10, 地理 1, 王京 開城府.
李基白, 《高麗史 兵志 譯註》(일조각, 1969), 33쪽.

〈표 1〉 개경의 5부 방리제

| 부명 | 방수 | 방 명 | 리수 |
|---|---|---|---|
| 동부 | 7 | 안정 · 봉향 · 영창 · 송령 · 양제 · 창령 · 홍인 | 70 |
| 남부 | 5 | 덕수 · 덕풍 · 안흥 · 덕산 · 안갑 | 71 |
| 서부 | 5 | 삼송 · 오정 · 건복 · 진안 · 향천 | 81 |
| 북부 | 10 | 정원 · 법왕 · 흥국 · 오관 · 자운 · 왕륜 · 제상 · 사내 · 사자암 · 내천왕 | 47 |
| 중부 | 8 | 남계 · 흥원 · 홍도 · 앵계 · 유암 · 변양 · 광덕 · 성화 | 75 |

을 조달하고 조세와 공납품 등 국고의 잉여품을 처분하는 기능과 외국사신과의 互市場, 대외무역의 결제기관으로서의 임무를 담당하고 있었다.[5)]

그러므로 5부 방리제에 의해 도시를 정비하면서 동시에 시전을 설치하였다. 개경에 시전이 처음 설치된 것은 "태조 3년 봄 정월에 송악의 남쪽에 도읍을 정하여 궁궐을 지었다. 3성 · 6상서를 두고 9시를 설관하였으며 시전을 세우고 방리를 갈라 5부를 나누고 6위를 두었다"[6)]고 한 것처럼, 태조 2년 수도를 개발할 때였다.

그러나 중앙군 조직인 6위는 성종 14년(995)에 처음 정비되었으므로 6위가 태조 2년에 설치되었다는 것은 잘못이다. 이는 고려의 중요한 제도가 이미 건국 초에 완비된 것처럼 보려는《高麗史》편찬자의 윤색 때문이라고 생각된다. 따라서 시전이 태조 2년에 설치되었는지 여부는 분명하지 않다. 그러나 건국 후 오래지 않아 설치된 것만은 어느 정도 확실하다.[7)]

태조 2년에 설치되었다는 시전은 어용상인의 영업구역으로서 특정한 장소가 할당되어 있는 이른바「坊市」를 의미하는 것이었다.[8)] 그런데 徐兢은《高麗圖經》에서 "왕성에는 본래 방시가 없었다"[9)]고 하였다.

---

5) 姜萬吉, 앞의 글, 196쪽.
白南雲, 앞의 책, 733~734쪽.

6)《高麗史》권 1, 世家 1, 태조 3년 정월.

7) 李基白, 앞의 책, 13~14쪽.
北村秀人,〈高麗時代の京市の基礎的考察－位置 · 形態を中心に－〉(《人文硏究》42-4, 1990), 289쪽.
朴龍雲,《高麗時代史》上(一志社, 1985), 238~239쪽.

8) 白南雲, 앞의 책, 731쪽.

9)《高麗圖經》권 3, 城邑 坊市.

송대 이전 중국의 도시는 기본적으로 정치·군사도시였으며 경제도시의 성격은 부차적인 것이었다. 이러한 도시의 성격은 법제적으로 市制와 坊制를 통해 관철되고 있었다. 시제는 도시 내에 관설 상업구역인「시」를 설치하여 그 내부에서만 상업을 허용하여 국가 통제하에 두는 제도이며, 방제는 도시 내부를 가로로 구획하여 도시민을 폐쇄적인 방에 의해 규제하는 제도라고 할 수 있다. 이러한 시제와 방제는 당 중기 이후부터 서서히 붕괴되어 송대에 들어와서는 완전히 자취를 감추게 되었다. 따라서 거주민은 이전과 같이 출입할 때 坊門을 경유하거나 坊正 등의 감시를 받을 필요가 없게 되었다. 송대의 도시는 법제적으로는 시제와 방제의 붕괴에서 그 의의를 찾을 수 있다.[10]

徐兢이 개경에 방시가 없다고 한 것은 송대 이전 중국 도시의 방시제와 같은 것이 없었다는 것이지, 시전 자체가 없다고 말한 것은 아니었다. 그러므로 개경의 시전 구조는 중국의 방제와는 다른 양상이었던 것 같다. 그러면 시전은 어디에 어떤 구조로 설치되었을까.

설치 초기의 시전 구조나 규모에 대해서는 기록이 전하지 않아서 상세한 것을 알 수 없다. 12세기 초엽에 개경 시전의 北廊 건물 65칸이 불탔다는 기사로 보아,[11] 개경의 시전은 長廊 구조로 되어 있으며, 관부가 이를 건조하여 시전상인에게 대여했던 것이라 생각된다. 이 경우 상인들은 일정한 公廊稅를 바쳤을 것이다.[12]

개경 시전의 위치나 형태를 보다 상세히 보여 주는 것은 12세기 초의 기록인《高麗圖經》이다.

> ① 왕성에는 본래 방시가 없고 오직 廣化門에서 관부 및 관에 이르기까지 모두 장랑이 있어 民居를 가리웠다. 때로 장랑 사이에다 그 坊門을 永通·廣德·興善·通商·存信·資養·孝義·行遜이라 하였다. 그 안에는 실제로 街衢나 市井은 없고 절벽에 초목만 무성하고 황폐한 빈터로 정리되지 않은 땅이 있기까지 하니 다만 밖에서 보기만 좋게 한 것 뿐이다(《高麗圖經》 권 3, 城邑 坊市).
>
> ② 京市司에서 興國寺 다리까지와, 광화문에서 奉先庫까지의 장랑 수백 칸을

10) 이상은 李範鶴,〈宋代의 社會와 經濟〉(《講座 中國史》Ⅲ, 지식산업사, 1989), 179~180쪽 및 斯波義信,《宋代商業史硏究》(東京 : 風間書房, 1968)를 요약한 것이다.

11)《高麗史》권 53, 志 7, 五行 1, 예종 7년 9월 을축.

12) 姜萬吉, 앞의 글, 196~197쪽.

만들었는데, 이것은 민의 주거가 좁고 누추하며 질서가 없고 가지런하지 못하기 때문에 그것을 가리워 사람들에게 그 누추함을 보이지 않게 하기 위한 것이다(《高麗圖經》 권 3, 城邑 國城).

③ 大市·京市 2司는 남쪽 큰 거리에 있는데 동서로 마주하고 있으니, 關市의 정사를 균형있게 하기 위한 때문이다(《高麗圖經》 권 16, 官府 臺省).

이들 기록을 종합하여 보면 시전의 위치는 대략 다음과 같다. 시전은 왕성의 서문인 宣義門에서 왕성 안으로 들어가는 도로와 동남문의 長覇門(후의 정안문)에서 입성하는 도로가 교차하는 十字街를 남쪽 기점으로 하여, 그곳에서 북으로 이어져서 홍국사를 지나 병부의 서쪽에 이르러 왕성의 동문인 광화문에서 동으로 뻗은 도로와 만나면서 다시 서쪽으로 꺾어 광화문에 이르는 도로 즉 南大街에 위치하고 있었다. 정안문이나 선의문에서 성안으로 들어오는 도로는 국내외로부터 다양한 임무와 목적을 가진 사람들이나 각종 물자가 지나가는 왕성의 동맥이고, 십자가는 그 교차점에 해당한다. 京市는 바로 그 십자가를 기점으로 북쪽으로 이어져 있다는 점에서 경시 입지조건의 중요성을 헤아릴 수 있다.[13]

시전은 도로의 양편에 길을 따라 길게 이어져 있는 상설 점포인 장랑의 형태로 되어 있었다. 徐兢은 이러한 장랑이 민의 주거지가 좁고 누추하여 이를 가리기 위해 설치한 것이라고 묘사하고 있다. 이 장랑은 곳곳에 끊어져 있고 거기에는 장랑의 배후에 있는 방리를 출입하는 문인 방문이 설치되어 있었다. 그리고 방문에는 영통·광덕·홍선·통상·존신·자양·효의·행손과 같은 坊名을 표시하는 표찰이 붙어 있었다.[14]

개경의 시전은 도시민의 생활품을 판매하기도 했지만 주로 관수품을 조달하고 국가의 잉여품을 처분하는 기능을 가진 어용상점으로서 국가의 보호 아래 발전되었으므로, 시전에 대한 국가의 관여도는 매우 높았다. 따라서 시전

13) 北村秀人, 앞의 글, 291~292쪽.

14) 北村秀人, 위의 글, 267쪽.
그러나 종래 유교성·강만길·김병하·전수병·김동철·박용운·전병무 등 대부분의 고려시기 상공업사 연구에서는 영통·광덕·홍선·통상 등을 간판에 쓰여진 시전의 상호명으로 파악하였다. 북한의 《조선전사》 6(과학백과사전출판사, 1980), 173쪽에서는 영통·광덕 등 간판을 붙인 상업지구로 홍희유, 《조선상업사》-고대 중세-(과학백과사전종합출판사, 1959), 70쪽에서는 문 위에 영통·광덕 등 현판을 단 8개의 상업지구로 파악하고 있다.

을 감독하는 관부로서 京市署가 설치되었다.[15)]

《高麗圖經》에서는 남대가에 大市司·京市司가 동서로 마주보고 있으면서, 闤市의 정사를 균형있게 하고 있다고 하였다. 서긍이 말하는 경시사는 경시서를 가리키나, 대시사는 고려의 관부 명칭으로 나타나지 않는다. 대시사에 해당하는 가능성을 가진 관사로는 街衢所를 들 수 있다. 가구소는 문종 30년(1076)에 설치되었으며, 남대가의 통행을 감시하고 치안을 유지하는 임무를 지닌 상설 관사였다. 경시서는 시전에서의 물가의 감독과 가격의 공정, 미곡매매의 감독과 가격의 공정, 상평창미의 매매 등을 담당하였다. 따라서 경시서가 남대가의 경시로서의 측면을 관할하는 기구라면, 가구소는 남대가의 街路로서의 측면을 주로 감독하는 포괄적인 경시 감독기구라고 하겠다.[16)]

경시서의 직제를 보면 목종 때 이미 京市署令이 설치되었으며, 문종 때 다시 확대되어 令 1인(정7품), 丞 2인(정8품), 이속으로 史 3인, 記官 2인 등을 두었다.[17)] 목종 때에 비해 문종 때에는 경시서의 직제가 늘어나고 또 경시서의 장관인 경시서령의 전시과 지급 규정이 13과에서 11과로 향상된 것은 직제가 확대·강화된 것을 의미하는 것이었다.[18)]

이러한 직제의 확대는 경시의 발전을 전제로 한 것이며, 경시의 번영은 鐵錢과 布幣의 병용에 의한 상품교환 관계의 발전에 따른 것이었다.[19)] 경시서는 상위의 관사로서 어사대와 밀접한 관련을 맺고 있었다. 어사대가 경시를 감찰하고, 경시서의 職掌에 깊이 관여한 것은 고려가 경시를 중시하여 깊은 관심을 가지고 있음을 잘 보여 주는 것이라 하겠다.[20)]

한편 국가는 관영상점을 개설하여 직접 상업에 참여하기도 하였다. 개경에는 書籍店·幞頭店·大藥局, 서경에는 鹽店·綾羅店·藥店 등이 있었다. 이들은 생산과 판매를 겸한 관영 상공업체였다. 이들 관영상점은 주로 지배층을 대상으로 생산·판매활동을 하였다고 생각된다.[21)]

---

15) 白南雲, 앞의 책, 734쪽.
16) 北村秀人, 앞의 글, 274~282쪽.
17) 《高麗史》 권 77, 志 31, 百官 2, 京市署.
18) 金東哲, 〈고려말의 流通構造와 상인〉(《釜大史學》 9, 1985), 225쪽.
19) 白南雲, 앞의 책, 731쪽.
20) 北村秀人, 앞의 글, 276·292쪽.
21) 홍희유, 앞의 책, 68~69쪽.

이 밖에도 개경에는 茶店[22]·酒店·食味店 등 관에서 설치한 관영상점들이 있었다. 이들 상점은 화폐유통책과의 관련 하에 발달하였다. 성종 때에는 개경에 주점을 설치했으며, 목종 때에는 다점·주점·식미점에서만 종전대로 전화를 사용하게 했으며, 숙종 때는 화폐유통을 촉진시키기 위해 개경과 주현에 각각 左右 酒務와 酒食店을 설치하였다. 특히 다점과 주점은 송대처럼 茶酒 전매제를 실시하여 화폐유통을 촉진시키는 동시에 商稅 수입을 도모하기 위해 설치하였을지도 모른다.[23]

개경의 시전을 중심으로 상업활동을 하였던 시전상인들은 국가에서 시전을 대여받거나 권세가·사원세력들과 결탁하여 시전을 경영하였을 것이다. 이들 시전상인 외에도 將作監 상인과 같이 각 관부에 출입하면서 물품을 조달하는 어용상인도 존재하고 있었다.[24] 고려 후기에 공물 대납업자의 역할을 담당했던 京主人이 명종 8년(1178)에 조성된 김제군 金山寺 향로의 명문에 나타나는 것으로 보아,[25] 고려 전기에도 경주인은 공물대납을 담당하였던 것 같다. 고려 전기부터 공물대납이 나타나면서 각 관부에는 장작감 상인과 같은 공물대납을 담당하는 상인들이 존재하였다고 생각된다.[26]

### (2) 지방상업

#### 가. 장시

개경 등에서의 도시상업이 상설점포를 가진 시전을 중심으로 발전한 데 비해 지방상업은 주로 비상설적인 장시를 중심으로 발달하였다. 고려시기의 장시는 대개 方午에 열렸고 교역에는 화폐를 사용하지 아니하고 다만 쌀이나 베를 사용하였다.[27] 방오는 正南으로 낮 午時이며 日中이다. 일중에 장이 열린다는 것은 교역자가 개시처 근처에 거주하는 사람들이었음을 의미한다.

---

22) 全完吉, 〈高麗時代의 茶文化論(其一)-茶店의 存在와 意味-〉(《民族文化研究》 20, 1987).

23) 蔡雄錫, 〈高麗前期 貨幣流通의 기반〉(《韓國文化》 9, 1988), 88쪽.

24) 蔡雄錫, 위의 글, 98쪽.

25) 李光麟, 〈京主人研究〉(《人文科學》 7, 1962), 238~242쪽.

26) 朴祥鎬, 〈高麗時期의 國內商業〉(建國大 碩士學位論文, 1988), 7~8쪽.

27) 《宋史》 권 487, 列傳 246, 外國 3, 高麗.

하루 왕복거리 안에서 생활하고 있는 이들이 모여 교역하므로 아침에 나와서 장을 보고 저녁까지는 귀가할 수 있도록 일중에 出市가 열렸던 것이다.[28] 이러한 장시의 모습은《高麗圖經》에 좀 더 상세히 묘사되어 있다. 서긍은 고려의 풍속에는 居肆가 없고 오직 일중에 墟가 서며, 남녀노소·관리·工技들이 각기 자기 가진 것으로써 교역하고, 泉貨를 사용하는 법은 없으며, 오직 저포·은병으로 가치를 표준하여 교역하고, 日用의 세미한 것으로 疋이나 兩에 미치지 못하는 것은 쌀로 錙銖를 계산하여 상환하고 있지만, 백성은 오랫동안 그런 풍속에 익숙하여 스스로 편하게 여긴다고 하였다.[29] 서긍은 장시를「허」라고 표현하고 있는데, 이 허는 본래 중국 송대에 양자강 이남 강남지방에서 열리던 촌의 정기시장 즉 출시를 일컫는 것이었다.[30]

중국의 경우 상품을 교환하는 장소로서의 시장은《周易》繫辭傳下의 "日中爲市"라고 한 것처럼 그 기원이 오래되었다. 그런데 송대에 강남지방의 농업·교통·산업개발이 진행됨에 따라 지방에서도 교환이 발달하여 허시·亥市·촌시·산시·야시·초시·소시·朝市·早市 등 다양한 명칭의 村市가 나타나게 되었다. 다양한 명칭의 촌시 중「墟市」는 촌락의 시로서 교역이 영세한 것이 특징이며, 직접적인 것은 아니지만 시의 개최가 정기 간헐적이라는 속성도 지니고 있다.[31]

고려에서 일중에 장이 선다는 표현은《周易》의 '日中爲市'를 그대로 옮긴 관념적인 표현인지 알 수 없다. 어쨌든 서긍은 고려의 장시가 자기 나라인 송나라의 촌시인 허시와 같다고 인식하고 있었다.[32]

농촌사회에서 사회적 분업이 진전됨에 따라 농민들 사이에는 자신이 생산한 농산물이나 가내제품의 일부를 가져와 필요한 생활품을 구입하는 교역이 이루어졌다. 이러한 교역은 개인 사이에서 필요에 따라 이루어지기도 하였으나, 교역이 증대함에 따라 특정한 장소에 모여서 이루어지기도 하였다.《高麗圖經》에 나타나는 촌시는 비록「有無相遷」식의 교역수준을 보이지만, 그

28) 白南雲, 앞의 책, 735쪽.
李景植, 〈16世紀 場市의 成立과 그 基盤〉(《韓國史硏究》 57, 1987), 76쪽.
29)《高麗圖經》권 3, 城邑 貿易.
30) 李景植, 앞의 글, 76쪽.
31) 斯波義信, 앞의 책 337~343쪽.
32) 李景植, 앞의 글, 76쪽.

규모는 단순한 물자교환 단계를 넘어서 송대의 강남지방 촌의 정기시장에 비견될 정도였다.[33]

이 장시는 농민만의 교역처는 아니었다. 서긍의 표현처럼 장시에는 농민·수공업자 등 직접생산자 외에 관리 등 여러 층이, 그리고 남녀노소 등 모든 연령층이 참여하여 교역하고 있었다. 그러므로 고려에서는 상하 모두가 상업에 종사하여 이익을 추구한다고 하였다.

서긍은 상인들이 멀리 가는 것이 없고, 오직 일중에 도시로 달려가서 有無를 교역한다고 하였다.[34] 이러한 표현은 문화적·경제적 우월의식에서 고려의 경제발전 단계를 낮추어 보려는 인식이 내포되어 있다고 생각된다. 장시는 개시장소가 주현의 치소 근처인 州縣市의 성격이었다. 목종·숙종 때 주현에 주식점을 설치하여 화폐를 통용시키려고 노력하였는데, 화폐유통책은 바로 이러한 주현의 행정중심지에 설치된 장시를 기반으로 실시된 조치였다.[35]

주현의 장시에서 통용되는 교역 매개물은 쌀과 베였다. 이들은 이미 등가기준의 화폐로서의 보편적인 기능을 하고 있었으며, 이 밖에 銀甁도 사용되고 있었다. 농민교역은 생필품의 거래가 중심이었고 거래규모도 적었으므로 쌀과 베가 중심이었다. 특히 쌀은 일용품의 소규모 거래에서 가장 소단위까지 화폐의 기능을 하고 있었다.[36] 이러한 장시가 며칠에 한 번씩 열렸으며 또 전국적으로 그 수가 얼마나 되었는지 등에 대해서는 알 수가 없다. 다만 '日中爲墟'라는 표현에서 알 수 있듯이 한 달에 일정 기간마다 일정 횟수로 정기적으로 열리는 장시는 아니었다.[37]

---

33) 남원우, 〈15세기 유통경제와 농민〉(《역사와 현실》 5, 1991), 79~80쪽.
34) 《高麗圖經》 권 19, 民庶.
35) 李景植, 앞의 글, 77쪽.
36) 《高麗圖經》 권 3, 城邑 貿易.
李景植, 위의 글, 77~78쪽.
37) 李景植, 위의 글, 78쪽. 송대의 촌시는 10간 12지의 특정한 날에 열리는 정기시가 대부분이었다(斯波義信, 〈中國中世の商業〉, 《中世史講座》 3, 學生社, 1982, 211~212쪽). 전술한 것처럼 서긍이 고려의 장시를 송의 촌시와 비슷하다고 인식하였다면, 고려의 주현시도 일정 횟수의 정기성을 띠고 있었을 가능성도 배제할 수 없으나, 분명하지 않다. 草市는 10일에 1~4회 농촌의 가로상이나 공지에서 열렸다. 교역된 물자는 주로 쌀, 조, 보리, 땔감, 채소, 물고기, 가축, 과실 등이었으나, 농촌가공품이나 수공업원료인 마포, 실, 기름, 옻칠 등도 거래되었다(李範鶴, 앞의 글, 181쪽).

서긍은 고려에서 민간교역이 일중에 이루어지는 원인을 주군의 토산이 모두 供上으로 들어가 상인이 먼 지역으로 나가지 않기 때문이라고 하였다. 이러한 지적은 국가의 농민지배와 수취의 구조적인 특징을 보여 준다는 점에서 중요한 의미를 지닌다. 그러나 이것은 한 요인에 불과한 것이었다. 보다 본질적인 것은 농민의 잉여물이 이들 장시와는 별도의 유통망에 얽혀 교역·흡수되고 있었던 데서 기인한 것이었다. 이런 교역은 사원·궁원·양반·토호들이 주도하였다. 이들은 强與·强賣·强買·强市·反同·互市로 표현되는 부등가교환을 통해, 세포·능라·갈(대)자리 등 고급 수공업품을 비롯하여 초피·송자·인삼·봉밀·황납 등 진기한 물품과 쌀·콩 등의 일용품까지 강제 매매하였다. 농민의 잉여생산물이 이들 지배세력에 의해 사적·독점적으로 추진되는 抑賣·抑買를 통해 교역되었으므로, 직접 생산자 사이의 교역은 일중에 서로의 물품을 교환하는 정도에 머물 수밖에 없었다. 따라서 농민·수공업자 등 직접 생산자층이 독자적인 시장기구를 형성하는 데까지 도달할 수는 없었던 것이다.[38]

억매매·호시·반동 등의 형태로 나타나는 피지배층에 대한 지배층의 강제 교역 형태는 당시에 발달한 대외무역과 연결되어 전개되었으며, 防納행위와 함께 직접 생산자층의 잉여 축적과 그에 기반한 유통경제의 발달을 억제하였다.[39] 고려시기의 장시는 조선 전기의 장시처럼 시를 이루면서 주요한 교역장소로 기능하였으나, 개시지역, 교역참여자, 출시일 등에서 완전한 농촌시장으로 성립하지는 못하였다.[40]

### 나. 행상의 상업활동

고려시기 농민교역은 전적으로 장시에만 의존하고 있던 것은 아니었다. 해안이나 강을 끼고 있는 지역이나 육로가 발달한 교통의 요지에는 선상이나 보부상 등 행상의 왕래가 잦았다. 이들은 장시 사이를 순회하며 그 상권을 연결하는 비교적 전업적인 상인이었다. 행상은 육로를 따라 장사하는 陸商과, 강이나 바다를 따라 배를 이용하여 장사하는 船商의 두 유형으로 나눌

38) 李景植, 앞의 글, 79~82쪽.

39) 채웅석, 〈12, 13세기 향촌사회의 변동과 '민'의 대응〉(《역사와 현실》 3, 1990), 55~56쪽.

40) 李景植, 앞의 글, 79쪽.
남원우, 앞의 글, 79~80쪽.

수 있다.41)

가) 육상의 상업활동

행상이 상업활동을 할 때 물품이 소량이고 운송거리가 짧으면 등에 지고 머리에 이고 손에 들고 다녀도 가능하였다. 그러나 짐이 많고 무거우며 먼 거리를 운반할 때는 수레나 말을 많이 이용하였다. 수레는 도로의 발달을 전제로 하는 것이므로 원거리 운송의 가장 중요한 수단은 말이었다. 이런 운송수단에 대해 서긍은, 고려는 산이 많고 도로가 험하여 수레로 운반하기가 어려우므로 가벼운 것은 사람이 지고 가지만, 이것저것 싣는 데는 말을 많이 사용하는데 그 방법은 2개의 그릇을 좌우에 장치하여 말등에 걸쳐놓고 그 안에 물건을 담아 운반한다고 하였다.42)

육상의 행상활동과 관련하여 주목되는 현상은 院의 발달을 들 수 있다. 원은 국가 공무 여행자를 비롯하여 일반 여행자와 행상들이 묵는 숙박소였다. 따라서 원은 역참과 역참 사이, 나루터, 고개 아래 등 사람의 통행이 잦은 교통의 요지에 설치되었다.43) 국가에서 원을 설치한 것은 상인이나 나그네에게 혜택을 주기 위해서였다. 14세기 말 경주와 울산 사이에 있는 德方里에 설치된 德方院은 어염을 매매하는 상인이나 나그네의 숙박을 위해 설치되었다.44) 따라서 원은 상업의 발전과 밀접한 관련을 가지면서 설치되었으며 동시에 상업의 발전을 촉진시키는 역할을 하였다. 그리고 상인의 편의 보장이나 상업발전과 관련하여 설치된 데 그치는 것이 아니라, 상업이 발전함에 따라 교통의 요지에 자리잡은 일부 원의 경우는 그 자체가 상업중심지로 발전하여 가기도 하였다.45)

원은 사찰이나 승려가 설치하여 운영하기도 하였다. 사원이 원거리 교역에 적극 참여하고 있었기 때문에 원의 설치와 운영에 주된 역할을 하였다. 사원이 유통구조 상에서 차지하는 기능이 확대되어 감에 따라 원은 더욱 발전하

41) 홍희유, 앞의 책, 79쪽.
朴平植, 〈朝鮮前期의 行商과 地方交易〉(《東方學志》 77·78·79, 1993), 333쪽.
42) 《高麗圖經》 권 15, 車馬 雜載.
43) 홍희유, 앞의 책, 80쪽.
44) 權近, 《陽村集》 권 13, 記類, 德方院記.
45) 홍희유, 앞의 책, 80쪽.

였으며, 사원은 원을 장악함으로써 유통구조상에서 지배적인 위치를 차지하는 것이 더욱 용이하게 되었다.[46]

행상은 원칙적으로는 본관에 편제되어 있었다. 현종 5년(1014)에 商旅가 죽었는데 성명과 본관의 기록을 남기지 않은 자는 소재지 관사에서 임시로 매장하되 나이와 용모를 기록하여 잘못되지 않도록 하는 것을 영구 정식으로 삼도록 하였다.[47] 이 규정에 의하면 행상은 본관에 편제되어 있으면서도, 본관지역을 벗어나서 상업활동을 하는 것이 허용되고 있었다. 따라서 생산지가 국한되어 지역사회 안의 분업으로 해결할 수 없는 교환경제의 경우에는 이들 행상에게 의존할 수밖에 없었다.[48]

육상의 상업활동은 도로의 발달과 밀접한 관련성이 있었다. 전라도 장수의 六十峴이나 운봉의 八良峴은 전라도와 경상도를 연결하는 가장 중요한 고갯길이었다. 구례의 潺水津이나 未草栗峴은 구례와 순천을 연결하는 지름길이었다.[49] 이러한 고갯길이나 지름길은 육상들의 중요한 상업로 기능을 하였다고 보인다.

나) 선상의 상업활동

강이나 바다를 이용하여 상업에 종사하는 선상은 물품의 다량·원거리 수송이 용이하였다는 점에서 육로를 이용하는 육상에 비하면 상업활동의 규모가 훨씬 큰 상인이었다.

12세기 초의 한 기록에 의하면 珍島縣民 漢白 등 8명이 매매차 제주도에 가려다 태풍을 만나 송의 明州에 표류한 적이 있었다.[50] 매매차 갔다고 한 것으로 보아 이들은 전업적인 선상이라고 여겨진다. 이러한 전라도의 선상들은 자기나 미곡을 싣고 제주도에 매매하러 가기도 하였다. 그러므로 선상은 어염·미곡·도자기 등을 판매하는 비교적 규모가 큰 전업적인 상인으로 지방과 지방이나, 지방과 중앙의 상권을 연결하는 데 주도적인 역할을 하였다고 보인다. 선상은 직접 매매활동도 하였겠지만, 그 매매과정에는 중간매체로 보부상

46) 李炳熙,《高麗後期 寺院經濟의 硏究》(서울大 博士學位論文, 1992), 108~109쪽.
47)《高麗史》권 4, 世家 4, 현종 5년 6월 경신.
48) 蔡雄錫, 앞의 글(1988), 106쪽.
49)《高麗史》권 57, 志 11, 地理 2, 全羅道 長水·雲峯·求禮縣.
50)《高麗史》권 13, 世家 13, 예종 8년 6월 경술.

등 육상이 존재했을 것이다. 선상의 상업활동은 전라도 지역에만 국한된 현상은 아니었다.[51]

선상의 상업활동을 구체적으로 이해하는 데 있어 중요한 자료가 되는 것은 莞島 해저유물이다. 1983년 12월 19일~30일과 1984년 3월 15일~5월 23일 2차에 걸쳐 발굴된 莞島 漁頭里 해저유물조사에서는 선체를 비롯하여 靑磁 30,645점, 雜釉 26점을 비롯하여 토제유물 2점, 철제유물 18점, 목제유물 9점, 석제유물 1점 등 총 30,701점이 인양되었다. 유물은 대체로 11세기인 고려 초기의 유물로서 대부분 청자였다. 이들 유물은 한 배에 실려서 가다가 바다 속으로 가라앉은 것으로서, 대부분 상품으로서 제작 운반되던 것이었다. 청자의 대부분은 대접과 접시로서 일상생활품으로 제작 판매된 것이었다. 당시 반상기의 대종은 대접과 접시이며, 식기는 대형 대접과 소형 대접 각 3점과 납작한 접시 2점 그리고 口緣이 직립된 조금 오목한 접시 1점이 한 벌을 이룬 것이 아닌가 생각된다. 이 목선은 분명히 우리 나라 목선으로서 연안 운항용의 소목전이었다.[52]

고려시기의 선상은 완도 해저유물에서 인양된 것과 같은 소형 목선에 상품을 싣고 연해안 지역을 중심으로 상업활동을 하였다고 생각된다. 배 한 척에서 3만여 점의 도자기가 인양되었다는 것은 당시 선상의 상업활동 규모를 파악할 수 있는 중요한 단서를 제공해 주고 있다. 선상의 상업활동의 하나는 조운에 참여하는 것이었다. 고려시기의 대표적인 수상 교통로인 강이나[53] 포구를 중심으로 발달한 漕運은 가장 조직적이고 규모가 큰 운송체계였다.[54] 따라서 이러한 조운망을 중심으로 지방의 유통기구가 형성되고 있었다.[55]

이러한 선상들의 상업활동은 강가나 바닷가를 중심으로 지방 장시를 발전시키는 한 요인이 되었을 것이다.[56] 국가는 각 도의 關防이나 주요한 하천의 津頭 등 교통요충지에서 상인들의 통과세로서 商稅를 징수하였다.[57] 내륙 및

51) 金東哲, 앞의 글, 220~221쪽.
52) 文化財管理局, 《莞島海底遺物》(1985).
53) 吉田光男, 〈高麗時代の水運機構「江」について〉(《社會經濟史學》 46-4, 1980).
54) 北村秀人, 〈高麗時代の漕倉制について〉(《朝鮮歷史論集》 上, 龍溪書舍, 1979).
55) 남원우, 앞의 글, 83쪽.
56) 金三顯, 〈고려후기 場市에 관한 연구〉(《明知史論》 4, 1992), 83~85쪽.
57) 白南雲, 앞의 책, 436쪽.

연해의 수로를 통한 선상의 활약과 상업적 분위기는 한강을 비롯한 다른 주요 수로에서도 전개되었으며, 무신집권기 이후 더욱 발전하는 양상을 보였다.[58]

고려 전기의 상품유통의 발달에 따라 도량형도 일정하게 발전하였다. 국가에서는 상품유통의 확대·발전과정을 체제 내로 흡수하기 위하여 도량형을 정비하였다. 정종 6년(1040) 2월에는 자·말·저울의 규격을 제정하였고, 문종 7년(1053)에는 서로 다른 물건을 재는 말의 규격을 각각 다르게 제정하였다. 도량형의 정비는 상업에 대한 국가의 통제를 보다 쉽게 하고 조세 등 현물 수탈을 강화하려는 목적과 관련된 것이지만, 동시에 상품유통의 발전을 자극하는 요인이 되었다.[59]

### 2) 대외무역

태조 王建의 선대인 康忠이나 作帝建의 혼인설화가 모두 바다와 관련되어 있는 데서 볼 수 있듯이, 왕건의 선대는 신라 말에 크게 일어났던 해상세력이었다.[60] 그러므로 고려는 일찍부터 중국과의 통교를 통해 교역하였다. 태조 17년(934) 7월에 고려의 상선이 後唐 登州에 가서 교역하였으며, 같은 해 10월에는 고려의 使船이 靑州에서 무역을 하였다. 광종 9년(958)에는 後周에서 비단 수천 필로 구리를 무역해 왔다.[61]

고려 전기의 대외무역은 송을 비롯하여 요·금·일본 등 주변 나라와 행해지고 있었으며, 멀리 대식국상인과도 교역할 만큼 교역대상이 광범위하였다. 각국의 海上船隊가 개경의 문호인 예성강 하구의 碧瀾渡를 중심으로 몰려옴으로써, 벽란도는 국제무역항으로 번창하였다.[62]

---

58) 徐聖鎬, 〈高麗 武臣執權期 商工業의 전개〉(《國史館論叢》 37, 1992), 99쪽.

59) 채태형, 〈10~12세기의 국내상업과 대외무역 및 화폐유통의 발전〉(《력사과학론문집》 13, 1988), 219~221쪽.

60) 朴漢卨, 〈王建世系의 貿易活動에 對하여-그들의 出身究明을 中心으로-〉(《史叢》 10, 1965).

61) 金庠基, 《高麗時代史》(東國文化社, 1961), 71~72·200쪽.

62) 金庠基, 〈해상의 활동과 문물의 교류-예성항(禮成港)을 중심으로-〉(《국사상의 제문제》 4, 國史編纂委員會, 1959).

### (1) 송과의 무역

양국간의 국교는 광종 13년(962)에 처음 시작되었다. 송과의 관계가 밀접해짐에 따라 사신의 왕래가 빈번하였다. 이에 따라 교역이 행하여져 성종 때에는 꽤 번성하였다.[63] 민간무역은 현종 때부터 성행하였다. 송은 신종 때부터 고려와 결탁하여 동북의 강적인 요를 견제하려고 親麗策을 실시하였다. 친려책은 상인의 알선을 필요로 하였다. 이러한 정치적 관계에 따라 상인의 활동은 활발하게 되었다.[64] 宋商의 내항은 현종 3년(1012)에서 충렬왕 4년(1278)까지 126회에 이르며, 실제는 그보다 훨씬 많아 약 150회에 이른 것으로 추정되고, 매회 내왕 인원은 50명 내외였다. 그런데 현종 3년 이전이라고 해서 송상의 내항이 전혀 없었다고 보기도 어렵다.[65]

송상의 내항은 7~8월에 가장 많았다. 7월에 약 22회, 8월에 약 38회로 전체의 약 반 정도였다. 이것은 서남계절풍을 이용했기 때문이었다. 그리고. 10월에 10회, 11월에 8회 내항하였다. 11월에 역풍으로 내항하는 것이 어려움에도 불구하고, 비교적 횟수가 많은 것은 11월에 거행되는 팔관회를 기회로 일종의 入貢貿易을 했기 때문이다. 송상은 대개 7~8월에 와서 팔관회를 거친 후 북풍을 이용하여 돌아갔을 것으로 추정된다.[66]

항로는 남북항로가 그 주된 간선이었다. 북선항로는 산동 등주 방면에서 동북 직선로에 의해 대동강 어구 椒島를 거쳐 옹진항 또는 예성강에 이르는 항로로, 문종 28년 무렵까지의 주항로였다. 거란족의 강성에 의해 북선항로가 위험해지고 중국 남부의 국제무역이 번성하면서 문종 28년 무렵 이후에는 남선항로가 발달하였다. 남선항로는 明州에서 동북으로 黑山島에 이르고 다시 동북행하여 蝟島·古群山島 등 서해안 도서를 거쳐 예성강에 이르는 항로였다. 당시의 항정 일수는 계절풍과 밀접한 관련을 갖고 있었다.[67]

---

63) 丸龜金作, 〈高麗と宋との通交問題〉 二 (《朝鮮學報》 18, 1961), 59쪽.
64) 金庠基, 〈麗宋貿易小考〉(《震檀學報》 7, 1937), 5~6쪽.
65) 全海宗, 〈高麗와 宋과의 交流〉(《國史館論叢》 8, 1989), 13~16쪽.
66) 金庠基, 앞의 글(1937), 21~22쪽.
———, 앞의 글(1959), 52~53쪽.
67) 金庠基, 위의 글(1937), 34~39쪽.
金渭顯, 〈麗宋關係와 그 航路考〉(《關大論文集》 6, 1978), 250~259쪽.
姜吉仲, 〈南宋과 高麗의 政治外交와 貿易關係에 대한 考察〉(《慶熙史學》 16·17, 1991), 184쪽.

송상의 출신지역을 보면 泉州・廣東・明州・福州・台州 등 남쪽 지역, 특히 천주・명주 상인들이 많았다.[68] 명주는 고려나 일본과의 무역에 종사하는 내외상선의 발착항으로 지정되어 있었다. 고려에 오는 송상은 명주 市舶司에서 발급하는 公憑을 가져야 하며, 귀국 때에도 시박사에서 귀환수속을 받도록 규정되어 있었다.[69]

무역 방식은 조공무역과 상인에 의한 무역인 互市로 대별되었다. 양국 사절의 왕래에는 國信物이 贈答의 형식으로 교환되었으며, 사행을 중심으로 일반 무역이 성행하였다. 상인들의 무역은 합법적인 것과 밀무역으로 나뉘어진다. 고려에서는 외국 상선을 禮賓省에서 접대하고, 무역품은 監檢御使가 禁物 유무를 조사하였다. 중국에서는 고려 상선이 등주・명주에 입항하면 입항세를 내야 했고, 특수물종에 한하여 博買(官買)를 행하고 난 다음에 일반 교역을 할 수 있었다. 한편 밀무역에 관한 엄격한 금지조처에도 불구하고 당시에는 밀무역이 매우 성행하였다.[70]

남송 말경 명주에서는 외국 상선에 대해 1/15의 入口稅를 징수하였다. 그런데 고려 상선에 대해서는 1/19을 징수하였다. 이것은 출입이 빈번한 고려 상선에 대한 특혜였다. 이로 보아 고려 상인의 활동은 상당히 활발하였던 것 같다.[71]

무역품을 보면 수출품은 금・은・구리・인삼・송자・문피・황칠 등 원료품, 각색 능라・세저포・세마포・백지・향유・금은동기・나전기구・완초석・부채・금은장도・낭미필・송연묵 등 가공품이 중심이고, 유황・도검・청서피 등 일본・여진산 물품도 포함되어 있었다. 수입품은 능견금라・자기・금박・약재・차・서적・악기・금은전 등이며, 특히 서남아시아산 향약・서각・상아・산호・

---

68) 金庠基, 앞의 글(1937), 23쪽.
森克己, 〈日本・高麗來航の宋商人〉(《朝鮮學報》 9, 1956).
宋 晞, 〈明州在宋麗貿易史上的地位〉(《古代中韓日關係硏究》, Centre of Asian Studies Univ. of Hong Kong, 1987).
陳高華, 〈北宋時期前往高麗貿易的泉州舶商〉(《海交史硏究》 2, 中國海外交通史硏究會, 1980).

69) 森克己, 위의 글, 224~226쪽.
宋 晞, 위의 글, 156쪽.

70) 金庠基, 앞의 글(1937), 25~30쪽.

71) 金庠基, 앞의 책, 200~201쪽.

호박·珠琲·빈철·수정·소목 등도 송의 중계무역에 의해 수입되었다.[72]

수출품 중에는 종이를 비롯하여 부채나 문방 4보를 이루는 필묵이 포함되어 있는 것이 주목된다. 고려 종이는 아름답고 질겨서 필기에 쓰이는 외에도 장정이나 背貼에도 많이 쓰였으며, 송의 溫州産보다도 상품적 가치가 높았다. 고려 종이는 사신이나 상인이 잘 다니는 수도나 항구만이 아니라, 長江 유역 안쪽에까지 유통되기에 이르렀다. 고려의 문방구는 송인에 의해 높이 평가받고 있었다. 上品의 종이뿐만 아니라 송인이 讚賞한 문방 4보 모두를 다 만들었다는 것은 고려의 공예수준이 높았음을 시사해 준다.[73]

무역품목을 보면 다음과 같은 몇 가지 특징이 있음이 주목된다.

첫째, 교역품 중에는 사치품과 무기류가 많다. 이는 당시 동아시아 교역권의 내용이 우수한 문화의 전파라는 면과 아울러 각국 지배층의 사치적 수요와 군사적 수요에 크게 규정되고 있었음을 보여 주고 있다.

둘째, 고려의 수출품목은 국가의 수취체제와 지배층의 피지배층에 대한 강제적 교역품목과 거의 일치한다. 고려 전기 수취체제나 지배층의 강제적 상행위가 대외무역의 성격과 관련되어 있다는 점에서 주목된다. 지배층의 사치와 군사적 목적의 수요를 충족시키기 위한 대외무역은 선진적인 직조기술, 농업기술, 의술 등을 부수적으로 도입해 주었으나, 그 국내기반은 피지배층의 경제적 희생 위에서 마련된 것이었다.

셋째, 금·은·동 특히 금속화폐의 재료로 쓰이는 은·동이 대외무역에서 중요한 비중을 차지하고 있었다. 북송에서는 국내 상품화폐경제의 발달과 함께 대외적으로 동이슬람권과의 교역에서 중국 은의 서방유출 현상과 주변국에 대한 막대한 歲幣·賜與로 인하여 은 수출량이 크게 증대하였다. 이러한 은 수요의 증가는 11세기 이후 은값 폭등의 요인으로 작용하였다. 게다가 북송의 화폐정책은 元豊(1078~1085) 이후 주목되는 변화를 보였다. 동전·철전 주조가 감소하고 대신 은전이 새로운 화폐로 상정되었다. 송의 은 수요변동은 동아시아 교역권에 큰 영향을 미쳤다. 고려의 은 수출도 그 영향권에서 예외는 아니었다.[74]

---

72) 金庠基, 앞의 글(1937), 33~34쪽.

73) 池田溫, 〈新羅·高麗時代 東亞地域 紙張의 國際流通에 관하여〉(《大東文化研究》 23, 1989), 195~196쪽.

74) 이상은 蔡雄錫, 앞의 글(1988), 109~113쪽을 요약 정리하였다.

### (2) 거란·요와의 무역

고려와 거란과의 교섭이 처음으로 이루어진 것은 태조 5년(922)에 거란이 낙타와 말, 모직물을 보내옴으로써 시작되었다. 그러나 거란이 발해를 멸망시키고 고려의 북진정책과 충돌함으로써 두 나라 사이의 평화적인 교역은 이루어질 수 없었다. 거란의 1차 침입 때 徐熙의 외교로 강화가 성립된 후, 목종 8년(1005)에 保州(義州)에 호시장인 榷場이 설치되어 물품이 거래되었다. 보주의 각장무역은 현종 원년(1010) 거란의 2차 침입으로 폐지되고 말았다. 그 후 문종 16년(1062)에는 宣義軍 남쪽에 買賣院을 설치하고, 선종 3년(1086)에는 압록강변에 각장을 재개하여 무역을 하려고 했으나, 강동 6진의 문제 이후 양국 사이에 새로운 분쟁을 우려하여 반대하였다. 선종 5년에도 각장 설치가 제기되었으나 실현되지 못하였다. 고려는 송과의 교역에서 경제적·문화적 욕구를 충족하고 있어서 거란과의 무역은 절실한 것이 아니었으므로 각장 설치를 반대하였던 것이다.

각장무역이 폐지됨에 따라 양국 사이에는 의례적인 사행무역이 주가 되고, 일부 밀무역도 이루어졌다. 무역품목은 금·은·동 등 금속류, 저포 등 포백류, 龍鬚草席·藤器 등 공예품, 필묵·저지 등 지묵류, 鷹鶻類가 수출품의 주종이었다. 거란으로부터의 수입품은 능라·丹絲, 양을 주로 한 가축류 등이 주종이었다. 전후 200년간에 걸친 양국 관계는 대부분 긴장관계가 계속될 뿐 통상과 무역관계는 그다지 긴밀하지 못하였다.[75)]

### (3) 여진·금과의 무역

고려와 여진과의 사이에 교역이 처음 이루어진 최초의 기록은 10세기 중엽에 나타난다. 定宗 3년(948)에 동여진의 大匡 蘇無盖 등이 말 700필과 방물

75) 거란·요와의 무역은 다음 글을 중심으로 요약 정리하였다.
丸龜金作, 〈高麗と契丹·女眞との貿易關係〉(《歷史學硏究》 5-2, 1935).
李龍範, 〈麗丹貿易考〉(《東國史學》 3, 1955).
徐炳國, 〈高麗·宋·遼의 三角貿易攷〉(《白山學報》 15, 1973).
姜萬吉, 앞의 글.
朴龍雲, 앞의 책.
홍희유, 앞의 책.

을 가져와 바쳤다. 이에 고려에서는 말을 3등으로 나누어 값을 지불하였다. 이후 여진의 각 부족은 고려와 교역을 계속하여 주로 말과 철갑·번미·부금·궁시·선박·표피·수달피·청서피·낙타·황모 등을 진헌하였다.

고려는 여진에 대해 토벌과 위무정책을 동시에 실시하면서 귀부해 오는 여진에 대해 납공 형식을 통한 교역을 권장하였다. 귀부하는 부족이 많아짐에 따라 교역의 폭도 넓어져 갔다. 납공 형식의 교역을 허가하는 경우에는 일정한 제한을 가하였다. 문종 35년에 동여진의 추장 陳順 등 23명이 와서 말을 바쳤는데 이 때부터 여진인이 조공을 바치러 오는 경우 15일 이상 개경에 머물지 못하게 하였다. 여진인이 진헌물을 가지고 개경에 오면 객관에 머물게 하고 관리의 입회 아래 물품을 교환하게 하였던 것이라 추측된다.

예종 10년(1115)에 完顔部의 阿骨打에 의해 금이 건국된 후 종래의 납공 방식에서 송과 같은 國信物 교역으로 바뀌었다. 고려에서도 사신을 보내어 일종의 사행무역이 실시되었다. 명종 13년(1183)에는 매년 금에 사신가는 사람이 상품 교역의 이익을 노려 토산품을 많이 가져가 운반하는 폐단이 많으므로, 그 폐단을 없애기 위하여 사신이 휴대할 수 있는 물품의 양을 제한하고 그것을 어긴 사람은 파면시킬 것을 정하였다. 그러나 얼마 후 장군 李文中·韓正修가 금에 사신가면서 많은 이익을 남기지 못할까 두려워하여 종래의 관례에 따라 제한을 없애고자 청하여, 사행의 휴대품 제한 규정은 철폐되고 말았다.[76]

사신의 왕래와 관련하여 사무역도 상당히 발달한 것으로 생각되지만, 고려-송-금의 삼각 외교관계가 미묘하여 고려측으로서는 언제나 중립정책을 취하였다. 교역관계는 외교문제에 제약되어 항상 일정한 한계가 있었다.[77] 여진에서 수입한 물품은 금·말·화살·철갑 등 무기류·초피·청서피·황모 등이었다. 특히 가장 큰 비중을 차지한 것은 말이었다. 여진의 군수품이

76) 《高麗史》 권 20, 世家 20, 명종 13년 8월.

77) 여진·금과의 무역은 姜萬吉, 앞의 글, 210~212쪽을 요약 정리하였다. 여진·금과의 무역은 다음 연구도 주목된다.
丸龜金作, 앞의 글(1935).
三上次男, 〈高麗顯宗朝に於ける麗眞交易〉(《加藤博士還曆記念 東洋史集說》, 富山房, 1941).
홍희유, 앞의 책.
田炳武, 〈高麗時代 銀流通과 銀所〉(《韓國史硏究》 78, 1992).

고려에 가장 많이 공급된 시기는 현종 즉위를 전후한 시기이며 현종 때는 34회, 문종 때는 47회나 말을 공납하였다.[78] 고려의 수출품은 銀器·衣帶·布錦類 등이 주였다.

### (4) 일본과의 무역

대일무역은 사절의 왕래를 통한 進奉무역이 중심이었다. 양국 사이의 사절 내왕은 일본측 기록인《日本紀略》에 태조 20년(937) 8월 高麗國牒을 열어 보았다고 한 것이 처음이다. 태조 22년 3월에는 太宰府가 고려 사자를 돌려보냈다고 하였다.[79] 일본 사절이 고려에 온 것은《日本紀略》에 의하면 광종 25년(974) 윤 10월에 交易使가 고려에 다녀왔다고 한 기록이 처음이다.[80] 그러나 이 때 온 교역사의 성격에 대해서는 알 수 없다.

양국의 교역관계가 기록에 뚜렷이 나타나는 것은 문종 10년(1056)에 藤原朝臣 賴忠 등 30명이 金州(김해)에 왔던 때부터이다. 이 때 어떤 물품이 교환되었는지 알 수 없으나 김해에는 일본 사절을 위한 客館이 있었다.[81] 일본 사절의 명칭을 보면 日本國使·薩摩州使·對馬島使·壹岐島勾當官 등으로 중앙 정부와 지방정권의 사절들이 입국 진헌하였다.[82]

일본 무역선이 고려에 온 것을 명시한 것은 문종 27년(1073) 7월 일본인 王則貞과 松永年 등 42명이 나전·鞍橋·칼·鏡匣·硯箱·櫛·書案·畵屛·향로·弓箭·수은·나갑 등을 바치기를 청하였으며, 壹岐島勾當官도 藤井完國 등 33명을 보내어 방물을 바치려 하니, 고려에서는 이들이 뱃길로 개경까지 올 수 있게 허락한 기록이 처음이다.[83] 王則貞은《朝野群載》에 의하면 상인

78) 金渭顯,〈女眞의 馬貿易考－10世紀～11世紀를 中心으로－〉(《淑大論文集》13, 1982).
79) 中村榮孝,《日鮮關係史の硏究》上 (東京 ; 吉川弘文館, 1965), 136쪽.
森克己,〈日·宋·麗交通貿易年表〉(《日宋貿易の硏究》, 東京 ; 國立書院, 1948).
80) 羅鍾宇,〈高麗前期의 麗·日貿易〉(《圓光史學》1, 1981), 41～42쪽.
金庠基, 앞의 책, 197쪽.
81) 姜萬吉, 앞의 글, 215쪽.
82) 李鉉淙,〈高麗와 日本과의 關係〉(《東洋學》7, 檀國大, 1977), 248쪽.
83)《高麗史》권 9, 世家 9, 문종 27년 7월.
靑山公亮,〈日麗通商管見〉(《白鳥博士還曆記念 東洋史論叢》, 岩波書店, 1925), 118쪽.

이 분명하며, 문종 33년에도 매매차 고려에 왔었다.[84] 상인의 명칭도 일본상인·일본상객·筑前州商客·太宰府商客 등 다양하였으며,[85] 특히 九州지방의 호족과 무역함으로써 양국의 교역관계가 활발하였다. 문종에서 의종 때까지의 일본인의 입국 횟수를 보면 다음 〈표 2〉와 같다.

〈표 2〉 11세기 후반~12세기 후반 일본상인 입국 횟수[86]

| 구분 | 문종 | 순종 | 선종 | 헌종 | 숙종 | 예종 | 인종 | 의종 | 합계 |
|---|---|---|---|---|---|---|---|---|---|
| 재위 기간 | 1046~1083 | 1083~1083 | 1083~1094 | 1094~1095 | 1095~1105 | 1105~1122 | 1122~1146 | 1146~1170 | |
| 일본 | 14 | | 6 | | | 2 | | 2 | 24 |
| 송 | 43 | | 6 | 5 | 12 | 5 | 4 | 20 | 95 |

양국 간의 무역은 11세기 후반 문종 때 가장 빈번하였다. 특히 문종 29년 윤 4월에 상인 大江 등 18명, 6월에 朝元·時經 등 12명, 7월에 상인 59명 등이 와서 토산물을 바쳤다.

그러나 송상의 내왕과 비교해 보면 많은 차이를 보이고 있다. 이러한 차이는 고려의 일본에 대한 태도를 반영한 것이라 하겠다. 문종 때 문물이 정비되고 송과의 무역이 성행하였으므로, 일본 상인에게도 자극이 되었다고 생각한다.[87] 당시 일본은 장원영주나 博多의 상인들이 스스로 무역선을 만들어 적극적인 해외무역을 한 시기였다. 그러나 조선술·항해술이 遣唐使시대보다 퇴보한 때였다. 따라서 상선의 해외활동은 지역적으로 가까운 고려를 무역상대국으로 택하였던 것이다.[88] 《朝野群載》에서 "상인이 고려국을 내왕하는 것은 고금의 상례"라고 할 정도였다.[89]

---

84) 青山公亮, 위의 글, 121~122쪽.
三浦圭一은, 王則貞이 宗像氏와 緣戚을 맺은 왕씨 일족일 가능성이 있으며, 또 太宰府에 예속된 贄人집단이 11세기에 동아시아무역의 담당자로 활약하기 시작하였으며 그 중에는 松永法師란 이가 있었는데, 그와 松永年의 관계는 분명하지 않다고 하였다. 그러면서도 양자의 관련성의 가능성을 시사하고 있다(三浦圭一, 〈10世紀~13世紀の東アジアと日本〉, 《講座日本史》 2, 東京大出版會, 1970, 258~262쪽).

85) 李鉉淙, 앞의 글, 348쪽.

86) 森克己, 〈鎌倉時代の日麗交涉〉(《朝鮮學報》 34, 1965), 65쪽 참조.

87) 羅鍾宇, 앞의 글, 44~46쪽.

88) 森克己, 앞의 글(1965), 64~65쪽.

89) 青山公亮, 앞의 글, 117쪽.

헌종 이후 교역이 부진한 것은 여진 정벌, 이자겸의 난, 묘청의 난 등 고려 국내사정 때문이라고도 볼 수 있으나,[90] 오히려 保原의 난(1156), 平治의 난(1159)과 같은 일본 국내사정에 기인한 것 같다.[91]

무역품을 보면 일본에서 고려에 진상한 물품은 수은·유황·진주·법라·나갑·삼재·해조 등 원료품, 경갑·연상·서안·향로·화병 등 공예품, 도검·궁전·갑주·보도 등 무기류, 감귤·감자, 소·말, 채단 등이며, 호초·단목·沈香·서각·소목 등 남방산 물품도 있었다. 진헌품에 대한 고려의 하사품은 인삼·사향·홍화·호표피·면주·전적·대장경·미곡 등과, 송에서 수입한 약재·견직물·전적 등이었다.[92]

대일무역은 시종일관 제한적이고 거절적인 태도로 일관한 특징을 보여 주고 있다. 따라서 금주에 객관을 설치하고 진봉선은 1년에 한 번 2척으로 제한하였다.[93] 일본인이 고려왕에 대해 토산물을 진헌하고 이에 대해 고려왕이 회사하는 進獻下賜 무역이 중심이었으며, 일본 상인들은 이를 통해 이윤 추구에 주력하였다.[94]

이러한 진헌하사 무역의 성격에 대해서는 사헌무역,[95] 太宰府체제에서 조공 무역 형식을 취한 형태,[96] 공무역[97] 등 다소 다른 견해들이 있다. 양국간의 무역은 왜구의 약탈만행이 심각해지면서 점차 쇠퇴하여 갔다.

### (5) 아라비아와의 무역

고려에는 大食國, 즉 아라비아 상인이 송의 고려무역에 힘입어 진출하여 오기도 하였다.[98] 대식국인이 고려에 처음 나타난 것은 현종 15년(1024)이다.

---

90) 青山公亮, 위의 글, 125쪽.
森克己, 앞의 글(1965), 66쪽.
91) 羅鍾宇, 앞의 글, 46쪽.
92) 李鉉淙, 앞의 글, 251쪽.
羅鍾宇, 위의 글, 49~50쪽.
93) 《高麗史》 권 35, 世家 25, 원종 4년 4월.
94) 青山公亮, 앞의 글, 127쪽.
95) 森克己, 〈日·宋と高麗との私獻貿易〉(《朝鮮學報》 14, 1959), 551쪽.
96) 三浦圭一, 앞의 글, 257쪽.
97) 羅鍾宇, 앞의 글, 49쪽.
98) 金庠基, 앞의 글(1959), 55~56쪽.

이 해에 悅羅慈 등 100명이 와서 토산물을 바쳤다. 이듬해 9월에도 夏詵羅慈 등 100명이 와서 토산물을 바쳤다. 靖宗 6년(1040) 11월에는 客商 保那盍 등이 와서 수은·龍齒·占城香·沒藥·大蘇木 등을 바치니, 고려에서도 金·帛을 후하게 주었다. 대식국 상인의 내항은 불과 몇 번에 지나지 않았지만, 이로써 고려시기의 외국무역이 매우 폭넓고 다양했다는 것을 알 수 있다.[99]

## 3) 화폐 및 차대법

### (1) 화 폐

#### 가. 동전의 유통

고려시기의 화폐는 대체로 물품화폐와 금속화폐의 두 종류로 나눌 수 있다.[100] 물품화폐로 사용된 것은 주로 베와 쌀이었다. 그러나 쌀에 비해 베가

---

99) 金庠基, 앞의 책, 196~197쪽.
姜萬吉, 앞의 글, 217쪽.
朴龍雲, 앞의 책, 242~243쪽.

100) 고려전기 화폐의 일반적 성격에 대해서는 다음 글이 참고된다.
秋浦秀雄, 〈高麗肅宗朝に於ける鑄錢動機に就て〉 上·中·下(《靑丘學叢》 7·8·9, 1932).
田村專之助, 〈高麗の貨幣銀甁の形態及び性質について〉(《浮田和民博士記念 史學論文集》, 六甲書房, 1943).
金庠基, 〈大覺國師 義天에 대하여〉(《국사상의 제문제》 3, 國史編纂委員會, 1959).
金柄夏, 〈高麗時代의 貨幣流通〉(《慶熙史學》 3, 1972).
――――, 〈高麗朝의 金屬貨幣 流通과 그 視角〉(《東洋學》 5, 1975).
金三守, 〈高麗時代의 經濟思想-貨幣·信用·資本 및 利子·利潤 思想-〉(《淑大論文集》 13, 1973).
奧村周司, 〈高麗の貨幣流通について-朝貢との關聯性-〉(《早稻田實業學校硏究紀要》 10, 1975).
채태형, 〈10~12세기의 국내상업과 대외무역 및 화폐유통의 발전〉(《력사과학론문집》 13, 1988).
――――, 〈고려시기의 금속화폐에 대하여〉(《력사과학》 2, 1987).
蔡雄錫, 앞의 글(1988).
金光植, 〈高麗 肅宗代의 王權과 寺院勢力-鑄錢政策의 背景을 中心으로-〉(《白山學報》 36, 1989).
井上正夫, 〈高麗朝の貨幣-中世東アジア通貨圈を背景にして-〉(《靑丘學術論集》 2, 한국문화연구진흥재단, 1992).
須川英德, 〈高麗から李朝初期における諸貨幣-錢·銀·楮貨-〉(《歷史評論》 516, 1993).

좀더 운반이 쉽고 가치의 안정성이 높았으므로, 점차 많이 쓰이게 되었다.[101] 그러므로 일반적인 교환수단으로서, 가치의 척도로서 가장 널리 사용한 화폐는 布貨였다. 이 때 포화로서 기능한 것은 주로 질이 나쁜 마포인 麤布였다. 물품 자체로서는 사용가치가 없는 추포가 교환수단인 포화로서 적절히 기능하고 있었다. 거래가 소규모이면서도 항상화·등가화되고 있는 교환시장에서 추포는 가장 적합한 화폐였다. 그러므로 농민들은 장시와 연관하여 스스로의 독자적인 화폐경제도 만들어 내고 있었다.[102] 포화는 뒤에 추포에서 5승포(5종포)로 바뀌었다. 5승포는 품질이 중간 정도 되는 베이지만 이것이 곧 화폐로서 구실하기도 했던 것이다.

고려왕조는 물품화폐 대신에 금속화폐를 사용하도록 많은 노력을 기울였다. 그리하여 성종 15년(996)에 처음으로 鐵錢을 주조하며 쓰도록 하였다. 성종 때에 최초로 실시된 화폐유통책은 추포 또는 기타 자연적인 물품화폐의 사용을 금지하면서 화폐에 대한 지배권을 국가권력이 장악하려는 중앙집권화 정책의 일환인 동시에, 六衛制의 설치나 州縣軍制의 개편 등 군사력 강화에 따른 국가재정 확보책의 일환으로 실시되었다.[103] 그러나 이 때 주조된 철전은 활발하게 유통되지 못하였다.

화폐유통책을 실시한 지 불과 6년 후인 목종 5년(1002) 7월에는 풍속을 놀라게 하여 국가에 이익이 되지 못하고 백성의 원망을 일으킨다는 시중 韓彦恭의 건의에 따라 茶店·酒店·食味店 등에서만 화폐를 사용하고, 백성들이 사사로이 교역하는 것은 종전대로 베나 쌀을 사용하도록 하였다.[104] 한언공의 화폐유통에 대한 입장은 土風에 입각하여 매우 수구적이었다. 성종 때의 화폐유통책은 그 주도세력이 우리의 여건과 기반을 도외시하고, 중국의 銅鐵錢 유통책에 일방적으로 견인되어 비주체적인 입장을 취함으로써 실패하고 말았다.[105]

---

101) 金柄夏, 위의 글(1975), 13~14쪽.
102) 李景植, 앞의 글, 51~52쪽.
103) 蔡雄錫, 앞의 글(1988), 83~86쪽.
104) 《高麗史》 권 79, 志 33, 食貨 2, 貨幣 목종 5년 7월.
105) 具山祐, 〈高麗 成宗代의 鄕村支配體制 강화와 그 정치·사회적 갈등〉(《韓國文化硏究》 6, 1993), 139~141쪽. 한편 蔡雄錫, 앞의 글(1988), 87~88쪽에서는 목종 이후 중앙집권화를 지향하면서도 본관제의 자율적 기능이 강조되는 상황에서 화폐유통정책이 본관제의 습속과 융화되지 못하여 수정 완화되었다고 하였다.

숙종 때에 다시 화폐유통에 관한 논의가 이루어지고 주전사업이 실시되었다. 숙종 2년(1097)에 주전관을 두어 금속화폐의 유통을 장려하였다. 숙종 6년 4월에는 주전도감에서 사람들이 전폐를 사용하는 이점을 알아 편하게 여기니 종묘에 고할 것을 상주하였다.[106]

숙종 때의 화폐주조는 생산력의 증대와 교환경제의 발달, 정종·문종 때의 도량형의 정비 등에 의해, 성종·목종대에 물품화폐의 비중으로 인해 실패하고 말았던 제약조건이 어느 정도 극복되면서 이루어진 것이었다.

주전의 주된 동기의 하나는 국가재정의 확보에 있었다. 당시 거란·여진과의 관계에서 위기가 증대하였으며, 이에 대비하기 위해서는 국가적 경제력이 요구되는 상황이었다. 이에 義天의 절대적인 포부 및 경륜과 숙종의 확고한 결의가 결합되어 화폐주조가 이루어졌다.[107]

그러나 화폐유통은 순조롭게 이루어지지 않았다. 숙종 7년(1102) 12월에야 비로소 해동통보를 주전하고 그 유통책을 마련하게 되어, 이를 太廟八陵에 고하고 錢貨 15,000관을 재추·문무양반·군인에게 나누어 주었다.[108] 숙종 2년에 시작된 주전사업은 화폐유통 반대론에 부딪혀 지연되다가 숙종 7년 12월에야 본격적으로 실시된 것이다. 화폐유통을 촉진시키기 위한 조치로 개경에 左右 酒務를 설치하였다.[109] 그러나 화폐유통이 부진하자 숙종 9년 7월에 관료와 군사에게 官錢을 지급하고 酒食店을 주현에까지 확대 설치하여 화폐유통의 보급을 도모하였다.[110]

그런데 숙종 9년 7월의 화폐유통책은 南京 建都과 밀접한 관련이 있었다. 남경 경영은 지리도참사상을 이용한 숙종의 왕권 강화의 한 방편이었으므로, 주전사업은 남경 경영에 필요한 재정적 기반이 될 수도 있었다. 그러므로 숙

106) 《高麗史》 권 79, 志 33, 食貨 2, 貨幣 숙종 2년 12월·6년 4월.
107) 秋浦秀雄, 앞의 글 下, 72~73쪽.
108) 《高麗史》 권 79, 志 33, 食貨 2, 貨幣 숙종 7년 12월.
109) 위와 같음.
蔡雄錫, 앞의 글(1988), 91쪽.
110) 《高麗史》 권 79, 志 33, 食貨 2, 貨幣 숙종 9년 7월 및 권 12, 世家 12, 숙종 9년 7월 신축.
蔡雄錫, 위의 글(1988), 91쪽. 한편 井上和夫, 앞의 글, 207쪽에서는 설치를 통화에 신용을 부여하기 위한 지불 준비, 즉 최종적으로 술과 교환된다고 안심시킴으로써 명목 이상의 가치로서 유통에 편입되기를 지향한 것이라고 하였다.

종의 측근이었던 대각국사 의천과 尹瓘이 남경 창설과정에서 적극적인 역할을 수행했던 것이다.[111]

주전정책을 옹호한 세력은 윤관 등 신흥관료와 의천 등 天台宗 계통 사원세력이었다. 따라서 숙종 때의 주전사업은 기득권적인 문벌귀족과 法相宗 계통 사원세력의 경제력을 약화시켜, 왕권을 강화하고 사원세력의 재편성기반을 조성하기 위한 조치이기도 하였다.[112]

숙종 때는 여진정벌을 위해 별무반을 창설하고 왕권을 강화함에 따라 재정 수요가 증대하였으며, 이를 확보하기 위한 방책으로 官屯田을 설치하고 화폐 유통을 추진하였다. 국가는 화폐를 발행하여 이익을 취할 뿐 아니라, 실질가치가 명목가치와 일치하지 않는 주화를 제작하여 유통시킴으로써 쌀·베와 같은 실질가치를 지닌 재화를 비축할 수 있었다.[113]

성종·숙종 때의 화폐정책은 시전과 장시를 매개로 한 상업발달을 기반으로 하여 발달하였으며, 화폐의 발달은 동시에 상업의 발달을 촉진시키는 상승작용을 하였다. 또한 상업발달의 기반 위에서 상품의 운송·유통과정과 관련있는 關稅·津稅와 상업세 징수를 통해 稅收의 확대를 추구하였다.[114]

고려시기에 유통된 동전은 건원중보·동국통보·동국중보·해동원보·해동통보·해동중보·삼한통보·삼한중보 등이다. 이들 동전은 다시 對讀가 回讀, 해서·전서·행서·예서·八分書의 서체, 대형과 소형 등 여러 가지 구분이 있어서 약 100여 종이나 되었다. 이처럼 다양한 형태로 주조된 것은 주조의 다원성과 장기간에 걸쳐 주조된 것을 의미하는 것이지만, 동시에 물품화폐가 보편적인 교환의 척도이며 수단이었다는 것을 의미하는 것이다.[115]

고려시기에는 송의 동전도 유입되어 사용되었던 것 같다. 북송 말기부터 宋 동전의 해외 유출은 점차 증가하였다. 북송 神宗 熙寧 7년(1074, 문종 28) 전화의 해외유출 금지를 해제한 적이 있지만, 대체로 유출금지책으로 일관하였다. 北宋錢이 동아시아 무역에서 商貨로서 널리 유통된 것은 11세기가 최

111) 蔡雄錫, 위의 글(1988), 91~92쪽.
112) 金光植, 앞의 글 141~146쪽.
113) 安秉佑, 〈高麗의 屯田에 관한 一考察〉(《韓國史論》 10, 서울大, 1984), 45쪽.
114) 蔡雄錫, 앞의 글(1988), 97~110쪽.
115) 金柄夏, 앞의 글(1972), 39쪽.

전성기였다. 송전이 유출된 범위는 동으로 일본·고려, 북으로 거란·금, 남으로 南海諸島, 서로 페르시아에서 아프리카 동해안의 마린랜드에 이르는 광범위한 지역이었다.[116] 송전의 유출이 증가하자, 남송 寧宗 慶元 5년(1199, 신종 2) 7월에는 일본·고려상인들이 동전을 가지고 본국으로 돌아가는 것을 금지하는 조치가 내려졌다.[117]

12세기 무렵에 축조된 충주시 직동 廢古墓群에서도 많은 양은 아니지만, 10세기 후반~12세기 초에 주조된 宋錢이 약간 출토되었다.[118] 이러한 송전의 유입은 고려의 화폐유통을 촉진시키는 한 요인으로 작용하였을 것이다.[119]

나. 은병화의 유통

숙종 때에는 금속화폐로서 동전뿐만 아니라 고액화폐인 銀瓶도 주조되었다. 숙종 6년 당시 은이 교환수단으로 사용되고 있었으며, 동을 섞어 盜鑄하는 폐단이 심하므로 이를 바로 잡기 위하여 법정화로서 은병화를 만들었다. 은병은 은 1근으로 만들었으며 우리 나라의 지형을 본 땄기 때문에 속명으로 闊口라고 불렀다. 은병에는 도주의 폐단을 막기 위해 표인을 하였다.[120] 그러나 《鷄林遺事》에 의하면 은 12냥 반과 동 2냥 반을 합주하여 만들었다고 한다.

은병을 法定貨로 삼은 것은 은을 화폐로 공인한 것이므로 12세기 이후 각종 매매, 뇌물, 조세 대납, 물가 표시 등의 중요한 수단으로 사용되어 은 유통이 늘어나게 되었으므로, 도주 현상을 야기시켰다.[121] 은병은 고액의 화폐

---

116) 三浦圭一, 앞의 글, 265~266쪽.
117) 森克己, 앞의 책, 474쪽.
《宋史》 권 487, 列傳 246, 外國 3, 高麗傳에도, 寧宗 慶元(1195~1200) 연간에 조칙을 내려 상인들이 동전을 가지고 고려로 들어가는 것을 금지시켰다고 하였다.
118) 충주공전박물관·충주시, 《忠州山城 및 直洞古墓群 發掘調査 報告書》(1986).
119) 森克己, 《續日宋貿易の硏究》(東京 ; 國書刊行會, 1975), 148~149·182~183쪽에서는 12세기 후반부터 송전이 유입되어 비로소 고려는 화폐경제로 이행하였다고 보았다. 이에 대해 井上正夫는 실제로 고려에서는 송전이 일반적으로 사용된 것은 아니라고 보고 있다(井上正夫, 앞의 글, 213쪽 재인용).
120) 《高麗史》 권 79, 志 33, 食貨 2, 貨幣 숙종 6년.
田村專之助, 앞의 글, 325~328쪽.
121) 田炳武, 앞의 글, 104쪽.
須川英德, 앞의 글, 46쪽에서는 은병의 제조 목적이 주로 대송무역의 지불수단에 있다고 하였다.

였기 때문에 은에 동을 섞어 私鑄하는 일이 많았으므로 여러 가지 문제가 야기되었다. 충혜왕 때는 소은병을 만드는 등, 형태가 바뀌었지만 제도만은 그대로 존속하였다.

동전과 은병의 발행과 유통을 중심으로 한 숙종 때의 화폐유통정책에 대해 예종 원년(1106)에 중외의 신하가 대부분 이를 잘못된 것이라고 한데서 짐작할 수 있는 것처럼,[122] 그 이후 지속적으로 이루어지지 못하였다. 예종 즉위를 전후한 정치적 변동, 숙종의 왕권강화에 이해관계를 같이 하던 의천의 죽음, 그에 따른 사원세력의 급격한 추세변동, 윤관 등 신흥세력의 위축 등으로 인하여 숙종 때의 주전정책은 자체 내에 한계성을 지닌 채 변질되어 갔다.[123]

고려 전기의 화폐유통정책이 소기의 성과를 거두지 못한 구조적인 요인은 다음의 몇 가지로 정리할 수 있다. 첫째, 국가의 수취체제가 현물과 노동력 위주로 편성되어 있었기 때문에 직접 생산자의 화폐를 통한 교환경제가 활성화되지 못하였다. 둘째, 지배층과 피지배층의 차별적인 유통구조에 기초한 이원적 유통구조가 피지배층의 잉여의 축적과 그에 기반한 유통경제의 발달을 억제함으로써 동전·철전의 유통이 활발하지 못하였다. 셋째, 所의 존재처럼 부곡제 지역의 설정을 통한 수취체제의 고착성이나 工匠案의 작성을 통한 수공업자의 국가적 통제 등에서 볼 수 있듯이, 본관제의 사회구조가 상공업을 규정하고 있었다. 본관제의 사회구조는 이 시기 수취 체제나 지배층·사원의 유통경제의 성격과 함께 농촌시장 등 직접생산자 중심의 유통경제 발전을 일정한 수준에 머물게 하였다.[124]

그러나 동전·철전 유통책이 실패했다고 하여 고려 전기의 경제수준이 자연 경제의 범주에서 벗어나지 못하였던 것은 아니다. 지배층을 중심으로 한 유통 경제가 발달하였으며, 농촌시장에서도 추포가 교환수단으로 널리 사용되고 있었다. 그러나 그 이상으로 직접생산자 중심의 유통경제가 활성화되기는 어려웠던 것이다.[125]

고려왕조의 정책이 화폐경제를 권장하면서도 실제로는 현물경제에 치중하

---

122) 《高麗史》 권 79, 志 33, 食貨 2, 貨幣 예종 원년.
123) 金光植, 앞의 글, 145쪽.
124) 이상은 蔡雄錫, 앞의 글, 100~107쪽을 참고하여 정리하였다.
125) 蔡雄錫, 위의 글, 108쪽.

는 양면성을 띠고 있었기 때문에 금속화폐의 유통은 부진하였다.[126] 국가가 실물 경제에 치중하고 있었던 것은 조세와 공부 및 녹봉이 모두 현물이었다는 점에서 잘 나타나고 있다. 화폐경제에 관한 한 고려 전기는 아직 미숙한 단계에 머물러 있었다.[127]

### (2) 차대법

고려시기의 차대관계에[128] 따른 법정이자율이 정하여진 것은 경종 5년(980)이다. 公私의 차대에 쌀 15두에 5두, 베 15척에 5척의 이자로 1/3의 이식을 정하였다.[129] 그 뒤 성종 원년(982)에는 '子母相侔'라 하여 원금과 이자가 같게 되었을 때는 그 이상의 이자를 받지 못하도록 하는 법제가 마련되었다. 이「子母相侔法」은 문종 원년(1047)에 정해진「子母停息法」과 같은 의미일 것으로 이해된다. 자모정식법은, 1~3년은 1/3, 4년째는 무이자, 5년째는 4/10, 6년 째 이후는 이자 지급을 정지시키는 방식으로,[130] 경종 때의 규정에 비해 이자 부담을 훨씬 줄인 것이다.[131] 그러나 이러한 법제에도 불구하고 법정이자율이 워낙 고율인 데다가 불법적으로 많은 이식을 취하는 고리대가 성행하여 여러 가지 사회문제를 일으켰다.[132]

貸錢層으로는 供辨都監·관고·신흥창·양현고 등 국가 자체가 식리를 하는 기관도 있었고, 이러한 공채의 폐단 또한 매우 컸다. 사채로는 최고 권력자인 왕을 비롯하여 왕실·권세가·부호·환관 등 지배층의 식리활동이 성행하였으며, 경주인의 식리활동도 적지 않았다. 차대관계에서 특이한 것은 사원의 식리활동이 성행하였다는 점이다. 사원은 국가가 지급하는 토지, 왕실·귀족이 기진하는 토지, 일반민이 투탁한 토지 등 막대한 토지를 소유하고 있었다. 사

---

126) 金三守, 앞의 글, 49~50쪽.
127) 朴龍雲, 앞의 책, 248쪽.
128) 차대법을 개관한 것으로는 다음 글이 참조된다.
白南雲, 앞의 책.
崔慶洙, 〈高麗時代의 貸借種別의 考究〉(《建大學報》 12, 1962).
徐吉洙, 〈高麗時代의 貸借關係 및 利子에 관한 研究〉(《國際大學論文集》 9, 1981).
129) 《高麗史》 권 79, 志 33, 食貨 2, 借貸.
130) 徐吉洙, 앞의 글, 214~215쪽.
131) 具山祐, 앞의 글, 124쪽.
132) 朴龍雲, 앞의 책, 248쪽.

원의 식리활동은 보·장생고 등 기구를 통하여 행해지고 있었는데, 특히 보가 중요한 식리 기구였다.[133)]

寶는 전곡을 시납하여 그 본전은 보존하고 이식을 취해 영원히 이롭게 하는 것이라는 방언으로서,[134)] 일정한 자금을 밑천으로 하여 얻어지는 이자를 가지고 불사나 공공사업 등을 행하는 비영리재단이다. 보에는 광학보·금종보·학보·제위보 등 여러 종류가 있었다.

崔承老의 시무책에서 여러 사원의 승려들이 주군에 사람을 파견하여 불보의 전곡을 관리하게 하고 매년 식리함으로써 백성을 괴롭히므로 불보 전곡은 오직 사원의 莊舍에 한하도록 하라고 한 것처럼,[135)] 보는 원래의 설립 취지와는 달리 고리대로 변질되었다. 사원 고리대의 주 대상은 사원예속민 즉 隨院僧徒로 표현된 예속농이었다. 그러나 그 대상이 사원전의 경작민에게 한정되지 않고 일반 군현민에게까지 미치고 있었다. 이는 용문사중수기에 축성보의 명목으로 마련된 700석을 촌민에게 나누어 빌려주고 그 이식을 취하여 도량의 비용으로 삼았다는 데서도 확인된다.[136)]

고려 후기로 갈수록 식리는 더욱 가혹해져서 공채나 부호의 사채의 경우 文契를 조작하거나 단리가 아닌 복리로 계산하는 경우도 있었다.[137)] 이러한 현상은 사원보의 식리에도 마찬가지였다. 무신난 후 수선사의 慧諶은 倍長 혹은 半長의 이익을 취하므로 부익부 빈익빈의 상황이 전개된다고 하면서 가혹한 식리행위를 비판하고 國式 즉 법정이자율에 따라 그 이식을 낮출 것을 주장하였다.[138)]

사원은 개인이나 국왕이 시납하는 布·穀을 본으로 하여 고리대를 행하였다. 개인이 사찰에 물품을 시납할 때는 고리대 행위 즉 '存本取息'을 전제로 하였으며, 고리대의 규모는 적은 것이 아니었다. 명종 때 용문사·용암사·용수사는 각각 7백, 2천, 1천 석의 곡식을 이식하였으며, 고종 때 수선사는 1만

133) 徐吉洙, 앞의 글, 262~263쪽.
134) 《高麗史節要》 권 1, 태조 13년 12월.
135) 《高麗史》 권 93, 列傳 6, 崔承老.
136) 韓基汶, 〈高麗時代 寺院寶의 設置와 運營〉(《歷史教育論集》 13·14 1990), 381쪽.
137) 徐吉洙, 앞의 글, 216~219쪽.
138) 韓基汶, 앞의 글, 382쪽.

1백 석으로 이식행위를 하였다. 당시 이자율이 1/3이었기 때문에 농민들은 상당한 양의 잉여물을 고리대로 수탈당하였다. 고리대를 관리하는 자는 사원의 사정에 따라 각각 다른 양상을 보이고 있었다. 각 지방에 문도를 직접 보내거나 또는 말사를 통해 관리하기도 하였다. 고리대의 주대상은 농민이었다. 사원과 농민과의 관계는 상하관계에 있었기 때문에 고리대는 불평등한 관계에서 행해지게 되었다. 따라서 사원의 차대 행위는 고율일 뿐만 아니라 강제성을 띤 것이었다. 필요하지도 않은 쌀이나 베 등을 민에게 강제로 빌려주는 행위가 널리 성행하였다. 즉 反同은 일종의 강제고리대였다. 그러므로 사원의 고리대는 농지경영이나 상업과 하나가 되어 농민의 잉여를 수탈하였다. 농지경영을 통한 지대·지세의 수취가 일차적인 것이라면, 상업·고리대를 통한 수취는 이차적이고 부차적인 것이었다. 이들 세 가지 것은 별개로 농민을 수탈하는 것이 아니라 서로 연결되어 구조적으로 농민을 수탈하는 것이었다.[139]

한편 백성들에 대한 진휼기관으로 설치된 義倉도 고리대 기능을 하였다. 원래 의창곡은 이식 없이 빈민에게 분급하고 가을에는 그 원본만 환납하는 것이었다. 그러나 인종 때에 썩은 관곡을 빈민에게 강제로 지급하여 그 이식을 취하였다고 한 것에서 알 수 있듯이, 점차 이식을 전제로 한 공적 고리대로 전환되어 갔다.[140] 의창곡이 일종의 부가세로 징수되어 국가재정수입의 일부를 구성함으로써 고리대로 전환하였던 것이다.[141]

〈金東哲〉

139) 이상은 李炳熙, 앞의 글, 110~119쪽을 요약 정리하였다.

140) 朴鍾進, 〈高麗前期 義倉制度의 構造와 性格〉(《高麗史의 諸問題》, 三英社 1986), 434~436쪽.

141) 白南雲, 앞의 책, 572~573쪽.

# 집 필 자


개 요 ............ 박용운

## Ⅰ. 전시과 체제

1. 전시과 제도
   1) 건국 직후의 토지지배관계와 역분전의 설치 ............ 김재명
   2) 경종 원년의 전시과－시정전시과－ ............ 김재명
   3) 목종 원년의 전시과－개정전시과－ ............ 김재명
   4) 문종 30년의 전시과－갱정전시과－ ............ 김재명
   5) 별정전시과 ............ 김재명
   6) 전시과의 운영과 그 성격 ............ 김재명
   7) 녹봉제 ............ 최정환

2. 공전·사전과 민전 ............ 김재명

3. 공전의 여러 유형 ............ 김재명

4. 사전의 여러 유형
   1) 양반과전 ............ 김재명
   2) 공음전 ............ 이병희
   3) 한인전 ............ 이병희
   4) 구분전 ............ 이병희
   5) 향리전 ............ 박경자
   6) 군인전 ............ 박경자

7) 궁원전 …… 박경자
8) 사원전 …… 이병희
9) 식읍 및 기타의 사전 …… 이병희

5. 전시과 체제 하의 토지지배관계에 수반된 몇 가지 문제
1) 토지국유제설의 문제 …… 박용운
2) 균전제의 시행여부에 관한 문제 …… 박용운
3) 전결제 …… 이우태
4) 농업생산력의 발전문제 …… 위은숙

## Ⅱ. 세역제도와 조운

1. 조 세 …… 김재명
2. 공 부 …… 이혜옥
3. 요 역 …… 이정희
4. 잡 세 …… 이정희
5. 조운과 조창 …… 최완기

## Ⅲ. 수공업과 상업

1. 수공업 …… 서명희
2. 상업과 화폐 …… 김동철

**한국사 14**

고려전기의 경제구조

편찬간행 **국사편찬위원회**

초판1쇄 2003년 11월 30일
2쇄 2013년 6월 4일

번각발행 **탐구당**

등록일 1950년 11월 1일
등록번호 서울 제 03-00993 호

주소 서울특별시 용산구 한강대로 62 나길 6
전화 (02) 3785-2211(대표)
팩스 (02) 3785-2272
홈페이지 www.tamgudang.co.kr
전자우편 tamgudang@paran.com

ISBN 978-89-8236-580-5
978-89-8236-566-9(세트)

**값** 19,500 원